平田茂樹 著　　　汲古叢書 101

宋代政治構造研究

汲古書院

目　次

序言──研究の視点・方法 ……………………………………………… 3
　史料の引用について ……………………………………………… 23

第一部　宋代の選挙制度の構造 …………………………………… 25
　第一章　「試出官法」条文の意味するもの
　　　　　──唐から宋への銓選制度の展開── ……………… 27
　第二章　「試出官法」の展開
　　　　　──銓選制度をめぐる新法党，旧法党の争い── … 53
　第三章　「試刑法」制定の構想
　　　　　──王安石の刑法改革を手掛かりとして── ……… 81
　第四章　選挙論議より見た元祐時代の政治 …………………… 111

第二部　宋代の朋党 ………………………………………………… 137
　第一章　宋代の朋党と詔獄 ……………………………………… 139
　第二章　宋代の朋党形成の契機について ……………………… 169

第三部　宋代の政治システム ……………………………………… 209
　第一章　宋代の言路 ……………………………………………… 211
　　附篇　墓誌銘から見た劉摯の日常的ネットワーク ………… 249
　第二章　宋代の政策決定システム──対と議── …………… 265
　第三章　文書を通して見た宋代政治
　　　　　──「箚子」，「帖」，「牒」，「申状」の世界── …… 295
　第四章　文書を通してみた宋代政治
　　　　　──「関」，「牒」，「諮報」の世界── ……………… 319

第四部　宋代の政治日記 ……………………………………………… 343
　第一章　宋代の政治史料──「時政記」と「日記」── ………… 345
　第二章　『王安石日録』研究
　　　　　──『四明尊堯集』を手掛かりとして── ……… 379
　第三章　周必大『思陵録』・『奉詔録』から見た南宋初期の政治構造
　　　　　………………………………………………………………… 409
　第四章　『欧陽脩私記』から見た宋代の政治構造 ………………… 447

第五部　宋代の政治空間 ………………………………………… 469
　宋代の政治空間を如何に読むか？ ………………………………… 471

結語　新たな宋代政治史研究の展望 …………………………… 513

　あとがき ……………… 525
　初出一覧 ……………… 529
　索　　引 ……………… 533
　英文題目・中文提要 ……………… 543

宋代政治構造研究

序言──研究の視点・方法

　本書はこれまで個別に書いてきた論考をまとめたものであるが，筆者は一貫して宋代の政治の仕組みを解き明かすことを目的としてきた。その際，指標としたのは，内藤湖南・宮崎市定両氏が提唱した「君主独裁政治」論である。この論を出発点とし，宋代の政治構造を多角的に捉え直すことにより新しい宋代政治像を提起しようと試みたのである。本論での考察に先立ち，序言においては，まず日本の宋代政治史研究の現状と課題を述べ，次に本書の目指す具体的な方向を提示することとする。

一，日本の宋代政治史研究の現状と課題
──「君主独裁政治」論を超えて──

　宋代は「君主独裁政治」の時代である。この概念を日本の多くの宋代政治史研究者が共有してきた。そもそも「君主独裁政治」という概念は内藤湖南，宮崎市定両氏が提唱したものである。例えば，内藤湖南『中国近世史』（弘文堂，1947年）第一章「近世史の意義」は，「貴族政治の廃頽と君主独裁政治の代興」，「君主の位置の変化」，「君主の権力の確立」，「人民の位置の変化」，「官吏登用法の変化」，「朋党の性質の変化」，「経済上の変化」，「文化上の変化」と八節より成っている。この章は唐代から宋代にかけて政治，経済，社会，文化上に大きな変化が起こったとするいわゆる「唐宋変革」を説明する部分であり，その中で君主独裁政治の確立の問題を論じている。内藤によれば，唐代においては「君主は貴族階級の共有物で，その政治は貴族の特権を認めた上で実行しうるのであって，一人で絶対の権力を有することはできない」のであり，その政治の実態は「貴族との協議体」によるものであった。一方，宋代においては「国

家に於けるすべての権力の根本は，天子一人これを有し，官吏は宰相の如き全体に関係する者のみならず，一部の管理を為す者も，全権を有することなく，君主は決して如何なる官吏にもその職務の全権を委任せず，従って官吏はその職務について完全なる責任を負うことなく，あらゆる責任は君主一人が負担することとなった」。内藤は君主独裁政治の仕組みについて明確に論じていないが，同書の中で，唐代の貴族の牙城となっていた門下省が有する封駁権が衰退した，宰相が天子の補佐役から秘書役へ変化した，科挙が貴族らしい人物を選ぶ人格主義から実用主義に転換した，官吏の地位は一般庶民にも分配されることとなったなど，その具体的な変化に言及している。

　一方，宮崎は『東洋的近世』（教育タイムス社，1950年）の中で，宋代から清末までの時代をヨーロッパの産業革命以前のルネサンス，宗教革命の時代に比定し，その中で君主独裁政治の問題を論じている。内藤に比べ，宮崎は宋代以降の国家が専売，商税，両税等の税収を増して財政を豊かにし，軍隊を養う「財政国家」へ転換したことを指摘しており，財政構造の変化にも着目している。また，明確な論及はないが，常備軍や官僚機構の基盤に成り立ったヨーロッパの絶対王政を意識しているように思われる。例えば，宮崎は，君主独裁政治と古代の専制政治を区別し，「中国近世の君主独裁とは，君主が最後の決裁を下す政治様式を言うのであって，凡ての政務は官僚が案を練りに練り，次に大臣がこれに審査に審査を重ね，最後に天子の許に持ち込んで裁可を請うのである」（『岩波全書 中国史』岩波書店，1978年）と述べ，君主独裁政治を官僚制を基盤とした政治システムとして理解する[1]。また，この君主独裁政治の本質につ

1）　宮崎が意識していたか不明であるが，これまで官僚制の問題はマックス・ウェーバー（Max Weber）の合理的近代官僚制，家産的官僚制といった官僚制の類型の問題と関わって論じられてきた。一般にウェーバーの「家産官僚制」論は，文書主義，公私の区分，規律への服従，官職階層制，昇進制，権限分配，有資格者の採用，職務の専門化，法第一主義などを兼ね備えた合理的近代官僚制と対置される概念として提出されたものであり，「家産的行政とはもともと領主の純個人的な家計需要を充足するために作り出された管理システムであり，そこには近代国家に特徴的な公的領域と私的領域との区別がない，その担い手たる家産制的官吏の地位は，基本的に，領主の恣意と恩寵に依存し

いては「この様に極めて多面的に官僚に直接接触するのが宋代以後の天子の特質であり，天子の独裁権も必然的にそこから発生し完成されたということができる」(「宋代官制序説――宋史職官志を如何に読むべきか――」『宋史職官志索引』同朋舎，1963年) と述べており，皇帝と官僚との人的関係，或いは両者の接触の問題に着目している。こうした視点は，殿試を導入した宋代以降の科挙が「天子の門生官僚としての奴隷的忠義観」を生み出すもととなった (「宋代の士風」『史学雑誌』62-2，1953年) とする科挙と官僚についての考察や，「雍正帝がその独裁制を確立し，地方の官僚の朋党の風を禁じ，個々の官吏をして天子に直属せしめるために利用したのがこの奏摺の制度である」(「雍正硃批諭旨解題」『東洋史研究』15-4，1957年) との理解の下，進められた文書制度研究にもよく現われている。

以上，幾点かに言及してきたが，両氏の「君主独裁政治」の理解は，君臣関係や官僚機構，科挙制度といった政治制度の質的転換を念頭に組み立てられており，この後の政治史研究も両氏が提示した指針を踏まえ，検討が進められていく。これまでの研究史をひもといてみても，①皇帝の耳目の官 (「皇城司，走馬承受」) (佐伯富『中国史研究』第一，東洋史研究会，1969年)，官僚の官職・昇進体系 (梅原郁『宋代官僚制度研究』同朋舎，1985年)，官吏登用試験 (科挙) (荒木敏一『宋代科挙制度研究』東洋史研究会，1969年)，官僚の俸給 (衣川強「宋代の俸給について――文臣官僚を中心にして――」『東方学報』41，1970年) など「君主独裁政

ており，彼らに要求される忠誠は，官僚制的官吏におけるような非人格的職務忠実ではなく，領主個人に対する下僕としての忠誠にほかならないのである」(伊藤大一『平凡社大百科事典』「官僚制」，1984年) とされる。日本の宋代史研究者は著者を含め，ウェーバーの見解に対しては否定的な立場を取っている。その一例として，同書で「中国の官僚制」の項目を担当した梅原郁氏は，中国にはすでにウェーバーの言う「合理的近代官僚制」の諸特徴がすべて見いだせると述べた上，「宇宙の主宰者天の代行者としての天子＝皇帝」，「王朝交代時の革命 (天命を革める) の原理」，「『周礼』『六典』に基づく官僚制原理」，「人格者，教養者としての官僚」，「ギルド，徒弟制的原理によって培われ，役所の実際の業務を担当した胥吏の存在」などの中国独特の官僚制の原理があるとする。ただ，筆者はウェーバーが提示した，中国の政治の特質が皇帝の「家」の政治であるとする「家政」の観点は見落としてはならないと考えている。

治」を支えた官僚制度・官僚機構についての研究，②国家財政・帝室財政（＝一般会計と特別会計）による二元財政の仕組み（梅原郁「宋代の内蔵と左蔵」『東方学報』42，1971年），府兵制から募兵制への転換を契機に，百万を超える巨大な常備軍を維持・運営するために設けられた「辺境（軍）―都（政治）―長江下流（財源）」を連結する国家物流システムの発達（島居一康『宋代税制史の研究』汲古書院，1993年，及び宮澤知之『宋代中国の国家と経済――財政・市場・貨幣――』創文社，1998年）などの財政・物流システムについての研究，③漢・六朝代の重層的官府連合・二重の君臣関係から，六世紀末の隋の文帝の改革を起点として，唐宋代の三省六部を中心とした官僚機構の中央集権化，科挙制の導入・吏部による統一的人事の実施による君臣関係の一元化の進行（渡辺信一郎『中国古代国家の思想構造――専制国家とイデオロギー』校倉書房，1994年）といった君臣関係の変化についての研究など，宋代の「君主独裁政治」を精緻に実証した諸成果を生み出してきている[2]。

　以上の諸成果によって，宋代の政治の大きな枠組みは明らかとなった。その一方で，依然として残された課題も多い。問題点を整理すれば，（1）研究方法・視点の偏り，（2）研究対象の偏り，（3）史料利用の限定性，の三点があげられる。

　第一は研究方法・視点の偏りである。今日，歴史学は社会科学との対話が求められている。宋代政治史研究においても伝統的な手法を超える新たな理論，方法論が構築されるべきである。例えば，現代の政治学の理論に限ってみても，その理論はミクロ政治学，マクロ政治学，国際政治学の三つによって構成される[3]。「君主独裁政治」論は，この内の国家の体制を分析するマクロ政治学的

---

[2]　この他にも財政を統轄する三司制度を分析した礪波護「三司使の成立について」（『史林』44-4，1961年），漕運・交通制度を広く論じた青山定雄『唐宋時代の交通と地誌地図の研究』（吉川弘文館，1963年），宋代の財政制度全般について論じた曽我部静雄『宋代財政史』（大安，1941年）など多くの研究成果を見出すことができる。
[3]　石井貫太郎『現代の政治理論　人間・国家・社会』（ミネルヴァ書房，1998年）によれば，政治学とは，（1）国内の政治現象に関連する個々の政治主体の行動に着目し，その行動の要因や趨勢を明らかにするための考察を行う，政治過程論・政治行動論など

領域に属するものであり，政治をとらえる一つの視点に過ぎない。当然ながら，宋代の政治を総括的にとらえるためには，ミクロ政治学的手法，国際政治学的手法の導入が求められる[4]。

　これはこれまでの研究傾向にも現われている。例えば，中国を中心とした国際関係を理論化したものとして，古代・中世史における西嶋定生氏の冊封体制論（『中国古代国家と東アジア世界』東京大学出版会，1983年），中国近代史における濱下武志氏の朝貢システム論（『近代中国の国際的契機――朝貢システムと近代アジア』東京大学出版会，1990年），あるいは明清史においては，銀，武器，生糸，人参，煙草などを手掛かりに世界の市場との関わりをも視野に入れつつ16～18世紀の東アジアの近世構造を論じた岸本美緒氏の世界システム論的研究（『東アジアの「近世」』山川出版社，1998年）などが見られる。一方，宋代においては，西

―――――――――――

のミクロ政治学の理論，（2）国内の政治現象に関連する個々の主体の相互関係や政治現象と他の社会現象との相互作用，または国家規模全体における政治変動に関わる要因や趨勢を明らかにするために考察を行う政治体制論・政治社会論などのマクロ政治学の理論，（3）国内で完結する政治現象を超えて，より広く国家間の相互作用や国際社会全体としての政治変動の要因や趨勢を考察するために構築された国際体制論・対外政策論などの国際政治学の理論，の三つに大別されるという。
4）　中国においても宋代政治史研究の新たな方法を模索する動きが現れてきている。例えば包偉民「走向自覚：関于深入拓展中国古代制度史研究的幾個問題（代序言）」（『宋代制度史研究百年（1900-2000）』商務印書館，2004年）は，同書所載の論文を総括する形で，従来のマクロ的，静態的研究，あるいは無批判的史料利用から，徹底的な史料批判，あるいは制度の背後にある関係性や成立過程，制度の複雑性や変化を重要視すべきとする。なお，同書にはこれらの視点を明確に論じている鄧小南「走向"活"的制度史――以宋代官僚政治史研究為例的点滴思考」，李立「宋代政治史研究方法論批判」などが掲載されている。因みに，中国，台湾の全般的な宋代政治史研究の研究状況については，同書の他，方震華「一九八〇年以来宋代政治史中文論著回顧」（『中国史学』9，1999年），黄寛重「台湾海峡の両岸における宋代史研究の回顧と展望」（『中国―社会と文化』19，2004年）などを参照されたい。

夏・遼・金朝史の研究成果が乏しいこととも相俟って[5]，国際政治学的視点に基づいた研究が充分になされていない。ただ，近年は，宋の西夏・遼に対する政策を分析した金成奎『宋代の西北問題と異民族政策』(汲古書院，2000年)，五代十国と東アジア海域世界の問題を論じた山崎覚士『中国五代国家論』(思文閣出版，2010年)，山内晋次『奈良平安期の日本とアジア』(吉川弘文館，2003年)，榎本渉『東アジア海域と日中交流――九〜一四世紀』(吉川弘文館，2007年）などの東アジア海域交流史の観点から国際関係をとらえる研究成果の蓄積も進められている[6]。もう一つのミクロ政治学的研究については，寺地遵氏がかつて新しい政治研究の手法として「政治過程論」の導入を主張されたように[7]，今後ますますミクロ政治学的手法である，政治過程論，政治行動論を用いた研究が求められていくと思われる。

　第二は，研究対象の偏りである。「唐宋変革論」が唐と宋との政治形態の類型比較に傾きがちであり，かつ北宋史偏重の傾向を生んだことについては寺地遵氏がつとに指摘している[8]。その他にも，幾つかの問題点を指摘しておきたい。例えば，中国古代・中世史においては「皇帝」，「天子」，「天下」，「中華」

---

[5] 過去には外山軍治『金朝史研究』(東洋史研究会，1964年)，三上次男『金代政治制度の研究』(中央公論美術出版，1970年)，『金代女真社会の研究』(中央公論美術出版，1972年)，『金代政治・社会の研究』(中央公論美術出版，1973年)，島田正郎『遼朝史の研究』(創文社，1972年)，『遼朝官制の研究』(創文社，1978年)，市舶司を中心とした宋代の海外貿易体制を論じた桑原隲蔵『宋末の提挙市舶　西域人蒲寿庚の事蹟』(上海東亜攷究会，1923年)，日宋交易を多角的に論じた森克己『日宋貿易の研究』(国立書院，1948年）など大きな研究成果があった。

[6] 宋代という時代に限ってみると大きな成果は出されていないが，東アジア海域史研究という観点から見る場合，研究成果が次々に出されている。これらの研究状況については桃木至朗『海域アジア史研究入門』(岩波書店，2008年) に詳しく述べられている。また，遼，金，西夏史研究の研究蓄積も近年次第に増加傾向と成りつつある。この研究状況については飯山知保 "Jurchen Jin Study in Japan since the 1980s" (*Journal of Song-Yuan Studies*, 37, 2008) を参照。

[7]「宋代政治史研究方法試論」(『宋元時代史の基本問題』汲古書院，1996年) 参照。

[8]『南宋初期政治史研究』(溪水社，1988年) 序章「宋代政治史研究の軌跡と問題点」参照。

といった政治秩序，皇帝の権力・権威の問題が大きな課題とされ，西嶋定生，尾形勇，渡辺信一郎，金子修一氏などの儀礼，礼制研究の成果を生んできた。一方，宋代についてはわずかに梅原郁，山内弘一，小島毅氏等の成果を見るだけであり[9]，後述する皇帝の権力，権威の問題については十分な検討がなされているとは言い難い。これは，政策決定過程，文書制度，情報伝達・監察制度などについても同様である。例えば，古代・中世史においては永田英正，中村圭爾，窪添慶文，渡辺信一郎氏の論考に見られるように「集議」が政策決定過程の大きな問題とされ[10]，明清史においては題本，奏摺などの皇帝，官僚間をつなぐ文書制度，あるいは内閣の票擬が重要な役割を担うものとして精力的に研究が進められてきた[11]。あるいは，古代・中世史においては中村裕一氏の『唐代官文書研究』（中文出版社，1991年），『唐代制勅研究』（汲古書院，1991年），『唐代公文書研究』（汲古書院，1996年）などの文書研究に代表されるように，精緻な文書研究が行われているが，宋代には『慶元条法事類』，『宋会要輯稿』といった重要な史料が残されているにもかかわらず，中村裕一氏に匹敵するよう

---

9) 西嶋定生『中国古代帝国の形成と構造』（東京大学出版会，1961年），尾形勇『中国古代の「家」と国家』（岩波書店，1979年），渡辺信一郎『天空の玉座　中国古代帝国の朝政と儀礼』（柏書房，1996年），金子修一『古代中国と皇帝祭祀』（汲古書院，2001年），梅原郁「皇帝・祭祀・国都」（『歴史の中の都市――続都市の社会史――』ミネルヴァ書房，1986年），山内弘一「北宋時代の郊祀」（『史学雑誌』92，1983年），「北宋時代の太廟」（『上智史学』35，1990年），小島毅「郊祀制度の変遷」（『東洋文化研究所紀要』108，1989年）など参照。
10) 永田英正「漢代の集議について」（『東方学報』43，1972年），中村圭爾「南朝における議について――宋・斉代を中心に」（『人文研究』40-10，1988年），窪添慶文「北魏後期の政争と意思決定」（『唐代史研究』2，1999年），渡辺信一郎前掲書『天空の玉座』など参照。
11) 桜井俊郎「明代題奏本制度の成立とその変容」（『東洋史研究』51-2，1992年），『雍正時代の研究』（同朋舎，1986年），谷井俊仁「改票考」（『史林』73-5，1990年）など参照。

な文書研究はまだ着手されていない[12]。また，宮廷—中央—地方を結ぶ情報伝達制度は皇帝支配の実態解明に不可欠なテーマであるが，近年，進奏院を巡る久保田和男，梅原郁氏などの研究を見る程度である[13]。

第三は，史料の問題である。宋代政治史研究においては，これまで『宋史』，『続資治通鑑長編』，『建炎以来繋年要録』などの国史，実録系史料が重要視され，研究が進められてきた。しかし，これらは各種の史料をもとに編纂した二次史料であり，当然，その原史料に目を向け，史料批判を行わなければならない[14]。また，南宋史に関しては『建炎以来繋年要録』，『三朝北盟会編』といった南宋初期のまとまった史料を除くと，それ以降は『中興両朝聖政』，『宋史全文資治通鑑』，『宋季三朝政要』など各種の断片的な史料に依拠し，歴史を再構築する必要がある。今後は，文集，地方志，随筆，小説などを含めて政治史料の発掘に努めるほか，同時に史料の真贋，来歴，オリジナル性，あるいは可信性，信憑性について徹底的な史料批判が必要となる。

---

12) 文書研究の一例として，徳永洋介「宋代の御筆と手詔」(『東洋史研究』57-3, 1998年) が内降，御筆といった文書と政治の問題について触れている。ただ，近年は，著者を含めて文書制度に対して内外の研究者の関心が高まっており，そのまとまった成果として『文書・政令・信息溝通：以唐宋期為主』(北京大学出版社，2011年) が刊行されている。

13) 久保田和男「宋代に於ける制勅の伝達について——元豊改制以前を中心として——」(『宋代社会のネットワーク』汲古書院，1998年)，梅原郁「進奏院をめぐって——宋代の文書伝達制度——」(『就実女子大学史学論集』15, 2000年) 等参照。

14) これまでも史料研究がなされなかったわけではない。たとえば周藤吉之「南宋の李燾と『続資治通鑑長編』の成立」「宋朝国史の編纂と国史列伝——「宋史」との関連に於いて——」「宋朝国史の食貨志と「宋史」食貨志との関係」(『宋代史研究』東洋文庫，1969年)，近藤一成「「洛蜀党議」と哲宗実録——『宋史』党争記事初探——」(『中国正史の基礎的研究』早稲田大学出版部，1984年)，熊本崇「欧陽修伝四種——墨本修伝・朱本修伝の対比を中心に——」(『石巻専修大学紀要』3, 1992年) など幾つかの研究成果を見ることができる。しかし，全般的に日本の研究成果は限られている。寧ろ，裴汝誠・許沛藻『続資治通鑑長編考略』(中華書局，1985年)，蔡崇榜『宋代修史制度研究』(文津出版社，1991年)，劉浦江『遼金史論』(遼寧大学出版社，1999年)，梁太済『唐宋歴史文献研究叢考』(上海古籍出版社，2004年) など，この分野については中国の研究成果が極めて多い。

二，宋代政治構造研究の視角

　それでは，具体的にどのような観点から新しい宋代政治の様相を明らかにすべきであろうか。ここではラスウェル（H. D. Lasswell）『政治　動態分析』（岩波書店，1959年）の政治のとらえ方を参考にしてみたい。ラスウェルは権力の行使される社会関係を政治と呼び，政治を動態的観点から捉えた場合，それは「誰が，何を，いつ，どのようにして手に入れるのか」にあるとする。これは，政治を具体的な主体，時間，空間，手段といったものの多様な関係からなる，構造的観点から捉えようとする研究姿勢を示している[15]。

　筆者は，ラスウェルの考え方に導かれつつ，政治を構造的観点から分析する際の三つの観点を提示しておく。第一は，「誰が」という政治の主体に関わる観点である。当然ながら，政治の「場」においては皇帝，官僚・士大夫，庶民の三つの政治主体がどのように政治に関わっていくのかが問題とされなければならない[16]。また，かつて谷川道雄，川勝義雄両氏が，六朝に存在した豪族（貴族）の世論の環節構造を基盤とする豪族共同体論によって六朝期の社会構造を分析した研究などに見られる，中央政治の次元にとどまらず，地方から中央へのベクトルも視野に入れる必要がある[17]。

　ただ，筆者の関心は，主として政治抗争の中心となった政治集団である「朋党」に向けられている。つまり，宋代の「朋党」とはいかなる存在であったの

---

15) ラスウェルの過程論的なとらえ方については宮澤節生『法過程のリアリティ』（信山社，1994年）参照。
16) 伊藤光利・田中愛治・真渕勝『政治過程論』（有斐閣，2000年）によれば，権力の分布を問題とする権力構造論には，エリート論，多次元主義，ネオ・マルクス主義，コーポラティズムの四つがあるとする。中央政治においては皇帝を頂点とし，士大夫・官僚が事実上運営する体制であり，エリート論の分析が参考となる。地方政治においては，士大夫・官僚にとどまらず，胥吏，役人，豪強，父老など多様なファクターが関与してくるのであり，多次元主義論による分析が参考になるかと思われる。
17) 谷川道雄『中国中世社会と共同体』（国書刊行会，1976年），川勝義雄『六朝貴族制社会の研究』（岩波書店，1982年）参照。

か，結集の契機は何か，またその行動形態はいかなるのものであったのか，その問題を根元的に追究することによって三つの政治主体の内，官僚・士大夫がどのように政治に関わってくるのかが明らかになってくると考えている[18]。

宋代の「朋党」に関する研究は近年，増加傾向にある[19]。しかし，「朋党」とは何か，という根元的な問題を追究した研究は少ない。例えば，かつて内藤湖南は『中国近世史』の中で唐宋間の朋党の違いの問題に触れ，血縁，地縁を重視する唐代の貴族的な朋党から，政策や思想を重視する宋代の朋党への変化を述べた。しかし，この朋党分析は一面を捉えているにすぎない。というのは，集団分析には，二つの方向が考えられるからである。一つは，集団を地縁，血縁といった個々の資質を要因とする属性主義的な方向で分析するものであり，上記の内藤のとらえ方に代表される。もう一つは，特定の行為者を取り囲むネットワークの構造を把握し，また行為者の行動や思考にそのネットワークが及ぼすメカニズムを明らかにする，ネットワーク論的分析であり，現在の研究の潮流は後者の方向に向かいつつある。そして，ネットワーク論的分析を通じて，宋代の朋党が党規やメンバーシップを有する今日の組織的な政党とは全く異質な，強いて言うならばパトロン―クライエント的二者間関係を軸とし，その二者間関係の集合体であり，かつ利益を媒体として結ばれる派閥的な形態に近いものであることが見えてくる[20]。

---

18) 中央から地方の末端，あるいは地方の末端から中央へどのように政治意志が反映されていくかについては，柳田節子「宋代の父老――宋朝専政権力の農村支配に関連して――」（『東洋学報』81-3，1999年），須江隆「祠廟の記録が語る「地域観」」（『宋代人の認識――相互性と日常空間――』汲古書院，2001年）など参照。
19) 朱子原・陳生民『朋党政治研究』（華東師範大学出版社，1992年），羅家祥『北宋党争研究』（文津出版社，1993年），沈松勤『北宋文人与党争』（人民出版社，1998年）など参照。
20) ネットワーク論については安田雪『ネットワーク分析 何が行為を決定するか』（新曜社，1997年），政党，派閥については西川知一・河田潤一『政党派閥――比較政治学研究――』（ミネルヴァ書房，1996年）参照。また，外国ではすでにハーバード大学と台湾中央研究院によって開発されている「中国歴代人物伝記数拠庫 (China Biographical Database)」を駆使したネットワーク分析が実際に行われている。

序言——研究の視点・方法　　13

　第二に問題とすべきは，権力・権威を生み出す「源泉」に関わる問題である。これは，二つのレベルで考えなければならない。「専制国家」の頂点に立つ皇帝に関わる問題，もう一つは「君主独裁政治」の代行者である官僚・士大夫に関わる問題である。

　前者の皇帝の権力・権威に関わる問題であるが，メリアム（C. E. Merriam）は『政治権力』（東京大学出版会，1973年）の中で，権力者は，物理的な強制力を用いる以外に，権力の常套手段として，クレデンダ（信仰せらるべきさまざまなもの），ミランダ（讃嘆せらるべきさまざまなもの）によって飾り立てることを指摘している。前者が知性に訴えるのに対し，後者は感情に訴える点に特徴がある。いわゆる権威は，宗教，教育，パレード，建造物，国旗，国歌など様々な手段によって作り上げられていく[21]。たとえば，中国の皇帝は，祭祀儀礼に典型的に現れるように，「天子」という称号を用いて外国，天地万物に対し，「皇帝」という称号を用いて国内の臣下，祖先に対したとされる。天命を受けた最高祭司である皇帝にとっては，儀礼，祭祀が政治の重要部分を占めたのである。

　しかし，権力・権威を生み出す「源泉」の問題は上記の儀礼，祭祀の問題に限定されるものではない。当然，皇帝が有していた物理的強制力となる，軍隊や警察，あるいは官僚組織の問題があり，また，エルマン（Benjamin A. Elman）のように，科挙が「社会的再生産」，「文化的再生産」を果たす装置であるとともに，皇帝に忠実な官僚を生み出す「政治的再生産」の装置であったとする考えもあり[22]，その源泉の問題は多面的に捉えなければならない。筆者の関心は，

21）　日本法制史の渡辺浩氏は「「御威光」と象徴——徳川体制の一側面」（『東アジアの王権と思想』東京大学出版会，1997年）の中で，将軍の権威を作り出す装置としての行列，殿中儀礼を分析の対象としているが，地方—江戸，江戸，城内という空間で繰り広げられた儀礼や席次が権威を作り出す上で大きな源となっていたことを明らかにしている。
22）　ベンジャミン・A・エルマン著，秦玲子訳「再生産装置としての明清期の科挙」（『思想』810，1991年）。なお，近年，「科挙社会」を一つの指標として宋代を分析した近藤一成『宋代中国科挙社会の研究』（汲古書院，2009年）が刊行された。

次に述べる「政策決定過程」の「場」において，官僚たちがどのように皇帝に接触し，どのように発言することができたのかに向けられている。そしてその皇帝との接触の機会にこそ，皇帝が政策決定過程における権力の源泉の一つがあったと考える[23]。

後者の皇帝政治の代行者である，官僚・士大夫の権力の問題であるが，現在最も研究の蓄積が進められている分野の一つである。従来は，宋代の士大夫は科挙に合格することによって官僚となり，権力，富，身分を手に入れたと考えられてきた。近年は，Robert P. Hymes, *Statesmen and gentlemen: the elite of Fu-chou, Chiang-hsi, in northern and southern Sung*, Cambridge University Press, 1986., Beverly J. Bossler, *Powerful relations: kinship, status, & the state in Sung China（960-1279）*, Harvard University Press, 1998. の成果に見られるように，ローカルエリートが，各種の公共事業や婚姻を通じて地方に威信や声望を獲得した構造が明らかにされている[24]。従って，この問題を考えるには，士大夫・官僚がどのように権力を獲得，再生産していくのか，彼らを取り巻く多様な関係構造を明らかにする必要がある[25]。

第三は，「誰が，何を，いつ，どのようにして手に入れるのか」という政治過程についての問題である。ここでは，以下の諸点を考慮に入れなければならない。（1）どのように政治が行われるのかという政治の仕組み，主として政治制度，官僚制度と関わる問題，（2）どこで，いつ政治が行われるのかという，政治空間，政治時間に関わる問題，（3）政治運営の背後に存在している

---

23) 西欧の事例であるが，ノルベルト・エリアス『宮廷社会』（法政大学出版会，1981年）はルイ14世の時代，国王との朝の引見（起床の儀式）に，6段階に分かれる「入室特権」があったことを紹介している。
24) 官僚・士大夫の権力の問題を考えるには，ピエール・ブルデューが行った，文化資本，社会関係資本，学歴資本など非経済資本を通じてエリートの再生産を考えるアプローチ法が有効かもしれない。詳しくは『再生産――教育・社会・文化』（P. ブルデュー＝J. パスロン，藤原書店，1991年），『遺産相続者たち』（P. ブルデュー＝J. パスロン，藤原書店，1997年）など参照。
25) 本書第二部「宋代の朋党」第二章「宋代の朋党形成の契機について」並びに附篇「墓誌銘から見た劉摯の日常的ネットワーク」参照。

思想，文化の問題，（4）皇帝，官僚・士大夫，庶民という三つの政治主体をつなぐコミュニケーション装置の問題である。

（1）政治システム

　この問題については，日本，中国において多くの成果が生まれている。梅原郁氏の『宋代官僚制度研究』以外にも，梁天錫『宋枢密院制度』（黎明文化事業公司，1981年），朱瑞熙『中国政治制度通史　第六巻　宋史』（人民出版社，1996年），龔延明『宋代官制辞典』（中華書局，1997年），諸葛憶兵『宋代宰輔制度』（中国社会科学出版社，2000年）といった諸成果を見ることができ，官僚制度としての蓄積は豊富といえる[26]。その一方，皇帝と官僚がどのように交流し，どのように政治決定がなされるのか，といった政策決定の仕組みについては充分な検討がなされたとは言い難い。例えば，岩井奉信『立法過程』（東京大学出版会，1988年）が日本の政策形成過程を，官僚制，自民党（与党），国会という各段階での様々なアリーナで障害を乗り越えていく障害物競走にたとえ分析しているのが参考になる。また，近年，ロビイスト，ホワイトハウス，首相官邸の役割を分析した本が出されているように[27]，現代政治では利益集団，大統領（首相）スタッフの役割が極めて大きいことが明らかにされている。つまり，これらの書物に共通しているのは，従来の固い政治制度の分析ではなく，一連の政策決定過程の中で政治を捉え直そうという試みである。

26）　この他にも苗書梅『宋代官員選任和管理制度』（河南大学，1996年），賈玉英『宋代監察制度』（河南大学出版社，1996年），刁忠民『宋代台諫制度研究』（巴蜀書社出版，1999年），游彪『宋代蔭補制度研究』（中国社会科学出版社，2001年）など参照。

27）　辻中豊『利益集団』（東京大学出版会，1988年），小尾敏夫『ロビイスト――アメリカ政治を動かすもの』（講談社，1991年），三輪裕範『アメリカのパワー・エリート』（筑摩書房，2003年），信田智人『官邸外交　政治リーダーシップの行方』（朝日新聞社，2004年）など参照。

（２）　政治空間[28]

　政策決定システム解明には，官僚が政策を審議，立案する「場」，皇帝が官僚が上呈してきた政策を決裁する「場」の二つの政治空間がどのように関係しながら運営されていたのか，それを明らかにする必要があると筆者は主張してきた。例えば，中国古代，中世史研究においては官僚が集団で行う集議が政策決定に大きな役割を果たしたと考えられ，金子修一，中村圭爾，渡辺信一郎氏などの諸研究を生んできた[29]。その一方，唐代後半になると，官僚が宰相を介することなく直接皇帝に会い，意見を申し上げる延英殿議政などの制度の発達が見られたことが松本保宣氏によって明らかにされている[30]。宋代の政策決定は前代の流れを受けて「議」よりも「対」（皇帝の面前で官僚が直接意見を申し上げる制度）にウェートが置かれていく傾向にあり，ここに内藤，宮崎両氏が捉えた「君主独裁政治」の発達が顕著に表れている。ただ，北宋後半から南宋にかけては「御筆」と呼ばれる皇帝が直接官府に送る文書の発達が見られる傾向があり，文書システムの変化も考慮に入れながら政治空間がどのように変容していくのか，各時代の個別の事例を検討，集積していく必要がある。

---

28)　政治空間とは，物理的な場所をも含むが，むしろ皇帝，官僚，士大夫，庶民といった政治の主体となる人々によって政治意志が形成される「場」を念頭に置いている。これまで考古学，歴史地理学，建築学などの成果などによって，具体的な宮城構造，宮殿，門，園，亭などの配置が明らかになってきている。例えば，中国においては闕維民『杭州城池暨西湖歴史図説』（浙江人民出版社，2002年），劉春迎『北宋東京城研究』（科学出版社，2004年），郭黛姮主編『中国古代建筑史―第3巻―宋遼金西夏建筑』（中国建築工業，2001年）など多くの成果が見られる。しかし，物理的な空間構造が詳細に判明しようともそれだけでは具体的な政治の姿は見えてこない。つまり，空間は当然ながら人間が作り出したものであり，その人間と人間とが織りなす様々なコミュニケーション過程を経て，その空間は，政治的秩序，社会的秩序といった社会構造を生み出していくのである。なお，地理学における空間論については山崎孝史『政治・空間・場所「政治の地理学」にむけて』（ナカニシヤ出版，2010年）参照。

29)　註10）所載論文参照。

30)　「唐代後半期における延英殿の機能について」（『立命館文学』516，1990年）参照。

（3） 政治の社会史，政治の文化史

　第三は政治の社会史，政治の文化史的アプローチによる研究である[31]。近年出されたヒルデ・デ・ヴィールドト（Hilde de Weerdt）「アメリカの宋代史研究における近年の動向——地方宗教と政治文化——」（『大阪市立大学東洋史論叢』15，2006年）は，アメリカの学界において，一時期停滞していた政治史研究が1990年以降再び活発化している状況を紹介している。その方向はまさに政治の社会史，政治の文化史（思想史）的研究である。また，ヒルデ氏の問題意識とは必ずしも重ならないが，最近中国より鄧小南『祖宗之法：北宋時期政治述略』（三聯書店，2006年）が出版されている。これまでも「祖宗の法」について言及した論文は見られたが，この書物においては宋代は，例えば他の時代と比べて比較的自由な士大夫の言論活動が「祖宗の法」を根拠として認められていたように，宋代においてはこの「祖宗の法」が他の時代以上に政治を動かす原理となっていたことが主張される。伝統中国の政治を動かす根底の原理は，恐らくこうした政治文化史，政治社会史的アプローチによって解明されていくことと思われる。

（4） 政治コミュニケーション装置

　官僚制度の枠組みに限定してみれば，特に重要となるのが中央―地方の政治の「場」をつなぐ各種の情報伝達，監視の装置である。これらの装置には二つのベクトルが存在している。皇帝を頂点として，中央から地方，地方から中央へ向かう縦方向のベクトルであり，もう一つは官司・官僚間を動いていく，横方向のベクトルである（無論，官司・官僚間にも上級，下級，上司，部下といった階

31）　政治文化史の概念について，例えば阿河雄二郎「イメージと心性の政治文化史」（竹岡敬温・川北稔編『社会史への途』有斐閣，1995年）では「政治文化論は，考察の対象を政治制度やイデオロギーなどのハードな面ではなく，人々が日常的に営む政治生活や，その背景にひそむ無意識的な信条，象徴，価値観などのソフトな面に向け，他の地域との比較研究を含めて「政治の指向」をトータルに検討しようとする点で，奥深い文化の理解が模索されている」と述べ，具体的な研究対象として象徴，儀礼，政治的伝統，日常的な政治意識や政治生活などを挙げている。

層性があるので厳密には横方向とは言い難いが、「一君万民」という伝統的な考え方にしたがい、皇帝以外は等しい存在として捉え、横のベクトルとする)。宋代の皇帝が他の時代と比べて官僚・官司（一般庶民をも含む）と直接接触する多様な方式を有していたことは、第一節の宮崎市定氏の言葉に見られるとおりである。具体的には皇帝は各種の「対」や「奏・表・状・箚子」などと呼ばれる文書を介して多くの官僚の意見を直接的に吸い上げることが可能であったし、皇城司、走馬承受といった諜報組織や中使と称された宦官を各地に派遣し地方の情報を入手していた。それと同時に、様々な勤務評定、監察の方式を作り出し、官僚間に相互監視を行わせ、皇帝に忠実な政治を行わせようとした[32]。

この他にも、この時代は出版文化の発達を背景に「邸報」(官報)、小報（民間の新聞）が発行され、また詔を初めとする各種榜文が掲示され、人々が各種の政治情報を入手していた事実が知られている[33]。これら政治コミュニケーション装置を通じて人々が情報を入手し、それを政治活動に結びつけていったかを分析する必要がある。

三，本書における問題設定の概要

本書は全十五章からなり、大きく五部に分かれる。以下、それぞれの問題設定の概要を述べておきたい。

第一部「宋代の選挙制度の構造」では、科挙制度、銓選制度をめぐる新法党、旧法党の抗争を中心に宋代の選挙制度がどのように議論されてきたのか、制度制定の背後にある論争を中心に論じている。すでにこの分野においては荒木敏一『宋代科挙制度研究』（東洋史研究会、1969年）、梅原郁『宋代官僚制度研究』（同朋舎、1985年）を始めとして多くの研究成果が出されている。ただ、制度史

---

32) 鄧小南「多面的な政治業績調査と宋代の情報処理システム」(『宋代社会の空間とコミュニケーション』汲古書院、2006年) 参照。
33) 曽我部静雄「支那に於ける新聞史の起源」(『支那政治習俗論攷』筑摩書房、1943年)、朱伝誉『先秦唐宋明清伝播事業論集』(商務印書館、1988年) 参照。

研究はともすれば制度そのものの理解に向きがちである。第一部では当時の制度制定が複合的な原理に基づいて行われたこと，及び議論を分析することによって従来，新法党，旧法党と単純に色分けされてきたものが，実際にはどのように考え，行動したかを論じていく。

　第二部「宋代の朋党」では，朋党＝政治集団とは何かという原理的な問題，ならびに朋党がどのように形成されていくかを論じている。かつて内藤湖南氏は『中国近世史』第一章「近世史の意義」「朋党の性質の変化」において，地縁，血縁を重視する唐代的朋党から学問，政治主義を重視する宋代的朋党への変化を述べた。しかし，内藤氏は「家柄」，「婚姻」，「学問」といった個々の資質・能力を重視する属性主義的な見地から朋党の問題を論じているが，むしろ朋党分析は，行為を決定するのは行為者を取り囲む関係構造だと捉えるネットワーク論的分析が有効と筆者は考えている。具体的には個々の士大夫官僚がどのような地縁，血縁，婚姻，学縁，業縁といった様々な関係性を有しているかを丹念に洗い出し，そのネットワーク構造が当時の人事システム（科挙―薦挙制度）や政策決定システムと結びつき，その政治システムを媒介として集団性を強め，政治闘争を展開していったかを論じていく。

　第三部「宋代の政治システム」では，政策決定システムならびに文書システムの問題について論じている。具体的には三省六部を中心とした行政府と論戦を繰り広げた「言路」の官の役割，政策決定システムの柱となる「対」と「議」，中央と地方とを結ぶ各種文書の類型とその機能について分析を行っている。

　政治は諸関係のネットワークの統合体（システム）であるので，その実態解明には政治システムという観点が必要となる。諸関係のネットワークの統合体である政治システムは，社会的環境の変化に対応した要求や支持に基づくインプットを経て，決定と実施というアウトプットがなされる。そしてこのアウトプットされたものが政治システムにフィードバックされ，その後のシステムを形作ることになる[34]。従って第三部では，できるだけ統合体としての政治システムの姿を明らかにするため，時間，空間の移動を意識しつつ，より原理的な分析となっている。

第四部「宋代の政治日記」は，政治史料の問題を論じた部分である。従来，政治史料としては正史，実録系の史料が第一級史料として重んじられてきた。しかし，これらの史料は必ずしも一次史料ではなく，各種の史料を編纂した二次史料であり，また，政治事件の起こりと結果の部分について重点的に書かれる傾向が強い。政治をより動態的な観点，すなわち「誰が，何を，いつ，どのようにして手に入れるのか」という観点から捉え直す場合，宋代の政治家が書き残した日記史料が有効となる。第四部では日記史料を用いながら，政治の背後にある世界を描き出すことを試みる。

　第五部「宋代の政治空間」は，宋代の政治空間について多面的な角度から論じた部分である。従来の研究においては，政治空間というと都城や宮殿・役所の配置といった物理的な空間分析が中心であった。しかし，政治空間は人と人との交流によって作り出される「場」という側面を同時に有するのであり，ここでは物理的空間の問題に加えて機能的空間，象徴的空間の問題もあわせて論じている。この作業を通じて，唐代から宋代へ，そして宋代から元，明，清へどのように政治空間が変化していくかを俯瞰する。

　以上，五部にわたる本書の構成について説明してきた。本書は「一，日本の宋代政治史研究の現状と課題——「君主独裁政治」論を超えて——」で述べたように新しい宋代政治像の析出を目標としている。すなわち，本書全般において心がけてきたのは，先学が残してくれた日本の宋代政治史研究における大きな遺産，例えば宋代政治に関わる「君主独裁政治」，「中央集権的官僚制」，「文

34）　政治システムの考え方については D. イーストン（David Easton）『政治生活の体系分析』（*A Systems of Political Life* 初出1965年，後に1980年，早稲田大学出版部より翻訳出版），G. A. アーモンド（Gabriel A. Almond）『現代政治学と歴史意識』（*Political Development: Essays in Heuristic Theory* 初出1970年，後に1982年に勁草書房より翻訳出版）参照。

治主義」といった概念をそのまま継承するのではなく[35]，一つ一つ洗い直すことによって独自の宋代政治像を提示しようとした点である。この像がどれほど有効かは学界の判断にゆだねなければならないが，今後の宋代政治史研究の発展に幾ばくかなりとも寄与できれば幸いである。

---

[35] 本書で十分検討できなかった概念の一つとして「文治主義」がある。これまで，宋代の政治の特色として，日本の研究者は，文官優位や，シビリアンコントロールを意識した「文治主義」という用語を使うことが多い。ただ，北村璐梅「宋代「文治主義」覚書き」（『大阪市立大学東洋史論叢』16，2008年）が論じているように，文治主義の概念一つとっても現代の「文官統制」とは大きく異なるものである。また，『南宋時代抗金的義軍』（聯経出版事業公司、1988年）、『南宋軍政与文献探索』（新文豊出版公司，1990年）などの台湾の黄寛重氏の南宋軍政史の研究，あるいは『拓辺西北――北宋中後期対西夏戦争研究』（中華書局〈香港〉，1995年），『経略幽燕――宋遼戦争災難性分析』（中華書局〈香港〉，2003年），などの曽瑞龍氏の北宋戦争史の研究，及び近年中国で次々出されている武官，武将の研究に示されるように，宋代においてもいわゆる「武」の意味するものは大きかったと考えられる。代表的な武将の研究として何冠環『北宋武将研究』（中華書局〈香港〉，2003年）を挙げておく。

史料の引用について

　本書においては，極力論文掲載時の形をとどめることにした（巻末の初出一覧参照）。そのため，原文史料を引用している部分以外に，書き下し文によって表記している箇所もあり，史料の引用方法が必ずしも統一していないことをあらかじめお断りしておく。
　なお，本書で使用した主な漢籍の略称と版本は次の通りである。
　『長編』宋・李燾『続資治通鑑長編』（2004年，中華書局標点本）
　『長編記事本末』宋・楊仲良『資治通鑑長編記事本末』（1893年，広雅書局影印本）
　『長編拾補』清・黄以周等『続資治通鑑長編拾補』（2004年，中華書局標点本）
　『要録』宋・李心伝『建炎以来繋年要録』（1988年，中華書局）
　『会編』宋・徐夢莘『三朝北盟会編』（1962年，文海出版社）
　『宋会要』清・徐松『宋会要輯稿』（1936年，北平図書館影印本）
　『清明集』宋・編者不詳『名公書判清明集』（1987年，中華書局標点本）
　文集は特記がない限り『四部叢刊』所収本を使用し，その他は文淵閣『四庫全書』所収本に拠った。ただ，近年『欧陽修全集』（中華書局，2001年），『忠粛集』（中華書局，2002年），『范仲淹全集』（四川大学出版社，2002年），『司馬光集』（四川大学出版社，2010年）など校勘のすぐれた標点本が出されており，適宜参照している。随筆，小説は中華書局評点本『唐宋史料筆記叢刊』所収本ならびに大像出版社『全宋筆記』所収本等に拠った。その他，主要な引用書籍は，
　元・脱脱『宋史』は1977年，中華書局標点本に，
　宋・呂祖謙『宋文鑑』は1992年，中華書局標点本に，
　宋・朱熹『朱子語類』は1986年，中華書局標点本に，
　宋・謝深甫『慶元条法事類』は2002年，黒龍江人民出版社標点本に，
　宋・王応麟『玉海』は清・光緒9年（1883），浙江書局刊本に，

宋・馬端臨『文献通考』は1935年，商務院書館排引本に，

宋・司馬光『書儀』は1985年，叢書集成初編（中華書局本）に，

元・劉応李『新編事文類聚翰墨全書』は1995年，四庫全書存目叢書（斉魯書社本）に，

宋・趙汝愚『宋朝諸臣奏議』は1999年，上海古籍出版社標点本に，拠っている。

第一部　宋代の選挙制度の構造

第一章 「試出官法」条文の意味するもの
――唐から宋への銓選制度の展開――

はじめに

　王安石の官僚人事の理念を，宮崎市定氏が吏士合一と定義してより[1]，既に久しい時を経過している。吏士合一とは，二つの方向――一は胥吏の待遇を改善し，士の品位あらしめること，一は士の能率を増進し，胥吏の才幹あらしめること――を持つものであるが，前者を代表する「倉法」[2]に比べ，後者を代表する「試刑法」は十分解明されておらず，特に創設期である王安石新法時代は，空白部分を残した儘となっている。『宋会要輯稿』（以下『宋会要』と略す）選挙13-25は，この時代の実施状況を次のように述べる。

　　（徽宗崇寧）三年四月二十一日。刑部奏，神宗皇帝立春秋二時吏部試出官法，復許就試刑法官，皆使習法以從政，所以作成人材見於實用。後來有司申請，試出官人，不許兼試法官。其意不過以一人就試，不容兩被推恩，不知試出官與異（試？）法官，藝業難易不同，賞典厚薄各異。（以下略）

「試刑法」（法律の知識を問う試験）は，「春秋二時吏部試出官法」と「試刑法官」に分かれ，官僚にとって二度の昇級機会を提供するものであった。その意図は「吏才」増進を目論むものであるが，両者の間には試験問題，恩典に差異があり，設立の主旨を異にしていたことが予想される。字義から解すれば，前者は「出官」（実際の職務に就く事）のための試験，いわば官僚予備軍に対する任用試験であり，後者は法律官僚任用試験である。

　「試出官法」の初出の記事を探ると『続資治通鑑長編』（以下『長編』と略す）巻227，熙寧四年（1071）十月中書の上奏の註に，「新舊紀竝書立選人及任子試

---

1)　「王安石の吏士合一策」（『アジア史研究』第一，1957年同朋舎刊所収）
2)　註1)論文及び熊本崇「倉法考」（『集刊東洋学』38，1978年）参照。

出官法」と見える。この本文に就いては，既に内河久平氏，梅原郁氏により部分的解釈がなされ，次のようにまとめられている[3]。内河氏は「熙寧四年に至り，選人，即ち幕職州県官の守選制度は廃止され，身言書判の試験制と免選恩格も止められた。そのねらいは，一つには，門戸を開いて，守選人のなかから広く人材を求めること，二つにはとかく蔑視されがちである法学を士大夫階級にも積極的に習学させることにあったのである。」と述べ，梅原氏は「現実には有名無実化していた吏部の『身言書判』の初任官任用試験を利用し，一方では増大の一途を辿る恩蔭出身者の任官に然るべきけじめをつけ，また王安石が主張する，行政に直接役立つ法規などの知識を，下級官僚に修得させるという一石数鳥のねらいがこめられていた。(中略)この銓試の主たる相手が蔭補出官者にあったことは疑いのないところである。」と述べる。両氏の見解を総合すれば，唐代の遺制——「守選」，「身言書判」制度——を廃止し，且つ吏士合一の理念に基づき再編したものが，熙寧四年十月の条文であると位置づけられる。言わば，唐代の銓選体制を脱皮し，宋代の新体制への移向が行われたこととなる。しかしながら，この新体制の全貌は十分明らかにされたとは言い難い。それは，主なる対象者——内河氏は守選人—幕職州県官とし，梅原氏は恩蔭初出官者を措定する——に差異があること，唐代と熙寧の改革との間に介在する銓選体制の実態が不明であること，等の問題が残されているからである。従って，今迄部分的紹介に止まったこの条文に全文解釈を試みることにより，北宋史上に於ける王安石の銓選改革の位置づけを再検討することにする。

一，「試出官法」の本旨——熙寧四年十月の条文の内容——

先ず，基本テキストの設定の作業から始める。それは，叙上に見る両氏の見解の相違の一因に，テキストの問題が存在していると思われるからである。そ

---

3) 内河「宋初の守選人について」(『中嶋敏先生古希記念論文集』(上) 記念事業会，1980年)，及び梅原『宋代官僚制度研究』(同朋舎，1985年)，第五章「宋代の恩蔭制度」参照。

第一章 「試出官法」条文の意味するもの　　　　29

もそも，この条文を載せるテキストは，（一）『長編』巻227，熙寧四年十月壬子，（二）『宋史』巻158,選挙志，（三）『文献通考』巻34,（四）『宋会要』選挙13,試法，（五）『宋会要』選挙10,試判，の五種が存在する。この内，内河氏は（二）を基本テキストと定め，（四）によって補正する方法を取り，一方，梅原氏は（一）を基本テキストと定め，（二）（三）により文字の校定を行っている。

　実際にこの五種のテキストの成立年次を検討すると[4]，（一）1175年，（二）1345年，（三）1319年，（四）1170年，（五）1242年以前，という数字が浮かぶ。（一）は1183年に全巻が完成するが，神宗治平四年（1067）から哲宗元符三年（1100）迄の417巻は，1175年に上呈されており，この年を成立年次と考える。（四）は『続国朝会要』の銘記があることより，1170年に措定できる。（五）は，特に銘記の無いこと，及び最後の編纂が1242年に行われたことを考慮し，これ以前に成立したと考える。叙上の年次から考えれば，（四）が最も古く，以下（一）（五）（三）（二）の順となる。又，『長編』の著者李燾は，進読官として『続国朝会要』の編纂事業に携わっており[5]，当然（一）の部分を作成する上で（四）を参考にしたことが予想し得る。それを裏付ける如く，（一）と（四）を比較すると，（一）は（四）と内容が逐一合っており，（四）を省略した記述となっている。以上の理由に基づき，（四）を基本テキストと定め，文字，内容に差の生ずる場合，逐次検討することとする。

〔Ｉ〕（熙寧）四年十月二日。中書門下言，檢會，自來幕職州縣官並未出官選人，每因恩赦，例與放選，最爲未均。緣選人到任月日不同，有得替守選實及三年，或纔罷任遽已免選者。其間實有官業之人，守選歲久，候及恩赦，方得注官，無以旌勸能吏。以至奏補初出官之人，自來並須年二十五以上，試詩一首，方得注官，尤爲無取，緣其間有才能者，須候年及格赦，實爲淹滯。兼中常之才，嘗試其所能，使之釐務，往往廢職。①及銓曹合注官選人，自

4）　裴汝誠「『続資治通鑑長編』版本著録考略」（『文史』12,1981年），王雲海『宋会要輯稿研究』（『河南師大学報増刊』，1983年）等参照。
5）　『宋会要』職官18-34,乾道六年五月一日。

来例須試判三道，因循積弊，逐成虛文，皆未爲允。

〔Ⅱ〕今欲改更下項，應得替合守選幕職州縣官，』竝許逐年春秋於流內銓投狀乞試，②或斷公案二道，或律令大義，各聽取便乞試，③限二月八日以前投狀，至次月④差官同銓曹主判官員同試。應約束事件，竝依試法官條約指揮。其試公案，卽令所差試官旋選文案，每道不得過七件刑名，須明具理斷歸著及所引用條實・斷遣刑名，逐一開說。其律文大義，卽須具引律令，分明條對，如不能文詞，直引律令文義對答者，亦聽。其試義，卽須援引經典・法令，質正是非，明述理趣。以上竝許齎所習文字入試。考校編排，作上中下三等，申中書，看詳如得允當，卽取上等第之人，依名次與免選注官。內考入優等者，別作一項開說，當議看詳與依判超例升資，內無出身者，與賜出身。如經試不中，或不能就試，得替及三年者，亦許經南曹投狀，並特與放選，卽不得入縣令及司理・司法差遣。⑤其錄事參軍・司理・司法，今後更不免選。應條貫內理爲勞績事件，亦令編敕所取索類聚相度事理可與免選者，先次詳定。今後遇赦恩，更不放選，合注官人，更不試判，卽歷任有京官・職官・縣令舉主共及五人者，亦與免試放選注官。⑥其差替・衝替・放離任等人，亦許依得替人例投狀，注官者亦准此。所有試公事及大義竝依法官例差官，撰立式樣，頒降施行。

〔Ⅲ〕⑦應奏補京朝官及選人年二十以上，竝許逐年經審官東院・流內銓投狀，依進士例，試所習經書大義十道者，亦聽。如所試，及得合放選人等第，便與差遣。入優等者，亦與賜出身。仍竝與上條合試選人，一處差官考試，通定等。如試不中，或不能就試，候年及三十，方與差遣。內元奏授時已年三十以上，卽候奏授及三周年，方得出官。⑧以上京朝官，仍展三年監當，如歷任於合用舉主外，更有舉主二人，卽與免展年。以上自來合試詩者，更不試詩。如係熙寧四年以前奏授者，見年十五以上不能就者，且依舊條施行。京朝官仍依上條展年。

〔Ⅳ〕詔竝從之。

＊他のテキストとの比較

① (一) 及銓曹合注官人，例須試判三道，因循積獘，遂成虛文。
　　(二) 已受任而無勞績，舉薦及免試恩法，須再試書判三道，然亦虛文。
　　(三) 及已受任而無勞可書，亦無薦者，法當再試書判三道，亦成虛文。
　　(五) 及銓曹令注官人，例須試判三道，因循積弊，遂成虛文。
　(一)(五)により「逐」は「遂」の字に訂正する。又，(二)(三)は，虛文化の原因として「勞績」「舉薦」「免試恩法」をあげるが，これに就いては次節で考察する。
② (一) 試斷案二道，或律令大義五道，或議三道，
　　(二) 試斷按二，或律令大義五，或議三道，後增試經義。
　　(三) 試斷案二，或律令大義五，或議三道，
　(一)(二)(三)に従い，「(律令大義)五道，或議三道」を加えて解釈する。
③ (一) 歲限二月八日以前　(二)(三) 歲以二月・八月
本文に「逐年春秋於流內銓投狀乞試」と見えることより，「二月・八月」に訂正する。
④ (一) 差官　(二)(三) 法官
本文に「依法官例差官」と見えることより，そのまま「差官」により解する。
⑤ (一) 其錄事參軍・司理・司法，仍自今更不試判，亦不免選。卽歷任有舉京官・職官・縣令五人者，與免試注官。
　　(二) 自是不復試判，仍去免選恩格。若歷任有舉者五人，自與免試注官。
　　(三) 自是更不試判，仍除去免選恩格。若歷任有舉者五人，自與免試注官。
　　(五) 其錄事參軍・司理・司法，仍自今更不試判，亦不免選。卽歷任有舉官・職官・縣令五人者，與免試注官。
　(二)(三)は，特定の対象に対する記述としないが，(一)(五)に従い，錄事・司理・司法參軍に対する記述として解する。
⑥ (一) 內得替合敍官人，亦許依得替人例收試。
　　(五) 內停替合敍官人，亦許依得替人例收試。
　「得替」では文意不明。「停替」の具体的内容が，本文の「差替・衝替・放離任等人」であると思われる。

⑦（一）奏補京朝官選人，初出官，罷試詩，年二十以上許投狀乞試。
　（二）任子年及二十，聽赴銓試。
　（三）其蔭補人，亦罷試詩，年及二十，許自言，而試斷案・律義及議。
　（一）（二）（三）には「依進士例，試所習經書大義十道者，亦聽」に相当する記述が見られないが，『宋会要』職官61-14に

> （熙寧五年）五月九日。檢詳兵房文字朱明之言，乞今後自承制以下如願換文資者，（中略）竝許依得替守選幕職州縣官乞試斷案或律義，幷奏補京朝官及選人乞依進士試經義，或依試法官條例施行。

とあり，熙寧四年十月の条文に盛り込まれていたことが知れる。
⑧（一）京朝官展三年監當。如歷任於合用擧主外，更有二人，即免展年。
　（二）（三）若秩入京朝，即展任監當三年，在任有二人薦之，免展。
　（二）（三）には（一）に見える「於合用擧主外」の部分が無いが，省略されたと考えるべきである。

　以上，幾点かにわたり他のテキストとの比較を行ったが，部分的修正を除き，（四）を基本テキストに定めて間違いが無いことが確認できた。特に他のテキストでは省略されている⑤⑥⑦⑧の部分は重要である。
　次に文脈に従い，条文を大別すると四つの段落に分かれる。第一段落は，改革案上奏以前の状態を述べた部分，即ち改革の背景を記す箇所である。第二段落は，守選選人に対する改革案，第三段落は，任子に対する改革案である。第四段落は，第二，第三段落の改革案に対する採択の詔である。更に各段落の内容を要約し，且つ説明を加える。これは，第一～第四段落に分けた根拠でもある。

〔Ⅰ〕第一段落——改革の背景
①恩赦—免選制度の弊害。幕職州県官及び実職を獲得していない選人は，恩赦（三年に一度行われる郊祀の恩典）により候選期間を免除され実職を獲得するが，この措置は均等とは言えない。それは，就任時期が一定しないことに起因する。

得替後守選(候選)期間が三年に及ぶ者がある一方,罷任後即ちに免選(候選期間の免除)に与る者がいる。その為有能な人物が長期にわたり守選し,恩赦によって初めて実職を獲得する事態も起こり,能吏奨励策となっていない。

②任子初出官制度改革の必要性。親の蔭により寄禄官を獲得した任子は,二十五歳以上になると詩一首を試験して実職につける。才能ある人物でも二十五歳まで実職につけられない点,また凡庸な人物は実職につけば満足に仕事を行えない点に問題がある。

③試判制度の虚文化。吏部流内銓でポストの賦与を行う際,判三道の試験を実施して来たが,虚文化し妥当でなくなっている。

〔Ⅱ〕第二段落——守選選人に対する改革

①試験形式。得替後,次の実職を待つ守選選人は,毎年二月,八月以前に志願手続きをし,翌月中央より派遣された試験官が吏部流内銓の官僚と共に試験に当たる。受験者は,断案二道,律令大義五道,議三道より得意分野を選ぶ。試験の規則事項は,「試法官」に準ずる。

「試法官」の規定は,熙寧三年三月(『資治通鑑長編紀事本末』巻75。(以下『長編紀事本末』と略す),「試刑法」に「其考試關防,並如試諸科法」と見える。具体的措置としては,「試法官」第一回実施の熙寧三年九月十二日に,

> 以同勲員外郎權判大理寺崔台符・殿中丞權發遣大理少卿公事朱溫其・太子中允崇政殿説書曾布,竝赴錫慶院,考試法官。國子博士楊淵・殿中丞呉安度,巡鋪。屯田員外郎董倚,監門。祕書丞章楶,封彌。(註)自後試官,皆如例。(『宋会要』選挙13-13)

とあり,実際審査に当たる内簾官以外に,試験の取締りに当たる外簾官として,巡鋪官,監門官,封彌官が派遣されており,科挙その儘の試験体制である[6]。ここでは謄録官の名が見えないが,別の「試刑法」の史料では「依試挙人例,封彌謄録考較[7]」と見えており,「試刑法」の試験一般に,中央からの試験官の派遣,糊名,謄録法の使用が行われたと思われる。

---

6) 荒木敏一『宋代科挙制度研究』(同朋舎,1969年)参照。
7) 『宋会要』選挙13-17,熙寧八年五月十五日。

②試験問題。断案の問題は，中央派遣官が自ら選ぶ。その数は毎道七件以下とし，答案に結論，引用条文，刑名を記す。律文の大義は，律令を引用し，箇条書きにして明瞭に答える。文飾できない場合は，直接律令の文義を答えることも許される。議の試験は，経典，法令を引用して是非を論じ，道理を述べる。以上の試験には参考書の携帯が認められる。

③合格者に対する恩典[8]。試験終了後，三段階に分け，中書に上申する。そこで審査し，妥当と判断すれば，上等合格者は名次に従い，免選して実職につける。特に優秀な場合は，判超例に基づき資序を上げ，出身が無い者については出身を与える。

④試験落第者及び不参加者に対する措置。叙上の者は，得替後三年に及べば吏部南曹に投状することを許し，免選して実職に就ける。但し，県令，司理参軍，司法参軍は対象ポストより除外する。

　内河氏は，この部分を「また，任子のことであるが『選人三歳に満つれば官に注するを許す。ただ県令・司理・司法に入るを得ず』とある」と述べるが，明らかに誤解している。この部分は，守選選人に対する改革案を述べる段落中にあるのだから，当然守選選人に対する規定として解すべきである。この誤解は，氏が基本テキストとして用いた『宋史』選挙志の記述に起因している。それは，

　　a 任子年二十，聽赴銓試。其試不中或不能試，選人滿三歳許注官，惟不得入縣令・司理・司法。b 任子年及三十方許參注，若年及二十授官，已及三年，出官亦不用試。

とあり，守選選人と任子に対する記述に混乱が見える。正確に解するには，aをbの前に移し，かつaとbの間に「其試不中或不能試」の部分を補う必要がある。

⑤録事・司理・司法参軍に対する措置。叙上の者については，編勅所で免選を与えるべき考課の基準を作成しておく。この考課を獲得した場合，或いは歴任

8）　梅原『宋代官僚制度研究』464頁では，上等は循一資・堂除差遣，稍優は占射差遣，中等は不依名次注官，下等は注官が原則であると三等のランクを纏めている。

中，京官・職官・県令の官位を持つ推薦者の合計が五人に及んだ場合，免選して実職につける。

　この三者に特例措置がとられたのは，裁判事務にタッチする職掌[9]――録事，司理参軍は州における推鞠，司法参軍は検法を担当する――を考慮したためと思われる。この試験の目的が法律知識の普及にあるとすれば，当然有しているはずの者は除外されるべきである。また，高度な法律知識を要する官職のためには「試刑法官」が実施されており，『長編』巻233，熙寧五年五月壬辰に「又言，三司檢法官及開封府法曹・功曹參軍，遇有闕，乞於新試中法官內差填。竝從之。」と見える如く，関連職に合格者が採用されている。従って，⑤の措置は，あくまでも法律知識の普及を図る「試出官法」の姿を如実に物語るものと言える。

⑥差替，衝替，放離任者に対する措置。叙上の者は，得替守選人の例に倣い，試験を受けることができる。実職につける場合もこの例に準ずる。

　差替は任期終了を俟って免職処分を受けること，衝替は任期終了を俟たずに処分を受けることであり，いずれも罪犯と関係がある[10]。放離任は「離任を許された者」と読むべきであり，父母の死去に伴う服喪などに行われる措置である。具体例は，『長編』巻26，雍熙二年（985）十一月辛卯に「詔，自今京官・幕職・州縣官，有丁父母憂者，並放離任。」と見える。

⑦規則事項の頒布。

〔Ⅲ〕第三段落――任子に対する改革

　親の蔭により京朝官，選人の官位を付与された任子は，二十歳以上になると，毎年京朝官は審官東院，選人は吏部流内銓に投状し受験できる。断案，律義，議の問題以外に，進士の例に倣い経書大義十道を選択することも許される。放選相当の合格ラインに達すれば即ちに実職を与え，特に優秀な場合には出身を

9）　宮崎市定「宋元時代の法制と裁判機構」（『アジア史研究』第四，同朋舎，1957年刊所収）参照。

10）　佐伯富「宋代における重法地分について」（『中国史研究』第一，同朋舎，1969年刊所収）参照。

与える。任子受験者も守選選人と共に試験を行い、あわせてランクを定める。試験落第者及び不参加者は、年齢が三十歳に達すれば自動的に実職を与える。この内、寄禄官を授けられた時が既に三十歳以上であった場合は、三年後に実職を与える。試験不合格者及び不参加者の京朝官は三年の監当差遣を延長する。但し、歴任中、必要挙主（熙寧元年段階では四人）以外に推挙者二人を獲得した場合、この措置を解除する。以上の詩を試験すべき者に対しては、更めて課試を行わない。熙寧四年以前に寄禄官を付与された者のうち、現在年齢が十五以上二十歳未満で受験資格のない者は旧条を適用する。但し京朝官の官位を有する者は、先の如く「展三年監當」の措置を取る。

　ここで任子京朝官の資序に就いて若干補足しておく。『長編紀事本末』巻67、熙寧元年九月丁亥の条には、

　　翰林學士承旨王珪等言、（中略）今奏補人、便充京官、遷轉更無限礙、但
　　監當六年、便入親民、比之有出身選人、實爲優倖。今乞奏補京官、竝須本
　　部通判・知州・職司及内外兩省以上官四人奏擧、内仍本轄官一人、兩任實
　　滿六年、方入親民差遣。若奏補班行、入監當、有擧主二人、兩任六年者、
　　準此。詔竝從之。

とある。旧来、任子出身者（京官）が監当差遣から親民差遣へ進む場合、六年という年数のみが必要条件であり、有出身選人と比べて優遇されていた。それを改善し、両任六年、挙主四人——班行（三班使臣）は二人——の条件を制定したのが熙寧元年の規定である。従って、「展三年監當」とは、従来の監当差遣の両任六年に三年を加え、都合三任期を勤めて親民差遣に入ることを意味する。

〔Ⅳ〕第四段落——裁可の詔

　以上四段落に亘り大要を述べてきたが、この条文が、法律知識——王安石の吏士合一における「吏才」を代表する——を媒介とした、守選選人及び任子初出官者の両者に対する任用試験を規定したものであることは明らかである。従って、内河、梅原両氏の如く「主なる対象者」に限定することなく、両者に対する改革の意図を正確に汲み取ることが必要となる。これについては第二節で論

第一章 「試出官法」条文の意味するもの　　　　37

究することとし，先に，「試刑法」の一である「試刑法官」と比較することにより，「試出官法」の特徴を簡単にまとめておく。

　両者の大きな差異は，試験問題と合格者に対する恩典である。「試刑法官」は，『宋会要』選挙13-13，熙寧三年三月二十五日の詔に，

　　（前略）日試斷獄一道，刑名十事至十五事爲一場，五場止。又問刑統大義
　　五道。（中略）合格，分三等。第一等，選人改（官），京朝官進一官，並補
　　審刑・大理・刑部官。第二等，選人免（選）循一資，京朝官減二年磨勘。
　　第三等，選人免選，京朝官減一年磨勘。法官闕，亦聽補。
　　（註）括弧内の文字は，文脈に従い補う。

とあり，「試出官法」が斷案二道（毎道七件以下），律令大義五道，議三道，経書大義十道よりの選択試験であったのに対し，高度な法律知識──斷案五道（毎道刑名十件以上十五件以下）及び刑統大義五道──を要求している。更にその主旨は，法律官僚の補充にあるのであり，「試出官法」が「注官」（実職に任用すること）のための試験であったのとは異なる。要するに両者とも人材抜擢を主旨としながらも，前者が，法律官僚を求める専門試験の色彩が濃いのに対し，後者は，熙寧元豊時代の官僚に求められた教養──経義と法律──に基づく一般官僚の登用試験であったと言える。

二，改革の背景

　前章では，熙寧四年十月の条文の内容を検討した。本章は，宋初の銓選体制のアウトラインを辿りつつ，この改革がもたらした新体制の北宋史上に於ける位置づけを検討する。具体的には，中書が第一段落で述べた，三つの理由の分析を手掛かりとする。

　①恩赦─免選体制の弊害

　免選とは，守選（官僚が任期終了後，次のポスト就任まで一定期間候選する制度）を免除することである。この守選制度の大枠は，内河氏により解明されたが[11]，

11）　註3）参照。

宋代に就いては明確な史料が少なく，不明な部分が多く残されている。先ず，新体制の対象者である幕職州県官に就いて見ると，『長編』巻6，乾徳三年(965) 五月辛未朔の詔に，

　　諸道州府先發遣前資幕職・令録等至闕已經引對者，各放還，去京二千里者，減一選，已上者減兩選，無選可減者，免取文解，便令赴集。

とあり，前任地の都からの距離を基準として減選の措置が取られている。即ち，守選期間は，任地の遠近を考慮にしつつ，定められていたものと思われる。一方の任子も，

　　（太平興國二年）太祖受禪，文武五品以上皆得廕子弟。上卽位，諸道州府各遣子弟，奉方物來貢。上悉授以試銜及三班。（中略）三月壬戌朔。詔，應授試銜等人，特定七選赴集。試銜有選，自擢等始也。（『長編』巻18）

　　（大中祥符六年秋七月）壬寅。太常寺請，令齋郎經三次大祀，乃得赴選集，其從父兄出外，竝奏候朝旨。從之。（『長編』巻81）

とあり，試銜官（七選），斎郎（九選）とそれぞれの官位に応じて候選期間が定められている。

　次に放選，免選の言葉を探ってゆくと，真宗時代に数多く見られることに気付く。具体例を挙げると，

① （咸平二年八月）壬戌。詔，得替幕職州縣官及丁憂服闋者，竝免選注擬。（『長編』巻45）

② （十一月己亥）詔，諸色違礙選人及白衣選人，竝與放選。自是訖天禧三年，凡七下此詔。（『長編』巻45）

③ （四年四月）戊申。詔，諸路幕職州縣官，罷職待遷，食貧可憫，自今至年終替者，宜竝放選，依例擬官。（『長編』巻48）

④ （五年）三月丁酉朔。詔吏部，選人憂制闋者，竝放選，著于令。（『長編』巻51）

⑤ 咸平五年冬十月癸亥朔。詔，幷・汾二州・大通監得替幕職州縣官，自今免其守選。（『長編』巻53）

⑥ （景德元年四月己卯）詔，原州・鎭戎保安軍，流內銓承例擬官，竝爲近地，自今同還州例爲遠官，免其守選。（『長編』巻56）

第一章 「試出官法」条文の意味するもの　　39

となる。この内，⑤⑥は，遠近，難易等の地域性を考慮したものであり，時勢に従い変化するものである。例えば，『長編』巻95，天禧四年（1020）六月戊申には，

　　判吏部流内銓陳堯咨言，舊制，河北・河東緣邊幕職州縣官，不許挈家赴任，
　　代還日，免其守選。近準赦文，並挈家赴任。儻官滿日，仍舊免選注近官，
　　頗爲優倖。請自今依江浙・荊湖遠地得替例守選。從之。

とあり，家族の随伴の有無に従って制度が変化している。問題となるのは①②③④である。

咸平二，五年は南郊祀が行われた年であり，その影響を受けた可能性が極めて高い。さすれば，先の中書が指摘した恩赦―免選体制がこの頃既に形成しつつあったことになる。また，これを裏付ける如く，章如愚撰『群書考索』後集巻17，官制門，任子の頃には，「眞宗大中祥符元年，始有東封禮畢推恩之令，則郊禋奏薦，自此爲例。」とあり，やや時を下る大中祥符元年に郊祀における恩蔭が始まったことが見える。これらの動きを反映して作られたのが天聖令である。

　　任子舊制，天聖令，以蔭補出身應授職任者，選滿或遇恩放選，或因奏乞，
　　皆年二十五歲，乃許注官。（『長編』巻458，元祐六年五月甲子）

この令は，任子初出官の条件を定めたものであり，「選滿」「遇恩放選」「奏乞」の三つを挙げている。第一は，守選制度に基づくものであり，第二は，郊祀等に基づく恩赦―免選制度である。第三は，家族の請願に基づく特別措置と思われる。

以上のように，恩赦―免選体制は真宗後半より仁宗初期には確立したと考えられるが，この体制は二つの弊害をもたらした。第一は，賢不肖を問うことなく実職に任用する点である。例えば，『長編』巻103，天聖三年（1025）二月乙卯の詔に，

　　諸州司士參軍李道宗等三十四人，令吏部銓與注官。舊制，司士參軍，以年
　　及格及負犯者爲之，謂之散參軍。先是上取特奏名舉人試藝稍優者，補參軍。
　　其次舉試銜。及經南郊，試銜者已免選，而道宗等反未得注官。故有是詔。

と見え，年齢，受験回数を考慮し，恩恵として与えられる特奏名合格者に対しても実施されている。

第二は「員多闕少」を生む一因となった点である。『長編』巻101，天聖元年閏九月甲午の条には，次のように述べられている。

　　權判流内銓晏殊等言，按大中祥符三年東封赦文，放選時三千餘人，赴集銓司，擬注不足，始擘畫隔年預使季闕，後遂爲例，常隔年奏明季闕，選人有不願注擬之處，因循積留不補，復更預使向前遠季闕次。(以下略)

真宗時代に実施された封禅の大赦では，三千余の者が放選されたが，ポスト不足の為，「季闕」を預使することが始められた。この先送り人事は次第に慢性化し，仁宗初期には大きな問題となったのである。更に中期になると，張方平の言葉，「臣判流内銓，取責在銓選人，畢竟不知數目，大約三員守一闕，略計萬餘人。」(『長編』巻163，慶暦八年三月甲寅)に見られる如く，三人が一ポストを待つという状態迄悪化することとなった。

この「員多闕少」の問題は，「濫進の弊」に源を発するものであるが，真宗後期以降，しばしば政治の俎上に上げられ，具体的には磨勘遷官制度の改革[12]，恩蔭の人数削減[13]，薦挙制度の厳密化[14]等の政策により改善の動きを見せる。言わば，「濫進の弊」とは，恩赦を中心にして生み出された，北宋代を通じての大きな政治課題であったのである。従って，一連の政策から取り残されたものの一つが，恩赦―免選制度であったと位置づけられる。また，当該の神宗時代は，歴代中でも最も「濫進の弊」対策に腐心した時期であり，宗室，恩蔭，薦挙制度にわたる幅広い政策が行われており[15]，この改革も「濫進の弊」改善という新法党の政治姿勢を反映したものと見なすことができる。

---

12) 古垣光一「宋真宗時代磨勘の成立について」(『青山定雄博士古希記念宋代史論叢』，1974年)，「真宗時代京朝官の磨勘の法について」(『史朋』11，1980年) 参照。
13) 梅原『宋代官僚制度研究』，第五章「宋代の恩蔭制度」参照。
14) 梅原『宋代官僚制度研究』，第三章「差遣――職事官の諸問題」，第三節「銓選の諸問題 (その二)」参照。
15) 『長編紀事本末』巻67，「裁定臣僚奏薦」「裁定宗室授官」「裁定京官」「裁抑宦寺」の項に詳しくまとめられている。

②任子初出官制度改革の必要性

　北宋代に実施された任子初出官制度の大きな改革と言えば，慶暦三年（1043）十一月に実施された范仲淹の改革と本稿で取り上げた熙寧四年十月の改革，の二つを挙げることができる。范仲淹の改革は，『長編』巻145，慶暦三年十一月丁亥の詔に次のように記されている。

（Ａ）凡選人年二十五以上，遇郊，限半年赴銓試，命兩制三員，鎖試于尙書省，糊名謄錄。習辭業者，試論或詩賦，詞理可采，不違程式，爲中格。習經業者，人專一經，兼試律十道，而通五爲中格，聽預選。（七選）以上經兩試，九選以上經三試，至選滿，有京朝官保任者三人，補遠地判司簿尉。無舉者，補司士參軍。或不赴試，亦無舉者，永不預選[16]。

（Ｂ）京朝官年二十五以上，歲首赴試於國子監，考法如選人，中格者調官。兩任無私罪，有監司・知州・通判保舉官三人，入親民。經三試，朝臣保舉者三人，與下等釐物務，兩任無私犯，監司或知州・通判保舉者五人，入親民。願易武弁者聽。

右の改革案の特徴としては，（一）選人から京朝官に及ぶ本格的な試験体制を確立したこと，（二）試験課目の改正，（三）合格基準の明確な設定，（四）科挙に準ずる厳格な試験体制を敷いたこと——鎖庁，糊名謄録法の実施——，（五）監当差遣から親民差遣への昇進コースに薦挙制度を導入したこと，（六）試験時期の固定化，の六点を挙げることができる。

　宋初に定められた任子の規定は，ほぼ唐制を踏襲し，文官系の任子は「年貌」「誦書」（「両粗通文義」）の基準に合格して初めて「斎郎」の官位を獲得できた[17]。しかし，『群書考索』後集巻17，官制門，任子の項，馮拯の上言によれば，

　　（眞宗咸平四年）拯言，準禮部令式，所補齋郎，須兩經粗通文義，令奏補，多是不經考試，便授京秩・州縣官及諸色出身。若依式求文義粗通，然後補署，又慮難頻改更。欲望自今文武臣僚奏補及歿於王事子孫骨肉內京官，候

16）（七選）は『宋大詔令集』巻161，「任子詔」によって補った。
17）『長編』巻4，乾德元年六月庚子の詔。唐代の制度に就いては，愛宕元「唐代における官蔭入仕について」（『東洋史研究』35，1976年）を参照した。

至求差遣時，審官院官員親寫家狀，仍令讀一經，家狀取書札稍堪，讀書取
　　　精熟無設者，方爲合格，依例且與監當，若在任別無贓罪，顯有勞績，候得
　　　替，許與事狀進呈取旨。其直授州縣官等，委銓司依此攷試，候合格，方得
　　　給簽符・曆子，發遣赴任。得出身者，至參選日，亦依此施行。不合格者，
　　　竝殿一選。本官且令習學，候次年依此再行考試。

とあるように，この規定は真宗初期には既に活用されておらず，無試験で即ち
に「京秩」「州縣官」「諸色出身」の賦与が行われるのが実状であった。そこで，
今迄の方式を改め，寄禄官取得前ではなく，取得後の差遣請求時に「讀一經・
寫家狀」を課試する方式を提言した。この上言は，『長編』巻48，咸平四年
(1001) 春正月壬戌に，

　　　樞密直學士馮拯・陳堯叟上言，請令羣臣子弟奏補京官或出身者，竝試讀一
　　　經・寫家狀，以精熟爲合格。從之。

と見える如く，実行に移されることとなった。次いで，『長編』巻122，宝元元
年（1038）十一月甲辰の詔では，

　　　臣僚陳乞親屬差遣，如係京官，竝須年及格，仍試書札・讀律，乃聽出官。

とあり，京官身分の者に就いては「書札・讀律」の試験に変更されている。こ
こには，選人身分に対する規定が見られないが，京官に準じて変更されたと考
えるのが自然である。要するに，任子初出官規定は，宋初に於いては唐制を継
承していたが，咸平四年に至り新方式が採用され，更に慶暦三年に至り集大成
を見るのである。これが第一点である。

　次に，試験科目は，叙上に述べた如く「兩經粗通文義」→「試讀一經・寫家
狀」→「試書札・讀律」の変遷を辿り，范仲淹の改革に至って，辞業学習者は
論・詩・賦よりの選択試験，経業学習者は一つの経書（墨義）[18]及び試律十問の
課試へと変更される。前者が，単なる読み書きの能力を問う段階に止まってい
るのに対し，後者は，科挙に準ずる形――辞業学習者は進士科（詩賦・論・策），

---

18)　『范文正公集』「奏議」巻上，「奏重定臣僚奏薦子弟親戚恩澤事」には，「習經業者，
　　春秋・禮記・毛詩・周易・尚書，逐人各專一經，竝彙習律文，試一場，墨義十道，只問
　　正文，不問註疏，五通者爲及格，與放選注官。」とある。

経業学習者は諸科（墨義）の課目と類似が見られる——をとっており，一歩進んだ試験となっている。これが第二点である。

　これ以前の試験の合格基準が，「兩經粗通文義」→「家狀書札稍堪，讀書取精熟無設者，方爲合格」と極めて曖昧な形を取るのに対し，辞業学習者には「詞理可采，不違程式」，経業学習者には「通五」という規準を設定している。更に落第者に対しては，

　　（選人）候選期間が合計七選以上で二度銓試を経験（落第）している者，候選期間が九選以上で三度銓試を経験（落第）している者は，候選期間が満了となり，京朝官の保証人三人を有している場合，遠隔地の判司簿尉に任用し，推挙者がいない場合には，司士参軍とする。受験せず且つ推挙者がいない場合は，永久に実職を与えない。

　　（京朝官）三度銓試を経験（落第）している者で朝臣三人の推挙者を獲得した場合，下等の監当差遣を与え，両任終了後，私罪が無く，監司或いは知州，通判の推挙者五人を獲得した場合は，親民差遣を与える。

とあるように，薦挙制度を導入した昇級コースを定めている。この規定は，范仲淹の失脚後，『長編』巻155，慶暦五年五月癸未に，

　　詔吏部流内銓，自今試初入官選人，其習文辭者，試省題詩或賦・論一首，習經者，試墨義十道，竝注合入官，如所試紕繆，試墨義凡九不中，令守選，候放選再試，又不中，與遠地判司。其年四十以上，依舊格讀律，通卽與注官，仍命兩制一員同考試之。

とあり，合格規準を「紕繆」「墨義凡九不中」以外は当格とすること，及び落第者に対する薦挙制度の導入を廃止し，二度不合格でも遠地の判司に任用するなど，緩やかな形に改定されている。これは，范仲淹の制定した規準が，当時としては厳しいものであったことを物語っている。これが第三点である。

　科挙に糊名・謄録法が導入されるのは，真宗時代であるが[19]，任子初出官制度に用いられるのは，この時が始めてである。これが第四点である。

19）　荒木『宋代科挙制度研究』，第二章「省試」，第七節「糊名法及び謄録法」の項参照。

これ以前の恩蔭出身者（京朝官）の昇進コースは，「監當及八年而無私罪者，不以課利増虧，與親民」（『長編』巻106，天聖六年十一月甲辰）とあるように，私罪の有無を問題とする以外は年数のみの条件で，監当官から親民官へ昇級することができた。これが他の出身者と比べ，優遇措置であったことは言うまでもない。そこで，監司・知州・通判の保証人三名を設定することとなった。これが第五点である。

　①で取り上げた天聖令では，「選滿」「遇恩放選」「奏乞」の条件により，二十五歳以上の者が注官できることとなっていたが，ここでは年齢の条件は変わらないが，選人は郊祀のある年ごと，京朝官は毎年と，試験時期の固定化が図られている。これは，以前の不定期な試験――注官の条件下では成し得ない，科挙に準ずる厳格な試験体制を行うための基礎条件となったと思われる。これが第六点である。

　以上，六つの改良点を持つ范仲淹の改革であったが，他の改革が，彼の失脚後葬り去られたと同様[20]，この改革も『長編』巻155，慶暦五年三月己卯の詔に，「補蔭選人，自今止令吏部流内銓，候該参選日，量試所習藝業注官。其慶暦三年十一月條制勿行。」とあるように，消え去ることとなる。従って，熙寧の改革は，范仲淹の改革の挫折の結果，残された課題を包含しつつ行われることとなる。事実，両者の改革を比較すると，対象，年齢，試験科目を除き，ほぼ一致している。しかしながら，この差異にこそ，両者の人材任用のあり方の違いを見るべきであろう。

　第一に，後者は前者と比べ，二十五歳から二十歳への受験年齢の引き下げ，及び毎年二度の試験に見られる如く，積極的登用を心懸けている。これは，任子が就任することの多い監当官[21]に対する認識の差を表していると思われる。

20）　近藤一成「北宋『慶暦の治』小考」（『史滴』5，1984年）参照。
21）　宮崎市定「宋代官制序説――宋史職官志を如何に読むべきか――」（『宋史職官志索引』，同朋舎，1963年刊）の中で，監当官に就いて「茶・塩・酒・商税などの課入の多い地に，州から特に監当官を派して財政を当たらせ，同時にその地の烟火公事，即ち警察事務に当たらせる。但しこれは知県のように直接に人民を支配する親民官ではなく，釐務官と称せられ，親民官より一段低い地位にある」と解説している。

それは特に後者が種々な経済新法を実施するに当たり，その担当者として多くの有能な実務派官僚を必要としたという側面を持つからである。また，後者が，任子に止まらず，守選選人を含む幅広い対象から人材登用を図ったことも，この意図と結びついていたと思われる。

　第二に，前者が墨義，詩賦という，熙寧の科挙改革で否定される課目に基づき試験を行うのに対し，後者は，法律，或いは経義による抜擢を心懸けている[22]。この二課目が，神宗時代に官僚の教養として意識されていたことは，『長編』巻341，元豊六年（1083）十二月壬申に，

　　詔監察御史陳師錫送吏部。師錫乞罷貢擧及大學試律義，使學者得專意經術。上批，朝廷比年修廣學校，訓迪士類，兼用經術法令，長育人材，俾之成就，以充任使。從政，以法令爲本。師錫不達朝廷造法大意，乃欲罷諸生習律，倡爲詖說，惑亂士聽故也。

と見える通りである。要するに，王安石の改革は，范仲淹の改革を踏襲しつつも，彼の目指す官僚人事の理念，即ち吏士合一――「吏才」は法律によって代表され，「士道」は経義によって代表される――を盛り込んだ，彼独自の改革として位置づけるべきものである。

　③試判制度の虚文化

　試判制度の史料は，『宋会要』選挙10，試判の項にほぼ集約化されているが，（一）制科的性格を有する書判抜萃科と「身言書判」の試験を混合していること，（二）常時行われる「身言書判」の試験以外に『宋会要』選挙10-1に「天禧三年十一月十九日。南郊赦書，應在銓曹未注擬幕職令錄及初入令錄兩任五考無公私過犯・三任八考無贓罪者，令銓司檢會以聞。當命近臣與判銓官同試身言書判，考校歷任，竝以所試進呈取旨。」とあるように，南郊赦に伴う「身言書判」の試験が存在したこと，などを考え合わせると，性格により分別する必要

---

22)　熙寧の科挙改革は，墨義・帖経・詩賦の廃止，経義の尊重を主旨とするものであり，同時代の徐禧は，「朝廷以經術變士人，十己八九變矣。然踏襲人之語而不求心通者，亦十八九」（『長編』巻248，熙寧六年十二月庚辰）と述べ，経義に基づく士人変革が，表面上，急速に進んでいることを指摘している。

がある。この作業を怠ると，王栐『燕翼詒謀録』巻1，吏銓試書判の条に，
　　國初承五季之亂，吏銓・書判拔萃科久廢。建隆三年八月，因左拾遺高錫上
　　言請問法書十條以代試判，詔今後應求仕及選人，並試判三道，仍復書判拔
　　萃科。(中略)<u>至景祐元年正月，遂廢書判爲銓試。議者以爲奏補人多令暇
　　手，故更新制</u>。曾不思書判猶如今之簾引，雖有暇手，不可代書，若銓試之
　　弊，則又甚矣，雖他人代書可也，省試猶可，況銓試乎。承平時，假手者用
　　薄紙書所爲文，揉成團，名曰紙毬，公然貨賣，亦由朝廷施刑寖寬故也。
と見える如き過ちを犯すこととなる。即ち王栐の主張する景祐元年正月に書判
を廃して銓試――梅原氏は「試出官法」を銓試としてまとめている――に変更
したとする史科は，『長編』，『宋会要』を検索しても見当たらず，更に『長編』
巻114，景祐元年二月乙未に，「罷書判拔萃科，更不御試」と見えること，及び
「議者以爲」以下の部分が，『長編』巻227，熙寧四年十月壬子朔の記事，「初審
官院・流内銓出官法，試律及詩，而奏補人多不能爲之，人爲代作，至寫紙毬，
賣之試者，用此得出官。其獎頗多，至是乃更此法。」の部分と類似しているこ
と，などを考慮すれば，明らかに景祐元年の書判拔萃科の廃止と，熙寧四年十
月の「試出官法」制定を混同していたことが知れる。梅原氏は，この史料を以
て「それにかわって選人全体といっても特に蔭補の初任官を対象として定制化
した制度が銓試に他ならない。さきの慶暦の選人任用の時のテストがそれで，
<u>その原型は十年ほど先立つ景祐元年に見られる。</u>」と述べたが[23]，引用史料に
基づく誤解と見なすべきものである。従って，表1の如くa書判拔萃科，b
「身言書判」――一般形態，c「身言書判」――特別形態，の三つに分類する。
　さて，唐代後半より「身言書判」の制度が実質を失い，資歴に基づく人事が
主体となっていたことは，先学の指摘する通りであるが[24]，宋代に於ける変遷

---

23)　「宋代の恩蔭制度」(『東方学報』52, 1980年) 参照。新稿である梅原『宋代官僚制
　度研究』，第五章「宋代の恩蔭制度」ではこの部分を削除している。
24)　市原亨吉「唐代の『判』について」(『東方学報』33, 1963年)，侯紹文「唐代銓選
　試目，身，言，書，判之沿革考」(『唐宋考試制度史』台湾商務印書館，1973年刊所収)，
　任育才「唐代銓選制度述論(『唐史研究論集』，鼎文書局，1975年刊) 等参照。

表1　試判制度の変遷

年次	事項	
太祖 建隆3 (962)	a 三月，書判抜萃科の設置。	宋選10
	b 八月，「身言書判」制度の施行。——試判三道，三等にランク分け——	宋選24
乾徳1 (963)	a 閏十月，実施。	宋選10
太宗 太平興国2 (979)	b 三月，進士合格者に対して「免選注官」の措置。	宋選2
	b 十二月，試判三道——四等にランク分け——	宋選24
真宗 景徳1 (1004)	b 二月，太平興国二年十二月の規定を申明。	長59
	b 八月，選人引対の際，試験する所の書判を以て奏御に備える。	宋選24
	a 実施。	
天禧3 (1019)	c 南郊赦に伴う「身言書判」の試験実施。	宋選10
仁宗 乾興1 (1022)	c 南郊赦に伴う「身言書判」の試験実施。	宋選10
天聖1 (1023)	b 九月，試判三道——四等にランク分け——（太平興国2，景徳1年の規定の再編）	長101
3	c 南郊赦に伴う「身言書判」の試験実施。	宋選10
6	c 南郊赦に伴う「身言書判」の試験実施。	宋選10
7	a 三月，書判抜萃科の設置。	宋選10
8	a 実施。	宋選10
9	c 南郊赦に伴う「身言書判」の試験実施。	宋選10
	a 実施。	宋選10
景祐1 (1034)	a 二月，書判抜萃科廃止の詔。	宋選10
	a 六月，書判抜萃科の試験実施。	宋選10
慶暦1 (1041)	b 十一月，「辺事試中」の司士参軍・文学，長史に対し，試判を課す。	長115
神宗 熙寧2 (1069)	c 南郊赦に伴う「身言書判」の試験実施。	宋選10
4	十月，「試出官法」制定（b「身言書判」制度廃止）	宋選13

※宋選は，『宋会要』選挙，長は，『長編』の省略である。

は，今一つ明らかにされていない。そこで，中書の指摘する問題点から出発し，更に表1を駆使しながら，その衰退の軌跡を辿ってみることとする。

基本テキストに使った『宋会要』選挙13は，この部分を簡略に述べるが，他のテキスト（二）（三）は，

　（二）已受任而無勞績，舉薦及免試恩法，須再試書判三道，然亦虚文。
　（三）及已受任而無勞可書，亦無薦者，法當再試書判三道，亦成虚文。

と述べる。つまり，試判を受ける対象者は，考課において労績が無いと判断された者，挙主がいない者，及び免試の恩典が無い者である。前の二つは，梅原氏が選人の昇級方法として整理する[25]「酬奨」[26]（考課上，殊考をあげた者に対する特別昇給），「奏薦」（規定数の保証人を獲得した時に行われる特別昇給）と関係があると思われる。この推定が正しいとすれば，選人の昇級方法の残りの一つ，常調（一任期を了えるごとに段階を一つ一つ上がってゆく方法）選人のみが対象となっていたことになる。これを裏付けるように，『長編』巻59，景徳元年二月の条に，

　是月，有司以常選人判詞來上。上閲之，有前饒陽主簿張上達所試荒繆。因謂宰相曰，似此者，豈可以治民。乃詔有司，申明太平興國中四等判格。
　（以下略）

とあり，常選（常調[27]）の者が，試判の対象とされている。最後の免試恩法は，郊祀等に伴う措置と思われるが，具体例に則して明らかにすることとする。太祖時代においては，

　太祖建隆三年八月。詔吏部流内銓，選人竝試判三道，只於正律及疏内出題，

25）　梅原『宋代官僚制度研究』，第一章「宋代の文階」。
26）　考課で殊考をあげたものに対し，免選の恩典を与える史料としては『長編』巻108，天聖七年十月丙午に，「詔，知州軍文武陞朝官，歳舉見任判官主簿尉有罪非贓私・有出身三考・無出身四考堪縣令者各一人，轉運使副，不限以數，舉者及二人，移注近縣令，任滿，無贓罪，公私罪情輕，用刑無枉濫，捉賊無追擾，本部上治狀，陞幕職，再知縣，有無過謹，或有罪而公私情輕，職業愈修者，替還引對，特遷京官，仍逐任與免選。（以下略）」と見える。
27）　註3）内河論文は「常調」と「常選」が同義であると述べる。

第一章 「試出官法」条文の意味するもの

定爲上中下三等，其超隆准元敕指揮，仍限敕出後一年，依此施行，流外出身，不在此限。(『宋会要』選挙24-9)

(乾德二年七月) 庚寅。中書門下上重詳定翰林學士承旨陶穀所議少尹幕職官參選條件。應拔萃判超及進士・九經判中者，竝入初等職事，判下者依常選。

(以下略) (『長編』巻5)

と上に見える史料の通り，選人及び科挙合格者は一律に試判の試験を受け，官職に任用されている。ところが，次の太宗時代に入ると，『宋会要』選挙2-1に，

(太宗太平興國二年) 三月二十三日。詔新及第進士呂蒙正以下，第一等爲將作監丞，第二等爲大理評士（ママ）(事)，竝通判諸州，各賜錢二十萬，同出身以下，免選注初等幕職判司簿尉。

とあり，進士合格者は，「免選注官」の措置を受けることとなる。この時の改変を『玉海』巻116，選挙，科挙の条は，「未命官先解褐，始興國二年」と述べている。つまり，科挙合格者は，殿試終了後，即ちに官職の授与が行われることとなり，唐代の任用制度――科挙合格後，一定期間候選し，吏部試(「身言書判」)を受け，合格すれば実職に任用する――は，崩れていったのである[28]。この「免選注官」と相対する言葉として「令吏部依常調注擬」が見られるが[29]，免選に吏部で行われる試判を免除する「免試」の意味が含まれていたことは想像するに難くない。さすれば，①で検討した真宗時代以降頻発する「放選」「免選」の措置にも「免試」の意が含まれていた可能性は高い。その理由としては，第一に真宗大中祥符二年の封禅に伴う放選措置を受けた者が三千余人にも及んでおり，これらの者に対して一律に試判が実施されたとは考え難いこと，第二に『長編』巻12，開宝四年 (971) 二月の記事(「自今日以前罷任諸色選人，竝特放選，令於南曹投狀，判成送銓司依次注擬」)をあげることができる。『宋会要』選挙24-9によれば，本来，吏部南曹で書類審査を終えた選人は，吏部流内銓で試判を受け，実職に任用されるのが一連の手続きである(「銓司應有南曹判成選

---

28) 荒木『宋代科挙制度研究』，第三章「殿試」，第五節「殿試考官」の項参照。
29) 『宋会要』選挙2-2，雍熙二年三月二十日。

人，自初到銓引納家状，告示逐旋磨勘，便令試判，竝覆闕注擬」)。ここでは，単に「依次注擬」と見えており，試判を受けることなく，順次実職に任用する措置と思われる。要するに，試判対象者は，常調選人にのみ限定され，且つ「免選」「放選」の措置の乱発は，更に対象を狭くしていったのである。

次に表1に整理した如く，一般形態の「身言書判」は，選人引対の際，書判を以て奏御に備える詔が出されるなど，強化の動きも見せるが，(一) 試判制度の規定を定めた同一の詔令が，太平興国二年，景徳元年，天聖元年と三度に亙り出されており，実効の衰退を予想させること，(二) 真宗以降しばしば下される特別形態の「身言書判」が常選に滞る選人の抜擢(「先朝念俊義之士或淹常選[30]」)を主旨としており，一般形態の試判が，賢才登用機能を喪失していったことを伺わせること，(三) 選人引対の際，書判を以て奏御に備える改革も，景祐元年に至ると優秀者と不出来な者の書判に限定されたこと，などは，虚文化の進行が避け難いことを物語っている。この背景には，梅原氏が検証した「資序」と「薦挙制度」を柱とする新たな銓選体制の確立を見るべきである[31]。

更に熙寧四年十月の改革直前に行われた南郊赦に伴う「身言書判」の記事を調べると，次の部分が注目される。

　　上問執政試判故事，因曰，此何足以見人材。對曰，誠然。先朝有與京官者，
　　　實可惜。上以爲然。(『長編紀事本末』巻67，「裁定京官」，熙寧二年三月戊辰の条)
神宗は，輔臣に試判の故事を尋ねているが，これは実施状況から考えればbよりもcに該当すると思われる。事実，表1に整理したように天聖九年に南郊赦に伴う試験が実施されてより，cに該当する記事はこの時まで途絶えている。つまり，神宗の言葉は，特別形態の「身言書判」も実施されなくなってより，かなりの時を経過していたことを物語るものである。次に神宗は，試判の有用性を問題視するが，或る官僚は「誠に然り。先朝，京官を与えること有るは実に惜しむべし。」と答え，実効の無い試判に対する過大な恩典を不必要として

---

30)　『長編』巻98，乾興元年四月壬戌。
31)　「資序」に就いては梅原『宋代官僚制度研究』第一章，「宋代の文階」，「薦挙制度」に就いては第三章「差遣――職事官の諸問題」，第三節「銓選の諸問題（その二）」参照。

いる。この官僚を王安石と思わせる史料もあるが[32]，いずれにせよ，試判が既に有用性を持ち得ないという考えは，神宗及び中央官僚の一部に共通したものであった。かくして，試判は，熙寧四年十月に廃止され，新たに「試出官法」に再編されることとなる。

おわりに

　以上，「試出官法」の本来の主旨及び変遷にわたり検討して来た。ここで得られた結論を簡単に纏めると次の通りとなる。
　(一) 熙寧四年十月の条文は，任子及び守選選人に対する任用試験を規定したものであり，また，①恩赦を中心に惹き起こされる「乱進の弊」の打開策，②范仲淹の慶暦の改革——任子初出官制度——が挫折した結果，残された課題を包含しつつ，王安石の吏士合一の理念に基づき再編したもの，③試判制度が，「酬奨」「奏薦」「免試恩法」による除外措置，或いは「資序」と「薦挙制度」を柱とする銓選体制の確立により虚文化された結果，時宜に合う形に再編したもの，として位置づけられる。
　(二)「試出官法」により築かれた銓選体制は，唐代の遺制——「身言書判」「守選制度」「任子初出官制度」等——を払拭して成立したものである。かつて内藤湖南は，唐宋間における科挙の変化を「貴族として相応しい人物を選ぶ科挙」より「実務主義に基づく科挙」への移向として捉え，その完成期を王安石新法改革時とする見解を発表したが[33]，銓選制度の変化も，同一の軌跡を辿ったのである。
　以上の二点が本章で明らかにされた点である。論考の主体が熙寧四年十月の条文に集中した結果，それ以後の「試出官法」をめぐる新旧両党の政策，ひい

---

32)　『長編紀事本末』巻67は，註に次の文章を載せている。
　　日錄載此事于三月二十五日，且云，安石止欲與試判人循資。曾公亮言，先朝與京官。富弼言，今改先朝故事甚多，此亦不用先朝例。上以爲然。
33)　『中国近世史』(弘文堂，1947年)，第一章「近世史の意義」参照。

てはそこに反映される官僚人事の理念の差異については言及できなかった。これらの問題に就いては次章で論ずる。

第二章　「試出官法」の展開
―― 銓選制度をめぐる新法党，旧法党の争い ――

はじめに

　宋代選挙制度をめぐる問題は，これまで科挙を中心に論じられてきたが，最近の官僚制度研究の深化とともに銓選に触れる論考も多く見られるようになった。筆者は第一章において銓選制度の一端をなす「試出官法」に関して検討を行ったが，その中で二つの検討すべき問題点を見出した。第一は，銓選の基本的枠組みに関するものである。『宋史』巻155，選挙志をひもとくと，

　　議銓選者毎曰，以年勞取人，可以絶超躐，而不無賢愚同滯之歎，以薦舉取
　　人，可以拔俊傑，而不無巧佞捷進之弊。

と述べられている。つまり，銓選論議は「年労」によって人を取るか，「薦挙」によって人を取るかの二方向であり，換言するならば「資格論」と「薦挙論」の二つにまとめられる。前者の「資格」は史料上では「資」「資序」という言葉で頻見される。例えばある官僚が，選人身分より京官身分へ移行するためには，一定の職歴と一定の推薦者――判司簿尉は七考，知令録と職官は六考して京官の推薦者五人（内一人は転運使・転運副使・提点刑獄）――が必要であり[1]，同様に通判より知州へ移行するには，一定の条件――通判両任，挙主――が必要となる[2]。前者は寄禄官上の昇進――「資」の問題であり，後者は差遣上の昇進――「資序」の問題である。いずれも職歴と挙主を中心として昇進させるものであるが，挙主は必要条件でない場合もあり，「資格」の主体は職歴であったと考えられる。そこで仮に「年功序列型昇進」と呼んでおく。但し，この昇進は，考課・出身（進士出身，非進士出身）等の付帯条件によって変化するもの

1）　『宋史』巻169，「吏部流内銓諸色入流及循資磨勘選格入流」の条，「磨勘」の項。
2）　『長編』巻404，元祐二年八月癸未，文彦博の上奏。

であることを付記しておく。後者の「薦挙」は官僚を破格任用するために設けられたものであり、司馬光の「十科挙士」はその最も著名な例である。これを仮に「薦挙型昇進」と呼んでおく。この両者の昇進方法は単独で用いられるというよりも巧妙に組み合わされて運用されるのが一般的であり、この姿こそが宋代銓選の基本的構造と考えられる。最近の研究では「資格」「薦挙」について個別に研究が進められ、それぞれの制度上の変遷についてかなりの部分が明らかにされている[3]。しかし、その制度上の画期と言える断面については十分に検討されたとは言い難い。そこで同時代の葉適の「資格」論を手懸かりに考えてみることとする[4]。彼は「資格」運用に基づく銓選の弊害を論じつつ、二つの方向――「資格」をうまく運用した者、「資格」を破り人材任用を行った者――を提示する。前者は李沆・王旦・王曾・呂夷簡・富弼・韓琦・司馬光・呂公著であり、後者は王安石・章惇・蔡京・王黼・秦檜である。これを一見すると北宋前半期の人物を除き新法・旧法両党の人物がうまく分けられていることに気づく。この評価は王安石を例に取れば『長編』巻241、熙寧五年十二月己卯の条に、

　至于士大夫、亦各自計資級、資級所當得、不以爲恩、若稍稽留、便生觖望、及陛下稍分別才否陟黜、不復盡用資序、士大夫乃粗知有勸。

と見える彼の反「資格」とも言うべき意識と合致しており、検討の余地があると思われる。そこで、王安石を素材とし、当時の官僚達の銓選に対する考え方を考察していく。但し、本章は王安石の個々の人材任用を分析する方向ではなく、前章に引続き彼の行った各種の試験制度を分析していくこととする。

　第二は銓選と科挙との関連作用である。前章でも微妙に関連があるとの推論

3)「資格」については梅原郁『宋代官僚制度研究』(同朋舎、1985年)第一章、第二章、第三章、及び鄧小南「北宋循資原則及其普遍作用」(『北京大学学報』(哲学社会科学版)1986年第二期)、「薦挙」については梅原『宋代官僚制度研究』第三章「差遣――職事官の諸問題」第三節「銓選の諸問題(その二)――薦挙制度を中心に」、を参照。
4)『水心別集』巻2、「資格論」。この他にも孫洙「資格」(『宋文鑑』巻103所収)、呂中『皇朝大事記講義』巻2、「頒循資格」、章如愚『群書考策』続集39、官制門、資格等に類似の内容が見られる。

を述べておいたが，ここで問題とする王安石には特にその傾向が見られるように思われる。彼の「上仁宗皇帝言事書」(『臨川先生文集』巻39)は，学校・科挙・銓選・考課にわたる全般的人材改革を述べたものであり，我々も王安石の選挙改革を取り上げるには複合的な視野を持つべきであり，本章もその方針に従う。

　以上の二つの問題点を踏まえ，第一章で取り上げた「試出官法」を素材として王安石の選挙政策を考察していくこととする。なお，第一章は「試出官法」の先行論文である内河久平氏，梅原郁氏の見解[5]に疑義を懐き，基本となる熙寧四年（1071）十月の条文，及びそれ以前の試験体制，試験対象者と科目の二点を中心に分析したものであり，次のような結論を得ている。(一)「試出官法」の基本条文は，任子及び守選選人に対する任用試験を規定したものであり，又，①恩赦を中心に惹き起こされる「濫進の弊」の打開策，②范仲淹の慶暦の改革――任子初出官制度――が挫折した結果，残された課題を包含しつつ，王安石の吏士合一の理念に基づき再編したもの，③試判制度が「酬奨」「奏薦」「免試恩法」による除外措置，或いは「資格」と「薦挙」を柱とする銓選体制の確立により虚文化された結果，時宜に見合う形に再編されたものとして位置づけられる。(二)「試出官法」により築かれた銓選体制は，唐代の遺制――「身言書判」「守選制度」「任子初出官制度」等――を払拭して成立したものである。

　第一章は主として熙寧四年十月の条文の成立過程を論じたものであり，以後については触れていない。一方，内河氏には以後について述べられる箇所は無いが，梅原氏は南宋にまで及ぶ見通しを出されている。この内，問題となるのは，①「試出官法」の中心が恩蔭出身者であり，②旧法党時代に入っても大きな変化を見せなかった，とする二点である。①については既に批判を加えているが，あらためて四年以降の事例についても検討する。②については新科明法科の設置等の科挙改革をも合わせた視角より検討する。それは問題点の二で述べた理由に基づく。具体的には，かつて宮崎市定氏が「試刑法」として各種の

---

5)　内河「宋初の守選人について」(『中嶋敏先生古希記念論文集』(上)，記念事業会，1980年)，及び梅原『宋代官僚制度研究』，第五章「宋代の恩蔭制度」。

法律試験を紹介し,王安石の人材任用の特徴を概観された[6]やり方に近い方向を取る。但し,前章で述べたように法律官僚任用試験である「試刑法官」は「試出官法」と区別し,後者に近い部分をのみ合わせて論じることとする。つまり後者の試験の目的,「出官」(実際の職務につくこと)に合致する事例を合わせて検討するのである。更に②を分析する視角として哲宗旧法党時代の選挙論を取り上げる。それは一見動きが見られないようでも,その水面下で変化が起きていることがままあるからである。以上の分析視角より,王安石の銓選改革の意味を明らかにすることとする。

一,「試出官法」の展開

官僚予備軍たる守選選人と任子初出官者を試験し有能な者に実職を与えるのが,熙寧四年十月の条文の内容である。ここで注意すべきは,前者は律令大義・断案・議の三科目,後者はそれらに経義を加えての四科目よりの選択試験であったことである。つまり,前者が守選選人(任期終了後,次の銓注を待っている選人身分の者)という性格を踏まえ,実務能力の基準となる法律に重点を置いたのに対し,後者は初めて実職に就くことを考慮し,進士科の試験に倣い士大夫の教養を代表する経義によっても受験することを認めたのである。この法律,経義の二基準による人材任用の方針は,他の各種の任用試験を含め,ほぼ神宗時代を通じて伺うことができる。しかし,表2に掲げておいたように,王安石の引退を前後として些か政策の転換が見られる。そこで,仮に三期に分けて考察を進めていく。

　　　(i) 王安石執政時代
(i)は受験対象者が拡大された時期である。従来の守選選人と任子初出官者に(イ)科挙合格者(進士科・諸科)(ロ)新科明法科合格者(ハ)換文資が加わり,更に(ニ)胥吏層に対しても同様な試みが見られる。

---
6)「王安石の吏士合一策」(『アジア史研究』第一,1957年同朋舎刊所収)。

第二章 「試出官法」の展開　　　　　　　　　　57

表2　「試出官法」主要事項

年月	「試出官法」関連事項	出典	年月	その他の関連事項	
熙寧(1068)					
4.10	「試出官法」制定。(「身言書判」「守選制度」廃止,「任子初出官制度」改定)	長227	4. 2	諸科を廃止し,進士科に於いては経義・論・策によって試す。	長220
5. 4	「班行換選人」に施行。	長232			
6. 3	「進士・諸科同出身及授試監簿人」に施行。	長243	6. 4	律学の設置。	長244
.7	「特奏名授文学・長史」に施行。「進士及第非上三人」に施行。	長246 長246		新科明法科の設置。	長244
			7. 4	王安石宰相をやめる。	長252
8. 5	「發運・轉運・提點刑獄・提擧司・州縣吏及衙前」に対し,三年に一度斷案の試験を実施。	長264	8. 2	王安石宰相に復す。	長260
			.9	検正中書刑房公事王震・中書戸房習学公事練亨甫・池州司法参軍孫諤,貢擧式を編修す。	長268
.7	練亨甫の上言により,進士及第者すべてに施行。	長266			
9. 1	「中書主事以下」に対し3年に1度法律試験を実施。	長272	9.10	練亨甫,黜せらる。	長278
.3	「新進士於舊法不該守選人」は試験を免除。	會選2		王安石宰相をやめる。	長278
元豊(1078)					
2. 5	「進士・諸科新及第人」に対し法律試験を免除。	長298	4. 1	進士の試験に律義を加える。(解試一道,省試二道)	長311
元祐(1086)					
1. 4	「選人年五十以上歴兩任・六十以上一任,無贓罪及私罪情重,並今任非停替者」に免試。	長374	1. 7	司馬光の上言により「十科擧士」を設置。	長382
2.11	「内殿承制至差使試換文資法」をやめる。	會職61	2.11	科擧改革「罷律義」新科明法科――「添論語義二道・孝經一道」	長407
3. 8	内外の吏人・衙前に対する「試斷案」を廃止。	長413	3. 9	律学博士一員を省き,学生には給食せず。	長414
4. 1	王彭年の上奏により「試出官法」の恩典と人数を縮小。	長421			
5. 8	石諤の上言により「三人以上爲一保」及び律賦の課試が認められる。	長446			
6.11	三省・枢密院並六曹・御史台・開封府・大理寺の人吏に三年に一度,「試斷案」を許す。	長468			
7. 3	任子初出官者に対する年齢制限有出身――20歳以上,無出身――25歳以上	長471			

※長は『長編』,會は『宋会要』の省略。

(イ) 科挙合格者（進士科・諸科）

まず，熙寧六年（1073）三月丁卯に

　詔，自今進士・諸科同出身及授試監簿人，並令試律令大義或斷案，與注官，如累試不中或不能就試，候二年注官。（『長編』巻243）

と見えるように，「進士・諸科同出身」及び「授試監簿人」に課試の範囲が拡大されている。当時の科挙の規定に従えば進士科合格者は五等に分けられ，第一・第二等に及第，第三等に出身，第四等に同出身，第五等に同学究出身が与えられることとなっていた[7]。以上は正規の合格者，即ち正奏名に対する規定である。一方，受験回数・年齢を考慮して特別に与えられる特奏名は，熙寧六年三月癸亥に

　御集英殿，賜特奏名進士・明經諸科同學究出身・試將作監主簿・州長史・文學・助教，總六百九十一人。（『長編』巻243）

と見え，「同学究出身」「試将作監主簿」「州長史・文学・助教」を与えられている。従って六年三月段階では，正奏名下位合格者及び特奏名上・中位合格者まで範囲が広がったこととなる。更に七月には特奏名下位合格者──「其特奏名授文学・長史」──に対しても適用され（『長編』巻246，熙寧六年七月乙卯），次いで進士及第の内，上位三人を除くすべての合格者に適用されることとなる（『長編』巻246，熙寧六年七月丙寅）。この段階では上位三人が除外されるという不合理性が残されていたが，八年七月には，

　七月二十三日。中書門下言，據專切編修熙寧政錄練亨甫狀，檢會，熙寧六年七月二十五日詔，今後科場除三人及第依舊外，餘並令試律令大義・斷案，據等第高下注官。看詳立法之意，（a）蓋爲先時官吏多不曉習刑法，決獄

7）『長編』巻220，熙寧四年二月丁巳朔。なお，本条所引の『選挙志』では「惟同學究出身，獨熙寧六年・九年行之，其後第五等皆上特推恩，復賜同進士出身」と見え，学究出身の賜与を六・九年のみとしている。更に『太平治迹統類』巻27では進士科合格者を恥ずかしめるという鄧綰の上言に基づき廃止されたと記されている。梅原『宋代官僚制度研究』38頁には，寄禄官の叙遷は有出身（進士科・九経出身）と無出身（明経・諸科出身その他）に分けられたと述べられており，この廃止も本章で述べる進士科合格者に対する権益擁護の動きと関連があると思われる。

第二章 「試出官法」の展開

治訟，唯胥吏爲聽，所以令於入仕之初，試律令大義・斷案，入等，然後注官。此誠良法。然其間獨不令三人就試，於義未安。切緣，（b）進士第一名及第便入上州簽判，第二・第三名便入兩使職官，通與一州之事，比之判司簿尉，事任不侔，於曉習刑法，豈所宜緩，（c）兼前日官吏，有講習刑名，眾皆指爲俗吏，雖昨來試中法官恩例甚厚，而初應者少，今若獨優高科之人，不令就試，則人以不試法爲榮，以試法爲辱，滋失勸誘士人學法之意。欲乞今後進士及第自第一名已下，並令試律令大義並斷案。所貴編入聖政，使後世無以復議。從之。(『宋会要』選挙13-18)

とあり，中書習学公事[8]練亨甫の上言に基づき，解消されることとなった。（a）は六年七月に出された詔の主旨を解した部分であり，「先の官僚は法律に習熟しなかったために胥吏に司法を委ねることとなった。そこで実職任用前に法律試験を実施した。」と述べる。更に当該の不合理性に触れ，二つの問題点──（b）進士上位合格者は簽書判官・兩使職官に任ぜられ州政に与るのだから法律の習得に緩むべきではない。（c）以前，法律を習うものは俗吏として卑しまれてきた。政府は恩典を厚くし奨励に努めているが応募者が少ない状況である。今，高科のみ優遇して試験を免除すれば，士人達は試験を栄誉と見なさず，法律奨励にとってマイナスとなる。──を開陳している。つまり，親民官としての職掌上の必要性及び法律奨励策の二側面より「試出官法」の拡大を訴えたのである。なお六年，八年の改革の趣旨としていずれも実務能力を求める手だてとして法律が強調されていることは注意すべきである。

　ここで制定された人材抜擢法を整理すると図1のようになる。右半分は熙寧四年十月に定められた部分であり，左が新たに付加された部分である。次に図の意味を確認するために進士科受験者に対する改革を整理しておく。

　従来，進士科は墨義・帖経・詩賦の三科目によって選抜されたが，暗記・文学中心であると批判が高まり，四年二月の王安石の科挙改革によって経義・論・策の三科目に変更された。この内，特に重点が置かれたのは経義であり，その

---

[8]　同文を載せる『長編』巻266，熙寧八年七月辛巳は「中書習學公事」となっており，これが主な差遣で，「專切編修熙寧政錄」が兼職であると判断し，前者を採録した。

図1 人材抜擢法
―熙寧8年7月モデル―

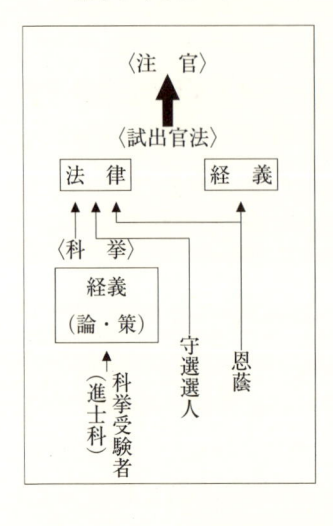

〈注官〉
↑
〈試出官法〉
法律 経義
↑↑ ↑
〈科挙〉
経義
（論・策）
↑   ↑
科挙受験者 恩蔭
（進士科） 守選選人

方針は二年の科挙論議によって決定づけられた[9]。この論議で王安石・韓維は詩賦を廃止し経義を中心とする登用を主張し、蘇軾・趙抃は詩賦を中心とする登用を主張した。結局、前者の意見が採用されることとなったのである。これが官僚身分への登用試験改革である。

一方、「試出官法」は実職任用に対する改革である。従来は科挙に合格すれば即ちに実職を獲得できるシステムとなっていたが、八年七月の改革により第二段階の試験（「試出官法」）を通過して初めて一人前の官僚として扱われることとなった。要するに、第一関門で士大夫としての教養を試験し、第二関門で実務能力を確かめるという、二段階選抜方法が確立されたのである。これこそ、宮崎氏が提唱した吏士合一の具体的姿と言えよう。ところでこの方法は、唐代の科挙及び身言書判に基づく吏部試の二段階抜擢方法と類似している。四年十月の改革の一因として身言書判制度の虚文化があげられていたことを想起すれば、或いは唐制をモデルとした可能性もあり得る。

さて、改革の提案者である練亨甫について簡単に述べておく[10]。彼は福建路建州浦城県の出身で王安石の息子王雱の下で学び、かつ王安石にかわいがられた人物であった。熙寧六年進士科に登第後は三経新義の編纂に携わり、次で八年五月に中書習学公事[11]に就任した。彼はこの肩書で幾つかの重要な職務を担

---

9) 『文献通考』巻31、選挙4。
10) 『宋史翼』巻40及び『長編』、『宋会要』より彼の履歴を考察した。
11) 王安石は有能な人材を熙寧三年九月に設置した中書検正官に任用し、各種の新法に関わる職務を兼任させ或いは政策の立案を行わせるなど、このポストを新法運営の中心的存在とした。これには呂恵卿・曾布・張商英・李定など新法党の代表的人物が名を連ねている。一方、中書習学公事は検正官の見習いという形で官位の低い有能な若手を抜擢するために設けられたポストである（『長編』巻248、熙寧六年十二月庚辰）。

第二章 「試出官法」の展開　　　　　　　　　　　61

当している。第一は八年七月の改革の提案であり，第二は地方学の学官任用試験（教官試法[12]）の提案である。王安石の各種の試験制度の内，教官試法，「試出官法」の二つの推進者となっていることは興味深い事実である。第三は貢挙勅式の編修[13]である。それと関連した成果として（一）武挙受験者の試験会場を秘閣より貢院別試所に変更したこと（『宋会要』選挙17-17），（二）五路挙人と諸科より進士科に変更した人の枠（『長編』巻272，熙寧九年正月壬申），（三）期集銭の賜与の廃止と小録刊行費の賜与（『宋会要』選挙2-11）などがあげられる。又，別試所考試官（『長編』巻268，熙寧八年九月乙酉），殿試初考官（『長編』巻273，熙寧九年三月辛巳）に任用されている。以上より判断すれば，練亨甫は中書習学公事の肩書を有しながら特に選挙制度方面に活躍した官僚であったと言える。更に彼は新法党の二大派閥——王安石派と呂恵卿派——の内，王雱と昵懇の間柄より前者に属し，後者の呂恵卿兄弟に憎まれた人物[14]であるから，彼の政策の背後に王安石の存在を推測することは妥当であると思われる。

　次に王安石の官僚像について若干触れておく。彼の官僚像については宮崎氏が吏士合一を理想とするとの卓見を述べられたが「試出官法」との因果関係を示す史料は皆無と言って良い。ただ，「上仁宗皇帝言事書」の一節に，

　　方今州縣雖有學，取牆壁具而已。非有教導之官長育人才之事也。唯太學有教導之官，而亦未嘗嚴其選，朝廷禮樂刑政之事，未嘗在於學，學者亦漠然自以禮樂刑政之事爲有司之事，而非己所當知也。（『臨川集』巻39）

12）『長編』巻267，熙寧八年八月壬辰。教官試法に就いては荒木敏一「府州県学の教官と其の試法」（『宋代科挙制度研究』所収）がある。ただ，この試験をめぐる荒木氏の新法党・旧法党の政策理解には疑問の点が残る。簡単に言えば，教官試法も「試刑法」と同様に，他薦，自薦に基づく試験が基本であり，この方法をめぐって両党間で対立があったと理解すべきである。

13）『長編』巻268，熙寧八年九月庚申朔。同条は彼の職務を「同修貢擧式」と記すが，『宋会要』選挙17-17，熙寧八年十二月十三日，『長編』巻272，熙寧九年春正月壬申等の条はいずれも「編修貢擧勅式」であり，この肩書きを正式と考える。

14）呂恵卿の練亨甫批判は『長編』巻265，熙寧八年六月丁未，同巻268，九月辛未等の条に見えるが，王安石との関係を悪くした人物として彼を意識していることは注目される。

とあり，太学生の学ぶ教養として「禮樂刑政之事」を主張している。当時の忌むべき科挙が墨義・帖経・詩賦の三課目であったことより判断すれば，新たに求められる「礼楽」が経義と「刑政」が法律と結びつくと考えるのはかなりの妥当性があるように思われる。さすれば，練亨甫の提案と王安石とを繋ぐ線は一層濃いものとなり，吏士合一が経義と法律という具体的な組み合わせを持ち，両者の教養を兼備する官僚が理想像であったと推測しうることとなる。

(ロ) 新科明法科

従来より王安石の科挙改革の特徴の一つとして明経諸科の廃止と進士科一本槍の確立があげられてきたが，その方向に反する新科明法科の設置については十分検討されてきたとは言えない。そこで，まず熙寧四年二月の科挙改革[15]に立ち返って考えてみることとする。

> 中書言，(中略) 明經及諸科欲行廢罷，取元解明經人數增解進士，（a）及更俟一次科場，不許諸科新人應舉，漸令改習進士。（b）仍於京東・陝西・河東・河北・京西五路先置學官，使之教導。其禮部所增進士奏名，止取五路進士充數。(中略) 從之。

右の傍線（a）は，次の九年の科挙より新たに諸科を受験させないこと，（b）は諸科の廃止に伴い増加した解試合格者の枠を京東・陝西・河東・河北・京西の五路の進士に充てることを示している。つまり，（a）は諸科の廃止といっても旧来よりの諸科受験者に対しては暫定的に諸科の受験を認め，新たに受験を希望する者に対してのみ次の科挙より認めないとする措置である。これに関して当時の朝廷では次のような議論が行われた[16]。北人官僚の文彦博は「この度の科挙改革により，明経諸科受験者の多い斉魯の学生は対応できずに職を失う恐れがある。」と述べた。ここでは斉魯の学生にのみ言及されているが，北宋初より北人──明経諸科，南人──進士科の図式が確立していたことより推測すれば，北人の権益を守る主張であったと解される。それに対し南人官僚の

---

15) 『長編』巻220, 熙寧四年二月丁巳朔。
16) 『長編』巻223, 熙寧四年五月丙辰。

第二章 「試出官法」の展開　　　63

呉充は「斉魯の明経諸科合格者は実際の政務に通暁していない。」と批判した。ここで神宗は「近世士大夫は法律に通じていない。」と話題を転換した。これを受けて呉充は，旧来の明法科は暗記を主として法意に通じていないこと，及び最近実施された「試刑法官」が良法であることの二点を述べた。これはあくまでも選挙論議であり，実際の政策に反映されたとは限らないが，次のようなことを読み取れるように思われる。即ち，科挙改革で落ちこぼれる華北を中心とした旧諸科受験者を「試刑法官」の方式に倣い，法律を試験することによって官僚に登用しようとする方向である。この延長上に新科明法科の設置があったと考えられる。

（ｂ）は正しく北人救済を表面に表した措置である。既に英宗治平元年（1064）に北人官僚の司馬光が地域格差の是正のために路ごとに一定数の進士科合格者を出す方式を提言している[17]。この時は南人官僚の欧陽脩の反対[18]もあり採用されなかったが，解試合格者枠を華北の五路に拡大するという措置は，司馬光，文彦博などに代表される北人官僚の意向を汲み取ったものと考えられる。

かくして新科明法科は熙寧五年以前の旧諸科受験者を対象とし[19]，九年の科挙において第一回が実施された。当時は「員多闕少」（官僚の増加に伴うポスト不足）の状況が進んでおり，容易に実職を獲得できたとは考え難い。実際は『宋会要』選挙13-20に，

（熙寧十年）四月四日。中書門下言，勘會，去年新科明法及第出身人，多就當年秋試刑法，其閒有試第二等循兩資・第三等循一資・第四等堂除差遣・第五等免試。緣新科明法人既係試中斷案・律議登科，若更以本業再試刑法等第推恩，頗爲大優。況進士及第人既不許試經義出官，武臣武藝出身人亦不許試武藝弓馬，豈新科明法人獨許以舊學再試。今欲應新科明法及第人，就試刑法，如試中，除入第一等合差充刑法官人與依例推恩外，其合入免試以上等第，並與免試，更不推恩。若就銓試中，即許投下文字，其合得堂除

17）『司馬光集』巻30，「貢院乞逐路取人状」。
18）『欧陽文忠公集』巻113，「論逐路取人劄子」。
19）『宋会要』選挙14-1。

以上恩澤，亦更不施行。如願試經義入等，自依等第推恩。從之。

と見えるように，合格した年の秋に行われる「試刑法官」（法律官僚任用試験）を経ることによって実職を獲得する者が多かった。これは図１の進士科受験者の二段階選抜方法の原理と似ている。つまり新科明法科の試験によって官僚身分を獲得し，更に「試刑法官」を受けて実職を獲得するのである。しかし，この二段階選抜方法がいずれも断案・律義という法律試験であるのは他と比べて優遇すぎるとの批判が出た。それは，進士科合格者は「試出官法」を経義で受けることができず，武臣・武芸出身者も武芸・弓馬で受けることができないからである。要するに二段階選抜方法の原理は異なる能力を問うことにあるのであり，新科明法科のみ特別扱いをすることはできないのである。そこで新科明法科合格者が「試刑法官」を受験する場合，法律官僚に抜擢する以外は「免試（注官）」（「試出官法」を免除し実職を与えること）以上の恩典を与えず，また「銓試」（「試出官法」）を受ける場合は堂除差遣以上の恩典を与えないが，経義によって受験するならばランク通りに恩典を与えると定められた。ここで注意すべきは，新科明法科受験者が進士科と伍して出世するには法律に加えて経義を必要とする，という先に見た吏士合一の原理が働いていたことである。猶，この科は合格者の増加——熙寧九年三十九名，元豊二年一四六名[20]——を見るなど一時的には隆盛に向かうが，本来の趣旨に従えば，最終的に旧諸科受験者が消滅することにより，進士科一本槍が確立するはずであった[21]。

(ハ) 換文資

換文資とは武官が文官にかわることを言う。従来の換文資の方法をまとめると四タイプとなる。

---

20) 『長編』巻297，元豊二年三月辛卯。
21) 『宋会要』選挙14-3，元祐八年四月二十二日の礼部の言に「先朝廢罷明經及諸科擧人許改應新科明法，自不許新人取應，欲鎖盡明經及諸科舊人」と見える。しかし，実際には元祐・紹聖年間の実施，或いは南宋時代の再設置に見られるように，断続的ながら続けられていく。

第二章 「試出官法」の展開

(a)（淳化三年）十月。以供奉官張敏中爲大理寺丞。敏中，宣徽北院使遜之子，嘗進所業文，願改秩，從其請也。

(b)（天聖）二年六月。故右諫議大夫劉綜妻長樂縣君司空氏言，有男東頭供奉官允中，乞換一文資。詔，授光祿寺丞。

(c)（天聖四年）十一月。詔，三班使臣内有元是舉人入班行者，如樂換文資者，左班殿直與試衛近地知縣，候得替無贓罪，與節察推官。右班殿直與家便大縣簿尉，候得替無贓罪，與初等職事官，諸科與令錄。三班奉職與除簿尉，進士與家便，諸科與近地。三班借職與小處判官簿尉。殿侍補郊社齋郎。

(d)（天聖八年）五月。三班院言，奉職林太蒙乞換文資。從之。仍詔，今後班行委是文資之家，骨肉年二十五以上，特許改授文資，仍令逐處量試讀律及親寫家狀繳奏以聞。（以上『宋会要』職官61，換官）

(a)は著作物を進上し請願した例である。(b)は母親が上請した例であるが，肉親或いは親戚による上請の例としてまとめられる。また，官僚による推薦もこのタイプとする。(c)は儒業を学びながら武官となっている者の上請の規定である。(d)は自薦に基づく試験の例であるが[22]，幾つかの条件が見える。官位は班行（三班使臣）で文官の家であること，又年が二十五歳以上であること等の条件を満たした上で，読み書きの試験を行い[23]，合格すれば文官に換わるのである。(a)(b)(c)については(d)と同様に試験が実施されたかは定かでない[24]。しかし，官位，家柄，年齢，儒業等の条件が換文資の

---

22) (a)の例としては張敏中以外に王操・和嶧・錢惟演等，(b)は王恪，張旦，陳紹孫，馬仲甫，曾孝広等，(c)は錢昱，陳象，劉筠等，(d)は王袞，郭道卿，史世隆等があげられる。

23) この試験体制は長期にわたり実施されたと思われる。しかし，大中祥符三年正月「並試時務策三道，不習文辭者許直述其事」，皇祐四年十二月十一日「習文業則試詩賦各一，並依禮部條例施行。習經業則須精一經，以問十得六爲通，貼以念律」と前後に課目の変化が見られる。（以上註22），23），『宋会要』職官61）

24) 註22)に(a)の例としてあげた錢惟演は「獻所著文，召試學士院」と見え，試験も受けている。

決定に影響を与えたことは確かである。

　これらの方式は王安石執政時代に入ると大きく変更されることとなる。『宋会要』職官61-14, 熙寧五年五月九日の条に

　　檢詳兵房文字朱明之言, 乞今後自承制以下如願換文資者, 不須三代曾任文資之家子孫及親伯叔兄弟子孫見任文官, 並許（a）<u>依得替守選幕職州縣官乞試斷案或律義幷奏補京朝官及選人乞依進士試經義或</u>（b）<u>依試法官條例</u>施行。如試中合格, 可與比類文資安排。所貴各盡其材以就職業, 少副朝廷因能任官之意。從之。

とあり, 従来の換文資の条件である親属に文官経験者或いは現任文官がいることの項目がはずされ, 希望者は（a）「試出官法」或いは（b）「試刑法官」のいずれかを通過することによって文官に換われることとなった。また, 任子初出官者と同様に経義を選択することもできた。更に八年閏四月十七日には「詔, 武臣已有試換文資法, 今後更不許臣僚擧換。」(『宋会要』職官61-14) と見え, （b）の方式——官僚による推薦——が禁止となる。要するに, 換文資を希望する武官は官位（三班使臣）, 年齢（二十五歳）を満たすならば,「試出官法」或いは「試刑法官」を受験できる体制となったのである。以前と比べれば, 資格が緩和され, かつ薦挙方式が禁止された点に特徴がある。

　　（二）胥吏

　胥吏に対する「試刑法」史料は既に宮崎氏によって紹介されている[25]。一つは中書の胥吏, もう一つは地方の胥吏及び衙前に対して出されたものである[26]。この内容を簡単に紹介すれば, 三年に一度断案を試験し, 有能な者に昇級を認めるというものであった。この目的について大観四年（1110）に蔡京が上呈した『哲宗実録』（旧録[27]）は,

---

25) 註6) 論文。
26) 『長編』巻272, 熙寧九年正月乙亥, 及び『長編』巻264, 熙寧八年五月乙亥の条。
27) 近藤一成「「洛蜀党議」と哲宗実録——『宋史』党争記事初探」(『中国正史の基礎的研究』, 早稲田大学出版部, 1984年所収) 参照。

第二章 「試出官法」の展開　　　67

舊錄云，詔罷係官之人試斷刑法，罷吏人試刑法。熙寧中，以吏不知法，乃設校試之令，使之閱習，至是罷之。(『長編』巻413，元祐三年八月丙戌の条所引の注)

とあり，胥吏が法を知らないために設けたと述べる。本来，胥吏は実務能力を備えているはずである。どういう事態が生じていたのであろうか。一つに考えられるのは胥吏の世界も「年功序列型昇進」の弊風が浸透していたことである。この指摘は既に宋初より見られる[28]。また，別の側面を知らせる改革が既に熙寧三年十一月に出されている[29]。これは新法党の重鎮，曾布等が定めた「中書吏保引補試賞罰」の法である。これを内容に従いまとめると，──（一）守当官のポストは旧来，両省官を派遣し試験を行ってきたが，近年では実施されなくなっており，恩典により請願し任用される者が多くなっている。今後は，南郊赦に基づく親属の保引は，堂後官は毎次一人，主事は二度に一人，録事・主事・守当官は三度に一人とし，保引された者は私名（胥吏の見習い）の身分で二年間学習させ，その成果を試験する。合格すれば守当官に補塡する。（二）試験は，旧制では「筆札・人材」が基準であったが，公事を課す。（三）守当官よりの昇級は考課の成績に基づく。（四）主事より提点五房公事までの官職は，能力を基準として任用する。（五）提点五房公事は三年の任期終了後，堂除知州軍の差遣を与える。堂後官は任期が五年の場合は堂除通判差遣，十年以上は知州差遣を与える。──の五つの部分に分かれる。ここで注意すべきは（一）（二）（三）（四）に見られるように，従来の南郊赦に基づく恩典を削減し，試験・考課に基づく昇級体系を確立したことである。また，この改革に先立ち王安石は，旧来賢才奨励方法であった「升名転資之法」が廃され，現在では労に対して増棒するのみであり，その結果不能者は勿論のこと，能者も仕事に勤しまなくなったと批判を行っている[30]。この批判の成果が（一）（二）（三）（四）に見られる昇級規定や従来堂吏が出職（胥吏が文武の寄禄階を手に入れるこ

---

28) 『長編』巻63，景徳三年六月壬辰。
29) 『長編』巻217，熙寧三年十一月甲辰。
30) 『宋会要』職官3-25。

と）して親民官となることを制限した制度を緩めた（五）の規定と結びついていったと考えられる。また，同様な改革は枢密院の胥吏に対しても実施されている[31]。このように「年功序列型昇進」の弊風や南郊赦に基づく恩典等，胥吏の能力促進を滞らせる要因を解消したのであり，最終的には「試刑法」利用の昇級方法へ発展していったのである。

　　　（ii）熙寧末〜元豊年間
　前節は「試出官法」の範囲の拡大について叙述して来た。本節はその挫折と方向転換について述べる。具体的には（a）の内の進士科受験者に対して行われた政策である。
　進士科受験者は，熙寧八年七月の改革により二段階選抜方法に基づき官僚に任用されることとなった。ただ，これはあくまでも机上のモデル案と終わった。実際には『宋会要』選挙2-11に，
　　（九年三月）二十六日。詔，新進士於舊法不該守選人，特輿免試注合入官，
　　候回日，依近降指揮施行。
と見え，旧制で守選に該当しない合格者層を免除し，任期終了後，都に戻るのを待って先の指揮──熙寧八年七月の規定──通りに実施せよとの詔が出されている。次いで，元豊二年の科挙においても『長編』巻298，元豊二年五月乙未に，
　　詔，進士諸科新及第人，免試刑法。
と見え，同様な措置がとられている。これを整理すると図2，3のようになる。
　上図の2と3では免試対象者が異なっている。今一度，史料に当たりながら図を検討することとする。まず，熙寧九年の進士科合格者であるが，『長編』巻274には，
　　（四月）戊子。命權御史中丞鄧綰同流內銓官，注擬新賜及第進士第三甲以
　　上官。
と見え，進士合格者の内第三甲（第三等出身）以上の者が，御史中丞鄧綰と流

---

31)　『長編』巻229，熙寧五年正月丁未。

第二章　「試出官法」の展開　　　　　　　　　69

図2　熙寧九年モデル　　　　図3　元豊二年モデル

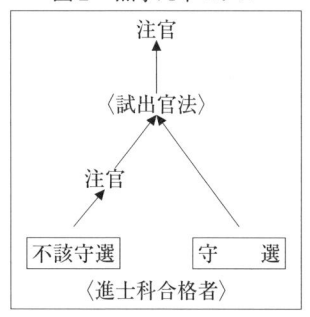

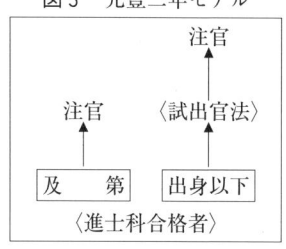

内銓の官によって注擬（実職をつけること）されている。この史料と図2を重ね合わせると「不該守選」は「第三等出身以上」と合致することとなる。更に『宋会要』選挙2-11は、

　　九年三月二十一日。詔，新及第進士徐鐸以下授官守選，如六年之制。
　　（元豊二年）四月十二日。詔，新賜進士及第・自經出身，依熙寧六年推恩，命御史中丞蔡確同判流內選官注擬[32]。

とあり、熙寧九年，元豊二年の合格者に対する恩典がいずれも熙寧六年の制に準拠していることを告げてくれる。この六年の制は嘉祐八年（1063）の方式に基づいたものであり、「及第」は注官をし、「出身」は守選をさせることを述べている[33]。但、当該の『長編』巻198，嘉祐八年三月甲子に「御延和殿，賜進士許將等一百二十七人及第・六十七人同出身，諸科一百四十七人及第・同出身」とあること、及び『宋会要』選挙2の諸例を検討すると、「同出身」以下を守選させると考えるのが妥当と思われる。従って熙寧九年，元豊二年の措置は旧来のランクで守選に該当しない「出身」以上について「試出官法」を免除するというものである。ここで注意すべきは冒頭ですでに述べておいたように熙寧

---

32) 『宋会要』の文には些か問題がある。同文を載せる『長編』巻297，元豊二年四月庚戌は「詔，新賜進士及第自第四甲以上依熙寧九年推恩，諸科正及第・明經出身依熙寧六年推恩，命御史中丞蔡確同判流內銓官注擬。」とある。
33) 『宋会要』選挙2-9。

四年十月の改革により，一定期間銓選を待つ守選の制は廃止されており[34]，ここに見える「守選」は銓選上の区分にすぎないのである。つまり科挙で「守選」とされた者は春秋に行われる「試出官法」を受けて初めて実職に任用されるのである。かくして練亨甫の提案はもろくも崩れ，高・中位合格者は試験を免除されるという不合理な段階に戻ってしまった。

　何故の改変であったのであろうか。明確な理由はわからないが，次のような推測は可能であろう。第一は，当時の政治状況である。すなわち熙寧八年二月～九年十月の第二次王安石執政時代は一次と比べて神宗の信頼を失い，且つ新法党内においても王安石派と呂恵卿派の対立が顕著となった時期であった[35]。つまり，第一次と比べて王安石派の提案がスムーズに受け入れられる状況ではなかったのである。加えて呂恵卿が秀州華亭の民より四千余緡を借用し田を買ったという事件が起こった[36]。これにより罷免された後，王安石派の鄧綰，呂嘉問，王雱，練亨甫等が更なる追求を画策して却って失脚した。これをきっかけとし，また王雱の死もあって王安石は永久に政界を退いたのであった[37]。このような王安石派の退潮傾向が微妙に反映したことは大いに想像しうることである。

　第二は進士科合格者の既得権──「出身」以上は即ちに注官する──を擁護する意見の存在である。九年の科挙後，進士科合格者の第五等のランク学究出身を廃止しようとする意見が出されるが[38]，これも一つの権益擁護の意見である。この他については推測に止めておくが，次の元祐時代の選挙論議にはしばしば現れており，次節で検討を行うこととする。

　かくして「試出官法」は後退を余儀なくされたが，神宗は科挙改革に着手す

34）　守選の制については註5）内河論文及び本書第一部「宋代の選挙制度の構造」第一章「「試出官法」条文の意味するもの──唐から宋への銓選制度の展開」参照。
35）　両派の確執は各所に見られるが，その代表的なものとして三経新義の編纂があげられる。その経緯については『長編紀事本末』巻74，「修経義」を参照。
36）　『長編』巻268，熙寧八年九月辛巳。
37）　『長編』巻276，熙寧九年六月辛卯，同巻278，十月壬辰及び同月丙午等参照。
38）　註8）参照。

第二章 「試出官法」の展開

ることにより人材抜擢法は別の方向に向かっていく。元豊四年（1081）正月庚子，『長編』巻311に，

　　中書禮房請，令進士試本經論語孟子大義・論・策之外，加律義一道，省試二道，武擧止試孫吳大義及策。從之。

と見えるように進士科の試験に律義が加わることとなった。解試一道，省試二道，合計三道という数字は「試出官法」の斷案二道或いは律令大義五道と比べると寂しい感じもするが，法律，經義を軸に人材抜擢を行うという精神は曲がりなりにも受け継がれたわけである。この点は『長編』巻341に，

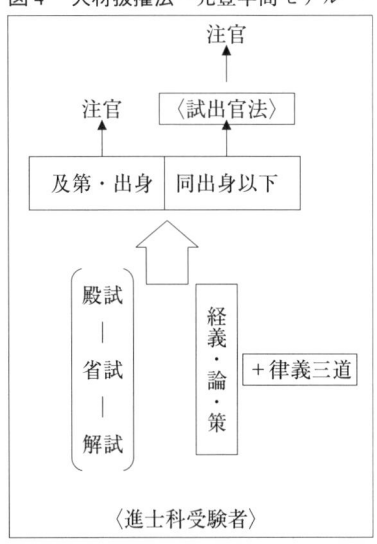

図4　人材抜擢法―元豊年間モデル―

　　（元豊六年十二月壬申）詔監察御史陳師錫送吏部。師錫乞罷貢擧及太學試律義，使學者得專意經術。上批，朝廷比年修廣學校，訓迪士類，兼用經術法令，長育人材，俾之成就，以充任使。從政，以法令爲本。師錫不達朝廷造法大意，乃欲罷諸生習律，倡爲詖說，惑亂士聽故也。

とあり，法律の学習廃止を主張する陳師錫に対し，神宗が法律と經義とを兼備する人材養成こそ肝要であると述べる箇所よりも窺える。この方式は元豊五，八年の二度の科挙に実施される。その特徴を確認する上で図4に方式をまとめ，更に熙寧八年七月のモデル案と比較しておく。

　両者を比べると次のような差異が見出せる。（一）經義と法律に基づく任用方針は不変であるが，図1が二段階選抜方式を取ったのに対し，図4は不規則な二段階選抜方式を取っている。つまり，律義が科挙に組み込まれたため，「及第・出身」は一段階でそのまま注官し，守選のランクを与えられる「同出身以下」は二段階で注官するという変則性が加わったのである。従って下位合格者は科挙に加えて「試出官法」でも法律の試験を受けるという不合理性があ

らわれてしまうのである。(二) 図1が律義・断案よりの選択であったのに対し，図4は律義に限定されている。律義は基本問題，断案は応用問題としての性格が強いのであり，又，後者は科挙中の一課目であり，その占めるウエートは前者より軽いと推測される。以上よりすれば，前者の方こそ「吏才」を積極的に問う体制であったと言える。さすれば (ii) は当初めざした吏士合一の理念が直接的に実現できず，屈折した形で結実した時期であるとまとめられる。

(iii) 元祐旧法党時代

(iii) は「試出官法」が縮小し且つ質的に変化した時期である。まず，受験対象者から「換文資」がはずされる。この立案者は旧法党内の朔党の首領格である劉挚であり[39]，『宋会要』職官61-15，元祐二年十一月二十七日に，「詔罷内殿承制至差使試換文資法」と見える。つまり神宗時代に用いられた実力試験方式が廃止され，旧来の資格重視の方向や有力官僚による薦挙方式が復活したのである。

第二に「試出官法」とは直接関係は無いが，科挙の課目より律義が廃止され，人材抜擢の方向は経義・法律より詩賦・経義の二本立てに変化する。更にこの時期に限って言えば，詩賦・経義の二本立てというよりも詩賦を重視する傾向が強い。例えば殿試における三題（詩賦論）の復活をめぐる論争が如実に物語っている[40]。

───────────────────────

39) 『長編』巻390，元祐元年十月壬寅の条に「(劉) 挚先進箚子，乞罷武臣試換文資法」と見える。なお，元祐時代は洛党・蜀党・朔党の三派が権力を競った時期であり，『宋史紀事本末』巻45，「洛蜀党議」に「洛黨以 (程) 頤爲首，而朱光庭・賈易爲輔。蜀黨以蘇軾爲首，而呂陶等爲輔。朔黨以劉摯・梁燾・王巌叟・劉安世爲首，而輔之者尤衆。」と記されている。この争いの実態については本書第三部「宋代の政治システム」第一章「宋代の言路」参照。
40) 元祐の科挙改革は経義進士科と詩賦兼経義科の二科をたてるものであるが，経義よりも詩賦によって受験する学生が多いことも反映し，詩賦を重視する蘇軾・劉摯・梁燾等は詩賦兼経義科に統一する動きを見せる。また，熙寧の科挙改革により殿試は策を問うこととなったが，元祐に入ると旧来の三題に復帰すべしとする論議が多発し，元祐八年三月に一旦は裁可されることとなる。ただ，政権が新法党に移ることにより実現せ

第二に法律に対する軽視傾向が現れる。具体的には新科明法科の合格者の枠の削減[41]、或いは『長編』巻414、元祐三年九月乙丑の条に「詔省律學博士一員，學生不給食。」と見える律学の縮小、及び学生に対する待遇の低下である。このような動きを反映し、「試出官法」自体も胥吏の「試刑法」が廃止されたのに加え[42]、三つの改変を被ることとなる。

〔A〕（四年正月）丁酉，詔，春秋銓試合格人，上等不得過一人，無則闕之，中等毎百人，不得過五人。以監察御史王彭年言，毎歳承務郎・小使臣及選人，並等第推恩，至有賜出身，其次循資減年，或占射差遣，或不拘名次注官，推恩太優故也。（『長編』巻421）

〔B〕（五年八月）丁未，奉議郎石諤言，參選人依試進士法，三人以上爲一保，承務郎以上及選人願試律賦者聽，其考校試格等第竝依舊法，武臣試刑統義者亦減爲一場五道，其考校麤通等第竝依元豊法，若巡捕官以臨時就試人多寡增損員數，就試刑統義毎一百人，差點檢官一員。竝從之。（『長編』巻446）

〔C〕（七年三月）戊申，臣僚上言，任子舊制，天聖令，以蔭出身應授職任者，選滿，或遇恩放選，或因奏乞，皆年二十五歳乃許注官。熙寧開峻立試格，凡試中，許年二十注官，由是闇增冗員，臣願並復天聖故事。詔令吏部立法，申尚書省。本部今修立下條，諸有出身人年二十以上・無出身人年二十五歳以上，聽赴選。（中略）竝從之。（『長編』巻471）

〔A〕は「試出官法」の恩典が優遇すぎるという理由に基づき、人数を削減

ずに終わった。
41) 新科明法科の合格者を記す史料は少なく正確なことはわからないが、熙寧九年三九名、元豊二年一四六名と増加する数字が見える（『長編』巻297、元豊二年三月辛卯の条）。このような増加傾向を問題とする劉摯の上言が『長編』巻368、元祐元年閏二月の条に見え、半数に減らすことが提案されている。その結果として、『宋会要』選挙14-2、三年閏十二月二十三日の詔に、「……以諸科額十分爲率，留一分解本科舊人，一分解新科明法，新人不及十人處亦準此，如無人赴試及無合格人，即存留，更不許添解進士第，若向去銷盡諸科擧人，即當留二分，解新明法新人。」と見え、旧来の諸科の額の十分の一、将来的には十分の二が当てられることとなった。
42) 『長編』巻413、元祐三年八月丙戌。なお、中央の胥吏に対しては六年十二月丁巳に「試刑法」の復活が図られている（『長編』巻468）。

したものである。熙寧～元豊年間の合格者を調べると，一度に400人を超す例もあり，かなりの成果を納めていたことがわかる。それに対する縮小措置である。〔B〕は試験課目に律賦を加えた措置である。上述した如く，元祐年間に入ると科挙は詩賦・経義の二本立てとなる。従ってこれは科挙における詩賦復活を踏まえた措置と考えられる。〔C〕は熙寧の改革が任子初出官者の受験年齢を25歳より20歳に引き下げた結果，「員多闕少」を生む一因となったという認識に基づき，有出身者は20歳以上，無出身者は25歳以上と年齢の引き上げを図った措置である。

　以上の改変は量的に止まらず，質的な部分にまで及んでいる。この意味を明らかにするために政策と結びついたと思われる選挙論議を取り上げる。とりわけ，代表的なものとして三種類を紹介し，この時期の銓選の方向性を明らかにする。

　第一は「員多闕少」を憂い，他の入流者を抑えることにより進士出身者の権益を擁護する主張である。この代表としては上官均の意見があげられる。彼は「官冗之弊」の要因として納粟授官，任子，特奏名，摂官，胥吏を俎上にあげる[43]。この意見を受けて蘇轍は「試出官法」による官僚の増加を槍玉にあげ，次のような主張を行っている[44]。即ち，任子の受験年齢を25歳より20歳に引き下げたこと，及び一定の期間銓選を待つ守選を廃止し試験によって実職を与える体制に変えたことの二点により「員多闕少」の状況が進展したと考え，旧来の守選制度の復活を提言する。ほぼ同時期に兄の蘇軾にも同様な主張が見られる[45]。些か方向が異なるが元豊の官制改革により出身経路が不明になったという批判より，寄禄階に左・右字を載せ進士出身者とそれ以外を区別する改革が行われるが[46]，これも進士出身者の権益擁護の主張と考えられる。以上のような意見が先述の「試出官法」の縮小策と結びついていったのである。

---

43)　『長編』巻397，元祐二年三月辛巳。
44)　『長編』巻386，元祐元年八月辛亥。
45)　『長編』巻390，元祐元年十月丁未。
46)　『長編』巻408，元祐三年二月辛巳，同巻435，元祐四年十一月庚午。

第二は王安石の任用方針に対する批判である。数多く見られる中より司馬光と王巖叟のものとを紹介する。前者は，新法を推進する上で各種の提挙官が設けられ監司と同様な権限を与えたこと，転運副使・判官の人数を増加し，そのポストに年齢が若く資格の軽い者を用いたこと，時には通判・知県・監当資序の者或いは選人身分でも「権」「権発遣」の肩書きをつけることにより（そのポストに）任用したこと等の批判を行う[47]。要するに資格に相当しない者を重要なポストに抜擢することが問題とされるのである。というのは当時既に知県資序，通判資序，知州資序，提刑資序，転運資序という資序の序列，及びそれを踏まえた昇進方法が定型化していたからである[48]。また，三代真宗後半より「員多闕少」の状況が深刻化していくが，司馬光の言に見られるように王安石が新法推進の為に各種のポストを新設・増設するなど積極的任用策を取っていることは注目される。この背景には彼独特の理財観を想定し得る[49]が，ここでは言を尽くさない。

　後者は神宗時代に「辟挙之法」を廃し選格を用いたことを批判し，再び「内外官司挙官法」の復活を提言する[50]。これは具体的には神宗時代に堂除・堂選（中書が関与する任用）を廃止し，吏部に任用を一手に握らせる政策が試みられたことを指すのであろう。この王巖叟の提言に見られるように元祐時代は薦挙制度が銓選の中心に位置づけられた時期であり，司馬光の十科挙士，経明行修

---

47)　『長編』巻368，元祐元年閏二月丙申。
48)　梅原『宋代官僚制度研究』第三章「差遣──職事官の諸問題」。
49)　『朱子語類』巻130には蔡京が王安石の「不患無財不能理財之説」を用いて政治を行ったことが見える。この王安石の説を裏付けるものとして「上仁宗皇帝言事書」に「臣於財利，固未嘗學，然竊觀前世治財之大略矣。蓋因天下之力以取天下之財，取天下之財以供天下之費，自古治世未嘗以不足爲天下之公患也，患在治財無其道耳。」とある。要するに財政政策がしっかりしていれば国家収入の不足を憂える必要がないとする考えであり，彼の各種の新法と結びついていったと思われる。このような財源確保の自信があったからこそ，胥吏に俸給を与える倉法の実施や当該の積極的人材任用と結びついていったと想定される。
50)　『長編』巻380，元祐元年六月丙午。

科の設置という形で結実していく[51]。

　第三は官僚の教養として法律を軽視する主張であり[52]、ここではその代表として司馬光の主張を紹介する[53]。彼は新科明法科不要論を述べるに当たり、その論拠として——（一）律令勅式は官僚が必要とするものであり、明法科を設置し、前もって学習させる必要はない。（二）礼の去る所が刑の取る所である。士たる者、道義を知っていれば自ずから法律と合致するものである。道義を知らずして法律ばかりにいそしむのは、人材を育み風俗を厚くする方法ではない——の二点を述べる。つまり道義が一義的で法律は二義的であるとの主張であり、司馬光の徳行第一主義を明確にあらわしている。当時の官僚は程度の差こそあれ、法律を軽視する点は彼と似かよっている。

　以上、三種の選挙論を紹介したが、これらが上述の選挙政策と密接に結びついていったことは確かであると思われる。その特徴は①資格と薦挙の重視、②進士出身者の権益擁護、③法律の軽視の三点にあり、王安石の選挙改革と大きく懸け離れており、当該の「試出官法」も変更せざるを得なかったと言える。

おわりに

　葉適の「資格」論を出発点とし、「試出官法」を題材として宋代の銓選について考察を進めて来た。ただ、その範囲は熙寧〜元祐年間に限定した。そこで以後の動向について簡単に述べておく。

　北宋後半期は新旧両党が交互に政権を握った時期であり、政策も随時変更さ

---

51)　「十科挙士」とは官僚登用の客観的基準として十項目を設け、上級官僚に毎年推挙させ、挙主の多い者を優先的に登用する制度である。「経明行修科」は保証人制度を伴う薦挙の方法を科挙に取り入れ、地方より徳行ある人物を推挙させ、解試を受けずに省試を受けさせる制度である。省試に於ける黜落が廃されるなど一般進士と比べて優遇する措置が図られている。
52)　『長編』巻368、元祐元年閏三月の劉摯の上言、『長編』巻381、元祐元年六月の上官均の上言などにも同様な主張が見られる。
53)　『長編』巻371、元祐元年三月壬戌。

第二章 「試出官法」の展開　　77

れているが，基本的には熙寧・元豊モデルと元祐モデルを踏襲していたと言ってよい。従って，前者が試験に基づく積極的任用を行うのに対し，後者は「資格」「薦挙」に基づく任用を重視する傾向が強いと言える。ただ，受験対象者は些かの変動があるものの，任子初出官者，守選選人，特奏名，正奏名下位合格者，換文資であり，この枠は南宋代に於いてもほぼ同様であり，次の史料より確認できる。

〔A〕『慶元条法事類』巻15，選挙門2，試刑法，選試令
　　諸承務郎以上及承直郎以下，未入官人及特奏名人應注官者並見任外官同。每歲聽於尙書吏部乞試刑法，並於未鎖院前投狀。在外者預於所在官司投狀申部。其歷任曾犯私罪徒或入已贓失入死罪，並停替。未經任者不在乞試之限。
　　諸參諸選而應試者，恩澤文學同。以未鎖院前赴尙書吏部乞試，應試刑法人附試。丁憂服闋及疾故，雖投狀在鎖院後，但未引試聽試。
　　諸外任官就試刑法者，以正月一日前除程一五日方許離任。試畢後榜出限三日還任。疾故不就試人以引試日爲限。

〔B〕『建炎以来朝野雑記』甲集巻13，「初出官人銓試」
　　銓試者，舊有之。凡任子若同進士出身之人皆赴。建炎兵火後權停，紹興三年始復，無出身人許習經義・詩賦・時議・或刑統義・斷案。十三年九月，詔，兼試二場，惟有出身人，試律如故。

〔C〕趙升『朝野類要』巻2，「銓試」
　　奏蔭出身人各占經趁赴春銓，試中卽參部。若是登仕郎以下，卽換選人文資也。黃甲年分則第五甲人就附試之。

〔A〕では任子初出官者，守選選人，特奏名，〔B〕では任子初出官者，同進士出身，〔C〕では任子初出官者，換文資，進士科第五等合格者，の名が上がっており，〔B〕の同進士出身と〔C〕の進士科第五等合格者は同じであるから，ほぼ前述の範囲の通りである。一方，試験課目は〔B〕によれば經義・詩賦・時議・刑統義・断案であり，王安石の改革当初と比べると拡大されている。やはり南宋の科挙——詩賦進士と経義進士の二本立て——を反映したものと思われる[54]。

次に「試出官法」合格者について簡単に触れておく。雑多な列伝を調べると①史宇之，汪綱，李耆寿，張秀橁，孫邈，湯宋彦，黄宗諒，趙希衢，蕭必簡，蕭安中，王震，祝康，呂沆，曾幾，張即之，黄榦，顧復幾[55]，②高遵恵[56]，③黄葆光[57]，④鄭応龍[58]，⑤陳彦弼，李挙之，梁子野[59]，の五グループに分かれる。①は汪綱を例にとれば，「以祖任入官，淳熙十四年中銓試，調鎮江府司戸参軍」と見える任子初出官者の一群である。②は「試經義中選，換大理評事」と見える換文資の例であり，③は「以使使高麗得官，試吏部銓第一，賜進士出身」と見える寄禄階のみを持つ官僚の受験例であり，④は「登第後試律，中首選，調潭州理掾」と見える進士科合格者の受験例である。⑤は史料が少なく不明なグループである。更に熙寧年間に限定して合格者を調べると王震・祝康・高遵恵，陳彦弼，李挙之，梁子野の名があがる。この内王震は中書検正官を歴任し王安石の側近として活躍した人物であり，祝康は法律関係のポストを歴任した人物であることが知れる。以上よりすれば，梅原氏が「試出官法」の中心

---

54) (B)の紹興十三年九月の詔は「兼試二場，惟有出身人，試律如故」とある。つまり任子初出官者は経義・詩賦・時議のグループと刑統義・断案のグループよりそれぞれ一場ずつ試験を行い，進士科下位合格者は法律で受験するシステムである。なお，『夢梁録』巻2，蔭補未仕官人赴銓には「文臣試兩場，本經及刑統義」と見え，若干異なるが任子初出官者は科挙の課目と法律，それ以外は法律というのが「試出官法」の基本線であったと解釈される。

55) 上より『四明文献集』巻5，「故観文殿学士正奉大夫史宇之墓誌銘」，『宋史』巻408，『鶴山大全集』巻79，「知達州李君墓表」，『水心文集』巻26，「宋故中散大夫提挙武夷山冲佑観張公行状」，『道郷集』巻36，「孫明遠墓誌銘」，『漫塘文集』巻29，「故湖北安撫司参議湯朝議墓誌銘」，『攻媿集』巻104，「黄仲友墓誌銘」，『弘治徽州府志』巻8，『昌谷集』巻18，「朝奉大夫主管崇禧観蕭君墓誌銘」，『文山全集』巻11，「観察支使蕭従事墓誌銘」，『宋史』巻320，『丹陽集』巻20，「左朝議大夫祝公墓誌銘」，『宋史』巻407，『宋史』巻382，『宋史』巻445，『宋史』巻430，『北山小集』巻32，「通直郎湖州司刑曹事顧君墓誌銘」参照。

56) 『宋史』巻464。

57) 『宋史』巻348。

58) 『臨汀志』(『永楽大典』巻7894)。

59) 『宋会要』選挙9-3, 13, 15。

第二章 「試出官法」の展開

を恩蔭出身者としたのは数量的に見て間違いではないが、他の人々にも開かれており、特に熙寧時代は有能な人材の登用にある程度の役割を果たすものであったとまとめられる。

　以上、王安石の選挙改革について雑多な視点より論じて来た。最後に結論を述べるならば、彼の改革は当時の「薦挙」「資格」を柱とする銓選体制よりすればかなり革新的なものであり、その結果、当時の官僚には「資格」を破壊する人材任用と映り、先述の葉適に代表される評価となったのである。ただ、これは「試出官法」について言及したのみであり、一方の側面にしかすぎない。従って次章では「試刑法」について王安石の具体的人事構想を検討し、総合的な意味での王安石の人材任用のあり方を明らかにする。

第三章 「試刑法」制定の構想
——王安石の刑法改革を手掛かりとして——

はじめに

　宋代士大夫にとって就官のための教養とは何か。この命題を探る方向はいくつかある。仮に科挙の試験科目を例に取れば，二つの変革期を設定しうる。第一は唐より宋への転換期であり，王安石の執政時代に画期が置かれる。具体的には，帖経・墨義・詩賦より，経義・論・策に移行する。第二は新法・旧法両党の政争期で，次第に受験者の教養として詩賦・経義が認定されて行く時期である。そして，南宋に入ると科挙は経義進士・詩賦進士とに分かれ，官僚を目指す者はどちらか一方に卓越した能力が求められることとなる。このような流れにあって，法律の知識を求めた時期があった。それは王安石が実権を握った神宗時代である。これについては夙に宮崎市定氏が着目し，彼の人材方針を「吏士合一」の語で定義された[1]。即ち，士大夫に「吏才」を求めるという特異な時期であった。この「吏才」を求めるために選挙制度にも大きな変革が加えられた。この変革の構想については，第一章，第二章で言及した。今回は「吏才」実現のために企てられた「試刑法」の構想について分析し，改めて主題についても私見を述べたい。

　「試刑法」については，宮崎市定氏に概括的な紹介がある[2]。ただ，幾つかの問題点があり，改めて検討する必要がある。第一は「試刑法」の定義である。氏は「試刑法」を法官任用を目的とする試験としながらも進士科合格者等にも幅広く実施されたと述べる。しかし，『長編』・『宋会要』等を見る限り，「試刑

1）「王安石の吏士合一策——倉法を中心に——」（『アジア史研究』第一，1957年，同朋舎刊所収）。
2）「宋元時代の法制と裁判機構」（『アジア史研究』第四，1957年，同朋舎刊所収）。

法」の語は限定して使われている。このことは次の刑部の言葉よりも窺えよう。

　（崇寧）三年四月二十一日。刑部奏、神宗皇帝立春秋二時吏部試出官法、復許就試刑法官、皆使習法以従政、所以作成人材見於実用。後来有司申請、試出官人、不許兼試法官。其意不過以一人就試、不容両被推恩、不知試出官與異（試？）法官、藝業難易不同、賞典厚薄各異。欲乞今後試出官人依熙寧舊法、許兼試刑法官、其試斷案者、亦依熙寧定式。従之。（『宋会要』選挙13-25）

即ち、神宗時代には類似した二つの試験——「春秋二時吏部試出官法」と「試刑法官」とがあり、両者は兼試が認められ、「吏才」有る人材の登用試験として機能していた。後には同種の試験で二度の恩典を受けるべきではないとの意見で兼試が禁止されたが、両者は試験内容の難易、恩典の厚薄に差異があったと述べられる。

　他の資料も合わせ見ると、前者は「銓試」・「春試」・「秋試」・「試出官法」と記され、後者は「試刑法」・「試刑法官」・「試法官」と記される。従って、両者は厳密に区別される必要があろう（本章では「試刑法」との差異を明確にするために「試出官法」、「試法官」の語を用いる）。ところで、前者については既に第一、第二章で論じている。その概略を記せば以下の通りである。

　熙寧時代に実施された「試出官法」は、守選選人、任子初出官者、換文資、科挙下位合格者等を対象とし、彼等は断案、律令大義、議の科目より選択して受験した。また、任子初出官者、換文資は経義も選択できた。とりわけ、熙寧八年には、進士科受験者は第一関門（科挙）で経義・論・策を課し、合格者を官僚身分に抜擢し、第二関門（試出官法）で法律を問い、合格者に実職を与える二段階選抜方式が試みられた。これは王安石の「吏士合一」の理念を具現化する改革であったが、プランに止まり実現されなかった。この後、幾多の変化を被るものの、受験対象者には大きな変化はなく、試験科目、恩典に変化が見られる。即ち、科挙の変化に追随する形で試賦が加えられて行き、全体としては縮小傾向に向かう。

　次に後者について見てみよう。これは法官任用を目的とする試験ではあるが、

第三章 「試刑法」制定の構想

「試出官法」との兼試が認められていたように，熙寧時代は両者が連動する形で実施されていた。従って，両者から成る人材登用の構想を明らかにする必要があろう。

第二は「試法官」制定以前の任用体制である。宮崎氏は「従来はかかる法律専門の地位には，胥吏を抜擢して官員とする例で，時には生粋の読書人を以て之に代えようとしたが，いつも失敗に帰したものである。（中略）その後，仁宗・英宗を経て，神宗の時，王安石が宰相となると，再び法官採用の試験をはじめ，これが試刑法，或いは試法官と称せられるが，第一回は熙寧三年九月に施行された。」と述べる。つまり神宗時代に至って試験制度が再実施されたと考えるのである。しかし，『宋会要』選挙13試法，及び職官15法官などの基本史料を見る限り，法官の試験制度は宋初より間断なく実施されている。従って，この改革は試験制度の再実施ではなく，内容に大きな改変があったと考えるべきである。そして，その改変の中にこそ，王安石の銓選改革の特徴があると思われる。

第三は，この改革の狙いである。氏は「特に王安石が痛感したのは，官吏の法律知識の不備である。之が為め，熙寧六年律学を立て，太学三舎の法に則ったが，其応急の策として採用したのが，試刑法である。」と述べる[3]。つまり官吏の法律知識養成策として実施したと考える。この見解はほぼ首肯しうる。ただ，冒頭で述べたように，拙論は氏の「試刑法」理解とは些か立場を異にする。即ち，「試出官法」を別個の試験と考え，制定の目的を探求したように「試法官」制定にも独自の目的があると考える。加えて，熙寧初めには「案問欲挙法」，「肉刑」を巡る論争や，王安石の片腕とも言える曾布を中心とする刑法改革の動きがある。これらが「試法官」制定に影響を与えたのは確実である。この一連の動きをどう位置付けるか，ここに改革の狙いを探る材料があるように思われる。

以上，この三点を中心に据え，「試法官」の構想を明らかにしたい。なお，論究の手順としては，先ず「試法官」制定以前の任用体制を明らかにし，次に

3） 註1）論文358-359頁参照。

「試法官」条文の検討を通して内容を比較検討する。そして，神宗時代の刑法改革の動きを探り，最終的に「試法官」制定の狙いを明らかにする。

一，「試法官」制定以前の体制

　法官任用制度の検討に入る前に，宋代の裁判機構について簡単に触れておく。この分野には宮崎氏に優れた研究がある[4]。以下の理解は氏の成果に基づく。地方行政の末端である県は杖刑までを判決実施するが，徒刑以上は州に送る。州は徒刑以上，死刑までを判決実施するが，重刑または疑義がある場合は，提点刑獄が中央政府に送り，覆審を受ける。事件が中央に移されると，先ず，大理寺で詳断（第二審）を行う。次に，この判決は審刑院に送られ，詳議（再検討）される。もし両者の意見が合えば，そのまま天子に送られ，意見が異なれば，各々その旨を上申する。なお，刑部は審刑院設置以前には詳覆（大理寺の判決の再検討）を担当していたが，以後は職を失い，特命により詳覆の仕事を行うのみとなった[5]。

　以上が宋代の裁判制度の大枠であるが，この詳断・詳議・詳覆の仕事を担当するのが，詳断官・詳議官・詳覆官である。彼等は人命を左右するという重責を負い，その任用は他と異なる方法が取られた。では，宋初の任用方法とはどのようなものであっただろうか。

　（太宗）端拱二年九月二十九日。詔，應朝臣・京官，如有明於格法者，即許於閤門上表，當議明試，如或試中，即送刑部・大理寺，祇應三年，明無遺闕，即與轉官。（『宋会要』選挙13-11）

　眞宗咸平二年三月。詔審刑院，擧詳議官，自今宜令大理寺試斷案三十道，取引用詳明・操履無玷者，充任。初宰臣張齊賢奏，審刑院舊例擧詳議官，

4） 註2）論文194-214頁参照。
5） ただ，審刑院設置後も刑部は地方から送られてくる大辟に対する詳覆の仕事を担当していた。「神宗正史職官志，（中略）舊以刑部覆大辟案，而増置審刑院詳讞，其京百司刑禁，則隷糾察司，官制正名，悉歸刑部。」（『宋会要』職官15-5）。

令刑部只試斷案二道，俱通則便令赴職，仍多改賜章服。竊詳，所斷案牒牘、皆取其事小者以試之。是以多聞中選。眞宗曰，如此，則求人不精，何以懲之。齊賢因請釐革。(『宋会要』職官15-32)

前者の例より少なくとも太宗時代には既に任用試験が実施されていたことが知れる。後者の例は真宗時代のものであるが、両者を突き合わせると、自ら請願した者、或いは審刑院などに推挙された者が断案の試験を受け、合格すれば任用する制度である。この制度は次の仁宗時代になると、かなり整備される。その全体像を知ることのできる『宋会要』職官15-39、天聖九年（1031）の規定を見てみよう。これは大理寺詳断官・法直官についてのものであるが、最後に刑部詳覆官・法直官もこれに準ずると見られるように法官一般に通用していたものと考えられる。従って、このモデルを分析すれば、法官任用試験の実体も明らかにしえよう（図5参照）。

先ず、受験者であるが、「乞試型」（自ら試験を請願するタイプ）と「奏挙型」（官僚の推挙に基づくタイプ）の二つに分かれ、それぞれ試験手続きが異なっていた。「奏挙型」の資格は、有出身者で寄禄官は令録以上、差遣は司法・録事参軍、或いは職官二年以上（成資）で、推薦者として転運使・発運使一人もしくは太（文）武陞朝官二人を獲得したものである。この者は御史台で先ず律義五道を試験し、二（三）通以上を合格とする[6]。次に中小案三道を課し、三道の刑名の包括、及び重罪に対する律条の引用を試験する。一通或いは二粗を得れば、試用期間を免除し（免試公事[7]）、寄禄官を京官に昇進して任用する。一粗或いは書札稍よく、引用に取るべき点があれば大理寺に送り断案三二十道を試験し、合格すれば、大理寺主判官以下が保明以聞する。法直官は律義以外に旧案三道を試験し、引用の刑名が六割正しいものを合格とする。

一方、「乞試型」は目前に断案の試験を請願受験した者（「目前乞試斷案人」）

---

6) 『宋会要』職官15-39、刑法1-66は「二通已上爲中」とし、『長編』巻110-2は「以三同爲合格」に作る。

7) 「免試公事」の解釈は『宋会要』職官15-37に「但參驗曾習法律者，竝依例以聞，送大理寺試公事三兩月，亦委判寺官保明可否以聞。」と見えることに基づいた。

86　　　　　　第一部　宋代の選挙制度の構造

図5
(1)「奏挙型」モデル

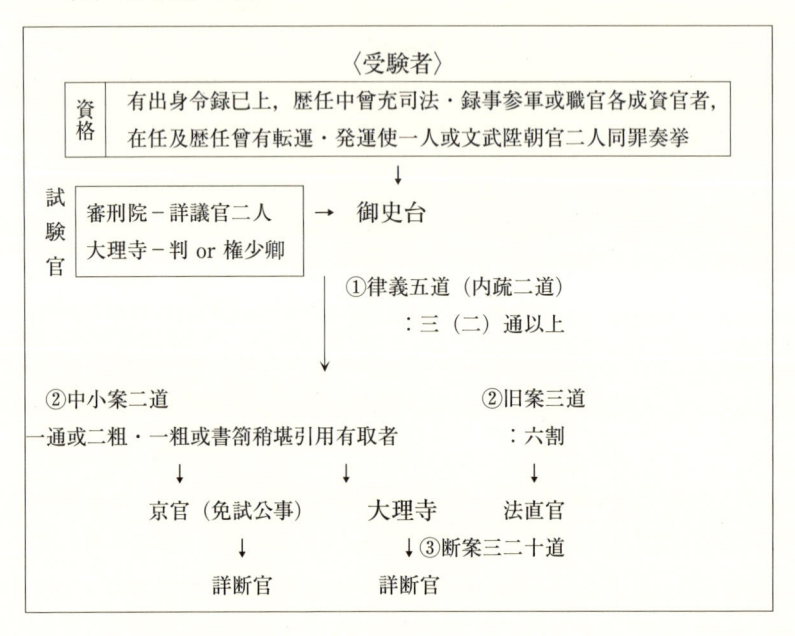

```
┌─────────────────────────────────────────────────────┐
│                     〈受験者〉                       │
│  ┌──┬────────────────────────────────────────────┐  │
│  │資│ 有出身令録已上，歴任中曾充司法・録事参軍或職官各成資官者，│  │
│  │格│ 在任及歴任曾有転運・発運使一人或文武陞朝官二人同罪奏挙  │  │
│  └──┴────────────────────────────────────────────┘  │
│                         ↓                            │
│ 試  ┌──────────────────┐                            │
│ 験  │審刑院－詳議官二人 │ → 御史台                  │
│ 官  │大理寺－判 or 権少卿│                            │
│     └──────────────────┘    ↓                       │
│                            ①律義五道（内疏二道）    │
│                              ：三（二）通以上        │
│           ↓                                          │
│  ②中小案二道                        ②旧案三道       │
│ 一通或二粗・一粗或書箚稍堪引用有取者   ：六割         │
│         ↓         ↓                    ↓            │
│      京官（免試公事）  大理寺          法直官         │
│         ↓                ↓③断案三二十道              │
│       詳断官           詳断官                         │
└─────────────────────────────────────────────────────┘
```

(2)「乞試型」モデル

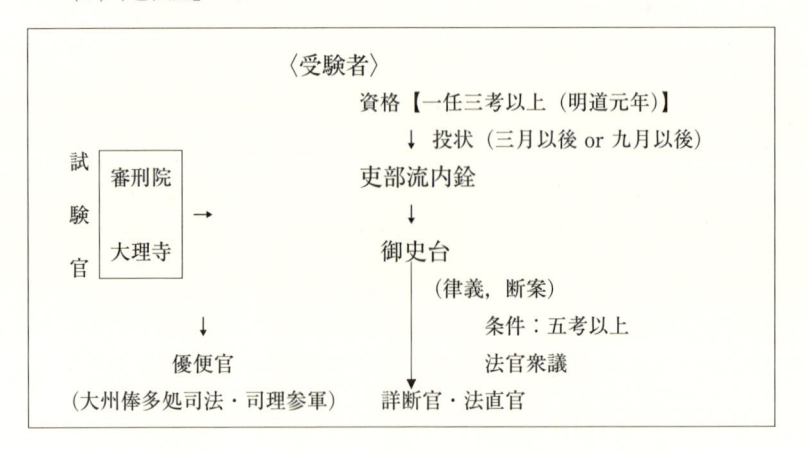

```
┌─────────────────────────────────────────────────────┐
│                  〈受験者〉                          │
│                  資格【一任三考以上（明道元年)】    │
│                    ↓ 投状（三月以後 or 九月以後）   │
│ 試  ┌──────┐                                        │
│ 験  │審刑院│                                         │
│ 官  │      │ → 吏部流内銓                            │
│     │大理寺│      ↓                                  │
│     └──────┘    御史台                              │
│                  （律義，断案）                      │
│        ↓           条件：五考以上                    │
│      優便官        法官衆議                          │
│ (大州俸多処司法・司理参軍)  詳断官・法直官           │
└─────────────────────────────────────────────────────┘
```

の内、五考以上の者について衆官が試験内容を検討し、詳断官・法直官に推挙する方法である。ここで問題となるのは「目前乞試断案人」の意味である。このような「乞試」は史料上では真宗時代に初見するが[8]、ここでは仁宗天聖十年（1032）二月の令を取り上げる。

> 流内銓言、前澶州濮陽尉張嘉言、初任丁憂免喪、請試律斷案。檢會編敕、試中律義人、竝注大州俸多處司法錄事。斷案固難合格、止以試律升降。如才一考、太爲僥倖、請自今選人求試律斷案者、須任三考以上。奏可。（『宋会要』選挙13-11）

これは前澶州濮陽尉張嘉言が流内銓に律義・断案の試験を請願した例である。流内銓は次のように述べる。「編勅によれば、合格者は大州で俸給の多い所の司法参軍、録事参軍につけられる。断案は合格し難いので、昇降は律義によって決定されている。この上、もし受験資格が一考であればはなはだ僥倖である。そこでこれからの受験希望者は一任三考以上とされたい。」この上奏は裁可された。このような選人身分の者が律義・断案の試験を請願受験するという例は史料に散見し、「試律断案選人」、「試法選人」、「選人乞試断案」などと見える。具体的には康定元年（1040）の温宗賢、嘉祐四年（1059）の韓嘉言、六年の趙宏、煕寧三年（1070）の宋諤などの名があがる[9]。このうち前の二者は合格したことが確認でき、韓嘉言は徳州録事参軍より光禄寺丞に昇進している。なお、試験は嘉祐四年に定期化され、三月投状―八月引試及び九月投状―翌年二月引試という形で実施されることとなった。

　この試験制度を法官任用と結びつけ利用したのが「乞試型」の方法である。ところで、「奏挙型」と「乞試型」はどのような形で用いられたのであろうか。史料を見る限り、優先的に一方を使用するということはなく、法官に人員が必要となる時、適宜用いられたようである。例えば天聖九年の規定では先ず「乞試型」より人材を求め、適当な人材がいないときに「奏挙型」を用いるとしている。

8）『宋会要』職官15-33、咸平六年十二月。
9）『宋会要』選挙13、試法及び『西渓集』巻4、「徳州録事参軍韓嘉言可光禄寺丞」。

以上、「試法官」制定以前の体制を見てきた。では、ここに見た任用方式と熙寧の新方式とではどのような点に差異があったであろうか。第一回の実施直前に制定された熙寧三年三月の条文を手掛かりとして考えてみよう。

二，「試法官」制定の目的

先ず、条文の内容を明らかにする前に資料整理から入る。この条文を記す史料は三種類——『長編紀事本末』巻75，「試刑法」，『宋会要』職官15-7，同選挙13-13である。この内，『長編紀事本末』巻75がほぼ全体を網羅する形で記述され，残りの二つは部分的に記す。そこでこれを基本テキストと定め，他の二つを補助テキストとして内容を解釈する。

(一)『長編紀事本末』巻75

(A)（熙寧）三年三月丙辰。詔，審刑・大理・刑部詳議・詳斷・詳覆官，初入以三年爲一任，再任以三十月爲一任，仍逐任理本資序。其支賜都數，比較逐官斷罪有無失錯・稽違及駁正刑名，分三等，第給之。

(B) 京朝官・選人歷官二年以上，無贓罪，雖有餘犯而情非重害者，許兩制・刑法寺主判官・諸路監司（同罪擧試刑名。如無人擧試，但）歷任有擧主二人或監司以上止有一人，皆聽乞試。試日，許齎所習文字就試。毎日試一場，毎場試案一道，毎道刑名約十件以上十五件以下，竝取舊斷案内挑揀罪犯，攢合爲案，至五場止，仍更問刑統大義五道。其所斷案，具鋪陳合用條貫，如刑名疑慮，卽於斷案内聲說，所試人斷案内刑名有失，令試官逐場具錄曉示錯誤，亦許試人再經試官投狀，理訴改正。其斷罪通數及八分以上，須重罪刑名不失，方爲合格。其考試關防，竝如試諸科法。

(D) 初議謀殺刑名，上怪人多不曉者。王安石曰，刑名事，誠少人習。中書本不當與有司日論刑名。但今有司旣未得人，而斷人罪，又不可不盡理。上曰，須與選擇數人曉刑名人，可也。他日曾公亮在告。上論陳升之曰，法官事不見得正。學校事亦不見商量。中書諸事，都未有端緒。曾公亮又已疾病，相公方壯，且勉力爲朝廷立事。古人愛日與草木同，盡誠可惜。於是定議降

詔。試法官蓋始此。(註)( )は『長編拾補』による。

(二)『宋会要』選挙13-13

(B') (熙寧)三年三月二十五日。詔, 京朝官・選人歷官二年以上, 無贓罪, 許試刑名, 委兩制・刑法寺主判官・諸路監司奏擧。歷任有擧主二人, 亦聽就試。日試斷獄一道, 刑名十事至十五事, 爲一場, 五場止。又問刑統大義五道。斷獄通八分已上, 不失重罪, 合格, 分三等, 第一等, 選人改(官), 京朝官進一官, 並補審刑・大理・刑部官。第二等, 選人免(選)循一資, 京朝官減二年磨勘。第三等, 選人免選, 京朝官減一年磨勘, 法官闕, 亦聽補。考試關防, 如試諸科法。(註)( )は筆者が補ったもの。

(三)『宋会要』職官15-7

(A') (熙寧)三年三月二十四日。詔, 審刑院・大理・刑部詳議・詳斷・詳覆官, 初入以三年爲一任, 再任以三十月爲一任, 仍逐任理本資序。欲出即與先任滿半年指射差遣, 第三任滿出者, 仍與堂除, 若本司更擧留者, 亦聽。若任内失錯・稽違多, 駁正少, 即不許擧留。其審刑能駁正大理寺誤斷徒以上刑名, 與等第酬獎。其失錯・稽違者, 責罰亦如之。刑部・大理寺並準此。遇南郊前一季許約斷案外, 餘除朝旨送下急速公案外, 更不得約舊法奏斷絕, 乞宣付史館, 其罷之。其支賜都數比舊量與增添, 至年終, 比較逐官斷罪有無失錯・稽違及駁正刑名, 分三等, 第給之。

この条文は四つの内容に分かれる。それは、(A)法官の任期, 資序及び考課に関する規定、(B)「試法官」の手続き、(C)「試法官」関係法の頒布と私印出売の許可、(D)「試法官」制定の経緯、である。それぞれについて検討を加えてみよう。

(A)は明らかに法官の待遇改善を目指したものである。このことは「其支賜都數比舊量與增添」の一文を見ただけでも解る。また、再任の場合には任期満了半年前に特定の差遣を指定でき、第三任満了の者には堂除差遣を与えるとした。このような措置の裏には法官の人気の無さが窺い知れる[10]。これは「試

図6　熙寧三年モデル

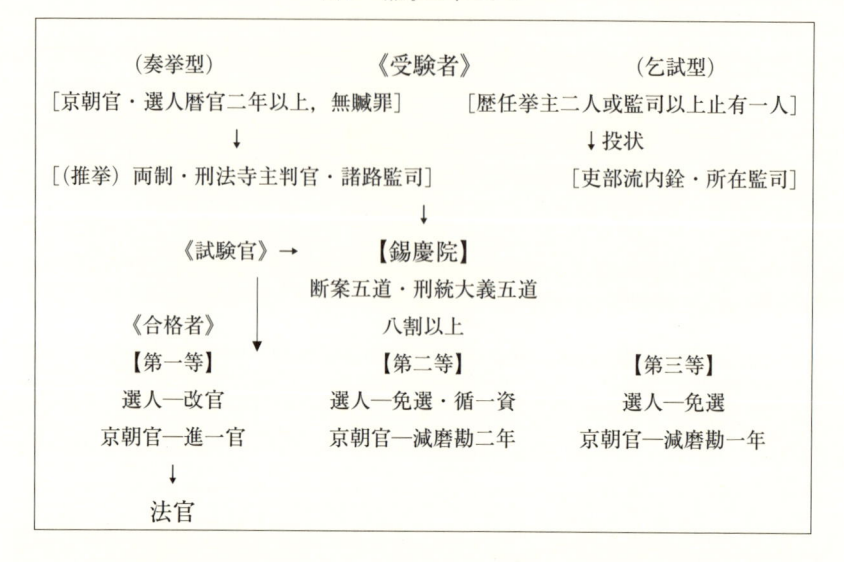

```
         (奏挙型)              《受験者》              (乞試型)
    [京朝官・選人暦官二年以上，無贓罪]      [歴任挙主二人或監司以上止有一人]
              ↓                                    ↓ 投状
    [(推挙) 両制・刑法寺主判官・諸路監司]        [吏部流内銓・所在監司]
                            ↓
              《試験官》→  【錫慶院】
                         断案五道・刑統大義五道
              《合格者》↓     八割以上
              【第一等】      【第二等】        【第三等】
              選人―改官     選人―免選・循一資   選人―免選
              京朝官―進一官  京朝官―減磨勘二年   京朝官―減磨勘一年
                ↓
               法官
```

法官」実施後も同じ状況であり，元豊二年（1079），知審刑院安燾は次のように述べる。「詳議官の仕事は大変で且つ責任も重いのに恩賞は薄い。だから，就任を希望するものは少ない。そこで，一任期を二年とし，終了時には磨勘の時期を二年減ずる恩典を与えてほしい[11]。」

（B）は「試法官」の手続きである。（図6参照）。受験者は二つのタイプ——「奏挙型」と「乞試型」に分かれる。前者は委任を受けた両制・刑法寺主判官・監司が，京朝官・選人の歴官二年以上で，贓罪がなく，その他の犯罪があっても情状が軽いものより推挙した場合である。後者は歴任二年以上で，挙主二人或いは監司以上一人の挙主を得たものが受験を請願した場合である。両者は，毎日断案一道（刑名十～十五事），合計五道まで試験をされ，更に刑統大義五道を受ける。断案は八割以上，重罪に誤りがなかった場合を合格とする。合格者

---

10)　法官の人気の無さを窺わせる史料はいくつか見える。その一例に天聖二年八月十二日，審刑院詳議官に推挙された韓錫言が就任を願わなかったことを受け，推挙に当たり本人に希望を問う方法を採用したことが挙げられる（『宋会要』刑法1-65)。
11)　『長編』巻298，元豊二年五月丙戌。

は，第一等——選人は京官に昇進させ，京朝官は寄禄官を一つ進め，両者とも法官に任用する，第二等——選人は候選期間を免除（免選）し，寄禄官を一つ上げ，京朝官は磨勘の時期を二年早める，第三等——選人は免選とし，京朝官は磨勘の時期を一年早める，法官に欠員が出た場合，以上の中より補充する，という恩典を受ける。試験の取り締まり方法は諸科の方法に準ずる。

（C）は「試法官」関係法の頒布と私印出売について述べる。ここで注意すべきは「候法官皆是新法試到人」の部分である。つまり，「試法官」による法官の全面的入れ替えを目指していたことを表している。

（D）は，「試法官」制定の経緯である。神宗は謀殺刑名の議論を通じ，官僚の法律に対する知識不足を痛感した。王安石は法律に習熟するものが少なく，且つ法官に人材がいないことを指摘した。それに神宗が同調し，「試法官」が実施されることとなった。つまり，刑法論議が引き金となり試験制度が制定されたのである。では，当時の刑法論議とは一体何を論じ，何を目指すものであったのだろうか。ここに「試法官」制定の狙いを考えるヒントが潜んでいるように思われる。これについては次章で検討する。

以上，「試法官」条文の内容を紹介した。次に制定以前の体制と比較してみよう。両者を照合すると「試法官」の改革には六つの改善点が見られる。

第一に，試験制度が整合化された。以前は「目前乞試斷案人」と法官任用の間に断絶があった。例えば，受験資格は，前者は三考以上，後者は五考以上と差異があり，必ずしも前者の受験者が後者の対象とはならなかった。その上，法官任用の必要に応じて前者の試験を利用するという中途半端な結合であった。今度の改革では前者の狙いも踏まえつつ，両者が見事に結合されている。

第二に，受験資格が緩められた。「乞試型」は五考以上から二考以上と挙主二人に，「奏挙型」は細やかな規定が除かれ歴任二年以上がほぼ基本条件となった。更にこれは，

　　（熙寧六年四月丙申）詔，自今刑法官不及兩考者，並許就試。如試中刑法，在寺供職及兩考與推恩。（『長編』巻244）

　　（七年二月乙酉）又詔，京朝官・選人非在任者，雖無擧主，聽於銓院及所在

官司投狀乞試刑名，如試中，候有舉主應格推恩。(同巻250)

（五月）癸亥。中書言，京朝官・選人未滿兩考及非見任者，雖無舉主，許試刑法。試中，京朝官減磨勘一年，選人得堂除，並候成兩考及舉主應格日推恩。從之。(同巻253)

とあり，後に獲得するという条件のもと，官僚であれば誰でも受験できるようになった。

　第三に，試験科目の重点が断案に移った。以前の法官任用においてもその傾向は若干見られたが，その一方で「目前考試斷案人」などは律義に合否の重点が置かれていた。この度の改革では主体は断案に移っている。これは当時の裁判の基準が次第に律より勅へ，更には断例へと移行していったことと関係があると思われる。

　第四に，試験が定期化された。「目前乞試斷案人」の試験は一年二度行われたが，法官任用の試験は欠員に対応する形で実施されたと思われる。一方，「試法官」は「試出官法」の試験と連動する形で一年二回実施されたようである。というのは，元祐旧法党時代になると「試法官」の試験が一回に制限されるからである[12]。

　第五に，法官任用以外に「吏才」ある人材を抜擢する機能を持つようになった。従来は，「目前乞試斷案人」の試験にその傾向が若干見られたが，今回の改革では法官に任用されない者でも合格者に寄禄官の昇進や，堂除差遣など有利な恩典が用意され，人材登用の試験としても機能できるようになった。また，受験機会は保留条項──上等はそのまま恩典を実施，それ以外では「昔重今軽者」については推恩しない[13]──が付きながらも複数受験が認められた。また，「試出官法」との兼試が認められていたことも人材抜擢の上で有効に機能したと思われる。

　第六に，試験が厳密化された。従来より，法官試験において不正が問題となっていたが，その改善策として諸科に準ずる取り締まり方法が取られるようになっ

---

12) 『長編』巻409，元祐三年三月乙丑。
13) 『長編』巻242，熙寧六年二月辛丑。

た。その具体策を第一回の事例に見てみよう。

> （熙寧三年）九月十二日。以同勅員外郎權判大理寺崔臺符，殿中丞權發遣大理少卿公事朱溫其，太子中允崇政殿說書曾布，竝赴錫慶院，考試法官。國子博士楊淵，殿中丞吳安度，巡鋪。屯田員外郎董倚，監門。祕書丞章衮，封彌。（『宋会要』選挙13-13）

実際の試験に当たる内簾官として崔台符，朱温其，曾布のほか，試験の取り締まりに当たる外簾官として楊淵，呉安度（巡鋪官），董倚（監門官），章衮（封彌官）が派遣されており，ほぼ科挙に準ずる試験体制が取られている。また，ここでは謄録官の名が見られないが，別の関連史料では「依試擧人例，封彌謄錄考較」とあり，「試法官」一般に糊名，謄録法が行われていたと思われる[14]。

以上，「試法官」の改善点を検討したが，これは以前の方法を若干踏襲している点を除けば，全く新しい試験制度である。とりわけ，法官任用を第一の目的としながらも，その一方で「試出官法」と連動する形で数多くの受験機会を提供し，王安石の「吏士合一」の実現に大きく寄与する試験制度であった。

しかし，この制度は次の旧法党時代に入ると，受験機会は二回より一回に縮小され，さらに「試出官法」との兼試が禁止される。特に問題なのは試験が実施されても活用されなくなったことである。

> 紹聖元年七月九日。御史中丞黃履言，大理判斷刑之官，神宗初立選試之法，第一等取數常艱，惟中等得入大理爲斷刑官。元祐中以其恩典常重，<u>責考任擧主而增以嘗歷刑法官與縣令優課爲奏擧法</u>。其試入優等者，不得預焉。欲自今專用先朝選試之法，删去嘗歷刑法官・縣令優課等條，自非試預上選者，不得爲斷刑官。監察御史郭知章亦乞用熙豐試法。詔，令刑部大理寺依元豐選試推恩法立條。（『宋会要』選挙13-23）

14）『宋会要』選挙13-17，熙寧八年五月十五日。科挙の試験官については荒木敏一『宋代科挙制度研究』（同朋舎，1969年）参照。

即ち，元祐時代には新たに「奏挙法」と呼ばれるものが作られる[15]。その「奏挙法」とは資歴，推薦者，法官・県令としての優秀な考課等を基に任用を行う方法であり，以前取り上げた「試出官法」に対する旧法党の政策──「資格」と「薦挙」を重視──とも方向を一つにする。また，「奏挙法」自体はかつて梅原郁氏が解明したように宋代銓選の根幹を成す制度でもある[16]。このように見てくると，王安石の改革は従来の「資格」と「薦挙」を重視する銓選制度に対し，能力重視の試験制の導入により新風を吹き込もうとしたものといえる。残念ながらこの改革は徹底されずに終わる。このことは新法系の徽宗時代において「試法官」がうまく機能していないと述べられる記事からも窺える[17]。

しかし，「試法官」自体は時期により途絶えることがあるものの，ほぼ一貫して実施される。ただ，その制度は熙寧時代の理想型からすればかなり懸け離れている（図7参照）。熙寧八年七月モデルでは，官僚から予備軍まで経義と法律を軸に幅広い人材登用が行われる。一方，南宋モデル[18]では対象が縮小された上，兼試，複数受験が禁止された。その結果，受験者は「試出官法」か「試法官」のどちらか一方の選択を迫られる。なお，試験科目には詩賦が加わる。このようにして，王安石の改革は形だけが残されて行く。

---

15) 奏挙法の実施と関係があるものとして，法官任用に「試法官」合格者を制限する詔が出されている（『長編』巻377，元祐元年五月丁卯，「詔，大理評事以上，毋得更試刑法」）。またこの時期，盛んに法官に経義，道徳ある人物を登用すべきだとする意見が出されている。例えば，元祐元年閏二月の監察御史孫升（『長編』巻369，元祐元年閏二月丙午），王巖叟（『宋文鑑』巻60，「請罷試中断案入人寺」）など。
16) 『宋代官僚制度研究』（同朋舎，1985年）第三章「差遣―職事官の諸問題」参照。
17) 例えば，徽宗宣和三年五月二十五日に次のように見える。「詔，近年以來試中刑法人數絶少，選任官多是避免」（『宋会要』選挙13-26）。
18) 『慶元条法事類』巻15，選挙門2，「試刑法」，及び『夢梁録』巻2，「蔭補未仕官人赴銓」等参照。前者の選試令には「諸願試刑法者，不得更就尚書吏部試，若已試中選者，不許再試」，後者には「毎歳三月上旬，應文武官蔭授子弟・宗子蔭補者，竝赴銓闡就試出官，（中略）第三日，願試法科者，聽。」とあり，「試法官」と「試出官法」との関係を記す。

第三章 「試刑法」制定の構想　　　　　　　　　　　　　95

図7　人材抜擢法—熙寧八年七月モデル—

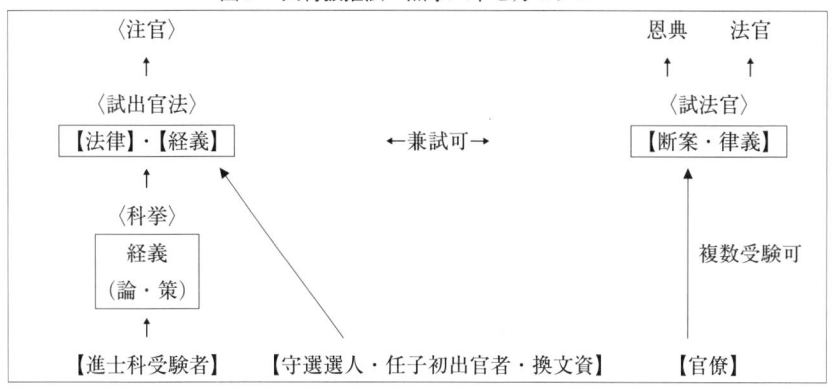

```
〈注官〉                                    恩典　法官
 ↑                                          ↑    ↑
〈試出官法〉                               〈試法官〉
【法律】・【経義】    ←兼試可→           【断案・律義】
    ↑
〈科挙〉
  経義                                    複数受験可
 (論・策)
    ↑
【進士科受験者】【守選選人・任子初出官者・換文資】【官僚】
```

—南宋モデル—

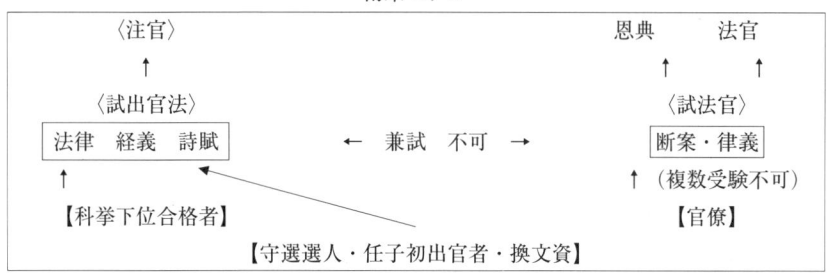

```
〈注官〉                                    恩典　法官
 ↑                                          ↑    ↑
〈試出官法〉                               〈試法官〉
 法律　経義　詩賦   ← 兼試　不可 →          断案・律義
                                           ↑ (複数受験不可)
【科挙下位合格者】
       【守選選人・任子初出官者・換文資】   【官僚】
```

三，宋代の刑法論議——「案問欲挙法」と「肉刑論」

　次に，「試法官」制定の引き金となった謀殺刑名の議論を見てみよう（表3「試法官」関係年表参照）。この事件の経緯は以下の通りである[19]。登州の婦人阿云は母服内に関わらず，民韋阿大に嫁した。阿云はその容貌が醜いのを嫌い，謀殺しようとして相手を傷つけた。県尉が案問する段になって，阿云は自白した。知登州許遵は「案問欲挙」の時に自白したことを考慮し，二等を減ずる判決を出した。これに対し，大理寺・審刑院は死刑に該当するが，「違律為婚」

---

19)　全体の経緯は『文献通考』巻170が詳しい。その他『長編紀事本末』巻75，『司馬光奏議』（山西人民出版社，1986年）巻23，「議謀殺已傷案問欲挙自主状」等を参照。

の法に当て上奏し天子の裁断を仰いだところ，死罪をゆるす措置を受けた。許遵は勅律に従い処断するよう上奏し，案件は刑部に送られた。刑部は大理寺・審刑院と同じ判決を下した。許遵はこれを不服とし，両制に送り論議するよう請願した。これを受けて，翰林学士の司馬光・王安石はそれぞれの意見を開陳した。王安石は許遵を支持し，司馬光は反対意見を述べた。論争点はいくつかあったが，特に問題となったのは『宋刑統』巻5，名例律，「犯罪已発未発自首」の条文解釈であった。その条文とは

其於人損傷，（中略）法云，因犯殺傷而自首者，得免所因之罪，仍從故殺傷法。本應過失者，聽從本。議曰，假有因盜故殺傷人，或過失殺傷財主，而自首者，盜罪得免，故殺傷罪仍科。若過失殺傷，仍從過失本法，故云本應過失者，聽從本。

であり，犯罪によって人を殺傷した場合，自首すれば傷因となった罪は許し，故殺傷法に従わせるとする。ただ，疏では例として盜罪を挙げるのみで，謀殺の場合の自首による軽減の条項は見えない。司馬光はこの点を重視するとともに，謀を傷因として認めえない論拠をいくつか挙げ，許遵の意見を退ける。王安石は条文に無くとも論理的に追えば謀殺の場合もこの条項に含みうると主張し，謀を傷因として認める意見を述べる。前者が条文上の内容を重視するのに対し，後者は条文の裏までも読もうとする極めて対照的な立場である。また，許遵は論拠として上述のもの以外に①蘇州洪祚斷例，②編勅「謀殺人傷與不傷罪不至死者，並奏取敕裁」，③律疏問答条「謀殺凡人，乃云是舅」を提出する。ここには明らかに法源として律のみならず，編勅，斷例をも重視する法律専門家の立場が窺える。また，編勅，斷例が判決において重要な論拠となりつつあった当時の状況と重なってくる[20]。なお，斷例の編纂が始まるのは経籍史上では『元豊斷例』，『斷例』が最初であり，史料上では仁宗末に始まっている[21]。以

---

20) 註2）論文，曽我部静雄『中国律令史の研究』（吉川弘文館，1971年），周密『中国刑法史』（群衆出版社，1985年）などを参照。
21) 晁公武『郡斎読書志』巻8に「元豊斷例六巻，右元豊中法寺所斷罪，此節文也」，「斷例四巻，右皇朝王安石執政以後士大夫頗垂意律令，此熙豊紹聖中法寺決獄比例也」

第三章 「試刑法」制定の構想

上より，王安石，許遵のように律文に盲従せずに論理的解釈を行い，かつ編勅，断例を并せ活用する立場は，司馬光に代表される律を重視する立場と好対照をなし[22]，或る意味では宋代の刑法解釈の変化に沿ったものといえよう。

次に「案問欲挙法」の狙いを考えてみよう。この論議の裏に許遵の出世欲があったと述べる史料もあるが[23]，王安石は犯罪の減少に役立てようと考えていた。熙寧六年七月，王安石と神宗は次のような会話をしている。

　　初め，神宗は沙門島の罪人が多いことを憂え，そのために法律を制定させ，且つ次のように言った。「案問欲挙法が寛大にしているからこのように罪人が多いのだ。」王安石は言った。「案問欲挙法が寛大にしているのは賊に疑いの心を起こし仲違いさせるためです。一つの賊に対して寛大にしたとしても，必ず数賊をお縄にすることができます。そうなれば，沙門島に配流するものもなくなるでしょう。」

このように，案問欲挙法は当時の犯罪増加を解消する目的として出されたものであった[24]。しかしながら，必ずしも中央政界では同意を得ることができなかった。とりわけ裁判関係の仕事を担当する大理寺，審刑院，刑部の猛反対を受ける。この論争は一年余を経過し，熙寧二年八月，「殺さんことを謀り，已

と見える。また，断例の編纂は「中書省言，刑房斷例，嘉祐中宰臣賈富弼・韓琦編修。」（『長編』巻391，元祐元年十一月戊午），或いは「審刑院詳議官買士彦，乞差官以熙寧以來得旨改例爲斷，或自定奪，或因比附，辨定結斷公案，堪爲典刑者編爲例。（中略）詔刑部編定。」（『長編』巻254，熙寧七年六月乙未）とあるように第四代仁宗末或いは神宗時代に実施されている。

22) 司馬光と類似した意見としては例えば文彦博のものが上げられる。彼は現在の法──例えば「偽造官文書」が律の規定より重いことを問題とし，律の本意に戻ることを主張する（『長編』巻217，熙寧三年十一月戊申）。この意見も編勅所に送られた。

23) 『宋史』巻330，許遵伝。

24) 『長編』巻246，熙寧六年八月己未。沙門島配流の増加を問題とする意見はこの時期しばしば見られる。例えば，熙寧六年には沙門島に650人の配流者がいることを告げる記事（『長編』巻246，熙寧六年八月丁亥）や熙寧五年閏七月には知登州李師中が罪人が多く，守備兵が少ないので事故を起こす可能性があると配流者の減少を請願した記事（『長編』巻236，熙寧五年閏七月戊申）など。また，当時は死刑の増加が著しく増加した時期でもある（章末の図参照）。

に傷つけたもの，案問欲挙の時，自首したければ謀殺より二等を減ずる。」という詔が通過した。この法は謀殺の刑名に止まらず，犯罪一般に広く活用されていく[25]。この利用は如上の王安石の言葉を裏付ける。

次で思いがけない副産物を生む。それは，王安石に法官刷新の必要性を認識させたことである。これは第二節で見た通りである。しかし，直ちには「試法官」合格者を登用する訳にはいかず，先ず，第一段階として反対派の左遷が行われ，多くの法官，諫官，御史がポストより退けられる[26]。次いで賛成派の登用が図られ，司法界に王安石派の足固めが始まる。例えば王庭筠は王安石の謀殺刑名の議論に賛成したため，編勅刪定官から判刑部へと出世の道を歩む。また，朱温其，崔台符も謀殺刑名議論に賛成した人物であり，かつ王安石時代の中心的な法官である。特に朱温其は「温其素より王安石のために法を検し，そのことを賛成する者」と述べられるように，謀殺刑名の論議において王安石の背後にあり，法律解釈の中心的な役割を果たした。このような人物が登用される一方，「試法官」合格者の抜擢も始まり，莫君陳，宗湜，王援，張奕，葛奉世が刑法官に，孫諤が監制勅庫のポストに任用される。この内，特に注目されるのは孫諤で後に宰相のブレーンである中書吏房習学公事にまで到達する。また，「試法官」合格者のポストとして大理寺，審刑院，刑部の法官以外に三司検法官，開封府法曹・功曹参軍，枢密院刑房の官吏，提点刑獄検法官が指定さ

---

25) この法は神宗時代，謀殺刑名以外に窃盗，強盗，強姦，殺人等に幅広く活用されていた（『長編』巻370，元祐元年閏二月壬子参照）。その具体例としては，沂州軍賊李則に対し斬刑とするところを案問欲挙法に照らして二等減ずる処置をしている（『長編』巻239，熙寧五年十月庚辰）。

26) 第二期の左遷は判決ミスに基づくもので，かつこの中に賛成者の許遵が含まれるなど若干問題もあるが，その一方，反対者の蔡冠卿の名も見えることより，これも法官整理のため行われた人事として解釈した。これ以外にも，熙寧四年，知審刑院孫固が審刑院の文案を留滞させたとの理由で王安石によって罷免させられ，後釜に王安石派の崔台符をつけた人事をあげることができる（『長編』巻225，熙寧四年七月辛卯）。

第三章 「試刑法」制定の構想　　　　　　　　99

れており[27]，多くの合格者が叙上のポストに就けられたものと思われる。

　次に，肉刑論に移ろう。まず，論争を検討する前に肉刑について簡単に整理しておく。肉刑とは身体を毀傷する刑罰で，具体的には宮（去勢），刖（足切り），劓（鼻切り），墨（入れ墨）などを指す。漢の文帝がこの肉刑を廃止して以来，しばしば肉刑復活論が起き，論争が戦わされてきた。これについては幾人かの研究者が取り上げ，内容を分析している。その一人，西田太一郎氏は漢以後から唐の太宗時代までの肉刑論を類型化された。宋代の肉刑論を考える上で参考となるので，ここに紹介しておく[28]。それによれば，肉刑復活論は，――（一）文帝が肉刑を廃止したとき斬右趾を死刑にしたから，死刑より軽い斬右趾を復活せよ。（二）死刑と髡鉗刑の差が大きすぎるから中刑として肉刑が必要だ。（三）肉刑は犯罪の手段を除去することができるとする特別予防主義。（四）肉刑は世人に威嚇を与えるとする一般予防主義・威嚇主義。反対論は，――（一）肉刑は残虐である。（二）罪人を心身とも善良な状態に導くべきだ。――である。年表に論争の概要を掲げておいたが基本的にはこの六つの類型に入るものばかりである。なお，推進側は主として復活論の（二）の立場を取って行く。

　では，年代に従って論争の検討に入ろう。熙寧二年五月，神宗が謀殺刑名について意見を述べた。これを受け，王安石がその理由を述べた上で，更に律の規定が不十分であり，肉刑のような中間刑の必要性を主張した。それに対し，富弼は罪人に更生の道を閉ざすことになると反対し肉刑論議の口火が切られた。

　熙寧三年八月，中書は問題となる刑名五箇条を提出した。それは（一）死刑，（二）徒流折杖之法，（三）刺配之法，（四）能考悌力田為衆所知者，（五）奏裁である。後の二つはさておき，前の三つは従来の刑罰体系の不備を述べ，新し

---

27)　三司検法官・開封府法曹功曹参軍（『長編』巻233，熙寧五年五月壬辰），提刑司検法官（『長編』巻243，熙寧六年三月己巳），枢密院刑房（『長編』巻229，熙寧五年正月丁未）。
28)　「肉刑論から見た刑罰思想」（『中国刑法史研究』，岩波書店，1974年刊所収）。類型に挙げなかった以外に「象刑説」（太古の堯舜時代には実刑はなく，罪人の身に，罪を象徴とするなんらかの物をつけさせることによって罪を表したとする説）に基づく反対論がある。

い体系の確立を主張する。その際，中間刑として肉刑の採用を述べる。その概略を見てみよう。

（一）現在，死刑の数は二千人に近い数に上り，前代と比べて多い。強盗や却盗は死罪であるが，その間の情状には軽重がある。従犯や情軽き者に対しては，右足切りの刑にしてはどうか。また，禁軍の辺防の任に無い者が逃亡した場合，自首の期限を延ばし，兵力として有効に活用してはどうか。

（二）徒流折杖の法は禁網が加密である。良民が法律に抵触すれば肌を傷つけ一生の恥となる。愚頑の徒は一時の痛みを感じるも数十日も経てば傷は癒え，痛みを忘れ恥じることがない。徒流の情理の重くないものについては居作（労役刑）の法を復活させ，大赦にあうごとに段階に従って日数を減らせば，良民は肌を傷つけることなく悔い改めることができ，愚頑の徒は拘束することで善良な民を傷つけることができなくなる。

（三）刺配の法は二百余にも上る。愚民は恐れも知らず，そのため一家離散となり，また途中死亡する者も多い。また護送に当たる役も大変である。そこで情理の軽いものについては古えの移郷の法を復活させ，再犯の後に入れ墨をして軍隊に配属させる。配属も近くとする。凶悪のものは以前通りとする。編管の人は他所に送り，労役の期限を立てる。

この五つの提案は編勅所に送られ検討されることとなった。これを受けて編勅刪定官曾布は肉刑論を提案し，その中で刑罰体系の変革を主張した。

彼の考えを確認する前に宋代の刑罰について簡単に触れておく。従来，宋の刑罰体系は死刑・流刑・徒刑・杖刑・笞刑の五段階となっていたが，流刑から笞刑までは折杖法により遠方に流す流刑や労役に服させる徒刑などは実施されず，脊杖・臀杖に換算されることとなっていた。そのため，死刑の下は杖刑というように中間刑が欠落していた。これでは不十分ということで勅の規定により死刑の下に入れ墨をして軍隊に当てる刺配の法などが設置され，死・配流・配役・脊杖・臀杖の五段階になっていた[29]。

しかし，先の中書の主張に見たように，死刑・配流・配役は社会的問題と見

29）註2）論文参照。

なされ改善の必要が求められていた[30]。曾布はその方向を具体化する意見を提出した。つまり，死刑と配流との間に宮刑（去勢），刖刑（足切り）を設置するというものである。これに対し王安石は賛意を表明し，一例として禁軍の逃亡者に足切りの刑を使用することを提案する。一方，馮京は軍法を壊すと反対し，結局，肉刑の採用は見送られる。この後，肉刑論は王安石引退後の元豊年間にも神宗の命で議論されることとなるが採用には至らず，刑罰体系の変革自体は実施されることはなかった。ある意味では失敗に終わった肉刑論であるが，これは当時の刑法体系の不備を明らかにする上では意味があったと思われる。というのは，この王安石時代には多くの新刑法が成立しているからである。確認できるものとして，『熙寧編勅』，『元豊勅令格式』などを挙げることができる[31]。この内，『熙寧編勅』は王安石を編纂責任者とし，曾布以下が実際上の中心となり制定したものである。普通，編勅と言えば折々に出された勅を整理し定期的に編纂されるものであるが，この時のように多くの議論が戦わされ，新刑法制定の動きが見られるのは珍しい。先ず，確認できる範囲で編勅制定のスタッフをあげてみよう。

　　熙寧二年五月　嘉祐編勅局設置—孫永（提挙詳定編勅），蔡延慶
　　　　三年四月　宋敏求，王庭篤，劉瑾，朱溫其，錢長卿，曾布，杜純（刪定官）
　　　　　七月　崔台符（兼詳定編勅）
　　　　　十一月　王袞（編勅所看検供応諸房条貫文字），鄧綰（同詳定編勅）
　　　　四年五月　曾布（兼詳定編勅）
　　　　六年八月　完成

30) 当時，配流を問題とする意見としては例えば『歴代名臣奏議』巻2-1，張方平の「請減刺配刑名札子」，蘇頌の「重議加役流法」などが上げられる。前者は英宗治平末に出されたもので，刺配の条が増加していること——祥符編勅（46）→天聖編勅（54）→慶暦編勅（99）——を問題とし，その削除を求める。後者は，熙寧初に出されたもので，肉刑の実施を時期尚早とし，加役流の実施を主張する。その主旨は労役刑の復活にあった。
31) 『玉海』巻66。

九月　酬奨—王安石（提挙），曾布・鄧綰・崔台符（詳定官）
　　　朱温其（編排官），胡瑗・陳偲・張巨・虞太寧（刪定官）
　　　劉袠（点対官），劉賡，張宲（検詳官）

　当初，孫永，蔡延慶等中心で始まった編纂事業が三年段階になると王安石派の中心である曾布や鄧綰が，また法官系統では崔台符・朱温其・王庭筠などが参加し，王安石色の強い形で編纂が行われたことが確認できる。

　次にこの時代に制定された法律を概観してみよう。熙寧二年には，誤って死刑の判決を出した官僚に対する処分を重くした①「増失入死罪法」[32]，八月には②「案問欲挙法」が制定された。三年八月には胥吏の犯罪に対して規定を定めた③「倉法」[33]が，四年正月には一定の地域を特別区（重法地分）と定め普通の地域（常法地分）より厳しく処罰するとした④「盗賊重法」が制定された[34]。五年七月には⑤禁軍の逃亡に対する自首猶予期限を三日から七日にする法が制定された[35]。これは三年八月に出された中書の改革案の第一を具体化したものである。八年十月には⑥銅禁の法が削除され[36]，十年正月には官吏が犯罪を犯した場合，ポストを去ること，或いは恩赦によって罪を軽減することを認めないとする⑦「不以去官赦降原減」の法が制定された[37]。これはある意味

---

32)　『宋史』巻14，熙寧二年十二月癸酉及び『能改斎漫録』巻13，「赦官吏失入死罪」，「熙寧二年敕，今後官員失入死罪，一人追官勒停，二人除名，三人除名編管。胥吏一人千里外編管，二人遠悪州郡，三人刺配千里外牢城。自後法寖軽，第不知自何人耳。」

33)　註1）論文参照。

34)　佐伯富「宋代における重法地分について」（『中国史研究』第一，1969年同朋舎刊所収）参照。

35)　『長編』巻235，熙寧五年七月庚寅。

36)　荒木敏一「宋代の銅禁――特に王安石の銅禁撤廃の事情に就いて――」（『東洋史研究』4，1957年）参照。

37)　『長編』巻280，熙寧十年正月戊寅。「權御史中丞鄧潤甫言，應不赦降去官原減，乞令重修編敕所・司農寺擇可刪除者先詳定。從之。」。この法は熙寧末の制定であるが，それ以前に「不以赦降去官原減」に関する詔が出されており（例えば，『長編』巻258，熙寧七年十二月辛卯，同巻265，熙寧八年六月戊申等），その準備は王安石執政時代に始まったものと考えられる。なお，この法は元祐時代に入ると「案問欲挙法」とともに骨抜きにされていく。前者は官僚の既得権を犯すと考えられたため，後者は犯罪の減少に効力

第三章　「試刑法」制定の構想　　　　　　　103

では胥吏に対して出された「倉法」と相対する法律であった。このうち①は「熙寧二年勅」，⑥は「熙寧七年頒行新勅」として記され，熙寧編勅制定との関わりを予測させる。②③⑥と王安石が深く関わっていたことは史料上より確認できる。④は「権正中書刑房公事李承之」，⑤は「編勅所刪定官杜純」の発案による。このように多くの法が王安石を中心に編勅所及び中書検正官を活用する形で制定されていったのである。

また，曾布を中心に『宋刑統』の修正も行われた。『長編』巻214，熙寧三年八月戊寅の条に

　　（曾）布始爲編敕刪定官，卽言，立法必本於律，律所未安，不加刊正，而
　　獨欲整齊一時號令，是舍其本而治其末也。因乞先刊正律文。詔布條析具上。
　　布言，律疏義繁長鄙俚及今所不行可刪除外，凡駁其舛錯乖謬百事，爲三卷
　　上之。詔布如有未便，續條析以聞。

と見える。これは編勅編纂事業と並行して行われたものであり，刑法改正の一環と解釈できる。『宋刑統』は太祖建隆四年（963）竇儀等が制定した基本法（律）であり，確認できる範囲では宋代では四回の修正事業——乾徳四年（966），熙寧四年（1071），紹聖元年（1094），紹興元年（1131）が行われている。このうち，最も大規模に行われたのは曾布が実施した熙寧四年の修正であった[38]。このように基本となる律から編勅まで広範囲にわたる刑法改正が企てられたのであった。

以上を整理すると，次のようになる。熙寧初には犯罪増加が大きな社会問題となっていた。この問題を解決するために朝廷では刑法改正問題が論議された。この論議を契機に一方では運用者の人材改革が図られ，第一段階として反対派の左遷，王安石派の登用，第二段階として「試法官」の制定及び「試出官法」

を持たないと考えられたことによる（『長編』巻370，元祐元年閏二月壬子，『宋会要』刑法1-14～15参照）。
38）『宋会要』刑法1，『玉海』巻66参照。乾徳四年は，高継申の建議（三事），紹聖元年は章惇の建議による。紹興元年は開宝より元符までに申明訂正された九十二条を加え整理したものである。

との連動による人材登用が進められ,もう一方では刑罰体系をも変えようとする刑法改正の動きと繋がって行く。要するに「試法官」制定は単なる人材改革に止まらず司法界全体の改革の一環であったといえる。

おわりに

最後に「はじめに」で提起した問題について簡単に触れておく。つまり,この時代がなぜ法律を官僚の教養として必要としたかという問題である。これに対して明確な回答は得られなかったが次のようなことはいえよう。それは単に「吏才」ある官僚を王安石が求めたというに止まらず,刑法改正という大きな動きの中にあってその方向を体現できる人材を必要としていたのである。事実,この時期には他に見られない人材が表舞台に出て来る。いわゆる法律に明るい官僚の一群である。崔台符,朱温其に見られる従来よりの法官タイプ以外に,王安石のブレーン,即ち中書検正官として活躍する官僚群が現れる。この中書検正官の機能の一つとして法律制定があったことが最近の研究によって明らかにされている[39]。そのうち本論と関係の深い人物としては,例えば李承之,孫諤,王震などが挙げられる。李承之は進士科合格後,先ず明州司法参軍を出発とし,免役の論を建議したことにより王安石に見込まれ制置三司条例司検法文字に登用され,後に中書検正刑房公事となり,刑法改革の中心として活躍する。賊盗重法の制定以外に大辟に対する検正官の再審制度,「試法官」の恩典,制勅庫の設置,刑法官の恩典・人数の改正など幅広く改革に関わっている。王震は任子出身で「試出官法」に優等の成績を収めたことにより進士及第を賜った人物で,後に中書検正刑房公事となっている。特に貢挙条制,諸路学制の制定事業を担当している。孫諤は「試法官」に合格した人物で監制勅庫を経た後,中書検正習学公事に任命されている。特に貢挙条制の仕事に携わった[40]。これ

---

39) 熊本崇「中書検正官——王安石政権のにないてたち——」(『東洋史研究』47-1, 1988年) 参照。
40) 李承之 (『宋史』巻310,『長編』巻219, 熙寧四年正月丁未, 同巻242, 熙寧六年二

第三章 「試刑法」制定の構想　　105

以外に熙寧編勅制定等の刑法改正事業で活躍した官僚を加えればかなりの数に上る。このような官僚群の存在が浮かび上がることにこの時代の特色がある。しかし、これは「吏才」ある人材を登用する政府側の方針と受け皿となるポストがうまくかみ合って初めて実現するものである。その意味ではこの時代は、「吏士合一」の理念とそれを実現する諸制度がうまく結合した時期であったといえる。

表3　北宋時代の大辟数——『長編』を参考に——

時　　代	大辟数	時　　代	大辟数
嘉祐7　（1062）	1683	2	806
8	1066	3	1212
治平1　（1064）	2494	5	2085
2	1736	6	2761
3	1832	7	2365
熙寧3　（1070）	3523	8	2066
4	3699	元祐1　（1086）	5787
5	3792	2	5573
6	2951	3	2915
7	3509	4	5405
8	1397	5	4261
9	758	6	4801
10	389	7	4191
元豊1　（1078）	1104	紹聖4　（1097）	3192

月辛丑，同卷248，熙寧六年十一月壬戌，同卷258，熙寧七年十一月戊戌など），王震（『宋史』卷320，『長編』卷248，熙寧六年十二月辛巳，同卷268，熙寧八年九月庚申，同卷312，元豊四年四月庚申など），孫諤（『長編』卷267，熙寧八年八月壬子，同卷268，熙寧八年九月庚申など）をもとにまとめた。このほか中書検正礼房，吏房公事となる王白は陳州司法参軍・律学士から，刑房公事となる范鏜は太原府司法参軍から，戸房公事となる練亨甫は睦州司法参軍から登用されており，法律に明るいことが検正抜擢の条件となるケースがかなりあったと思われる。

表4 「試法官」関係年表

熙寧元年 (1068)	《登州婦人阿云の謀殺已傷事件》 知登州許遵…「案問欲挙」の時，自白したことを考慮し二等減ずる判決を出す ↓ 審刑院・大理寺・刑部の反対 (「違律為婚」の法を適用) ↓ 両制の論議 　翰林学士王安石・司馬光の対立 　※王安石は許遵を支持 王安石派─呂公著・韓維・銭公輔 司馬光派─大理寺・審刑院・刑部の官吏 ↓ 王安石の意見が通る ↓		
七月	詔，謀殺已傷，案問欲挙自首，従謀殺減二等論。 ↓ 法官（齊恢，王師元，蔡冠卿等）の反論 ↓ 王安石と法官の衆議─決着つかず ↓		
二年二月庚子 (1069)	詔，自今謀殺人已死自首案問欲挙，並奏取勅裁。 ↓		

第三章 「試刑法」制定の構想

	判刑部劉述, 丁諷反対 王安石―新制度設立の必要なし （編勅の内容でカバーできる） ↓ 唐介等と帝前で論争（王安石, 曾公亮 vs 唐介等） ↓	五月 謀殺刑名の議論→肉刑論 王安石―律の規定が不十分。 中間刑の必要性。 富弼―反対論（二）の立場	
甲寅	王安石の意見が通る 詔, 自今謀殺人自首及按欲挙, 並以去年七月詔書従事。其謀殺人已死, 従者雖当首減依嘉祐勅, 兇悪之人・情理巨蠹及誤殺人, 傷與不傷, 奏裁。収還庚子詔書。 ↓ 劉述等反対＋御史中丞呂誨・御史劉琦・銭顗 【衆議】　↓ 文彦博・呂公弼・富弼―反対 陳升之・韓絳―賛成 ↓		
八月乙未	詔, 自今謀殺自首及案問欲挙, 並依今年二月二十七日勅施行。 （結果：王安石の意見が通る）	九月 神宗―沙門島の罪人が多い。 広南編配の多くが逃げ帰っている。肉刑を復活したらどうか。 韓絳―堯舜の時代にも行われた 富弼―象刑説	【人事異動】①反対派の左遷Ⅰ 八月 侍御史劉琦・御史裏行銭顗・集賢校理丁諷 侍御史知雑事判刑部劉述・殿中侍御史判刑部孫昌齢・審刑院詳議官王師元

三年 (1070)			八月　中書上刑名不安者五條 　　一，死刑 　　二，徒流折杖法 　　三，刺配之法 　　四，能孝悌力田為衆所知者 　　五，奏裁 　　　→編勅所 删定官曾布，肉刑の議を上る →刑罰体系の変革を主張 　　　↓ 王安石—曾布の意見に賛成 (中間刑の必要性) 例—禁軍逃亡に刖を用いる 馮京—軍法を壞すとして反対	三月「試法官」制定 四月②賛成派の登用Ⅰ 　都官員外郎王庭筠→編勅删定官→(七月)判刑部 　殿中丞朱温其→編勅删定官→(六月)権発遣大理少卿 六月①反対派の左遷Ⅱ 　大理寺詳断官李達・胡澤，権少卿蔡冠卿，権判自許遵，審刑院官朱大簡・韓普卿・趙文昌・馮安之 ②賛成派の登用Ⅱ 　可勳員外崔台符→権判大理寺 ③「試法官」合格者の登用
六年 (1073)				三月　莫君陳→刑法官 八月　宗湜・王援・張奕・葛奉世 　　　→大理寺詳断官
八年 (1075)				八月　孫諤→監制勅庫→中書吏房習学公事
元豊元年 (1078)			九月　神宗，執政に肉刑を討議させる 呉充—圜土の復置を提案 王珪—開封府の死囚に劓・刖を試ることを提案→否決	

五年 哲宗元豊八年 (1085)	十一月詔，強盗案問欲挙自首者，不用減等。	七月　神宗，肉刑に賛意表明	

※以上，『文献通考』巻170，『長編紀事本末』巻75，『宋会要』刑法をもとに作成

第四章　選挙論議より見た元祐時代の政治

はじめに

　元祐時代の政治のイメージは，新法党の排斥，新法政治の否定という文脈から理解されてきた。しかし，この時期は宋代官制上の一大変革である元豊官制改革という新しい潮流に直面したのみならず，旧来の制度への復帰の動きも起こり，両者のせめぎ合いの結果として，南宋に継承される政治構造が確立されてゆく時期であり，肯定的な側面より再評価がなされるべきであろう。かつて筆者は「言事」（政事批判）を担当する「言路」の官（御史台官・諫官・給事中・中書舎人）を手掛かりに宋代の政治構造の変化の分析を試みた[1]。その際，この時代の政治について劉摯を中心とした言路官集団の推移を通じて描写を行った。この集団は新法党の排斥，新法政治の否定の中核となったグループであり，旧法党のイメージも彼らに負うところが多い。だが，この時代を担ったのは，彼らばかりではなく，元祐党人と称される司馬光，呂公著，范純仁，程頤，蘇軾，蘇轍など多種多様な人々であり，彼らは政治家であるとともに学問上でも宋代を代表する第一級の士大夫である。従来，彼らについては新法反対という観点より旧法党として一括りにされる以外には，些か新法に対する姿勢の違い――例えば青苗法（范純仁），保甲法（范純仁・王存），免役法（范純仁・蘇軾・王存・李常など）の反対――が着目された程度であり，彼らの活動の実体について本格的に論じられることはなかった。

　翻って，市易法，青苗法，免役法などの実利的な側面の強い新法政策から離

---

1)　本書第三部「宋代の政治システム」第一章「宋代の言路」参照。

れ，士大夫・官僚の再生産装置である科挙制度の問題に目を転じてみよう[2]。この問題については郊祀制度に代表される礼制とともに，単なる政策論争とは次元を異にする自己の学問・教養を背景とした論戦が繰り広げられたと推定しうる。そして，ここには当時の王学，蜀学，洛学，関学といった諸派の林立状況も微妙に影響していると思われる[3]。加えて，この時期は学問を基軸とした士大夫のあり方を分析するには，格好の時期といえる。というのは，前代の神宗時代の言論統制が強まった時期とは異なり[4]，談論風発の傾向が見られ，多くの材料が残されているからである。しかしながら，神宗時代の科挙改革が研究者の注目を浴び，分析の対象とされてきたのとは異なり，この時期は殆ど顧慮されてこなかった。そこで，本章は元祐時代の科挙，銓選等の選挙論議を分析対象とすることにより，当時の士大夫像の一端を解明することを狙いとするものである。

先ず，分析に先立ち，この時代の直前に行われた神宗時代の科挙改革について，近藤一成氏の研究（「王安石の科挙改革をめぐって」『東洋史研究』46-3，1987年）に基づいて整理しておく。氏は従来，王安石個人にスポットが当てられていた研究から一歩離れ，熙寧の科挙改革に当時の社会や士人がどう対応したかという視点より分析された。具体的には熙寧年間に行われた科挙論議やその他の科挙関係史料を分析の対象とし，王安石の改革が当時の士人たちの経義重視の動向，或いは思想界の「新義の学」の勃興を背景として実現されたものであることを明らかにされた。その分析の中で，熙寧二年（1069）の科挙論議について次のように分類される。第一に，詩賦廃止と経義採用を主張する司馬光・呂公著・韓維らの意見，第二に従来の制度の趣旨を徹底すべきだとする蘇頌の意見，第三に改革そのものを否定する劉攽・蘇軾らの意見であり，このうち第一が最

---

2) ベンジャミン・A・エルマン著，秦玲子訳「再生産装置としての明清期の科挙」（『思想』810，1991年）参照。なお，氏の考えはピエール・ブルデューの「文化的再生産」の理論に基づいているという。
3) 小島毅「郊祀制度の変遷」（『東洋文化研究所紀要』108，1989年），溝口雄三他『儒教史』（山川出版社，1987年）第六章参照。
4) 熊本崇「元豊の御史——宋神宗親政考——」（『集刊東洋学』63，1990年）。

第四章　選挙論議より見た元祐時代の政治　　　　　　　　　　113

有力な意見であったと分析された。

　この分類に対して異論を挟むつもりは無いが，次節の考察の必要のため，より細かな類型を提示しておきたい。範囲は熙寧・元豊年間に広げることを前もって断っておく。第一に，詩賦廃止と経義採用を主張する立場（孫覚，司馬光，呂公著，韓維），第二に進士・諸科以外に漢代の「察挙」の制度に準ずる，或いは銓選の薦挙制度を活用する形の「特科」の導入を主張する立場（孫覚，司馬光，蘇頌，劉攽，范純仁，曾鞏）。例えば，孫覚は，治平年間に増加した科挙合格者枠の五十名をこの科目に充て，転運使・提点刑獄使・知州・通判に「文行殊異，經術政事，或有兵謀材略之人」を一，二人推挙することを提案している。なお，その一節に「其後三條，稍用保任薦擧法，薦取材略文行之士」とあり，この科目の意図は一目瞭然である。また，劉攽は詩賦・経義に暗いながら裁判・財政に明るい人物のために薦挙制度に基づく「従政科」の設置を，范純仁は当時の進士科，即ち文学に弱い西北人対策として，解額の三分の一を「特挙之科」にあて優秀な人物を推挙して，省試で経義・論・策を試験し，路分ごとに優劣をつけ，それぞれの路で一定の合格者を出させる方式を提唱した。更に，蘇頌は糊名・謄録法を廃止し，郷里での人望，或いは事前運動としての公巻をも選択基準とするように提言しており，糊名・謄録法を嫌う点においては司馬光と相通ずる主張をしている。その上，「制科」「遺逸之類」のため，科挙合格者枠五十名を割くことを提言し，その推挙は郡（州）ないし転運司に当たらせると述べている。なお，曾鞏は漢代の「察挙」，並びに「博士弟子科」をモデルとした，学校を媒介とする「特挙之科」導入を強く主張する。司馬光の科挙論は後に紹介するが，叙上の論と重なる点が多い。しかし，彼の論は「德行」「薦挙」という題目を唱えるだけではなく，推挙者に対する連帯責任を問う保挙制度の導入を主張する点に特徴がある。第三は，改革を否定するというより，目前に迫った科挙においては従来の制度をそのまま踏襲すべきとする立場（蘇頌，劉攽，蘇軾），第四は科挙よりも学校を人材登用に活用すべきとする立場（程顥，蘇頌，呂公著）である。とりわけ，呂公著は将来的には科挙を廃止して学校制度による人材登用を提言する。なお，司馬光も保挙の法を利用した「取士」と

ともに次善の策として外舎→内舎(初等生—中等生—高等生)→省試という学校を利用した人材登用を提起しており、両者とも王安石の三舎の法を連想させ興味深い。以上、重複を犯しながらも四つに分類を試みた[5]。このように見てくると当時の科挙の潮流が経義重視の傾向にあったとは簡単に片づけられないように思う。例えば、蘇軾の意見にしても、後の元祐時代の言動をも加味すると詩賦擁護の意見を消極的な形ながら述べたとも読み取れなくはなく、また劉攽についても特科の設置を強く主張するとともに、後に述べるように御試における詩賦論復活に対する反対論を展開しており、改めて検討が必要になってくるように思われる。なお、元豊年間には三舎の制度が導入されるとともに、王安石の法律重視の政策を受ける形で、科挙の試験科目に律義が加えられることとなる[6]。以上をまとめるならば、選択肢としては、(a)学校と科挙、(b)試験科目として経義、詩賦、法律、(c)漢代の「察挙」、あるいは銓選の薦挙制度的発想に基づく特別科の設置、の三つの論議が想定されるのである。ここにスケッチを試みた図式と本論文が試みる元祐時代の分析を重ねることにより、北宋時代の士人や社会がどう科挙並びに銓選改革に対応したかが一層明らかになると思われる。

では、具体的に以下の手順で分析を進めて行くこととしたい。先ず、第一に元祐時代の科挙制度の変遷を叙述し、第二に、その際に行われた選挙論議を分析し、最後に一、二の分析を踏まえ、当時の政治との関わりを明らかにする。

---

5) それぞれの論は以下のものを参照。孫覚——「上神宗論取士之弊宜有改更」(『国朝名臣奏議』巻80)、司馬光——「議学校貢挙状」(『司馬光奏議』巻24)、呂公著——「上神宗答詔論学校貢挙之法」(『国朝諸臣奏議』巻78)、韓維——「議貢挙状」(『南陽集』巻25)、蘇頌——「議貢挙法」(『蘇魏公文集』巻15)、劉攽——「貢挙議」(『彭城集』巻24)、范純仁——「上神宗乞設特挙之科分路考校取人」(『国朝諸臣奏議』巻80)、曾鞏——「請令州県特挙士箚子」(『元豊類藁』巻30)、蘇軾——「議学校貢挙状」(『蘇軾文集』巻25、中華書局、1986年)、程顥——「請修学校尊師儒取士箚子」(『河南程子文集』巻1)。このうち、曾鞏の論は文集に「元豊三年十一月二十一日垂拱殿進呈」と記されている。それ以外は熙寧一〜二年頃の上奏。

6) 本書第一部「宋代の選挙制度の構造」第二章「『試出官法』の展開——銓選制度をめぐる新法党、旧法党の争い——」参照。

第四章　選挙論議より見た元祐時代の政治　　　　　　　　115

一，元祐時代の科挙制度の変遷

　最初に元祐時代以前の体制を確認しておく。熙寧の改革の方針は諸科を廃止して進士科に統一すること，進士科は詩賦・帖経・墨義を止め，経義・論・策を課すことであった。具体的には進士科受験者は第一場で本経十道（詩・書・易・周礼・礼記の中から一つ選択），第二場で兼経（論語・孟子）十道，第三場で論一首，第四場で時務策（解試は三道，省試は五道），殿試で策一問を問うというものであった。合否は「通場去留」の制，即ち四場の試験が終了した後，試験官が集まり成績を総合して決定する方法が取られていたが，元豊元年には「逐経均取」，即ち各経ごとに一定の割合で合格者を取る方法に変わり，益々経義が合否に占める割合が高くなったようである。極論すれば，指定された五経のうち，一経に卓越した能力があれば策論の成績が不味くとも合格できるシステムであったといえる。なお，元豊四年（1081）には律義三道（解試一道，省試二道）が加えられている。このモデルを官吏任用試験である「試出官法」と併せる形で纏めたものが図8である。

　一方，元祐時代の科挙改革の特徴は二点に纏めることができる。第一は王安石の科挙改革を否定する側面であり，王学の排除——三経新義の専用禁止，『字説』の引用禁止，その延長として釈老・申韓（法家）の書よりの出題の禁止，律義の廃止といった点に見られる。特に問題となる三経新義については司馬光の強硬反対論（『長編』巻371，元祐元年三月壬戌）が目立つが，その他韓維，劉摯，上官均などは，三経新義の専用を禁止する立場を取り（『宋史』巻315，『長編』巻390，元祐元年十月「是月」，同巻374，元祐元年四月庚寅），結果的には他の注釈と併用される

図8　人材抜擢法
——元豊年間モデル——

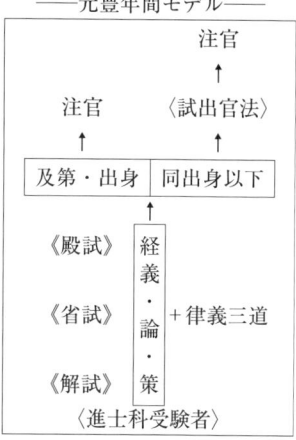

```
           注官
            ↑
  注官　　〈試出官法〉
 ┌─────────┬─────────┐
 │及第・出身│同出身以下│
 └─────────┴─────────┘
            ↑
 《殿試》  ┌─┐
          │経│
 《省試》  │義│
          │・│＋律義三道
          │論│
 《解試》  │・│
          │策│
          └─┘
      〈進士科受験者〉
```

こととなる。ただ，実際上は，元祐元年の国子司業黄隠の学生に対する三経新義学習禁止の措置（『長編』巻390，元祐元年十月「是月」），或いは三年の知貢挙蘇軾の三経新義に基づく解釈をした受験者の黜落の判断（『長編』巻408，元祐三年二月己卯）に見られるように，事実上廃止されたと同じ扱いを受けた[7]。

　第二は詩賦と経義を巡る対立であり，元祐時代を通じて論争が行われる。先ず，元祐元年（1086）閏二月，尚書省より科挙改革の提案が行われ，また礼部より春秋博士の設置と春秋を科挙の専門科目とする提言がなされる。それを受けて，侍御史劉摯より以下の提案がなされた。（一）試験科目に詩賦を復活し，進士科第一場に経義を，第二場に詩賦を，第三場に論を，第四場に策を試験する。経義によって学問を，詩賦によって文章を，論によって知識を，策によって才能を見，第一・第二場で合否を決定し，第三・第四場で順位を決定する。（二）経義の解釈には，先儒の伝注あるいは自己の説を通用し，字解（『字説』）並びに釈典の引用を禁止する。（三）制科，即ち賢良方正及び茂材異等科を復活させる。（四）新科明法科については，法律に加えて論語・孝経大義を課すとともに，合格者を半減させ，神宗時代に高められた法官任用における優先順位を下げ，旧来通りとする。（五）以上について裁可されれば，詔を下して元祐五年秋試（解試）より開始する（『長編』巻368，元祐元年閏二月庚寅）。

　これを受けて，閏二月二日，詔が下り，礼部・両省・学士・待制・御史台・国子司業による集議が行われた（『長編』巻368，元祐元年閏二月庚寅）。この集議には礼部尚書孫永以下が参加したことが確認でき（『曲阜集』巻2，「上哲宗皇帝論経明行修科宜罷投牒乞試糊名謄録之制」），また当然ながら劉摯は御史中丞の資格をもって参加し，持論を力説したことと思われる。なお，この時，門下侍郎司馬光は病気のため，拝礼・乗馬・下馬もままならず，長期の朝假（一月二十一日～五月十二日）を取っていた（『長編』巻366，元祐元年二月甲申，同巻378，元祐元年五月戊辰）。そのため，当初はこの科挙論議に直接加わらなかった。従って，恐らく集議は，劉摯提案の方向で進められたのではないかと思われる。この間の事情を『長編』巻371，元祐元年三月壬戌（傍線部は『范純仁言行録』【『三朝名

7）　程元敏『三経新義考彙評（一）——尚書』（国立編訳館主編，1986年），293-376頁。

第四章　選挙論議より見た元祐時代の政治　　　　　　　　117

臣言行録』巻11】もほぼ同じ）は，次のように述べる。

　　先是，（司馬）光以奏藁示范純仁。純仁答光曰，挙人難得朝士相知，士族
　　近京猶可，寒遠之人，允不易矣。兼今之朝士，未必能過京官・選人，京官・
　　選人未必能如布衣，徒令求挙，未必有益。既欲不廃文章，則雑文四六之科，
　　不若設在衆人場中，不須別設一科也。孟子恐不可軽，猶黜六經之春秋矣。
　　更乞裁度。純仁更有一説，上裨聰明。朝廷欲求衆人之長而元宰先之，似非
　　明夷涖衆之義。若已陳此書，而衆人不隨，則虚勞思慮，而失宰相體。若衆
　　人皆隨，則衆人莫如相君矣。然恐爲諂子媚其間，而正人默而退。媚者既多，
　　使人或自信爲莫已若矣，前車可鑒也。不若清心以俟衆論，可者從之，不可，
　　便俟衆賢議之。如此則逸而易成，有害亦可改，而責議者少矣。若先漏此書
　　之意，則諂諛之人能増飾利害，迎於公之前矣。光欣納之。

司馬光が奏稿を范純仁に見せたところ，彼は薦挙を柱とする科挙改革に対して
推薦者獲得の難易の点より異議を唱え，かつ詩賦を科挙の一試験として用いる
よう説き，更に，衆人に先んじて上奏することを思い止まるよう説得した。と
りわけ，その論拠となったのは司馬光が先に意見を提出すると媚びへつらう輩
らが多数出る懼れがあり，衆論を待って判断したほうが良いというものであっ
た。結局，この意見が受け入れられ，司馬光の上奏は三月五日に提出されるこ
ととなった。その論の概要は以下の通りである（『長編』巻371，元祐元年三月壬
戌，『司馬光奏議』巻37，「起請科場箚子」）。（一）人材登用の方法は徳行を先に，
文学を後にすべきであり，文学の中では経術を先に，辞釆を後にすべきである。
（二）神宗時代に行われた科挙改革の方向は正しかったが，王安石が自己の学
問を推し広め，自己の解釈を取るものは登用し，異説を出すものは退けたこと，
春秋を退け孟子を試験科目として採用したことなどは問題であった。（三）経
明行修科並びに郷貢進士科の設置。（四）詩賦，法律をもって受験を希望する
旧習者については，前者は特奏名受験者として扱い，特に（正奏名）進士科を
希望するものについては，本経合格の日の後，論を試験するかわりに律詩，歌
行，古賦，頌，銘，賛，四六表啓などより問題を出題させる。一方，後者（新
科明法科）に対しては，官僚にとって律令勅式は必須のものであるが特別に習

図9　司馬光の科挙改革案

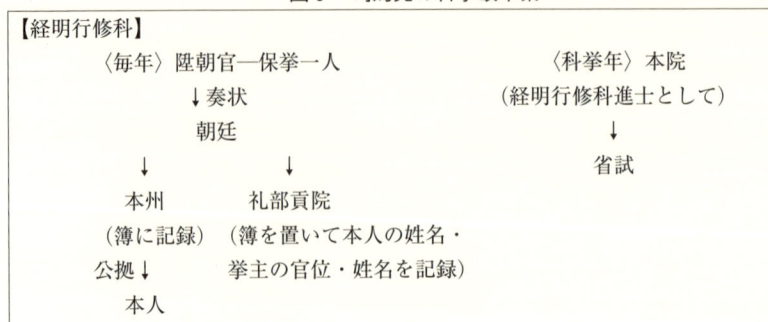

【経明行修科】
　　　　〈毎年〉陞朝官—保挙一人　　　　　　　〈科挙年〉本院
　　　　　　　　　↓奏状　　　　　　　　　　　(経明行修科進士として)
　　　　　　　　　朝廷　　　　　　　　　　　　　　↓
　　　　↓　　　　↓　　　　　　　　　　　　　　省試
　　　本州　　　礼部貢院
　　(簿に記録)　(簿を置いて本人の姓名・
　　公拠↓　　　挙主の官位・姓名を記録)
　　　本人

【郷貢進士科】（挙主の無い者）
第一場　孝経・論語大義五道（内孝経一道，論語四道）……三通以上合格
第二場　尚書・詩・周礼・儀礼・礼記・春秋・周易各五道（三経以上多少随意受験）
第四場　時務策三道
▲「経数多者を上位とし，経数等しき場合は論策理長文優の者を上位とする」

【経明行修科】
【郷貢進士科】　→省試→殿試（時務策一道，千字以上）

▲「経数多者を上位とし，経数等しき場合は策理長文優の者を上位とし，文理等しき場合は挙主多い者を上位とする」
▲「推恩に当たっては，経明行修科を通常の進士科より優遇し，清要の官，館閣，台諫等のポストを選ぶ際には先ず経明行修科の人より選抜する」

得させるほどのこともなく，道義を知っておれば自ずから法と冥合するものであり，また法律の書ばかりになれ親しむと刻薄となり，人材を育て風俗を厚くすることにつながらないので，旧習者に限り受験させる。（五）以上の自己の意見と礼部等の官による集議の意見とを国子監の門および州学の門に提示し，挙人に一か月以内にどちらの方法が良いかを指定させ，以上の意見を中央に集め，執政に討論させて決定する。

　このうち，問題となるのは（三）の内容である（図9参照）。この図を見ればすぐ分かるように，経明行修科とは，毎年陞朝官に徳行ある人物一人を朝廷に保挙させ，朝廷では本州と礼部貢院に文書を送りそれぞれ帳簿に記録させておき，更に本州から本人に公拠（証明書）を与え，科挙の年が訪れると，本人は

第四章　選挙論議より見た元祐時代の政治　　　　　　　　　119

公拠を持ち，経明行修科進士として解試を免除されたうえ，省試に応ずるというものである。一方，挙主を獲得できない士大夫は郷貢進士科を受験しなければならない。この科は「九経取士」と称されるように，多くの経術に通じていることが肝要であり，また経義・論・策の三科目選抜を取っているものの経義が合否を決定づけるシステムとなっている。この案は突如出たものではなく，すでに嘉祐六年（1061）八月二十一日に上奏された「論挙選状」，治平元年（1064）四月十四日に上奏された「貢院定奪科場不用詩賦状」，熙寧二年（1069）五月に上奏された「議学校貢挙状」（『司馬光奏議』巻4，13，24，山西人民出版社，1986年）に骨格が見えており，かなり早い時期から経明行修科の考えを懐いていたことが知れる。更にその考えは漢代の「察挙」（俗に「郷挙里選」と称されるもの）の制度と銓選の保挙制度（定期的に，上級の官に有能なものを推挙させ，推挙させた人物が罪を犯した場合，連帯責任を問う制度）を合体させたものである。全体的には復古的論調が強いが，その一方，当時の銓選制度の活用を目指した考え方であることにも目を向けるべきであろう。

　ともあれ，この時期，科挙を巡って二つの提案がなされ，これを軸として元祐時代の科挙論議が展開されて行く。要するに，劉挚に代表される詩賦を復活させ，経義・詩賦・論・策の四場制を主張する立場と司馬光に代表される徳行・経義を軸に人材登用を図ろうとする二つの主張である。なお，後者の経義重視の立場は神宗時代の科挙改革に連なる主張でもあり，厳密には三つの方向が出されたと言ってもよいかもしれない。その証拠に，例えば同時期，監察御史上官均は詩賦復活に反対し，本経（三経選択），兼経（論語・孟子），策二道（歴代・時務各一）の受験，並びに新義の専用の禁止，釈典の引用禁止，荘子・老子を専ら引用することの禁止を提言しており，司馬光の「九経取士」とほぼ同じ主張をしている。結果的には右司諫蘇轍の提案に従い，両者の意見が決着がつかないので，元祐二年の科挙については（律義廃止並びに三経新義の専用禁止以外は）神宗時代の科挙の方式通りとし，また元祐五年の科挙についてはじっくりと討論を重ねて行くこととなった（『長編』巻374，元祐元年四月庚寅）。更に六月には殿中侍御史林旦の意見に基づき，『字説』の引用が禁止された（『長編』巻379，

元祐元年六月戊戌)。

　一方，経明行修科の人数に対しては，六月，御史中丞劉摯より，推挙者の対象を陞朝官より州の長吏に代え，推挙者の人数は受験者二百人当たりにつき一人とし三名を上限とすること，及び監司は転運判官以上の者が本路において一人，在京は台諫以上の者が開封府・国子監の学生から一名を推挙させるべきとの意見が出され，これを受けて朝官・通判資序以上の者に保挙させるとの詔が出され（『長編』巻380，元祐元年六月壬寅)，更に元祐二年正月には経明行修科の枠を京東西・河北・陝西路各五人，淮南・江南東西・福建・河東・両浙・成都府路各四人，荊湖南路・広南路西（広南東西の誤り)・梓州路各二人，荊湖北路・夔州・利州路各一名とし，州県の当職官に委任して同状保任させ，監司に調査させたうえ，解額に充当するとの詔が出された（『長編』巻394，元祐二年正月戊辰，同巻395，元祐二年二月癸巳)。当初の司馬光の目論見と比べるとかなり人数の絞り込みが行われている様子が窺える。更に，四年五月には，三省の「太中大夫已上の（官が）奏挙してきた知州（候補者）の現在吏部にいる人数が甚だ多い。というのは，毎年奏挙させるのに対し，任命が行われず，また経明行修科の人も科挙の年ごとに奏挙が行われるからである。」とのポスト不足を理由にした上限を受けて，「今後は全て詔を降すのをまって奏挙を許す。毎年行っていた知州（候補者）の奏挙，及び科挙の年ごとに経明行修科の人を奏挙させるとの指揮は施行しないように。」との詔が出された。事実上，司馬光の原案は骨抜きにされたと言ってもよいだろう。改変の理由は，注に「実録，本文を刪修し，頗る事実を失す。今，本文を存す。」(『長編』巻428，元祐四年五月甲午)とあるように，資料を欠くためよく分からない。確かに，当時，蘇轍，上官均，蘇軾，王覿，韓川などが繰り返し「員多闕少」(官僚の増加に対するポスト不足)の原因を恩蔭，胥吏，特奏名，進納，薦挙など様々な観点より論じており[8]，

---

8)　『長編』巻386，元祐元年八月辛亥，同巻389，元祐元年十月庚寅，同巻397，元祐二年三月「是月」，同巻404，元祐二年八月乙未，同巻410，元祐三年五月丙午，同巻445，元祐五年七月己丑など。また，知州候補者の歳挙が止められる契機は，二年八月殿中侍御史韓川の上奏に基づく（『長編』巻404，元祐二年八月乙未)。

第四章　選擧論議より見た元祐時代の政治

これが主因であったと考えられるが，それ以外にも司馬光の死後，この科目の推進役がいなくなったこと，及びこの種の試験制度は「薦擧」というフィルターを通すため，情実が絡み易いこと，また受験希望者が少なかったことなどが理由と考えられる。具体的な批判は次章で紹介するが，『長編』の中にはこの試験に推擧された者或いは関わった者として六名の名しか見出せない。

（元祐三年三月）賜特奏名進士・武擧諸科擧人進士，<u>經明行修王鄰臣等同五經三禮學究出身</u>・假承務郎・京府助教・諸州文學・助教・右班殿直・三班奉職借職差使，凡五百三十有三人。（『長編』卷409，元祐三年三月庚午）

（元祐三年六月）詔，<u>經明行修黃杲卿・黃穎</u>，並特與應天府助教，以被擧不至。御史中丞孫覺請各就除一官，教導後進。故有是命。（『長編』卷412，元祐三年六月丁亥）

（元祐八年二月）監察御史黃慶基言，南郊赦書，將來科場，依元祐二年例<u>薦擧經明行修進士</u>，（中略）臣聞，元祐二年諸路所薦者，甚有不協士論，惟福建路薦朱朝倚，其人素有學問，久爲太學職事，江西路薦李存，其人素有節操，累獲鄉擧，如此二人，乃可充選，（中略）欲乞朝廷申諭諸路監司・郡守，凡薦經明行修之士，必須精加考察，委有術業・行誼，爲鄉黨所譽・士論所服者，乃許奏薦，或不如所擧，則以貢擧非其人之法，坐之，庶幾朝廷有得人之效。從之。八月十七日，李堯臣殿擧。」（『長編』卷481，元祐八年二月辛未）

最初の王鄰臣は經明行修科進士として推擧されながらも，恐らく省試の成績が悪かったため，特奏名進士と同様に扱われたのであろう（『長編』卷409，元祐三年三月癸丑）。次の黃杲卿・黃穎は推擧されたのに，試験に赴かず，特別な措置によって官を与えられている。最後の三人のうち，朱朝倚・李存は立派な人物であると評価されている一方，李堯臣は「殿擧」（受験資格の停止）という言葉にあるように，余りの成績の悪さのために推擧されたものの不合格の憂き目にあったようである。最後の史料と先の四年の詔を併せて考えると，この試験は元祐二年には実施されたようであるが，五年の科擧には実施されず，推擧された人数も極めて限られていたのではないだろうか。即ち，元祐当初，司馬光が

積極的に進めたこの科目は,進士科と同等な形では機能しえず,せいぜい制科の一科目程度の役割を担ったものと位置付けられるように思われる[9]。

一方の進士科については,この間,元祐元年十一月に三省より経義・詩賦両科の設置を群臣に審議させる意見が出される(『長編』巻392,元祐元年十一月戊寅)など揺れ動きを見せるが,ひとまず十一月には劉挚・蘇轍・林旦の上奏の方針が認められるとともに,二年正月に出された経明行修科の詔の内容が再確認される。なお,進士科の試験科目は,第一場本経義二道,論語義或いは孟子義一道,第二場律賦一首,律詩一首,第三場論一首,第四場子史・時務策三道として,四場の成績をもって合否・順位を計り,新科明法科は旧来の断案三道,刑統義五道に論語義二道・孝経義一道を加える。以上の改革は元祐五年秋試より実行することと定められた(『長編』巻407,元祐二年十一月庚申)。要するに,この時点では,基本的に劉挚の原案が通り,進士科は経義・詩賦・論・策の四場制に決定し,なお,司馬光が提案した経明行修科の設置も許可されるという,折衷的な妥結案が定められたのであった。

次に問題となったのは殿試の試験を旧来の詩賦論三題に戻すか,熙寧以来の策問を続行するかという論点であり,一旦は三年二月,趙挺之の提案によって策問に決定する。この決定には宰相呂公著の「天子臨軒して策を発し,四方の貢士をまねき,詢うに治道をもってするは,豈に近古の良法にあらずや。」との意見が決め手となったが,それでも反対意見は収まらず,呂公著死後は一層加熱したと『長編』所引注『呂公著伝』に述べられる(『長編』巻408,元祐三年二月癸巳)。この見解の正当性はさておき,決定はすぐに覆され,九月には尚書・侍郎・学士・待制・両省・御史台官・国子監長弐に詩賦論三題の採用について議論させることとなる(『長編』巻414,元祐三年九月壬子)。ここには詩賦復活の強化を図ろうとする中央の意志が働いていたとする指摘が反対派の上言に見られる。そして十月から十一月にかけて三題復活を目論む中書省官僚[10]と反対側

---

9) この時期,賢良方正能直言極諫科の合格者としては謝悰・王普・司馬朴・王当(『長編』巻414,元祐三年九月丁卯,同巻466,元祐六年九月丁酉,『宋会要』選挙11-9)の四名の名が浮かぶ程度である。

第四章　選挙論議より見た元祐時代の政治　　　　　　　　　　123

に立つ吏部侍郎傅堯兪・范百祿・礼部侍郎陸佃・兵部侍郎趙彦若・中書舍人曾肇・劉攽・彭汝礪・天章閣待制劉奉世・国子司業盛僑・豊稷・御史翟思・趙挺之・王彭年らが論戦しているが（『長編』巻415, 元祐三年十月「是月」, 同巻417, 元祐三年十一月壬子), そこでは「策問の内容は時政を問うため予想がつき, 前以て原稿が練っておける。」,「時世の急務を日頃から考えることは国家にとって良いことであり, 詩賦論などは所詮暗記・類集の学問ではないか。」などの意見が戦わされたが, 三題採用の詔が出なかったところを見ると決着はつかなかったようである。次いで閏十二月には詩賦論三題反対論者とほぼ同一の者（御史中丞李常・侍御史盛陶・殿中侍御史翟思・監察御史趙挺之・王彭年）が, 経義が次第に廃止されて行く危機感から経義を別の一科とする提案を行っている（『長編』巻420, 元祐三年閏十二月「是月」）。この主張は受け入れられ, 四年四月には経義進士科・経義詩賦進士科の両科の設置が決定する（『長編』巻425, 元祐四年四月戊午）。この中で興味深いのは, 中書舍人彭汝礪が詩賦復活反対の見解を述べたうえ,「臣愚以爲, 今學校・選擧, 宜しく一に元豐の條約を用い, 今の經明行修・賢良方正の科に因りてやや損益を加うるべし。蓋し亦た庶幾きかな。」とする意見であり（『長編』巻417, 元祐三年十一月壬子）, 経明行修科・賢良方正科を斟酌しつつという付帯条件ながら, 明らかに新法への復帰を提言している。この主張が全体の主流であったかについては定かでないが, 同時期, 趙挺之より三経新義の通用を求める上奏が出されており（『長編』巻408, 元祐三年二月己卯), 有力な論の一つであったことは確かであろう。ともあれ, このように三年から四年にかけて経義重視派の巻き返しの動きを窺うことができる。

　次いで, 合格者枠の比率が討論の対象に上る。少し遡るが三年六月に, 五年の科挙に限り, 詩賦を習得しない挙人は旧来通りに受験を許可し, その合格者は解額の三分の一とする詔が出されている（『長編』巻412, 元祐三年六月庚辰）。更に四年四月には経義詩賦進士科・経義進士科の両科の設置に伴い, 各々五分

10）『長編』所注では, 孔武仲伝の「武仲爲著作左郎, 請御史復用三題」との記事を引き, 考証を行っているがこの記事を李燾は誤りとしており, 中書官僚の具体的名は定かでない。

とする詔が出される（『長編』巻425，元祐四年四月戊午)。ところが六月から十月にかけて受験者の希望が詩賦に傾いているとの理由に，梁燾，蘇軾より受験人数の多少により合格者を決定する方式——例えば，解額が十名で，百人が受験し，その内，七十名が経義を，三十名が詩賦を選択した場合，七名を経義，三名を詩賦の解額とする——が提案され（『長編』巻429，元祐四年六月戊辰，同巻434，元祐四年十月甲寅）詩賦重視派の巻き返しが起こって来る。因みに，この間に経義重視の主張を行った李常・盛陶・翟思・趙挺之・王彭年・彭汝礪・曾肇等は，蔡確の宣仁太皇太后を誹謗したとする詩の事件において彼を擁護したと見なされ，連座する形で中央より左遷されている（『長編』巻426，元祐四年五月癸酉，同巻427，元祐四年五月辛巳，同巻427，元祐四年五月丁亥）。その人事異動をも含む一連の結果として四年十二月には，五年の科挙については梁燾・蘇軾の提案通りに受験者の人数に応じて経義・詩賦の合格者を取る方法を行い，八年の科挙については三年六月の詔に従い，経義専修の人の合格者枠を三分の一とし，それ以後は二年十一月の詔に従い，両科を統一し経義・詩賦・論・策四場とするとの詔が出される（『長編』巻436，元祐四年十二月庚申）。明らかに詩賦重視の方向，経義専修の人の漸進的解消の方向が窺える。さらに五年十月には右正言劉唐老の提言によって「通場去留」の制が廃止され，経義進士科は経義により，経義詩賦進士科は詩賦によって去留を決定し，策論によって高下を決定する方式の採用が認められる（『長編』巻449，元祐五年十月己未）。この方式の採用は朝廷の詩賦重視の意見を背景とするものであり，将来両科が統一したとき，合否が詩賦によって行われることは目に見えている。続いて出された上官均の批判も「臣竊かに觀るに，今次の科場は兩科を以て均しく進士を取るも，府學の經義を試するものは十分の二を絶つ。利害を以て之を計れば，將來，學ぶ者，必ず皆詩賦を習うに趨き，天下の士皆詩賦に應じ，有司も又新制を執り，以て去留を定めん。」と述べられており，経義軽視への危惧が窺える（『長編』巻449，元祐五年十月己未[11]）。更に八年三月には，太学生2175名のうち，2093人詩賦，82

---

11) 時期は少し下るが，姚勔も経義廃止の危惧を述べ，両科並立を主張する。その際，当時鄭雍を中心に進められていた策・経義の字数制限に反対し，文学を以て自負するも

第四章　選挙論議より見た元祐時代の政治

人経義選択学習者という中書の指摘を踏まえ，次の殿試において詩賦挙人は三題を課し，経義挙人は従来通り策を課し，以後は全て詩賦論三題とする詔が下され，詩賦重視派のシナリオが完結することとなる（『長編』巻482，元祐八年三月庚子）。決定の中心となった人物は定かでないが，ほぼ同時期，詩賦論三題の出題内容に関して礼部尚書蘇軾（任期＝元祐七年十一月〜八年九月）の発言が見られ（『宋会要』選挙3-54），科挙を統括する礼部の責任者である以上，この決定に彼が一役買った可能性は極めて高い。しかし，結局この三題の試験は宣仁太皇太后の死，哲宗の親政開始という新たな局面を迎えることにより，実施されることなく終わる。更に紹聖元年の進士科の殿試では，次のような策問が出題されることとなった。

> 上御集英殿，試禮部奏名進士內出制策曰，朕惟神宗皇帝，躬神明之德，有舜禹之學，憑几聽斷十九年之間，凡禮樂法度所以惠遺天下者甚備。朕思述先志，拳拳業業夙夜不敢忘，今博延豪英，徠於廣殿，策以當世之務，冀獲至言以有爲也。夫是非得失之迹，設施於政，而效見於時，朕之臨御幾十載矣，復詞賦之選，而士不知勸，罷常平之官，而農不加富，可雇可募之說雜，而役法病，或東或北之論異，而河患滋，賜土以柔遠也，而羌夷之侵未弭，弛利以便民也，而商賈之路不通，至於吏員猥多・兵備刓缺・饑饉荐至・寇盜尚審，此其故何也。夫可則因，否則革，惟當之爲貴，夫亦何必焉，子大夫，其悉意陳之無隱。（『宋会要』選挙7─28）

即ち，元祐時代の政治について，青苗法，募役法などとともに詩賦を復活させた科挙について論じさせたのである。この策問は紹聖初め，楊畏の推挙により中央政界に復帰し，鄧温伯とともに新法政治の復活，即ち「紹述」の政策を進めた李清臣が起草したものである。試験は初考官が元祐の政治を是としたもの

のに有利な措置と述べる。なお，同様な反対を范祖禹・朱光庭も行っており，このような些細な点においても経義・策対詩賦という対立構造が存在していたことが知れる（『長編』巻472，元祐七年四月甲寅，同巻459，元祐六年六月壬寅）。この他に，四年十二月に出された，両科並立，経術・詞賦による去留の制を止め，経義・詩賦・策・論の四場通定去留高下の制に復することにより，「庶幾經術・策・論之試，不爲虛文。」と述べる鄒浩の論もある（『道郷集』巻21，「上哲宗皇帝書」）。

を合格としたのに対し,覆考官楊畏は試験結果を覆し,新法政治を評価した畢漸を状元とし,元祐旧法党の政治を是としたものは全て落とされるという思想試験として利用された。更に五月には詩賦を廃止し,経術を重視する新法党の科挙が復活することとなる(『長編紀事本末』巻100,「紹述」)。

二,元祐時代の選挙論

次に元祐時代の選挙論の特徴を見ていくこととする。この時代の選挙論は三つの方向に大別される。第一は徳行に基づく薦挙の法を科挙に導入しようというものであり,司馬光・蘇頌(『蘇魏公文集』巻19,「論制科取士乞加立策等増加人数」)・曾肇(『曲阜集』巻2,「上哲宗皇帝論経明行修科宜罷投牒乞試糊名謄録之制」),李常(『長編』巻407,元祐二年十一月壬戌)などにその意見を窺うことができる。但し,蘇頌は制科の人数・恩典の増加を強く主張するものであり,他とは一線を画すべきかもしれないが,制科が他薦を基軸とするものであることを考慮してこの一群に入れた。他の三者は経明行修科及び「郷挙」の法の推進を強く主張するものであり,この意見について今一度確認しておこう。例えば,司馬光はこの科目を提案するに当たって,「取士の道においては,嘗ては徳行を先にし,文学を後にした。文学についても経術を先にし,辞采を後にすべきである。」と述べており,徳行,経術,詩賦の順に優先順位があったことが分かる。この価値基準は彼らに限らず,三経新義編纂の目的が「道徳を一にする」ことにあった事実や,先に紹介した彭汝礪の議論の中でも「昔,詩賦を罷めて經術に従えり。これ將に引きて之を進むるなり。其れ徳行に至るや,猶河に沿いて海に至るがごとく,沛然として之を能く禦ぐもの莫し。如し復た詩賦を用いれば,是れ所謂喬木を下りて幽谷に入るなり。」(『長編』巻417,元祐三年十一月壬子)と同様な価値基準が述べられている。つまり,経学を重視する者の一般論と総括しうるかもしれないが,問題はこれを薦挙制度と結合させ人材登用に利用しようとしたことにある。更に,この時期は極めて多種多様な薦挙制度が試みられ,この経明行修科もその一環として導入されたことに目を向けるべきであろう。

第四章　選挙論議より見た元祐時代の政治

このことは，例えば，次の蘇軾の発言によって窺うことができる。

　　翰林學士蘇軾言，(中略)臣請畧擧今年朝廷所行薦擧之法，凡有七事，擧轉運・提刑，一也。擧館職，二也。擧通判，三也。擧學官，四也。擧重法縣令，五也。擧經明行修，六也。擧十科，爲七。(『長編』巻388，元祐元年九月癸未)

因みに蘇軾が述べている内，経明行修科と十科挙士は司馬光の発案によるものである。なお，この十科挙士も見方を変えれば制科に準ずるものであり，その方法は(一)「行義純固可為師表科 有官・無官人皆可擧」，(二)「節操方正可備献納科 擧有官人」，(三)「智勇過人可備将帥科 擧文武有官人，此科亦許鈴轄已上武臣擧」(四)「公正聡明可備監司科 擧知州以上資序人」，(五)「経術精通可備購読科 有官・無官人皆可擧」，(六)「学問該博可備顧問科 有官・無官人皆可擧」，(七)「文章与麗可備著述科 有官・無官人皆可擧」，(八)「善聴獄訟尽公得実科 擧有官人」，(九)「善治財賦公私倶便科 擧有官人」，(十)「練習法令能断請讞科 擧有官人」の十の科目に分け，毎年「職事官は尚書より給舎・諫議まで」，「寄禄官は開府儀同三司より太中大夫まで」，「職は観文殿大学士より待制まで」の官が十科のうちより三人を推薦させ，帳簿に記録し，執政が点検をした上，官吏任用に利用するというものである(『長編』巻382，元祐元年七月辛酉)。

　このような薦挙制度を利用する人材登用には，運用上，二つの問題が想定される。第一は，推挙された人物が推薦内容に該当しない場合，挙主を処罰することとなっているが，この規定が必ずしも履行されないこと，第二は，薦挙には情実が絡み易く，かつ政争に用いられる危険性が高いことである。例えば，前者の例としては，宰相司馬光が館閣に推挙した孫準が妻妾間の訴訟に坐して罰金となったとき，司馬光が「況や，臣近ごろ十科を設けんことを奏するに，或し擧する所の如からざるもの有れば，其の擧主は貢擧其の人に非ずの律に從い罪を科せしめよと。見(現)に執政たりて，朝廷輟むべからざる所の者と雖も，亦須く官を降ろして罰を示すべし。臣宰相に備位し，身自ら法を立つ。首先に之を犯せり。此くのごとくして行なわざれば，何を以て衆に齊しうせん。臣奏する所の如く，貢擧其の人に非ずの律に從い施行せられんことを乞う。貴

ぶ所は，羣臣を率厲し，擧げる所を審謹せしむるなり。」と述べたのにもかかわらず，司馬光を処罰しなかったことが挙げられる（『長編』巻386，元祐元年八月辛亥）。このような理念と実行との乖離は薦挙制度一般に見られたことである[12]。後者の批判例としては，蘇軾の次の発言が挙げられる。「經明行修，尤も是れ弊法なり。その閒，權勢請託，有らざる所無く，解額を侵奪し，虛名を崇奬す。何の功有りて能く復た甲に升せしむか。（中略）其の經明行修一科，亦詳議して早に廢罷を行わしめんことを乞う。」（『長編』巻409，元祐三年三月，「是月」）。しかし，蘇軾自身も薦挙制度は盛んに活用しており，「蘇門六君子」と呼ばれる人々（黄庭堅，張耒，晁補之，秦観，陳師道，李廌）のうち，陳師道は蘇軾・傅堯兪による十科の推薦，秦観は蘇軾が賢良方正科に推挙した人物，また，黄庭堅・晁補之・張耒は館職の試験を受けた際，試験官が蘇軾であり，座主門生関係が結ばれたといわれ[13]，蘇軾人脈において薦挙制度が重要な役割を果たしている。更に，蘇軾は監察御史趙挺之に，

　　蘇軾專務引納經薄虛誕，有如市井俳優之人，以在門下，取其浮薄之甚者，力加論薦，前日十科，乃薦王鞏，其擧自代，乃薦黄庭堅，二人輕薄無行，少有其比，王鞏雖已斥逐補外，庭堅罪惡尤大。（『長編』巻407，元祐二年十二月丙午）

とあり，浮薄な人物王鞏を十科に，黄庭堅を「挙官自代」に推挙したと批判を受ける。そもそもが黄庭堅・趙挺之間の争いであったものが蘇軾の人脈にまで波及したケースであり（『宋史』巻351），薦挙制度と政争との密接な関係を窺わせてくれる。付言すれば，この時期，堂除差遣（中書任命人事）の拡大が進み，宰相の親族，一門が要職を占める傾向が生じ，しばしば批判が起こっていることも注目される。例えば，元祐三年八月，右正言劉安世は堂除を媒介とした当時の政界人脈を次のように言及している（『長編』巻413，元祐三年八月辛丑）。

　　太師文彦博　子及（光祿少卿）・保雍（將作監丞），孫永世（少府監丞），
　　　　妻族陳安民（都水監丞），女婿任元卿（堂差監商税院），孫塏

12）梅原郁『宋代官僚制度研究』（同朋舎，1985年），246-266頁。
13）李一冰『蘇東坡新伝』（聯経出版事業公司，1983年），第九章「書斎内外」。

第四章　選挙論議より見た元祐時代の政治　　　　　　　129

　　　　　　李慎由（堂差監左藏庫）
　司空呂公著　子希勣（知穎州→少府少監）・希純（太常博士→宗正寺丞），
　　　　　　女婿范祖禹（與其婦翁共事於實録院）・邵虩（開封府推官→
　　　　　　都官郎中），外甥楊國寶（改官知縣→堂除太常博士→成都府
　　　　　　路轉運判官）・楊懷寶（常調→堂除差知咸平縣），妻弟魯君貺
　　　　　　（外任→都水監丞），姻家張次元（堂除知洺州）・胡宗炎（將
　　　　　　作少監）・馬傳正（冗官→大理寺主簿），孫壻趙演（堂除官教），
　　　　　　男希純之妻兄程公孫（堂差監在京商税院）
　宰相呂大防　女壻王讜（京東排岸司），妻族李栝（知洋州）・李機（知華州）
　宰相范純仁　姻家韓宗道（戸部侍郎），妻族王古（右司員外郎）・王毅（常
　　　　　　調→堂除知長垣縣），同門壻葛繁（兵器監主簿）
　執政孫固　　子樸（判登聞検院），婚家歐陽棐（館職→職方員外郎）
　　　　　　　　　　　　　　　　　└──右丞胡宗愈，左丞王存の姻家
　　　　　　　　　　　　　　　　　　　でもある

（門下侍郎）

　胡宗愈　　　弟宗炎（→開封府推官）

このような堂除差遣をも含め，各種の，人物本位というべき薦挙制度の施行が
なされたのがこの時期の特徴であり，「資格」を軽視し，更に「学官」「法官」
などに対する各種の試験制度を導入し，個人の能力を重視した神宗時代とは好
対照である。換言するならば，「薦挙」或いは「徳行」という観念がこの時代
の薦挙政策を支配していたということもできよう。ただ厳密にいえば，銓選の
主導権を巡っては，執政の抜擢に重点を置くべきとする考え，内外官僚の薦挙
に重点を置くべきとする考えの二つに分かれ，「堂除」，「薦挙」，「資格」を巡っ
て論戦が繰り広げられている。例えば，司馬光は「資格」と内外の「薦挙」を
重視する立場であり，執政の人物採択権を強く主張する韓維・李清臣・呂公著・
韓川らと論争を行っている（『長編』巻384，元祐元年八月丁亥，同巻384，元祐元年
八月辛卯）。更に，このような政策は後の新法党政権下においても全て否定され
たわけではなく，経明行修科と同様な試験科目が徽宗朝に「八行科」という形

で施行されたことは注意すべきであろう。

　第二は経義重視の考えであり，司馬光，上官均，朱光庭（『皇朝文鑑』巻60,「請用経術取士」），王存（『宋史』巻341）などにその意見を窺うことができる。但し，司馬光の場合は第二候補の案として出されていることは注意を要する。また司馬光は三経以上専修，上官均は三経，朱光庭は二経専修，兼経として司馬光は論語・孝経，上官均・朱光庭は論語・孟子など若干の差異が見られる。

　第三に詩賦重視の考えであり，劉摯，畢仲游（『西台集』巻1,「理会科場奏状」），孔武仲（『宋史』巻344）などにその考えを窺うことができる。但し，劉摯の場合は経義・詩賦・論・策の四場制を，孔武仲は詩賦・経策，そして殿試には詩賦論三題を，畢仲游は詩賦・論・策の三場制を主張し，「詩賦を為むる能わざるの人」に対しては嘉祐明経科を改良して復活すべきだとするなど若干の差異が見られる。

　このほか，明確に一〜三の立場に区別できないものも見られる。例えば，第二章の分析で見てきたようにどちらかといえば経義重視派として分類できるものに三題復活反対論者や両科並立論者等を挙げることができるし，詩賦重視派に分類できるものに詩賦合格者枠の増加を求めた梁燾や蘇軾，「通場去留」制の廃止を求めた劉唐老などを挙げることができる。これ以外に，司馬光に科挙改革の相談を受けたとき，急速な改革は慎み，文章の科目の存続を主張した范純仁や，経義を重視すべきであるが「詞学」衰退の現状を考慮し，詩賦を加えることを主張した呂公著などは詩賦経義両用型に分類すべきかもしれない。

　次に経義重視派の論拠を確認しておくが，例えば，上官均は「経術は理を以て主と爲す，詩賦は文を以て工と爲し，理を以てする者は，言に於いては實たりて，根とする所の者は本，文を以てする者は言に於いては華たりて逐う所の者は末なり。先帝數百年の弊を去るは，艱たらずと爲さず。而るに議者，本末を計らず，乃ち前日詩賦の弊を襲わんと欲す。未だ其の得たるを見ず。」（『長編』巻374，元祐元年四月庚寅）と述べるが，これは熙寧の科挙改革の時にも見られた考えで，士人にとっては聖人の道を尋ねる経義が本であり，文章の巧拙を求める詩賦は末であるという考えである。このほか，同様な意見を司馬光，曾

肇,彭汝礪に見ることができる。

　一方,詩賦重視派は様々な方向から論拠を提出する。第一は,劉摯・畢仲游と詩賦重視派の代表的意見から取ったものであるが,主に受験上の効率性から論じている。即ち,経義の場合,答案が自説であるか他説であるかは区別することが難しく,その時代の有力者におもねるケースが多い。また,一経専修の場合,他の経について学習しない者が多くなるのみならず,出題範囲も限定されるため重複の危険性が高い。詩賦の場合は巧拙が一目瞭然であり,出題範囲が六経・諸子・歴代史記より出され,広範囲な学習が要求されるとともに,出題が重複することは考えられない。更に詩賦,経義ともに結局は言によって取るのであるから,どちらが賢・不肖,正・邪であるとは言えない,というものである。

　第二は,神宗自身が経義を科挙の科目としたものの,満足な文章を書くものが少なくなり,後悔して詩賦復活を考えていたという説に基づくものである。『長編』は二度注に引くが,一つは「新錄辨曰,神宗厭雕蟲篆刻之學,訓士以經術,甚盛舉也。其後因詞臣答高麗書不稱旨,懼學者觀書不博,無脩詞屬文之意,亦慨然念之。至是以詩賦兼經義取士,亦推神宗之意也。」(『長編』巻407,元祐二年十一月庚申,三省の上奏に付けられた注)であり,もう一つは「呂大防作呂公著神道碑云」(『長編』巻394,元祐二年正月戊辰)に見える。また,新錄附傳と思われる「實錄呂正獻公公著傳」(『名臣碑傳琬琰集』巻11所収)にも同様な記事が見え,この説が広く伝播していたことが知れる。なお,『長編』の著者李燾自身は根拠のない説であると述べる。因みに新錄とは趙鼎が紹興年間に上呈した哲宗実録であり,旧法党の立場に立って書かれた実録として知られているものである。

　第三は受験者が詩賦への学習傾向を強めていたという論拠であり,

　　(梁)燾又言,臣伏覩科舉之制,以經義・詞賦進士各取五分,竊聞進士多從詞科十常七人,或舉州無應經義者,如此則五分之限,固不可行。(『長編』巻429,元祐四年六月戊辰)

　　知杭州蘇軾奏,(中略)然臣在都下,見太學生,習詩賦者十人而七。臣本

蜀人、聞蜀中進士習詩賦者十人而九。及出守東南、親歷十郡、又多見江南・福建士人皆爭作詩賦。其閒工者已自追繼前人、專修經義士以此爲恥。以此知、前言天下學者不樂詩賦、皆妄也。惟河北・河東進士、初改聲律、恐未甚工、然其經義文詞、亦自比他路爲拙、非獨詩賦也。（『長編』卷434、元祐四年十月甲寅）

というように、梁燾は70％、蘇軾は都で70％、蜀で90％が詩賦を学習しているという数字を挙げる。これ以外に経義重視派の上官均もほぼ同様な数字を挙げており、詩賦学習傾向が躍進的に伸びていたというのは事実であったと思われる。ただ、これは朝廷の政策に呼応して受験者が敏速に対応した事例に過ぎず、同様なことは王安石の科挙改革時にも見られたことである。

おわりに

最後に、元祐時代の政治との関連について若干触れておく。第二節で明らかにしたように、元祐時代には、当初より科挙の試験科目を巡って経義・詩賦重視の二つの立場の対立があった。劉摯を中心とする詩賦重視派の勢力は、新法廃止の潮流にも助けられて優位に立ったが、三〜四年頃には経義重視派の巻き返しが起こり、両者がほぼ拮抗する形で経義詩賦進士科、経義進士科の両科設立を見たが、すぐに詩賦重視派の巻き返しが起こり、反対派が左遷されたほか、詩賦重視の方向で科挙改革案が決着する。それも束の間、新法党の政権が復活すると、再度経義重視の体制に戻るのである。次に、第三節では元祐時代には三つの方向——徳行重視、経義重視、詩賦重視、並びにその他区分し難い中間的立場の人々があったと論じたが、当時の人々がこの争いをどう見ていたか、二つの史料を紹介しておく。一つは元祐四年三月に出された宰相劉摯の上言であり、次のように述べる。「又祖宗・先帝の方法も取り入れ、経義・詩賦を併せて一科としたのであり、万世にわたり行うべき法である。今人情が定まったのに、ただ王安石の党のみ、経義を用いることに勤めている。陛下、どうぞ已に定まった法を堅守し、浮議に惑わされないでいただきたい。」というもの

第四章　選挙論議より見た元祐時代の政治　　　　　　　　　　133

(『長編』巻423, 元祐四年三月甲申)，今一つは，右正言劉安世が李常・盛陶等新法党人を弾劾した一節であり，「先帝は経術によって人材登用を久しく行ってきたが弊害があることを知り，詞律に変更されようとした。先頃，有司が経義の他に詩賦を加えることを提案し，朝廷は受け入れ，定制となった。しかるに王安石の党が，邪魔立てしようとした。李常はしばしば改めて経義を用いることを請願し，その仲間は一致団結してこれに賛成した。陛下はご聡明にも変更を聞き入れられなかったが，李常等は言い止まない。【この行為は】，公義に背き，朋党のために死力を尽くすものである。」(『長編』巻424, 元祐四年三月, 「是月」)と批判する。この発言は三～四年頃の経義重視派の巻き返しの状況を反映するものであるが，問題となるのは「王安石の党云々」というくだりである。当時の御試における詩賦論三題復活反対論者，及び経義・詩賦両科並立を主張した発言者を確認すると，多くは熙寧・元豊時代中央官僚として活躍した人物である。このうちで王安石，或いは新法党と関係の深い人物としては門人であった陸佃，熙寧年間中書検正官の任にあった王彭年，紹聖時代が訪れると元祐諸人を攻撃して「紹述」を建議し，後，徽宗政権下蔡京とともに宰相の任にあった趙挺之，紹聖年間章惇によって重要なポストに引き上げられ，元祐諸人の攻撃に当たった翟思などを見出すことができる。しかし，この時期については本書第三部「宋代の政治システム」第一章「宋代の言路」で分析しているように，当時，新法党・新法政治に対する路線を巡り朝廷内を二分して争っており，それが蔡確の詩事件を契機として吹き出す形で，劉摯集団が反対者を弾劾しており，「王安石の党（新法党）云々」という言葉を鵜呑みにはできないであろう。

　というのは，この時期の発言者を見ると，新法党関係者以外にも欧陽脩の門人で司馬光とともに『資治通鑑』の編纂に当たった劉攽，劉攽の甥の劉奉世など司馬光の歴史学に連なるもの，司馬光と親しく推挙を受けている傅堯兪，学統的には「涑水同調」として「涑水学案」に入れられる李常（『宋元学案』巻7）など，司馬光と繋がりの深い人物が名を連ねているからである。また曾肇などは新法党の重鎮曾布の弟であるが，その一方新法党とは相容れなかった曾鞏の弟でもあり，むしろ科挙に対する考えは後者や司馬光との類似が見られる。以

上のように見てくると,劉摯・劉安世の発言は当時の新法路線を巡る政治対立を反映したものであることは確かであるが,その一方で経学・文学・史学を巡る学問上の対立も科挙の論議に潜んでいたのではないかと推測させる。とりわけ元祐党人の中心的人物の内,劉摯・梁燾・蘇軾が詩賦を,司馬光・傅堯兪・朱光庭・上官均が経義を,呂公著・范純仁が中立的な立場を取ったこともそれを裏付けてくれるのではないだろうか。なお,これに加えて,「徳行」「薦挙」重視,即ち人物本位の考え方が,この時代の一つの主流となっていたことも忘れるわけには行かない。

　最後に二点ほど付け加えておく。第一に,最初に立ち返り熙寧・元豊期の科挙論議をも含めて考えてみると,北宋の詩賦・経義を巡る士人・社会の意識は,従来から言われてきたほど,経義重視に傾いていたと見ることはできず,寧ろ両者は拮抗する勢力にあったのではないかと思われる。これを裏付けるかの如く,南宋初めにおいても文学,経学,歴史を巡り激しい論戦が繰り広げられ,結果として経義進士(経義・論・策),詩賦進士(詩賦・論・策)の両科鼎立が紹興十五年に実現している[14]。また,南宋初めの蘇軾ないし門人たちの作品の流行という事実もあり[15],王学・洛学に対する蜀学の位置付けも今後検討されて行くべきであろう。そしてこの南宋モデルが元祐四年四月の両科並立の形に類似していることは(図10参照),このことを象徴的に示してくれる。経義重視の傾向は「新義の学」の勃興とともに進展していったことは確かであろうが,それが圧倒的になるのは朱子学が国家の学問として認められていく南宋末まで待

14)　近藤一成「南宋初期の王安石評価について」(『東洋史研究』38-3,1979年)参照。氏はこの中で,両科並立という体制を取りながらも,実際上は詩賦を選択するものが圧倒的であったという事実を紹介している。
15)　『四庫全書総目提要』巻187,集部10,総集類2,『蘇門六君子文粋七十巻』に「(前略)頗有一篇之中,刊去首尾繁文,僅存其要語者,觀其所取,大抵議論之文居多。蓋坊肆所刊,以備程試之用也。陸游老學菴筆記日,建炎以來,尚蘇氏文章,學者翕然從之,而蜀士尤盛,有語曰,蘇文熟,喫羊肉,蘇文生,喫菜羹云云。」と見え,蘇軾を含めて門人たちの文章が科挙試験用として尊重された様子が窺われる。また,孝宗は蘇軾の文章を愛好し,「文忠公」の諡号,「太師」の称号を贈るとともに,手向けの序文を記し,それが「御製文集序」として残されている。

たなければならないの
ではなかろうか。

　第二に，本論文は選挙論議という側面から元祐時代の政治との関わりを探ったが，他の新法ほどには明確な新法党・旧法党の対立といった図式を見ることはできなかった。むしろ，他の新法が司馬光

図10　元祐四年科挙モデル

経義詩賦進士	第一場	本経義二道，論語・孟子義各一道
（習一経）	第二場	賦・律詩各一首
	第三場	論一首
	第四場	子史・時務策二道
経義進士	第一場	本経義三道，論語義一道
（習両経）	第二場	本経義三道，孟子義一道
	第三場	論一首
	第四場	子史・時務策二道

▲大経―詩・礼記・周礼・左氏春秋
　中経―周易・書・公羊・穀梁・儀礼
「願習二大經者，聽。即不得偏占兩中經，其治左氏春秋者，不得以公羊・穀梁為中經」

の主張通りに廃止されたのとは異なり，選挙制度においては「徳行」「経義」「詩賦」を軸として元祐諸人が自己の意見を開陳し，結果としては司馬光の理念とは相容れない方向で決着を見る。ここには「治国平天下」を論じる士大夫の姿とともに，古典・作詩文をたしなむ文人・読書人としての意識の反映が窺えるのではないかと思われる[16]。

---

16)　士大夫・文人・読書人に関する規定については，村上哲見「文人・士大夫・読書人」（『未名』7，1988年）参照。氏は，中国の伝統的な知識人を成立させる用件として，A――人文的教養（一）古典（経書）の素養・（二）作詩文（文言の詩と作文）【（二）は同時にCとしての面をもつ】，B――「治国平天下」の使命感。実践としては官僚として活動すること，C――尚雅の精神。実践としてはAの（二）作詩文も含まれるが，更にそれを超えて書画音楽などの芸術に秀でること，の三つをあげ，Aは「読書人」の成立要件，必要にして充分な条件であり，「士大夫」とはAとBを備えているもの，「文人」とはAとCを備えているものと述べる。

第二部　宋代の朋党

第一章　宋代の朋党と詔獄

はじめに

　紹興二十五年（1155）十月二十二日，南宋初代高宗朝において十八年の長きにわたり専権宰相として権力を振るった秦檜が亡くなった。彼はこの後，韓侂冑，史彌遠，賈似道と連なる南宋の専権宰相の始めに位置する人物であり，南宋の政治構造を考える上で極めて重要な存在である。秦檜についてはこれまで様々な角度から論じられてきたが，一般に流布されている秦檜像は杭州西湖湖畔の岳飛の墓に罪人の如く跪いた人物，即ち金との和平を実現するために抗戦の英雄岳飛を冤獄によって殺した売国奴的人物であろう。しかし，彼の和平路線については王明清，銭大昕，趙翼といった宋，清代を代表する歴史家に肯定的評価が下されているように歴史上賛否両論が繰り返されてきた極めて微妙な問題であり，寧ろ筆者自身は南宋の専権宰相の時代を召来した彼の政治手法に興味が引かれる。

　例えば，朱熹は「言事」（政事批判）を担当する台諫（御史台官，諫官）に自己の派閥を登用して彼らに政敵を弾劾させ，また一族を無理矢理に進士科上位合格とし（このことを朱熹は「馬を指して鹿と言わせるようなものだ」と評する），更に晩年には疑獄事件を次々に起こし多くの士大夫の抹殺を図り，最後には金根車への陪乗及び九錫の議が起こるなど禅譲革命を髣髴させる世論が盛り上がり，秦檜の死後には高宗が匕首を忍ばせる必要がなくなったと語るなど，皇帝さえも脅かす恐るべき人物として描く（『朱子語類』巻131，「中興至今日人物上」，（47）（48）（50）（52）（58）条）。一方，趙翼『二十二史箚記』巻26,「秦檜文字之禍」では，秦檜は私史・野史の禁を定め，この禁令を利用する形で文字の獄を起こし，政敵李光或いは趙鼎・張浚等の関係者を葬った人物といった姿を浮かび上がらせる。とりわけ，この言論弾圧の恐怖は，司馬伋が『涑水記聞』は曾祖司

馬光の書いたものではないと明言し、李光（司馬光の高弟劉安世の門人）の家では司馬光の蔵書万巻をすべて焚棄せざるをえなかったというエピソードがよく示してくれる。

また、このような秦檜の姿について、朱熹とその弟子の間で歴史上の人物になぞらえる会話がなされており、弟子は前漢の大将軍霍光に、朱熹は嘗て禅譲革命の手前まで至った魏の曹操に仮託する。このように当時の人々にとってその権力は皇帝をも凌ぐ存在として映っていたのである（『朱子語類』巻131（47）条）。こうした専権宰相として頂点を極めた彼の晩年の姿を朱熹は『晦菴先生朱文公文集』巻95、「少師保信軍節度使魏国公致仕贈太保張公行状」の中で次のように記す。

> 至是秦檜寵位既極、老病日侵、鄙夫患失之心、無所不至、無君之迹、顯然著見、意欲先剪除海內賢士大夫、然後肆其所爲。尤憚公爲正論宗主、使已不得安、欲亟加害、命臺臣王珉・徐嚞輩、有所彈劾、語必及公、至彈知洪州張宗元文、始謂公國賊、必欲殺之。有張柄者、嘗奏請令檜乘金根車、其死黨也、卽擢知潭州・汪召錫者、娶檜兄女、嘗告訐趙令衿、遣爲湖南提擧官、俾共圖公。又使張常先治張宗元獄、株連及公、以爲未足。又捕趙鼎子汾下大理獄、備極慘酷、考掠無全膚、令自誣與公及李光・胡寅等謀大逆、凡一時賢士五十三人檜所惡者、皆與獄上、會檜病篤、不能書判以死。時紹興二十有五年也。

秦檜は晩年に及んで「鄙夫患失之心」（つまらない男が、地位を手に入れてしまうと失うことを恐れてどんなことでもやりかねない心持ち。『論語』陽貨篇）が益々ひどくなり、自らの政敵張浚、趙鼎（彼自身は既に死んでいるのでその親族・関係者）、李光、胡寅等を手下の台諫に弾劾させ、張宗元の獄、趙汾の獄といった疑獄事件に巻き込んで誅滅を図り、裁判が結審していよいよ秦檜が判決を下す段に及んだが、秦檜が亡くなり死を逃れたというのである。ここには頂点を極めた権力者の死、そして彼の弾圧を受けた政治勢力がすんでのことに危難を免れる構図が窺われるわけであるが、同様な話は例えば岳珂『桯史』巻12には、

> 秦檜の擅権は長期に亘り、その間誅殺を盛んに行い善良な人々を恐怖せし

第一章　宋代の朋党と詔獄　　　　　　　　　　　　141

めた。末年には趙鼎の子汾の一件にかこつけて裁判を起こし，張浚・胡安
国の一族を誅滅しようとした。奏牘が上げられた時，秦檜は病で格天閣の
下に伏していた。吏が牘を進め，判決を下そうとしたところ，手が震えて
書くことができなかった。妻の王氏は屏風の後ろで手を振り「太師を疲れ
させないように。」と言った。秦檜はなお書こうと努めたがついに机に倒
れ，数日して亡くなった。裁判は終わりとなり，諸公は命を全うすること
ができた。

と見え，趙汾の獄にまつわる類似の話を載せ，更に続いて秦檜の毒牙に怯え不
安に駆られていた張忠献（浚），王虞渓（庭珪）が秦檜の死によって安堵すると
いう秦檜の死の前後の様子を伝えてくれる。また王明清『揮麈余話』巻2には，

馬伸の甥何玠は紹興乙亥（二十五）の年の春，馬伸が夢に現れ「秦氏が失
脚しようとしている。【馬伸が北宋末，金に都が陥落させられようとした
時，趙氏の存続を金に請願しようとしたことを】朝廷に述べなさい。」と
告げたのを受け，その原稿を提出したところ，秦檜は他罪にかこつけて大
理寺に送り，嶺外に流した。秦檜の死後，家族が冤罪を訴え，玠は故の官
に戻され，馬伸の功績が明らかとなった。

と見え，更に王明清『揮麈後録』巻7には，

紹興二年，秦檜「罷右僕射制」が出されたが，これらは綦叔厚（崇礼），
謝任伯（克家）が作成したものであり，この制旨を作るに当たって高宗よ
り「秦檜，治体を知らず，信任人に非ず，人心大いに揺れ，怨讟路に載す。」
との親批を受けた。丁卯（十七）の年，皇帝に啓して『宰執拝罷録』を毀
たせ，乙亥（二十五）の年，【紹興二年右僕射罷免の際の】御札が任伯の子
伋景思の処にあることを知ると旨を乞い，台州に命令を下し伋より追取し
ようとした。また自らの党曹泳に命じて酷吏劉景を知台州とし，景思を逮
捕させようとした。景思は死を覚悟して郡城に赴いた。舟内で劉景が郊迎
の礼を整えている様子を窺った。対面すると恭しく礼遇され，館舎に至る
と美しくとばりが飾られ，盛大な料理が用意されていた。景思には理由が
分からなかった。晩には宴席が設けられ，座には笑い声が絶えず歓待を極

めた。ようやく朝早く秦檜の訃報が届けられたことを知った。

と見え、秦檜専権時代不遇をかこった人物が、秦檜の死を境として運命を逆転させる様子を窺うことができる。

以上の話に共通して見られるのは、秦檜が自らの党を利用して政敵、或いは自己に不都合な者を疑獄事件にかこつけて抹殺しようとした姿である。こうした権力者の構図は中国の歴史上至る所に見出すことができるわけであるが、しかし、筆者が興味を引かれるのは秦檜が用いた「詔獄」を利用した弾圧の手法であり、また弾圧の手足に用いた政治集団、及び弾圧の対象となった政治集団、いわゆる「朋党」と呼ばれるものの歴史的性格である。つまり両者の宋代的性格を浮かび上がらせることにより、南宋の専権宰相の時代を召来した政治構造を解く端緒を得ることができるのではないかと思われるからである。まず、とりあえず、宋代の歴史的用語としての「詔獄」と「朋党」に着目し、その特質を整理しておくこととする。

一，朋党と詔獄

（1）宋代の朋党

朋党とは宋代に限らず、歴史上至る所に見出すことができる存在である。しかし、その一方、朋党が時代性を有することも確かであり、内藤湖南氏は『中国近世史』第一章「近世史の意義」、「朋党の性質の変化」（弘文堂、1947年）でこう述べられた。

> 政治の実際の状態に於いても変化を来して、殊に党派の如きはその性質を一変した。唐の時にも宋の時にも朋党が喧しかったが、唐の朋党は単に権力の争いを専らとする貴族中心のものであったが、宋代になっては、政治上の主義または学問上の出身関係から朋党が結ばれるようになった。これは政権が貴族の手を離れてから、婚姻や親戚関係から来る党派が漸次衰えて、政治上の意見もしくは利害の合致から党派が作られるようになったのである。つまり庶民を含んだ政治階級の意志の現れてきた一現象であろう。

第一章　宋代の朋党と詔獄

勿論この党派の弊害は、政治上の主義から来たものでも、漸次貴族時代と類似したものとなって、明代では、師弟の関係、出身地方の関係などが主にこれを支配して、所謂君子によって作られた党派も、その弊害は小人の党派と差別がなくなり、明は遂に東林党のために滅亡したと云われるに至り、清朝では甚だしく臣下の党派を嫌い、そのために君主の権力を益々絶対ならしめた。

つまり、親戚・姻戚関係をもとに構成される唐代の貴族的朋党から、学問・政策を基軸とした宋代的朋党への変化を指摘されたのである。勿論、政策を結集の基軸としたといっても、宋代的朋党が、共通な社会観、政治観を持った人々が集まり、国民の諸利益を集約する政策を形成し、選挙によって政権担当を目指す現代の政党とは一線を画する存在であることは言うまでもない。まずは、内藤氏の理解を手掛かりに宋代の朋党についてイメージを再構築してみよう。

例えば、内藤氏の言う政策・学問を基軸とした朋党とは、「慶暦の治」或いは新法党・旧法党の争いに代表される王学、二程子の学、蘇学といった北宋時代に勃興した新儒学と関わりつつ、かつ選挙・財政・軍事等の改革問題を巡って政争を展開した朋党を念頭に置いてイメージされたものであろう。ただ、彼らの結集の機縁はそうした政策・学問に限定されるものではない。例えば新法党系の人脈には政策にそれぞれ一定の距離を置くものの王安石の息子王雱、兄弟の王安国・王安礼、妹婿沈季長、女婿呉安持・蔡卞、弟安国の女婿葉濤、安礼の妻兄謝景温といった親族・姻族が名を連ねていること、また呂恵卿、蔡確、蔡京、蔡卞、章惇といった王安石、曾布（ともに江西省出身）を除く新法党系の大物がすべて福建省出身であり、或いは元祐旧法党を概括する表現として朔党・洛党・蜀党（川党）といった表現が見えるなど地縁関係を連想させること、更には洛陽に左遷された士大夫の間に開かれた文学的サークル耆英会・同甲会・真率会と元祐旧法党との関わりなども浮かんでくるように、姻戚・親戚関係、地縁関係、文学的交際関係といったものも見過ごすわけには行かないのである。しかし、こうした機縁は唐代に限らず広く前代にも見られたものであり、宋代にとりたてて現れる特質とは言い難い。やはり、唐代後半期の牛季の党争に宋

代の政策を基軸とした朋党への先駆的形態——例えば，牛李の党の間には藩鎮対策を巡る路線対立【牛党（和平・消極論），李党（主戦・積極論）】が窺えるという。ただ，牛・李党には「関隴」「山東」といった門閥が結成の基盤となり，科挙制度に対して李党が消極的な態度を見せるなど，家柄ではなく科挙制度を基盤に発展した宋代的朋党とは異なる様相も有する——が出現するように，政策を巡り政治勢力の結集を見せるという朋党の現れは唐宋変革期を通して出現する特質と認めるべきものであろう[1]。

　むしろ，内藤氏の論を補強するためには，嘗て元祐旧法党を分析した際浮かび上がってきた宋代の政治構造に伴う特質に目を向けるべきかと思われる[2]。即ち，宋代は宰執と台諫が議会政治における与党と野党の位置を占めるかの如く，活発な論戦を繰り広げた時代として知られており，また台諫は宰執を追い落とすことによって将来宰執に昇りつめることができる当時のエリートコースであった。この台諫に加えて給事中，中書舎人は政治に対する異議申立を行う「言路」の官として知られているが，彼らの活発な発言権を保証したのは宋代に発達した対（皇帝に直面して意見を上奏する制度）と以前から見られた議（侍従の議，台諫の議等）の制度であり，この制度を利用して彼らはしばしば勢力を結集して宰執に対する政治行動を行ったのであり，朋党結集には「言路」の官の官歴が大きく関わっていたことが確認された。つまり「言路」の官としての同僚意識が朋党の紐帯を作りあげる契機となったのである。加えてある「言路」の官職を得るに当たっては例えば監察御史は御史中丞といった上級のポストを有するものの推薦が必要とされたのであり，推挙・披推挙関係もまた彼らの人間関係を構成する大きな要因となっていたのである。

　こうしたあり方を生み出したのは，当時の殿試導入或いは身言書判制の廃止

1）　渡辺孝「牛李の党争研究の現状と展望——牛李党争研究序説——」(『史境』29，1994年) 参照。
2）　本書第三部「宋代の政治システム」第一章「宋代の言路」，第一部「宋代の選挙制度の構造」第四章「選挙論議より見た元祐時代の政治」，拙稿「宋代の垂簾聴政について」(『中国の伝統社会と家族』汲古書院，1993年) 参照。

といった科挙合格がそのまま官職獲得に直結する科挙制度の確立, 資格と薦挙を二本の柱とする銓選制度の展開であり, この結果, 進士出身者と非進士出身者では異なる一定の出世ルートが形成され, 同レベルの出発点——もちろん, 進士及第, 進士出身, 進士同出身では出発の官職は大きく異なる——に立つ官僚たちは同様な官歴を辿ることが多かったのであり, また彼らは他より出世をするためには上位の官職保有者からの「保挙」, 所謂引き立てが必須とされたのである[3]。このような新たなる制度の確立は例えば,「○○年○○榜合格」といった表現が随筆にしばしば現れ, また彼らの同期意識を養う期集宴が公的宴会である聞喜宴と並んで開催され, 或いは同郷の受験者の集まり及び科挙合格者を祝う「同年郷会」の存在(『朝野類要』巻5) が見られたように, 現代の会社における「○○年組」に相当する同期意識を作りあげることとなったのであり, 科挙合格を起点として同様な官歴を辿る官僚たちは政治上の仲間意識を持ち, 特定の政治上の核となる個人を獲得することによって朋党としての活動に結実して行くこととなるのである。

　また, 科挙制度は朋党的政治意識の原点となったのみならず, 皇帝との新たなる紐帯を構成する大きな原動力ともなった。この点について宮崎市定氏はこう概括される。士大夫は科挙の試験を受けて官僚となるわけであるが, 宋代に入って殿試が導入されたことによって試験官である天子と受験生の間に「天子＝門生」の関係が生じ, さらに天子より官僚に任命されることにより「天子＝従僕」の関係が生じるという二重の身分関係が確立し, その結果「自分は宰相に隷属するのではなくて, 天子の臣下であり且つ門生であるから, 直接天子の意向によって動くべきだ」とする「天子の門生官僚としての奴隷的忠義観」が芽生えてくるというのである[4]。こうした意識が「行巻」「公巻」といった試験

---

3) 梅原郁『宋代官僚制度研究』(同朋舎, 1985年) 及び本書第一部「宋代の選挙制度の構造」第一章「「試出官法」条文の意味するもの——唐から宋への銓選制度の展開——」, 第二章「「試出官法」の展開——銓選制度をめぐる新法党, 旧法党の争い——」参照。

4) 宮崎市定「宋代の士風」(『史学雑誌』62-2, 1953年) 参照。

官に対する事前の文学作品の提出，或いは試験官と有力者による合格者の決定方法である「通榜」といった慣習から生まれた唐代の科挙における「座主門生」（試験官と受験生との密接な関係）のあり方とは一線を画するものであることは言うまでもない[5]。

なお，宮崎氏が論じられた叙上の政治意識は君主独裁制の確立を前提に論じられたものであるが，こうした意識が確立するためには一定の段階的な変化があったと考えられる。この点については「慶暦の治」から「濮議」における台諫の政治意識を検討された小林義廣氏が興味深い指摘をされている。即ち，〈官僚の輿論を基底とし，その上に至公＝倫理的な天子を戴く「皇帝機関説的国家観」〉から〈君主或いは国家の絶対性を説く一種の「国家主義」的国家観〉へ変化したと理解し，この傾向が神宗以後の皇帝絶対視に繋がって行くと述べられる[6]。両者の見解に従うならば，宮崎氏の言う「天子の門生官僚としての奴隷的忠義観」は神宗朝頃，国家への権力集中に努めた王安石を中心とする新法党の改革と呼応する形で確立したと理解しうる。ともあれ，宋代の士大夫，延いてはその集団たる朋党の政治意識に君主独裁制の影響が明瞭に現れてくるのは事実であり，嘗て拙稿で『哲宗実録』の編纂過程を手掛かりに実録編纂と朋党との関わりを検討した際に，宋代の朋党が君主ないしそれに準ずる存在に依拠し，また拘束される存在と史官たちに認識されていた姿を確認した[7]。こ

---

5) 程千帆著，松岡栄志・町田隆吉訳『唐代の科挙と文学』（凱風社，1986年）参照。
6) 小林義廣「「濮議」小考」（『東海大学文学部紀要』54，1990年）参照。
7) 拙稿「『哲宗実録』編纂始末考」（『宋代の規範と習俗』汲古書院，1995年）参照。なお，歴史書編纂の制度は唐代以後大きく変化し，勅撰に拠る方式が一般化するとともに，宰相を編纂の監督者たる「監修国史」に任命し，多数による分担編纂方式が確立したといわれる。いわば史書編纂の制度化が実現したわけであるが，史官は宰相の意を体した官僚が任命される傾向が強く，結果として朋党に基づく史書の曲筆傾向が現れることとなる。唐代後半期に現れた牛李党争に基づく実録編纂の曲筆は正に宋代の新法党・旧法党の争いによる史書の曲筆の先駆的形態をなしたものであり，ここにも史官という官僚制度の確立を背景とした朋党の対立の図式が窺える。なお牛李党争と実録編纂の関係については唐長孺「唐修憲穆敬文四朝実録与牛李党争」（『山居存稿』所収，中華書局，1989年）に詳しい。

第一章　宋代の朋党と詔獄

うしたあり方が六朝〜隋唐時期の貴族たちに見られた官職に就くことを嫌い，また官職自体も閑職でかつ「清静」「清虚」たる「清」官を求め，獲得した俸給は宗族或いは郷里社会に散賜し，さらには自らの一族を皇帝の家にひけを取らないと意識した，一種「清」のイデオロギーに彩られたあり方，或いは給事中の異議申立行為を一つの手掛かりとして唐代の政治を皇帝と貴族との合議によるものと解してきた政治構造における貴族の存在とは大きく異なるのは確かであろう[8]。

　こうした政治意識に加え，羅家祥氏によれば「君子有党論」なる考え方が宋代に入って出現したとされる[9]。そもそも歴代王朝は，「子曰く，君子は矜にして争わず，群れて党せず。」（『論語』衛霊公篇）或いは「子曰く，君子は周して比せず，小人は比して周せず。」（『論語』為政篇）という考え方に代表されるように，小人の作る政治集団が朋党であり，朋党は非難されるべきものとして認識されてきた。しかし，宋代に入って士大夫の言論活動の活発化とも相俟って君子の朋党を肯定的に評価する「君子有党論」が出現する。その初出が何時かについては不明であるが王禹偁「朋党論」（『小畜集』巻15）に原初形態が窺えることより，第二代太宗朝頃（論が出されたのは淳化二年（991）以前）には現れていたと考えられる。そしてこの「君子有党論」を本格的に理論化したのが欧陽脩の「朋党論」であるが，この論の提出は「慶暦の治」と呼ばれた范仲淹を中心とした政治集団が活発に活動した時期であり，自らの活動を擁護する必要上から出されたものだった。この後，范仲淹，司馬光，劉安世といった北宋

---

8)　上田早苗「貴族的官制の成立――清官の由来とその性格――」（『中国中世史研究』所収，東海大学出版会，1970年），渡辺信一郎『中国古代国家の思想構造――専制国家とイデオロギー』（校倉書房，1994年）第三章「清」・第六章「仁孝」，内藤乾吉「唐の三省」（『中国法制史考証』所収，有斐閣，1963年），宮崎市定「東洋的近世」（『アジア史論稿』上巻，朝日新聞社，1976年），礪波護「唐の三省六部」（『唐代政治社会史研究』所収，同朋舎，1986年）参照。なお，宋代以降は重要かつ繁劇なポストが重んじられるようになる。このことは例えば清代の「最要缺」を表す四字缺（衝繁疲難）の語が明瞭に示してくれる。

9)　羅家祥『北宋党争研究』（文津出版社，1993年）参照。

を代表する士大夫たちに同様な論を見ることができるが、その特徴は（一）君子、小人それぞれに党がある。（二）君子、小人の党の区別は、道を尚ぶか、利を尚ぶかにある。（三）朋党の患を除くには、小人の党を弁別して排斥しなければならない、といったものである。

　こうした理解は南宋時代においても同様であったようであり、例えば、呂中『皇朝大事記講義』巻20、「諸君子自分党」では、

　　嘗謂自古朋黨多矣、未有若元祐之黨難辨也。蓋以小人而攻君子、此其易辨也。以君子而攻小人、此其黨亦易辨也。惟以君子而攻君子、則知也難、且我朝寇丁之黨、爲寇者皆小人、呂范之黨、爲范者皆君子、爲呂者皆小人、其在一時、雖未易辨也、詳觀而熟察之、亦不難辨也。而元祐之所謂黨何人哉。程曰洛黨、蘇曰川黨、劉曰朔黨、彼皆君子也、而互相排軋、此小人得以有辭于君子也。

と見え、真宗朝の寇準・丁謂の争いを寇党（君子）・丁党（小人）の争い、仁宗朝の呂夷簡・范仲淹の争いを呂党（小人）・范党（君子）の争い、哲宗朝の元祐党人の争いを君子間の争いと位置付けており、朋党の争いを君子の党、小人の党に分別して理解する見解が見うけられる。なおこの「君子有党論」は明清朝の士大夫にも継承されることとなるが、朝廷側はこれに対して取り締まりを強化、或いは朋党を厳禁するという形で対処することとなる。具体的に結党の禁が法制化されたのは、明初洪武帝の治世であり、『大明律』巻2、職制に姦党条、交結近侍官員条、上言大臣特政条に条文化されている。ただ、こうした傾向は宋代においても進展していったのであり、既に「君子有党論」が出された頃とほぼ同時期に朋党を戒める詔（『長編』巻118、景祐三年五月丙戌の条、同巻122、宝元元年十月丙寅の条）が出されている。しかし、本格的な朋党弾圧に発展するのは、北宋末から南宋時代においてであり、例えば南宋初期の高宗朝の紹興二年（1132）四月癸未の詔に、

　　繼自今小大之臣、其各同心體國、敦尙中和、交修不逮、如或朋比阿附、以害吾政治者、其令臺諫論列聞奏、朕當嚴置典刑、以誅其意。（『建炎以来繫年要録』、以下『要録』と略記、巻53）

第一章　宋代の朋党と詔獄　　　　　　　　　　149

と見える通り，政権を阻害する朋党に対して台諫の弾劾，及び厳罰を明言しており，朋党の争いの激化に対応する形で宋代においても朋党を戒告の対象から厳罰の対象へと認識を変化させており，次第に抑圧の傾向に向かいつつある様子を窺うことができる。さらに清代においては雍正帝が「御製朋党論」を出し，欧陽修の「朋党論」を批判し，一切の朋党を認めないとする姿勢を示したことは余りにも有名な出来事である。以上からすれば，少なくとも北宋代は「君子有党論」が初めて出された時期であるとともに朝廷側においてもまだその見解を受け入れるだけの寛容な政治的雰囲気をもった時代であると言えるが，それでも次第に朝廷側は政争の激化を理由に取り締まりに向かっていった。朋党の取り締まりが強化された明清期が宋代と比べて君主独裁政治が強化された時期であることを考えれば，政治勢力を形成しかつ一種の世論を形作る朋党の存在は君主独裁制にとっては不都合な存在と見なされていったのであろう。

　以上，宋代の朋党は従来からの姻戚・親戚，地縁，文学的交際関係といった機縁に加え，「学問」「政策」を新たなる結集の機縁としていったのであり，その背景としては君主独裁制の確立のもとにおいて「言路」の官に代表される官僚機構の変革，科挙・銓選制度の新たなる展開といった制度的変化を経験し，さらにはその変化の中に生まれた政治意識を内に取り込んでいったのである。以上は，自律的契機を通して形成される朋党という視点から整理したものであるが，我々が看過してならないのは朋党とは本来相手を非難する際に最も多用される語であり，宋代においてもマイナスイメージが強い言葉であったということである。そして，朋党を弾劾する際に利用された装置の一つが次に述べる詔獄であり，また宋代的朋党を他律的に位置付ける道具として機能したのである。

（2）宋代の詔獄

　詔獄とは，丘濬『太学衍義補』巻104,「慎刑憲」,「制刑獄之具」によれば，前漢高后四年絳侯周勃が罪を犯し，延尉詔獄に送られたことに名を発するもののようであるが，その後，上林詔獄といった本来典刑を司る官署でない，いわ

ば法獄の外に詔獄が設けられ，罪人に非法の刑を加える傾向となっていったと指摘しており，詔獄自体の起源はかなり古いと考えられる。しかし，宋代の詔獄が宋代的特質を有すると考えられるのは，例えば則天武后時代の酷吏による制獄，あるいは明代の錦衣衛の獄（詔獄）のごとく大量粛清のための暴力装置と化することが概して少なく，宋代の裁判制度の補助的役割に終始する点にある。これは，宋代の死刑を中心とした重要案件に対する裁判制度が他の時代と大きな差異を見せる点に起因するものと考えられる。即ち，宋代は唐代・明清代の死刑覆奏制度（死刑の執行に皇帝への裁許を求める覆奏を義務づける制度）とは異なり，路の監司の一つである提点刑獄司による詳覆の手続が必要であるものの，州レベルにおいて事実上死刑の判決・実施が可能であり，「刑名疑慮」・「情理可憫」・「情法不称」に関してのみ死刑奏裁の義務が課された極めて特異な時代であった[10]。いわば政府の重要案件に関わる装置の中心が死刑奏裁制度であり，その制度を補完すべく臨時かつ任意に設置されたものが詔獄の制度であったと考えられる。この詔獄の概要については『宋史』巻200，刑法2に詳しく述べられているが，（一）詔獄とは皇帝の詔勅により設けられる特別裁判であり，臨時に詔を受けて取り調べを行う制勘院と中書から命令が出される進勘院に分かれ，取り調べの決着がつき次第，取り止めとなる。（二）熙寧二年(1069)祖無択の獄の頃より，次第に詔獄が設けられるようになった。（三）南宋時代，岳飛・胡舜陟が詔獄によって処刑されると秦檜の権力はいよいよ強大なものとなり，名は「詔獄」といいながら詔旨に基づかないで行われるようになる，といった点を読み取ることができる。

　この内容理解を先学の研究成果を踏まえながら，もう少し整理してみよう。（一）詔獄は重要案件について詔勅の頒布をもとに設けられる臨時決定であるが，①皇帝→（詔）→使者派遣，制勘院設置，②皇帝→（中書）→（詔）→監

---

10)　川村康「宋代死刑奏裁考」(『東洋文化研究所紀要』124，1994年) 参照。なお，宋代の州が事実上死刑の判決，執行まで行えたのに対し，清代の州県は笞・杖・枷号に限定され，一般の徒刑は督撫，人命事案の徒刑及び流刑は刑部，死刑は皇帝に決定権があったとされ，中央及び皇帝の刑罰裁量権に大きな差を見せる。

第一章　宋代の朋党と詔獄　　151

司→使者派遣，推勘院設置，の二形態が想定される。後者は，例えば，

> （慶暦）七年十月十二月赦書，應諸道州府軍監諸色人詣闕披訴冤枉事，自來行下諸路轉運・提刑司，差官置院推勘，甚有狥情偏曲，及所差官，不曉道理，承前勘鞫，致元訴之人冤狀不伸，例遭重斷，憫其抑塞，宜令中書門下別爲約束者。詔，今後應有訴冤枉事，中書置簿籍，其姓名事件，封元狀，下本路轉運司，如已經轉運司，即下提刑司，選清彊官置院推勘，務要窮究事端，伸理冤枉，候斷放日，具節署公案，入馬遞開奏中書，對簿鎖落，推勘官如在任三次差勘，別無觝異，特與理爲勞績，如或凖前鹵莽，別致詞訟，亦當嚴行降黜。（『宋会要』刑法3-63）

と見え，地方より上訴が繰り返され，最後に登聞鼓院などに訴えが及んだ際に，監司に詔が下され，監司より官が派遣され推勘院が開かれる場合などが確認される。当然これも詔獄の一形態と言えるが，重要案件に対し詔勅の頒布を下に臨時法廷を開くという詔獄のイメージは，主として前者に向けられたものと考えるべきであろう。前者の事例はとりわけ大臣の処罰に関する案件，或いは決着がつかず奏裁を求められた案件などについて制勘院が設けられるのであり，その手続きは制勘院【審理終了】→上奏→大理寺【詳断】→刑部【詳覆】（＊適宜→宰臣【覆核】あるいは両制，百官の集議）→皇帝【詔旨】といった死刑奏裁制度と同様な手順を踏んだものと考えられる[11]。

　（二）『宋史』刑法志は詔獄の制の起こりを熙寧二年（1069）頃に位置付けていたが，制勘院，進勘院に関する記述は例えば『宋会要』刑法3-51に，

> （淳化四年）七月三日，淮南路提點刑獄尹扢言，今後制勘使臣，乞不指謝州縣踏逐係官空閑舍屋充制勘院。

とあるように既に太宗朝頃に見えており，詔獄の制度自体は宋初より存在したと見なすべきであろう。むしろ馬端臨『文献通考』巻167，刑考6の馬端臨自身の按文に，

---

11)　王雲海主編『宋代司法制度』（河南大学出版社，1992年），宮崎市定「宋元時代の法制と裁判機構――元典章成立の時代的・社会的背景――」（『東方学報』京都24冊，1954年）参照。

按凌遲之法，昭陵以前，雖兇強殺人之盜，亦未嘗輕用，自詔獄既興而以口語狂悖者，皆麗此刑矣。詔獄盛於熙豊之閒，蓋柄國之權臣，藉此以威縉紳，祖無擇之獄，王安石私怨所誣也，鄭俠・蘇軾之獄，杜絶忠言也，世居之獄，則呂惠卿欲文致李士寧以傾王安石，陳世儒之獄，則賈種民欲文致世儒妻母呂以傾呂公著，至王安石欲報呂惠卿而特勘張若濟之獄，蔡確欲撼吳充而特勘潘開之獄，其獄皆起於纖微而根連株逮，坐累者甚眾，蓋其置獄之本意，自有所謂，故非深竟黨輿，不能以逞其私憾，而非中以危法，則不能以深竟黨輿，此所以濫酷之刑，至於輕施也。

と見える通り，詔獄の運用が熙寧・元豊時代を境として盛んになり，相手の朋党を根絶する手段と化していったと見るべきであり，新法党の政権掌握と詔獄の多発はこの後の朋党を基軸に展開した政治史を解くキーワードであることを如実に示してくれる。一方，その対極にある元祐旧法党時代は，蔡確の宣仁太皇太后に対する誣謗疑惑である「車蓋亭詩案」においては，蔡確による自己弁護あるいは安州による取り調べを材料に台諫による弾劾といった手順を取っており，大きな疑獄事件であるにも関わらず詔獄の形式は取っておらず，詔獄の手法は積極的に用いられなかったと思われる。やはり『宋史』巻471～同巻473姦臣伝に名を連ねる蔡確，章惇，蔡京といった新法党系の人物と詔獄との関わりを記す記事が注目される。例えば，蔡確については「知制誥より御史中丞・参知政事になるまで，そのポストは裁判を起こしその地位にいる人を陥れて獲得したものである。（中略）宰相となってからもしばしば無実の裁判事件を起こし，縉紳・士大夫達は怖れおののいた。」と記されているように，新法党と詔獄との関わりは当時の人々の意識に明瞭に刻みこまれたものであった。恐らく両党の詔獄との関わりは，単に個人的志向性というよりも政治手法の差異——新法党は「監察」を重んじ，旧法党は「言事」を重んじる。例えば，宋代の御史は「監察」と「言事」の二つを職務とするが，神宗期は「六察」の制導入に代表されるように監察強化が図られ，一方，元祐旧法党時代は「言事」が奨励された——と関係しているのであり，「監察」強化の一つの現れとして「詔獄」が多用されることとなったのではないかと思われる。

（三）秦檜専権時代。岳飛が詔獄によって処刑されたことはよく知られている事実であり、また晩年、詔獄を盛んに起こし多くの士大夫が処刑されたことも確認してきた通りである。特に岳飛の事件については李心伝『建炎以来朝野雑記』乙集巻12に詳細な資料が残されていることもあり、多くの研究の蓄積がなされている[12]。その論点は、岳飛の獄の事件経過及び岳飛の獄に対する高宗と秦檜の関与の二点に向けられていると言えよう。詔獄についての基本的知見を得るため、まず文書手続きを確認しておく。なお、史料は巨煥武氏が校定された新校「行遣省箚」全文を使用する。

　　紹興十一年十二月二十九日、刑部・大理寺狀、"準大理寺箚子、『張俊奏、「張憲供通爲收嶽飛文字後謀反、行府已有供到文狀。」奉聖旨、「就大理寺置司、根勘聞奏。」今勘到……嶽飛所犯内、……法寺稱、「律、即臨軍征討、稽期三日者、斬。其嶽飛合依斬刑私罪上定斷、合決重杖處死。」』看詳、……敕、罪人情重法輕、奏裁。（張憲・嶽雲・于鵬・孫革・王處仁・蔣世雄・僧澤一・智浹部分）小帖子、『據帖黃稱、契勘……。』看詳嶽飛等所犯内、嶽飛、私罪斬、張憲、私罪絞、并係情理深重。王處仁、私罪流、嶽雲、私罪徒、並係情理重。蔣世雄・孫革・于鵬、私罪徒、並係情理稍重、無一般例。今奉聖旨根勘、合取旨裁斷。"有旨、「嶽飛特賜死。……」

即ち、まず王俊の誣告を受けた張憲が枢密行府にて自白を行い、その事件が長官である張俊より上奏されて朝廷に送られると、大理寺に詔獄が設けられ事件の審理が行われた。そしてその結果が「大理寺箚子」（文中の「法寺稱」の部分が大理寺の判断）として、大理寺の議疑が提出され、さらに刑部・大理寺による看詳がなされたが、「情理深重」等を理由に皇帝の奏裁を求め、最後に皇帝の奏裁（「有旨」部分）が下され、岳飛の処刑が決定したというものである。ここでかねてより問題とされてきたのは、岳珂『金陀稡編』張憲辨にて岳飛の死

---

12) 巨煥武「岳飛獄案與宋代的法律」（『大陸雑誌』56-2、1978年）及び穆朝慶・任崇岳「関于岳飛死因与死責任的幾点看法」、戴建国「関于岳飛獄案問題的幾点看法」、辛更儒「論岳飛冤案的平反」（以上岳飛研究会選編『岳飛研究論文集』第2集所収、1989年）参照。

について「初未有旨也」との指摘がされていること，及び韓世忠が秦檜に岳飛の獄について尋ねたところ，「飛の子雲の張憲に與えしの書，明らかならざると雖も，その事體有るを須むる莫かれ。」(『中興小紀』巻29，紹興十一年十二月癸巳)と語った「莫須有」の解釈(『宋宰輔編年録』巻16等に「必須有」の異文あり)である。前者については「有旨」の資料に基づき高宗の詔旨の存在を認め，高宗の意向を受けた処罰であったとする見解が普通であるが，戴建国氏のように高宗の意向を反映しつつも，対金戦争下という差し迫った時期であったため，高宗の旨を受けずに判決を下し，「有旨」の部分は岳飛の処刑後に付け加えられたものとする解釈も見られる。確かに疑問は残るものの，文書形式を見る限りでは，岳飛の詔獄については制勘院の設置から詔旨の発布まできちんと手続きが行われたと考えておきたい。一方，後者「莫須有」に関してはそのまま「証拠など必要ない。」と述べたとする解釈が妥当であり，恐らくこれは岳飛の死刑が「以衆證結案」によって審理終了とされたことと関係があろう。岳飛自身は「飛久しく伏さず，食らわずして死を求む。」(『要録』巻143)と述べられており，岳飛の自白は得られず，「以衆證結案」——『宋刑統』巻29，「断獄律」によれば三人以上の証人があり証言が事実である場合，衆証によって判決を下すことが出来るとされる。なお証人が居ない場合，「虛實を審察して狀を以て斷ぜよ。」——の方式が取られたのである[13]。実際，岳飛の四つの罪状において証人は登場するが，どの罪状も三人以上との条件を満たさず，「虛實を審察して狀を以て斷ぜよ。」に無理矢理当てはめ結審したというべきであり，岳飛の入獄が十月十三日，最初に審理に当たった何鑄が罪状を確定できず万俟卨に交代したのが十一月二十一日，処刑が十二月二十九日，万俟卨の審理以後に限れば三十八日間という短期間であったこともこのことを裏付けてくれよう。

また，岳飛の死の責任を秦檜の専断によるものか，高宗の意向を受けた秦檜

---

13) 戴建国氏が指摘されるように，「衆証結案」方式は岳飛の獄案において初めて使用された方式ではなく，例えば『長編』巻348，元豊七年(1084)九月庚申の条，『長編』巻511，元符二年(1099)六月癸巳の条所載の詔獄の事例にその使用が確認でき，この方式自体は必ずしも違法というわけではないのである。

が実施したものかについては歴史上議論が重ねられており、今日でも秦檜の専断性を強調する鄧広銘『岳飛伝』（増訂本、1983年、人民出版社）に対し、王曾瑜「岳飛之死」（『歴史研究』1979-12）は両者の意向が結びついたものとして解釈するなど、研究者間において決着を見ることはできないが、秦檜の死の直後、紹興二十五年（1155）十二月甲申には、

　　詔、命官犯罪、勘鞫已成、具案奏裁。比年以來、多是大臣便作已奉特旨、
　　一面施行。自今後、三省將上取旨。（『要録』巻170）

という詔が出されており、少なくとも秦檜の晩年には詔旨を経ない違法の詔獄がしばしば起こされたことを物語っており、秦檜のように専権を極めた宰相がついには皇帝の意向に御構いなく政敵を詔獄によって葬り去ることが可能となった状況を窺うことができる。即ち、先に朱熹が述べた晩年の秦檜の詔獄を利用した専権ぶりとは、皇帝の詔旨をも必要とせず、敵対勢力を詔獄という形で葬り去っていった姿なのであった。

　以上、「朋党」と「詔獄」の二つについて概観してきたが、政敵を朋党と見なし詔獄を利用して葬り去る手法は新法党に採用され、さらに秦檜専権に至って頂点を極めたといってまず間違いがないだろう。そこで、詔獄の制度が本格的に用いられることとなる熙寧年間以後の事例の内より、新法党・旧法党両党の勢力が形成され、その争いの中、旧法党人を抹殺するために利用された紹聖年間の詔獄の事例を取り上げ、詔獄を利用する形で朋党を弾圧して行く政治方式の原初形態を明らかにすることとしたい。

二，紹聖年間の三つの獄——洛獄，同文館の獄と掖庭の獄

　元祐八年（1093）九月、幼少の哲宗に代わって垂簾聴政につとめてきた宣仁太皇太后が亡くなり、哲宗の親政が開始されることとなった。元祐年間の末には新法党に連なる人々が次第に政権復帰を果たしていたが、その内より李清臣等を中心に紹述（神宗政治の継承）の論が起こり、新法党の治世の復活が図られるとともに元祐党人の政界追放が開始されることとなった。既に死亡している

司馬光・呂公著等に対しては，贈諡の剥奪，神道碑の破壊，獲得した官位の降格といったことが行われたほか，呂大防・劉摯・蘇轍・梁燾等に対し，繰り返し左遷人事が実施された。彼らを追放する手段として用いられたのは，哲宗の地位を揺るがそうとしたという疑惑であり，二面から進められることとなった。
例えば，『長編』巻491，紹聖四年（1097）九月癸亥の条に

(曾布) 又云，蓋自今春以來，三省數陳司馬光等有傾搖之意。又言，范祖禹・劉安世欲加惡于上，皆有奸心，浸潤日久。上詢之禁中，亦以爲有此迹，故皆痛貶。既而又貶王珪・高士英，三省之言，寖及宣仁矣。

と見え，『長編』巻500，元符元年（1098）七月庚午の条には

三省言，劉摯等黨人王巖叟，前後論事，包藏姦心，最爲凶悖。范祖禹・劉安世・朱光庭仍累疏誣罔聖德，陰蓄邪謀，雖各行遣，累據臣僚上言，乞賜施行。

と見えるように，司馬光・劉摯・王巖叟といったグループと范祖禹・劉安世・朱光庭のグループに弁別され，前者は哲宗を「傾揺」ないし「廃立」しようとした者として，後者は「欲加惡于上」ないし「累疏誣罔聖德，陰蓄邪謀」した者として弾劾を受けることとなる。後者に対しては，例えば紹聖三年（1096）八月庚辰，范祖禹・劉安世を辺境への安置（范祖禹は賀州安置，劉安世は英州安置）という処罰が実施されているが，理由はかつて禁中で乳母を求めたことを問題としたというものであった（『長編紀事本末』巻101）。この一件の概要は以下の通りである。元祐四年（1089）十二月，両者が宮中にて乳母を求めたという噂を，当時十四歳であった哲宗の女色への近付きとして，その事実の有無を宣仁太皇太后に問い尋ね，結果として宮中の女官の入れ替えが行われた。そのことを哲宗が恨みに抱いていたことを章惇・蔡卞が元祐党人を弾劾する手段として利用し，哲宗への誣罔という形で処罰されたのであった（『長編紀事本末』巻105）。

一方，前者は宣仁太后が己の子徐王を皇太子に就けるために哲宗の廃立を図ったとする疑惑に関わるものであり，それへの荷担を元祐党人の弾劾理由として用いていく。この経緯については拙稿[14]で些か論じたことがあり詳論は避ける

14）前掲註7）「『哲宗実録』編纂始末考」参照。

が，その具体的動きとして紹聖四年（1097）四月には，邢恕が章惇に対して，元豊八年（1085）神宗が崩御し，三月二十七日西京洛陽より召されて首都開封に赴く范祖禹を司馬光が見送り，下浮橋船にて別れる際に「方今，主少なくして國に疑あり。宣訓の事，慮らざるべからず。」と語ったと告げたところ，このことを宣訓（己の孫少主殷を廃して己の子常山王演を皇帝に就ける北斉婁太后）を宣仁太皇太后になぞらえ哲宗廃立を図ったとの疑惑に結び付け，司馬光・呂公著の再度の官位の降格を行ったのである[15]。

このような些細な契機を見つけて元祐党人の弾劾を行う雰囲気が朝廷を支配している最中，同文館の獄が起こされることとなる。その引き金は洛獄と呼ばれる別の詔獄から始まった。その経緯は以下の通りである。

紹聖四年（1097）八月，文康世が妻父蔡碩に対して，劉唐老が文及甫に「政変が起こり，宰相は族滅，執政はさらし首，侍従は嶺南に配流となろう。」及び「呂大防は亡くなり，劉摯・梁燾は老い病んでいる。蘇轍・范祖禹・劉安世・韓川等が朝廷に戻って執政となろう。」と語ったことがあると告げたところ，蔡碩は文康世に書き留めさせ，蔡京にその書を示した。また劉唐老が文及甫と謀反を図り，章惇・蔡卞等を誅滅し，嶺南に流されている元祐党人と結託しようとしていると告発するものがあった。さらにこの一件は謀反の協力者として知河南府李清臣の名が浮かび，事情を知りながら報告しなかったとして京西転運判官周純にも疑いが波及することとなった。哲宗は淮南転運副使であった周秩を京西路に転任させ，審理させることとした（『長編』巻490，紹聖四年八月壬辰）。周秩は文及甫・劉唐老を捕らえて転運司の別庁に置き尋問し，また程公孫を情報収集のため外に派遣した。この事件は九月に同文館の獄が起こり後回しとされたため，どのように決着を見たのか確認できないと『長編』李燾注は記す。検証しうる範囲より述べれば，周秩が劉唐老を調べたところ，謀反の証拠はなく，「大臣を誅さんと欲す」との語を確認できたのみであった。哲宗は

---

15) 『長編』巻486，紹聖四年四月辛丑。邵伯温が『辨誣』の中で考証しているように，范祖禹が都に召されて赴いたのは元豊七年末のことであり，このことを聞いたとする邢恕，そのことを上奏した章惇の誣謗を明らかにしている。

不問に付し，劉唐老等は釈放（ただし，十二月には秘閣校理劉唐老は落職，添差監桂陽監塩茶酒税・売爵務の処分を受けている），李清臣は十二月三日知成都府への転任命令（ただし，翌年正月九日に知河南に復帰）を受け終結することとなった（『長編』巻493, 紹聖四年十二月癸未）。

　この劉唐老の一件が朝廷に問題となっている丁度同じ頃，蔡渭が「叔父の碩が邢恕のところで，文及甫が元祐年間の邢恕に送った手紙を見たところ，姦臣の大逆不道の謀略が記されていた。文及甫は文彦博の息子であり，当時の姦状を知っているに違いない。」と上奏した。朝廷は翰林学士承旨蔡京・同権吏部侍郎安惇（暫く後，九月丙寅に審理強化のため，中書舎人蹇序辰を派遣，また入内内侍省より近上使臣一員を派遣【『長編』巻491, 紹聖四年九月丙寅】）に命じ同文館にて審理を行うこととなった。また，紹聖の初め，蔡確の母明氏が邢恕に対して梁燾が懐州致仕人李洵に「蔡確を殺さなかったら，徐王は穏便ではおれない。」と語ったと文書で訴えたことがあったが，朝廷はその文書を封して保留としておいた。劉唐老の事件に続いて，文及甫の一件が起こると，蔡渭が「劉唐老の事件など取るに足らない。梁燾の事件をどうして取り調べないか。」と述べ，章惇が明氏の書状を開いて進呈し，この一件も同文館にて併せて審理されることとなった（『長編』巻490, 紹聖四年八月丁酉）。まず邢恕に詔を下し，詳細に上奏をさせたうえ，梁燾の一件に関わる周沫と李洵を召喚したが，李洵は病気を口実に赴かなかったため，期日を限って証言を上奏させた。周沫の証言との突き合わせが行われたが，ほぼ一致していた。なお，李洵は，蔡確の母の度重なる手紙による訴えと邢恕の教唆によって訴えてしまったという憂いを抱きながら亡くなったという（『長編』巻494, 元符元年二月壬午）。

　これとほぼ時期を同じくして文及甫を別試所に召喚し尋問が行われている。問題となったのは邢恕に送った手紙の中の「司馬昭の心，路人の知る所，又之を済すに粉昆を以てし，朋類錯立し，眇躬を以て甘心快意の地と為さんと欲す。」の部分であり，蔡渭に対しては「司馬昭とは劉挚を指し，粉昆とは韓忠彦を指し，眇躬とは自分自身のことである。」と述べていた。つまり，事実上西晋王朝創立の礎を築いた司馬昭に劉挚を仮託することにより，権力奪取の野心を持

第一章　宋代の朋党と詔獄　　　　　　　　　　　　　　159

つものとして劉摯を位置付け，その協力者として粉昆（駙馬都尉を粉侯と呼ぶことより，駙馬都尉である韓嘉彦の兄の意）韓忠彦以下が協力者となり，自分を攻撃の対象——文及甫が都司に叙任されようとした時，劉摯に弾劾された。これに，父文彦博が三省の長官に叙任すべきではないと劉摯が論じた一件が加わる——としたと憤懣を述べたのである。ところが，いざ尋問されると司馬昭に劉摯を仮託し，粉昆とは王巌叟・梁燾を指し（王巌叟は顔が白くて粉のようであり，梁燾の字は況之であり，況を兄として解する），眇躬とは哲宗のことであり，哲宗の廃立を図ったと解釈した。更に「父文彦博は臨終の際に左右を退け，劉摯に哲宗廃立の企みがあり，そのため自分を平章事の任から罷めさせようとしたのだと告げた。」と証言したが，その証拠を求めたところ，全く無かった。さらに蔡京は文及甫に劉摯の党人，龔原・孫諤等の名を箇条書きにさせ，哲宗に差し出した（『長編』巻490，紹聖四年八月丁酉）。

　こうした努力を重ねるものの一向に元祐党人を葬る明確な証拠が見つけられないため，元符元年（1098）二月丙申（十七日），河北路転運副使呂升卿，提挙荊湖南路常平等事董必を広南東西路察訪使として派遣する詔が出された（『長編』巻494）。嶺外に流されている梁燾の取調を目的としつつ[16]，蘇軾・蘇轍兄弟等元祐党人の誅殺をも意図していたと言われるが，曾布・陳次升等の反対により，癸丑（三月六日）呂升卿派遣の指揮が撤回され，九日には董必を広南西路に改めている（『長編』巻495）。ここに登場した察訪使とは熙寧年間に新法政策の地方への浸透役として用いられたポストであり，具体的には中央の意向を体現し，路の監司を監察する職掌を帯びていたといわれる[17]。従って，今回派遣された察訪使も当然ながら路の監司をも統制しうる強大な権限を有し，中央

---

16) 化州安置の梁燾は前年十一月二十七日，新州安置の劉摯は十二月三日に亡くなっているのに劉摯の死を朝廷が知ったのは翌年のことであり，元符元年（1098）二月十九日に劉摯の帰葬を許さず，家属を英州に居住させる詔が，四月八日には梁燾の帰葬を許さず，家属を昭州に居住させる詔が出されている（『長編』巻493，紹聖四年十一月丁丑，同巻497，元符元年四月丙戌）。
17) 熊本崇「熙寧年間の察訪使——王安石新法の推進者たち——」（『集刊東洋学』58，1987年）参照。

の元祐党人の弾圧，あるいは抹殺の指令を受けていたと思われ，その派遣が取り止めになったのは元祐党人にとっては幸いな出来事であった。

　また蔡京は文及甫の証言が採用されないと見ると，劉摯が宦官陳衍等と内通して哲宗廃立を図ったと述べ，その結果，郴州に安置されていた宦官張士良を詔獄に召して尋問を行った。張士良・陳衍は御薬院の官として宣仁太皇太后に仕え，交代で宮中に宿直し，文書を掌った宦官であり，陳衍は官司より進呈された文書を看詳し，何処に降付するかを定めることをつかさどり，張士良はそのことを帳簿に記入することを担当した人物であった。張士良が至ると以前保持していた御薬院の告身と鼎鑊・刀鋸を彼の前に置き，「事実があったと証言すれば元の官に戻し，無いと言えば死あるのみ。」と脅しをかけたところ，宣仁太皇太后については何も述べず，陳衍について次のように証言した。

　　陳衍は官司より進呈された文書を看詳し，何処に降付するかを定める仕事を担当していたが，降付する場所，上奏に対する可否について陳衍は自ら判断を下して降付を行い，そのことを宣仁太皇太后に上聞しようとしなかった。哲宗に政治を還すよう請願する官がいたが，陳衍は「これは不忠不孝の人である。」といってその奏を箱の中に隠し，哲宗にも宣仁太皇太后にも上聞しなかった。呂大防と往来し，合を密かに大防の妻に賜ったが，上聞しなかった。坤成節（宣仁太皇太后の誕生日）に北朝の使者が太后に朝見したが，太后は座っているうちに痰をこじらせ，抱えられて殿後の御閣に退いた。陳衍は簾外の臣下に指揮し，順次仮そめに酒食を太后に進めさせた。終わりになるまで外廷のものは知らなかった。

この証言を受け，詔獄の審理を担当している翰林学士承旨蔡京，右諫議大夫安惇は，司馬光・劉摯・呂大防等が宦官張茂則・梁惟簡・陳衍等と内通して，神宗時代の政治を改め，神宗の顧託の命を受けた臣下を追放し，朋党を要職に就けて勢力を結集し，朝廷を我物としたなどの大逆不道を極めたと述べ，さらに陳衍の罪は許すべきではないと上奏し，結果として朱崖に流されていた陳衍は杖殺となり，張士良は白州に徒され羈管処分とされた（『長編』巻495，元符元年三月戊午）。

第一章　宋代の朋党と詔獄　　　　　　　　　　161

　詔獄自体はこの処分でほぼ終わりとなったが，五月辛亥には「劉摯・梁燾については文及甫・尚沫の供述があるが，已に両人とも亡くなっており，事実を検証することができない。しかし，処罰は明らかにすべきであり，劉摯・梁燾等の諸子は勒停，永なえに収叙せず，仍お各おの原指定の処に居住せよ。」との詔が下され，已に死亡している劉摯・梁燾に代わって家族に対して禁固処分が出された（『長編』巻498）。この処分を不足とした蔡京は，七月に同様な処分を王巖叟・劉安世にも下すよう求めて上奏を行っており（『長編』巻500，元符元年七月庚午），范祖禹には化州に移して安置とし，劉安世には梅州に移して安置とし，王巖叟・范祖禹・劉安世・朱光庭の諸子に「勒停，永なえに収叙せず」とする処分が下された。蔡京等にとって不満足ながらも，元祐党人に対して処分を貫徹したというべきものであろう。

　さて，この詔獄を振り返ってみると，推進役となった勢力は三つあったと概括しうる。即ち章惇，蔡京・蔡卞兄弟，及び蔡確の遺族であり，章惇・蔡卞は宰執として元祐の旧臣を許すべきでないと上奏を度々行い，蔡京・安惇等は詔獄の審理官として実務を担当し，蔡確の母明氏・遺子蔡懋（後に蔡渭と改名）・弟蔡碩・娘婿文康世は疑惑の提出者としてそれぞれの役割を果たした。勿論，ここに疑惑の提供者として邢恕等の重要人物の名を忘れるべきではないが，この三者の思惑が見事に合致し，「哲宗の地位を揺るがそうとした」という主題を以て演出された事件であったと言える。しかしながら，事件自体は，疑惑に対する明確な証拠を得ることができず，宣仁太皇太后の側に仕えていた宦官陳衍を処刑するのみでほぼ終結するという中途半端な形で終わることとなる。因みに陳衍の処罰の理由である彼の専断ぶりも，紹興年間に作成された哲宗新録は，宣仁太皇太后の政治の主導性を繰り返し述べ，そのような事実を否定的にとらえており，この陳衍の処罰自体も冤罪の可能性が高いように思われる。彼とともに宣仁太皇太后の側に仕え，重要な職務を果たしていたと思われる張士良が，自供をしたこともあってか，軽い処分で終わっており，陳衍一身に罪を負わせることによって詔獄を終結させようとする政治的妥協が窺えるのではなかろうか。

ともあれ、同文館の獄は宦官陳衍一人のみを杖殺とし、他の関係者は左遷・安置等の処分に留まった。またこれに先立つ洛獄が劉唐老の左遷等に留まったように、この時期の詔獄の処分は極めて軽かったように見える。しかし、この時期にはもう一つの詔獄が行われており、前二者とは些か異なる様相を見せてくれる。その詔獄とは、紹聖三年 (1096) 九月、孟皇后が廃されることとなるが、その端緒となった掖庭詔獄である。ただ残念ながら、現在我々が見ることのできる『長編』はその部分の年次を欠いており、以下その概観を『長編紀事本末』巻113,「哲宗皇帝　立后廃后附」を手掛かりに見てゆくこととしたい。

この事件の背景には当時、後宮における孟皇后と哲宗の寵愛を集める劉婕妤 (後、孟皇后廃后を受けて元符二年九月皇后となる) との確執があったといわれ、宮中において座席、服飾など孟皇后と同様な待遇を求める劉婕妤側とそれに対する孟皇后側の反発が何度となくなされている。丁度その頃、福慶公主が病となり、医術にたけ、宮中に出入りしていた孟皇后の姉が投薬するも利き目が現れなかったため、そこで宮中で禁じられている道家の治病符水を以て宮中に入るということがあった。孟皇后は事実を哲宗に告げ、符を帝の前で焼き、事件は落着したが、この一件は宮中内に伝わることとなった。公主が危篤となった際に紙銭が傍らに置かれていたが、孟皇后は劉婕妤が遣わした人が持参したのではないかと疑いの気持ちを抱いた。こうした孟皇后周辺に呪術の疑惑が高まる中、孟皇后の養母聴宣夫人燕氏、尼法端、供奉官王堅が左道を用いて孟皇后のために祈禱を行っているという話が朝廷に伝えられ、詔が下され入内押班梁従政・句当御薬院蘇珪を派遣し、皇城司にて事実審理が行われることとなった。王堅は、雷公式と呼ばれる呪法[18]を孟皇后のために行い、「厭する所あれば伏せ、求むるところは得よ。」と祈ったことの罪に坐し、法端は王堅とともに雷公式を行い、またかつてちまたで「驢駒媚蛇霧叩頭虫」と言われているものを皇后に進め、佩びたうえ哲宗の寝殿に侍るように求めた罪に坐し、燕氏は、哲

───────

18)　雷公式とは『宋刑統』巻9,職制律に「諸玄象器物・天文圖書・讖書・兵書・七曜曆・太一雷公式,私家不得有,違者徒二年。」とあり、太一式とともに国家から禁止された式盤を用いて吉凶を占う式占である。

第一章　宋代の朋党と詔獄　　　　　　　　　　163

宗が孟皇后の所に立ち寄った時,「歓喜」の字を書いた符を焼き,その灰を茶に混ぜて哲宗に飲ませようとしたこと,和水を御路に撒き皇帝がしばしば訪れることを祈ったこと,王堅に劉婕妤の肖像を描かせて大釘で心臓を打ったこと,五月に病死した宮人の死体を焼いた灰を劉婕妤の寝所におき病気でなくなることを祈ったこと,七家針各一を取ったうえ,符を焼き劉婕妤の御殿に置くなど呪法を試みたことの罪に坐した。

　以上の犯罪事実の審理が終了したことを受け,さらに侍御史董敦逸による録問(徒刑以上については犯人の供述がなされた後,審理官を代えて再審理がなされる)が行われた。この詔獄においては,宮中の関係者である宦官・宮女三十人ほどが捕らえられたが,厳しい拷問が行われ,録問の際には息が絶え絶え,体はボロボロの状態で,中には舌が無いものもおり,董敦逸の前に引き出された者でまともに答えられたものは一人も居なかった。董敦逸は疑いを抱いたが,郝随に脅しをかけられ,また禍を恐れて思い通りの判断を下せないまま一件に関する奏牘を上った。外では宰相章惇がこの判断に迎合し,内では宦官郝随が反対者を排除したので,異議を唱えるものは居なかった。この事件は三省・枢密院に降ろされ,章惇,執政李清臣・曾布・許将・蔡卞,及び刑部官の徐訳による集議が行われた。「雷公式はまだ完成していない。」「雷公式のやり方が法の通り行われていないし茶は進められなかったから,極刑に処すべきではない。」というものも居たが,曾布が「驢媚蛇霧は行われなかったかね。」とたしなめたため,一同色を失い,曾布はさらに法官にただ法を順守すればよいと諭したため,法官はその意見に従って主張し,三人は処斬となった[19]。この一件で,孟皇后は廃后,后の父慶州防禦使提挙中太一宮兼集禧観在は栄州刺史添差鄧州総管に左遷,事件の関与者はそれぞれ処罰を受けることとなった。

　以上が事件の概要であるが,孟皇后の廃后を巡っては,後に董敦逸が廃すべ

---

19)　法官の拠所となったのは『宋刑統』巻18,賊盗律,「諸有所憎悪而造厭魅,及造符書・呪詛,欲以殺人者,各以謀殺論,減二等。以故致死者,各依本殺法。欲以疾苦人者,又減二等。即於祖父母・父母及主,直求愛媚而厭呪者,流二千里。若渉乗輿者皆斬。」であり,斬刑の処置は呪法が皇帝に及んだと見なされた結果であろう。

きではないと度重なる上疏を行っているように、審理担当者自体が後ろめたさを感じる事件であった。この一件について、紹興八年（1138）九月に完成を見る哲宗新録（宣仁太皇太后に対する誣謀を解明することを主眼としつつ、新法党時代に作られた哲宗旧録を改変したもの）は[20]、

> 自會福公主病至厭魅端作矣已上、並係孟忠厚所稱親聞於昭慈聖獻皇后之言、本館見修宣仁聖烈皇后傳始末、用高世則所供事實。紹聖中宮厭魅之冤、其端止坐於后姊六夫人持符以治福慶之疾耳。（中略）自未幾后養母聽宣夫人燕氏至貶秩贖金有差已上、用舊錄所載燕氏等罪。按及參合曾布日錄所載按詞書之。舊錄所載、多上誣昭慈・王堅・燕氏等厭魅事。凡渉劉婕妤者、皆刪去不書。此可見當時史官用意姦邪、欲罔天下後世、使不知事所從起也。今除去誣謀昭慈太甚之語、止云某人坐某事、以見桉詞中所連事蹟。其後有箠楚甚峻之證、則從政・珪等鍜鍊誣罔之罪明矣。（『長編紀事本末』巻113、「立后廢后附」所引「新録辨誣」）

と述べている。つまり、昭慈聖獻皇后（孟皇后）より実際聞いた話、或いは史館が宣仁聖烈皇后伝を編纂する際に高世則（宣仁太皇太后の弟士林の孫）より得た供述をもとに、紹聖中に起こった掖庭の獄は単に皇后の姉が符を用いて福慶公主の病を治そうとしただけで呪術の事実はなかったと解し、さらに旧録を改める方針として、昭慈・王堅・燕氏等が劉婕妤に対して呪術を用いたとする部分はすべて刪去したのである。

　新録の判断が正しいか否かについては検討の余地が残るものの、後宮における勢力争いの際に呪法の使用をでっちあげ弾劾することは歴代の史書に散見することであり、加えて旧録が宣仁太皇太后に対する誣謗を極めたこと、孟皇后が宣仁太皇太后によって引き立てられた人物であり、後の皇后復位問題を巡り新法党間に彼女と宣仁の治世復活を結び付ける考えがあったことは拙稿で検証した通りであり[21]、哲宗の女性に対する個人的嗜好という部分があったにせよ、孟皇后廃后も元祐時代の否定という政治の流れに巻き込まれて起こった事件で

---

20)　前掲註7)「『哲宗実録』編纂始末考」参照。
21)　前掲註7)「『哲宗実録』編纂始末考」参照。

第一章　宋代の朋党と詔獄　　　　　　　　　　165

あったと見てまず間違いないであろう。加えて，殿中侍御史陳次升がこの事件について，

> 蓋以所治之獄不經有司，雖聞追驗證佐，而事迹祕密。朝廷之臣，猶不預聞，士庶惶惑，固無足怪。臣竊謂自古推鞫獄訟，皆付外庭，未有宮禁自治・高下付閹宦之手。陛下但見案牘之具耳，安知情罪之虛實。萬一冤濫，爲天下後世譏笑。臣欲乞陛下親選在庭侍從或臺諫官公正無所阿附之人專置制院，別行推勘，庶得實情。如后之罪在所不容，雖廢之人，無怨言，今事不經有司，獄成閹宦，此天下人心不能無疑也。伏望聖慈特降睿旨施行。不勝幸甚。
> （『長編紀事本末』巻113，「立后廢后附」）

と述べるように，裁判を担当する正規の官司に委ねることなく，証拠・証人調べは行われたといっても秘密裏に事が進められ朝廷内で事件について知るものがほとんど無かったこと，審理が宮中で行われた上，その審理は宦官の手に委ねられ，哲宗自身は審理終了の結果を見るに過ぎなかったといった問題点を指摘し，朝廷内の公正無私な侍従・台諫を派遣し，制勘院を設置して改めて審理を行うように進言している。陳次升の進言を見るかぎりでは，この掖庭詔獄は当時の通常の詔獄とも大きく異なるものであったと言うべきであろう。

さらに制勘院においては通常の審理において拷問の対象外とされた官吏に対しても訊杖の使用が許容されたと言われるが，舌が引き抜かれるといった拷問を極めたことは，宋代の裁判の事例では極めて異常な事態である。新録はさらに孔元が端王宮に宿泊した夜に，すさまじい拷問の声を聞いたと付記するが，確かに梁従政・蘇珪による事実無根なでっちあげが行われた様子を窺わせ，詔獄がその臨事性・秘密性・あるいは関与する官僚が限定されるため，時には暴走を起こす極めて危険な存在であったことを物語ってくれる。

おわりに

以上三つの詔獄を見てきたわけであるが，これらの事件は詔獄という存在を考える上で幾つかの興味深い事実を提供してくれる。（一）これらの詔獄の端

緒は，手紙・風聞といった極めて不確かな疑惑であり，また直接的契機には個人的な私怨——前二者は蔡確一族の私怨，最後の場合は劉婕妤の私怨——が巧みに利用されている。特に，この同文館の獄を巡る一連の事件は新法系官僚の元祐旧法党時代に受けた弾圧が主たる契機であり，とりわけ蔡確一族の私怨が原動力となっている。かつて元祐四年（1089）四月には，左遷されていた蔡確が宣仁太皇太后を則天武后になぞらえた詩を作ったとして，呉安詩・梁燾等に弾劾を受けた車蓋亭詩案が起こっており，母の明氏は度重なる上奏を行い，紹聖元年（1094）にはその汚名は晴らされることとなる。この後も哲宗即位に功績のあった臣下としての蔡確の復権，蔡確を誣謗した元祐党人の弾劾の請願を母明氏・息子の蔡渭が継続的に行っており，結果として蔡確の復権は加速度的に進むとともに，その反対に宣仁太皇太后の哲宗廃立疑惑を利用する形で元祐党人の弾劾が進められていくこととなる。いわば，元祐党人の弾劾は蔡確一族の私怨を巧みに利用し，具体的には詔獄という装置を用いることによって実現しようとしたのである。（二）これらの詔獄は同文館（本来は高麗の外交使節を接待する建物），京西転運司の別庁，別試所，皇城司（宮中警察）といった臨時に設けられた法廷において，朝廷から派遣された臨時の官によって審理されている。その判決は中央での奏裁手続きを必要としたと考えられるが，通常の裁判が何段階もの審理を必要としたのに対し，詔獄の場合は制勘院での一度の審理をもとに，中央で判決が下されるという形態を取ったのであり，先に陳次升の指摘する通り，詔獄の持つ秘密性・臨時性あるいは限定性は冤罪を生む可能性の高かったことを示してくれる。もちろん，当然ながら最後の判決は皇帝によってなされるというものの，審理担当者には宰相の意を体したものが派遣され，さらには奏裁手続きの最終段階においては宰相の意向が反映される可能性が高いのであるから，朋党を弾圧する道具としては極めて格好なものであったといえよう。また秦檜専権時代は詔獄は大理寺の獄で一般的に行われているが，これは詔獄の増加とともに制度化が進められた結果であると思われる。（三）これらの詔獄の最終的な判決においては哲宗の意向が決定的な役割を果たしている。とりわけ，元祐党人が死刑などの重罰を受けずに済んだのは，哲宗の意

志によるものが大きいであろう。決定に際して「劉摯等は已に遠方に流している。朕は祖宗の意志に違い，大臣をこれまで殺したことがなかった。彼らを許して処罰しないように。」と語った（『長編』巻495，元符元年三月戊午）と記録されており，太祖が死に臨み後世に残した「士大夫及び上書言事の人を殺さない」という誓が曲がりなりにも受け継がれた結果である。また，洛獄が軽い処分ですんだのも哲宗の意向であり，逆に掖庭詔獄において宰執が寛大な処分を求めながらも，最終的に孟皇后の廃后を決定したのも哲宗自身であった。その決定に際しては，例えば同文館の獄の場合，祖宗以来の制約といったものに加え，紹聖四年（1097）九月の星変といった自然現象，或いは呂升卿を嶺南に察訪使として派遣することを曾布等が押し止めたことなど，暴走を押し止める勢力の存在が大きく寄与したことも一つの要因であった。また当時，章惇と蔡京・蔡卞兄弟の争いなど政権内部の権力が分散・対立していたことも幸いしていた。このことは例えば，この一連の事件が元祐党人に対する弾劾に利用されたのみならず，新法党間の争いにも利用されたことを裏付けてくれる。例えば，蔡京は，元符元年（1098）七月，蔡確の母明氏が紹聖初めに繰り返し登聞鼓を撃ち，劉摯の大逆の状を訴えたにも関わらず，それを宰執李清臣が封して留め進呈しなかったこと，章惇が安燾・鄭雍とともにかばいだてをしたことを問題にしている。明らかに紹聖当初に政権を動かしていた当時の宰執安燾・李清臣・章惇などの追い落としを図ったものであり，李清臣は落職，章惇・安燾・鄭雍には特に罪を許すとの詔が出されることとなった（『長編』巻500，元符元年七月庚午）。なお李清臣の落職の制詞には「力めて凶邪を譲り，公に蔽匿を爲す」の一文が見える。即ち，李清臣は紹述を進めるなど新法党系の重要人物であったにも関わらず，新法党間の政争に敗れた結果，元祐党人に与した人物と見なされ，さらには元祐党籍碑に名前を連ねることとなる。いわば，詔獄が新法党内の朋党間の争いにも用いられた事実を示しており，詔獄と朋党との関わりの強さを示してくれる。

　しかし，紹聖時代の詔獄は南宋初期の秦檜専権時代のような朋党粛清の装置，或いは一種の恐怖政治の道具とはならなかった。その段階に至るためには，朋

党そのものに対する国家の政治意識の変化――南宋初期に既に高宗自身が朋党を厳禁する詔を出すとともにこの時期の秦檜の政敵弾劾の理由として「朋党」と「謗訕朝政」の二つが用いられたように，朋党に対する厳しい弾圧が当然と見なされる政治的雰囲気が形成されるとともに「士大夫及び上書言事の人を殺さない」という太祖以来の誓約が破られるという士大夫にとって言論抑圧を強いられる体制が登場したこと[22]――，あるいは詔獄において秦檜は詔旨を必要とせず，次から次へと政敵の抹殺を図ったといわれるように専権宰相に都合の良い政策決定システム――例えば正規の文書システムの外に設けられた皇帝と宰相間の御筆を利用した政策決定システム。これは徽宗朝の蔡京が使用し始め，南宋初期に完成を見る文書方式である――の確立を見る必要があったと思われる。ただ，秦檜の「私史・野史の禁」を利用した言論弾圧の手法，台諫を利用した政敵追い落としのやり方に類似するものは既に北宋後半期の元祐党禁の過程に現れており，詔獄を朋党弾圧に利用する手法自体もまた新法党・旧法党間の争いに発達したものであったことを併せ考えれば，既にその専権宰相登場への準備はここに見た紹聖年間に始まる元祐党禁の過程に用意されつつあったというべきであろう。しかし，その一方，宋代においては明清期のような剥き出しの暴力装置としての「詔獄」は秦檜専権期などの例外を除けば十分に機能することなく，総じてむしろ「言路」の官に代表される言論活動の活発な時代であったことを今一度確認しておかなければならない。この「言路」の官が北宋から南宋にかけて次第に「言事」よりも「監察」機能を求められる形で変質を遂げ，延いてはこのことが君主権の強化された明清型の君主独裁制へ展開することとなる。

---

22) 黄寛重「秦檜與文字獄」(『大陸雑誌』86-6，1993年) 参照。太祖の誓約と岳飛の死を結び付けて論じることはしばしば行われており，例えば前掲王曾瑜「岳飛之死」では，「不得殺士大夫及上書言事人」「子孫有渝此誓者，天必殛之」の太祖の誓碑は北宋時代においてはほぼ厳格に守られ，その殺戒は欽宗朝において破られることとなったこと，高宗在位三十六年間において岳飛の死を含め三度この殺戒を破ったと指摘する。

第二章　宋代の朋党形成の契機について

一，宋代朋党研究の現状と課題

　朋党とは，後漢の党錮の禁，唐代後期の牛李の党争，宋代の新法党・旧法党の争い，あるいは明末の東林党・復社の活動など，政争に絶えず姿を現す政治集団である。このような通時代性を踏まえながら，宋代の社会的結合の一つの現れとしての朋党の特徴を明らかにするのが，本章の課題である。

　さて，政治集団と言えば，現代においては政党が連想されよう。政党とは「なんらかの共通的な社会観・政治観をもつ人々によって構成され，これらの社会観・政治観のうえに立って国民間の諸利益を集約し，政策を形成し，さらにその政策を実現するために議会の運営の衝に当たり，政権を担当し，あるいは政権の担当をめざす組織体をいう。」と定義される（『平凡社大百科事典』，「政党」の項，1985年）。共通の社会観・政治観をもとに政策の形成・実現を目的として集団に組織化される点を政党の主たる特性とすれば，朋党とは全く異質な存在である。仮に現代風の政党を前近代中国社会の中に措定すれば，旧ソ連，現代中国の社会主義政権の一党独裁体制を彷彿とさせる，皇帝にあらゆる権力を集中するシステムである専制国家の官僚体制そのものが一種の政党的役割を果たしていたと言えるかもしれない[1]。

　むしろ朋党との類似性からいえば，政党の下位集団である派閥がより近い。派閥とは，ある定義によれば「社会・経済的に優位に立つ個人（パトロン）が，より低い地位にある個人（クライエント）に保護と便益を与え，今度は，後者がパトロンにたいする一般的な支持や個人的サービスを含めて助力を提供する

1）　エチアヌ・バラーシュ『中国文明と官僚制』（村松祐次訳，みすず書房，1971年），カール・A・ウィットフォーゲル『オリエンタル・デスポティズム　専制官僚国家の生成と崩壊』（湯浅赳男訳，新評論，1991年）参照。

ことによってそれに報いる，自分自身の影響力や資源を利用するすぐれて構造的な親愛関係を意味する対関係的（二人関係的）結びつきの一つの特殊な場合である「クライエンテリズム」を本質とする。」［西川　1996］とされる。筆者が朋党を捉える場合もこの関係が基本となる。

　以上の政党―派閥関係から敷衍される朋党像を整理すれば次のようになろう。皇帝に仕える官僚たちは，儒教・律令といった共通の規範・規約のもとに社会観・政治観を共有し，皇帝の命令のもとに政策を立案・審議する「皇帝党」というべき官僚体制に組織化され，その一方，彼らは特定個人のもとに私的な利害・利益を契機として結集し，「皇帝党」内部の派閥としての朋党を形成した。この体制は，さらに宋代において中央集権的官僚制の確立，科挙を媒介とする君臣関係の一元化といった改変を経て，高度に発達した官僚制を基盤に，最終的な国家意志を皇帝に委ねるシステムとしての君主独裁制の確立を見ることとなる。このシステムの確立は，皇帝への忠誠の絶対化，それに呼応して官僚機構内部の私的集団への抑圧を強めることとなり，清代において，朋党が公的な君臣関係を阻害する，私的な人情によるものと雍正帝に批判されたこと（『御製朋党論』）は，まさに公＝皇帝党（≒政党），私＝朋党（≒派閥）という皇帝を頂点とした，専制国家の政治構造を見事に示してくれる。

　また，字義からすれば，「党」とは本来，「炊爨を共にし，またその祀所を共にする祭祀共同体を原義とし，族党をいう。もと血縁集団より，地縁的な集団，その邑里をも意味する語となった。」（白川静『字通』平凡社，1996年）と説明されるように，朋党とは日常的な血縁・地縁関係を示す「党」から派生した語である。さらに後述の如く，朋党の集団としての性格を「郷党」「族党」が規定する事例が存在しているように，朋党とは単なる派閥的パトロン・クライエント関係に集約されるものではなく，中国固有の社会的結合の反映された姿でもある[2]。

---

2)　前近代中国社会が地縁・血縁を中核としたネットワーク社会であることは多くの研究者に言及されているが，例えば石田浩『中国農村社会経済構造の研究』（晃洋書房，1987年）は解放後の農村社会においても「同郷」・「同族」あるいはこれらの派生である「同姓」・「同業」に基づく社会構成原理が有効に機能していると主張される。

第二章　宋代の朋党形成の契機について　　　　　171

　もちろん，こうした俯瞰的理解だけでは不十分であり，宋代という歴史的文脈の中に朋党を位置付ける作業が必要となる。筆者が宋代の朋党とは何かという問題に立ち返る時，これまで常に参考としてきたのは内藤湖南の朋党論であった。内藤の朋党論とは，

　　政治の実際の状態に於ても変化を来して，殊に党派の如きはその性質を一
　　変した。唐の時にも宋の時にも朋党が喧ましかったが，唐の朋党は単に権
　　力の争いを専らにする貴族中心のものであったが，宋代になっては，政治
　　上の主義又は学問上の出身関係から朋党が結ばれるようになった。これは
　　政権が貴族の手を離れてから，婚姻や親戚関係から来る党派が漸次衰えて，
　　政治上の意見もしくは利害の合致から党派が作られるようになったのであ
　　る。つまり庶民を含んだ政治階級の意志の現われて来た一現象であろう。
　　勿論この党派の弊害は，政治上の主義から来たものでも，漸次貴族時代と
　　類似したものとなって，明代では，師弟の関係，出身地方の利害の関係な
　　どが主にこれを支配して，所謂君子によって作られた党派も，その弊害は
　　小人の党派と差別がなくなり，明は遂に東林党のために滅亡したと云わる
　　るに至り，清朝では甚だしく臣下の党派を嫌い，そのために君主の権力を
　　益々絶対ならしめた。(『中国近世史』第一章「近世史の意義」，「朋党の性質の
　　変化」弘文堂，1947年)

とあるように，婚姻や親戚関係を基軸に構成される唐代の貴族的朋党から，政治上の主義，学問上の出身関係を基軸に構成される宋代の朋党へ変化するという，唐宋変革論の一環として描かれたものであった。

　朋党の性質の変化を唐宋変革という歴史の大きな流れにおいて捉える内藤の考え方には共感を覚えるが，本書の共通テーマであるネットワークという観点から整理を試みると，幾つかの問題点が浮かび上がってくる。そもそも社会学で用いられるネットワークとは「複数の「モノ」がある程度持続性のある何らかの関係を基礎にある種のまとまりを形成しているもの」と定義される［金子1986］ように，組織的なもの，制度的なものに限定されない社会の諸関係を捉える用語であり，方法概念として用いられるネットワークとは「行為者の行為

を決定する重要な要因は，その行為者を取り囲むネットワークである」[安田 1997] とされるように，個々の資質・能力を重視する属性主義から脱却し，行為を決定するのは行為者を取り囲む関係構造として捉えて行く考え方である。

一方の内藤の朋党論は，朋党の主たる構成員となっていた当該時代の支配的階層の特徴の変化を前提に立論している。すなわち，唐代の朋党の性質として指摘する姻戚・親戚関係は，身分内婚制（同階層の貴族との婚姻）を媒介として，家柄・血筋に基づき政治的・社会的地位の保持につとめた唐代の貴族的特徴より説明されたものであり，一方，宋代の政治上の主義，学問上の出身関係は，科挙を媒介として生まれる儒教的教養人として，以前に比べ政治家的・学習人的資質を強めた宋代の士大夫的特徴より説明されたものと考えられる[3]。こうした貴族，士大夫の属性から朋党を説明するのは，唐宋変革論という比較類型論上ではある程度有効性を持つが，属性を強調する結果，見落とされた部分も少なくはない。例えば，新法党に王安石の親族・姻族が名を連ねていたように宋代の朋党の結集要因として姻戚・親戚関係が失われたとは考え難い。また呂恵卿・蔡確・章惇・蔡京・蔡卞等福建派閥が新法党の系譜を作り出していた事実もある。やはり，先述の「党」の原義としての血縁・地縁性は根強く残り，朋党の結集要因として機能していたと考えるべきであろう。勿論，内藤の属性

---

3) 本来，前近代中国社会の知識人はⅠ人文的教養（1）古典（経書）の素養，（2）作詩文（文言の詩と作文）とⅡ「治国平天下」の使命感，実践としては官僚として活動することを兼ね備える点を共通とする（村上哲見「文人・士大夫・読書人」『未名』7，1988年）。しかし，宋代以後の時代が，政治システムの中央集権化，科挙を基軸としたリクルートシステムの確立，あるいは募兵制への転換により巨大な軍事費を充当するための国家的物流システムを機軸に据えた軍事財政国家へ転換した点など，政治・財政に代表される諸システムが中央一元化される点において前代とは大きく異なる。さらに，経書の原典に立ち返って儒学の本質を問い直し，かつ道徳の延長上に政治を捉えて行く新儒学の勃興は学問のみならず科挙をも大きく変質させることとなった。こうした科挙―官僚制の発展は人材登用の基準において，貴族らしい人物を選ぶ人格主義から実務主義に変わり（内藤前掲書），また宋代の知識人は科挙受験を基底とした知識人＝学習人的あり方（伊原弘「中国知識人の基層社会――宋代温州永嘉学派を例として――」『思想』802，1991年）を強めて行くこととなる。

第二章　宋代の朋党形成の契機について

主義的視点を全面的に否定する必要はない。要は，これまで史料に現れ難いこともあり，等閑視されてきた社会の諸関係を浮き彫りにすることにより，朋党のネットワーク構造を明らかにすることである。

　実際，近年の朋党研究では，これまでの概括的理解から脱却し，多角的・構造的視点から捉える傾向が強まっている。朋党研究史を跡づけてみると，当初は後漢の党錮の禁については「清流派豪族対濁流派豪族」，唐の牛李の党争については「李党（山東貴族）対牛党（科挙を重んじる新興階級）」といった紋切り型の図式によって説明される傾向が強かった。現在では，（1）当該時代の支配的階層を再生産する選挙システム――党錮の禁については察挙，牛李の党争については科挙・辟召，東林党・復社の活動については科挙・学校（書院）など――と深く関連させながら，朋党構成員の出身・出自の解明が進むとともに，（2）朋党間のイデオロギー対立，政争上の論点といった政治意識が問題とされ，さらには（3）輿論形成の構造，地域社会の秩序といった観点を中心に朋党の背後に存在した郷里社会（地域社会）の構造に目が向けられ，こうした諸点を踏まえながら（4）朋党全体のネットワーク構造が明らかにされつつある。

　さらに内藤の「明は遂に東林党のために滅亡したと云わるる」の表現に代表される，朋党は政治をかき乱すもの，あるいは場合によっては国を滅ぼす原因となるという否定的観点は改める必要があろう。こうした見方は当時の人々にも見られたものであり全面的に否定すべきではないが，例えば明末の東林党・復社の活動について「道徳や学術を媒介とする朋友の結合を越えた，一種の政治結社とでもいうべきものであって，政治の改革の担い手となるべきものであっただろう」あるいは「政治活動の為の一種のクローズドの組織であり，政治目標をもつ近代的な政党へ脱皮の可能性をもった組織」として高く評価する研究も現れてきている［小野　1996］。過大評価は避けなければならないが，朋党を時代を動かすネットワークの一つとして積極的に評価する視点が必要となって来よう。

　それでは宋代の朋党研究の現状はどのようであろうか。三つの方向から整理を試みてみたい。第一は，朋党を属性主義的視点から捉える際に依拠すべき研

究である。すなわち彼らを生み出す母体となった当時の支配的階層（士大夫）に関する研究として蓄積されてきたものであり，朋党を生み出す日常的契機について多くの知見を提供してくれる。例えば士大夫の婚姻ネットワークについての研究［青山　1965, 清水　1961, 伊原　1972, Hymes　1986］は，士大夫を再生産する上で科挙と並んで婚姻が大きな役割を果たしたことを示してくれる。宗族研究［清水　1937・1949, 牧野　1980, 井上　1987］は，本格的な科挙制の確立により士大夫＝官僚は絶えず没落の危機にさらされ，その危機を義荘あるいは義学といった宗族の贍養，教育組織を通じて，個々の家ではなく宗族という父系血族を単位として再生産を図ろうとしたことを示してくれる。また族譜・族産・祠堂といった現代宗族とも相通ずる宗族の組織化が始まるのは宋代からといわれており，士大夫は科挙合格を通じて再生産を図る一方，血縁・姻戚ネットワークを駆使して自らの地位・身分の保持につとめていた様子を読みとることができる。なお，明清史の研究ではあるが，宗族を単位とし，文化資本・言語資本の蓄積による科挙合格を通じて士大夫の社会的地位・政治的地位の再生産が行われた仕組みを解明した研究［エルマン　1991］に見られるように，社会構造を経済資本だけではなく，文化資本，社会関係資本（人的資本）の関わりから説明するピエール・ブルデューの社会学的発想が中国史研究に取り入れられつつある。

　また，宋代は科挙を基盤とする中央集権的文官官僚制が確立した時代といわれるが，科挙―官僚制も人的結合において大きな役割を果たした。宋代以前の科挙においては試験官と合格者との間に強い紐帯（座主門生）が培われ，官界における人的結合の重要な役割を果たしたが，宋代に入り，皇帝が自ら試験を行い，合格者を決定する殿試の導入によって新たに皇帝＝合格者間に「天子の門生としての奴隷的忠義観」が培われることとなった［宮崎　1953］。しかし，座主門生関係が全く消滅したわけではなく，宋代以後もこの関係が持続したことが指摘されている（顧炎武『日知録』巻17「座主門生」）。つまり，従来の座主門生関係が私的なものとして水面下に潜り，表面上，公的な天子門生関係に一元化されたと理解すべきであろう。さらに，同じ年に科挙に合格した「同年」

第二章　宋代の朋党形成の契機について

関係が北宋初めの党争において人的結合上の大きな役割を果たしたとする見解もある［何　1994］。こうした座主門生，天子門生，同年関係に加え見過ごしてはならないのが宋代において顕著な発達を遂げた「薦挙」（連帯保証を伴う推薦制度）であり［梅原　1985，平田　1987，鄧　1993］，この「薦挙」と「資格」（年功序列型昇進体系）を二本の柱として構成される官僚昇進人事の仕組みを簡単に説明すれば次の通りとなる。官僚たちは「有出身」（進士科合格者）とそれ以外の「無出身」とに分けられ「資格」の階梯を昇っていくのだが，昇進の所々に○○の地位にある高官何人の薦挙といった，人数・官職を制度化した形での推薦者の獲得が条件づけられ，この薦挙が蜘蛛の巣状に人脈を張り巡らす役割を果たすこととなった。

　このほか，学問，文化的関係も人脈形成に大きな役割を果たしている。近年，詩や書簡といった，従来文学研究の対象であった史料についても目が向けられるようになってきており，例えばそうした成果として旧法党勢力に連なる洛陽士大夫の文化的ネットワーク［木田　1979］，あるいは朱子の学問的ネットワーク［市來　1990］など個別の実証的研究が積み重ねられつつある。なお，市來氏は南宋半ばにおける科挙受験と学問修得とが結びついた講学ネットワークの存在を指摘している。この指摘は科挙―官僚制が宋代の学問，文化的関係においても中心的役割を果たしていたことを示唆してくれる。

　第二は，朋党の政治舞台となる官僚機構，あるいは彼らの政治活動の拠り所となった政策決定システムについての研究である。この分野はこれまで梅原氏の研究［梅原　1985］に代表されるように制度それ自体について目が向けられる傾向が強く，朋党との関わりから論じられることは少なかった。しかし，近年は，王安石の新法党についてその権力基盤が中書検正官にあったことを解明した研究［熊本　1988］，あるいは旧法党の政治基盤となった言路の官（給事中，中書舎人，御史台官，諫官の総称）の解明，及び官僚機構の言論構造そのものを論じた研究［平田　1992・1994］など，ある政治集団がなぜ権力を保持し，国家意志決定に関与できたかを政策決定システムの中に位置付け検討する研究が増えつつある。また，拙稿でも若干論及したことがあるが，専制国家という

体制を踏まえた視点，すなわち権力は皇帝との政治的時間・空間の共有構造より生じるという観点も必要である。近年，宋代以前の研究においては，皇帝と官僚との政治交流の場である宮殿の機能，あるいは朝政・儀礼を空間的に考察するといった視点が取り入れられつつある[4]。宋代史においても分析視角として取り入れていかなければならないであろう。

　第三は，朋党そのものに目を向けた研究であり，慶暦の治，濮議，新法・旧法両党の争い，南宋初期の主戦・講和派の対立など，個々の代表的朋党については多くの蓄積がなされている。例えば旧法党の構成員，あるいは地方から中央政界まで幅広く結ばれた秦檜人脈を明らかにした研究［平田　1992，寺地　1988］，士大夫の政治意識を正面から取り上げた研究［宮崎　1953，小林　1990，羅　1993，平田　1995ａ］などがある。総じて前者が宋代に顕著な発達を見た言路の官（政事に対する異議申立機構）に着目しながら論じられる傾向が強いのは，士大夫の活発な言論活動が宋代政治の特質を形作っているとの共通認識に基づくものであろう。また，南宋士大夫と地域社会との関わりを重視しながら秦檜専政期の政争を論じる寺地氏の研究に見られるように，朋党の背後に存在した地域社会の構造にも目を向ける必要がある。ただ，中央志向の強い北宋士大夫と地域密着型の南宋士大夫との異質性［Hymes　1986］，あるいは法共同体の不存在，社会組織の自律性の欠如［戸田　1990，伊藤　1992］などに見られる，新しい地域社会像の構築が始まったばかりであり，地域社会とは何かを問いつつ再検討しなければならない。一方，後者は士大夫の輿論形成のあり方と深く関わりながら論じられる傾向があり，とりわけ羅家祥氏が明らかにした，宋代に入って士大夫が自らの言論活動を君子の党の活動として肯定的に評価する「君子有党論」の考えが現れてきたとする指摘は興味深い。この代表が欧陽

4）　政治空間に着目し，体系的な政治構造分析の方法論を確立した研究としては，ノルベルト・エリアス『宮廷社会』（波田節夫／中埜芳之／吉田正勝訳，法政大学出版会，1981年）があげられる。その他，松本保宣「唐代後半期における延英殿の機能について」（『立命館文学』516，1990年），謝元魯『唐代中央政権決策研究』（文津出版社，1992年），袁剛『隋唐中枢体制的発展演変』（文津出版社，1994年），渡辺信一郎『天空の玉座　中国古代帝国の朝政と儀礼』（柏書房，1996年）など参照。

第二章　宋代の朋党形成の契機について

脩の「朋党論」であり,後に東林党・復社の活動の論拠とされたように,宋代以後の士大夫の言論活動を支える拠り所となって行く。

　以上のように,宋代の朋党研究を通観してみる時,他の時代同様,概括的研究から多角的・構造的研究に転換しつつある。ただ,現時点では,第一・第二の視点が必ずしも第三の視点と結合せず,朋党研究が政治事件史ないしは政治思想史研究に重点を置きつつ論じられていることも確かである。筆者自身は主として第二の視点と第三の視点との結合,即ち朋党の政治活動の基盤となった政策決定システムの解明,いわば宋代の官僚機構を背景とした政治世界の言論構造を明らかにすることに主眼を置いた[5]。この作業により朋党を政治構造上から説明することが可能となったが,依然として第一の視点の欠落,すなわち彼らが様々な日常的契機で獲得する人的資本――勿論,獲得した人的資本がすべて朋党の人的結合の基盤となる訳ではない――の実証的研究が欠如している。しかし,第一の視点にのみ依拠した朋党研究というのも限界がある。そもそも日常的ネットワークの諸相は史料に見出しにくいという問題がある上,仮にある朋党との連関構造を示す史料を見出したとしても,それは一面を捉えているに過ぎない。何冠環氏のように同年という一つのネットワーク構造のみから朋党の人的結合を論じようというのでは些か無理がある。要するに,求められるのは第一,第二,第三の視点を整合的に理論化し,朋党とは何かということを明らかにする総合的視点であり,その視点に基づいた実証的研究である。

---

5)　宋代の政治史の現状と課題については寺地遵「宋代政治史研究方法試論」(『宋元時代史の基本問題』汲古書院,1996年)など参照。寺地氏は今後の政治史研究のあり方として,科挙を媒介として結ばれる中央―地方官界に,官人集団が形成され,彼らの葛藤・対立を経て国家意思が形成されて行く政治過程を中心に分析する研究方法の構築が不可欠であると述べる。国家意志形成過程を今後の研究課題の中心とされている指摘は特に傾聴すべきである。なお,須江隆「慶暦党争考――蘇舜欽書簡を中心に――」(『集刊東洋学』76,1996年)に代表されるように,朋党の活動を当時の政治システムと関連づけながら解析する研究方法が広まりつつある。

二，宋代の朋党形成試論

　それでは朋党研究を進める総合的視点とは如何なるものであろうか。これまでの私見を整理した，宋代の朋党形成に関する一つの仮説をここに提示してみたい（図11　宋代朋党形成モデル図参照）。

（1）日常的ネットワーク世界から朋党的ネットワーク世界へ

　士大夫は地縁，血縁，姻戚，科挙―官僚制，学問・文化・宗教，経済，交遊といった日常的ネットワーク世界の中で，各人それぞれが個人的な利益・利害を契機として人的資本を蓄積し，これら人的資本は士大夫の政治・社会的活動を助ける大きな資源となった。政治的世界においては，出世競争に敗れて左遷，あるいは場合によっては処罰を被る危険を絶えずはらんでおり，政治的ネットワーク＝朋党が一種の保険的役割を果たすとともに，出世競争を勝ち取る基盤，あるいはネットワークを通じて他者よりの利益を期待する投資対象ともなった。確かに，この朋党的ネットワークは日常的ネットワーク世界で培われた人的資本に基盤を置くものであったが，さらに政治活動の基盤強化のためには，宋代の政策決定システム――宰執・言路の官を政治の二極とした政治構造，「対」（上殿奏事）の権利を段階化させた宋代の言論構造［平田　1994］など――を利用し，かつシステムに依拠した人的結合の拡大・強化が必要であった。朋党が日常的ネットワークの色彩の強いものから，政治システムを反映した官僚制的色彩の強いものまで様々な姿を呈するのはこうした理由に基づく。

（2）朋党的ネットワーク世界

　朋党的ネットワーク世界を捉えるためには絶えず二つの方向を念頭に置かなければならない。第一は，王安石，司馬光といったある特定個人のもとに，政策，学問その他諸々の利害関係を契機に主体的に参集し，一つの政治集団を形成していく，いわば朋党構成員の意志を反映した自律的形成のベクトルである。

第二章　宋代の朋党形成の契機について

図11　《宋代朋党形成モデル図》

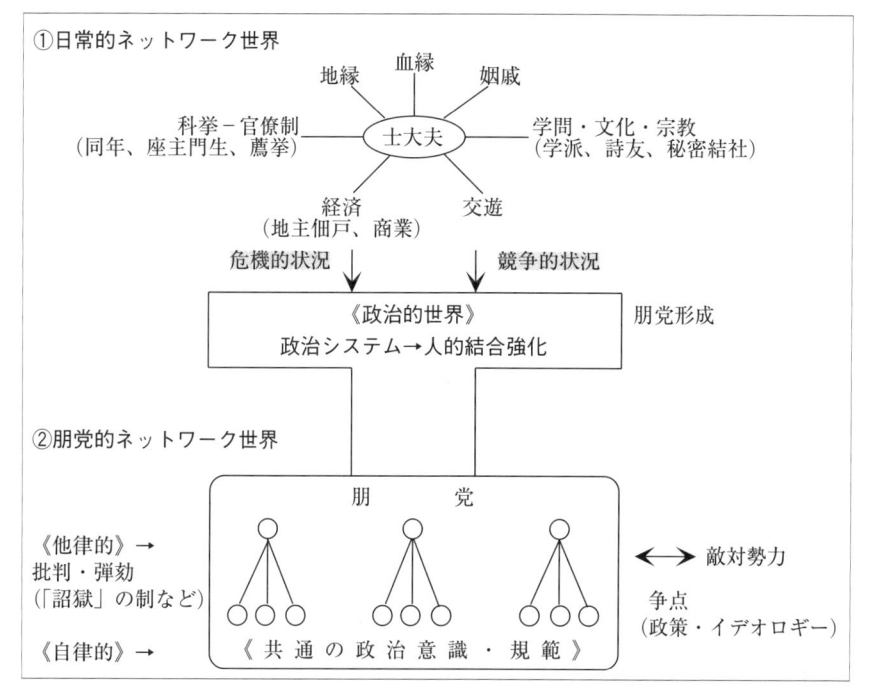

①日常的ネットワーク世界

　　　　　　　　地縁　血縁
　　　　　　　　　　　　姻戚
　科挙－官僚制　　　　　　　学問・文化・宗教
（同年、座主門生、薦挙）　士大夫　（学派、詩友、秘密結社）
　　　　　　経済　　交遊
　　　　（地主佃戸、商業）

　　　　　危機的状況　　競争的状況

　　　　　　《政治的世界》　　　　朋党形成
　　　　　政治システム→人的結合強化

②朋党的ネットワーク世界

　　　　　　　　朋　　党

《他律的》→　　　　　　　　　　　　←→　敵対勢力
批判・弾劾
（「詔獄」の制など）　　　　　　　　　　争点
　　　　　　　　　　　　　　　　（政策・イデオロギー）
《自律的》→　《共通の政治意識・規範》

概してこのベクトルが強い場合，しばしば敵対勢力との政策・イデオロギー上の争点を契機として，政治意識を共有することともなる。第二は「○○は○○の党（仲間）である」といった具合に一つの政治集団として見なす際に用いられる批判，弾劾の言葉であり，他律的形成のベクトルである。例えば，新法党が政敵を弾劾する装置としてしばしば用いた「詔獄」（皇帝の詔勅に基づいて設置される特別臨時裁判所）などは後者のベクトルを代表している［平田　1995ｂ］。我々が目にする朋党，党といった史料は，ほとんど後者に属するものであり，政治集団の実態と乖離して使われるケースも多くあるので注意を要する。

　また，朋党の集団性は，結集の中核に位置している個人のカリスマ性による部分もあるが，むしろ朋党の活動期間の長短，依拠する活動基盤の特質，あるいは弾劾・批判による集団の差別化の度合などによって強弱の差が現れてくる。「○○党」と評される多くの事例は第一章の第一の視点で論じた日常的ネット

ワーク構造の反映としての政治的人脈,すなわちパトロン・クライエント関係としての原初的な派閥の姿を提示してくれるにすぎない。ところが,朋党活動が長期に及び,依拠する活動基盤——例えば新法党は正規の官僚機構の外に制置三司条例司,中書検正官といった一種の政策審議・立案機関を設置し新法政策を推進,旧法党は言路の官を中核とした言論政治を重視する傾向が見られる——に差異を有し,弾劾・批判による集団の差別化の強かった新法・旧法両党の争いにおいては,構成員,政策(新法 VS 旧法)・学問(王安石の新学 VS 張載らの関学,蘇軾・蘇轍らの蜀学,二程子の洛学)上の差異,あるいは権力基盤とした官僚機構・政治システムなど様々な面が研究を通じてクローズアップされることとなった。つまり,同じ朋党といっても単なる日常的人脈の派生した段階から,政策・学問上の色彩を濃厚にさせ,さらに政策を基軸に組織化された集団を連想させる段階まで様々なレベルが想定しうる。ただ後者にしても前者の原初的な人的ネットワークが,学問,政治といった面で特化されたり,あるいは特定の政治システムに依拠することにより組織化の方向性を具有していくのであり,あくまでも前者の人的ネットワーク構造を前提に発展したものと考えうる。

以上が,現段階で想定する宋代の朋党形成に関する仮説である。この仮説を実証するためには本来,朋党史料を網羅的に解析すべきであるが,ここでは両者の典型的事例を紹介し,仮説の補強を行うこととする。具体的には後者の例として元祐旧法党の事例を紹介し,前者の例として寇準の党を分析の俎上にあげる。

(3) 事例一――元祐旧法党

元祐旧法党については郡伯温『邵氏聞見録』→『宋史』→『宋史紀事本末』巻45,「洛蜀党議」と連なる史料によって説明されることが多く,一般的には次のように理解されている。神宗が亡くなり,幼少の哲宗が即位すると,哲宗を補佐する形で祖母の宣仁太皇太后による垂簾聴政が行われた。まず司馬光・呂公著といった反新法派の政治家が宰相として中央に呼び戻され,新法廃止,

新法党弾劾の政策が採られていく。司馬光が亡くなると，旧法党は分裂し，派閥抗争を繰り広げていった。

その派閥抗争の図式を説明したものが，『邵氏聞見録』巻13に見られる，「洛党は程頤を首として朱光庭・賈易を輔佐に，川党は蘇軾を首に呂陶らが輔佐に，朔党は劉挚・梁燾・王巌叟・劉安世を首にこれを輔佐するものが尤も衆く，呂大防は秦人で愚直なために党派に与せず，范祖禹は司馬光を師として党派を立てず。」という史料である。

この史料については道学的色彩が強く，また実態にそぐわないものとして，かつて通説の批判を試みた［平田　1992］。その作業結果が図12《元祐旧法党モデル》であり，概要は以下の通りである。宣仁太皇太后はA司馬光・呂公著等長老政治家に政治を委任し，また彼らはB若手政治家群[6]を侍従・台諫などの要職に推挙・抜擢し，Bの協力・補佐のもと新法廃止，新法党弾劾の政策を実現していった。その際，事実上，政策の推進役を勤めたのは①劉挚グループであり，彼らは主として政事に対する異議申し立てを職務とする言路の官（給事中，中書舎人，御史台官，諫官の総称）を拠点として反新法党批判を展開した。

6）　B若手政治家群を旧来のまとめ方と異にしたのは以下の理由による。①は『邵氏聞見録』に基づけば「朔党」とすべきだが，『長編』中では「朔党」の語は見られず，「劉挚党人」「劉挚党」という語が用いられている。また「劉挚党人」には「洛党」と位置付けられるべき人物が少なからず加えられており，「洛党」「朔党」間の区別は明確ではないので，劉挚グループというまとめ方をした。②は『邵氏聞見録』・『長編』の中では「蜀党」・「川党」と表現されるように地縁性により表現されることが多い。史料において「蜀（川）党」とされたものを参考にしつつ，主として③④グループとの対立を行う集団を蘇軾・蘇轍グループという形でまとめた。③は程頤の学問に連なる人々で『邵氏聞見録』では「洛党」，『長編』では「洛党」・「程頤党」と記されるが，程顥・程頤グループとして括った。④は『長編』の中では「韓氏党」・「范氏党」として姻戚関係を軸として協力関係にあり，主として②との対立を行う政治集団として描かれる。人物のかなりの部分は「洛党」にも位置付けられているが，『長編』中でこの中の一員と見なされている范純仁は，『邵氏聞見録』では「范純仁は司馬光を師として党派を立てなかった」とされる。ここでは韓氏・范氏グループとまとめる。⑤は『邵氏聞見録』では「呂大防は愚直なため党人がいなかった」と記されるが，元祐後半期，政治をリードした勢力の一つであり，呂大防グループとまとめた。

第二部　宋代の朋党

図12　元祐旧法党モデル

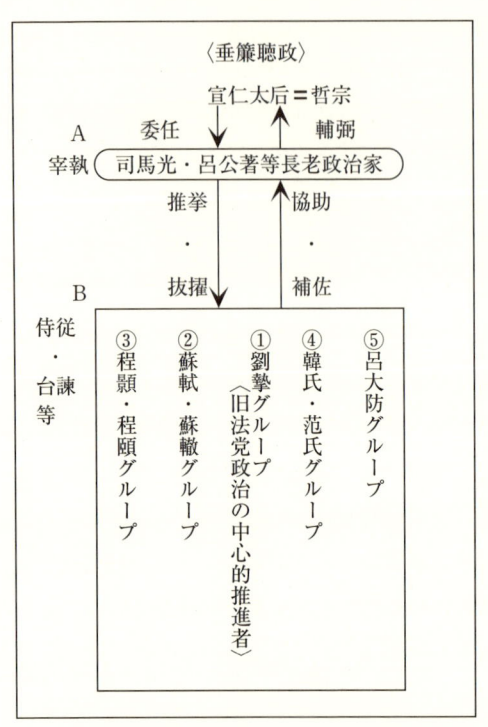

〈垂簾聴政〉

宣仁太后＝哲宗

　　委任　　　輔弼

A
宰執　　司馬光・呂公著等長老政治家

　　　推挙　　　協助

　　　抜擢　　　補佐

B
侍従
・台諫
等

③程顥・程頤グループ
②蘇軾・蘇轍グループ
①劉摯グループ〈旧法党政治の中心的推進者〉
④韓氏・范氏グループ
⑤呂大防グループ

＊A司馬光（元祐元年九月死去），呂公著（四年二月死去）というように長老政治家が姿を消すとともに，Bの呂大防，劉摯，范純仁がAの地位＝宰執に昇格し，またAの精神的支柱を失ったことによりB間の争いが起こる。

ところが，司馬光（元祐元年九月死去），呂公著（四年二月死去）というようにA長老政治家が順次，姿を消すとともに，Bの呂大防，劉摯，范純仁などがAの地位＝宰執に昇格し，またAという精神的支柱を失ったことによるB間の争いが起こってくる。なお，新法廃止の大半が司馬光在世中に行われたこと，また新法党弾劾は①劉摯グループを中心に継続して行くが，他のグループは次第に新法党勢力との調停を図って行くことに示されるように，元祐旧法党全体の統一した政策色は弱い。通説で紹介される新法反対，新法党弾劾をこの党の特徴と位置付ければ，劉摯グループにこそその特徴を見出すべきであろう。

　まず元祐旧法党全体を通観すると，朋党形成の契機の顕著なものとしては四点が浮かび上がる。（1）地縁関係：『邵氏聞見録』をはじめとして多くの史料の中で「洛党」・「蜀（川）党」・「朔党」といった表記が見られるように，地縁関係が人的結合に一定の役割を果たしていたことは認めなければならない。（2）血縁・姻戚関係：④韓氏・范氏グループについて，御史中丞蘇轍が「臣竊かに見るに，本朝の勢家，韓氏の盛んに如くは莫し。子弟姻婭，中外に布満し，朝の要官，其の親党の者多し。」として政府を牛耳る「韓氏党」・「范氏党」人脈を批判した一節（『長編』巻453,

第二章　宋代の朋党形成の契機について　　　　　　　　　183

元祐五年十二月壬子）により，血縁・姻戚関係と枢要ポストの独占との連関を知ることができる。なお，蘇轍の批判より新法・旧法両党政権下において宰執の地位にあった韓絳，韓維，韓縝兄弟を中心に，韓縝―傅堯兪（通婚関係），韓宗道（韓維の兄韓綜の子）―范純仁（姻戚関係），謝景温・杜純・杜紘・蘇頌（韓氏姻家）といった関係が浮き彫りにされる。なお，このような枢要ポスト独占構造を作り上げるためには，堂除（中書任命人事）に代表される薦挙システムの活用が不可欠である［平田　1993ａ］。（3）学問関係：③の程顥・程頤グループに代表される紐帯であるが，二程子の学問に連なる人物は①④にも数多く見られる。その他，蘇軾・蘇轍の蜀学，司馬光の史学に連なる学問的関係も忘れてはならない。（4）薦挙関係：ＡＢ間の関係に代表されるように，薦挙関係は官界での人脈形成に大きな影響をもっている。なお，ＡによるＢの登用は，旧知のもの，評判の高いものという二つの観点より行われており，例えば劉挚・趙彦若・傅堯兪・范純仁・唐淑問・范祖禹は司馬光が普段よりよく知っており，節操堅固な人物として推挙が行われている。

　次に，元祐旧法党の実質的中心をなした①劉挚グループを取り上げる。なお，この劉挚グループは劉挚弾劾時に「劉挚党」と括られた人物であり，政治的立場を異にする人物も加えられているので，注意を要する。分析自体はかつて詳細に行っているので要点のみを記す。（1）地縁関係：「劉挚党」＝朔党であれば，このグループは河北人によって特徴づけられなければならないが，河北人以外に北中国の人々が広く加わり，さらに南中国の人も一部加えられている。
（2）血縁関係：劉挚の姻家として田子諒の名が上がってくる。なお，劉挚とともにこのグループの中核をなした梁燾は王巌叟の妻父と記される。（3）学問関係：二程子の学問に影響を受けた人々が多く加えられている。また，朔党と洛党とは密接な関係を有していたと認識されており，例えば「劉挚・王巌叟・朱光庭・孫升・韓川らが失脚して，洛党がだんだん衰えた」（『長編』巻482，元祐八年三月己丑）とする発言も見られる。（4）薦挙関係：劉挚が薦挙した人物として韓川，孫升，王覿，趙君錫，賈易，張舜民といった人物が浮かび上がる。その他，劉挚グループの中核をなした梁燾，王巌叟，劉安世等と関わる薦挙関

係は多数に及ぶ。(5) その他の関係：(a) 劉摯の故吏：葉伸, (b) 劉摯が墓誌銘を書いているもの：王嚴叟 (母), 梁燾 (父), 楊康国 (父)。このうち王嚴叟・梁燾とは政治上, 盟友関係にあっただけではなく布衣からの知り合いと記される。(c) 新法党関係：王子韶・盛陶・龔原・葉濤・楊国宝・趙挺之。本来, 新法党関係者が加わるのは不可解だが, 盛陶は同年 (同年進士合格者), 龔原は「劉摯と尤も善くするもの」の一人としてあげられているように, 「劉摯党」という弾劾が行われる場合, 政治色を度外視し, 劉摯と深いつき合いを有していた人物が列挙されていることが窺える。(6) 言路の官としての上司—部下, 同僚関係：前稿［平田 1992］では, 劉摯グループとして, 新法廃止, 新法党弾劾を進めたのは, この関係が基盤となっており, また共通の政治意識を強める役割を果たしたことを指摘した。

　以上のように, 元祐旧法党の諸関係を見てくると, とりわけ①劉摯グループに現れているように, 様々な日常的ネットワーク世界の紐帯が, 言路の官に代表される政治システムによって強化され, 政治集団としての紐帯を強めていったことが窺える。その一方, ④韓氏・范氏グループが血縁・姻戚関係を中心とした集団として批判を浴びたように, また洛党, 朔党, 蜀党といった地縁的集団イメージが史料上に現れてくるように, 地縁・血縁関係も政治集団形成に大きな役割を果たしている。しかし, こうした関係が政治的ネットワークに結実するためには, やはり薦挙といった, 宋代の人事システムに依拠する必要があったことを忘れてはならない。

(4) 事例二——寇準の党

　寇準は三代真宗の治世において, 遼との和約を締結することに成功したいわゆる「澶淵の盟」の立役者として知られる。また北方系官僚 (華州下邽県を本貫とし, 大名府に出生) として宰相の地位に上り詰め, 王欽若, 丁謂等南方系官僚との対立に終始し, この後継続されて行く南北人対立問題の端緒を開いた人物でもある。問題の寇準党とは次のような契機で史料に現れてくる。天禧四年 (1020) 六月, 寇準が宦官周懷政と密かに結んで, 劉皇后の実権を奪うために,

第二章　宋代の朋党形成の契機について　　　　　　　　　185

「皇太子監国」（病気の真宗に代わり皇太子に事実上の政務を執らせる）の謀り事を進めたところ，この企てが外部に漏れ，寇準が失脚した。続いて周懐政のクーデター，および周懐政と通じていた朱能の反乱が起こり，劉皇后グループ（丁謂，銭惟演，曹利用，任中正など）によっていわゆる「寇準党」が弾劾された[7]。

　それでは，寇準党とはいかなるものと，劉皇后グループに認識されていただろうか。

　① （天禧四年七月癸亥）是日，（銭）惟演又力排寇準曰，準自罷相，轉更交結中外，求再用。曉天文・卜筮者皆遍召，以至管軍臣僚・陛下親信内侍，無不著意。恐小人朋黨，誑惑聖聽，不如早令出外。（中略）（銭）惟演又言，寇準宜早令出外。準朋黨盛，王曙又其女婿，作東宮賓客，誰不畏懼。今朝廷人三分，二分皆附準矣。臣知言出禍從，然不敢不言。惟陛下幸察。（『長編』巻96）

①では，銭惟演が，朝廷の三分の二が寇準に与する勢力であること，寇準が宰相復帰を目論み，「管軍臣僚・陛下親信内侍」（軍隊を統括している官，皇帝信任の官官）と接触を図っており，彼ら小人グループが陛下を惑わす恐れがあるので，早く寇準を外に出して欲しい，と弾劾している。実態はともかく，劉皇后グループにとっては，寇準党とはかなりの勢力を有する集団と映っていたことが分かる。

　次に，実際にどのような理由で弾劾が行われたかを見てみよう。

　② （天禧四年七月）丁丑，太子太傅寇準降授太常卿・知相川。翰林學士盛度・樞密直學士王曙竝落職，度知光州，曙知汝州，皆坐與周懷政交通，而曙又準壻也。準親吏張文質・賈德潤並黜爲普寧・連山縣主簿，及朱能敗，又除名，配隷封・貴州。朝士與準親厚者，丁謂必斥之。楊億尤善準，而請太子監國奏又億所草也。及準敗，丁謂召億至中書，億懼，便液俱下，面無人色。謂素重億，無意害之，徐曰，謂當改官，煩公爲一好詞耳。億乃稍安，卒保全之。當時宰相愛才如此，謂雖姦邪，議者亦以此稱焉。（『長編』巻96）

7）　この時期の政治の状況は，劉静貞「從皇后干政到太后摂政――北宋真仁之際女主政治権力試探」（『国際宋史研討会論文集』中国文化大学史学研究所，1988年）参照。

②'寇忠愍之貶，所素厚者九〔二字一作之〕人自盛文肅以下皆坐斥逐，而楊大年與寇公尤善，丁晉公憐其才，曲保全之。議者謂丁所貶朝士甚多，獨於大年能全之，大臣愛才一節可稱也。(欧陽脩『帰田録』巻上)

盛度の場合，②では資善堂都監，入内副都知兼管勾左右春坊事と皇太子側近の官を歴任し，皇太子監国問題の首謀者の一人であった周懐政との交際が左遷理由とされる。一方，②'では寇準と親しくしていた盛度以下すべてが弾劾されたと記されるように，寇準とのつき合いが左遷の一因とされている。また張文質，賈德潤の場合は寇準の親吏と記されているように，上司―部下関係が理由とされたと考えられる。他方，楊億については②②'とも，皇太子監国の上奏文を起草し，寇準ともっとも親しかったが，丁謂が彼の才能を惜しんだため難を逃れたというエピソードを付け加えている。しかし，このことが却って寇準と親交の篤い人物の多くが左遷の憂き目にあったことを物語ってくれる。

また，②の人物，王曙は周懐政との交際に加えて寇準の娘婿であったことが左遷の理由とされる。一方，①では寇準の娘婿である上に，東宮賓客＝皇太子側近であったため，皆より畏懼される人物であったと述べられる。劉后グループの弾劾の矛先は，周懐政のクーデターの事件が起こったこともあり，東宮官が弾劾対象とされたのは当然のことであるが，加えて寇準の娘婿を強調していることが興味深い。寇準の娘婿としては，長女（王曙）・次女・三女（畢慶長），四女（張子皋）の三人の名前が浮かんでくるが，

 寇萊公深器之，令留守西都，奏掌磨勘勾院，實主記室。萊公移京兆，復奏知萬年縣事，轉祕書丞・館閣校勘，召試直史館。初，公在雄，喪配，萊公意以女歸之，而未成也。萊公罷相，始婚於寇氏。及其南遷，公坐姻戚，出監西京監院。俄落史職，監撫州稅，降大理寺丞。(尹洙「故朝奉郎司封員外郎直史官柱国賜緋魚袋張公墓誌銘」『河南先生文集』巻17)

その内の張子皋は寇準より度重なる推挙を受けた人物であり，寇準との姻戚関係が左遷に繋がったと記される。

③（天禧四年八月）癸卯，以衛尉卿愼從吉爲光祿卿致仕，司封郎中・兼侍御史知雜事杜堯臣改衛尉少卿・知陝州，皆坐與寇準親善也。(『長編』巻96)

④（天禧四年九月己未）以樞密副使周起爲戸部侍郎・知青州，簽署樞密院事曹瑋爲宣徽南院使・環慶路都部署・兼管勾秦州兵馬。起素善寇準，而瑋亦不附丁謂，謂惡之，幷指爲準黨，故倶罷出。起性樂易，好飲酒，準前在中書，嘗與起過瑋家飲，同列多先去者，準及起盡醉，夜漏上，乃歸。翌日，引咎伏謝，上笑謂曰，天下無事，而大臣和樂，何過之有。然起謹密，凡奏事及答禁中所問，隨輒焚草，故其言外無知者。(『長編』巻96）

続いて，③では慎從吉，杜堯臣が寇準と親しくしていたため，④では執政（樞密副使）周起が以前から寇準と親しかったため，左遷されたと記される。執政（簽書樞密院事）曹瑋の場合は，丁謂に与しなかったことを丁謂が憎んで寇準グループとして弾劾したと記されているが，その記事の後に寇準と周起等が曹瑋の家で夜遅くまで深酒をしていたエピソードが付け加えられている。宴会を好んだ寇準の日常的交際ぶりが窺えよう。あるいは寇準の政治集団と見なされたものの中には酒友であったり，また作詩を好んだ寇準の詩友といった関係が主たる実態であった人物もいるのではなかろうか[8]。

⑤（九月）壬戌，知永興軍府・給事中・集賢院學士朱巽，陝西轉運使・工部郎中・直集賢院梅詢，並削一任。巽爲護國節度副使，詢爲懷州團練副使，並不署州事。轉運使・度支員外郎劉楚降授祠部員外郎，監葉縣鹽税。勸農使・職方員外郎皇甫載，時丁憂，候服闋，與通判，副使・閤門祇候程紹忠爲陽武縣都監。本軍通判・幕職官竝贖銅，釋其罪。巽等嘗薦朱能，及不察姦妄，致害制使，放責之。知鳳翔府・侍御史臧奎贖銅二十斤，通判寧州，尋換都官員外郎，坐與能交結也。<u>永興軍都署李福者，嘗任防禦使，將兵失律，流嶺外，起爲環衞。在永興，善事寇準，後困郊祀，驟復祁州防禦使，</u>

8）　例えば葉夢得『石林燕語』巻4に「寇萊公性豪侈，所臨鎮燕會，常至三十酘。必盛張樂，尤喜柘枝舞，用二十四人，每舞連數酘方畢。或謂之柘枝顚。」，及び邵伯温『邵氏聞見録』巻7に「蓋公多典藩，於公會宴設則甚盛，亦退之所謂，餼石之儲，嘗空於私室，方丈之食，每盛於賓筵者。」と見える。また，詩を通じた交遊の様子については王曉波『寇準年譜』（巴蜀書社　1995年）参照。王禹偁，張詠，魏野等との詩を介した交際関係が窺える。なお，「寇準党」の一人とされた梅詢とは「送転運梅学士詢巡辺郡四首」が残されている。

能叛，不卽擒捕。憫其衰耄，授左屯衞將軍致仕。都監・閤門祗候康文德削
職，監陝州鹽税。殿直・閤門祗候穆介與能善，能及周懷政嘗連狀薦之，杖
脊・黥面，配韶州牢城。軍士封進・鳳翔府孔目官朱日昌等八人，皆能等常
從，預爲矯妄者，並決杖，分配海島遠郡牢城。乾祐知縣，蒲城・長安・萬
年・乾祐簿尉，竝坐絀削。『長編』卷96〉

⑤'懷政旣誅，亟遣入内供奉官盧守明・鄧文慶馳驛永興，捕朱能。劉益・李
貴・康玉・康信・道士王先・張用和悉兔死，配遠州。能偵知使者至，衷甲
出，殺守明以叛。詔遣内殿承制江德明・入内供奉官于德潤發兵捕之，能入
桑林自縊死。永興・乾耀都巡檢供奉官李興・本軍十將張順斷能及其子首以
獻，補興閤門祗候，順牢城都頭。以劉益等十一人黨能害中使，磔于市。王
先・李貴・康信・張用和八人皆處斬。能母妻子弟皆決杖配隸，閤門祗候穆
介・知永興軍府朱巽・轉運使梅詢劉楚・知鳳翔府臧奎等坐與懷政・能交結
相稱薦，皆論罪。降寇準太常卿，再貶道州。<u>凡朝士及永興・鳳翔官吏與準
厚善者，悉降黜焉</u>。(『宋史』卷466，周懷政伝〉

⑤⑤'は永興軍都巡檢朱能の叛乱に絡んで行われた左遷人事であり，都巡檢
(州内の盗賊の取締り) という朱能の職務柄，関係の深い永興軍・鳳翔府の地方
官がこぞって処罰を受けている。ここで，まず確認しておかなければならない
のは，寇準と朱能の間には天禧三年 (1019) 朝廷に奉られた乾祐天書[9]を偽作
したつながりがあったことである。次にこの左遷記事には，李福 (永興軍都部
署) が永興軍在任中，寇準に善くつかえたと記されているように，寇準との上
司－部下関係も一因とされている。実は寇準は，知鳳翔府・知永興軍を勤めた
ことがあり，彼と関係の深い官吏が当地には多く残っていたことが推測される。
このことは中央のみならず，永興軍・鳳翔府の官吏で寇準と親しかったものは
全て左遷処分を受けたとする⑤'傍線部の記事によっても窺えよう。

---

9) 真宗朝期，天からの告示＝天書の降下を一つの契機として，封禅，汾陰后土といっ
た天地の祭りが演出されることとなる。幾度か朝廷に奉られることとなる天書の内，天
禧三年三月，永興軍都巡檢朱能が入内副都知周懷政と結び，知永興軍寇準の名声を借り
る形で彼に奉らせたのが乾祐天書である。

第二章　宋代の朋党形成の契機について　　　189

なお，寇準は咸平三年（1000）五月から五年（1002）五月まで知鳳翔府，大中祥符九年（1016）から天禧三年まで知永興軍の任にあり，この間に，上司―部下関係あった人物または寇準に薦挙された人物は以下の通りである。

◎燕肅　寇準が知鳳翔府在任中には鳳翔府観察推官であり，彼の推挙により磨勘改官，すなわち選人身分より，京官の秘書省著作佐郎に昇進した。なお，寇準が知河南府在任中には，通判河南府であり，監察御史に召されたのを上奏して留任させている（『宋史』巻298）。また，寇準の知永興軍在任中には永興軍推官であった（欧陽脩『帰田録』巻下）。後，丁謂に憎まれ，左遷された（『宋史』巻298）。

◎永興軍都部署李福（前出）

◎張子皋（前出）寇準が知永興軍在任中に知万年県に推挙。

◎彭乘　天禧の初，知永興軍寇準の推挙により館閣校勘となり，天平軍節度推官に改められた（『宋史』巻298）。

◎王凱　知永興軍寇準の推挙により，三班奉職・監鳳翔盩屋税となる（『宋史』巻255）。

◎劉平　知永興軍寇準の推挙により，殿中丞・知濾州となる（『東都事略』巻110）。

このほか，⑤の史料に登場する陝西転運使梅詢は，朱能の叛乱に連坐して左遷された上，寇準と親しかったことによりさらに左遷処分を受けている（『宋史』巻301）。また，寇準の推挙によって知越州となり，寇準の失脚により建州へ人事異動させられた任布といった人物もいる（『宋史』巻288）。

⑥（乾興元年二月）戊辰，貶道州司馬寇準爲雷州司戸參軍，戸部侍郎・知鄆州李迪爲衡州團練副使，仰播其罪於中外。準坐與周懷政交通，迪坐朋黨傳會也。始議竄逐，王曾疑責太重，丁謂熟視曾曰，居停主人恐亦未免耳。蓋指曾嘗以第舍假準，曾踧然懼，遂不復爭。知制誥宋綬當直，草責詞，謂嫌其不切，顧曰，舍人都不解作文字耶。綬遜謝，乞加筆削，謂卽因己意改定。詔所稱當醜徒干紀之際，屬先皇違豫之初，罹此震驚，遂致沈劇，皆謂語也。

（『長編』巻98）

最後に，丁謂・銭惟演・曹利用・馮拯等の宰執を朋党として批判し，寇準の無罪を主張した宰相の李迪（『長編』巻96，天禧四年十一月乙丑）は，寇準に与したとして弾劾されている。ここで注目すべきは，この弾劾を重いとみた王曾に対して，丁謂は，寇準に屋敷を貸していたあなた（「居停主人」）も連坐する恐れがあると脅しをかけており，寇準と少しでもつながりがあればそれにこじつけ弾劾が行われていたことを物語っている。

　以上，寇準グループと括られた人々を見てきたが，上司－部下，薦挙，姻戚，あるいは酒友・詩友に代表される日常的交際といった，先に概括した日常的ネットワーク世界の諸相がそのまま反映されていることが分かる。勿論，今回の事件においては周懐政，王曙といった皇太子側近グループが一つの中核をなしており，政治集団の構成において特定官職を拠点としたネットワークも同時に働いていたことを忘れてはいけない。それは，劉皇后グループについても同様であり，後に丁謂が弾劾された際に三司系財務官僚が「丁謂党」に名を連ねていたことよりも確認できる[10]。

　両者の検討を通じて，所謂朋党と称された政治集団の実態は日常的なネットワークの諸相が反映されたものであり，より強固な実態をともなう政治集団は，その上に特定の政策，イデオロギーによる政治意識の形成，あるいは特定の官僚組織ないしは政治システムに依拠することにより集団としての枠組みを強化していく傾向があることが確認された。

三，士大夫の人的資本獲得の構造
　—— 『夷堅志』[11]を主たる材料として——

　日常的ネットワークを基盤に，政治システムを人的結合強化の媒体として朋

---

10)　板橋真一「北宋前期の資格論と財政官僚」（『東洋史研究』50-2，1991年）参照。
11)　『夷堅志』を用いて宋代の科挙社会を分析する試みは数多く見られる。その一例として，John W. Chaffee, *The thorny gates of learning in Sung China: a social history of examinations*, State University of New York Press, 1995. をあげておく。

第二章　宋代の朋党形成の契機について

党的ネットワークが形成されるという図式で議論を進めてきた。確かに個々の朋党の事例は，政治的ネットワークの根底に日常的ネットワークの諸相が存在していることを告げてくれる。しかし，第二節の分析に用いた『長編』・『宋史』といった政治記録としての性格が強い史料では，個々の血縁，姻戚，学問，薦挙といった要素を連関させ，一つの朋党＝政治集団にまで昇華させる，宋代の社会的結合の原理を見出すことは難しい。やはり，近年，思想史研究において書簡を手掛かりに学問的ネットワークの検出が試みられているように，朋党研究においても日常性の要素の高い史料の活用が必須となろう。かつて科挙受験から合格までの階梯，官僚生活の諸相の描写を試みた［平田　1997］際も，彼らの人的結合に関する情報は小説・随筆，あるいは文集を参考にすることが多かった。本節でも社会史史料として定評のある宋代小説の洪邁撰『夷堅志』を主たる史料に用い，分析を試みたい。なお，採録史料は洪邁自身が友人・知人の見聞した話を集めたものであり，北宋末から南宋前半の社会構造を窺うことができる。

　さて，一旦，『夷堅志』を繙くと，従来あまり紹介されることのない日常的ネットワークの諸相が眼前に現れてくる。例えば，静かな寺院の一室を借りて受験勉強を行う風景は『夷堅志』にはよく見かけるものであるが，「同志」と僧舎にて受験勉強を行う（甲志巻18，「趙良臣」）といった共同学習を示す史料がある。こうした共同の受験対策は「其の友趙荘叔達輩両三人，同に科擧の課を結ぶ」（丙志巻2，「蜀州紅梅仙」），あるいは「池陽士人王生亦省試に赴くに，其の家甚だ富めば，錢百千を以て黄（左之）に與え，之を招いて課を結ばしむ。」（支甲巻7，「黄左之」）に見える「結課」と称される。なお後者の場合，「結課」から親交が深まり，黄の科挙合格後，王が黄を婿に迎え入れるといった展開を見せてくれる[12]。

　また進士科の試験は解試（地方の州）→省試（中央）→殿試（皇帝の面前）の三段階であるが，各地の省試受験生が船（「貢士船」）を仕立てて都に向かう（支癸巻6，「大浪灘神祠」），潭州の士人が郷人六，七人と省試に赴く（支甲巻5，「龔輿夢」），あるいは道州得解・免挙士人が省試に赴き，試験の前後，臨安の邸

店に同宿していた（三志辛巻8,「易官人及第」）といった，同郷受験者が行動をともにする様子を見ることができる[13]。あるいは省試受験の際に，事前の身元確認及び不正の連帯責任を負う「保」という単位が設けられていたこととも関係しているのかもしれない[14]。

さらに太学，州学等でともに学んだ「同舎」・「同学」が行動をともにする様子を記す史料も見られる[15]。例えば，蔡州学の同舎生七，八人が黄昏に密かに連れだって遊びに行く（丙志巻13,「蔡州禳災」），太学にて同舎生同士で博戯にふける（丁志巻1,「夏氏骰子」）など枚挙に暇がない。また同舎＝郷友七人と上天竺観音に合格の夢を祈りに出掛ける（丙志巻9「上竺観音」）といった地縁，学縁が二重の人的結合を形作っているケースも頻見する[16]。

12) 「結課」とは些か異なるが，『夷堅志』支丁巻2「呉庚登科」には試験場での答案作成の助力を頼むために巨額のお金を払っているケースが見える（「「(呉庚) 將就類試，乃損錢百千，結同舉勾龍渙以爲助。」)。科挙の試験勉強を共にするだけではなく，試験場での協力も当時はよく行われていたのではないかと思われる。なお，続いてこの史料には，「迨入類場，類場中則兩人分坐東西廂。是歳紹興丙子，場屋嚴肅，不得相往來，庚才短思澁，窘迫無計，髣髴見垣在側，取其試卷，一揮而成文。」とあるように，試験場にて受験生が行き来できる時期もあり，そうした際，この関係が威力を発揮することとなる。なお，この話では，解試まで家庭教師を務めていた張垣が試験場に現れ，呉庚の答案を作成してくれるという展開を見せる。
13) その他にも「侯元功自密州與三郷人偕赴元豐八年省試」（甲志巻4,「駅舎怪」），「羅鞏者，……大觀中在太學，……郷人同舎問之。」（甲志巻7,「羅鞏陰譴」），「政和初，偕鄕里五人補試京師」（甲志巻18,「李舒長僕」）など枚挙に暇がない。
14) 荒木敏一『宋代科挙制度研究』（東洋史研究会，1969年）によれば，宋初十人一保制であったものが，南宋頃には三人一保制度になっているという。
15) 「同舎」関係については宮崎市定「宋代の太学生生活」（『史林』16-1・3, 1931年）に詳しく述べられている。
16) 「祈夢」に当時の科挙受験生の日常的な人的結合の様子を見ることも可能かと思われる。「祈夢」については廖咸恵「祈求神啓──宋代科挙考生的崇拜行為与民間信仰」（『新史学』15, 2004年）参照。『夷堅志』には数多くの夢占いの事例を載せるほか，同舎生が占い師，人相見のもとへ将来を占ってもらいに行く事例も幾つか載せている。珍しい事例を一つ紹介すると，解試受験者が連れだって，通行人の言葉を合否の占いに用いる「占響卜」を行っている（支乙巻2,「羅春伯」）。

第二章　宋代の朋党形成の契機について

ところで，これまでの士大夫の婚姻ネットワークに関する研究によって，士大夫が自らの家を再生産するために科挙合格とともに，士大夫同士あるいは富裕者との婚姻を利用していたことが明らかにされている。しかし，これらの研究はある一族の婚姻対象者の変遷を系譜的に調べていく傾向が強く，婚姻が結ばれる契機についての分析は乏しい[17]。一方，『夷堅志』中には具体的婚姻パターンを示してくれる話が数多く残されている。例えば，合格掲示のもとで婚姻相手を搜す「攩婿」が行われていた事実（甲志巻5，「劉氏冤報」），同郷の友人に息子が科挙に合格したならば娘をやると約束し，科挙合格後婚姻が結ばれた（丙志巻11，「趙哲得解」），あるいは科挙に合格せずとも，解試合格が姻族（母の兄）の娘を貰う条件とされた（丁志巻4，「孫五哥」），及び解試合格後同じ州の娘との婚約が行われている（支乙巻2，「涂文伯」）など，科挙合格（ないし解試合格）が家の繁栄を獲得するために婚姻と結びつく，いわば先行投資的手段となる事例を数多く見ることができる。

このように『夷堅志』をもとに日常的ネットワークの再構成を試みることは十分可能だが，論点が拡散する恐れがある。本章では第一節の「宋代朋党研究の現状と課題」の分析を通して浮き彫りになってきた，宋代固有の社会的結合である科挙―官僚制ネットワーク，とりわけ薦挙を手掛かりに考察を進めてみたい。

例えば，ある官僚の一生を年譜という形で再現した場合，薦挙にまつわる情報が数多く盛り込まれていることに気付く。一例として北宋前半期，枢密使の地位にまで上り詰めた田況の事例を呈示してみた（章末表5《田況年譜》参照）が，下線を引いた箇所が明確に薦挙と関わっている部分である。景祐元年（1034），監転般倉の差遣（実職）を獲得しているが，これを王安石「太子太傅

---

17) 青山定雄「宋代における華北官僚の系譜について」（『聖心女子大学論叢』12，1963年），「宋代における華南官僚の系譜について——特に揚子江下流域を中心として」（『中央大学文学部紀要』72，1974年），Robert P. Hymes, *Statesmen and gentlemen: the elite of Fu-chou, Chiang-hsi, in northern and southern Sung*, Cambridge University Press, 1986, Beverly J. Bossler, *Powerful relations: kinship, status, & the state in Sung China (960-1279)*, Harvard University Press, 1998. など参照。

致仕田公墓誌銘」(『臨川先生文集』巻91) では「擧者を以て監轉般倉たり」と記す。次に景祐四年 (1037) には寄禄官 (位階と俸禄の基準となる官) が, 秘書省著作佐郎 (従八品) に昇進している。これは史料には明記されていないが, 未入流官である選人身分から一〜九品の位階の体系の入流官に昇るための「磨勘改官」という手続きによって実現したものである。この昇進は, 田況の場合, 江陵府観察判官という職官クラスから出発しているので, 当時の規定で六年の職歴と京官 (寄禄官の従九品〜従八品) クラスの推薦者5人 (内, 1人は転運使・転運副使・提点刑獄使などの路の長官クラス) が必要とされた。康定元年 (1040) には陝西経略安撫司判官・参都総管軍事となっているが, これは王安石「墓誌銘」では陝西経略安撫司の長官であった夏竦, 范仲淹の2人の辟召により, 范純仁「太子太保宣簡田公神道碑銘」(『范忠宣集』巻16) では夏竦, 韓琦, 范仲掩の辟召,『宋史』巻292, 田況伝では夏竦の辟召によるものと記す。路ないし大藩の州の地方長官には, 官歴上, 部下となる資格を有するものを朝廷に推挙する「辟召」が認められていたが, まさにこの薦挙方法による差遣獲得の事例である。慶暦二年 (1042) には右正言となっているが, これは右正言孫沔が田況, 欧陽脩, 張方平, 曾公亮, 蔡襄, 王素を自分の後任として推挙 (「挙官自代」) した (『長編』巻132) 結果である。なお「挙官自代」とは一定以上の高官クラスに認められていた薦挙制度である[18]。また, 史料には現れてはいないが, 差遣は監当資序→知県資序→通判資序→知州資序→提点刑獄使資序といった決められた階梯を昇って行かなければならず, それぞれ一定の職歴と推薦者の獲得が義務づけられていた[19]。当然, 通判, 知州を歴任している田況も推薦者の獲得条件を満たしたものと思われる。以上は, 推薦獲得という点から説明したが, 逆に高官となれば推薦を行う役割が加わってくる。例えば康定二年 (1041) の

---

18) 内河久平「宋代薦挙制のひとこま——「挙官自代」について——」(『堀敏一先生古希記念 中国古代の国家と民衆』汲古書院, 1995年) 参照。
19) 『吏部条法』「関陞門 闕陞撮要」には, 監当資序から知県資序へは二任六考, 挙主六人 (内, 監司一人), 知県資序から通判資序へは二任五考, 挙主二人, 通判資序から知州資序へは二任四考など職歴と挙主を定めた規定が見える。

第二章　宋代の朋党形成の契機について

《内外臣僚幕職州県官薦挙歳額》(『宋会要』選挙27-26)には,

(中央)

文臣	待制以上	三人	武臣	観察使以上	三人
	知雑御史以上	二人		閤門使以上	二人
	侍御史以下	一人		諸司使以下	一人

(地方)

転運使・副使・提点刑獄	不限数
文臣知州軍・通判升朝官以上	三人
武臣知州軍内殿崇班以上	三人
開封府知府・推判官	三人

とあるように, 路の長官ともなれば毎年無制限, 管轄下の幕職州県官を薦挙することが可能だった。例えば, 京東西路転運副使, 転運使を勤めた鮮于侁は「吾када挙を専らにすること十二年, 任ずる所の吏, 四百餘人, 寧んぞ盡く其の往を保たんや。」(秦観「鮮于子駿行状」『淮海集』巻36)と述べている。この数字が正しければ一年三十余名の薦挙を行っていることになる。もちろん, 薦挙というのは幕職州県官に限定されるものではない。中央, 地方官庁を問わず, ある役所の長官が部下となるべき人材を推挙することはよく行われたものであり, その一例として言路の官における薦挙関係について分析を試みたことがある[平田　1992]。

それでは, 実際どのような形で選挙が行なわれるのか, その諸相を『夷堅志』を手掛かりに見てみよう。

①推挙の風景Ⅰ (『夷堅志』甲志巻1,「韓郡王薦士」)

楚州の幕官であった李如晦(字晦叔)が磨勘改官のため都にやってきたが, 五人必要な推薦者の内, 一人を獲得できずに悶々としていた。ある春の日, 滞在している邸店の仲間に誘われ, 西湖のほとりの天竺寺に遊びに出掛けた。雨に降られ, 冷泉亭にて雨宿りをしていたところ, 韓世忠に出会った。韓世忠に悩みを問われ, 面識はなかったが, 容姿の優れている様子を見て事実を告げたところ,「欠けているのは職司(路の長官)の推薦状か。」と

尋ねられた。「通常官員の推薦状です。」と答えたところ，韓世忠は「私には一通の推薦状があるので，明日あなたにお送りしましょう。」といって，部下に姓名・官位・住所を尋ねさせた。翌日，推薦状と銭三百貫が届けられた。李は京官に昇進できたので，韓世忠の屋敷に出掛け，門生の礼を尽くそうとしたが会うことができなかった。

ここでは二つの事実を読み取れよう。第一は，入流官となるための手続きである磨勘改官に必要な推薦者五名の獲得が大変難しかったこと，第二は，推薦者に対して門生の礼を尽くそうとしている点である。この事例が特異なわけではなく，趙升『朝野類要』巻3,「改官」には磨勘改官の推薦者を獲得するのが大変難しく，獲得できた場合には門生と称したと記される[20]。その他，張津という人物が推薦者五人を獲得していたが，一人がかつて罪を犯したことがあったため，銓曹で推薦状が問題となり，上の判断を待つこととなった。可否の決定の出る間，寝食を忘れるほど心配をしていた（乙志巻4,「張津夢」）。あるいは静江府教授姚宋佐が経略司幹官の宴席で毒殺される事件があった。府帥（広南西路経略安撫使兼知静江府）は，幹官が京官昇進の願いを出しており，姚に先んじられたことを恨んで毒殺したのではないかと疑い弾劾した（支景巻9,「姚宋佐」）といった磨勘改官をめぐる生々しい話を採録している。

②薦挙の風景Ⅱ（『夷堅志』丙志巻16,「馮諤書」）
邵武の士人黄豊，馮諤は州の福華王廟に出世の夢を見ることを求めに出掛けた。夢で「黄三元，馮尚書」の語を得て，二人とも自負していた。黄豊の方は，武科挙で解頭（解試第一位合格），文科挙で二度解頭となったが，ついに合格できなかった。馮諤は省試第二位合格，殿試甲科合格で，臨安府教授，摂国子正となった。同年進士合格の林大鼐・梅卿厚と仲が良かった。林がにわかに出世して吏部尚書となり，後任者として馮諤を推挙した。馮諤は職務に就く前に，「吏部尚書」として亡くなった。

---

20) 磨勘改官時の薦挙関係ではないが，葉夢得『石林燕語』巻9には，范仲俺が晏殊の推薦によって秘閣校勘になることができたのに恩義を感じ，終生門生として晏殊を敬ったという記事が見える。

第二章　宋代の朋党形成の契機について　　　　　　　　　197

　ここには「挙官自代」という薦挙の事例が確認できるとともに，同年関係が推薦関係に発展している事実を読みとれる。第一節で朋党の結集要因として同年関係を重視する何冠環氏の研究を紹介したが，同年とはどのようなものか些か補足しておきたい。『朝野類要』巻5，「同年郷会」には，「諸處の士大夫の郷曲を同じくするもの并に路を同じくする者の，共に朝に在り，及び三學に在りて相聚まり會を作すを郷會と日い，もし同榜及第し，聚會するを則ち同年會と日う。」と記されており，同郷，同学関係を基礎として，科挙の同年合格者の集まりとして同年会が開催されていることがわかる。また科挙合格後，合格者がお金を出し合って同年録＝合格者名簿を出版していたこと，科挙の合格儀礼の中に「拝黄甲，叙同年」（合格者が集まり，長幼の序列を定める儀式）が行われていたことはよく知られる事実である。文集に見える「同年小集詩序」（『燕石集』巻12），「同年会讌詩話序」（『古霊集』巻18），「北京同年郷会」（『花谿集』巻3）などは同年会の存在を示してくれる。さらに，日常的に同年の語が用いられていたことは例えば「吏，（寇）準に白す，準大いに慼づ。翌日，（王）旦に謂いて曰く，王同年の大度此くの如きや。旦答えず。」（『長編』巻84，大中祥符八年四月壬戌）に見える寇準，王旦という宰相同士の会話から確認される。

　こうした同年関係が当時の士大夫の行動様式に影響を与えている事例として，次のものを挙げておく[21]。

（1）余嗣は福帥（福建路経略安撫使）薛直老と同年進士のよしみがあることを利用し，銀綱（銀を運ぶ船団）を監督して行在（都杭州）へ赴き，その恩賞とこれまでの年功で寄禄官の二階級昇進を図った。（乙志巻5，「司命真君」）

（2）葛楚輔と顧待問は省試で隣り合わせた。試験後，葛は顧に面会を求め，夢で合格掲示にあなたの名前が私の下にあるのを見たという話をし，その通り合格となった。顧は後，邵武軍教授となったが，磨勘改官のための推薦者一名を欠いていた。そこで，中書舎人兼礼部侍郎であった葛に昔の夢

---

21)　山口智哉「宋代「同年小録」考――「書かれたもの」による共同意識の形成」（『中国―社会と文化』17，2002年）は宋代において同年小録，同舎小録，同官小録といった書物が編纂され，共同意識が培われていたことを明らかにしている。

の話を持ち出し援助してくれるよう手紙を送った。葛は顧を推薦し，京官を手に入れた。(志補巻4,「顧待問」)

(3) 孫洙と李清臣はともに制科の勉強をした仲であり，孫洙が知海州であった時には，李清臣は通判であった。この時に李清臣が孫洙の娘を見初めた。李の妻韓夫人が亡くなると，孫に婚姻を申し込んだ。孫は机を並べ勉強した仲であり，年が自分と近いという理由で拒否した。孫の死後，李清臣は孫の娘を後妻に迎えた。李清臣は孫洙の墓誌に「三人の娘がおり，長女は李公彦に嫁ぎ，二人は家にいる。」と記しているが，恐らく墓誌を書いた時には婿になっていなかったと思われる。(甲志巻11,「李邦直夢」)

(1)(2)は同年関係を出世の手段として用いた事例である。(3)は同年制科合格であるかは確認できないが，同年合格だとすると，同学，同年，同官といった三重の人的結合を示す上，さらに婚姻関係を結ぶに至っている。その上，李清臣は孫洙の墓誌銘まで記している。第二節において墓誌銘の執筆関係を人的結合の現れの一つとして用いたが[22]，こうした関係を明確に示してくれる史料がある。

(a) 秦観「葛宣徳墓銘」(『淮海集』巻33)

孤児が墓誌銘の執筆を依頼してきた。私は進士受験の際に君と同学，汝南郡（蔡州）では同官であった。君が科挙に合格した際は，私の叔父と同年進士合格であり，君の息子張仲は私の娘婿である。私でなければ誰が銘文を書こうか。

要するに，秦観が墓誌銘を書いた動機は同学，同官，同年，姻戚関係の蓄積にあったことを告げてくれる。またこの事例が特異な訳ではなく，『淮海集』

---

22) 佐伯富「士大夫と潤筆」(『内田吟風博士頌寿記念東洋史論集』同朋舎，1987年) に示されているように，高名な文筆家が墓誌銘，神道碑，行状などの執筆を行い，高額な謝礼を受けていた事実についてはよく知られている。ただ，個々の事例を丹念に見ていく限り，知人，友人に執筆を依頼するケースの方が多かったと思われる。なお『琬琰集删存』巻2に李清臣「孫学士洙墓誌銘」が採録されている。この墓誌銘と人的結合の問題については本書第三部「宋代の政治システム」第一章「宋代の言路」附篇「墓誌銘から見た劉摯の日常的ネットワーク」の中で論じている。

第二章　宋代の朋党形成の契機について

に見られる墓誌銘，行状，神道碑は同郷（揚州高郵県あるいは近隣のもの），親戚，血縁関係あるいは同年，同学，同官，同年といった日常の諸関係を有するものが執筆対象とされていることが確認できる。

（ｂ）蘇頌「朝奉郎太常博士張君墓誌銘」（『蘇魏公文集』巻58）

　　張奕が埋葬される段となり，同年生厳叔堪が履歴と功績を記したものを持って，墓誌銘の執筆を求めてきた。私は三司在任中，君と一年以上同僚であり，官府のこと以外にも政治について語り合った仲である。君の発言は理路整然とし，名利に言及しなかった。私が見てきた君の守節ぶりについては是非とも書かなければならない。ここに銘を作り墓石に刻む。

　こちらは同僚関係が執筆引き受けの理由とされているが，注意すべきは依頼が同年生によってなされていることである。墓誌銘の依頼は親族，友人によることが多いのだが，この場合は友人＝同年生という形であったものと思われる。

　このほか，劉摯「兵部員外郎直史館梁公墓誌銘」（『忠粛集』巻13）には，鼎州団練推官であった梁燾と司理参軍雍規はともに磨勘改官のための官歴の条件が整っていたが，二人とも推薦者一名を欠いていた。転運使が梁を推薦したところ，梁が規は同年進士であり，母親が年老いているのでゆずりたいと申し出た，とあり，獲得が最も難しい磨勘改官時の推薦者を同年関係を一つの理由に譲った例を見ることができる。

③選挙の風景Ⅲ（『夷堅志』支庚巻1，「林子安赴挙」）

　　鄱陽の士人林子安は，紹興三十二年秋，解試に赴いた。旅店で食事を取っており，某州教授に出会った。彼は，饒州の試験官として赴くこの機会を利用し，坑冶使者魏彦成から推薦状を獲得することをもくろんでいた。林が彼と姻戚であることを知ると，試験問題ならびに答えを教えてあげる代わりに魏公に取り持ってくれないかと持ちかけた。教授は試験場で彼の答案を探したが見つからず，担当外の「房」をも遍ねく探したが無かった。林は病気のため，試験場に赴くことはできなかったが，教授の恩義に感じ，魏公に取りなし，教授は推薦状を獲得することができた。

　ここでは二つの事実を確認したい。推薦状を獲得するために試験の不正を厭

199

わない試験官の態度と，合格は出来なかったが受験生の試験官への恩義に報いる態度である。唐代においては試験官と合格者との間に座主門生関係が生じ，それが官界でのネットワークとなっていたことはよく知られている事実である。一方，宋代については従来，殿試の導入によって座主門生関係から天子門生関係へ変化したという見解が通説とされてきたが，第一節で顧炎武の論を紹介して論じたように，公的な面では天子門生関係に一元化されながらも水面下では座主門生関係が存続したと考えるのが妥当であり，この話も座主門生関係の変形パターンとして捉え得るかもしれない。なお，『夷堅志』には解試終了後，合格者が試験官にお礼をする宴会が開かれ，その際，君の答案は私の担当（「房」）だったと語った（甲志巻13，「傳世修夢」），試験官と合格者との間の詩のやりとり及び交際振りを伝える（支戊巻９，「胡邦衡詩讖」），試験官であった洪邁に墓誌銘の執筆を依頼した（三志壬巻７，「李氏二銘文」）など，宋代における座主門生関係を示す史料が散見する。恐らく座主門生関係が生じる背景には既述の「傳世修夢」，あるいは「丁逢及第」（支景巻９）の事例に示されるように，答案審査は「房」ごとの分業体制を取り，それぞれ担当の「房」から合格者を推挙することとなっていたこと，また合格発表後，試験官と合格者との宴会において誰が選んだのかが明らかにされる慣行があったのでは無かろうか。

④薦挙の風景Ⅳ（『夷堅志』丙志巻12，「呉德充」）

呉公才は太学で科挙の勉強に励んでいたが，五十歳になっても合格できなかった。二相公廟にお参りし，夢のお告げで諦めて帰るかどうか決めようと思った。すぐに合格するから帰ることの無いようにとの夢を得た。果たして明年，嘉王牓に合格した。官職を得て，都から出るおり，また夢を見た。前の夢でお告げをした人物が現れ，「知州となってはいけない。前世に知州だった時，裁判で誤りを犯した。その咎で君は片目を失うことになる。さらに知州となれば，禍を招くことになる。」と告げた。三年後，赤目を病み，片目を失明した。州県官となってからトントン拍子に知県となり，また三つの通判を歴任したが，さらに通判の差遣を求めた。時に王慶曾が参知政事であり，呉と同舎の交わりがあった。「三任期通判を勤めて

おり，資歴も充分なのだから，知州となって何の問題があろう。」と呉に言い，時の宰相に推薦し，宜春の知州となることとなった。まもなく，呉は家でなくなった。

これは，同舎のよしみが推薦に結びついた事例だが，先述の通り，太学，州県学，あるいは民間の私学でともに科挙学習に励んだ同舎生は，学業ならびに遊びをともにする仲間であった。また太学，州県学といった公立学校には斎舎(寄宿舎) が設けられており，学年・学級に分かれず，斎舎が団結の中心となる寮生活は一つの小社会を形作ることともなった［宮崎　1931］。なお『夷堅志』中に頻出するのは同舎生が集って祠廟にお参りに行き，合格ないし未来の出世の夢を祈る風景である[23]。また彼らの関係は，死亡した同舎生が夢に現れ，科挙合格を告げてくれる（乙志巻20,「城隍門客」），あるいは旅先でなくなった太学時代の同舎生が夢に現れ，故郷に帰れるよう取りはからってほしいと頼まれたため，魂魄が戻れるよう祠廟に祈った（三志己巻5,「王東卿鬼」）といった具合に，死後も続く紐帯として描かれる。

⑤薦挙の風景V（『夷堅志』甲志巻6,「絳県老人」）

周公才，字は子美は温州の人である。政和の初め，絳州絳県の県尉となり，晋州との州境を触れ文のため回っていた。姑射山に立ち寄り，真人祠に参拝した。山を下りる時，一人の隠者に出会った。彼は周を睨み付け，「あなたは大変よい。しかし，六十歳を過ぎてやっと出世できる。」といった。周はその時三十歳余りで，絳川の知州と同姓で，知州は彼のために数枚の推薦状の入手を図ってくれていたので，任期が終われば磨勘改官できると思っていた。その言葉を聞き，ひどく憤った。言いやまないので，益々怒り，剣を取って撃とうとした。

県尉であった周公才は，同姓の知州が彼のために推薦状の手配をしてくれており，まもなく磨勘改官が実現できると期待をかけていた。実際には六十を過

---

[23] 註論文16）参照。なお，当時の受験生たちの夢を祈る風景については森田憲司「文昌帝君の成立——地方神から科挙の神へ——」（『中国近世の都市と文化』1994年），「ポエ」（『しにか』1997—7）にも詳しく紹介されている。

ぎて実現することとなるのだが，ともかくこの場合の推薦者獲得の契機が同姓であったことが確認できる。同姓は血縁関係の派生観念であり[24]，広い意味での血縁関係と薦挙との結びつきを裏付けてくれる。

⑥薦挙の風景Ⅵ（『夷堅志』支景志巻5,「董参政」)

　　董徳元が解試受験に赴く途上，同郷の臨江府の知州（彭合）に挨拶に行ったところ，老年の受験者として省みられなかった。殿試第二位合格となり，臨江に立ち寄ったところ，知州が使者を使わし迎えにきたが,「以前の老年の受験者ですよ。」と恨み言を述べた。六，七年後，董は侍御史となったが，彭は推挙を求めようとしなかった。後に董が参知政事になった時，彭を広東使者（広南東路転運使）に推挙した。人々はよく怨みを捨てたと褒め称えた。

　これは，同郷と薦挙をめぐる話だが，幾つかの事実を読みとることができる。第一は受験に際して同郷の知州に会いに行く，合格者を同郷の知州が出迎える，同郷者が出世した際に推挙を求めるのが通常のこととされている，といった科挙—官僚制において地縁関係が絶えず利用されている風景である[25]。このほか，同郷，同学の関係にあった呉鼎は魏公（張浚）が出世して川陝宣撫処置使となった時に公の恩義により一官をもらった（乙志巻12,「大散関老人」)，あるいは「靖康の変」に際し，太常博士であった虞斉年（仙井人）は予知能力のある王俊明の菊へ逃げるようにという助言を聴き，郷相何文鎮に謁見し，成都府通判のポストを獲得した（乙志巻14,「王俊明」)といった事例を見ることができる。第二は董徳元が彭合に会いに行ったところ，老年の受験生として省みられなかったことに象徴されるように，出世の可能性の有無が人的結合に左右していることである。これは，例えば，英州司理参軍張文規が冤罪をはらして十人の命を救った。その功績により京官の寄禄官を手に入れられるはずであったが，知州

---

24)　註2）石田前掲書参照。
25)　この問題は期集宴，郷飲酒礼といった地方で行われる科挙儀礼とも深く関わる問題である。詳しくは山口智哉「宋代郷飲酒礼考——儀礼空間としてみた人的結合の〈場〉」(『史学研究』241, 2003年）参照。

の方希覚は「老生無援」(年を取っていて，援助を受ける人脈もない) を理由に上奏しなかった (乙志巻4,「張文規」) という話からも，薦挙が互いに利益を与えてくれるか否かを基準に，推挙し，推挙される関係を生じさせるものであったことを示してくれる。

以上，薦挙を中心に据え，薦挙にまつわる諸関係を見てきた。とりわけ磨勘改官の推薦者獲得は難しく，門生関係を生じさせたように，当時の人々は様々な端緒を利用し，官界での出世の階梯をのぼっていった。そして，その端緒は同学，同舎，同郷，同姓，同年といった，何らかの「縁」を共有する「同」の諸関係を主体的に利用し，また利用される関係構造にあったことを見事に示してくれる。

おわりに

本稿は，日常的ネットワーク世界を通じて得られた人脈が政治システムによって人的結合を強化され，朋党的ネットワーク世界へ展開するという朋党形成の原理に関する仮説を設定し，主として前者の日常的ネットワーク世界の関係を浮き彫りにするため，宋代の社会的結合の代表である科挙—官僚制ネットワーク，とりわけ薦挙を中心に史料を検討した。その結果，「同」を紐帯とする多様かつ複合的なネットワーク構造を抽出した。仮にこのイメージを図示してみれば次のようになろう (図13《「同」を紐帯とするネットワーク》参照)。すなわち，当時の科挙—官僚制を中核とした政治世界に生きた士大夫は，出世の不可欠要件である薦挙を獲得するために，自己をとりまく地縁，血縁，学縁，業縁 (同官，同僚といった同じ職種に連なる関係) といった諸関係——「同」縁の中には，本稿で分析した「同学」，「同舎」，「同年」，「同郷」，「同姓」，「同官」に加え，当然ながら「座主門生」，「師弟」，「上司・部下」などの関係も包含される——を主体的に選択し，またその諸関係に取り込まれていった。そしてこれらの関係は，政争あるいは出世競争において朋党という政治的人的結合へ発展して行く可能性を絶えず秘めていたといえよう。

図13 「同」を紐帯とするネットワーク

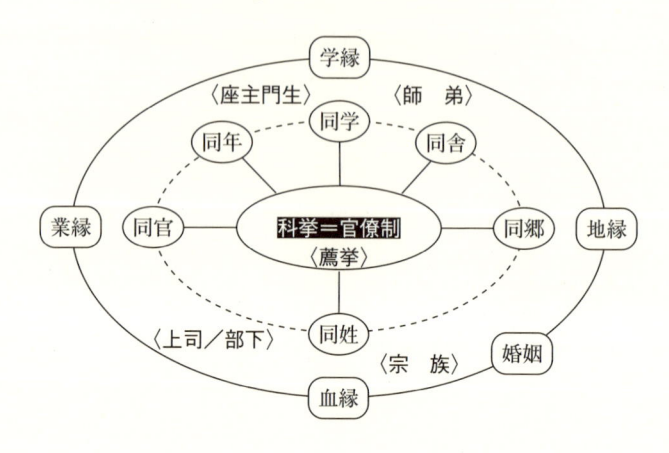

　最後に，もう一度朋党とは何かという最初の問題に立ち返ってみたい。最近，現代中国の政治構造を人治国家という視点を利用して分析した朱建栄氏編の著書が出されている。その中で，中国の人治社会は地縁関係，血縁関係，業縁関係，学縁関係，宗教組織といった五つのネットワークによって構成されている，という見解が紹介されている［朱　1997］。またネットワーク分析を行う多くの研究者が，地縁，血縁，業縁を中心に論じているように，その基本構造は時代を異にしても同様な姿を呈してくる[26]。しかし，社会的結合の共通項に見える地縁，血縁，業縁も，宋代士大夫にとっては，科挙合格並びに官界での出世の足掛かりになる端緒であり，具体的には科挙—官僚制システムを媒体として結ばれる諸関係であった。また，これらの端緒は薦挙という具体的人事システムを通じて実現されるものであり，さらに政治家として政策の形成，実現を目指す場合には，当時の政策決定システムを利用しなければならなかった。つまり，宋代の朋党が，科挙—官僚制を中核として生み出され，また宋代的政治システムによって人的結合が強化されていったことに特徴づけられるように，前

---

26) 現代中国社会においても同様な血縁，近所，師弟，同窓，同郷などいわゆる「同類」に基づいた関係網が人的結合の中核となっていたことが指摘されている。詳しくは王崧興「漢人の家族と社会」（『現代の社会人類学Ⅰ』東京大学出版会，1987年）参照。

第二章　宋代の朋党形成の契機について　　　　　205

近代中国の朋党の特質は当該時代の選挙─政治システムによって規定される部分が大きかったと総括することが出来よう。

表5　田況年譜

紀年（西暦）	年齢	事件		
		寄禄官	差遣	館職等
天聖5（1027）	23	進士科合格（同学究出身），不就		
天聖8（1030）	26	進士甲科合格 母李氏死去，服喪	江陵府観察推官	
明道2（1033）	29	喪が明ける	蘇州団練判官	
景祐1（1034）	30	富弼の妹と結婚	監転般倉（推挙者により）	
景祐4（1037）	33	秘書省著作佐郎（磨勘改官）		
宝元1（1038）	34	賢良方正科合格 太常丞		
宝元2（1039）	35		通判江寧府	
康定1（1040）	36		陝西経略安撫司判官 ・参都総管軍事 （経略安撫使夏竦の辟召）	直集賢院
慶暦2（1042）	38	★右正言（右正言孫沔の挙官自代）	判国子監，判三司理欠憑由司 ・権修起居注	＊知制誥
慶暦3（1043）	39		陝西宣撫副使，判三班院	
慶暦4（1044）	40	起居舍人（反乱鎮圧の功績）	知成德軍，真定府定州安撫使 秦鳳路都総管経略安撫使	龍図閣直学士
慶暦5（1045）	41	父紹方死去，服喪	知秦州，秦鳳路経略使	
慶暦7（1047）	43	喪が明ける 尚書礼部郎中	知渭州，涇原路兵馬都総管経略安撫使	枢密直学士
慶暦8（1048）	44	右諫議大夫	知益州，蜀梓利夔路兵馬鈐轄	
皇祐2（1050）	46	給事中	権御史中丞，理検使（未至） 権三司使	枢密学士

皇祐3(1051)	47			龍図閣学士 ＊翰林学士
皇祐5(1053)	49	尚書礼部侍郎	三司使	
至和1(1054)	50		枢密副使	
嘉祐3(1058)	54	検校太傅	枢密使	
嘉祐4(1059)	55	尚書右丞 （病により枢密使を辞去）	提挙景霊宮	観文殿学士 ☆翰林侍読学士
嘉祐8(1063)	59	太子少傅を以て致仕 死去 太子太保を贈られる		

◎『宋史』田況伝，范仲淹「太子右衛率府率田公墓志銘」，王安石「太子太傅致仕田公墓志銘」，范純仁「太子太保宣簡田公神道碑銘」に基づき作成。

注記1．＊は詔勅を起草する官職，☆経筵官（進講官），★言路（政事批判担当の官）
2．寄禄官は俸禄と位階の順序の根拠となる肩書きであり，一〜九品までの入流官と，入流官に入れない選人とに分かれる。差遣は実際の職務を表し，寄禄官のランクに対応して授けられる。館職とは宮中アカデミーの名を付したポストであり，実際は職務がないものの，官僚中のエリートに与えられる。この他，知制誥，翰林学士などの詔勅起草官，経筵官，言路の官などもエリートに付与された特別職である。
3．1080年代に行われた官制改革により，寄禄官は差遣（実職）化され，新たに寄禄官の体系が作られることとなる。ここに記された右正言，右諫議大夫，給事中は本来，実職を持たない寄禄官であるが，田況が右正言に付けられた際は，特別に言路の職務（専供諫職）を命ぜられている。

〈参考文献〉

青山　定雄（1965）「宋代における華北官僚の婚姻関係」『中央大学八〇周年記念論文集・文学』
石井洋二郎（1993）『差異と欲望　ブルデュー『ディスタンクシオン』を読む』藤原書店
市來津由彦（1990）「福建における朱熹の初期交遊者達」『東北大学教養部紀要』54
伊藤　正彦（1992）「"義役"——南宋期における社会的結合の一形態——」『史林』75-5
井上　徹（1987）「宋代以降における宗族の特質の再検討——仁井田陞の同族「共同体」論をめぐって——」『名古屋大学東洋史研究室報告』12
伊原　弘（1972）「宋代明州における官戸の婚姻関係」『中央大学大学院研究年報』創刊号
今井賢一・金子郁容（1988）『ネットワーク組織論』岩波書店
梅原　郁（1985）『宋代官僚制度研究』同朋舎
小野　和子（1996）『明季党社考——東林党と復社——』同朋舎

金子　郁容（1986）『ネットワーキングへの招待』（中公新書）中央公論社
川勝　義雄（1982）『六朝貴族制社会の研究』岩波書店
木田　知生（1979）「北宋時代の洛陽と士人たち──開封との対立のなかで──」『東洋史研究』38-1
熊本　　崇（1988）「中書検正官──王安石政権のにないてたち」『東洋史研究』47-1
小林　義廣（1990）「「濮議」小考」『東海大学文学部紀要』54
佐藤次高・清水宏祐・八尾師誠・三浦徹（1994）『イスラム社会　歴史を生きる任侠と無頼』第三書館
斯波　義信（1995）『華僑』（岩波新書）岩波書店
清水　　茂（1961）「北宋名人の姻戚関係──晏殊と欧陽脩をめぐる人々──」『東洋史研究』20-3
清水　盛光（1942）『支那家族の構造』岩波書店
　　　　　（1949）『中国族産制度攷』岩波書店
瀬川　昌久（1991）『中国人の村落と宗族　香港新界農村の社会人類学的研究』弘文堂
寺地　　遵（1988）「専制期秦檜勢力の構成と特質」『中国社会史の諸相』勁草書房
　　　　　（1988）『南宋初期政治史研究』渓水社
戸田　裕司（1990）「黄震の広徳軍社倉改革──南宋社倉制度の再検討──」『史林』73-1
礪波　　護（1986）『唐代政治社会史研究』同朋舎
西川知一・河田潤一編（1996）『政党派閥──比較政治学的研究──』ミネルヴァ書房
二宮　宏之（1994）『歴史学再考　生活世界から権力秩序へ』日本エディタースクール出版部
　　　　　（1995）『結びあうかたち　ソシアビリテ論の射程』山川出版社
羽田正・三浦徹（1991）『イスラム都市研究［歴史と展望］』東京大学出版会
東　　晋次（1995）『後漢時代の政治と社会』名古屋大学出版
平田　茂樹（1987）「宋代銓選制度の一考察──王安石の改革を中心に──」『歴史』69
　　　　　（1992）「宋代の言路官について」『史学雑誌』101-6
　　　　　（1993a）「元祐時代の政治について──選挙論議を手がかりにして──」『宋代の知識人』汲古書院
　　　　　（1993b）「宋代の垂簾聴政について」『中国の伝統社会と家族』汲古書院
　　　　　（1994）「宋代政治構造試論──対と議を手掛りにして──」『東洋史研究』52-4
　　　　　（1995a）「『哲宗実録』編纂始末考」『宋代の規範と習俗』汲古書院
　　　　　（1995b）「宋代の朋党と詔獄」『人文研究』47-8
　　　　　（1997）『科挙と官僚制』山川出版社
牧野　　巽（1980）『近世中国宗族研究』御茶の水書房

増淵　龍夫（1960）『中国古代の社会と国家』弘文堂
溝口　雄三（1978）「いわゆる東林派人士の思想——前近代期における中国思想の展開（上）——」『東洋文化研究所紀要』75
宮崎　市定（1931）「宋代の太学生生活」『史林』16-1・4，のち『宮崎市定全集』巻10「宋」所収
　　　　　　（1953）「宋代の士風」『史学雑誌』62-2，のち『宮崎市定全集』第11巻「宋元」所収
安田　　雪（1997）『ネットワーク分析　何が行為を決定するか』新曜社
渡辺　　孝（1994）「牛李の党争研究の現状と展望——牛李党争研究序説——」『史鏡』29
渡邊　義浩（1995）『後漢国家の支配と儒教』雄山閣
Ｂ・エルマン（1991）「再生産装置としての明清期の科挙」『思想』810
ブルデュー＆パスロン（1991）『再生産』（宮島喬訳）藤原書店
Jhon W. Chaffee (1985) *The Thorny Gates of Learning in Sung China*, Cambridge University Press
Ｍ・フリードマン（1987）『中国の宗族と社会』（田村克己・瀬川昌久訳）弘文堂
Robert P. Hymes (1986) *Statesmen and Gentlemen*, Cambridge University Press
Thomas H. C. Lee (1985) *Government Education and Examinations in Sung China*, The Chinese University Press, in Hong Kong
何　　冠環（1994）『宋初朋党与太平興国三年進士』中華書局
鄧　　小南（1993）『宋代文官選任制度諸層面』河北教育出版社
朱　　建栄（1997）『「人治国家」中国の読み方　台頭する新世代群像』日本経済新聞社
朱子彦・陳生民（1992）『朋党政治研究』華東師範大学出版社
唐　　長孺（1989）「唐修憲穆敬文四朝実録与牛李党争」『山居存稿』中華書局
羅　　家祥（1993）『北宋党争研究』文津出版社

第三部　宋代の政治システム

第一章　宋代の言路

はじめに

　唐末・五代という中国史上における社会変動期を経て，中国の政治体制は，貴族制から君主独裁制―中央集権文官官僚体制へと移行した。そして，中央の官僚機構は三省六部体制の崩壊に伴い，天子に直属する四つの行政機関――中書（門下）―民政担当，枢密院―軍政担当，三司―財政担当，翰林院―天子の詔勅の起草及び顧問の任担当，の発達をもたらした[1]。このような行政府の権力分散に加えて，宰相権力を抑制する機構として言官（台諫）の制度が改革された。この改革点は三点に集約される。

　第一は，中書（門下）から分離し，天子直属の機関としたことである。唐代，御史台は「天子の耳目」として三省から独立した機関であったが，諫官（左右諫議大夫・左右拾遺・左右補闕）は，左は門下省，右は中書省に属し，「宰相の口舌」的存在であった。宋に入ると天禧元年（1017）に諫院が設置され，明道元年（1032）には門下省の建物を使用することとなり，御史台・諫官とともに天子直属の機関となった。また，台諫の任命権は天子が掌握し，さらに慶暦四年（1044）には宰執による推薦が禁止され，名実ともに「天子の耳目」の官として位置付けられた。

　第二は，監察機構の分割である。唐代においては，地方に巡按御史が派遣されることにより，御史台を頂点とした監察体制が貫徹していたが，宋代においては，中央は御史台，地方は監司という分割体制が取られ，かつ両者が統属関係を持たないため，正規の官制上から見れば，他の時代と比べ中央統制が弱体であった。むしろ，「天子の耳目」としては主に宦官を任命し，内外の文武官

---

1)　宮崎市定「宋代官制序説――宋史職官志を如何に読むべきか――」（『宋史職官志索引』所収，同朋舎，1963年）。

僚の監察に当たる皇城司・走馬承受の発達を見たことにこの時代の特徴がある。そのため，総じて御史台の職務は中央に限定される傾向にあった。

第三は，「言事」（政事批判）機能の発達である。諫官は唐代以来「言事」を担当する官であったが，台官（御史台官）は唐代においては「監察」を担当し，「言事」は担当しなかった。ところが天禧元年に「言事御史」六員が設置され，「言事」をも職掌とするようになった。実際には，慶暦五年（1045）正月，諫官の不足を補うため，殿中侍御史梅摯・監察御史李京を「言事御史」としたことが最初の任用例であり，これ以降，台官の職掌として「言事」が重要な位置を占めるようになる。また，台諫を兼任する者のために，御史中丞庁の南に「諫官御史庁」が設置された[2]。

このように改革された言官の位置付けは，次の梅原郁氏の言葉が的を射ているであろう。「台諫つまり御史台官と諫官は，官制全体からすれば必ずしも高い地位ではないが，宋代の政治舞台では，いわば新鋭政治家の口舌と頭脳の冴えを万天下に示すことができる華々しい役どころであった。（中略）制度的には寄禄と差遣をここだけ一致させ，地方の実際政治と館職を経験してきた高級官僚の卵たちに，現在の議会の論戦もどきに，宰相や執政らの政権担当者と渡り合わせ，やがて彼等を時代の指導者に育成してゆくという美事な機構がそこに看取される[3]。」そして，このイメージは「慶暦の治」「濮議」など宋代士大

---

2) 佐伯富「宋代の皇城司について」「宋代走馬承受の研究」（『中国史研究』第一所収，東洋史研究会，1969年），周道済『漢唐宰相制度』（嘉新水泥公司文化基金会，1964年），徐練達・馬長林「唐代監察制度述論」（『歴史研究』1981-5），程光裕「北宋台諫之争与濮議」（『大陸雑誌』23-8，1961年），梁天錫「北宋台諫制度之転変」（『新亜書院学術年刊』第8期，1966年），金円「宋代監察制度特点」（『宋史研究論文集』河南人民出版社，1984年），龔延明・李盛清「宋代御史台述略」（『文献』1990-1），賈玉英「宋朝諫官制度述論」（『中国史研究』1991-2），熊本崇「宋天禧元年二月詔――宋初の御史――」（『石巻専修大学研究紀要』2，1991年），小林義廣「「濮議」小考」（『東海大学文学部紀要』54，1990年）等参照。

3) 『宋代官僚制度研究』（同朋舎，1985年），61頁。

第一章　宋代の言路

夫に高く評価される北宋前半期の言官の活動に比定しうる[4]。

ところが、北宋後半期に入ると、宰相と言官との結託が問題とされるようになり、紹聖の初めには台諫が「執政の私人」と化したと批判された[5]。更に、下って南宋初めには専権宰相秦檜が台諫を自分の手足に使った、と同時代の朱子に指摘されている[6]。

このような「天子の耳目」から「執政の私人」へと移行する、言官の変化を探る上で鍵となるのが元祐時代である。というのは、この時期は元豊官制改革という、宋代官制上の一大変革を経た直後に当たり、また政治上においては言官の活動が特筆される最後の時期であり、かつ「執政の私人」との叙上の批判を受ける直前の時期であるからである。

そこで、本論文は台諫（御史台官・諫官）に加えて「言事」の職務を担当した、給事中・中書舎人を総括する言葉、「言路、臺諫給舍也[7]」に着目し、元祐時代の政治を手掛かりに宋代の政治構造の変化の解明を目指すこととする。

まず、検討に先立ち、元祐政治史の研究状況について触れておく。この時代については特に専論として取り上げるべきものはない。そこで、代表例として漆俠氏の見解（『王安石変法』上海人民出版社、1959年、第五章「新法的廃除和反動的封建統治勢力的高漲」）を紹介し、元祐時代のイメージを構成しておく。漆俠氏は次のように説明する。

神宗がなくなり、幼少の哲宗が即位すると、哲宗を補佐する形で宣仁太皇太

4）　例えば、蘇軾は仁宗時代について次のように述べている。「而自建隆以來、未嘗罪一言者、縱有薄責、旋卽超升、許以風聞、而無官長、風采所繁、不問尊卑、言及乘輿、則天子改容、事關廊廟、則宰相待罪。故仁宗之世、議者譏宰相但奉行臺諫風旨而已。」（『蘇軾文集』巻25、「上神宗皇帝書」）

5）　『皇朝編年綱目備要』巻24、「(常安民)因奏曰、祖宗置臺諫官、乃好要之意。天下事、付與執政使行之、行不當則臺諫言之、天子惟擇執政與臺諫而已、自可無爲而治、故臺諫官、人君當自擇、近歲多由執政度其附己、然後除授、故雖名爲天子耳目、其實執政私人。」

6）　『朱子語類』巻131-(50)条。なお、秦檜と台諫との関係を明らかにした研究に衣川強「秦檜の講和政策をめぐって」（『東方学報』45、1973年）がある。

7）　『朝野類要』巻2、「称謂」。

后による垂簾聴政が開始された。まず，司馬光が宰相に任命され，呂公著・文彦博とともに頑固派の統治を確立した。即ち，変法反対派の官僚たちが中央に呼び戻され，また重要官僚機構——とりわけ台諫が，直ちに彼等の手に完全掌握された。そのポストに任命されたのは究めつけの頑固派分子，劉挚・王巌叟等であった。そして，新法廃止，変法派弾劾の政策が採られていく。一部動揺派より，新法廃止に反対意見——（例）青苗法—范純仁，保甲法—范純仁・王存，免役法—范純仁・蘇軾・王存・李常など——が提出されたが，これらの活動は徒労に終わった。政権は終始頑固派の手に握られ，司馬光の死後は，劉挚を中心とする朔党が政権の中核となった。一方，動揺派は同一歩調を取れず，蘇軾を頭とする蜀党，程頤を頭とする洛党の小集団に分裂した。彼らは，頑固派の威嚇・利益誘導のもと，ある者は頑固派に取り込まれ，ある者は中央政界から追放された。

　要するに氏の見解とは，新法に対する立場（変法派，頑固派，動揺派）に朔党・洛党・蜀党といった朋党とを結びつけ，元祐時代を説明したものである。この理解のうち，とりわけ問題となるのが朋党理解である。これは『宋史紀事本末』巻45，「洛蜀党議」に，「洛党は程頤を首として朱光庭・賈易を輔佐に，蜀党は蘇軾を首に呂陶らが輔佐に，朔党は劉挚・梁燾・王巌叟・劉安世を首にこれを輔佐するもの尤も衆く，呂大防は秦人で愚直なため党派に与せず，范祖禹は司馬光を師として党派を立てず」とあるのに基づくものと思われる。このような理解は，近藤一成氏の研究（「「洛蜀党議」と哲宗実録——『宋史』党争記事初探」『中国正史の基礎的研究』所収，1984年）や『中国歴史大辞典　宋史』（上海辞書出版社，1984年）「朔党」の項でも同様に用いられ，定説化している観があるが，本論文ではこの見解を踏襲することは控えたい。というのは，幾つかの疑問点が残るからである。

　先ず第一にこれらの朋党概念を形成したと思われる邵伯温『邵氏見聞録』→『宋史』→『宋史紀事本末』巻45，「洛蜀党議」の流れは，道学の立場から書かれたものであり，実状から乖離している部分が少なくない。例えば，『長編』には「劉挚党人」という語は見えるものの「朔党」という語は見えない。更に

「劉摯党人」に「洛党」中の人物が入れられたり，「劉摯党人」と「洛党」との混同・同一視が行われたりしている。第二に「○○党」とは相手を攻撃する際に用いる語で，仲間に対して意識的に用いる語ではない。これは蘇軾・蘇轍が「蜀党（川党）」の存在を否定している文から窺い知れる。第三に仮に朋党を利用して政治史を説明するならば，『長編』中に現れる「韓氏党」——韓絳・韓維・韓縝の三兄弟が宰執となり，その婚姻関係を軸に展開した韓氏人脈，「范党」——范純仁・范純礼兄弟を中心とする勢力，などの位置付けを行う必要がでてくる。とりわけ，前者は元祐時代の前半期において，蘇軾一派との争いを展開する集団で，「韓氏の党は一例に臣をにくんで，川党と指弾している」と蘇軾自身が述べている[8]。

以上より，従来の朋党理解では説明しきれないことが明らかとなった。そこで，次章では，元祐時代の政治の特徴を概括し，この時代の政治構造を解明することとする。

一，元祐時代の政治構造

先ず第一に，宣仁太皇太后の垂簾聴政が行われた結果，特殊な政治形態が取られた。太皇太后の政治の場所は延和殿（便坐殿）に限定され，それ以外には契丹の使節を謁見するときに崇政殿にお出ましになる程度であった（『長編』巻395）[9]。そのため，太皇太后と接触できる官僚は極めて限られる傾向となった。

8）『長編』巻415，元祐三年十月己丑に「翰林學士兼侍讀蘇軾言，（中略）其後，又因刑部侍郎范百祿・門下侍郎韓維爭議刑名，欲守祖宗故事，不敢以疑法殺人，而諫官呂陶又論維專權用事，臣本蜀人，與此兩人，實是知舊，因此韓氏之黨，一例疾臣，指爲川黨，……」とある。また，蘇轍が川党の存在を否定している言葉が，『長編』巻482，元祐八年三月甲辰，同巻483，元祐八年四月乙亥「是月」に見える。

9）仁宗朝の章献明粛皇太后の専権に懲り，この時代は太皇太后を内朝に封じ込めようとする傾向が見られる。例えば，太皇太后の受冊を巡り，その場所を文徳殿（正衙殿）で行うか，崇政殿（「視事之所」）で行うか議論となったが，中書舎人曾肇の章献明粛皇太后の「出臨外朝」の故事に倣わず，崇政殿で行うべきとの主張が裁可された（『長編』巻403，元祐二年七月戊午，己未）。

上奏権についていえば、劉安世の発言――「自二聖臨御以来、羣臣無非次之對、上則六七執政、下則四五言官而已。」(『長編』巻441、元祐五年四月辛丑)、或いは蘇轍の発言「今自太皇太后陛下・皇帝陛下垂簾以来、毎事謹重、羣臣得對於前者、惟有執政及臺諫官而已。然天下之事、其是非可否、既決於執政、陛下欲於執政之外、特有所聞者、又獨有臺諫數人而已。」(『長編』巻448、元祐五年九月丁卯)に見られるように、「非次」「先次」の面対上奏権、あるいは簾前での発言権は主に執政及び台諫に限定された。更に、その上奏のやり方も、以前は「登対→自持箚子→中書呈納」と面前で発言してもすぐには奏状を入れることができず、中書を経由し、中書から納めることとなっていたが、この時期は「登対→封進箚子」と発言とともに奏状を納める方法が採られている(『長編』巻440、元祐五年三月)。さらに、文書行政も内廷を拠点に行われる形式――史料上では「内降」「内降箚子」「内降処分」「内批」「中旨」「中批」等として表れる――を採った。即ち、臣下の上奏が太皇太后の下に届けられると、太皇太后は却下(留中不出)、あるいは諮問及び命令という形(内降〔文書〕、内批など)で宰相、官司に下し、それを受けて、再上奏、あるいは施行されることとなる[10]。(図14参照)。

ここには宣仁太皇太后の抜きんでた権力とともに、その諮問を受ける宰相権

[10) 「内降」には二通りの用法がある。一つは、正規の文書手続きを経ずに、宮中から直接官司に命令が出る場合で、とりわけ「内降人事」(唐代の「斜封」に相当する)が問題となった。この「内降人事」は章献明粛皇太后の垂簾聴政時期に盛んに行われ、皇太后の死後、「内降人事」の抑制を求める上奏がしばしば出されている(『長編』巻123、宝元二年五月己亥、同巻132、慶暦元年五月壬戌、同巻137、慶暦二年閏九月壬午、同巻171、皇祐三年十月甲午、同巻172、皇祐四年三月丁未、同巻178、至和二年二月甲辰、同巻184、嘉祐元年十月甲辰など)。一方、同じ垂簾聴政を行ったこの時期は、元祐元年閏二月、王巌叟が「内降(人事)」の杜絶を求める上奏を行い(『長編』巻368、元祐元年閏二月丁酉)、この提言はほぼ順守された。もう一つは、直接或いは意見を付けて文書を宰相・官司に下し、審議させる場合であり、例えば、諫議大夫王覿の左遷人事は次のような手順で進められた。王覿の上奏→内批(内降指揮)「王覿論列不當、落諫議大夫、與外任差遣、仍不得帶職」→宰執、簾前で意見を上奏→三省、聖旨をうける「差知潤州者。」→人事発令(『長編』巻411、元祐三年五月癸亥)。

第一章　宋代の言路　217

図14　内降

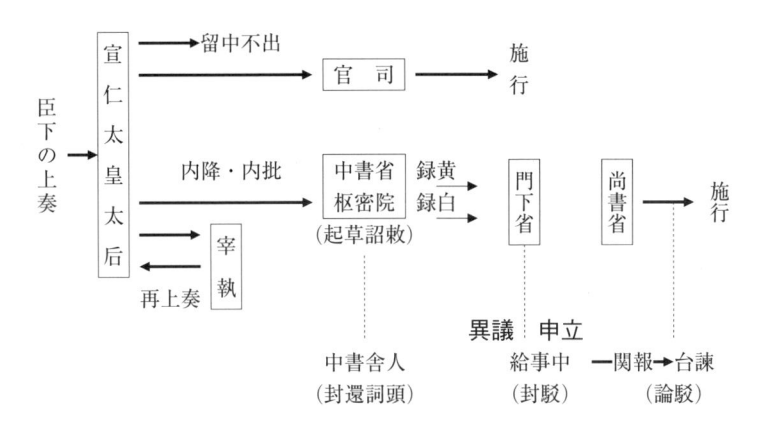

```
                        留中不出
              ┌──────────→ 官司 ──→ 施行
              │
臣下の上奏 → 宣仁太皇太后
              │  内降・内批              録黄
              ├──────────→ 中書省    録白        異議  申立
              │            枢密院  ──────→ 門下省 ──→ 尚書省 ──→ 施行
              │            (起草詔勅)
              │   宰執
              └←─────
                再上奏
                            中書舎人        給事中    ─関報→ 台諫
                            (封還詞頭)      (封駁)          (論駁)
```

力の強大さをも窺わせる。例えば，宣諭の作成において，

　舊錄云，元祐間，哲宗恭默聽政，簾幃處分，皆非宣仁所言，乃司馬光・呂公著・呂大防前爲供具節目，擬入宣諭之狀，陳衍謄寫，作榜目，以御侍小宮人執持，假口宣示，蓋政柄實出於姦人之言也。(『長編』巻368，元祐元年閏二月丙申所引注)

とある。前日に宰相が原稿を作成し，それを宦官が記録し，お側の者が宣示した。事実上，元祐時代の政治は宰相が掌握した，という旧録（大観実録）の見解がある。ただ，これは新法党の立場から述べられたものであり，割り引いて理解しなければならない。というのは，一方の新録（紹興実録）は宣仁太皇太后の業績を堯・舜になぞらえ高く評価するからである。また，ここに見える宦官陳衍は，太皇太后と宰相を繋ぐパイプ役としてしばしば宰相宅へ派遣され，かつ宰相呂大防との結託が後に問題とされ弾劾を受ける人物である。その弾劾理由に「陳衍，垂簾の時に，日ごとに掌記をなして政事を裁決し，太母ただこれを誦するのみ。」「太母彌留（重病）の際，また人事をさとらず，衍もなおあえて国事を以て聖断をうけず，およそ詔旨・用宝，皆衍これを専らにす。」（『長編』巻495，元符元年三月辛亥）と見え，両者の間に介在する宦官の存在にも留意すべきであるが，ここでは指摘に留めておく。

以上のように，垂簾聴政という特殊形態が取られた結果，太皇太后と常に接触しうる官僚——宰執と台諫が大きな発言権を持ち，更に宰執は諮問を受け，政策決定に関わるため，一層の力を持つ存在であったと位置付けられる。

　第二に台諫給舎の連係による言事機構が確立した。具体的には，元豊官制改革により，給事中・中書舎人を寄禄官より差遣（実職）化し，封駁官として位置付けた。これ以前には，中書舎人の職は知制誥が担当し，詔勅の起草とともに，封駁を行うこともあったが職掌としては定着していなかった[11]。一方，給事中の職は銀台司に属する封駁司が担当していたが，元豊末封駁司が廃止され，門下省に封駁房が設置されるに至り，給事中が封駁官として機能することとなった。ちなみに，それ以前の封駁司の仕事は，銀台司の職掌——天下の奏状・案牘の事目を抄録して進呈し，ならびに関係機関に付して検査させ，その違失を糾正する——の一端を受け持つ，事務的な側面の強いものであった。従って，この改革は唐の給事中の持っていた審査・異議申し立て機能の復活を狙ったものと見ることもできよう[12]。また，諫議大夫しか置かれていなかった諫官を増員し，さらに監察御史に「言事」，殿中侍御史に「察事」を兼任させた。これは元豊年間，「六察」の制導入により「監察」に重点の移った御史の任務を再び「言事」に重点を移したことを意味する[13]。そのほかに，元豊五年に廃止されていた「差除及び更改事件」について門下封駁官より台諫への関報を復活させ，さらに台諫に先次の上殿奏事を許した。以上は全て劉摯の提案に基づくものである。このような形で改革された，当時の言事機構を梁燾は次のように述べる。「朝廷の命令の出づる間に當を失することあれば，初は則ち（中書）舎人の繳納あり。中には則ち給事（中）の封駁あり。成命已に行われるに至り，公論以て然りと爲さざれば，諫官・御史乃ち之を論ず。」（『長編』巻401，元祐二年五月戊辰）。つまり，言事の役割を中書舎人，給事中，台諫がそれぞれの段階で担当し，政治を修正するというものである。

---

11)　礪波護『唐代政治社会史研究』（同朋舎，1986年）183-188頁。
12)　『宋会要』職官2，銀台司・門下封駁司の項。
13)　熊本崇「元豊の御史——宋神宗親政考——」（『集刊東洋学』63，1990年）。

第一章　宋代の言路　　　　　　　　　　　219

　第三に，この時代の宰相・台諫関係について，両者が結託して政治を牛耳ったとの批判がしばしば表れる。本来，台諫は宰相権力を抑制する存在であるが，王安石の執政時代に入ると，宰相による御史の抜擢，御史の「言事」に対する責罰の強化が行われ，宰相権力が高まったという（呂中『皇朝大事記講義』巻９，仁宗皇帝　台諫）。そして宰相と台諫との結合の風潮は元豊期において更に強まったようであり，元祐初，右諫議大夫梁燾が元豊末の宰相蔡確―御史中丞黃履―御史劉次莊の関係を「御史與宰相陰相交結以爲朋附，是亂天子之法也」（『長編』巻396，元祐二年三月乙丑）と批判した。更に元祐時代についても

（ａ）（紹興元年六月）侍御史來之邵言，（中略）後世，司馬光入持政柄，擢劉摯爲侍御史，王巖叟・朱光庭引在言路，結成黨羽，宰相自確而下，盡力排逐，先帝顧命大臣，去之略盡，而陛下孤立於上矣。先朝法度，次第廢革，先帝二十年積功累行，爲之一空矣。以先朝賞罰爲不中理，則悉聽訴理。劉摯罪無輕重，率從原減。由是先帝擢用之人，往往閑廢，而光之黨分布中外矣。（『太平治蹟統類』巻24）

（ｂ）（御史中丞鄭）雍言摯略云，摯久據要路，遍歷三省，始因言事得進，卽與其意合者共進退人。又云，摯爲執政，其下多引在要任，或爲兩省屬官，或在言路，摯所不悅，則舍人・給事繳駁，言路彈奏。（『長編』巻467，元祐六年十月癸酉）

（ｃ）（紹聖元年六月）左正言上官均言，近具箚子論奏，前宰相呂大防・蘇轍擅操國柄，不畏公議，引用柔邪之臣，如李之純擢爲御史中丞，楊畏・虞策・來之邵等皆任爲諫官・御史，是四人者傾險柔邪，嗜利無恥，其所彈擊者，皆受呂大防・蘇轍密諭或附會風旨以濟其欲。（『太平治蹟統類』巻24）

と見える。発言年次は前後しているが，（ａ）は元豊八年～元祐元年頃，（ｂ）は元豊八年～元祐六年頃，（ｃ）は元祐五～八年頃の政治状況を表しており，この三つの史料によりほぼ元祐時代の政治の流れをつかむことができる。（ａ）では元豊八年，司馬光が宰相として中央に復帰すると劉摯・王巖叟・朱光庭を台諫として登用し，新法党の弾圧，及び新法廃止を行ったこと，（ｂ）では劉摯が言官を足掛かりに要職を歴任し，その間，仲間を引き上げたこと，そして

執政となると，気に入らない人物を給事中・中書舎人——封駁，言路（台諫）——弾奏を利用して弾圧したこと，（ｃ）では元祐五～六年頃の宰相呂大防と御史中丞蘇轍の結託，及び六～八年頃の宰相呂大防—執政蘇轍—御史中丞李之純—台諫楊畏・虞策・来之邵の結託による政治の壟断が指摘される。ただ，これらは元祐党人に対する弾劾文の一節であり，事実としてそのまま受け取ることはできない。詳細は次節で検討することとする。

さて，このような状況が一般化した背景には，次の理由が考えられる。（一）少なくとも，仁宗時代までは問題とされた宰相と台諫間の「避嫌」が，この時代には軽視されるようになったこと——「挙主」—「被挙主」関係は全く問題とされず，「親嫌（姻戚関係に基づく嫌疑）」も時折問題となるものの，実際は太皇太后を始めとして大臣達はさほど顧慮しなかった。例えば御史中丞傅堯兪は宰相韓縝と姻戚関係にあったものの，「避嫌」を行わなかった（『長編』巻445）。（二）台官—諫官間の昇進コースが出来上がり，これに中書舎人・給事中のポストが絡むこともあった。即ち一人の官僚が，言路（台諫給舎）の官を経験することが広く行われたのである。そのような官僚が多数出現するとともに，台官・諫官間の意思の統一化，グループ化の傾向が見られた。この一因に台諫の上殿奏事を二人以上で行うことを義務付けたことがあげられる。実際，『長編』にはこれ以前にあまり見られない，台諫が連名上奏を行うケースが数多く見られる。（三）御史の推薦権を主に御史中丞・侍御史が握り，また御史中丞出身の宰執が劉摯・胡宗愈・傅堯兪・王巖叟・蘇轍・梁燾・鄭雍と七人も出たため，宰相—台諫人脈ができやすかった。

以上，三つの特徴を概観することによって，宰相・言路の官を政治の二極とし両者の結合を軸として展開された元祐時代の政治構造がほぼ明らかとなった。ただ，第三の特徴のようにイメージに留まっている部分もあり，更に具体的な事実関係の検討が必要である。そこで，次章では司馬光に政治の推進者として抜擢され，元祐政治の核となった集団，即ち劉摯を中心に言路官として活躍した集団を考察の対象に選び，その活動を通して元祐政治の具体像を探ることとする。

二，元祐政治の推進者——劉摯集団

　まず，劉摯を中心とした政治勢力の具体像を探ってみよう。その際，「朔党」という概念はここでは用いず，『長編』中に見える「劉摯党人」という言葉を手掛かりとする。なお，この「劉摯党人」という表現は劉摯の失脚とともに，彼と関係の深かった人々を弾劾する際に用いられた言葉であり，劉摯を中心とした政治勢力と必ずしも同一ではない。検討は後に行うとして，実際に「劉摯党人」の用例をあげると，

① （元祐六年十月癸酉，御史中丞鄭雍）又具摯党人姓名，王巌叟・劉安世・韓川・朱光庭・趙君錫・梁燾・孫升・王覿・曾肇・賈易・楊康國・安鼎・張舜民・田子諒・葉伸・趙挺之・盛陶・龔原・劉槩・楊國寶・杜純・杜紘・詹適・孫諤・朱京・馬傳慶・錢世雄・孫路・王子韶・吳立禮，凡三十人。
（『長編』巻467）

② （韓）治又言（文）及甫供通朋類稱，葉濤・孫諤，南京人。詹適・孫升・龔原，皆劉摯黨人，二蘇・范祖禹等，非劉摯黨，自是姦黨。（『長編』巻498，元符元年五月辛亥所引注）

①②合わせて三十一名の名前が上がる。次に，これらの人物を（一）出身地域，（二）劉摯との個人的関係，（三）官歴，の三点から考察する。

（一）出身地域

　「朔党」からイメージされる河北人——劉摯（河北東路永静軍東光人），王巌叟（大名府清平人），劉安世（大名人），楊康国（魏人）——がかなり多いが，その一方，河南人——朱光庭（河南偃師人），張君錫（洛陽人），盛陶（鄭州人），楊国宝（鄭州官城県人），孫路（開封人），陝西人——韓川（陝人），張舜民（永興軍路邠州人），呉立礼（永興人），山東人——梁燾（京東西路鄆州須城人），趙挺之（京東東路密州諸城県人），山西人——王子韶（太原人）と広く北方の人が加わっていることに気付く。また，少なからず南方の人——王覿（淮南東路泰州如皐人），孫升

(淮南東路楊州高郵人),曾肇(江南西路建昌軍南豊人),龔原(両浙路処州遂昌人),賈易(淮南西路無為軍無為県),朱京(南豊人),錢世雄(両浙路常州晉陵人),葉濤(両浙路処州龍泉人)も見える。ここで興味深いのは,「洛蜀党議」に登場する「洛党」中の人物(賈易,朱光庭,趙君錫)が「劉摯党人」に加わっていることである。このような「洛党」と「朔党」との混同はここに限ったことではなく,例えば,

① (元祐七年四月) 禮部侍郎兼侍講范祖禹言,(中略) 蓋當時臺諫官王巖叟・朱光庭・賈易,皆素推服頤之經行,故不知者,指爲頤黨。(『長編』巻472)
② (元祐八年三月己丑) 監察御史黃慶基言,(中略) 前日陛下罷黜劉摯・王巖叟・朱光庭・孫升・韓川輩,而後洛黨稍衰。(『長編』巻482)

と見える。①は范祖禹が「王巖叟・朱光庭・賈易が(程)頤の経行に心服していたのを,事情を知らない者が(彼らを程)頤の党と見なした」と述べた例,②は黃慶基が「劉摯・王巖叟・朱光庭・孫升・韓川等が罷免された後,洛党が衰えた」と述べた例である。このような例以外にも,『宋史紀事本末』巻10,「洛蜀党議」の事例を検討すると,「洛党」と「朔党」が同一歩調を取っている例がまま見られる。むしろ「劉摯党人」の像を探る際には「洛党」「朔党」と称される集団の緊密性にも目を向ける必要があろう。

(二) 劉摯との個人的関係

「劉摯党人」中には,新法党側の人物が少なからず含まれている。例えば,王子韶・盛陶・龔原・葉濤・楊国宝・趙挺之などであり,彼らは劉摯との個人的な関係より入れられた者と思われる。例えば,盛陶は劉摯と同年進士合格,龔原は「摯與彭(汝礪)・龔(原)・孫(樸)尤相善者。」(『長編』巻453,元祐五年十二月戊申)と述べられる。これらはさておき,他の人物中では梁燾・王巖叟との親密な関係が浮かび上がる。これは,劉摯自身が彼らのことを「臣與(傅)堯兪・(梁)燾・(王)巖叟布衣相識,備知其所存,決可保其不負朝廷任使。」(『長編』巻406,元祐二年十月癸卯)と,旧くからの知り合いであり,かつ推薦に値する人物であると述べている点,更に劉摯が王巖叟の母,梁燾の父の墓誌銘

を書いている点[14]などから窺える。その他では，劉摯が彼の父の墓誌銘を書いている楊康国[15]，劉摯の姻家である田子諒[16]，故吏であった葉伸[17]などが目に付く。また，劉摯が推薦，あるいは引き立てた人物として韓川・孫升・王覿・趙君錫・賈易・張舜民などの名が上がる。しかし，全般的には劉摯との個人的関係では覆いきれない。例えば，劉安世・賈易・朱光庭・張舜民について劉摯は旧知の間柄ではないと述べる（『長編』巻406，元祐二年十月癸卯，同巻446，元祐五年八月癸卯）。むしろ彼と親密な関係にあった，王巌叟・梁燾をも含めた同僚関係が重要なつながりとして浮かび上がる。詳しくは次節で触れるが，例えば劉摯の侍御史→御史中丞時代（元豊八年九月→元祐元年十一月）には，部下に王巌叟・孫升・韓川がおり，同じ言路の官，即ち諫官には朱光庭・王巌叟・王覿がいた。一方，王巌叟の侍御史在任中（元祐元年九月〜二年五月）には，その部下に孫升・韓川が，諫官には梁燾・王覿・朱光庭がいた。また，梁燾の御史中丞在任時（元祐四年十月〜五年五月）には，配下に賈易・孫升・楊康国，諫官には劉安世・朱光庭がいた（表6　元祐台諫表参照）。このように言路の官として共に行動したことが，後に「劉摯党人」のイメージを作りあげた主因ではないかと推察される。そこで，次に，元祐年間の言路の官としての官歴を確認しておく（途中の官歴は省略）。

(三) 官歴

(一)　　劉摯　　侍御史→御史中丞
(二)　　王巌叟　監察御史→左司諫兼権給事中→侍御史→起居舎人兼権中書舎人→中書舎人
(三)　　劉安世　右正言→左司諫兼権給事中→左諫議大夫→中書舎人

---

14)　「兵部員外郎直史館梁公（梁燾の父）墓誌銘」「仁寿趙夫人（王巌叟の母）墓誌銘」（『忠粛集』巻13，14）。なお，梁燾は王巌叟の妻父にあたる（『長編』巻415，元祐三年十月己丑）。
15)　「贈朝請郎楊君墓誌銘」（『忠粛集』巻13）。
16)　『長編』巻445，元祐五年七月辛未参照。
17)　『長編』巻456，元祐六年三月丁亥参照。

表6　元祐台諫表（○は右、▲は左、（例）左正言▲）

	諫議大夫	司諫	正言	御史中丞	侍御史	殿中侍御史	監察御史
元豊八年 (1085)	○孫覺(7-) ▲范純仁(10-辞)	○襲序辰(-6) ▲唐淑問(10-) ○蘇轍(10-)	▲朱光庭(10-)	黄履(6年6-)	劉摯(9-)	黄降(5-12) 劉次荘(-4)	黄降(5年1-5) 安惇(6年8-12) 劉拯(6年8-12) 陳次升(7年?-) 邵材(7年11-) 孫升(-4) 王嚴叟(6-)
元祐元年 (1086)	○孫覺(-3) ▲鮮于侁(9-) ○梁燾(9)	▲王嚴叟(2-9) ○蘇轍(-9) ▲朱光庭(9) ○王覿(9) ▲唐淑問(-2)	▲朱光庭(-9)	黄履(-2) 劉摯(2-11) 傅堯兪(11)	劉摯(-2) 王嚴叟(9)	劉次荘(-閏2) 呂陶(閏2) 林旦(3-10) 孫升(10)	王嚴叟(-2) 邵材(-閏2) 上官均(3) 韓川(3) 陳次升(-9) 孫升(-10)
元祐二年 (1087)	▲鮮于侁(-3) ○梁燾(-5) ▲孔文仲(5-11)	▲朱光庭(-5) ○呂陶(-5) ▲呂陶(5-7) ○賈易(5-8) ▲韓川(8) ○豊稷(12)	○丁隲(6)	傅堯兪(-5) 胡宗愈(5)	王嚴叟(-5) 杜純(5-7) 王覿(7)	呂陶(-5) 孫升(-5) 韓川(5-8) 上官均(5-8) 豊稷(9-12)	張舜民(1-4) 韓川(-5) 上官均(-5) 趙挺之(6) 方衡(6-?) 諸圯(6) 楊康国(12)
元祐三年 (1088)	○王覿(4-5) ○王汾(閏12-辞)	○豊稷(-1) ▲韓川	○丁隲(-2) ▲丁隲(2-3) ○劉安世(2)	孫覺(3-9) 胡宗愈(-5) 李常(9)	王覿(-4) 盛陶(4)	翟思(5)	趙圯(1-3) 王彭年(8) 楊康国(-9) 趙挺之

第一章　宋代の言路

元祐四年(1089)	▲梁燾(2-10) ▲范祖禹(5-10) ○朱光庭(10-) ▲劉安世(10-)		○劉安世(-6) ○司馬康(10-辞)	李常(-5) 傅堯兪(5-10) 梁燾(10-)	盛陶(-5) 朱光庭(5-10) 韓川(10-辞)	翟思(-5) 賈易(-5) 孫升(-5)	王彭年(-5) 趙挺之(-5)
元祐五年(1090)	▲司馬康(6-不拝) ▲楊康國(9-)		○劉唐老(-5)	梁燾(-5) 蘇轍(5-)	孫升(-3)	孫升(-3) 張雍民(5-辞) 楊康国(6-9) 上官均(6-12) 賈易(-7) 田子諒(7-罷) 岑象求(9-)	楊畏(3-辞) 楊康国(-6) 裴綸(9-辞) 徐君平(10-) 虞策(10-)
元祐六年(1091)	▲鄭雍(3-8)	▲楊康国(-3)	○劉唐老(-3) ○姚勔(3-8) ▲姚勔(8-) ○虞策(8-)	蘇轍(-2) 趙堯錫(2-8) 鄭雍(8-)	孫升(-1) 賈易(-8)	岑象求(-3) 葉伸(3-辞) 楊畏(5-) 呉立礼(10-)	徐君平(-3) 安鼎(3-11) 虞策(-8) 董敦逸(-11) 黄慶基(-11)
元祐七年(1092)		▲虞策(6-)	▲姚勔(-6) ○虞策(-6)	鄭雍(-6) 李之純(6-)	楊畏(-6)	楊畏(-6) 呉立礼(-12卒)	童敦逸 黄慶基 来之邵(10-)
元祐八年(1093)		▲虞策	○朱勃(3-)	李之純	楊畏(-10)	来之邵(6-)	童敦逸(-5) 黄慶基(-5) 来之邵(-6)
紹聖元年(1094)		▲翟思(4-10) ▲張商英(10-) ▲虞策	○朱勃 ○張商英(4-10) ▲上官均(4-) ○劉拯(10-)	李之純(-閏4) 黄裳(閏4-) 井亮采	来之邵(4-?) 翟思(10-)	来之邵(-4) 郭知章(閏4-)	周秩(4-6) 劉拯(4-10) 郭知章(閏4-) 常安民(10-)

第三部　宋代の政治システム

表7　給事中・中書舎人表

		給事中	中書舎人
元豊8年	1085	陸佃（5年6月-12） 蔡卞（7年10-12） 范純仁（12-） 王震（12-）	楊景略（7年10-7） 范百祿（8-） 王震（6年10-12） 邢恕（12-罷） 胡宗愈（12-）
元祐元年	1086	范純仁（-閏2） 王震（-？ 孫覺（閏2-7） 傅堯兪（閏2-3） 胡宗愈（3-11） 錢勰（9-12） 顧臨（11-）	胡宗愈（-3） 蘇軾（3-9） 錢勰（7年11-9） 林希（9-罷） 蘇轍（11-） 曾肇（11-） 劉攽（11-）
元祐2年	1087	顧臨（-4） 顧臨（11-） 張問（2-8） 趙君錫（6-）	蘇轍（-11） 曾肇（-） 劉攽（-） 孔文仲（11-）
元祐3年	1088	顧臨（-9） 趙君錫（-）	曾肇（-） 劉攽（-） 孔文仲（11-3卒） 彭汝礪（4-）
元祐4年	1089	趙君錫（-8） 曾肇（5-辞） 鄭穆（11-） 范祖禹（10-）	曾肇（-5） 劉攽（-3卒） 彭汝礪（-5） 范祖禹（3-辞） 鄭雍（5-） 顏復（8-） 王巖叟（11-）
元祐5年	1090	鄭穆（-5） 范祖禹（-） 朱光庭（-） 范純礼（9-）	鄭雍（-） 顏復（-6卒） 王巖叟（-5） 梁燾（5-辞退） 劉安世（5-辞退） 韓川（5-）
元祐6年	1091	范祖禹（-9） 朱光庭（-11） 范純礼（-1） 黃廉（11-）	鄭雍（-3） 韓川（-9） 劉安世（1-転任） 孫升（7-）

第一章　宋代の言路　　　　　　　　227

		王欽臣（11-罷）	陳軒（11-）
			孔武仲（11-）
元祐7年　1091	黄廉（-5卒）	孫升（-6）
		陳軒（-）
		孔武仲（-）
		喬執中（10-）
元祐8年　1093	范育（1-3）	陳軒（-4）
	喬執中（4-？）	孔武仲（-3）
	孔武仲（3-4）	喬執中（-4）
		姚勔（6-？）
		呂陶（6-？）
紹聖元年　1094		呂希純（-4）
		蔡卞

　※表には掲示しなかったが，給事中・中書舎人が欠員の時，他官が権官として兼任する場合がある。例えば，王巖叟は元祐四年五月，中書舎人が欠員であったため，起居舎人権中書舎人として蔡確の責詞の詔勅の起草を命じられた（『長編』巻427，元祐四年五月辛巳）。この外，王巖叟―左司諫兼権給事中，顔復―権中書舎人，劉安世―左司諫兼権給事中，梁燾―左諫議大夫兼権給事中，豊稷―権中書舎人，孔武仲―中書舎人兼権給事中，孫升―権中書舎人，姚勔―起居郎兼給事中，呉安詩―権中書舎人などの例がある。

- （四）　韓川　　監察御史→殿中侍御史→左司諫→侍御史→中書舎人
- （五）　朱光庭　左正言→左司諫→侍御史→右諫議大夫→給事中
- （六）　趙君錫　給事中→御史中丞
- （七）　梁燾　　右諫議大夫→左諫議大夫兼権給事中→御史中丞→中書舎人（辞退）
- （八）　孫升　　監察御史→殿中侍御史→侍御史→権中書舎人→中書舎人
- （九）　王覿　　右司諫→侍御史→右諫議大夫
- （一〇）曾肇　　中書舎人→（外任）→中書舎人
- （一一）賈易　　右司諫→殿中侍御史→侍御史
- （一二）楊康国　監察御史→殿中侍御史→左司諫
- （一三）安鼎　　監察御史
- （一四）張舜民　監察御史→殿中侍御史（辞退）
- （一五）趙挺之　監察御史

(一六) 杜純　　侍御史

三十一名のうち十六名までが言路の官，とりわけ台諫経験者であったことが確認できた。更に政治的に異なる立場の者を除けば，劉摯集団の過半数が言路の官経験者であったといえる。とりわけ（二）の王巖叟（七）の梁燾などは言路（台諫給舎）の官を全て歴任している。また「劉摯党人」以外にも呂陶・蘇轍・鄭雍・胡宗愈・傅堯俞・虞策・上官均など台官―諫官経験者は数多く見られ，この時代の出世コースとなっていたと思われる。

　かくして，劉摯集団を言路の官を中心に形成された政治勢力とする見方が確実なものとなった。そこで，次にこの集団の形成から衰退までの過程を通して元祐時代の政治史を跡づけてみることとする。その考察に先立ち，元祐六年十一月，劉摯が宰相を罷免された直後，翰林学士梁燾が元祐時代の政治について回顧している言葉を紹介しておく。これは，劉摯集団の政治史そのものでもある。彼は，元祐の初めから三・四年間は，陛下が邪人を排し，正人をよく用いたが，次第に邪人が内外に増加していった。それも，初めは内―正人，外―邪人であったが，次には邪人が中央に入り込み正人・邪人が併用されるようになり，更に邪人が多くなり正人を圧倒するようになったと述べる（『長編』巻468，元祐六年十二月辛巳）。この表現及び表6・7を参考にして，次のように時期区分を試みる。Ⅰ．劉摯集団の形成～全盛期①（元豊八年三月～元祐二年五月）――劉摯・王巖叟を中心とする言論政治，Ⅱ．全盛期②（元祐三年二月～五年五月）――劉安世・梁燾を中心とする言論政治，Ⅲ．劉摯集団の衰退～新法党の復活（元祐五年六月～紹聖元年三月）の三期に分け，それぞれの時期を概観する。

Ⅰ．劉摯集団の形成～全盛期①（元豊八年三月～元祐二年五月）

　神宗が元豊八年三月に崩御すると，哲宗が即位した。哲宗は十歳という幼少なため，宣仁太皇太后による垂簾聴政が行われた。先ず，神宗時代，新法反対の立場を取り外任にあった司馬光・呂公著が宰相として呼び戻された。次に，太皇太后の命に基づき，司馬光・呂公著による人材登用が行われた。この経緯を確認すると，まず呂公著が，言官登用の必要性を述べ，具体的に孫覚（諫議

大夫あるいは給事中),范純仁(諫議大夫あるいは戸部右曹侍郎),李常(御史中丞),劉摯(侍御史),蘇轍・王巖叟(諫官あるいは言事御史として)を推薦した(『長編』巻357,元豊八年六月戊子)。この上奏の目的が言官登用にあったことはそれに先立つ上奏(『長編』巻357,元豊八年六月癸未)や,孫覚以下の推薦官職からも確認される。また,范純仁の項には「青苗・免役・市易等の法を議せしむ」とあり,新法反対の担い手として期待されたことは言うまでもない。次いで,この呂公著の箚子は太皇太后が封して司馬光に下し,更に登用すべき人材を推薦させた。司馬光は普段より熟知し,節操堅固で台諫・侍講・侍読官として任用すべき人物として劉摯・趙彦若・傅堯俞・范純仁・唐淑問・范祖禹を,個人的にはよく知らないが,行義・文学において人々に推服されている人物として呂大防・王存・李常・孫覚・胡宗愈・韓宗道・梁燾・趙君錫・王巖叟・晏知止・范純礼・蘇軾・蘇轍・朱光庭を推薦した。これらの人物はすぐさま,

　　七月　范純礼→戸部郎中　孫覚→右諫議大夫
　　九月　梁燾→吏部郎中　劉摯→侍御史　蘇軾→礼部郎中

と抜擢される。このような宰相の人事への介入は,元祐以後顕著となり,「堂除差遣(中書任命人事)」の拡大という形で現れる。この傾向を示す例として,元豊八年十月に行われた諫官人事を取り上げてみよう(『長編』巻360,元豊八年十月丁丑)。経緯は以下の通りである。

　大臣からの推薦を受け,太皇太后より,范純仁を左諫議大夫,唐淑問を左司諫,朱光庭を左正言,蘇轍を右司諫,范祖禹を右正言とする中旨が下された。三省・枢密院が進呈する段となり,太皇太后は五人の人物について執政に下問した。皆賛意を表明したが,章惇は次のように反対した。即ち,第一に本来,両制以上に推薦させ,宰相が進擬することになっている諫官人事が,(宮)中から中旨という形式を採って行われたこと,第二に宰相の密薦に基づいた点である。更に,呂公著と范祖禹,韓縝・司馬光と范純仁との親嫌の問題が表面化した。章惇はこの点をつき,「台諫は執政の不法を取り締まる官である。故事では執政に初めて任ぜられたとき,親戚及び執政に推挙された人物が台諫であれば,全て他官に移すこととなっている。」と批判した。その結果,唐淑問・

朱光庭・蘇轍の叙任は中旨の通り，范純仁は天章閣侍制，范祖禹は著作左郎とする裁断が下り，なおかつ章惇の上言に基づき，尚書侍郎・給舎・諫議・中丞・待制以上に各々諫官二員を推挙させる詔が下された。

ここで注目すべきは，本来宰相の批判勢力となるべき諫官が，大臣（呂公著・司馬光等）の推薦→太皇太后の中旨という形で内々に進められたこと，及び宰執と台諫との親嫌が章惇以外には特に顧慮されなかったことである。むしろ，この時期，宰執と台諫との一致協力した政治こそが望まれていたといえるかもしれない。ちなみにこの人事について隆興二年（1164），晁公武は，「この台官人事（実際は諫官人事）の論点は，宰相―台官間の挙主・被挙人関係を認めないとする慶暦（四年）の詔と，認めるとする嘉祐四年の詔の選択にあったのであり，司馬光・呂公著は後者の立場を，章惇は前者の立場を取った」と評した（『宋会要』職官17-21）。ここで，第一節で紹介した呂中の，王安石執政時代に入って宰相と御史との結合が強まったという指摘が思い返される。この変化をも踏まえるならば，慶暦四年詔→嘉祐四年詔→王安石執政期→元祐旧法党時代と段階的に宰相―台諫の結合が強まっていったこととなる（※なお，慶暦・嘉祐詔は『長編』巻151，慶暦四年八月戊午，ならびに『宋会要』職官17-21に見える）。

このような宰相の意向を反映した台諫人事が進められる一方，侍御史に就任した劉挚を中心に言事機構を確立する制度改革が進められていった。元豊八年十月には，劉挚の提言に基づき，諫議大夫一員しか置かれていなかった諫官を『大唐六典』に基づき増員し（『長編』巻359，元豊八年九月己酉，同巻360，同年十月癸酉），更に呂公著・劉挚の意見を取り入れ，監察御史に「言事」，殿中侍御史に「察事」を兼任させる詔が出された（『長編』巻360，元豊八年十月丁丑）。とりわけ，呂公著の提言（『長編』巻357，元豊八年六月癸未）は「察案」の廃止，並びに言事御史のみを置くことを主張しており，元豊時代の「察事」に傾いた御史のあり方を改め，諫官と共に「言事」に重点を置く政治を目指したものである。更に十二月には，劉挚は台諫に対する「先次」の上殿奏事の許可を求めている（『長編』巻363，元豊八年十二月己丑）。即ち，五日に一度実施される常朝起居の後，「便殿」に下がって行われる「転対」（中央の高級官僚，並びに外任に

出る地方官より選んで一～二人上殿奏事を許す制度）の機会以外に自由に発言できるよう求めたのである。なお，この請願は先の劉安世・蘇轍の上言を見る限り，許可されたようである。ただ，その上殿奏事のやり方は王巖叟の言によれば旧来一人で行えた（『長編』巻365，元祐元年二月壬戌）ものが，各々諫官（同省・別省を限らず），台官（御史中丞・侍御史・殿中侍御史・監察御史より）二人で行うことが義務づけられた（『長編』巻367，元祐元年二月丁亥）。その結果，呂陶が指摘する，事前に意見の統一をはかり上奏を行う，台諫のグループ化を進めることとなった（『長編』巻400，元祐二年五月己未）。

また，元祐元年三月，劉摯の度重なる上奏の結果，元豊五年に廃止された，「あらゆる差除並びに更改事件」（人事及び制度改革）について，直ちに門下封駁官より御史台及び諫官の所属する門下・中書後省諫官案に闗報する制度が復活した（『長編』巻372，元祐元年三月乙亥）。つまり，中書によって政策が決定し，詔勅が起草されて門下省に回ってくると，封駁官（給事中）より，その内容が台諫へ知らされるシステムとなった。要するに台諫は，尚書省に送られ施行される以前に詔勅の内容を知ることができるようになったのである。また，諫官は，封駁の任務とともに詔勅作成にも関わる中書舎人・給事中との接触が許されていた。これは，後に行政府側から両者を断絶させる試みがなされるが，侍御史王巖叟・右司諫王覿・諫官朱光庭・鮮于侁などの反対により実施されなかった（『長編』巻392，元祐元年十一月己卯）。

そのような努力の結果，それぞれの文書手続きの段階において，中書舎人・給事中・台諫が連係を取りつつ，異議申し立てを行う「言事」機構が確立することとなったのである（図14参照）。

そして，この制度を背景に，劉摯を中心とする勢力が次第に確立していく。先ず，御史台においては元豊年間に勢力を張り，元祐初まで御史中丞であった，黄履人脈が払拭されていった。元豊八年十二月，侍御史劉摯の手によって言事官の定員（六人）を二人超過しているとの理由で監察御史劉拯・安惇が別の任に移された。この時，黄履は察官（監察御史）六人のうち，劉拯以外の五人は自分の推薦によるものであると述べている（『長編』巻362，元豊八年十二月甲戌）。

続いて同月,長年黄履のもと台官を勤めてきた,殿中侍御史黄降がやめ(『長編』巻363,元豊八年十二月乙酉),そして元祐元年二月,御史中丞黄履が罷免され,侍御史劉摯が昇進した(『長編』巻365,元祐元年二月辛未)。更に劉摯は詔によって二人の監察御史の推薦を命じられているが(『長編』巻366,元祐元年二月辛巳),この二人とは三月に任に着いた上官均・韓川である。また,閏二月,三月,十月にそれぞれ殿中侍御史となった呂陶・林旦・孫升の人事も劉摯が進めたものである。このように,御史の顔触れは推薦権を有する御史中丞・侍御史の交代により一変するのである。一方,ほぼ同時期の諫官には司馬光・呂公著の推薦を受けた孫覚・王巌叟・唐淑問・朱光庭・梁燾・王覿などが就任している。已に述べたように劉摯と王巌叟・梁燾とは極めて近い関係にあった。従って,この時期の台諫は司馬光・劉摯人脈によって固められており,彼らは司馬光・呂公著という太皇太后の信任の厚い元老と歩調を合わせつつ,元祐政治を担っていくこととなるのである。その政治の特色とは,第一に新法の廃止であり,第二に新法党人脈の弾劾であった。

　前者について見れば,司馬光が主唱しそれを劉摯・王巌叟を中心とする言官達が助けるという形で実施されていく。ほぼ司馬光存命中に,市易法,免役法,免行法,青苗法,保甲法,保馬法,倉法とあらかたの新法が廃止された。司馬光の主唱者としての役割はさておき,劉摯・王巌叟・孫升・王覿等の新法反対の上奏がしばしば見え,彼ら言官は一定程度の役割を果たしたと思われる。例えば,差役法復活における司馬光の議論は矛盾だらけであり,その点を厳しく章惇に批判されると,それを繕う修正意見を右司諫蘇轍・監察御史孫升・右正言王覿・御史中丞劉摯などが行っている(『長編』巻366,元祐元年二月乙亥,同巻367,元祐元年二月丁亥)。

　更に,とりわけこの動きを象徴的に表すのが青苗法廃止の経緯である。元祐元年閏二月八日,青苗法を廃止し,常平倉法を復活させる詔が出された。ところが,四月二十六日には三省から再び青苗法を復活させる上奏が出され裁可された(『長編』巻376,元祐元年四月乙卯)。この主唱者については不確かではあるが,『長編』の著者李燾の推測に基づき,范純仁としておく(『長編』巻384,元

祐元年八月辛卯)。なお,この目的は青苗銭回収による国家財政の補塡にあったという。これに対し,四月〜八月にかけて言官達は繰り返し反対の上奏を行っている。確認できる範囲で名前を列挙すれば,左司諫王巌叟,御史中丞劉摯,監察御史上官均,右司諫蘇轍,左正言朱光庭,右正言王覿などである。これらの上奏は,蘇轍の言葉によれば内廷に留め置かれ(「留中不出」)三省に付して議論されることはなかったという(『長編』巻383,元祐元年七月己卯)。この状況を大きく変えたのは暫時休暇を取っていた司馬光が政界に復帰し,青苗法議論に加わったことだった。彼は最初,三省よりの立場を取っていたが,言官達の意見を次第に取り入れ,八月六日常平旧法への復活を上言し,青苗法の廃止が決定した(『長編』巻384,元祐元年八月辛卯)。司馬光の死のわずか一月前の出来事であった。

　後者について見れば,この時期は劉摯(侍御史→御史中丞),王巌叟(監察御史→左司諫→侍御史)を中心とする言路の官による新法党人脈の弾劾が行われた。彼らの念頭に上がったのは,左正言朱光庭が三姦として指摘した蔡確・章惇・韓縝や(『長編』巻368,元祐元年閏二月己丑朔),左司諫王巌叟が列挙した大姦—蔡確・章惇,次(姦)—韓縝・張璪・李清臣・安燾といった人物であった(『長編』巻370,元祐元年閏二月辛亥)。先ず,元祐元年閏二月,守尚書左僕射兼門下侍郎蔡確が侍御史劉摯・右諫議大夫孫覚・右司諫蘇轍・左正言朱光庭より度重なる弾劾を受け,外任に出された(『長編』巻368,元祐元年閏二月庚寅)。続いて,同月,知枢密院事章惇が御史中丞劉摯・左司諫王巌叟・右司諫蘇轍・右正言王覿の弾劾を受け(『長編』巻370,元祐元年閏二月辛亥),また,四月には尚書右僕射兼中書侍郎韓縝が孫覚・蘇轍・朱光庭・王覿等の弾劾を受け,罷免された(『長編』巻374,元祐元年四月己丑)。更に,九月中書侍郎張璪が蘇轍・王巌叟・劉摯・王覿等の弾劾を受け(『長編』巻388,元祐元年九月己卯),二年四月には守尚書左丞李清臣が御史中丞傅堯兪・侍御史王巌叟・右諫議大夫梁燾等の弾劾を受け罷免された(『長編』巻399,元祐二年四月戊申)。このほか,呂嘉問(監察御史孫升の弾劾——『長編』巻364,元祐元年正月辛丑),戸部尚書曾布(御史中丞劉摯——『長編』巻369,元祐元年閏二月庚戌),前御史中丞鄧綰(監察御史林旦——『長

編』巻375,元祐元年四月乙巳),張誠一・李定(左司諫王巖叟・殿中侍御史呂陶・御史中丞劉摯等——『長編』巻376,元祐元年四月癸丑),刑部侍郎崔台符(殿中侍御史林旦——『長編』巻379,元祐元年六月己亥,庚子),呂恵卿(諫官王巖叟等四人——『長編』巻380,元祐元年六月辛亥)ら多くの新法党の人々が弾劾,罷免されている。このように一見順調に行われたかに見える新法党弾劾であるが,実際は多大な労力と根気を要するものであり,また,言路の官と執政側とでは弾劾に対して微妙な対応の差異を見せる。そこで,具体例として元祐元年の同知枢密院安燾の知枢密院昇任人事を巡る動きを『長編』の記事をもとに再現してみよう。

閏二月二十二日,左司諫王巖叟が権給事中を兼任することとなった。二十五日,「安燾除知枢密院勅」が出されると,権給事中王巖叟は封駁を行った。二十六日,王巖叟が再度封駁すると,「給事中に書読せしめず,直ちに門下侍郎のところより,尚書省に過送して施行せしめる」命令が出された。二十七日,右司諫蘇轍・右諫議大夫孫覚・御史中丞劉摯が,王巖叟を支持する上奏を行い,更に劉摯は殿中侍御史孫升とともに給事中の封駁官としての職権の護持を主張し,二十六日の命令の撤回を求めた。二十八日,左司諫王巖叟・右正言朱光庭が進対すると,太皇太后はこの人事を認めるよう諭した。二人は一旦退き,再び反対の上奏を行った。二十九日,安燾は新命を辞する意見を述べたが,翰林学士院より詔を下して許さなかった。更に勅黄が王巖叟に付され,書読を命じられたが,王巖叟は勅黄を封還した。この後,三月二日には左司諫王巖叟・右司諫蘇轍が,三日には御史中丞劉摯が,五・六日には左司諫王巖叟が,七・九日には御史中丞劉摯・殿中侍御史呂陶・孫升が連名で,十一日には御史中丞劉摯が,十四日には殿中侍御史呂陶・右諫議大夫孫覚・右司諫王觀が反対意見を表明した。そして,同日,門下侍郎呂公著が「言官が盛んに批判を行い,安燾自身も新命を固辞しているのでそれに従ってはいかがですか。」と述べると,中札で「知院官を置かずに,二人が同知院となる故事はあるか。」と諮問を受けた。呂公著が故事をもって答えると,十五日,安燾を旧来通りの同知枢密院事とする詔が出された。

この人事のやり取りには,先に紹介した言路の官の異議申し立ての方法,並

第一章　宋代の言路　　　　　　　　　　　　　　　235

びに言路の官のグループ化した行動が明瞭に見える。また，人事決定においては，度重なる言路の官の上奏よりも，太皇太后による宰相への諮問，答申，決定と宰相の発言が大きな影響を与えている様子も窺える。

　更に，このように執拗な言路の官の異議申し立ての行動は，太皇太后・宰執側に嫌悪感を次第に懐かせるようになり，六月には「反側（反対勢力）を慰める」という名目によって，「應今日前有渉此事狀者，一切不問，<u>言者勿復彈劾，有司毋得施行</u>」という内容の詔が出されることとなる（『長編』巻381，元祐元年六月甲寅）。なお，傍線部分に関しては給事中胡宗愈の上奏により削除された（『長編』巻382，元祐元年七月丙寅）。

　そして，宰執と言路の官との対立は二年四月の張舜民事件によって表面化する。この事件の経緯は以下の通りである。張舜民は邠州（陝西路）の人で，王安石執政時代に新法反対の上言をした人物として知られていた。哲宗が即位すると，元祐元年十二月，司馬光の推挙により秘閣校理となり（『長編』巻380，元祐元年六月辛丑，同巻393，元祐元年十二月庚寅），二年正月，御史府（傅堯兪，王巖叟）の推薦を受け監察御史となった。四月，西夏問題に関連して，劉奉世の封冊使任命が文彦博の引き立てによるものと批判したが，事実無根であることが明らかとなり言職を解かれた（『長編』巻399，元祐二年四月甲辰）。この罷免を巡り，言路の官がこぞって罷免撤回を求める行動に出た。確認できる範囲では，御史中丞傅堯兪・侍御史王巖叟・殿中侍御史孫升・監察御史上官均・韓川・右諫議大夫梁燾・左司諫朱光庭・右司諫王覿の名が挙がる。中でも，傅堯兪九奏，王巖叟八奏，梁燾七奏とあり，この三人が批判の中心であった。彼らの反対の理由は仲間を擁護するとともに「風聞言事」（噂を聞いて批判する）の権限を保持することにあった。なお，このうち，上官均を除く七名は統一歩調を取ったようであり，後にこの行動からはずれた上官均・殿中侍御史呂陶は彼らから批判を受けている。呂陶によれば，当時台諫が意見を予め調整し，統一した形で上奏を行う風潮が浸透し，かつ蘇軾と程頤との対立において蘇軾側に立った発言をしていた呂陶は台官仲間から孤立していたという（『長編』巻400，元祐二年五月己未）。

一方，太皇太后はこの措置を言路の官側に納得させるために，まず，三省・枢密院に命じてこの七名を都堂に呼び，「内降聖旨」を伝えた。しかし，言路の官側は納得せず，王巌叟・傅堯兪が反対の上奏を行った。当時の宰執の任にあった尚書右僕射兼中書侍郎呂公著・守門下侍郎韓維・同知枢密院事范純仁がこの人事を進めた当事者であったが，そのうちで張舜民罷免を言い出したのは韓維であった。三人のうち，司馬光の死後，文彦博を除き，行政府側の最高の地位にあった呂公著が，この争いを解決すべく，台諫たちが久しく任についているので，この際，昇進させる形で言職を解かせ，別の名望学識有る臣僚を採用すべきとの意見を上進した。太皇太后は御札を呂公著に下し，その意見を採用するとともに，罷免すべき官僚・昇進すべき官職を実封進入させた。呂公著が上奏すると，また，手札数条が呂公著に下され可否を諮問された（『長編』巻400，元祐元年十二月癸亥の「明日」）。このようなやり取りのあと，五月十七日，孔文仲を左諫議大夫に，杜純を侍御史に，殿中侍御史呂陶を左司諫に，賈易を右司諫に，監察御史韓川・上官均を殿中侍御史に，侍御史王巌叟を起居舎人に，左司諫朱光庭を左司員外郎に，右司諫王覿を右司員外郎に，殿中侍御史孫升を知済州に，右諫議大夫梁燾を集賢殿修撰知潞州とする人事が発表された。王巌叟等が昇進したのに対し，梁燾・孫升が左遷の命を受けたのは，給事中張問が張舜民人事に対して封駁を行わなかったのをなじったためである（『長編』巻401元祐二年五月戊辰）。また，王巌叟は昇進の命を辞退し直集賢院知斉州となり，御史中丞傅堯兪は王巌叟と同じ立場にあると述べて外任に出ることを願い，龍図閣待制知陳州となった（『長編』巻402，元祐二年六月戊子）。なお，劉摯はこの当時，尚書左丞の地位にあり，言路の官擁護の上奏を行うとともに（『長編』巻401，元祐二年五月戊辰），また外任に出た王巌叟・傅堯兪・梁燾・張舜民・賈易の人物推挙を行った（『長編』巻406，元祐二年十月癸卯）。なお，ここに名前の上がる賈易は右司諫就任後，杜純とともに張舜民事件における呂陶・上官均の行動を批判し，更に呂陶・文彦博が蘇軾兄弟を助けていると批判したため，八月，知懐州に出された（『長編』巻404，元祐二年八月辛巳）。

かくして新法廃止及び新法党人脈の弾劾を進めてきた劉摯・王巌叟を中心と

する言路の官たちは，昇進・左遷という形を採ってその任から離れていく。ここには，この路線を積極的に進める言路の官と，終結を図る宰執側との路線の対立があり，それが張舜民事件を契機に表面化する形で言路の官の入れ替えが行われたのである。

II．全盛期②（元祐三年二月～五年五月）

　この時期は，四年二月の呂公著の死，六月の范純仁の失脚などに代表されるように，第一期を支えた，司馬光・呂公著といった元老が政界より退き，彼らが推挙した次代の政治家呂大防・劉挚が政権の中枢となっていく時期である。また，言路の官では，司馬光に長年にわたって師事し，彼の推挙で秘書正字となっていた劉安世が諫官に（右正言→左司諫→右諫議大夫）抜擢され，梁燾（右諫議大夫→御史中丞）とともに新法党人脈並びに彼らの路線に反対する官僚を弾劾していく時期である。とりわけ，この時期は，第一期の台諫の一致団結した行動とは異なり，言路の官内部においても路線の差異が顕現化し，むしろ，劉安世・梁燾・王覿・朱光庭といった個人の行動が目立つようになる。なお，第一節でも紹介したが，劉安世と劉挚・王巌叟等とは個人的な繋がりは弱く，司馬光人脈，あるいは司馬光政治の継承といった面で彼らと繋がっていたと思われる。ところで，彼の政治的態度を表すものに，三年八月，執政大臣の親戚子弟が堂除差遣（中書任命の差遣）により要職を占めていることを批判したことが挙げられる。彼の批判対象に上がったのは，文彦博・呂公著・呂大防・范純仁といった元老ばかりであり，劉挚もこの堂除差遣には関わりがないものの，その弊害を糾弾しなかったと批判を受けている（『長編』巻413，元祐三年八月辛丑）。このような不正に対する徹底した姿勢は元祐の言路の官に共通して見られるものであるが，とりわけ劉安世の場合は顕著であり，このような態度が小人に恨みを買い，元祐君子に禍根を残す一因となったと，朱子は回顧している（『朱子語類』巻130-（55）条）。

　さて，劉安世・梁燾らの槍玉に挙がったのは，謝景温・王子韶・路昌衡・何正臣・時孝孫・鄧温伯など主として熙寧・元豊期，新法党側の立場にあったと

される人物である。例えば，謝景温は「右正言劉安世言，……按景温天資姦佞，素多朋附，熙寧中王安石用事之日，擢爲知雜御史，是時蘇軾方忤安石，景温迎合其意，輒具彈奏謂……，章惇以開拓彊土，不次進用景温爲湖南安撫使，又欲附會，乞於徽・誠等州建置城寨，一開邊隙，……」（『長編』巻421，元祐四年正月癸未）として批判される。このような新法党人脈に対する処分を巡り中央を二つに割って争ったのが，蔡確の誹謗の詩を巡る対立である。

その事件は，安州に左遷されていた蔡確が車蓋亭に遊び，詩を十章賦し，その詩を，四年四月，知漢陽軍呉処厚が太皇太后を誹謗するものとして上奏したことによって起こった。問題となったのは，その詩の中に郝処俊が上元年間に天后（則天武后）に位を譲ろうとした高宗を諫めたという故事がうたわれており，ここに太皇太后を則天武后になぞらえたものとして批判を受けた。弾劾の急先鋒に立ったのは，左諫議大夫梁燾，左司諫呉安詩，右正言劉安世等諫官たちであった。その結果として蔡確は「責授左中散大夫，守光祿卿，分司南京」の処分を受けたが，この時台官（御史中丞李常・侍御史盛陶・殿中侍御史翟思・監察御史趙挺之・王彭年）は弾劾に加わらず，詔勅を起草する二人の中書舎人（彭汝礪・曾肇）は起草を拒否した。また，当時の宰執もこの処分に対しては消極的な立場を取り，とりわけ尚書右僕射兼中書侍郎范純仁，尚書左丞王存は強く反対の意向を表明した。この動きについて，右正言劉安世は，

> 臣伏見，彭汝礪與曾肇同爲中書舍人，公然結黨，范純仁既是本省官長，日得親見，朝廷密命，無不關預，而又汝礪親弟汝霖娶李常之姪女，廟堂之論，悉使傳報，故御史臺表裏通同，殊無公道，窺視執政之意，旋立議論，純仁所欲，雖違法害義，無敢糾駁，稍異己者，則必承望風旨，連章繩治，皆有實跡。（以下略）（『長編』巻426，元祐四年五月庚辰）

と述べ，宰相（范純仁），中書舎人（彭南砺・曾肇），御史台（李常）との結託を指摘した。この結果，まず反対の立場を取った御史台・中書舎人の総入れ替えが行われた。後任には，御史中丞傅堯兪・侍御史朱光庭，権中書舎人王巖叟以下，劉摯に近い立場のものが任命された。

更に，この処分をも不満とした左諫議大夫梁燾・右諫議大夫范祖禹・左司諫

呉安詩・右正言劉安世等諫官，御史中丞傅堯兪・侍御史朱光庭等台官，権中書舎人王巖叟は度重なる上奏を続けた。一方，宰執は蔡確の処分について軽くすべきとの立場を取り，とりわけ范純仁・王存はその代表であった。しかし，太皇太后の「山は移すべきも，この州は移すべからず」の判断により，蔡確は「責授英州別駕，新州安置」の処分が下された。そして范純仁・王存は范祖禹・劉安世・傅堯兪等台官の批判を受け，六月，地方に左遷された。

　この事件の背後には，政府内の新法党及び新法に対する路線の対立が存在していた。例えば，事件直前の三月に出された，右正言劉安世の上奏の中で次のように述べられる。

　　陛下卽政之初，知免役出錢爲民之患，故復用祖宗差役之制，（李）常在戶部，不能講究補完，而協助邪說，請復雇募，及爲中丞，猶聞奏乞施行，懷姦徇私，大害聖政。其事五也。先帝已知經術取士久而有弊，因欲復用詞律。昨者，有司請於經義之外，加以詩賦，朝廷采納，已爲定制，而安石之黨，必欲沮撓，（李）常以屢乞改用經義，其徒翕然譽之，賴陛下聖明主執不輕變易，而（李）常等言之不已，背公死黨，其事六也。保甲之害，衆所共知，陛下變法以來，農民方遂休息，而（盛）陶乃建言，乞重編排。朝廷若行其說，天下豈不大駭，率情妄作。其事七也。（以下略）（『長編』巻424，元祐四年三月己亥「是月」条）

引用部分は李常・盛陶に対する七つの弾劾のうち，（五）免役法復活，（六）科挙——経義復活，（七）保甲法復活の上奏の箇所に留めたが，その前の（一）（二）（三）（四）で李常・盛陶等台官と蔡確，謝景温，王安礼，章惇ら新法党との繋がりが指摘されており，このような路線の対立が蔡確の詩事件を契機に表面化したものと思われる。なお，新法党勢力の巻き返しに対する危惧の念は，劉安世に留まらず，劉摯集団に共通して見える。例えば，時を同じく，中書侍郎劉摯は科挙における経義・詩賦の試験科目選択を巡り激しく対立が続いていた当時の情勢を，「王安石の党がつとめて経義を用いようとしている。」（『長編』巻423，元祐四年三月甲申）と批判している。

　結果的には，この事件は言路の官側の勝利に終わるが，この対立に象徴され

るように，新法党人脈の中央復帰は着実に進み，また宰執側はその受け入れを承認する方向に傾斜していたのである。

その方向を決定づけたのが五年三月〜四月にかけて行われた，鄧温伯の翰林学士承旨任命人事であった。なお，彼は，侍御史孫升・殿中侍御史賈易に「謹錄白，溫伯爲諫官日，朋附呂惠卿，誣陷王安國，及在翰林日，陰交蔡確，於制命之中，獨推確爲定策」(『長編』巻442，元祐五年五月庚寅)と批判され，新法党側に与した人物として見なされていた。そして，この人事は以下の通り二変三変する，極めて複雑な政治対立のもと進められていった。

三月十四日，中書に鄧温伯任命の詞頭(制文の冒頭部分，内容の要点を記したもの)が送られてくると，中書舎人王巌叟がこれを封還し，批判を行った。続いて詞頭は次の舎人鄭雍に送られ，彼が詞を撰し，門下省に送ると，今度は給事中鄭穆が告命を封還した。この批判が受け入れられないと，御史中丞梁燾以下台官がこぞって批判を行った(『長編』巻439，元祐五年三月己卯，辛巳)。その結果，四月二日には，「兼侍讀，提擧醴泉觀」とする命が下されたが，更に中書舎人王巌叟は鄧温伯の侍読就任に反対し，詞頭を封還した。太皇太后は諭を出して，知南京とするように命じたが，尚書右丞許将，中書侍郎傅堯俞，門下侍郎呂大防，中書舎人鄭雍が初命に戻すよう上言し，翰林学士承旨とする詔が出された(『長編』巻441，元祐五年四月辛丑)。更に，言路の官側は左諫議大夫劉安世・右諫議大夫朱光庭・御史中丞梁燾・侍御史孫升・殿中侍御史賈易らが度重なる批判を行った(『長編』巻441，元祐五年四月辛丑，同巻442，元祐五年五月辛卯)。この対立は最終的には，宰執側の意向を通し，梁燾・劉安世・朱光庭・賈易ら言路の官側の人事異動という形で決着することとなる。

ここで着目すべきは，この頃，宰相の呂大防と劉摯の仲が，呂大防が違法な形で進めた尚書省人吏任永壽等四人の酬奨問題のこじれから険悪となり，また言路の官が呂大防退任を求めて激しく攻撃を行った時期と重なることである。なお，劉摯自身はこの鄧温伯人事に対しては，どちらかといえば反対であり，後に左遷の命を受けた梁燾・劉安世・朱光庭を擁護する上奏を行っている(『長編』巻446，元祐五年八月癸卯)。このような劉摯と言路の官との行動は，他

第一章　宋代の言路

の宰執からは朋党と映り，その結果，劉摯は宰臣の中において孤立していたようである。この頃のことを『劉摯日記』の中で「故政論不一，陰相向背爲朋，而呂相亦自都司吏額事後，於吾有疑心，夫共政事者六人，而有異志同利害者才二人，而有疑心，則豈獨孤立之不易，實懼國事之有病也。」（『長編』巻446，元祐五年八月戊戌）と述べている。実際，この人事を積極的に進めたのは，許将・呂大防・傅堯兪の三人であり，「知南京」とする諭が出された二日後の四月六日，劉摯・韓忠彦が来る前に先に漏舎で議論し，初命に戻すことを決定し，それを宰執の意見として太皇太后に上言したのであった（『長編』巻443，元祐五年六月丁未）。

そして，六月には呂大防・劉摯から「元豊の党人を引き立て，旧怨を和らげようとする」調停説が提出された。これは御史中丞蘇轍によって批判され，撤回される形となるが（『長編』巻443，元祐五年六月乙卯），実際には当時の政界の趨勢を的確に表すものであった。なお，この調停説については，王巖叟・梁燾は「君子・小人の区別」の立場から反対意見を表明しており（『長編』巻455，元祐六年二月辛亥，同巻468，元祐六年十一月辛巳），この頃より宰相劉摯と言路の官との活動の乖離が目立つようになる。そしてこの六月を境として，新法党人脈の復活，劉摯集団の衰退が加速度的に進んで行く。

III．劉摯集団の衰退〜新法党の復活（元祐五年六月〜紹聖元年三月）

第三期に入ると，劉摯は外任を請うようになり（『長編』巻446，元祐五年八月丙申），また言路の官には劉摯集団以外の者が大半を占めるようになる。わずかに孫升・趙君錫などが一時，名を出す程度であり，その人物も他派より圧力が掛かり諦め出される動きが見られる。例えば，侍御史孫升の起居郎昇任人事を巡る動きは，傅堯兪・范純礼の党が自派の人物（鄧温伯）を引き上げるに当たり，妨げとなる孫升を言路の地位から外すことを狙ったものと，『劉摯日記』に述べられる（『長編』巻453，元祐五年十二月戊申）。また，この頃，劉摯は諫官楊康国・劉唐老が執政傅堯兪の弁護をした事例を引き，前代には見られない，宰相・台諫間の結託，党派形成が進行したと述べる（『長編』巻452，元祐五年十

二月辛卯,「是先,十一月丙子」以下)。これは,当時,中央政界が范・韓集団(范純仁・范純礼・傅堯兪・韓宗道[18]など),蘇兄弟集団,劉摯集団に分裂し,抗争を繰り広げていた政治状況を反映した言葉である。そして,その間隙をついて台頭してきたのが新法党人脈であり,六年四月には,王安石の門人であり,かつ新法党時代,監察御史を勤め,そのことによって一度言路の官(左諫議大夫劉安世・右諫議大夫朱光庭・御史中丞梁燾)に批判され,取り止めになっていた楊畏の殿中侍御史人事が実施された(『長編』巻439,元祐五年三月辛卯,同巻457,元祐六年四月癸丑)。『長編』所引注の『邵伯温弁誣』,『旧録趙君錫伝』によれば,この人事は当時既に離反していた,劉摯と呂大防が自派の勢力下に楊畏を引き込もうと考え,劉摯の意を受けた御史中丞趙君錫が推薦を行ったものという。また,『旧録趙君錫伝』によれば,趙君錫は劉摯のかつての同僚であり,劉摯の引き立てによって御史中丞となり,彼に迎合する形で,「執政官をして客に接することなからしむ」ことや「高麗人をして十年に一貢せしむること」を論じた人物とされる。ただ,劉摯は,後にこの人事を趙君錫の過失と述べており,楊畏人事介入については疑問が残る(『長編』巻464,元祐六年八月癸卯)。

次いで,五月には蔡確・呂恵卿の「量移」(左遷地よりの京師付近への復帰)問題が呂大防・劉摯によって進められたが,傅堯兪・蘇轍・王巌叟・孫升らの反対によって実現しなかった(『長編』巻458,元祐六年五月庚申)。八月には章惇の左正義大夫復帰の詔が出されるが,給事中朱光庭の反対によりもう一期延ばすこととなった(『長編』巻464,元祐六年八月乙巳)。更に閏八月には,呂大防・劉摯より李清臣の吏部尚書人事,蒲宗孟の兵部尚書人事が進められるが,給事中范祖禹・簽書枢密院事王巌叟・尚書右丞蘇轍・左正言姚勔らの反対によって取り止めとなった(『長編』巻465,元祐六年閏八月甲子)。このように新法党の政界

---

18) この党については,この時期,劉摯,蘇轍がしばしば論及する(『長編』巻444,元祐五年六月辛酉「是月」,同巻449,元祐五年十月丁巳,同巻453,元祐五年十二月壬子)。その中で,韓氏の姻戚として蘇頌,范純仁・范純礼兄弟,傅堯兪,謝景温,杜純・杜紘兄弟などが浮かび上がる。また,劉摯はこの頃の傅堯兪について范純礼に陰であやつられていると述べ,かつて政治行動を共にした仲間の離反に触れている。

第一章　宋代の言路　　　　　　　　　　243

復帰の動きが繰り返し起こっている。これらは一見つぶれたかにみえるが，実際は着実に中央・地方に新法党人脈が浸透していたのである。例えば，第二期で左遷された新法党の中堅クラス，王子韶・彭汝礪・趙挺之・翟思・豊稷・盛陶などはこの時期既に中央に復帰している。

　そして十月，御史中丞鄭雍・殿中侍御史楊畏から，右僕射劉摯及び右丞蘇轍の弾劾が行われた。劉摯の弾劾理由は，仲間を要任に抜擢し，また言路の官と結んで意に副わない人物を弾劾させたことにあった（「(劉)摯所不悦，(中書)舎人・給事(中)繳駁，言路弾奏」）。その時に提出されたのが第一節で検討した三十人の劉摯党人の名簿である（『長編』巻467，元祐六年十月癸酉）。結局，これに加えて劉摯は邢恕及び章惇の子との交際が明らかとなり，十一月，観文殿学士・知鄆州に左遷する命令が出された（『長編』巻468，元祐六年十一月乙酉）。すぐに，王巌叟・韓忠彦は劉摯を擁護する上奏を行ったが，詔勅が翰林学士院に送られ起草がすんだ後であった（『長編』巻467，元祐六年十月癸酉～甲申）。一方，給事中朱光庭は詔勅を封還し，劉摯弁護の上奏を行ったが，殿中侍御史楊畏に劉摯の朋党として弾劾され，知亳州に出された（『長編』巻468，元祐六年十一月壬辰）。また監察御史安鼎は蘇轍を批判し，劉摯を攻撃しなかったことを鄭雍・楊畏に弾劾され，知絳州→知高郵軍に左遷された（『長編』巻471，元祐七年三月庚寅～辛卯）。このほか，枢密直学士簽書枢密院事王巌叟が，七年五月に侍御史楊畏・監察御史黃慶基の弾劾を受け，端朋殿学士知鄭州に左遷された（『長編』巻473，元祐七年五月丙午）。八年六月には守尚書左丞梁燾が病を理由に資政殿学士同醴泉観使となり，また宝文閣待制枢密都承旨劉安世は知真定府に出された（『長編』巻484，元祐八年六月戊午，甲子）。この間の動きについて邵伯温の作った『楊畏伝』は，「楊畏が劉摯・蘇頌を撃ったのは，皆蘇轍の為であった」（『長編』巻467，元祐六年十月癸酉所引注），「(楊)畏，章惇に寄聲して云わく，蘇(轍)・呂(大防)の勢を以て劉摯・梁燾を逐えりと」（『長編』巻484，元祐八年六月戊午所引注）と述べ，楊畏に代表される言路の官が宰相呂大防・執政蘇轍の勢力と結託して劉摯集団を弾劾したとする。同じ説を上官均が紹聖の初めに述べるが，蘇轍と楊畏との結託については，『長編』の著者李燾は疑義を呈している。む

しろ，三派の党争に言路の官が絡み，結果として劉摯集団が弾劾され，呂大防[19]・蘇轍に有利に働いたと見るべきである。その証拠に，劉摯とともに蘇轍も弾劾を受けており，その上，蘇兄弟は劉摯失脚後も依然として監察御史董敦逸・黄慶基に攻撃される。なお，彼らは度重なる蘇兄弟批判を太皇太后に疎まれ，外任に出された（『長編』巻484，元祐八年五月辛卯）。

そして，この党争を生き残ったのが，上述の二派（范・韓集団，蘇兄弟集団）及び呂大防であり，また，楊畏に代表される言路の官も勢力を伸長した。元祐八年九月，太皇太后が死去し，哲宗が即位すると，政治の一新が図られた。まず，推薦すべき人材を楊畏に尋ねると，彼は章惇・安燾・呂恵卿・鄧温伯・李清臣ら新法党の人物を推挙した。そして，紹聖元年二月，李清臣・鄧温伯が中心となり新法党復帰の政治「紹述」を進めるとともに，言路の官たちは残りの二派の弾劾に努め，元祐党人は政界から追放されてゆく（『太平治蹟統類』巻24）。そして，この活動が，後の「元祐党禁」につながってゆくのである。

おわりに

以上，見てきたように元祐時代は，「慶暦の治」「濮議」と並ぶ宋代の朋党の政争の激しかった時期である。そこには，従来から言われてきた，宋代の朋党は唐代の姻戚・親戚を軸とした貴族的朋党ではなく，政治・学問を媒介とした朋党である[20]ことが改めて確認された。しかし，ここに取り上げた劉摯集団に見られたように，政治次元に留まらず地縁・血縁・推薦関係・官職等の複合的な要素が絡みあった集団として位置付けなければならないと思われる。そして，

---

19) 呂大防は，主席宰相であったが党派を形成しなかったと思われる。范祖禹が当時の宰執の評価をした一節に「呂大防……其爲人，粗疎果敢，好立崖岸，簡於接物，士大夫多不親附」（『長編』巻430，元祐四年七月甲辰）とある。ただ，楊畏の昇進を積極的に進める動きを見せることも事実であり，言路の官と呂大防の間に政治的協力があった可能性もある。

20) 内藤湖南『中国近世史』第一章「近世史の意義」，「朋党の性質の変化」（弘文堂，1947年）。

第一章　宋代の言路　　　　　　　　　　　　　　245

とりわけ政治・政策に関与する宰執と言路の官の二つのポストが集団形成に重要な役割を果たしている。この両者が政治・政策を媒介として反発・結合する過程において集団が形成され，これが政治対立に発展して行くという図式が宋代の政治の一般的な形として考えられよう。しかし，この二者の力関係は強力な国家体制を求める士大夫の政治理念の変化[21]と共に，制度的には元豊官制改革を経ることにより変化し，やがて宋代の政治構造をも変えて行くのである。

　すなわち，元豊官制改革とは，理念的には『周礼』『大唐六典』に代表される儒教イデオロギーをもとに，膨大かつ繁雑を極めた官庁の統合・省略化を目指し，形式上，唐の三省六部体制の復活という形で成立したものである。しかし，枢密院・翰林院を始め唐末・五代の変革期を通して成立した官署が残り，また名称は同じでも機能が異なるものもあった。そして，とりわけ特徴的なことは三省の復活といっても唐の旧制――中書省（政策立案）→門下省（審査・異議申し立て）→尚書省（施行）に戻るのではなく，行政府の意思の統一（「三省合班奏事」＝都堂での審議→「取旨」→三省上呈→裁可→施行）と業務の分離（「分省治事」）という形式を採用したことである。これは，元祐初め司馬光の提言に基づき実行されたものであるが，その提言中に門下省機能の事実上の廃止，それに代わる補完的役目としての言路の官の活動をうたっている。ただ，それも中書・門下省の属官として，行政府の遺失を正すという，極めて限定的な形で述べる。このシステムはこの後の政治に継承され，更に，形式上の三省鼎立は南宋初めには廃止され，再び中書門下が復活する（『長編』巻431，元祐四年八月癸卯の条，『建炎以来朝野雑記』甲集巻10，官制，丞相）。加えて，人事権，軍事権についても行政府の権力強化・集中が図られていく。前者については，元祐初め以降，堂除差遣の拡大，吏部掌握の差遣の縮小という形で進展し[22]，後者につ

21）註２）小林論文は，「慶暦の治」「濮議」における台諫のあり方を，前者が官僚の輿論を基底として，その上に至公＝倫理的天子を戴く「皇帝機関説」的国家観に基づくのに対し，後者は君主あるいは国家の絶対性を説く一種の「国家主義」的国家観に基づき，後者の傾向が神宗以降に顕在化してくる皇帝権力絶対視への道をも切り開いた，と述べる。

22）註３）『宋代官僚制度研究』225-234頁参照。

いては南宋初め以降，宰相が枢密使を兼任することが慣例となり，文武の大権が集中することとなる[23]。

一方，元祐の言事機構は，元豊期の「監察」強化の反動から「言事」政治復活を目指す形で成立した。しかし，以前の「慶暦の治」，「濮議」段階の宰執の権力抑制機構に戻るのではなく，宰執の協力・補佐機関として期待される形で成立をみる。即ち，当初は，宰相司馬光・呂公著より元祐政治の推進役として期待され，推薦された劉摯集団が言路の官に就任し，新法政治否定の方向を体現していくのである。ところが，元祐後半期には当初の目標の喪失とともに，宰執と言路の官との結託，党派形成が行われ両者のポストを中心に政治抗争が繰り広げられてゆく。この背後には，宰執と言官（台諫）との「親嫌」「挙主―被挙人」関係を容認する制度的変化があり，また言路の官昇進ルートの定着，言官の合同上奏の制は言路の官のグループ化を進め，これらが宰相の人事権掌握と重なり，宰相の意向を反映する人物の就任が一般化していったのである。これは仁宗朝の慶暦時代には見られなかったことである。そして，この状況が「名目上は（台諫は）天子の耳目であるが，実際は執政の私人である。」[24]との言葉に表現されることとなるのである。さらに，南宋に入ると，専権宰相の手足として使われる言官の姿――代表例としては秦檜の政治――が顕著となるとともに，言事機能自体も弱体化していく。後者については，劉子健氏の論文に詳しいが，南宋の言官は皇帝より発言を無視される傾向が強く，宰相批判を行うと直ちに左遷され，ここに君主権の強さを見るべきという[25]。

23)　梁天錫『宋枢密院制度』（黎明文化事業股分有限公司，1982年）参照。
24)　註5)参照。
25)　劉子健「南宋君主和言官」（『清華学報』第8巻・第一，二期，1970年）。また，註23)は北宋時代には台諫による宰相の弾劾が実現するケースが多かったのに対し，南宋時代は枢密使の弾劾が実現する一方，宰相の弾劾は殆ど実現しなかったと述べる。なお，君主権の位置付けについては諸説があるので簡単に紹介しておく。一般に，日本においては，宋代に中央集権的官僚制を背景とする君主権力の確立，宰相権力の弱体化が実現したとする見解は定説となっているが，中国においては叙上の説に加えて王端来「論宋代相権」（『歴史研究』1985-2）「論宋代皇権」（『歴史研究』1989-1）に代表される，宰相権力が次第に強化されていったとする説も有力である。筆者自身は，従来の定説に異論

第一章　宋代の言路

　以上のような元豊→元祐→南宋へ展開する行政府の権力集中・強化，並びに言事機構の弱体化に，元・明・清へと連なる君主独裁体制への過渡期的変化を垣間見ることができるのではないかと思う。即ち，唐代の君主・貴族の合議政治——三省六部体制を基礎とし，貴族の権力の拠所として門下省，とりわけ給事中の封駁機能を高く評価する説（内藤乾吉・宮崎市定・礪波護氏等[26]）に基づく——や，北宋前半期の行政府の権力分散，あるいは言官が行政府と議会政治さながらに論戦を行う姿とは明らかに異なるのである。そして，この制度的変化の延長として，強大な君主を頂点とする国家体制，その裏返しとして「言事」より「監察」機構の発達という形に結実してゆくのである。具体的には，元代の行政府の中書省への統合，諫官機構の廃止，監察機構の御史台への集権化，更に明清期には内閣・軍機処の設置による宰相府の諮問機関化，監察機構としての都察院への集権化——都察院は「言事」「監察」機能を統合する機関であり，更に明代には独立していた給事中は清代には都察院に併合される——と終結していく[27]。

を挟むつもりはないが，やはり元豊官制改革を契機として後者の説に近い方向に動いていったことも否定できないと思う。そこで，この政治構造の変化をこう理解しておきたい。北宋末から南宋期にかけて行政府に権力集中・強化が図られ，かつ批判勢力であった言事機構の弱体化は強大な権力を有する政治空間を生じた。本来，この空間は皇帝が有するものであるが，南宋の皇帝が一般に政治的関心が弱いこともあり，宰相たちは宰執・言路の官の勢力を結集し，政治の一元化を図ることにより強大な力を振るった。しかし，その権力も恒久的なものではなく，あくまでも，皇帝権力を背景にした専権であったのである。

26)　内藤「唐の三省」（『中国法制史考証』所収，有斐閣，1963年），宮崎「東洋的近世」（『アジア史論考』上巻所収，朝日新聞社，1976年），礪波「唐の三省六部」（『唐代政治社会史研究』所収）。

27)　C. O. Hucker, *The Censorial System of Ming China*, Stanford University Press, 1966.

附篇　墓誌銘から見た劉摯の日常的ネットワーク

一，はじめに

　本附篇では，第三部第一章で十分に論じきれなかった劉摯の日常的ネットワークについて分析を行う。劉摯『忠肅集』に掲載されている墓誌銘は附表『忠肅集』墓誌銘に整理したように三十例に及ぶ[1]。『忠肅集』には劉摯が墓誌銘を執筆した理由を記すものが多い。この執筆理由については後に触れることとするが，詔を受け執筆した二十六の事例を除けば，殆どが地縁，姻戚，友人等の劉摯との個人的関係によって執筆されている。この点を参考に彼の日常的ネットワークについて考察を進めていく。

二，劉摯の日常的ネットワーク

（１）地縁関係

　まず，『蘇魏公文集』巻54,「秘書丞贈太師劉君神道碑」に従って作成した劉摯の家系図から見てゆく。劉摯の家系は漢代宣帝の子までさかのぼれる。「朔党」につながるのは，劉續が安陵すなわち河北東路永静軍東光県に遷居して以降である。劉續から劉摯の父劉居正の代まで九代にわたって東光県に居住しており，劉摯の一族は，東光の人というイメージが定着していたと思われる。

1）『忠肅集』は『四庫提要』巻153,「忠肅集二十巻」に，「事蹟具宋史本傳，其文集四十卷，見於宋史藝文志，久無傳本。今從永樂大典各韻中裒輯編綴，共得文二百八十五首，詩四百四十三首，以原書卷目相較，尚可存十之六七，謹以類排纂釐爲二十卷。」と記されているように，現存の『忠肅集』は本来の原書の六，七割を止めるものであり，実際はもっと墓誌銘が存在していた可能性がある。

図15　劉挚家譜

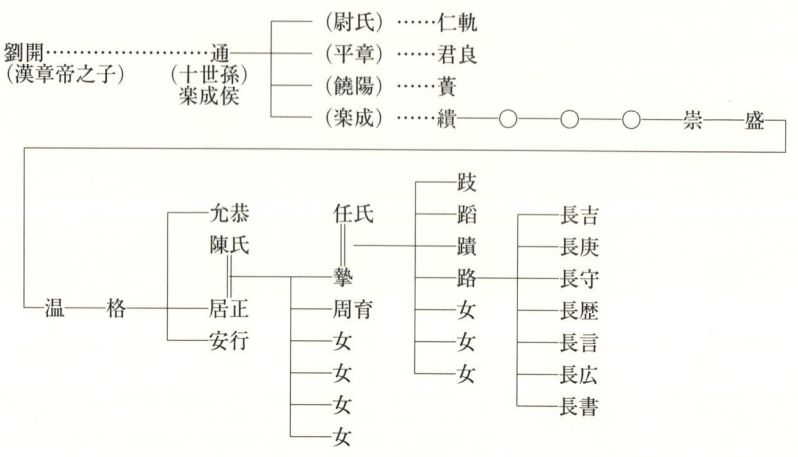

```
劉開………………通───┬──(尉氏)……仁軌
(漢章帝之子)  (十世孫)  ├──(平章)……君良
              楽成侯    ├──(饒陽)……黃
                        └──(楽成)……績───○───○───○───崇───盛

　　　　　┬─允恭　　　　┬─跂
　　　　　│陳氏　　任氏 ├─蹈
　　　　　│　　　　╞══ ├─蹟
┬─温─格─┼─居正─┼─挚─┼─路─┬─長吉
│　　　　└─安行  ├─周育├─女 ├─長庚
│　　　　　　　　├─女　├─女 ├─長守
│　　　　　　　　├─女　├─女 ├─長歴
│　　　　　　　　├─女　└─女 ├─長言
│　　　　　　　　├─女　　　　├─長広
│　　　　　　　　└─女　　　　└─長書
```

ただ，劉挚自身は『宋史』巻340，劉挚伝に

> 劉挚字莘老，永静東光人。児時父居正課以書，朝夕不少閑。或謂，君止一子，独不可少寛邪。居正曰，正以一子不可縦也。十歳而孤，鞠於外氏，就学東平，因家焉。

と記されているように，生まれは河北東路永静軍東光県であるが，母は九歳，父は十歳の折亡くなり，以後，母方の陳氏の元で養育される。陳氏は『忠粛集』墓誌銘によれば，東平人，すなわち京東西路東平府（鄆州）出身である。また，熙寧四年，父劉居正，母陳氏の柩を東光から，曾祖父母，祖父母の柩を将陵（河北東路永静軍将陵県）から移し，「鄆州須城県盧東郷太谷山之陽」に合葬したとあり，少なくとも劉挚の代には東平が根拠地に変わっていたと思われる[2]。

　三十の墓誌銘を見ていくと，彼の生まれ故郷の河北東路の人々とその後の生

---

2) この劉挚の根拠地を考える際には，墓地とともに家廟，祠堂，墳寺といった祖先祭祀を行う施設の所在地が手掛かりとなる。『忠粛集』巻9，「家廟記」という一文が示すように，劉挚一族には「家廟」が存在していた。場所は明記されていないが，恐らく鄆州であったと思われる。また，『長編記事本末』巻122，崇寧四年七月甲寅の条の一節に「礼部勘会，呂大防・韓維・司馬光・韓忠彦・傅堯兪・孫固・鄭雍・曾布・胡宗愈・黄履・蒋之奇・陸佃・文彦博・呂公著・李清臣・王巌叟・蘇轍・張商英・劉挚十九人所管墳寺。詔本身所乞寺額，特免毀折，不得充本家功徳院，並改賜敕額爲壽寧禪院，別召

第一章　附篇　　　　　　　　　　　　　　　　　　　251

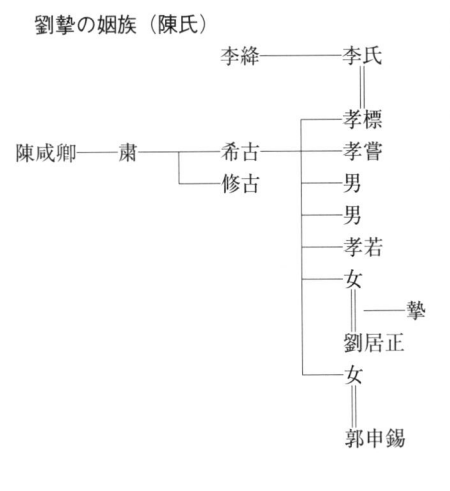

劉摯の姻族（陳氏）

```
              李絳―――李氏
                       ｜
                      孝標
陳咸卿――粛――希古――孝嘗
           ｜    ｜男
           修古  ｜男
                 ｜孝若
                 ｜女
                 ｜ ‖―――摯
                 ｜劉居正
                 ｜女
                  郭申錫
```

活の根拠地とした京東西路鄆州の人が大半を占めていることに気付く。河北東路は，1の郭申錫（河北東路大名府），3の蔡奕（河北東路応天府），6の西門某（河北東路棣州），12の蔡天球（河北東路応天府），14の楊整（河北東路大名府），21の劉常（河北東路濱州渤海県），28の趙夫人（河北東路博州聊城県），30の李夫人（東光人）であり，鄆州は，4の李師中，7の龔鼎臣，10の李枢，20の范遵道，22の陳修古，23の陳孝標，24の陳孝嘗，25の陳孝若となる。これに，周辺地域である8の梁師孟（京東東路青州）を加えればさらに数が増す。また，出身地は不明ないし別の場所だが，埋葬場所が鄆州となっている事例もある。11の梁蒍，17の黄孝綽，18の黄幸などがその事例に相当する[3]。合計すれば，30例の内，20例が河北東路，京東西路に関わる墓誌銘であり，劉摯とこれらの地域との密着した関係を見ることができる。

僧住持。」と見え，この時点まで劉摯一族の祖先を祀る墳寺が存在したことが確認される。なお，『学易集』巻6，「慈応大師政公之碑」によれば，「鄆（州）須城大谷」（劉摯が永静から祖先三代を遷葬した場所）に「昭善崇報禪院」という，劉摯の祖先を祀る墳寺（功徳院）があったことが確認される。祖先祭祀の面から見ても，鄆州が彼らの根拠地となっていたと考えられる。そして，このことを裏付けるかの如く，『宋元学案』巻2では，劉摯の子跂を東平の人としている。家廟，墳寺の問題については，竺沙雅章「宋代墳寺考」（『東洋学報』61-1・2，1979年），黄敏枝「宋代的功徳墳寺」（『宋史研究集』20，国立編訳館，1990年），吾妻重二「宋代の家廟と祖先祭祀」（『中国の礼制と礼学』朋友書店，2002年）など参照。

3）　梁蒍は梁燾の父であり，梁燾は『宋史』巻342では鄆州須城人としている。梁蒍はもともと襄陽人であるが，東平に居を移しており，梁燾の代には根拠地が鄆州（東平府）に変わっていたものと思われる。劉摯と梁燾の二つの事例は地域社会の人々が行う，本籍の認定が祖先の墓地を移すことと深く関わっていることを示してくれる。

（2）執筆理由

次に劉摯が墓誌銘を書いた執筆理由を見ていく。附表に示したように，『忠粛集』墓誌銘は，その執筆理由が明確に書かれている点に特徴がある。例えば，蔡奕については，

　　某視君實從母妹之婿，而又女歸其子蕃，故爲之銘。

とあり，劉摯は蔡奕の従母弟の婿であり，また娘を蔡奕の息子の蕃に嫁がせているので，墓誌銘を書いたとする。つまり，二重の姻戚関係が執筆理由になっていたことが知れる。こうした関係を手掛かりに30例を整理してみよう。

①姻戚関係
★１郭申錫

29墓誌銘によれば，郭申錫の先妻は「我妣之妹」であり，また「某以陳夫人故，數出入拜夫人，今諸子舉公夫人之葬而以銘見屬，宜不可辭」とあるように，先妻陳夫人の縁で郭申錫の家に出入りをし，彼ならびに後妻の呉夫人と知り合いであったことが確認される。

★３蔡奕（上述の通り）

12蔡天球の父蔡拯については『楽圃余藁』，巻10「宋故宣徳郎守尚書屯田員外郎知永康軍青城県贈尚書都官郎中蔡公墓誌銘」がある。その一節に「某以陳夫人故，數出入拜夫人，今諸子舉公夫人之葬而以銘見屬，宜不可辭」と記され，南陽公蔡挺（蔡奕の父）が蔡拯の従父弟に相当することが確認される。12には明記されていないが，３の史料と突き合わせてみれば，蔡天球も劉摯と遠い姻戚関係にあったこととなる。

★22陳修古，23陳孝標，24陳孝甞，25陳孝若，30李夫人

劉摯と母方の陳氏との関係について幾つかの史料を見いだすことができる（劉摯の姻族陳氏については附図参照）。

　25某妣陳夫人，實祕書公長子，方先君官湖南，祕書公爲遣君從行，逾年，先
　　君夫人繼棄其孤，其孤既幼，喪事皆君治之，及某依外氏爲學，至長立得官，

表 8 『忠肅集』墓誌銘

No.	墓誌銘	姓名	籍貫	埋葬地	執筆理由	備考
1	天章閣待制郭公墓誌銘	郭申錫	大名人	大名府元城縣孝義鄉感義里之先塋		*蔡奕（女壻）
2	東上閤門使康州團練使陶公墓誌銘	陶弼	永州人	零陵金山之原		
3	直龍圖閣蔡君墓誌銘	蔡奕	宋人	應天府宋城縣七里村先塋太傅之兆	某視君實從母妹之壻，而又女歸其子蕃，故爲之銘	
4	右司郎中李公墓誌銘	李師中	鄆人	鄆州須城縣某鄉某里		
5	宮苑使閤門通事舍人王公墓誌銘	王易	開封人	衛州共城縣處賢鄉之原	公之爲冀州，某其屬邑令也，於是前葬，冒來請銘	
6	贈諫議大夫西門公墓誌銘	西門某	厭次人			
7	正議大夫致仕龔鼎臣公墓誌銘	龔鼎臣	鄆州須城人	須城之登賢鄉特進公之兆次	某少以諸生從公學，又以應天府官在公幕下，公之見知甚厚。而諸孤出公遺命來請銘	
8	朝奉大夫致仕梁公墓誌銘	梁師孟	當川人	萬年鄉零召村之原	予故善君也，先於是來請銘	
9	侍御史黃君墓誌銘	黃照	江陵人	江陵縣龍山鄉水青里	某先人嘗從政於江華，後二十年而君至，事經先人所畫者，一皆循用，吏民莫不以便安慕君，而至今歌思之。有前劉	

10	職方員外郎李君墓誌銘	李樞	鄆人	鄆州須城縣登庸鄉之原	後黃之語。今上熙寧四年友壻鄆使來乞銘	
11	兵部員外郎直史館梁公墓誌銘	梁燾	襄陽人	須城縣某鄉之原		「公愛甥將徙居之」梁燾之父＊范純道（女壻）
12	屯田員外郎蔡君墓誌銘	蔡天球	宋人	宋城縣三陵村先塋之北		＊蔡汭之子
13	刑部詳覆官朱君墓誌銘	朱洤	江陵人	龍山鄉某里之原	某嘗遊趙魏間，又從事江陵得君始末	朱初平（未詳兄子）之請
14	贈朝請郎楊君墓誌銘	楊整	魏人	衛之共城縣楊呂館某鄉之原		＊楊康國之父
15	承務郎李君墓誌銘	李伉		鄆州平陰楊呂陰之先塋	初，吾從事江陵，二子伏日，吾人受知厚，願得銘詩以終賜，哭甚哀，無以辭也	＊李師中之子
16	淸海軍推官呂君墓誌銘	呂昌辰			治平中，予從事江陵，僚友呂君者，君子人也，……而與予相好。	
17	潛山黃先生墓誌銘	黃孝舉	太湖人	鄆州須城望山	某人與著作君游，而未及見先生也，然觀其子之賢，即先生可知也已。於論次而爲之銘	
18	朝奉郎致仕黃君墓誌銘	黃苹		鄆州須城望山	某識君三十餘年，潛山之葬實銘之。於是諸子復以爲請	＊黃孝舉之子
19	太常博士彭君墓誌銘	彭櫁	譚之湘陰人	歸政鄉永寧里土塘之原	子民嘗從子游於荊州也，于是來請銘	

第一章　附篇　　255

20	范玺塗墓誌銘	范譚道	東平人	鄆州平陰縣安樂鄉樊山原先塋之左	而與子相好也，故其卒也。姜先生潛自魯來，與其姑之子張君謨經冶其喪，而使求碣銘	＊妻（故兵部員外郎直史館梁公倩之女），長女（姜氏之妻）
21	劉子中墓誌銘	劉常	濱州渤海人	王屋縣王陽鄉之北原		
22	國博陳幾道南墓誌銘	陳修古	東平人	鄆州須城縣南留村先塋之西	某祖妣仙源夫人，實公兄祕書鑑諱希古之子，以是知公之詳無若某者，丙前莖，又以狀來。謹序次而為之銘	
23	國博陳長孺墓誌銘	陳孝熙	東平人	鄆州須城縣盧泉鄉鄙上里先塋之甲穴	公，某某舅也。方不幸幼孤，實公字之，又教之，以俾成人。於葬也，其可以不銘	
24	陳仲明墓誌銘	陳孝詧	東平人	鄆之須城縣盧泉鄉先塋之原		＊陳希古之第二子「出處二十年間，舅氏之相次亡者四人，獨君一人者在，而以風痺臥家。雖然，每以事吾告假過鄉里，時得拜其左右，瞻候其安否，語言相問訊，尚足以自慰」 ＊陳希古之第五子
25	陳行先墓誌銘	陳孝若	東平人	鄆州須城縣南留村先塋之西	某妣陳夫人實祕書公長子，方吾君官湖南，祕書公為遣從行，逾年，先君夫人繼棄其孤，其	

26	宋宗室慈州防禦使宗博故夫人普寧郡君郭氏墓誌銘	郭氏		河南永安縣之塋	孤既幼、喪事皆君治之。及某依外氏爲學、至長立得官、所以成之者、君之德居多。於是前葬、懼來請銘	
27	壽安許夫人墓誌銘	許氏	衡陽人	某鄕某里謙之之塋	有詔詞林爲之銘	
28	仁壽趙夫人墓誌銘	趙氏	博之卿城	濟陰廣武原之先塋	其子太常少卿師道泣以謂某曰、……幽宮之銘以絫子、其毋辭	＊王巌叟之母
29	吳郡君墓誌銘	吳氏	撫州崇仁縣	大名府（「從夫幽堂」）	某以嫂夫人故、數出入拜夫人、今諸子擧公夫人之葬而以銘見屬、宜不可辭	＊郭申錫之妻＊郭申錫之先妻：「我妣之妹」
30	李夫人墓誌銘	李氏	東光人		其子熙以七年某月某日合葬、而取銘於某。某幼孤、蓋依夫人以生者也、是宜銘	＊故祕書陳監希古之家婦、故國子博士孝檦之妻、而某之舅母也

所以成之者，君之德居多。於是前葬，慥來請銘。

劉摯の母陳氏は九歳の時，父劉居正は十歳の時亡くなっている。この時，葬儀を取り仕切り，また学問の面倒を見たのは，季弟陳孝若であった[4]。ただ，劉摯の世話は陳氏全体が関わったようであり，

> 23公某長舅也，方不幸幼孤，實公字之，又教之，以俾成人，於葬也，其可以不銘。
> 24其後長立，竊食於仕，出處二十年間，舅氏之相次亡者四人，獨君一人者在，而以風痺臥家。雖然每以事告假過鄉里，時得拜其左右，瞻候其安否，語言相問訊，尚足以自慰其念母罔極之意。
> 30其子熙以七年某月日合葬，而取銘于某。某幼孤，蓋依夫人以生者也，是宜銘。

と見え，陳孝標夫妻も養育，教育に当たり，また陳孝嘗に対してはたびたび病気見舞いに訪れている。姻族陳氏との親密な関係は，また劉摯に宗族を大切にすることに向かわせたと思われる[5]。

②上司―部下，同官関係

ここでは5王易，7龔鼎臣の，上司―部下関係，16呂昌辰の同官関係の事例を見ておきたい。

> 5公之爲冀州，某其屬邑令也，於是前葬，冒來請銘。
> 7某少以諸生從公學，又以應天府官在公幕下，公之見知甚厚。而諸孤出公遺命來請銘。
> 16治平中，予從事江陵，僚友呂君者君子人也，……而與予相好。

4） このことは『蘇魏公文集』卷54「秘書丞贈太師劉君神道碑」にも，「其亡也，子纔十齡，夫人之季弟孝若從行在旁，伯氏得訃，自蔣陵走五千里抵衡陽與孝若擁孤，輿櫬歸戢東光佛寺。」と見える。また，『忠肅集』卷9，「家廟記」にも同様なことが詳しく述べられている。

5） 『石林燕語』卷10に「劉丞相摯家法儉素，閨門雍睦，凡冠巾衣服制度，自其先世以來，常守一法，不隨時增損，故承平時，其子弟雜處士大夫間，望而知其爲劉氏也。」と見える。

『宋史』巻340,『名臣碑伝琬琰集』下集巻13の劉摯伝を参考にすれば,王易は進士科に合格した直後の嘉祐五年(1060)の知冀州南宮県令時代の上司,龔鼎臣は熙寧八年(1075)の簽書応天府判官事時代の上司,呂昌辰は治平三年(1066)の江陵府観察推官時期の同僚ということとなる。

この他,上司—部下,もしくは同官関係が関わっているものとして,11の梁燾,14の楊整,28の趙夫人を挙げておきたい。これら3名について劉摯は直接的なつながりはない。彼らは「劉摯党人」としても名が上がる梁燾の父,楊康国の父,王厳叟の母であり,執筆は彼らからの依頼によるものと推測される。そして,第二節「劉摯との個人的関係」,「官歴」の項目で分析したとおり,彼らは劉摯,王厳叟,梁燾が言路の官の長として「言事」を取り仕切っていた折りの部下もしくは同官の関係に当たる人物である。

③門生,同学関係

7龔鼎臣については「某少以諸生從公學」,黄莘については17の史料に「某久與著作君游」と見え,この関係が執筆の背景にあったことが確認される。19の彭慥の場合は「子民嘗從予於游荊州也,於是來請銘。」と記されており,息子の彭子民が門生であった関係によるものである。この他にも幾つか同様な関係を推測させるものがある。『宋元学案補遺』巻2,「泰山学案補遺」では,「姜氏門人」(姜潜の門人)として,劉摯,梁燾,李修,范遵道,「龔氏門人」(龔鼎臣の門人)として劉摯,「忠肅門人」(劉摯の門人)として西門楫,任宗誼,劉繢をあげている。後世の位置付けとはいえ,この学統関係は墓誌銘を読み解く上でも参考になる。例えば,20范遵道の事例では,

> 20喜事多學,至星曆氣數皆通其術。篤於朋友,忠信樂易,久而不渝。而與予相好也。故其卒也。姜先生潛自魯來,與其姑之子張君裒經治其喪,而使來趣銘。

と見える。葬儀に際し,魯からやってきた姜潜が墓誌銘を書くように劉摯に促しており,両者が姜潜の元で共に学んだ関係をうかがわせる[6]。

---

6)『忠肅集』巻9,「鄆州賜書閣記」によれば,劉摯は二十歳から三十歳にかけて姜

また劉跂『学易集』巻7,「渤海西門參軍墓誌銘」は西門楫の墓誌銘を記録する。この史料をもとに『宋元学案補遺』巻2は「西門楫, 字道濟, 渤海人, 從劉忠肅游, 家世儒學以長者稱, 至君尤好學, 立義重然諾名聞。」とし, 西門楫を劉摯の門人としている。6の西門某は『学易集』の史料と突き合わせることによって西門楫の祖父であることが確認できる。恐らく, 劉摯の門人としての関係が執筆の背景にあった可能性がある。

また, 4, 15と李師中, 李伉親子の墓誌銘を執筆している。劉摯と李伉とは15に「初吾臨其喪, 二子伏曰, 先人受知厚, 願得銘詩以終賜, 哭甚哀, 無以辭也。」と記されており, 親しい関係にあったことがうかがえる。この具体的な関係はわからないが学問的関係であった可能性もある。それは, 畢仲游『西台集』巻15「登封県李君墓誌銘」に李師中の長子修が姜潜に師事していたと記しており, 兄が同じ姜潜の門人であったことが確認されるからである。

④友人関係

8の梁師孟について「予故善君也, 先於是來請銘, 爲之銘。」と見える。梁師孟は元祐六年に亡くなった時に七十二歳, 劉摯はこの時六十一歳, 劉摯の方が若干年齢が若いが, 国子監直講時代に新法を批判した学生を合格として失脚し, 後には推薦を求めず郷里に隠居した姿などに共感したことを述べており, 政治的な立場から共鳴する点が多くあったのだろう。このほか, 15李伉の「先人受知厚」, 16呂昌辰の「而與予相好」といった表現の中に友人関係を推測させるものがある。墓誌銘対象者ではないが, 執筆を依頼したと思われる梁燾, 王巌叟, 楊康国なども, 新法, 旧法の政争を共に経験した友人関係と見なしうるかもしれない。

⑤その他

執筆理由と関わるものとして劉摯の政治姿勢との共通性を見ることができよう。2陶弼の「名將」, 6西門某の「循良吏」といった官吏としての姿勢, 8

潜, 劉述, 龔鼎臣等に師事したことが述べられている。

梁師孟の推挙を求めず，出世に恬淡とした態度，16呂昌辰の「清白」な官僚としての態度など，墓誌銘を飾る表現に劉摯の政治に対する姿勢を見ることができる[7]。そして，特筆すべきは「言路」の官に対する評価の表現である。

★1 郭申錫

　　累官言路，自以遭人主眷納，遇事必盡言，慮遠而力彊，無所回忌，有大體。

★7 龔鼎臣

　　蓋公前後在言路，闊略細故，至大事無顧忌，必言之。其言優游，不亟不緩，平心據理，務使人主易聽而已。恥爲表表，買直近名，退亦未嘗以語人，故其事多施行，而世頗不知自公發也。

★11 梁蒨

　　更御史三院，彈劾無所顧望，奸權歛懼，朝廷爲尊嚴。其言順不迎上，直不媚世，皆出天下公議。猶喜論人物，每對，從容指別善惡，所當用不用，未嘗以小是非名目士大夫，故其言多見行，而世或未有深知者也。

★14 楊整

　　康國由貧賤輟耕讀書，豈自致及此，實先人種德所詒。惟先人之德，弗顯於生矣，冀不於後者，顧不在君子之言以銘其藏乎，敢以請。嗟夫，士之立於朝廷者，類得以天子之爵歸榮其親，非特以慰其爲子之心，而天下之爲父母者勸矣。惟君力於爲善，陰德所儲，雖弗振耀於世，然教子之功，卒獲其報而身享之。晦之有顯，茲孰加焉。今其子由御史・諫官出奉使指，議論政事，爲朝廷聞人。

★29 呉夫人

　　給事立朝，侃侃言路。不以家岬，夫人之助。

---

7)　『宋史』卷340に「摯性朴直，有氣節，通達明銳，觸機輒發，不爲利怵威誘。自初輔政至爲相，修嚴憲法，辨白邪正，專以人物處心，孤立一意，不受謁請，子弟親戚入官，皆令赴銓部以格調選，未嘗以干朝廷。」あるいは「其教子孫，先行實，後文藝，每曰，士當以器識爲先，一號爲文人無足觀矣。」と見える。なお，『長編』卷446，元祐五年八月戊戌所引李燾注によれば，「摯新傳大率依劉佽等所編也。」とある。『宋史』劉摯傳の基となる『劉摯新伝』は劉摯の門人である劉佽が中心になって編纂した『劉摯行実』に基づくことが知れる。

1と29は郭申錫に関わるものであり，7龔鼎臣，11梁燾とともに，劉摯は公議の心より出た忌憚のない言路の官としての彼らの活動を高く評価している。14は親の徳を受け継ぎ，御史台官，外任の職にて成果を収める息子楊康国を称えた一節である[8]。

　これらは墓誌銘の一部を抜き出したものであり，これらを以て全体を判断するわけにはいかないが，「劉摯党人」の政治手法が言路の官を中核とし，新法党ならびに新法を批判し，旧法を復活するものであったことを思い起こすと，これらの言路の官に対する評価はあながち関係ないものとはいえないであろう。

三，おわりに

　第三部第一章では『長編』を中心に元祐党人の政治的ネットワークの考察を行った。分析の成果として，元祐党人の中核となったのが「劉摯党人」と称された集団であり，彼らは「言路」の官を積極的に活用し，新法党や新法政策を批判，弾劾し，旧法路線を進めていった有様を確認できた。

　今回の墓誌銘の分析では，劉摯が生まれ故郷（河北東路）と生活の拠点（京東東路）とに密接な人脈を形作っている様子を確認できた。とりわけ，母方の陳氏を媒介として鄆州の人々と強い結びつきを有していた点は注意を要する。要するに墓誌銘史料は劉摯が鄆州を中心として，河北東路から京東西路にかけて地縁，血縁，婚姻，学問，職業などを縁とする日常的ネットワークを築いていたことを物語ってくれた。

　この劉摯党の分析結果は何を物語るであろうか。元祐旧法党の場合，洛党，蜀党，朔党という表現が用いられたように，地域と密着した政治集団の特徴を有していたように思われる。というのは，旧法党は，新法党のように商人，市

---

8) 同様な言路の官を称える表現は『忠肅集』巻11，「唐質肅神道碑」にも「公前後三在言職，名鯁切，無所回忌。」と見える。また，唐介（字質肅）の息子の唐淑問は熙寧時代に御史台官，元祐時代に諫官として活躍した人物であり，同「神道碑」に「子五男，淑問，朝奉大夫，嘗爲御史有直聲，能世其家風。」と見える。

場,流通,貨幣といったものを国家が主体となって管理,統制しようとする国家社会主義的な政策よりも,むしろ地域社会の自主性を重んずる政策を選択していったこともそうした特徴と深く関わっているのかもしれない。例えば,ある研究者は司馬光の政治改革について「小さな政府と小さな財政への復帰」,あるいは「彼の財政論は郷里の従父兄弟たちの家政の方針と共通するものがあり,司馬家あるいは華北の農民の立場を代弁する主張」といった観点で捉えており,旧法党の政策と彼らが拠り所にした基盤との密接な連関をうかがわせてくれる[9]。

最後に政治的ネットワークと日常的ネットワークの問題について概括しておく。確かに,『長編』に見える「劉摯党人」と墓誌銘史料とでは重なり合う部分は少ない。一つには墓誌銘が死者の業績を称えるものであり,対象者が劉摯より上の世代となることが多く,劉摯の政治人脈とは必ずしも一致しないという理由がある。また「劉摯党人」に関わる墓誌銘史料が少ないという問題があ

---

[9] 稲葉一郎「司馬光の政治思想——主として改革派官僚期における——」(『アジアの文化と社会』法律文化社,1995年)参照。ここで,新法党と日常的ネットワーク,政治的ネットワークとの関係について補足しておく。もちろん,新法党にも地縁,血縁,婚姻,学問といった日常性に起因するネットワークの構造がなかったわけではない。それを証明するかのように,新法党関係者には王安石の親族,姻族や門生がかなり見られる。例えば,親族として王安国(兄),王安礼(弟),王雱(息子),姻族として龔原,蔡京,蔡卞,謝景温,葉濤,沈季長,張奎,そしてかなりの遠縁となるが曾布,韓絳といった人物もいる。門生としては,王雱,龔原,陸佃,王学に関わる者として呂恵卿,蔡京,蔡卞,林希,蹇序辰,楊畏などがいる。また,呂恵卿,章惇,蔡確,蔡京,蔡卞といった福建を本貫とする人々が新法党の中核を構成していたという事実もある。しかし,新法党の場合,朋党の形成契機としては,第二の政治的ネットワーク結集の要因が色濃いように思われる。その証拠に新法党の政治手法として,制置三司条例司,中書条例司,講議司などといった新しい機構に若手官僚を集め,そこを中心として政治運営を行う特徴が見られ,人脈形成においてもこれらの機構が大きな役割を果たしている。なお,新法党人脈については多くの研究が出されているが,その中で熊本崇「中書検正官——王安石新法のにないてたち——」(『東洋史研究』47-1,1988年)を代表例として挙げておく。

る[10]。しかし，今回本文では触れなかったが，劉摯党人に関わる墓誌銘関係史料を丹念に調べていくと，劉摯，王巌叟，梁燾，劉安世，楊康国，趙君錫といった人々の連関が浮かび上がって来るのであり，二つのネットワークには一定程度のつながりを見ることも可能である[11]。

しかし，日常的ネットワークと政治ネットワークを同一視するわけにはいかない。例えば前者の例としては政治と縁を切り，純粋に文人として生活を送る士大夫の姿も想定しうる。むしろ，次のように概括すべきであろう。政治的ネットワークは日常的ネットワークを基盤とするものの，政治世界に参入した個人は政治という競争，対立の場を勝ち抜くため，前者のネットワークを超える形

---

10) 祝尚書『宋人別集叙録』（中華書局，1999年）は宋人の文集の残存状況を明確に示してくれる。「劉摯党人」関係で使用できるのは，『忠粛集』以外では張舜民『畫墁集』，劉安世『尽言集』，劉跂『学易集』程度である。いずれも残失した部分が多く，『忠粛集』以外では墓誌銘史料は殆ど残っていない。

11) 墓誌銘，行状関係の史料を調べていくと「劉摯党人」間のつながりを確認することができる。『長編』の中には，「張舜民作梁燾行状」「張舜民誌王巌叟墓」といった注記が見え，張舜民が梁燾の行状，王巌叟の墓誌銘を記していたことが確認される。また，『蘇魏公文集』巻54，「秘書丞贈太師劉君神道碑」によれば，劉摯の父の行状を任粹が書き，墓誌銘を元絳が書いたこと，趙君錫が逸事を集めて史官に報告したこと，劉摯が蘇頌に神道碑執筆を依頼したことなどが記される。この神道碑の中で蘇頌は「於時丞相鎮天平之二年，將勒銘神道，假文于嘗僚某，某與丞相遊從，有素望。府君爲前達，雖未嘗接迹，固亦講聞其德義矣。然於閥閱，蓋有不知。今考三公誌状，與所聞皆合。故得詳述其本末，以慰孝嗣追遠之志，而系之以銘。」と述べ，宰執としての同僚関係や交友関係を神道碑執筆の理由に挙げている。この他，墓誌銘・神道碑に近い内容を持つものに劉安世の手による『忠粛集』原序がある。この序は劉摯の長男劉跂が劉安世に依頼したものであるが，その手紙の中には「然而元祐大臣不幸亡歿者，類皆不敢納銘於壙，植碑於隧，始終大節，不應無聞於後世。願因集序幷載一二，使他日有攷焉。」とあり，墓誌銘に準ずる内容を書いてくれることを求めている。また，それに対して劉安世は「顧惟衰拙，自少受知於先丞相，素叨國士之遇，中荷薦引，浸階禁從，晚歲遷謫，復同憂患，而又被譴以來行三十年，固窮守道，俯仰無愧，似不爲知己之辱。雖懷自顧不足之羞，而莫敢辭者，蓋義之所在，不可得而避也。」と述べ，劉摯に厚遇を受け侍従の地位まで昇ったこと，また元祐党禁を共に受けた身であるので，執筆を辞退しがたい旨が記されている。以上，調べ得た範囲でも，墓誌銘，行状，神道碑などを介する劉摯，梁燾，王巌叟，劉安世，張舜民，楊康国，趙君錫などの元祐党人間のつながりを確認できる。

で別の個人と結びついていく必要があった。その際には，前者の諸関係は薄らぎ，上司—部下，同官といった官職の関係，「薦挙」を媒介とする推薦関係，あるいは宰執，「言路」の官，侍従といった政策決定過程に関わるポストとの結びつきが重視され，それらの関係を取り結ぶ中で政策への協調，対立の選択が迫られ，政治色を帯びた集団を形成していくこととなるのである。

第二章　宋代の政策決定システム
――対と議――

一，はじめに

　秦漢帝国成立より清朝解体まで一貫して専制国家としての形態を保持してきた前近代中国社会は，秦漢以降の重層的官府連合体としての国家機構から宋代以降の中央集権的文官官僚体制への移行という官僚機構の目まぐるしい発展を遂げつつも，国家意志の発議・決定は，システムの変化はあるにせよ，最終的には皇帝一人によってなされるという専制主義的な特質を保ち続けてきた[1]。この国家意志が如何に形成され，実現されたかについては，これまで多くの研究者が取り組み，膨大な研究成果が蓄積されている。その傾向を整理すると，先ず多大な成果を有する文書制度研究が浮かび上がってくるが，これらは概して文書手続きの解明を主眼とする，いわば官僚制の静態的側面に関心が集中している。これを一先ず措き，より動態的側面，即ち政策決定の場である政治空間に目を向けた研究としては，二つの方向を見出すことができる。第一は，漢代の集議，六朝の博議・詳議，中書・門下・尚書の三省成立以後の唐代における宰相の議（政事堂の議→中書門下の議）といった，政策決定の中核を担った議を考察した研究，第二は，唐代後半から宰相を媒介とせずに直接皇帝と結びつく形で発展し，延英殿・浴堂殿などで実施された上殿奏事の制度である対についての研究である。このうち，延英殿奏対の制度を研究された松本保宣氏は，この制度の発展に宋代以降の中央集権的文官官僚体制へ連なる先駆的形態を見

---

[1]　渡辺信一郎「中国古代専制国家論」（『比較国制史研究序説――文明化と近代化――』柏書房，1992年）参照。

ることができるとされた[2]。

　さて，宋代においても，濮議や熙寧・元祐の科挙・学校の議に代表される政争に依然として前者の議が機能する一方，後者の対は転対，召対，入対，引対などの各種の様式で顕著な発展が見られた。宮崎市定氏は，この対の制度の発達に皇帝が直接官僚と結びつくという君主独裁制のあり方が窺えるとされた[3]。さらにこの対を制度的根拠として，台諫（御史台官・諫官）を中心とした士大夫の活発な言論活動がなされ，宰執（宰相・執政）と相拮抗する勢力を形成し，政争が展開したことについては拙稿で論じてきた通りである[4]。従って，この二つの制度を整合的に論じることが，宋代の国家意志決定システムの解明につながると考えられる。しかし，議については，当該制度における補助的な役割を見ることは可能であるが，対と比べ，恒常的かつ主要な役割を演じたとは考え難い。また宋代に見られる各種の議は，漢代から唐代までの議の様式と重なり合うものであり，前代と異なる宋代的特徴を見出すことも難しい。そこで，本稿は，議については制度の概略を述べるに止め，対の分析を中心に論を進めることとした。

2）　永田英正「漢代の集議について」（『東方学報』43，1972年），中村圭爾「南朝の議について――宋・斉代を中心に――」（『人文研究』40-10，1988年），金子修一「南朝期の上奏文の一形態について――『宋書』礼儀志を史料として――」（『東洋文化』60，1980年），中村裕一『唐代制勅研究』（汲古書院，1991年）附節Ⅲ「「議」の文書的考察」，謝元魯『唐代中央政権決策研究』（文津出版社，1992年），松本保宣「唐代後半期における延英殿の機能について」（『立命館文学』516，1990年），袁剛「延英奏対制度初探」（『北京大学学報哲学社会科学版』1989-5）等参照。
3）　宮崎市定「宋代官制序説――宋史職官志を如何に読むべきか――」（『宋史職官志索引』所収，1963年）。
4）　本書第三部「宋代の政治システム」第一章「宋代の言路」，「宋代の垂簾聴政について」（『中国の伝統社会と家族』，汲古書院，1993年），「宋代の対について」（平成四年度科学研究費研究成果報告書『東アジアの伝統社会における指導者像の比較研究』，1993年）。本文所掲の図18は以上の拙稿に基づくものである。

二，議

　実際，『宋史』『長編』『要録』などを繙くと膨大かつ多様な議の史料収集が可能である。その議の規模は対金戦争下において国政の方針を決めるために百余名が参加した百官の議から，数名程度で行われる両制（翰林学士・中書舎人）の議，給舎（給事中・中書舎人）の議まで様々なものが見られる[5]。差し当たって，考察対象として濮議を取り上げて見よう。濮議とは英宗の実父の濮王をどう処遇すべきかという典礼上の資格問題を巡って争われた事件であり，一般的には宰執と台諫との政争として紹介されることが多いが，その事件経過を見ると二段階に大別しうる。治平二年（1065）四月，「禮官及び待制以上に詔して，濮安懿王の典禮を議せしむ。」との詔が出され，六月には両制・礼官の議が行われ，まず宰執と両制・礼官との間で論争が展開する。さらに百官の議へと舞台を移すこととなるが，これは皇帝の命令によって取り止めとなる。いわば，ここまでが第一段階，即ち，集議の命を受けた両制（或いは待制以上）・礼官と宰執との争いであった。そして集議の取り止め以降は，論駁の仕事を本務とする台諫と宰執との間に論戦が展開する第二段階に入る。そこでは文書による上奏，あるいは対の様式を取った論争が繰り広げられる。さらにこの抗争に登場した官僚の肩書きを見ると（図16参照），四名の集議参加者は両制或いは待制以上という形で論争に参加しているのであるが，知諫院という職務を帯びていた司馬光や，判太常寺という職務を帯び，後半も論争に名を出す呂公著に対して，王珪，范鎮は第二段階には名前が現れず，両制あるいは待制以上（≒侍従）・礼官の集議から，台諫の論駁への展開の様子を窺うことができる。要するに，侍従・礼官といった資格で議に参加した者，及び論駁の仕事を担う台諫と，それ

5）　対金戦時下の百官の議は『長編紀事本末』巻145, 靖康元年十一月己巳の条。両制の議の事例は，『長編』巻196, 嘉祐七年正月乙亥の条，同巻202, 治平元年八月丁巳の条，同巻240, 熙寧五年十一月戊辰の条など，給舎の議の事例は『要録』巻182, 紹興二十九年閏六月辛未，同巻190, 紹興三十一年五月甲申の条など。

図16　濮議の対立の図式

第一段階	治平二年四月，「詔禮官及待制以上議崇奉濮安懿王典禮以聞。」
	六月　両制・礼官の議
	〈宰執ＶＳ両制・礼官〉
	↓百官集議の取り止め
第二段階	六月以降　文書・対を媒介とした宰執・台諫の争い

宰執側　　ＶＳ　　○王珪（翰林学士兼侍読学士）
欧陽脩　　　　　　○司馬光（天章閣待制兼侍講，知諫院→龍図閣直学士，判流内銓）
韓　琦　　　　　　○呂公著（天章閣待制→判太常寺）
曾公亮　　　　　　○范鎮（翰林学士兼判太常寺）
　　　　　　　　　　呂誨（侍御史知雑事）
　　　　　　　　　　趙瞻（侍御史）
　　　　　　　　　　呂大防（監察御史裏行）
　　　　　　　　　　范純仁（侍御史）
　　　　　　　　　　蔡抗（史館修撰同知諫院）
　　　　　　　　　　賈黯（給事中権御史中丞）
　　　　　　　　　　韓維（知制誥領通進銀台司門下封駁事）
　　　　　　　　　　傅堯俞（起居舎人同知諫院）
　　　　　　　　　　趙鼎（侍御史）

○印集議参加者

ぞれが本務の権限・義務を背景に相争った事件が濮議であった。こうした議のあり方は，濮議にとどまるものではない。例えば，慶暦・熙寧・元祐の科挙・学校の議は「近臣に詔して議せしむ。」（『長編』巻147，慶暦四年三月甲戌），「兩制・兩省・待制以上・御史・三司・三館に詔してこれを議せしむ。」（『文献通考』巻31），「禮部に詔して兩省・學士・待制・御史臺・國子監司業とともに集議聞奏せしむ。」（『宋会要』選挙3-49）といった詔を受けて議が行われ，制度改革がなされている。また，元豊・元祐年間，礼制改革の一つとして進められた天地合祭・分祭の論争は，前者が詳定郊祀礼文所の議を軸に改革が進められたのに対し，後者は「侍従官及び六曹長貳・給舎・臺諫・禮官に詔して郊祀の典禮を集議せしむ。」（『長編』巻477，元祐七年九月戊子）との詔を受けて議論が進められている。このように重要案件を審議する段階において議が有効に機能していること，あるいは侍従・台諫といった官僚層が審議装置である議に参加し，政

第二章　宋代の政策決定システム

策決定に重要な役割を果たしている様子を看取しうる[6]。

　次に，いわゆる集議の基本構造について触れておこう。実際，議と呼ばれるものは多種多様であり整理しにくいが，ここでは『宋会要』儀制8―9「集議」に見える太常礼院の言に基づき四つのカテゴリーを紹介しておく。第一は「本省を集める」（南省官の集議，即ち尚書省の官による集議），第二は「学士・両省・台諫を集める」（南省官に加えて内制・給舎・中丞の類を加えたもの），第三は「学士・台省及び諸司四品以上を集める」（以上に卿監の類を加えたもの），第四は「文武百官を集める」（以上に諸衛の流を加えたもの）である。これらの内，最も多く事例として表れるのが「学士・両省・台諫を集める」議であり，尚書の特定の部局と侍従・台諫の議，侍従・台諫の議，侍従の議など，尚書省の官，侍従，台諫の三つを軸に様々なバリエーションを見出すことができる。これを侍従・台諫の議と仮定し，その内容を検討するとその大半は礼制問題に関する議であるが，科挙・学校，治水問題，任子の問題，官田の問題，あるいは，刑法問題，財政問題における集議の事例を見出すこともでき，必要に応じて開かれ，審議の役割を担った様子が窺える[7]。しかし，国家の命運をかけて非常事態に

---

6) 濮議については小林義廣「「濮議」小考」（『東海大学紀要文学部』54，1990年），郊祀については小島毅「郊祀制度の変遷」（『東洋文化研究所紀要』108，1989年），元祐の科挙・学校の議については本書第一部「宋代の選挙制度の構造」第四章「選挙論議より見た元祐時代の政治」参照。

7) 礼制の議の事例として，「（嘉祐三年四月）初，翰林學士歐陽脩言神御非人臣私家所宜有，若援廣親宅例，當得興置，則是沿襲非禮之禮。詔送兩制及臺諫・禮官詳定。」（『長編』巻187，嘉祐三年四月乙丑），「（治平元年正月）初，禮院奏乞與兩制同議仁宗當配何祭。（中略）翰林學士王珪等議，……。知制誥錢公輔議，……。於是，又詔臺諫及講讀官與兩制・禮院再詳定以聞。御史中丞王疇以爲，……。知諫院司馬光・呂誨議，……。觀文殿學士・翰林侍讀學士孫抃等奏，……。詔從抃等議。」（『長編』200，治平元年正月辛酉），「（紹興元年五月）侍從・臺諫集議隆祐皇太后諡曰昭慈獻烈。後三日，詔恭依。」（『要録』巻44，紹興元年五月癸卯）など。科挙・学校の議の事例として「（慶暦四年三月）詔近臣議。於是翰林學士宋祁，御史中丞王拱辰，知制誥張方平・歐陽脩，殿中侍御史梅摯，天章閣侍講曾公亮・王洙，右正言孫甫，監察御史劉湜等合奏曰，（以下略）」（『長編』巻147，慶暦四年三月甲戌），「神宗熙寧二年，議更貢舉法，罷詩賦明經諸科，以經義論策試進士。（中略）詔兩制・兩省・待制以上・御史・三司・三館議之。」（『文獻

開かれる集議を除けば，恒常的に開かれ大きな意味を持った議は，諡号などの礼制問題に限られる。換言すれば，この集議の主たる役割は礼制の審議にあったと言っても過言ではない。更に附言すれば，以上のように臨時の審議装置として働く侍従・台諫の議に対して，一定期間，審議機関として機能する官僚機構の設置もしばしば見られた。例えば，先に挙げた神宗時代の詳定礼文所，或いは元豊官制改革の中心を担った詳定官制所，役法問題を集中討議した哲宗時代の詳定役法，礼制問題を広く討議するとともに，『政和五礼新儀』などの礼書を編纂した徽宗時代の議礼局などであり，時期によってはこうした正規の官僚機構の外側に審議機関を設け，政策の立案を積極的に行うこともあった。とりわけ，新法政策を積極的に進めた神宗時代は制置三司条例司，中書条例司の例を引くまでもなくその傾向は顕著であり，ここにも侍従・台諫の議が審議装置として恒常性を有するものでなかったことが窺えよう。

しかし，その一方，こうした議の対極に，政策立案過程において恒常的に行

───────────

通考』巻31，選挙考4，挙士4，宋2），「(元祐元年閏二月) 詔禮部與兩省・學士・待制・御史臺・國子監司業集議聞奏。」(『宋会要』選挙3-49)，「(元祐三年九月) 詔尚書・侍郎・學士・待制・兩省・御史臺官・國子監長貳，詳議殿試用三題法。」(『長編』巻414，元祐三年九月壬子) など。治水問題の議として「(至和二年九月) 丁卯。詔，……其令兩制以上・臺諫官與河渠司同詳定開故道修六塔利害以聞。」(『長編』巻181，至和二年九月丁卯)，任子の問題の議として「(至和二年九月) 於是，中書先請自二府・宣徽・節度使，遇南郊仍舊奏二人，而罷每歲乾元節任子。餘詔兩制・臺諫官定議以聞。」(『長編』巻181，至和二年九月辛巳)，「(紹興七年十月) 中書舍人趙思誠入對，論任子之弊，……望特詔侍從官共議所以革弊之術，示之以至公，斷之以必行。翌日，詔侍從官討論申向書省。會思誠補外，議遂格。」(『要録』巻115，紹興七年十月辛丑)，官田問題の議としては「(紹興三十一年三月) 初，戸部奏以官田授揀汰使臣。事下兩省・臺諫，既而給事中黃祖舜・中書舍人虞允文・臺諫杜莘老・梁中敏等言，……。」(『要録』巻189，紹興三十一年三月甲午)，刑法問題の議は「(乾道二年四月戊寅) 以久雨，命侍從・臺諫議刑政所宜以聞。」(『宋史』巻33)，財政問題の議として，『要録』巻182，紹興二十九年閏六月辛未の条など。

第二章　宋代の政策決定システム　　271

われ，国家意志決定に大きな意味を持つ宰執の議，尚書の議[8]といった議が存在した。しかし，こうした議は，史料に埋没して明確に表れないのが通例であり，政策立案・審議過程における両者の議の機能を総合的に評価することは極めて難しい。むしろ，本章で，政策立案・審議・施行を担う三省の外側に位置し，審議装置としての議にしばしば登場する侍従・台諫の存在に着目してみたい。ここに，権力を巧みに分散させるという宋代の政治構造の特質を考える鍵があると思われるからである。

以下，次節では，前稿までに十分検討が行えなかった対の全体像，即ち転対・引対・召対・入対等の各種の対の役割・機能，あるいは対の権限の官職による差異及び議の機能を通して浮き彫りになってきた宰執・侍従・台諫といった官僚層の政治的位置付けについて考察を進める。

三，対

対，即ち上殿奏事のイメージを喚起するために，次のエピソードを紹介しておく。

> （熙寧五年）八月二十六日。垂拱殿の百官起居が終わり，両府が奏事を行うため，侍立していた。そこに突然知諫院の唐坰が請対を願い出た。神宗は閤門使を使わし，他日請対するように諭した。更に後殿で行うよう命じたが，何れも承服しなかった。そこでやむなく唐坰を召し陞殿させると，坰は玉座の前に進み，徐に懐から箚子を取り出し，読み上げようとした。神宗は箚子を留めて退くよう命じたが，唐坰は面前で意見を開陳することを主張し，箚子を広げた。更に王安石に目をやり，御前近くまで来て箚子の

---

8) 『宋史』巻472，蔡京伝に「初，國制，凡詔令皆中書門下議，而後命學士爲之。至熙寧間，有內降手詔不由中書門下共議，蓋大臣有陰從中而爲之者。至京則又患言者議己，故作御筆密進，而丐徽宗親書以降，謂之御筆手詔，違者以違制坐之。」，『長編』巻323，元豊五年二月癸丑朔の条に「六曹諸司官，非議事不詣都省及過別曹。應立法事，本曹議定，關刑部覆定，干酬賞者送司勳，如無異議，還送本曹，赴都省議，體大者集議，議定上中書省，樞密院事上本院。」と見える。

内容を聞くように言った。唐坰の恫喝を受け、しぶしぶ進むと、六十余条に及ぶ王安石に対する批判文を大声で読み上げた。一事を読み終わるたびに、王安石を指差し、自分の発言の虚実を王安石に宣諭してくれと神宗に請願した。神宗はしばしば押し止めなければならなかった。唐坰は読み終わると、玉座を指差し、自分の意見を聞き入れなければ、長く玉座に留まっていられないと言い、殿上より降り、再拝して出ていった。(『長編』巻237、熙寧五年八月癸卯の条所引注『林希野史』)

ここには唐坰と神宗、及び宰相王安石との間の緊迫した対の様子が窺えよう。また、知諫院余靖が盛暑の時、仁宗に対して自己の意見を極言したところ、仁宗は入内し、「汗臭いやつが、唾をわしの面前に吹き掛けおった。」と語ったエピソード(『長編』巻150、慶暦四年六月丁未)や、あるいは「今後臣僚の奏事の際には、近侍の者を故事のように遠ざけていただきたい。」との同知諫院呂誨の上言が裁可されていること(『宋会要』儀制6-14)から知られるように、対とは皇帝と極めて身近な場所で、宦官など近侍の者を遠ざけ秘密裏に行われるものであった。また、建炎二年(1128)の記録ではあるが、王賓は御史中丞兼侍読として、十日間に九対し、ある日の場合、早朝は中丞の職事により、午後は経筵官として留身し、二度対を行った(『要録』巻13所引の朱勝非『秀水間居録』)とあるように、特定の官職を帯びる者にとっては頻繁に皇帝と接触できる機会を提供するものであった。こうした皇帝と密接なる場を構成する対のイメージが浮かび上がってくる一方、違法とされた第一の事例から知られるように請対、つまり対を請うためには一定の手続きが必要であった。以下、その手続きについて詳しく論じることとするが、その作業を進める前提として、当時の文書の流れなど、政治システムの基本的装置を概観しておく。

　図17は、司馬光の遺稿として残され、その原稿は元祐初めに出されたとされる彼の奏議をもとにまとめたものである。皇帝からの内降文書、或いは諸処からの奏状・申状が門下・中書省に届けられると、尚書省に送られ、尚書省から六曹、六曹から諸案に送られ、ここで内容の検討が行われ、その際、近くは寺監、遠くは州県まで問い合わせが行われる。これが済むと、再び六曹に送られ、

第二章　宋代の政策決定システム　　　　　　　　　　　　273

図17　元豊官制改革以後の文書の流れ

```
内　降　文　書      →  門下・中書省→尚書省→六曹→諸案（勘会，検尋文書・会
諸処所上奏状・申状       問事目→寺監・州県）
                  →六曹（相度事理，定奪帰着）→尚書省→中書省（取旨）
                  →門下省（履奏画可，翻録）→尚書省→六曹→諸処
                  （＊下線部——尚書六曹の議，宰執の議，三省同進呈の手続き）
```

　一定の判断が下され，その結果が尚書省に送られ，尚書省から中書省に送られ，中書省は皇帝から聖旨を取り，門下省に送って審査を行い，そして翻録した上で尚書省に送り，尚書省から六曹に，六曹から符という形で諸処に文書が送られるというものである。この文書の流れにおいて，とりわけ下線部であるが，尚書六曹の議，宰執の議といった議が想定されること，及び中書取旨といっても，元豊末・元祐初めの呂公著・司馬光の上言を受け，三省が文書を一緒に進呈した上で聖旨を取るように改正されたことは注意すべきである[9]。これは元豊時代の三省鼎立によって中書と門下に分かれ，そのため門下侍郎である首相ではなく，中書を握った宰相の権力が強くなったことを顧み，行政府の意思の統一（都堂での審議→三省合班奏事→取旨→施行）と業務の分割（三省分省治事）の原則を確立したことによるものである[10]。また，こうした三省間の直線的な文書の流れに加え，図18に示したように，中書舎人，給事中，台諫による「封還詞頭」「封駁」「論駁」による異議申立がなされ，政策の修正が随時行われた。
　次に国家意志決定の中心に位置する皇帝が如何なる情報のネットワークを持ち得たかについて，呂中『皇朝中興大事記』巻1，「復転対故事」の記事を手掛かりに見てみよう。
　　國朝，宰輔の宣召，侍臣の論思，經筵の留身，翰苑の夜對，二史の直前，

9）『司馬光奏議』（山西人民出版社，1986年）巻40「乞合両省為一箚子」，同内容が『長編』巻431に司馬光の遺稿として採録されている。なお，元豊八年七月，呂公著の上言を受けて「詔應三省合取旨事及臺諫章奏並同進呈施行。」（『長編』巻358，元豊八年七月戊戌）との詔が出されている。
10）「元祐初，司馬公相，乃請令三省合班奏事，分省治事。自紹聖以後，皆因之。」（『建炎以来朝野雑記』甲集巻10，官制一，丞相）。

第三部　宋代の政治システム

図18　垂簾聴政期の文書の流れ

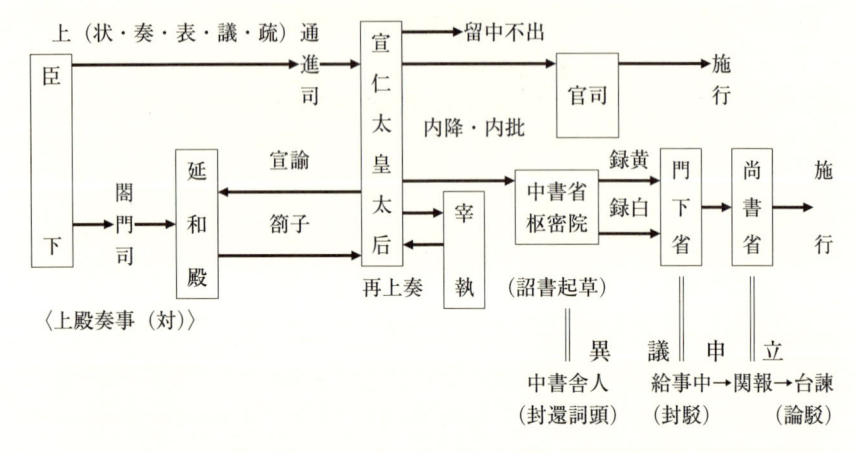

```
臣下 ─上(状・奏・表・議・疏)→ 通進司 → 宣仁太皇太后 ─→ 留中不出
                                    ↓              → 官司 → 施行
                                 内降・内批
     ─→ 閤門司 → 延和殿 ←宣諭─ 宣仁太皇太后 ⇄ 宰執
                       ─箚子→              (詔書起草)
                                                  中書省
                                                  枢密院 ─録黄→ 門下省 ─→ 尚書省 → 施行
                                                        ─録白→
                                 再上奏
〈上殿奏事(対)〉
                                                異議　　申立
                                              中書舍人　給事中→関報→台諫
                                              (封還詞頭)　(封駁)　　(論駁)
```

群臣の召歸，百官の輪對，監司・帥守の見辭，小臣の特引，三館の封章，臣民の扣匭，太學生の伏闕，外臣の驛に附し，京局の馬遞鋪を發するまで，蓋し一人として言うべからざるもの無し。是の意，紹聖以後に閒斷するといえども，盡く中興の日に復せり。

ここには，台諫，走馬承受といった天子の耳目たる一部の重要官職は見えないものの，ほぼ網羅的に列挙されている。ちなみに宰輔の宣召から小臣の特引までは何れも対の様式の一つであり，対が皇帝の耳目の装置として重要な役割を果たしていたことが知れる。

さて，官僚が皇帝に意見を上申する方法には図18に示しておいたように，通進司を介して届けられる状，奏，表，議，疏といった文体による上奏と，閤門司を介して行われる，箚子による上殿奏事の二つに大別することができる。このことを文集によって確認すると，大半は明確な区別をしないため識別は難しいが，例えば，

『河南先生文集』——巻18表疏，巻19箚子，巻20～22奏状，巻23奏議，第24・25申状

『臨川先生文集』——巻39書疏，巻40奏状，巻41～44箚子

『元豊類稿』——巻27～28表，巻29疏，巻29～32箚子，巻33～35奏状

第二章　宋代の政策決定システム

など，箚子とその他を明確に区別しているものも見受けられる。なお箚子は欧陽脩『帰田録』巻2によれば，

　唐人奏事するに，表にあらず状にあらざるもの，これを牓子といい，亦これを録子という。今これを箚子という。およそ群臣百司の上殿奏事，兩制以上の非時に奏陳するところ有れば，皆箚子を用う。中書・樞密院，事の宣敕を降さざるもの有れば，亦た箚子を用う。兩府と自ら相い往來するに亦た然り。百司の中書に申するが若きは，皆状を用う。

とあり，群臣・百司が上殿奏事する際，及び両制以上が非時に上奏を行う場合にこの書式を用いるとされる。また，このほかに中書・枢密院が宣敕を降さない際に出す文書，及び両府間の往来に用いる文書様式に箚子が用いられていることが確認される。さらに，

　又これを殿箚という。蓋し上殿奏對の入るる所の文字なり。およそ知州以上の見・辭，皆此を用う。（『朝野類要』巻4，「奏箚」）

　諸そ臣僚の上殿或いは前宰相・執政官及び外官の軍機の密速なるを奏するに，箚子を用いるを聽す。（『慶元条法事類』，巻16「文書令」）

とあり，前宰相・執政の上奏，外任官の緊急の軍機上の上奏に箚子が用いられることが記されているが，やはり中心は上殿奏事の際に用いられる文書様式である。なお，文集によってはその使用場所を明記しているものも見られる。例えば，『晦菴先生朱文公文集』巻13・14には，「癸未垂拱奏箚三」「辛丑延和奏箚七」「戊申延和奏箚五」「甲寅行宮便殿奏箚五」「経筵留身箚子」とあり，正殿である垂拱殿，便殿である延和殿などでの上殿奏事の様子が窺える。この箚子が通常の奏状と比べ，簡便・速達性を重視したことは叙上の史料の「非時」「軍機密速」といった表現よりも知られるが，その性格は真宗咸平四年五月二十九日の詔の一節「今後或いは時政の得失，人民の疾苦，刑獄の冤濫，軍馬の未便の，事機密に渉るもの有れば，即ちに上殿するを許す。尋常の細務は並びに閤門に状を進めよ。上殿箚子は，即ち事由を徑述するを許し，過ぎて文飾を爲すを必せざれ。」（『宋会要』帝系9，「詔群臣言事」）に端的に表れている。また，

　其の箚子を用いるものは，前に官を具さず，右を用いず，年を用いず，状

奏を改めて箚子と爲すに，事末に進止を取れと云う。(在京の官司，例として箚子を用いて奏事するものは，前に司名を具す。)(『慶元条法事類』巻16，文書式，「奏状」)

とあるように，奏状の書式では記されるところの官・右云々・年月といった事項が省略できた。

さらにその上殿箚子の手続きは，

① (大中祥符二年) 六月十六日。詔す，群臣の上殿箚子，今より二本をつくりて内に進め，行うべき者は，一は中に留め，一は有司に附す，否らざる者は俱に留めて報ぜざれ。

②景祐元年閏六月十三日。閤門に詔す，凡そ上殿の臣僚は，各の郷貫・年幾・出身・歴任過犯・轉官・章服年月の文狀一本を具し，前一日に進入せよ。

③ (慶暦) 四年九月十二日。三司戸部判官殿中侍御史趙祐言うならく，近ごろ上殿奏事を乞い，旨を得たり。尋いで閤門に牒したるに，申狀を須索され，仍お出身文狀兩本を要められたり。引對に至るころおい，已に七日を經たり。竊かに緣るに，臺諫の官，俱に言事を職とす。臺諫は則ち具奏して旨を候ち，諫官は則ち直ちに閤門に牒すれば，事體殊なる有り。欲すらくは諫官の例に依りて，直ちに閤門に牒するを許されんこを。詔して，家狀を供するを免ず。(以上『宋会要』儀制6，「群臣奏事」)

④應ゆる奏請，事の上殿に非らざれば，年月の旁に於いて某省或いは樞密院に降附されんことを乞うと貼せよ。(『慶元条法事類』巻16，文書式，「奏状」)

⑤ (元祐元年二月) 詔す，臣僚の上殿箚子，簾前に進呈し訖らば，並びに實封し，通進司に投進し，卽ち直ちに三省・樞密院に批降するを請うを得ざれ。(『長編』巻365，元祐元年二月癸亥)

⑥ (元豊五年七月) 詔す，今より臣僚の上殿箚子は，並びに進呈して旨を取れ。是より先，三省・樞密院或いは以て進呈せずして，直ちに之を寢む。故に是の詔有り。(『長編』巻328，元豊五年七月辛丑)

と見える。すなわち，①～③に見える通り，先ず上殿奏事の許しを請い，朝旨を得ると，閤門司に牒文を送る。その際，「郷貫・年幾・出身・歴任過犯・転

第二章　宋代の政策決定システム　　　　　　　　　　277

図19　開封宮城図（元刊本『事林広記』）

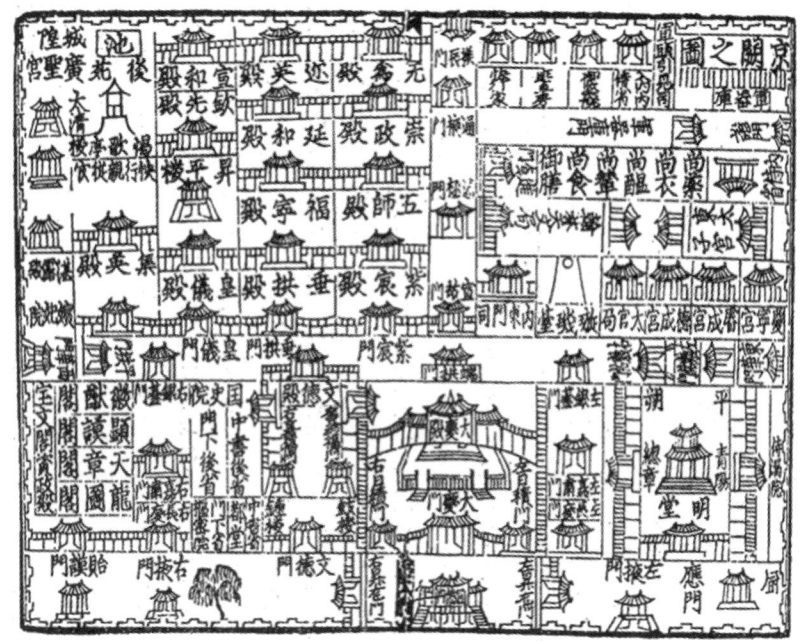

＊東華門と西華門を結ぶ道路で内外が分かれる。

官・章服年月」を記した家状二本を提出しなければならない。その内の一本は上殿奏事の前日に内廷に届けられる。当日，上殿奏事を行い，皇帝に意見を申し上げるとともに，箚子二本を納める。意見が妥当と判断されると，一本は内廷に留め，一本は有司に送り審議させる。不当と判断されると，そのまま内廷に留められたままとされる。さらに④⑤の史料に見られるように，一般の奏状がどこそこに降付していただきたいと書き記すのに対して，上殿箚子には記されなかったし，またそのことは許されず，一旦通進司に送られた上，当該部署に送られる手続きが取られた。具体的には史料⑥のように，三省・枢密院が上殿箚子をもう一度皇帝に進呈し，そこで裁可を受けたのである[11]。

11) 宰執が箚子を進呈する事例は，「宰執進呈比部員外郎李泳面對箚子」，「宰執進呈大理評事劉敏求面對箚子」，「宰執進呈大理寺主簿郭淑面對箚子」（『要録』巻163，紹興二十二年八月丙寅，同巻166，紹興二十四年三月戊寅，同巻166，紹興二十四年四月庚子）など。

こうした文書手続きを前提とした対は，皇帝と官僚との接触の機会であり，一年を通じて行われる視朝・起居といった場に展開された。この機会は，二日に一度視朝が実施された時の記録によれば，祝日・休日を差し引いて年間百余日足らずと指摘されている（『長編』巻115，景祐元年十二月癸未）。さて，おも立ったものを挙げれば，正月元日・五月一日・冬至に大慶殿で行われる大朝会（このうち五月一日は熙寧二年に廃止），毎日行われる垂拱殿での視朝，文徳殿での常朝起居（但し，皇帝が御出ましにならないと常朝起居は中止），五日に一度垂拱殿乃至紫宸殿で行われる内殿起居，さらに朔望に行われる文徳殿での視朝（熙寧三年文徳殿入閣の儀の廃止に伴い制定され，六年に朔日は文徳殿で，望日は紫宸殿で行うよう改定），旬假等の假日に崇政殿で行われる視朝といったものがある。ちなみに，元豊官制改革時には，皇帝の御出ましがほとんど無くなり，また列席者も少なくなり事実上機能しなくなっていた文徳殿での常朝起居・横行参仮が満中行の提言によって廃止され，それに伴い，侍従官以上で毎日垂拱殿に朝する常参官，百司朝官以上で五日毎に一度紫宸殿に朝する六参官，朔望に文徳殿・紫宸殿に朝する朔参官・望参官といった官僚のカテゴリーが形成されていた[12]。

　一方，対を受ける側の皇帝の日常の行動様式については不明な部分が多く，僅かに史料A李攸『宋朝事実』巻3，「聖学」が知られるのみである。しかし，この史料は二次的史料であり，この元となった資料B『長編』巻43，及び関連史料C『宋会要』儀制1-1，「垂拱殿視朝」，更に史料Ⅰ～Ⅴを併記し，検討を進める。

　A ①眞宗卽位してより，毎旦前殿に御す。中書・樞密院・三司・開封府・審刑院及び請對官，以次奏事す。②辰後，宮に入りて食を尚し，③少時して後殿に出座して武事を閲し，日中に至りて罷む。④夜は則ち侍讀侍講學士に傳して政事を詢問す。或いは夜分に至りて宮に還る。其の後率ね以て常と爲す。

　B（咸平元年十月）己酉。崇政殿に視事し，午に至りて罷む。（a）上卽位し

12）『宋史』巻116，「礼」1，『玉海』巻70，『長編』巻320，元豊四年十一月己酉の条，『宋会要』儀制4-7など参照。

てより，毎旦前殿に御す。中書・樞密院・三司・開封府・審刑院及び請對官，以次奏事す。（b）辰後に至りて，宮に還りて食を進む。（c）少時して，復た後殿に出御して諸司の事を視，或いは軍士の武藝を校試するを閲し，日中にして罷む。（d）夜は則ち儒臣を召し得失を詢問し，或いは夜分に至りて宮に還る。其の後率ね以て常と爲す。

C 國朝の制，垂拱殿にて朝を受く。先に宰臣升殿して奏事し，次は樞密使，次は三司，次は開封府，次は審刑院，次は羣臣以次升殿す。（大兩省以上の務を京師に領するもの，若し公事有らば，時に請對するを許す。自餘使を授けられ事功を出入する者，面のあたりに奏事するを欲せば，先ず進止を聽く。）既に退きて食を進み訖らば，服を易え崇政殿或いは延和殿に御す。（中略）諸司公事絶え，内侍，門外公事無きと奏せば，皇帝座を降る。或いは延和殿に再座し，復た内臣・近職・諸路走馬承受の奏すること，或いは館閣進む所の新たに修寫せる書籍・倉庫・衣料・器物の式を閲すること，之を後殿再座と謂う。假日の如きは，則ち早に崇政殿に御し，前殿公事を閲し，既に畢われば，座を移して臨軒し，後殿公事を閲す。

Ⅰ （大中祥符三年二月）十六日。閤門言うならく，崇徳殿に群臣の見・謝・辭及び升殿奏事するに，僅かに其れ午に亭る。欲し望むらくは今より朔望は三司・開封府・審刑院を除くの外，自餘奏事の官急切有るに非ざれば，並びに次日に升殿せしめんことを。之に從う。

Ⅱ （嘉祐）三年十二月十四日。閤門言うならく，近例，上殿の班，三司・開封府・臺諫官辰牌に進むに遇うも隔せざるを除くの外，其の餘は並びに次日に上殿せしむ。或いは更に三司・開封府幷びに官高き者有らば，臣僚亦た辰牌に於いて隔下せしむ。臣僚後引するは，理において未だ便ならず。欲し乞うらくは今後未だ辰牌に進まざれば舊例に依りて引するの外，其の辰牌に隔下せられし者，如し三次に至り旨を得て特に上らしむを許されし者，卽ち自來隔せざるの班の後に引せしめんことを。之に從う。

Ⅲ （元符）二年六月十七日。翰林學士承旨蔡京等言うならく，臣等職事に緣りて請對する毎に，侍次或いは旬日を踰ゆ。急速の文字有るに遇わば，深

く事を失するを恐る。乞うらくは今後翰林學士は六曹・開封府の例に依り先次挑班上殿するを許し，仍お班を隔せざらんことを。之に從う。

Ⅳ（紹興）二十九年五月四日。詔す，今後六參の日，上殿の班數已に定まりたるに，臺諫官の對を乞うに遇わば，面對官を隔下し，次日に引せしめよ。

(以上『宋会要』儀制6,「群臣奏事」)

Ⅴ輪對，侍從より以下，五日ごとに一員を輪して上殿す，之を輪して面對に當たると謂い，則ち必ず時政或いは利便の箚子を入る。臺諫の若きは則ち之を本職公事有ると謂う。三衙大帥の若きは之を杖子を執りて奏事すと謂う。(『朝野類要』巻1)

　この史料A・Bは真宗時代を対象に取り上げたもので，全ての皇帝に当てはまるものではないが，概観はつかむことができる。皇帝は史料①（a）のように，朝早く前殿に御出ましになると，中書・枢密院・三司・開封府・審刑院及び請対官が順次上奏を行う。ちなみにこの当時の前殿は長春殿であり，後に垂拱殿と改名される。これを史料C及び史料Ⅰ～Ⅴによって確認すると，中書・枢密院は政治の中枢であるから当然のこととして，三司・開封府・尚書六曹・台諫，審刑院など何れも政治上重要な官司が，優先的に上殿奏事の権限を有していたことが確認される。例えば，史料Ⅰでは三司・開封府・審刑院が，Ⅱでは三司・開封府・台諫官が，Ⅲでは尚書六曹・開封府の例にならい翰林学士が，Ⅳでは台諫が他の官僚と比べて「先次に班を挑して上殿する」権限，或いは辰の刻（午前七時～九時頃）になっても「隔下」されない権限を有していた。彼らがこうした権限を有し得たのは，史料Ⅴの台諫の上殿奏事が「本職の公事有り」と呼ばれていたように職務権限に基づくものであった。なお早朝の上殿奏事は辰の刻を一つの目処としていたことは史料Ⅱによっても再確認される。そして②（b）辰後（午前九時頃）になると，一旦内廷に引っ込んで食事を取り，③（c）再び後殿に御出ましになり，政務を取られ，時には閲兵を行うこともあった。ここに見える後殿とは，前掲史料Cによれば崇政殿，或いは承明殿（明道二年に延和殿と改名）のことである。さて，その時刻の規定であるが，

　（至和）二年二月二十三日。閤門使李惟賢言うならく，禮賓副使郭逵上殿

第二章　宋代の政策決定システム　　　　　　　　　281

奏事するに，巳刻に至るに尙お未だ退かず。請うらくは今より上殿臣僚，春分前は辰正を過ぐるを得る母く，春分後は辰初を過ぐるを得る母かれ。敷陳未だ盡くさざれば，實封して進内せしめ，或いは面對を須むれば，後殿に再び引せしめよ。違う者は，閤門揖下せよ。近臣・臺諫は卽ち問わざらんことを。之に從う。

(治平)三年二月十五日。閤門使章希一言うならく，乞うらくは今より上殿の人，巳四刻に至らば，則ち次日に上殿せしめられんことを。之に從う。

(熙寧元年)二月九日。閤門言うならく，舊制，中書・樞密院奏するのほか，更に三班を引して上殿せしむ。假日は兩班たり。もし後殿に隔過せしめられ，更に巳正と報ずるに遇わば，卽ち旨を取り，次日に方めて引せしむ。伏して緣るに，再び後殿に御し，雜公事を引し畢わらば，巳に是れ巳時なるに，方めて再び上殿の臣僚を引すれば，僅かに午刻に及ぶ。經筵を開くに遇わば，卽ち須らず申末に至りて，久しく聖躬を勞するは，便に非ず。欲し乞うらくは今後經筵の日に遇わば，上殿の班，中書・樞密院を除くの外，權りに只一班を引せしめよ。もし急速のこと及び言事官の對を乞うこと有らば，卽ちに旨を取れ。經筵の罷むるを候ちて舊に仍らしめんことを。之に從う。

　　　　　　　　　　　　　　　　(以上『宋会要』儀制6，「群臣奏事」)

と見えるように，前殿の上殿奏事は辰の刻（春分前は辰初―午前七時，春分後は辰正―午前八時）を目処とし，一旦内廷に引っ込み食事を取り，後殿に御出ましになり巳正・巳四刻（午前十時頃）を目処に上殿奏事を受け，お昼頃まで政務を執る。隻日に行われる経筵の日（開講―二月～端午，及び八月～冬至の間）には，邇英閣にて未の刻，申の刻（午後一時～午後五時頃）まで講義を受けるというものである。経筵以外には，④（d）当直の翰林侍読学士・翰林侍講学士を召し，夜に政務を問う「翰苑夜直」も行われた。これは太宗朝頃から始まり，翰林侍読・侍講学士が設置された真宗朝頃定制化されたものである[13]。このほか，崇

---

13)「(咸平二年七月) 丙午，置翰林侍讀學士，以兵部侍郎楊徽之・戸部侍郎夏候嶠・工部郎中呂文仲爲之。置翰林侍講學士，以國子祭酒邢昺爲之。初，太宗命文仲爲翰林侍讀，寓直禁中，以備顧問，然名秩未崇。上奉承先志，特建此職，擇老儒舊德以充其選，

政殿・延和殿では閲兵や毎年一度行われる皇帝による虜囚の親決なども行われた[14]。

次に各種の対を紹介してみよう。

転対（次対、輪対とも称され、また南宋期には面対として史料に頻出する）は、通例、五日に一度の内殿起居の際、中央高官一～二員を選んで上殿奏事をさせるものであるが、例外的に南宋第一代高宗朝には視朝の日に毎回実施されている。この時期を除けばその実施は断続的である。確認できる範囲では、建隆三年（962）二月の詔を皮切りに、同年八月、四年四月、八月、乾徳四年（966）四月実施、その後中断して淳化二年（991）十一月復活、また中断し、咸平三年（1000）十一月実施、景徳三年（1006）四月復活、また中断し天聖七年（1029）三月復活、翌八年九月中止、皇祐五年（1053）五月実施、治平四年（1067）十一月実施、熙寧四年（1071）八月中止など、実施・中止が繰り返されている[15]。これは臣下より広く意見を聞くという皇帝の姿勢を見せることを趣旨として実施される傾向が強く、このことは例えば、同時に転対に預からない内外の官よりも封章の提出を求めたことからも窺える[16]。従ってその中止理由も、天聖八年を例に取ると、政事批判が多いことを大臣が嫌った、一通り百官の意見を聞

班秩次翰林學士、祿賜如之。設直廬於祕閣、侍讀更直、侍講長上、日給尚食珍膳、夜則迭宿、令監館閣書籍。中使劉崇超日具當宿官名、於内東門進入。自是多召對詢訪、或至中夕焉。」（『長編』巻45、咸平二年七月丙午）。

14) 崇政殿・延和殿の閲兵の事例は「上御便殿、觀捧日、龍騎、驍騎等軍習戰。」（『長編』巻68、大中祥符元年二月戊申）、「御承明殿、閱試衞士、遷補有差。」（『長編』巻100、天聖元年二月戊戌）など。虜囚の親決は「上御崇政殿、親錄京城繫囚、死罪已下並減一等。」（『長編』巻97、天禧五年五月乙亥朔）など。

15) 『長編』巻3、建隆三年二月甲午、同巻32、淳化二年十一月丙申、同巻47、咸平三年十一月壬午、同巻62、景徳三年四月乙未、同巻107、天聖七年三月癸未、同巻109、天聖八年九月丙辰、同巻174、皇祐五年五月甲子、『宋会要』職官60-3、治平四年十一月四日、『長編』巻226、熙寧四年八月丁卯の条。

16) 例えば、『宋会要』60-2、天聖七年二（四）月二十四日の詔「宜令御史臺告示百官遇起居日、依舊儀轉對、其餘内外文武臣僚未預轉對者、亦許具章疏實封聞奏。」など。

第二章　宋代の政策決定システム

いたなどが理由となっている[17]。また転対に当たる官自体が敬遠したり，無益の空言や行い難い高論を述べるものが多いなど，官僚の意見上申の手段として十分機能し難い側面も有していた[18]。

召対は，翰林学士李迪を龍図閣に召対して詔書の起草を命じたり（『長編』巻88，大中祥符九年九月丁未），宰相王旦を召し，崇政殿に対すること数刻に及んだ（『長編』巻90，天禧元年六月己丑）などの事例が示すように，皇帝側が「召す」という行為を通じて働きかける対を総称したものである。従って，その行為は通常の対一般に見えるほか，学識有る人物・功績有る武官などを召す場合，或いは推挙を受けた人物を召す場合などの事例も数多く見られ，皇帝が任意に人材を登用したり，広く意見を聞くことを主眼として行われるものであった[19]。

引対は，官司が引導して行う対である。本来，朝見は，閣門使主導による引見，上殿の二つに分かれるものであり（『朱子語類』巻128，第3・4条），引対もこの二つの行為を前提にしたものと考えられる。顕著なものとしては，例えば「近制，京朝官の中外の職事に任じ，代を受ける者，考課引對し，多く敍遷を獲たり。」（『長編』巻52，咸平五年八月癸酉），「詔す，審官・三班の引對せる京朝官・使臣は三人を過ぐるを得ざれ。京朝官の差遣は五人を過ぐるを得ざれ。使臣の差遣及び吏部銓選人は各十人を過ぐるを得ざれ。」（『長編』巻66，景徳四年八月辛丑），「中書言うならく，文武臣僚の年終に擧し到れる幕職・州縣官，今欲すらくは，五人以上同罪保擧せる者は，替日に吏部流內銓をして磨勘引對せしむるを定めんと。之に從う。」（『長編』巻82，大中祥符七年四月甲申「是月」），「上，便殿に御し，軍校を引對し，之を第遷す。凡て三日にして畢わる。」（『長編』巻83，大中祥符七年十月戊辰）といった事例から知れるように，審官院・三

17）『長編』巻109，天聖八年九月丙辰，「罷百官轉對。自復轉對，言事者頗臭衆，大臣不悅也，故復罷之。」，『宋会要』職官60-2，「御史臺言，先准敕，百官起居日令轉對奏事，今已周遍。詔權罷。」。
18）『建炎以来朝野雑記』甲集巻9「百官転対」。
19）司馬光は召対について「陛下毎日聽政餘暇，宮中無事之時，特賜召對，與之從容講論古今治體・民閒情僞，使各竭其胸臆所有，而陛下更加采擇，是者取之，非者舍之，忠者進之，邪者黜之。」と述べる（『長編』巻202，治平元年七月丙子の条）。

班院が行う京朝官・使臣の外任代還の際の考課引対，吏部流内銓の行う選人磨勘改官の際の引対，軍頭司の行う軍校引見などの人事関係の官司による事例が見られる。その他に官位の低いものを特別に対する「小官特引」も行われている[20]。

　入見・入謝・入辞は，内朝の御殿で実施されるものであり，新授の官の挨拶，加恩に対する御礼，外任に出る際の挨拶などの際に行われた。例えば，大中祥符八年六月，「新授杭州觀察推官朱昌符等四百六十人入謝す。」(『長編』巻84，大中祥符八年六月乙丑) に見える「入謝」の入という言葉が示すように，当然ながらそれに対するものとして，正衙殿で行われる正謝，衙辞などの儀礼があったが，官僚にとっては前者が重要であった。このことは，便殿で行われる中謝・辞見の後，正衙殿での衙辞・謝に赴かない官僚が多いことを批判した張郁の批判 (『長編』巻32，淳化二年六月丁亥) から窺えよう。やはり，入謝・辞・見の際に行われる単なる儀礼に留まらない皇帝との対，「入対」がその際に行われ，官僚たちが自己の意見を開陳したり，恩寵を求める機会となったのである[21]。

　その他の対として，経筵留身がある。これは経筵官が進講後，留まって行う対であり，その様子は例えば宋本『増広司馬温公全集』巻1，手録に採録されている「邇英留対録」から知ることができる。それによれば，司馬光が『資治通鑑』賈山上疏を神宗に講じた後，留められて政治について議論を行っており，その中に呂公著・王安石・呂恵卿に対する人物評，三司条例司に対する批判などが展開されている。また，このほか，先に紹介した翰林学士の対である「翰苑夜対」といったものも挙げることができる。以上が通常の奏対の制度であるが，これ以外に特別に行われるものとして「開天章閣」の対が挙げられる。例

---

20) 呂中の言う「小官特引」の内容を特定することは難しいが，『要録』の中には高官の推挙を受けて対が行われ，抜擢されている事例が数多く見られる。一例を示せば，「右從事郎平江軍節度推官趙慶孫特改右承事郎。翰林學士朱震等言，慶孫内行孝友，施於政事，明敏可觀。故引對而有是命。」(『要録』巻106，紹興六年十月己亥の条)。
21) 知諫院余靖の上言の一節に，「小人望風希進，無所不至。幸陛下毎於事端，抑是奔競。請自今臣僚入對，有輒求恩澤者，令有司劾其罪。」(『長編』巻153，慶暦四年十二月癸丑の条) とあり，入対の際にみだりに恩沢を求める者を処罰するよう求めている。

第二章　宋代の政策決定システム　　285

えば慶暦の政治改革は，天章閣を開き范仲淹等に政治を下問したことより著名な十の政治改革案が提出されたのであり，元豊官制改革実施に当たっても，最終的な段階であるが，やはり天章閣を開き輔臣を招いて中書の原案を検討させている（『長編』巻143，慶暦三年九月丁卯，同巻319，元豊四年十一月丁酉の条）。また，ほぼ同様な場所に位置する資政殿の対の記事も見られるが，あるいは同様な機能を持つものであるかもしれない[22]。

次に上殿の班数を見ていくこととする。

① （元祐元年二月）壬戌。詔す，上殿の班，閏二月より垂簾日に遇わば，一班を引す。應ゆる上殿及び特旨もて上殿せしむる者，閣門は前一日，入内内侍省に關せよ。尚書六曹・御史中丞は侍御史或いは殿中監察御史一員と同に，開封知府は屬官一員を輪し，諫議大夫は司諫或いは正言一員と同に對せよ。（『長編』巻365）

② 康定元年五月一日。詔す，前殿の奏事，今より五班を過ぐるを得ざれ。餘班は後殿に對するを聽す。仍お御廚をして食を給せしむ。

③ 六月三日。詔す，今より假日は崇政殿に御すること，亦た前殿の如くし，五班を過ぐるを得母かれ。辰漏，入内して食を進め，再坐を俟ちて復た對せしむ。　　　　　　　　　　　　　　　　（以上『宋会要』儀制1-8）

④ （天聖）三年二月二十三日。詔す，今より垂簾の日，上殿奏事，中書・樞密院を并せて，五班を過ぐるを得ざれ。既にして又詔して班次を定めざらしむ。

⑤ （熙寧元年）二月九日。閣門言うならく，舊制，中書・樞密院奏するのほ

---

22) 資政殿の対の事例は，『長編』巻218，熙寧三年十二月壬申，同巻221，四年三月戊子，同巻261，八年三月辛丑の条など。なお「二史直前」について特に触れなかったが，二史（起居郎・起居舎人）は，宋代においては「本朝，止だ後殿に侍立せしむるのみにて，人主の言動復た與聞すること無し。」（『長編』巻225，熙寧四年七月辛亥）と張琥に述べられるように，当時皇帝の側近くで記録を取る職掌ではなくなっており，また一般に，上殿奏事を行う官として見なされない存在であった（『要録』巻180，紹興二十八年九月甲申の条）。なお起居注については蔡崇榜『宋代修史制度研究』（文津出版社，1991年）参照。

か，更に三班を引して上殿せしむ。假日は兩班たり。或し後殿に隔過せしめられ，更に巳正と報ずるに遇わば，卽ちに旨を取り，次日に方めて引せしむ。

(以上『宋会要』儀制6「群臣奏事」)

一般に上殿の班は官庁の長官と部下という組み合わせを基本として行われた。これは史料①に見えるように，尚書六曹，御史中丞は侍御史或いは殿中侍御史・監察御史一員と，知開封府は属官と，諫議大夫は司諫・正言一員と共同上奏することが定められている。なお，尚書六曹についても，尚書・侍郎の奏事の際，郎中・員外郎が付き従って上殿することとなっている(『長編』巻327，元豊五年六月己巳の条)。更に上殿奏事の班数は史料②③④⑤に見えるように，通常五班とされた。これは中書・枢密院の班数を加えたものであるから，その他の数は二〜三班となる。もちろん，皇帝が病気の時や，垂簾聴政など皇太后が政治を代行する時などは班の数は限定されたし(史料①には，中書門下・枢密院のほか一班という数字が見える)，また緊急を要する上奏はこの五班以外にも認められ，必要が有れば正殿から退いた便殿で上殿奏事が行われた。例外的に，天聖七年(1029)五月に十九班，熙寧七年(1074)十二月に十五班という数字が見られるが，前者は章献明粛劉皇太后の垂簾聴政期であり，皇太后との対が五日に一度行われるだけであったこと，後者は大礼の假日のため滞っていた召対者二十四人を臘假の日に関わらず実施したという事実(『長編』巻108，同巻258)から鑑みて，同様に取り扱うべきではない。

さて，ここで明らかになった上殿五班という数字を分析してみよう。『長編』巻154，慶暦五年二月乙巳の条には，右正言銭明逸が「中書・枢密院を除く三班の内訳は，毎日公事の報告を行う三司・開封府の二班が先ず数えられ，それ以外に審刑院或いは大両省の上殿奏事があると，その他の上殿奏事の官は次の機会に回されてしまう。諫官は諫争の職にあり，その言は朝廷の得失・賞罰と関わり，緊急性があるので三班以外に上殿奏事を認めていただきたい。」と述べ，その提言は裁可されている。また前掲史料Cによれば上殿奏事は中書門下・枢密院・三司・開封府・審刑院・群臣の順であり，群臣には大両省以上で務め

第二章　宋代の政策決定システム　　287

を京師に領し,公事有るものは時に請対を許すとの但し書きが附られていた。そして,元豊官制改革後は三司が廃止されたため,三省・枢密院・尚書六曹・開封府の順になる。要するに上殿班の主要構成員としては中書門下(三省)・枢密院・三司(尚書六曹)・開封府が挙げられ,それに随時に台諫・大両省の官が加わるのが通常形態であったと言うことができる。なお,元豊官制改革後の一時期は三省分班奏事,南宋初めの金との戦争下においては,三省・枢密院同班奏事の変則的形態が取られたことを付け加えておく[23]。

　次に,先の史料に表れた大両省以上という概念について考察してみよう。この大両省以上について,梅原郁氏は,寄禄官の給諫以上というカテゴリーであり,「侍従」という範疇と重なってくるものであるとされる。また,侍従は「中書門下兩省,正言より以上,皆天子の侍従の官。」(『長編』巻60,景徳二年五月癸丑)と言われたり,館職の待制以上を侍従とするなど多種多様な解釈があるが[24],ここでは『朝野類要』巻2にある「侍従とは,翰林學士・給事中・六尚書侍郎是なり。又中書舎人・左右史次を以てすればこれを小侍従と謂う。また在外諸閣學士・待制を帶する者,これを外侍従と謂う。」の規定に従っておく。つまり,肩書きとしての外侍従を除外すれば,翰林学士,給事中,六尚書・侍郎,及び小侍従たる中書舎人,左右史(起居郎・起居舎人)によって構成されることとなる。そして,先の事例で言うならば京師の職事官で大両省以上の者,すなわち侍従には「時請対」の権利が与えられたこととなる。さらに前掲史料Ⅲには,蔡京の上言によって翰林学士に尚書六曹・開封府と同じ「先次挑班上殿」の権利が付与されたと記されていた。しかし,実際には淳熙十六年(1189)の臣僚の上言に,

　　侍従の臣は,皆一時の選を極めたるに,既に同對の拘無く,又越職の禁無し。而るに猶お近例を承用し,率ね數月に一たび請對するのみにして,又必ず序を以て進み,殆ど未だ以て論旨獻納の義を盡くすに足らず。願うら

---

23)　三省分班奏事については『長編』巻327,元豊五年六月乙卯,七月癸未の条,三省・枢密院同班奏事については『要録』巻77,紹興六年六月丙戌の条参照。
24)　『宋代官僚制度研究』(同朋舎,1985年)68頁,前掲註3)所載論文参照。

くは陛下近臣に明詔し，凡そ朝政の闕失・軍國の利害に苟しくも見する所
有らば，大なれば則ち請對し，小なれば則ち抗章し，直言して隱す無く，
皆時を須むる無かれ。(中略)之に從う。(『宋会要』儀制6-30)

と見られるように，数月に一度請対，また順序に拘束されると述べられるように，尚書六曹・開封府・台諫と同じ権限を有する存在であったとは考え難い。このことを実証するかの如く，紹興八年 (1138) 十月十三日の詔には，「閤門に詔す，今後應ゆる從官の上殿は，臺諫に次いで面對官の上に在りて引せしめよ。」(『宋会要』儀制6-23) とあり，台諫，侍従，面対（転対）官の順に，対の優先順位があったことが確認される。

以上のような発言権という視点を進めていくと，元祐時代の垂簾聴政期に出された蘇轍の発言が思い起こされる。すなわち，通常時においては（上）――宰執の朝夕の奏事，（下）――台諫のかわるがわるの進見，（内）――両省・侍従・諸司官長の上奏，（外）――監司・郡守・走馬承受の辞見の際の上奏といった四つのグループの上殿奏事が盛んになされたが，現在の垂簾聴政期においては対を許されるのは前の二つのみであるというものであり (『長編』巻448, 元祐五年九月丁卯)，宰執・台諫の権限上の優位さが指摘されていた。

さらに，このことを対の手続き面から再確認してみよう。已に拙稿で述べたことではあるが，当時の内外の官僚の多くに上殿奏事の権利が与えられていたが，その権限は一様ではなく，三つのグループに分別された。即ち，上奏して朝旨による許可を待たなければならない官僚，直接閤門司に牒して請対できる官僚，先次に上殿できる官僚である。そして，この時期，権力を握った宰執・台諫は最後のグループに位置するものであった。このように，対の権限を背景に宰執・台諫の政治権力が形成されていたのである[25]。

以上，種々の対の機能を見てきたが，この制度から窺える政治構造上の官僚の位置付けを試みてみよう。中書門下（元豊官制改革後は三省）と枢密院は，宰執として百官を統括し，皇帝を補佐する機構であるため，第一に位置する存在

25) 拙稿「宋代の垂簾聴政について」参照。

であった。その優位さは、「臣僚の上殿は、留身奏事するを得ざらしむ。宰臣は、執政官の曲謝及び職を解くを乞うに非ざれば、聴す。」とした閤門の見行条法や、「詔す、今より執政官、留身奏事するを許すこと、宰臣の例の如くせよ。」との詔（『要録』巻67、同巻68）に見える通り、「留身奏事」、即ち一人残って皇帝に上奏できる特権に表れている。宰相の独対の事例が史料中にしばしば見られるのは、このことを反映するものであろう。次に三司・開封府という財政・首都を司る行政官庁、及び主な職掌として「言事」（政事批判）を担当する台官が「先次挑班上殿」の権限を有することにより第二のグループを形成する。さらにこのほか、審刑院など主要な行政官庁もここに加わる。しかし、三司、開封府、あるいは審刑院などは、何れも特定の職務を掌る官庁であり、上奏内容もそれぞれの専門領域に限定されたと推定される。なお、元豊官制改革後は、三省六部体制の復活によって、三司、審刑院等の役所が廃止されたため、尚書六曹がこの位置を占めることとなる。一方、後者の台諌は「言事」の職務に表れるように、上奏内容は多岐にわたり、その機能が十分発揮された際には宰執と相拮抗する勢力となった。従って、対の機能を見る限り、同じ第二グループといっても尚書六曹より上位に位置していたと考えられる。この下に、「時請対」の権限を有する第三グループが位置する。ここには、第二グループに包合された尚書六曹の尚書・侍郎を除外した侍従層、即ち翰林学士・給事中・中書舎人といった官僚層が含まれる。彼らは対という機能においては弱体ではあるが、詔勅の起草、封還詞頭、封駁といった機能を通じて、別の面で政策決定に大きく関わる官僚層であった。この後に来るのが、諸々の上殿奏事の権限を有する官であり、中央百司の転対官、辞・見の際などに対の機会をもった監司・知州などの官僚層が位置する。以上が対を通じて明らかとなった、外朝を中心とした官僚構成である。さらに内朝・経筵と別の政治空間において皇帝との対を許される、内侍・経筵官といった存在も浮かび上がってくるが、これらは政治の裏側とも言うべき処に位置し、かつ正規の政策決定ルートに対し間接的な形で関わる存在であり、別の観点から改めて考察を進めるべきであろう。

四，おわりに

　以上，対と議を手掛かりに宋代の政治構造を探ってきたが，いわば政策の立案・審議・施行過程の中心に位置した三省の外側にあって，政策の審議・修正を行う装置こそ対と議であり，そして，その装置において重要な役割を果たしたのが台諫であり，侍従であったと概括することができる。

　このように，極めて巧妙に作られた制度ではあったが，朱熹はその内の対について批判的な意見を提出している。すなわち，対の時間自体が短いことに加え，文書を懐に入れたまま内容をかいつまんで話すだけであったこと，机を設け，坐してじっくりと議論が展開された六朝の「対案画敕」と比較し，立ったまま行われ，問題についてその場で属官を加えた討議が行われることもなく，当該部署に送られて検討に多大な時間を浪費するだけであったと論じている（『朱子語類』巻128，第25条）。この評価をどう解釈すべきであろうか。確かに，朱熹の指摘自体は対の有している制度的問題点を見事に突いたものではあるが，何かしら南宋という時代状況を反映した表現となっているように感じられてならない。そこで，彼の活躍した時代とも重なる南宋の専権宰相秦檜の時代について触れ，今一度この制度の特質を考えておきたい。なお，秦檜政権については寺地遵氏に詳細な研究があり，多くの成果が発表されている[26]。その成果の一つに中央から地方まで二百数十名から三百名未満にも及ぶといわれる秦檜の人脈を検討し，秦檜の専権のあり方が官僚機構の人的占拠状況であったと位置付けられたことが挙げられる。その際，権力の中核となったのは尚書・侍郎の実務官僚層と，人事管理を担う台諫層であったとされる。

---

26)　『南宋初期政治史研究』（渓水社，1988年），及び「専制期秦檜勢力の構成と特質」（『中国社会史の諸相』勁草書房，1988年）参照。このほか，秦檜と台諫勢力との結び付きを論じた衣川強「秦檜の講和政策をめぐって」（『東方学報』45，1973年），秦檜の親戚・友人関係を論じた劉子健「秦檜的親友」（『食貨』14，第七・八期，1984年）などがある。

第二章　宋代の政策決定システム

ここでは，氏の論点を踏まえつつも，呂中『皇朝中興大事記』の「正言兼読書」「復令百官輪対」「再叙給舎」の記事を手掛かりとして，秦檜の政治空間の占拠状況とも言うべき事実を見ておきたい。

① 人君の起居動息の地は，内朝と曰い，外朝と曰い，經筵と曰う三者のみ。（秦）檜既に内侍及び醫師王繼先と結び，上の微旨を内朝に闚う。執政・臺諫，皆私人を用うれば，則ち又以て外朝に彌縫する有り。獨り經筵の地のみ，乃ち人主親ら儒生を近づけるの時なるに，檜又それその間に浸潤する所あるを慮る。是に於いて言路に除せし者，必ず經筵に與らしめ以て人主の動息・講官の進說を察せしむ。甚きはその子熺を以て侍讀を兼ねしめ，一以てその私を行うのみ。

② 國朝の故事，百官五日に一たび輪對す。秦檜當國より，人言を聞くを惡む。是に於いて對に當たる者多く疾に托して上らずして，言路絶てり。（紹興）十七年に至りて，詔す，對に當たりて告に在る者，疾愈ゆるの日を俟ちて上殿せしむと。然るに對する所の者，大理寺官十餘人の姑く故事に循うに過ざるのみ。

③ 國朝三省に分制し，中書旨を取り，門下審覆し，尙書奏行す。中書に在りては，則ち舍人以て分繳するを得，門下に在りては，則ち給事中以て論駁するを得たり。講和の後，事を用いる者專ら私意に任せ，成法を廢棄し，詔旨重頒し，敕箚隨降するに，但だ已に行せる事を書押するのみ。故に舍人除せざること十年，給事中除せざること七年，甚だ祖宗省を分かち官を設くるの意に非ず。

①では皇帝の活動する場所として内朝・外朝・経筵の三つが挙げられ，秦檜は内侍及び医師王継先と結び付くことによって内朝を，執政・台諫に私人を登用することによって外朝を把握したこと，経筵の場においては言路の官，具体的には台諫を経筵官に登用し，また息子の秦熺を用いることによって経筵の場まで支配しようとしたと述べられている。ちなみに新法政策の推進者である王安石は，常に一，二人の腹心を経筵に配置し，奏対を防察させた（『長編』巻215，熙寧三年九月癸巳の条，『司馬光日記』に依拠），或いは息子の王雱を経筵官に任じ

たところ,神宗は彼を通じて機密事項を王安石に伝えた(『長編』巻226,熙寧四年八月己卯の条所引『林希野史』)と記されており,権力者が経筵の場にも腐心した様子が窺える。なお,御史中丞が経筵官を兼任すること自体は慣例となっており,これは慶暦二年(1042)二月,仁宗が賈昌朝を任命したことに始まるとされる(『長編』巻135,慶暦二年二月丁丑)。②は転対の制度について,秦檜は人の意見を聞くのをにくみ,対の順番に当たるものも病気にかこつけ上言せず,言事機能が十分機能していなかったこと,そして精々転対を行うものは大理寺官十余人ばかりであったと述べられる。なお,高宗朝は視朝の日ごとに転対が行われた時期であり,『要録』から二百三十程の転対(面対)の記録を収集できる。このうち,四割弱を占めたのが大理卿・少卿・正・丞・司直・評事主簿からなる大理事官であり,同一人物が数度にわたって登場することが多いのが特徴的である。③は秦檜専権下において給事中・中書舎人が空位であったと述べられる。なお翰林学士も紹興十七年(1147)三月～二十五年(1155)十二月まで空位であり,当然ながらこの間,封還詞頭,封駁といった異議申立の機能も作用しなかったし,詔勅の起草についてもただすでに決まったことを書押するだけであったと述べられる。なお,この間,直舎人院,直学士院が詔勅起草の実務を行っている。

また,寺地氏によれば,秦檜専権体制は,紹興十二年の和議成立を契機に,十八年頃に出現したと言われるが,管見の限り,秦檜の専権化の進行とともに侍従・台諫の議を確認することができなくなる。あるいは③に見える侍従官の空位と関係があるかも知れない。

要するに,対と議といった手段を有効に機能させれば,侍従・台諫といった官僚機構が活性化し,逆に,この侍従・台諫の人脈,あるいはその活動装置たる対と議を骨抜きにすれば,専権宰相秦檜に見られた政治権力の壟断が実現するのである。まさに,宮崎市定氏が「宋代の士風」と概括された台諫を中心とした士大夫の活発な言論活動は,前者の条件下において初めて実現したものなのである[27]。従って,先に見た朱熹の発言も,対の制度が形骸化した南宋時代

27)「宋代の士風」(『アジア史研究』第四所収,同朋舎,1964年)。

の状況を踏まえたものではなかったかと推察される。事実，こうした時代的変化を反映するかの如く，北宋末より，内廷から直接官府へ降ろされる御筆，手詔が盛んに用いられるようになり，新たな政策決定システムとして確立していくこととなるのである[28]。

28) 前掲註8) 所引蔡京伝，及び『建炎以来朝野雑記』乙集巻11「親筆与御筆内批不同」参照。

第三章　文書を通して見た宋代政治
——「箚子」，「帖」，「牒」，「申状」の世界——

一，はじめに

　宋代の政治システムを考察する上で，欠かせない課題として，皇帝，官僚・士大夫，庶民という3つの政治主体をつなぐ多様な政治コミュニケーション装置の研究が想定しうる。

　コミュニケーションとは，「個人ないし集合体の間で，直接的あるいは何らかの媒体を介して間接的に，メッセージ交換を行う過程。（中略）一極集中的な社会では中枢部分の密度が濃い垂直的なネットワークとなり，機能分化の明確な社会では分散した複数の核をもつ水平的なネットワークが優位となる」（『社会学小辞典』有斐閣，1977年）と定義される。そして本課題が取り扱う政治コミュニケーションとは，「権力には，社会秩序を構成するという側面，すなわち社会秩序を維持ないしは変化させるという側面が内在すると考えるならば，この時点において，文化・コミュニケーション・権力という三つの概念が反響しあい，さらには相互に侵犯を開始することになるのである」（大石裕『政治コミュニケーション——理論と分析——』勁草書房，1998年）と述べられるような，権力行使過程としてのコミュニケーションを想定しうる。

　この政治コミュニケーション装置を課題とした場合，宋代政治史研究においては次の諸点に留意する必要がある。第一は，政治過程における皇帝の果たす役割であり，宋代の皇帝は多様な政治コミュニケーション装置を有していたと考えられる。例えば，

（1）李攸『宋朝事実』巻3，「聖学」
　　眞宗卽位，毎旦御前殿，中書・樞密院・三司・開封府・審刑院及請對官以次奏事。辰後，入宮尚食，少時，出坐後殿閲武事，至日中罷，夜則傳侍讀・

侍講學士詢問政事，或至夜分還宮，其後以爲常。

（2）魏了翁『鶴山先生大全文集』巻18,「応詔封事」

　　八日，復聽言舊典，以通下情。祖宗盛時，受朝決事，或至日午，其有奏事已久，餘班不能悉引，則命太官卽殿廬賜食，或輔臣未退，亦賜食殿門，食已再坐，復引餘班。仁宗之初，群臣引對至十九班而未厭。其後前殿奏事不過五班，仍詔辰時以前常留一班，以待御史・諫官之請對者，累朝相承，率用此道。所謂<u>宰輔宣召</u>，<u>侍從論思</u>，<u>經筵留身</u>，<u>翰苑夜對</u>，<u>二史直前</u>，<u>羣臣召歸</u>，<u>百官轉對・輪對</u>，<u>監司帥守見辭</u>，<u>三館封章</u>，<u>小臣特引</u>，臣民扣匭，太學生伏闕，外臣附驛，京局發馬遞鋪，蓋無一日而不可對，無一人而不可言，所以同人心而觀已德，共天命而敕時幾也。

と見えるように，この（1），（2）の史料においては，宋代の皇帝が朝早くから夜遅くまで様々な官職を有する官僚たちと「対」（官僚が直接皇帝に対面して意見を申し上げる制度）を行っていた様子が述べられる。ちなみに（2）の下線部はすべて「対」のバリエーションである。そして，このような政治方式について，宮崎市定氏は「この様に極めて多面的に官僚に直接接触するのが宋代以後の天子の特質であり，天子の独裁権も必然的にそこから発生し完成されたということができる」（「宋代官制序説――宋史職官志を如何に読むべきか――」『宋史職官志索引』同朋舎，1963年）と述べるように，宋代以後の政治コミュニケーションを考える場合には，この「対」の分析が不可欠となる。

　第二は，皇帝―官僚・士大夫―庶民を繋ぐ文書制度である。宋代は第一で述べた皇帝との直接的交流が盛んであった時代とはいえ，「対」は同時に箚子を作成し，皇帝に提出するという文書作成行為を伴うものであり，宋代の政治を考える場合，文書を抜きにするわけにはいかない。この時代どのような文書が用いられていたかについては，例えば『宋史』巻161,「中書省」では中央からの命令文書として「冊書」，「制書」，「誥命」，「詔書」，「勅書」，「御札」，「勅牓」の7つをあげ，趙升『朝野類要』巻4,「文書」では「詔書」，「制書」，「手詔」，「御札」，「德音」，「曲赦」，「赦書」，「翻黃」，「批答」，「宣帖」，「白麻」，「諮報」，「書黃」，「省箚」，「部符」，「勅牒」，「官牒子」，「奏箚」，「旦表」，「謝表」，「賀

第三章　文書を通して見た宋代政治　　297

表」,「起居表」,「慰表」,「百官表」,「奏牋」,「功徳疏」,「万言書」,「進状」,
「堂箚」,「白箚子」,「辺報」,「奏按」,「帥箚」,「朝報」の34事,『慶元条法事類』
巻16,「文書式」には「表」,「奏状」,「状」,「牒」,「関」,「符」,「帖」,「曉示」,
「都簿」9事など,三者の間を往来する多様な文書の存在を確認することがで
きる。これら文書制度の仕組みを解明することが当該課題究明の大きな鍵とな
る[1]。

　第三にこの時代の監察,情報伝達の特徴を押さえておく必要がある。この点
については鄧小南氏が手際よくまとめており,その研究と自己の見解を整理し
て述べれば次のようになる[2]。官僚制の枠組みで捉えた場合,特に重要となる
のが中央―地方の政治の「場」をつなぐ各種の情報伝達,監視の装置である。
これらの装置には二つのベクトルが存在している。皇帝を頂点として,中央か
ら地方,地方から中央へ向かう縦方向のベクトルであり,もう一つは官司・官
僚間を動いていく横方向のベクトルである(無論,官司・官僚間にも上級,下級,
上司,部下といった階層性があるので厳密には横方向とは言い難いが,「一君万民」と
いう伝統的な考え方にしたがい,皇帝以外は等しい存在として捉え,横のベクトルとす
る)。宋代の皇帝は他の時代と比べて官僚・官司(一般庶民をも含む)と直接接
触する多様な方式を有していた。具体的には皇帝は各種の「対」や「奏・表・
状・箚子」などと呼ばれる文書を介して多くの官僚の意見を直接的に吸い上げ
ることが可能であったし,皇城司,走馬承受といった諜報組織や中使と称され

---

1)　本論で言及しない文書制度として,北宋末に発達した御筆手詔の問題がある。徳
永洋介「宋代の御筆手詔」(『東洋史研究』57-3,1998年)では,御筆は,その後の北宋
末から南宋時代にかけて宋代の文書システムの根幹となっていく。ちなみに,徳永氏は
この制度について「御筆制度もこの例に漏れず現れたもので,宰相と入念に諮って裁断
を下す原則は維持しながらも,皇帝が六部以下の行政機関を直接指導する体制に先鞭を
付け,明代の内閣や司礼掌印太監に繋がる幾多の側面での先駆的な役割を果たした意義
は看過できない。」と述べ,明代の内閣の票擬システムの先鞭をなしたものと位置付け
る。
2)　拙稿「宋代政治構造研究序説」(『人文研究』57,2006年),鄧小南「多面的な政治
業績調査と宋代の情報処理システム」『宋代社会の空間とコミュニケーション』汲古書
院,2006年)参照。

た宦官を各地に派遣し地方の情報を入手していた。それと同時に，様々な勤務評定，監察の方式を作り出し，官僚間に相互監視を行わせ，皇帝に忠実な政治を行わせようとした。この他にも，この時代は出版文化の発達を背景に「邸報」(官報)，小報(民間の新聞)が発行され，また詔を始めとする各種榜文が掲示され，人々が各種の政治情報を入手していた。これら政治コミュニケーション装置を通じて人々がどのように情報を入手し，それを政治活動に結びつけていったかを分析する必要がある。

　もちろん，以上の問題に限定されるわけではない。例えば，現代政治においては，政策決定過程において利益集団や世論が大きな機能を有していたように，前近代社会においても世論の持つ意味を過小評価するわけにはいかない。例えば，谷川道雄，川勝義雄両氏が展開した六朝貴族(豪族)の世論を基調とし政治の趨勢が決められたと考える豪族共同体論などはその一つの代表例である[3]。また，三者間の直接的な接触としては，皇帝が各地を行幸する[4]，あるいは父老が民衆を引き連れて皇帝に訴える，民が登聞鼓へ直訴する[5]といった直接的な交流も存在している。

　今回はその中より文書制度，とりわけ地方の文書について取り上げる。すでに，中央政界における文書の動きについては例えば拙稿「宋代政治構造試論——対と議を手掛りとして——」(『東洋史研究』52-4, 1994年)，「政治の舞台裏を読む——宋代政治史研究序説——」(『知識人の諸相——中国宋代を起点として』勉誠出版，2001年)，「周必大『思陵録』・『奉詔録』から見た南宋初期の政治構造」(『人文研究』55-2, 2004年)などで論じており，今回は特に言及しない。

　どのような問題について考察するのか，その一端を示すために，李燾『長編』巻225，熙寧四年七月辛亥の条所引注の『司馬光日記』の史料を見ておきたい。

---

3) 谷川道雄『中国中世社会と共同体』(国書刊行会，1976年)，川勝義雄『六朝貴族制社会の研究』(岩波書店，1982年) 参照。
4) 久保田和男「北宋の皇帝行幸について——首都空間における行幸を中心として」(『宋代社会の空間とコミュニケーション』汲古書院，2006年) 参照。
5) 石田肇「北宋の登聞鼓院と登聞検院」(『中嶋敏先生古稀記念論集』上，汲古書院，1980年) 参照。

第三章　文書を通して見た宋代政治　　　　　　　　　　　299

司馬光日記云，慶卒之變，密箚下經略司，應捉殺到叛卒妻子並配諸州爲奴婢。經略司謄下邠州牒，漏捉殺到三字。知邠州張靖以爲招降者妻子豈可亦從孥戮，再申經略司。經略司令主者陳首下州改正，靖因奏其狀而不言已改正。介甫以鹽法事惡靖，以爲傾險，欲直除水部員外分司。當事請先案實，乃命章惇制勘，謝景溫以文書證明，靖由是得免。趙同云。

【訳文】『司馬光日記』に次のように見える。慶州の兵隊の反乱[6]に際して，経略司に箚子が下され，捕縛・殺害した兵士の妻子はすべて諸州に送り，奴婢とするようにと命ぜられた。経略司はこの箚子を書き写し，邠州に牒を送った際，「捉殺到」の三字を書き漏らしてしまった。知邠州張靖は，降伏した兵士の妻子まで奴婢とすべきではないと考え，経略司に上申した。経略司は担当者にそのことを自白させた上，州に文書を送り改正するよう命じた。張靖はこの状況について上奏したが，すでに改正せよと命令を受けたことについては言及しなかった。（以下略）

この箚子は[7]，密箚と称されていることから枢密司の箚子と考えられるが，『長編』の本文には下記のように「宣撫司箚子」と見える。

詔檢正中書戶房公事章惇往邠州制勘知州張靖・本州觀察推官權管勾經略司機宜文字王攄等。又詔惇體量所過陝西州縣推行雇役新法及民閒利害以聞。初宣撫司押送刺配慶州叛軍家屬，而攄輒增入宣撫司箚子內字，誤刺配十五人，爲靖所奏，故遣惇劾之。其後案至，不悉如靖奏。詔靖與別路知州差遣。攄等該赦釋之。

6）　対西夏戦争の一環として，囉兀城攻略に動員された広鋭両指揮が邠寧広鋭都虞候呉逵を擁して反乱を起こした事件。詳しくは『長編』巻220，熙寧四年二月庚辰の条に見える。

7）　この箚子と直接関わる内容を持つものとして，『長編』巻221，熙寧四年三月辛丑の条に「又詔，慶州叛兵親屬緣坐者，令環慶路經略司檢勘服紀・年甲。應元謀反手殺都監・縣尉，捕殺獲者，其親屬當絞者論如法，沒官爲奴婢者，其老・疾・幼及婦女配京東西許人請爲奴婢，餘配江南・兩浙・福建爲奴，流者決配荊湖路牢城，非元謀而嘗與官軍鬭敵，捕殺獲者，父子並刺配京東・西牢城。老・疾者配本路爲奴。諸爲奴婢者，男刺左手，女右手，餘親屬皆釋之。叛軍家屬皆誅者，凡九指揮。李清臣謂韓絳，軍士謀叛，初不告妻子，宜用恩州故事，配隷爲奴婢。絳奏從其言，故有是詔」と見える詔がある。

恐らく，中央（枢密院）から陝西宣撫司[8]，陝西宣撫司から環慶路経略司へ箚子が送られ，経略司から邠州へ「牒」が送られた際，権管勾経略司機宜文字王攄が書き誤り，誤って十五人を刺配することとなった。そのことを知邠州張靖が上奏し，この上奏を受けて詔が出され検正中書戸房公事の章惇を邠州に派遣し，関係者を取り調べることとなったというのである。つまり，

　　　（中央・枢密院）箚子→①（宣撫司）箚子→②（経略司）牒→③（邠州）
　　　申→④（経略司）牒→⑤（邠州）上奏→⑥（中央）→⑦詔

という流れを確認できる[9]。

なお，「箚子」には通常，二つの用法がある。一つは中書門下，枢密院が勅令を待たずに細事に関して命令を下すもので，唐・五代時期の「堂帖」と同じ性格を有するものである[10]。もう一つは，『慶元条法事類』巻16,「文書」に，

　　　諸臣僚上殿或前宰相・執政官及外官奏軍機密速，聴用箚子。

と見える「上殿奏事」の際に用いられる箚子である。ここでは「密箚」とあり，前者の事例に相当する。その箚子を書き写して邠州に「牒」で送る際に書き間

---

8)　『長編』巻215，熙寧三年九月乙未の条に「工部侍郎參知政事韓絳爲陝西路宣撫使，度支員外郎直舎人院呂大防爲宣撫判官。先是絳奏以夏人寇慶州，陝西用兵。請出使」とあり，韓絳は西夏の慶州の侵入に対し，陝西の軍隊で対処することを進言し，参知政事から陝西宣撫使に転任している。

9)　ただし，註8)前掲の『長編』の条には「仍賜絳詔，如有機事不可待奏報，聴便宜施行」とあり，韓絳に朝廷の命を待つことなく臨機応変な処置を許可する「便宜施行」の権限が付与されており，註7)所載の詔を受ける形で宣撫司より経略司に箚子が送られた可能性がある。

10)　『夢渓筆談』巻1，故事，「唐中書指揮事謂之堂帖子。曾見唐人堂帖，宰相簽押，格如今人之堂箚子也」，「本朝樞密院亦用箚子，但中書箚子，宰相押字在上，次相及參政以次向下，樞密院箚子，樞長押字在下，副貳以次向上，以此爲別」などに見えるとおりである。また『朝野類要』巻4,「省箚」に「自尚書省施行事，以由拳山所造紙書押給降下百司監司州軍去處是也」とあり，尚書省から百司，監司，州軍に下す文書も「尚書省箚子」，「省箚」と称される。その他にも，『朝野類要』巻4,「帥箚」に「平時四川安撫制置司亦出給箚子。蓋其重權兼主銓量差注類試事也。其他安撫制置司便宜者，亦出給箚子。」と見え，南宋においては軍事の大権を保持した四川安撫司，「便宜從事」（勅命を待たずに処理する権限）を許された安撫司にも箚子を下す権限があった。

違いをし，今回の事件が発生することとなったのである。
　次に此処に見える「牒」とは，『慶元条法事類』巻16，「文書」に，
　　内外官司非相統攝者，相移則用此式。官雖統攝而無申状例及縣於比州之類，
　　皆曰牒上。於所轄而無符・帖例者，則曰牒某司或某官，並不闕字。
と見えるとおり，統属関係にない官司同士の平行文書に用いられるものである。路は州県の監督官庁ではあるけれども，直接的な統属関係にないため，このような「牒」が用いられ，そしてその「牒」に対する返答に対して「申」が用いられたと考えられる。
　実は，本章で検証を試みたいのは，こうした地方間の官司を動く文書がどのように展開するのか，そしてその中からどのような官司間の関係を読み取るのかと言ったことである。

二，文書を介してみる地方官界の政治構造
―― 『名公書判清明集』官吏門の世界を手掛かりとして ――

　まず地方の監察の中心となる路官について整理しておきたい。梅原郁氏によれば，「宋の地方制度の中で，ほかの時代と際立って異なるのは路の存在であろう。路は系譜的には唐の十道の延長線上にあるが，ここには恒常的に監司と総称される数種類の長官が置かれ，人事，警察，軍事，財政をはじめとした職務を分担し，州と中央政府を結び合わす重要な責務を負わされていた。(中略) 路はしだいに，元代以降の行省―省に似て，実質的には州の上に立つ大地方行政区の性格を強めてゆくにしても，建前上は宋一代監督区分の座を守り続けた[11]」と述べられるように，中央―路―州―県という官職の系統を取りながらも，路はあくまでも監督区分である点に特徴がある[12]。そして，路官としては

---
11)　『宋代官僚制度研究』（同朋舎，1985年），266-267頁参照。
12)　宋代の路が監督区分であることについては別の見解も存在している。例えば小林隆道「北宋期における路の行政化――元豊帳法成立を中心に――」（『東洋学報』86-1，2004年）では北宋中期以降から南宋初期にかけて，路が広域行政区画化していくことを論じている。

民政・財政全般，知州・知県等の人事を按察統括する転運司（漕司），獄訟・警察と経総制銭など一部財政を担当する提点刑獄司（憲司），軍政を統括する経略・安撫司（帥司），王安石新法と関連して新設された特殊財務を総括する提挙常平司（倉司）の四者が中心となるが，これ以外にも宣撫司，都督，制置司など多様な路官が存在している。

それでは，具体的に『清明集』官吏門の事例を手掛かりに，文書を媒介とする地方官界の監察構造を述べてみたい。

事例1　『清明集』巻1「官吏門」，「戒巡検」

　本司昨以石佛久缺正官，辟江巡檢者，爲本寨設也，乃不安本職，經營權攝，所至需索鵝酒，瀹瀹泚泚，欺惑州官，以某官是其親戚，某官是其故舊。某州官無見識，與之結交，恣爲民害。當職今以將去，不欲見之簡書，姑從所申，帖還本任。如能改過自新，克守冰蘗，固當職之所望，亦巡檢一生之所係。如仍前不改，則上有監司，下有州郡，今日可免，後日其可免乎。牒州，今後毋謂係是本司差辟，而凡事實之不問，仍牒兩通判併本州僉廳及知縣。

文中に石仏寨の名が登場しており，この寨は江南東路信州鉛山県に置かれた巡検寨であり，従ってこの判は蔡杭の江東提点刑獄時代のものと考えられる。判の大意は以下の通りである。本司は，石仏寨の巡検が欠員となっていたので，江巡検を辟召した。江巡検は本職を全うせず，至る所で賄賂を要求し，また「何々は私の親戚です」，「何々は私の古いなじみです」と州官を欺き，州官と結託して民衆に害を与えた。本官は離任間近であり，表沙汰にしようとは思わない。そこで江巡検の上申に従い，江巡検に帖を送り，元の任に戻らせることとした。州には，今後同様な事態が生じた際には，本司の辟召の人事であるからと言って不問に付すことがないようにと牒を送り，なお両通判ならびに本州の僉書判官庁公事及び知県に牒を送った。

宋代には盗賊を取り締まる機関として州に巡検を設置していたが，この文書関係を見る限り，巡検の人事ならびに監督に提点刑獄司が深く関与している。下線部に示されているように，提点刑獄司から巡検には「帖」，巡検から提点

刑獄司に対しては「申」の文書がやりとりされ，この処分について州，両通判，本州の僉書判官庁公事及び知県に「牒」が送られている。この「牒」の持つ性格を明確にするために次の三つの史料を見ておく。

① 『慶元条法事類』巻16,「文書」,「行移」,「補亡令」：「諸巡検非會合捕盗，不許直牒縣尉司。」

② 『朱子語類』巻106,「初任同安主簿，縣牒委補試。喚吏人問例，云，預榜曉示，令其具検頗多。卽諭以不要如此，只用一幅紙寫數榜。但云縣學某月某日補試，各請知悉。臨期吏覆云，例當展日。又諭以斷不展日。過

③ 『朱子語類』巻106,「法，鄰縣有事於鄰州，只是牒上。今却小郡與鄰大郡便申狀，非是。蓋雖是大郡，卻都只是列郡，只合使牒。某在南康時，吏人欲申隆興。又，建康除了安撫，亦只是列郡，某都是使牒。吏初皇懼，某與之云，有法，不妨只如此去。揚

①では巡検，県尉間の文書形式として一緒に捕盗をする際には「直牒」（直接牒を送る）が用いられ，それ以外には「牒」を用いてはならないことが定められている。②では同安県主簿であった朱熹が県の役所から県学の試験を委任する文書を受け取る際に「牒」の形式が用いられている。③では隣県から隣州への文書については「牒上」が用いること，ならびに大郡，小郡に関わらず同じ州の間では「牒」が用いること，さらには同じ州であれば相手が路官の安撫使を兼ねていたとしても，「牒」を用いるべき原則が語られている。ここに『慶元条法事類』に述べられる「内外官司非相統摂者，相移則用此式」という原則がどのように運用されるのかが明瞭に確認される。

続いて事例1で「帖」の文書形式で示されていた監司（提点刑獄司）と巡検との関係について，次の史料を見ておきたい。

事例2　巻1,「追請具析巡検」

鴈汊一鎭，最爲横逆。近日采石解頭子錢赴本司，亦爲所奪拘下。以一路監司之錢，猶恐如此，則其劫奪民財，恣無忌憚，江面之被其害可知矣。今乃敢有所挾，以凌侮本司，其無狀益甚。巡寨正係本司鈐束，若不少懲，何以

立綱紀。入錫匣，牒州追請趙忠翊赴司具析，限一日。仍請本州別差清強官權巡檢及監務，併限一日申。

ここでは采石鎮（江南東路太平州）から鴈汊鎮（江南東路池州）を通って監司（提点刑獄司）に送られてくる頭子銭（付加税）の強奪が問題となり，その責任者の趙忠翊（忠翊郎は武階の正九品）を提点刑獄司に送り申し開きをさせるように，提点刑獄司が州に牒を送っている。さらに州に巡檢ならびに監鎮官の後任に当たる人材を派遣するよう要請している。なお，「巡寨正係本司鈐束」と本文に見えるとおり，巡檢寨は提点刑獄司の事実上の統轄下にあったことが確認される。これは同巻1，「責罰巡尉下郷」（巡檢・県尉が郷を巡回することを処罰する），同巻1，「責巡檢下郷縱容随行人生事」（巡檢が郷を巡回し，随行者がトラブルを起こすことを処罰する）の条にも典型的に現れているように，提点刑獄司は警察・治安業務を担当する巡檢，県尉を事実上統括する立場にあったと考えられ，巡檢が土兵，県尉が弓手を引き連れて郷を巡回することを厳しくとがめている。また，前者の「責罰巡尉下郷」の事例においては，30～50人もの部下を引き連れ，郷を巡回し民より搾取を行っていた二人の県尉を対移[13]（官吏が過失を起こし弾劾された際に行う左遷人事，人事移動は通常同クラスであるが実際には低いポストに転任させる）の処分としている。

次に「対移」の実例より，その手続きにうかがえる官司間の関係を整理しておく。

事例3　巻2，「対移貪吏」

當職到任之初，非不知本州貪謬之吏甚多，但以州務彫疲，儻卽見之施行，恐見譴責，謂不可展布，日復一日，民怨益深。且所職何，而可遜避。內有饒州推官舒濟，蔑視官箴，肆爲攫拏，如本州抛買金銀，則毎兩自要半錢，鈝銷出剩，自袖入宅。提督酒庫，科取糯米，受納受糯米，官稅之外，自取

---

13)　巻2「対移」には「対移貪吏」，「対移司理」，「対移県丞」，「対移県丞」，「対移贓汚」，「監稅遷怒不免対移」など「対移」の数多くの実例が並んでいる。この他，官吏門においては対移の数多くの実例を見ることができる。

百金。以配吏吳傑爲腹心，受成其手，交通關節，略無忌憚。未欲案劾，先牒本州對移鄱陽縣東尉，限一日取遵稟狀申，仍追吳傑赴本司，仍牓本司衙門，許被害人陳訴。本司已追吳傑赴司，押送司理院根勘到上件情節，尋呈僉廳官書擬因依，欲將吳傑決脊杖七十，於原配州上加刺配一千里，照已行準條籍沒家產外，餘分受贓人令取台旨，奉允決判照斷，候監贓畢日押遣，併牒本州照會。

①饒州推官舒済が官箴を蔑視し，本州が金銀を大量に購入する際には，一両につき半銭を要求し，金銀を溶かす際に余剰分を懐に入れる，酒庫を管理する際には糯米を搾取する，官税の他，様々な金をむしり取るといった搾取を行っていた。また配軍の刑を受けた胥吏の呉傑を腹心とし，彼を経由して賄賂を受けていた。

②江東提点刑獄の蔡杭は，舒済を鄱陽県東尉に対移させ，一日を期限として遵稟状を取って上申させ，また呉傑を州の役所に赴かせ，州の衙門に被害者の訴えを認める榜を出させるようにと，牒を州に送った。

③州は呉傑を州の役所に召還し，司理院に護送した上，一件について調べさせた。

④僉庁官が書擬（判決の原案）を上呈してきた。呉傑は脊杖七十（十七？）としたうえ以前配軍となった場所よりさらに一千里遠いところへ刺配（入れ墨して流す）し，家財は没収とし，その他の贓物に預かった者については上の指示を仰ぐこととする。

⑤僉庁が提点刑獄司より書擬を許す判を受けた。それによれば，判決に基づき処断し，贓物をきちんと官司に納めさせた上で，それらの者を護送し，併せて本州に牒を送るので照会せよ，とあった。

文書の流れを整理すれば，

　　（江東提点刑獄）牒→①（州）→②（司理院）→③（僉庁）書擬上呈→④（提点刑獄）牒→⑤（州）

となる。舒済を鄱陽県東尉に対移させた際は，州に牒を送り，舒済に命令を伝え，遵稟状（承諾書）を取って，その遵稟状を提点刑獄司へ上申させている。

他の「対移」の事例もほぼ同じように，提点刑獄司は監督下にある州県官が失態を生じた際は，「対移」の命令を州県に伝え，その遵禀状を取り，結果を上申させるという手続きとなる。この提点刑獄と州との関係は，牒と上申という文書によってやりとりされている。

次は監司と州，県との関係を見ていくこととする。

事例4 巻1，「狎妓」
弋陽縣官其不狎妓者，想獨知縣一人耳，帖具析，縣尉仍清謹守官箴，毋違宦業之累，限一日解李宏赴司。黃權簿者係何人，累招詞訴，牒州契勘，如是本州土著人冒攝，卽專人解赴本司，併限一日。

事例5 巻2，「貪酷」
黃縣簿以本州人攝本州官，狠愎暴戾，覇一縣之權，知縣爲之束手。積姦稔惡，百姓恨之切骨，甚至檢驗受賕，恣爲姦利。本司追請之日，百姓千百爲羣，爭以瓦礫糞壤抛擲唾罵，縣官以本州之故，護出數十里之外，方始獲免，州之僉幕獨不聞之乎。當職行部以來，訴之者不知其幾狀，計贓不知幾千百，竝送本州追究，州之僉幕獨不見之乎。今不照本司行下根勘，却歷述黃權簿有黃堂侍郎大參別相公薦書，豈欲以此見脅邪。無故主掌此等人冒攝視民官，上誤黃堂，下害赤子，事敗迹露，尙欲庇之耶。一則曰死節，二則曰死節，死節之家固可念，一縣之同胞獨不可念乎。一則曰黃堂諸公，二則曰黃堂諸公，諸公亦曾教其如此貪酷乎。牒州，請照本司送下狀嚴行根究，不可以當職爲將去客而可忽也。入錫匣，限兩日申。

実は事例4，5とは異なる判でありながら両方とも「黃權簿」を問題にしている。判の作成者は江南東路提点刑獄蔡杭であり，事件は弋陽県（江南東路信州）で起こっている。両方の事件の時間的経過は今ひとつ判然としないが，大胆に整理しておく。

①江東提刑より弋陽県へ帖が送られ，「狎妓」（妓女に親しむ）問題について申し開きを行わせた。その結果，県尉李宏については，清謹で官箴をよく守り，本務を怠っていないといってきているので，本人を一日の期限で州

第三章　文書を通して見た宋代政治　　　　　　　307

の役所に出頭させることとした。黄権簿はしきりに訴訟沙汰を招いているので，州に牒を送り，現地の冒摂（不正の臨時任用）であるかを調べさせた上，専人（ある事件に対して特別に派遣する者）によって黄権簿を一日の期限で州に出頭させることとした。

②提点刑獄司側は，黄権簿が信州の人で信州の官を摂官し，弋陽県を我が物としているのに，知県は見て見ぬふりをしており，州へ黄権簿を召還した際には，群がった百姓が石礫を投げ，つばを吐き，県官が数十里の外まで護送したため，ようやく免れたほどであったことを把握している。それなのに，州に取り調べを行わせたところ，僉幕はこうした事態をわきまえず，「黄堂侍郎大参別相公薦書」があると言ってきた。

③州に牒を送り，提点刑獄司が送った文書に照らして徹底的に調べ上げ，錫匣に入れ，両日を期限として上「申」させることとした。

これを簡単にまとめれば，以下のようになる。

　〈江東提刑司〉帖→①〈弋陽県〉具析→②〈江東提点刑獄司〉牒→③〈信州〉→申④〈江東提点刑獄司〉

具体的な調べについては信州あるいは弋陽県で行わせ，その結果を提点刑獄司が判断をし，指示を出している。ここで明らかなのは，信州に送る際は「牒」，弋陽県に送る際は「帖」が用いられ，提刑司への返答は「申」であるという関係性である。なお，今回の「冒摂」人事は路内での処理しか判に現れていないが，別件の同巻2，「冒官借補権摂不法」では事件が大きくなったこともあるが，最後は「申納本部，仍申尚書省照會」で締めくくられており，吏部への「申」，並びに尚書省への照会が同時になされている。恐らく，最終的には中央へ提刑司から文書が上申され，最終的な決着がつくことになったと考えられる。

　ここで路内の文書として，「牒」と「帖」の二種類の文書が使われていることに気づく。前者は，監司と州の間でやりとりするものであり，これはまた監司間のやりとりにも使われる。

事例6　巻2,「頂冒可見者三」

　余執中事，乃前政所斷。茲因浙西憲司索案，試將原案閱看，則余執中之罪，未論他事，只是頂冒一節，黥配有餘。今索上獄庫所收余執中二誥・一綾紙，其初補進義校尉綾紙，乃淳祐七年空月給，其以進義轉承信誥，乃淳祐六年給。天下豈有轉官歲月在前，初補歲月在後之理，其頂冒可見一也。又以承信轉保義誥，亦是淳祐七年給，乃與初補進義綾紙同一年，參錯顚倒，其頂冒可見二也。又綾紙小字内，余執中年五十歲饒州凡九字，大字内余執中凡三字，皆是揩洗改塡，印章淡落，綾色絍動，其頂冒可見三也。今詳西憲備到本人狀内不明言乞改正，此頂冒官職而從言改正，又不知頂冒被配人尙可改正作士人否也。事不在本司，但西憲未知因依，有索人案之牒，案合卽時發去，人豈輕易泛追。若欲追詞人余執中，則彼方避本司如仇，必自已在司伺候矣。告仍寄獄庫，候仍錄原案存照，牒報浙西提刑司。

判を書いている呉勢卿（字雨巖）は浙西転運副使となった人物で，この判では浙西転運司と浙西提点刑獄司間でのやりとりが，「索人案之牒」と「牒」という形で行われていることが確認される。この一件自体は前転運使が断じた余執中の一件書類を提点刑獄司が求めてきた際に，余執中の綾紙偽造などの余罪を呉勢卿が発見し，それを提点刑獄司に牒によって知らせるというものである。

　この監司間の文書のやりとりの原則については，次の事例がよく示してくれる。

事例7　巻1,「監司案牘不當言取索」

　得照各司案牘除經朝廷及臺部取索外，其同路監司止有關借之例，卽無行下取索，如待州縣下吏之理。本職自去冬入境，應訴婚田，念其取使司遙遠，間與受狀，不過催督州縣施行而已。其開有不得已結絕者，皆是前政違人到司，久留不經，出于弗獲已，非敢僭也。然公朝設官分職，同是爲官，豈有見其焚溺而不之救者。昨承使司取索邵元昱事理，本司爲見台判異常，卽已具因依遞上，再準行下索案，又卽促吏牒解。但區區賤跡，係國家建置司存，却不可以某之資淺望輕，而頓廢公朝之事體。蓋嘗太息而言曰，督贊・侍讀・

判部尙書之尊，不當下彙運司之職，若彙運司之職，不當上廢朝廷之法。除已具申督贊尙書外，併牒報運司。

これは蔡杭の江東提点刑獄時代の判である。使司(都督府)から邵元昱の事件書類の提出を求める文書が送られてきたが，蔡杭は監司間では「關借之例」があるだけで「行下取索」を行う道理はないと批判している。ここでいう「關借」は文書を送って借りるといった意味を有する言葉であるが，同時に「関」には，『慶元条法事類』巻16，「文書」に，

　　關

　某司某事云云。右關，某司謹關。

　年月　日

　　　官司同長官而別職局者，若有事相關，並用此式。

と見える長官を同じくする官司同士が関係ある事柄について文書をやりとりする際に，この形式を用いることとなっている[14]。従って「同路監司」ということで，本来はこの関の文書(あるいは「牒」の形式)を用いるべきところ，「行下取索」という形で上からの命令文書形式が用いられたことが問題となったのであろう。ただ，最終的な処理として相手側が「督贊・侍読・判部尙書之尊」にして運司の職(転運使)を兼ねているということで，督贊尙書(〇〇尙書兼都督府参贊軍事)には「申」によって伺いを立て，運司の役所に対しては牒によって連絡をしている。

　恐らくここには二つの原理が存在していると思われる。路の官司は，転運司(漕司)，提点刑獄司(憲司)，経略・安撫司(帥司)，提挙常平司(倉司)といった所謂，監司や帥司が存在する一方，数路を束ね軍事上大きな権限を有していた宣撫司，制置司，都督府，総領所などの役所が存在しており，また宰執経験者や侍従などの高官がこうした官になる場合があり，同じ路の官司同士であっても，「関」や「牒」といった並行文書によって処理する関係，下達・上達の

---

14)　宋代の史料には「関報」という形の平行文書によって公事の処理が行われる事例を数多く見ることができる。一例を挙げれば，蘇軾『東坡全集』巻58，「乞禁商旅過外國狀」の中に密州市舶司から杭州市舶司に送られてきた「関報」の文章がある。

文書処理が行われる関係の二つの原理があったと思われる[15]。この個々の官僚と官府への文書の区別について、『朱子語類』巻106の次の史料は興味深い事実を告げてくれる。

　　某向在浙東，吏人押安撫司牒，既僉名押字。至紹興府牒，吏亦請僉名，某
　　當時只押字去。聞王仲行有語，此伊川所謂只第一件便做不得者。如南康舊
　　來有文字到建康，皆用申狀，某以爲不然。是時陳福公作留守，只牒建康僉
　　廳，若作前宰執，只當直牒也。如南康有文字到鄰路監司，亦只合備牒。其
　　諸縣與鄰州用牒，卻有著令。德明

つまり前執政が知州を務めているようなケースの場合、知州には直牒をせず、僉廳へ牒を送るというのである。こうした場合は先の事例7のように、個人に対しては「申」、官府に対しては「牒」という使い分けがなされたと考えられる。

　ただ、次の史料はその逆に知州が高位高官であっても原理的には州から路へは「申」の形を取り文書が送られるべきだと考えられていたことを示してくれる。

　　事例8　巻1，「州官申狀不謹」
　　　何季十一打死何亞願事，只有張通判與僉廳官僉銜，却無本府申上之文・判
　　府台銜書押。此係大辟公事，非特古來聖賢之所深謹，聖主所警示天下者，

---

15)　『慶元条法事類』巻16，「文書」，「行移」，「職制勅」には「諸帥司及統兵官行移輒用箚子者，徒二年。執政以上出使及有專降指揮許用者非。」とあり、執政などの特命を帯びた官が箚子を用いる以外、路官がみだりに箚子を用いることを禁止している。同じような文言が『慶元条法事類』巻16，「文書」，「行移」，「隨勅申明」，「職制」に「淳熙二年十月五日尚書省箚子，勘會兩淮州軍及帥臣・監司竝駐箚御前諸軍，應有事于邊防軍機文字緊切事宜，往往泛濫申發，或作箚子具報他處，顯屬違戾。奉聖旨，今後止得具奏，並申尚書省・樞密院。如違，具職位・姓名取旨，重作施行。」とあり、箚子を濫発することを禁止している。『清明集』の中にも如上のような事例を拾うことはできる。例えば巻8，胡石壁「侵用已検校財産論如擅支朝廷刑椿物法」の中で、荊湖南路提点刑獄使である胡石壁は大使司（荊湖南路安撫大使）より「箚」を受け、同巻13，胡石壁「峒民負險拒追」では大使司に「申」を送っている。

第三章　文書を通して見た宋代政治　　311

尤不經也。不知此申是通判不敢呈上，初不經本府耶。或已經台覽，而不屑僉押耶。本職昨叨節江東，吳尙書・陳侍郎知太平，趙樞相知建康，一係正任侍從，一係樞使督府，每有大辟申案，必明具銜位，親書諱字，今案牘可考也。當職每敬其審謹刑名，愛重民命，務存國家體統，而仰奉聖主欽恤之盛心者如此。今來慶元雖係侍郎領郡，然審明洞達，必不重爵位，輕民命，循吏諛，廢事體，不惟本司不應含糊，亦恐外觀窺測相業之淺深，而亦非所以盡誠協恭，相與責善之意。兼所申情理舛繆，而筆畫亦十字九乖，想不徹鈐閣之覽，只憑承吏具文。人命所係，豈應輕率如此。牒張通判監承吏別具申，限一日，仍牒府照會。

　この事例は，何季十一が何亞願を打死した一件について，慶元府の通判・僉庁官から文書が江東提刑の蔡杭のもとに送られてきたものだが，慶元府よりの「申上の文」ならびに「判府台衙の書押」が無いことを問題としたものである。この一節の中に，呉尙書（呉淵。知太平州兼江東転運使）・陳侍郎（陳塏。淳祐七年五月，戸部侍郎提領茶塩所知太平州）が知太平州，趙樞相（趙葵。淳祐七年，樞密使兼参知政事督視江淮京西湖北軍馬兼知建康軍府事行宮留守江南東路安撫使）が知建康府であった際に，正任侍從，樞使督府でありながら，大辟申案の際には，必ず銜位を書き，また諱字を親書してきたと述べている。

　つまり，州の大辟（死刑案件）は提点刑獄司の詳覆が必要であり，原則として高位，高官を帯びていたり，また路官を兼任していたとしても，やはり州からの文書「申」という形で提点刑獄司に送るべきものと考えられていたことを示している。

　次にもう一つの「帖」について見ておくこととする。『慶元条法事類』巻16，「文書」，「帖」には，「州下屬縣不行符者，皆用此式。餘上司於所轄應行者准此」とある。州から属県への下行文書，及び同様な上司—属部間での下行文書として用いられるものである。事例1では提点刑獄司→巡検への下行文書として「帖」，事例4では江東提点刑獄司より弋陽県への下行文書として「帖」が用いられていたことが確認できる。その実例として以下2例見ておくこととする。

事例9　巻1,「不許県官寨官擅自押人下寨」

　　柳都寨非公家之寨,乃豪家之土牢,玉山縣非公家之縣,乃豪家之杖直。自今以始,所望縣官稍自植立,仍冀豪家痛自收斂,未欲遽作施行。所有韓逢泰・韓順孫,知縣勘杖而不行引斷,想必心知其非。況不引斷而分押下尉寨,又是心有所狗。殊不思法有明禁・赦有明條,除監司・州郡外,諸縣不得擅自押人下寨,違者從提刑司案劾。縣官・寨官不顧法理,而寧畏豪家,是自求案劾也。今後如再違犯,斷不但已。韓逢泰存亡既未可知,責在本縣,限十日根索,解赴本司審問因依。如過限不到,追管事人,次及寨官。韓順孫若果於牛無分,而輒分牛錢,貧餒若此,豈復有錢可監,放自便。榜縣及寨,仍帖取知委申。

　事例9は,江東提点刑獄呉勢卿の判であり,管轄下の柳都寨,玉山県(江南東路信州)が豪家に壟断されている状況が述べられている。事件の詳細は不明であるが,以下のような経緯であったと推測される。韓逢泰・韓順孫の牛錢の分配が発端となり,知県は勘杖の量刑をしたが,その刑の執行は行わなかった。ところが,県官,寨官が知県による刑の執行命令によることなく柳都寨へ両者を護送したという一件である。この背後には豪家の言いなりになっている県官,寨官の状況が同時に語られている。最終的に,この一件は県並びに榜(掲示)が出された外,併せて県官・寨官に帖を送り,知委状(委細承知したという文書)を上申させることとなった。

事例10　巻2,「取悦知県為干預公事之地」

　　當職所至,最嫌擧留之人。今日之擧留者,即平日之把持縣道者也。此狀擧留姓名數中,必有譁徒,欲取悦知縣爲此,殊不知知縣賢否,政事美惡,有耳目者必能知之,何待于此曹哉。狀首不過爲譁徒所使耳,姑與責戒勵一次,仍帖縣,具譁徒姓名申。

　事例10は蔡杭の判である。この判の執筆の際の具体的な官職は不明であるが,とりあえず,『清明集』の他の判の事例と同じく,江東提点刑獄時のものと仮定しておく。蔡杭が問題としているのは挙留の行為である。『朝野類要』巻3,

「挙留」によれば、「見任官有政績而吏民願得再任者、須本處進士耆老以下列狀經歷司舉畱、次請上司申乞。」とあり、すぐれた治績を残した現任官に対して民衆が再任を官司に願い出る行為を指す。形式としては、民衆が挙留させたい現任官の上司に当たる官司に大勢で請願に行き文書を提出し、上司より朝廷へ再任を願い出ることとなる。ただ、『宋史』巻1、「(建隆元年十月)戊子。詔諸道長貳有異政、衆舉留請立碑者、委參軍驗實以聞。」の詔に現れているように、立派な治政を行ったものに対して民衆が「挙留」をしたり、碑を立てることに対して、参軍に十分な調査を行うよう命じているように、虚偽の「挙留」の事例が多かったことが想定される。実際、「挙留」を問題とする上奏が多々残されており、蔡杭が、挙留の幾つかの事例は譁徒が知県に媚びを売るために行っていると批判している。最終的には、挙留を行った中心人物に対して戒励状(戒告の文書)を与えると共に、県に帖を送り、譁徒の姓名を上申してくるよう命じている。

　以上の例では、州から県といった官司間での文書伝達の事例を挙げなかったが、宋代の地方志にはこうした事例を多々見出すことができる。一例として『景定建康志』巻41、「斸賦雑録」をあげる。

　　江寧縣。嘉定八年六月初七日、準府帖、備準尙書省箚子節文、本路安撫・轉運奏請建康府城南第一・第二・第三都、係江寧縣紹興中推行經界、將人戶房地起納兩料役錢、成年計六百四十四貫七百二十八文。後於淳熙五年內、本縣將家業營運糺增作和買綿絹錢、共三千七十二貫八百五十六文、較以疇昔、已多二千四百二十八貫一百二十八文。民力重困、欲從本府及運司各於支用錢內、中半包認取撥。自嘉定八年爲始、每一歲一處、均補錢一千二百一十四貫六十四文、卻乞將糺置和買盡與除豁。其見在房地、以經界則例、起催元來兩料役錢六百四十四貫七百二十八文、從本縣令項催赴本府交納添揍、兩司抱認錢共作三千七十二貫八百五十六文、理充上項除豁窠名、起撥上供。五月二十九日、奉聖旨、依箚付本府。已備帖江寧縣遵守、及申安撫司・轉運司照會。其逐項錢、已自嘉定八年爲始、抱認至今、照已降指揮施行。

これをまとめれば，

　　（安撫司）奏請→①（皇帝）聖旨
　　　　　　　　　　　↓
　　　　　　　②（尚書省）箚子→③（建康府）帖→④（江寧県）
　　　　　　　　　　　　　　　（建康府）申→⑤（安撫司・転運司）

といった流れになる。安撫司の税金減免の奏請が皇帝によって裁可され，尚書省から建康府へ箚子が送られ，建康府から江寧県へ帖が送られると共に，安撫司・転運司に照会を求める申が送られるという構造である。

三，おわりに

「申」，「箚子」，「牒」，「帖」を手掛かりに路以下の官司間の関係を図示してみた場合，図20のようになる。これは本来あるべき姿としての関係図である。

基本的には箚子，帖のように下行文書によって表現される縦方向のベクトルを中心とした官司間の関係と，関，牒といった平行文書によって表現される横方向のベクトルを中心とした官司間の関係が文書の様式によって明瞭に表現されているのに気づく。そして，宋代の場合，路と州の関係は，基本的には「相統摂せざる」官府間の関係として一般に牒が用いられるのが原則であり，また軍事関係の路の官司を中心に他の路官や州に対して箚子が多用されるということが同時に存在していたのであり，縦，横両方のベクトルが混在する関係として機能していたこととなる。そして，路の官は州県官を監督するとともに，巡検，監鎮官など州県官の枠外に存在した官府も監督する立場にあり，それは縦方向のベクトルとして表現されていたのである。さらに，この文書を媒介とする関係構造は，国際関係の世界においても同様な図式を読み取ることができる。

図21は遠藤隆俊「宋代中国のパスポート──日本僧成尋の巡礼──」（『史学研究』237，2002年）から取ったものであるが，日本僧成尋が熙寧5年（1072）に行った五台山巡礼の許可申請においても，成尋と台州間が「申状」と「帖」，杭州府（両浙市舶司），台州，両浙転運司間のやりとりが「申状」と「牒」，台

第三章　文書を通して見た宋代政治　　　　　　　　　　315

図20　宋代地方官府間の文書の流れ

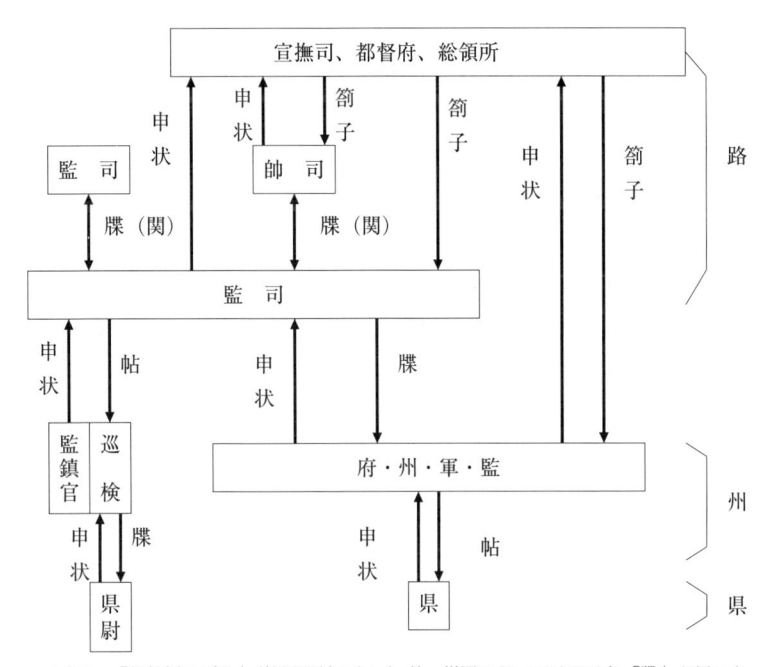

```
                    ┌─────────────────────────────┐
                    │  宣撫司、都督府、総領所      │ ┐
                    └─────────────────────────────┘ │
                    ↑ ↑ ↓  ↓  ↑  ↑                  │
                申状│ 申 箚  箚  申  箚              │
                    │ 状 子  子  状  子              │ 路
        ┌──────┐    │ ┌──────┐                      │
        │ 監司 │    │ │ 帥司 │                      │
        └──────┘    │ └──────┘                      │
          ↕ 牒(関)  │   ↕ 牒(関)                    │
        ┌─────────────────────────────┐            │
        │           監　司            │            ┘
        └─────────────────────────────┘
         ↑   ↓         ↑    ↓
        申   帖        申    牒
        状                状                         ┐
        ┌──────┐┌──────┐  ┌─────────────────┐       │
        │監鎮官││巡検 │  │ 府・州・軍・監  │       │ 州
        └──────┘└──────┘  └─────────────────┘       │
          ↑   ↓               ↑    ↓                │
         申   牒              申    帖               ┘
         状                   状                     ┐
        ┌──────┐              ┌──────┐              │ 県
        │県尉 │              │ 県  │              ┘
        └──────┘              └──────┘
```

＊但し、「相統摂せざる」（統属関係のない）県、州間においてはやはり「牒」が用いられる。

図21　「台州帖」文書の流れ（遠藤隆俊論文　2002）

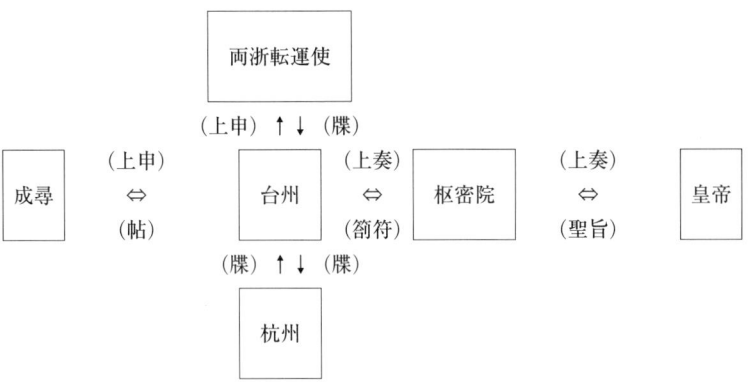

```
                    ┌──────────┐
                    │両浙転運使│
                    └──────────┘
                      (上申)↑↓(牒)
┌──────┐ (上申)  ┌──────┐ (上奏)  ┌──────┐ (上奏)  ┌──────┐
│成尋 │  ⇔      │台州 │  ⇔      │枢密院│  ⇔      │皇帝 │
└──────┘ (帖)    └──────┘ (箚符)  └──────┘ (聖旨)  └──────┘
                      (牒)↑↓(牒)
                    ┌──────┐
                    │杭州 │
                    └──────┘
```

＊遠藤論文では「上申」、「上奏」という用語を用いているが、近年の文書制度の研究成果に従い、「上申」は「申状」、台州から枢密院への「上奏」は「申状」、枢密院から皇帝への「上奏」は「奏状」に改めるのが妥当かと思われる。

州と枢密院のやりとりが「申状」と「箚子」であり、全く同様な原理で動いている。

なお、路と州官との間に縦、横両方のベクトルが存在していることについて、一言付け加えておく。南宋期には、宰執が軍事の大権を有する宣撫使、都督といった要職につく事例が多々起こってくる。例えば『要録』巻190、紹興三十一年六月辛未の条には「川蜀向來用兵、都轉運司領財賦、而隸於宣撫司」、「是時兵統於諸帥、財領於都運、而宣撫使兼總之」と述べられるように、地方財政を統括する都転運司と軍政を統括する帥司（経略安撫司）が宣撫司のもとに隷属し、両者の間に統属関係があったことが述べられる。ただ、その一方、この条においては軍糧を統括するため新たに設けられた総領所と宣撫司との間には、統属関係がないという主張によって、「公牒」によってやりとりが行われている事例が紹介されている。

このように、南宋になると、数路を束ねる宣撫司、都督府、総領所とその下の監司、帥司、さらには州県官の間には北宋とは異なる原理が働いていたと考えられる。例えば、『建炎以来朝野雑記』甲集巻11、「宣撫処置使」に次のような文章が見える。

　　宣撫處置使、舊無有、張魏公始爲之、其行移於六曹・寺監・帥司皆用箚子、而六曹於宣司用申狀、紹興四年、趙忠簡使川・陝、六年、韓忠武使京東・淮東、皆帶處置字入銜。然忠簡後不行、而韓在山陽特隆其名而已、非魏公處置之比也。故事、大臣爲宣撫使者、於三省・樞密院皆用申狀、若建都督府、則止用關而已。隆興初、魏公以少傅爲江淮・宣撫使、頃之、拜樞密使、都督江・淮軍馬、及符離師潰、內外紛然、公上表待罪。上日罷樞密使。宰相陳魯公曰、如此則是罷政。乃降特進、復爲宣撫使。陳正獻公時參贊軍事、言於孝宗曰、降官示罰、自古所有、今雖張浚自請、然人情觀望、徒使號令不行、請復正其名。上不從。周元特時爲侍御史、亦言、官爵者、人臣一己之私、其人有罪、隨即貶降可也。若都督之名、則國家用人之權柄、豈得亦行遞減。上納其言、遂復督府之名矣。凡前兩府及從官爲宣撫使、於六部用申狀、總領所用公牒、監・帥司及所部郡縣用箚子云。

張浚が宣撫処置使となった折りには，尚書六曹・寺監・帥司に対して箚子を用い，尚書六曹は宣撫処置使に対して申状を用いたとある。この場合，張浚は枢密使を拝命し，かつ都督江淮軍馬となっている。恐らく，一般的な事例としては，後半の下線部のように，宰執経験者や侍従が宣撫使に任じられた場合，六部には申状，総領所には公牒，監司・帥司及び所轄の州県には箚子を用いるという形となる[16]。

これは南宋期の特殊性を反映して起こってくる現象である。要するに，南宋期は対金・モンゴルとの戦争とのかかわりで，軍事の大権を握る，宣撫司や都督府が設置され，これらの長官，次官クラスのポストに枢密使や執政クラス，あるいは侍従などが兼任という形で任命されることが頻出する。そして，こうした複数の路を統括する特別の官司が，他の路官や州県官と縦のベクトルによって文書のやりとりをするという構造が出現し，これが次の元代につながることとなる。

元代においても「統摂」の有無によって文書の形式の変わる原則は基本的には同じであるが，地方の行政区分は行省—（総管府）路—散府—州—県（録事司）の五段階（ただ，実際は路，府，州は宋代の州に相当するため，行省—路・府・州—県の三段階とも見なすこともできる）となり，行省が明確な形で行政区分となり，路以下の官司を統括するようになる。そして行省からの文書は箚付・札付という形で送られ，路以下の官司からの文書は「申」，「呈」という形を取る[17]。

この両者の差異を見た場合，南宋期に次第に路官の一部が単なる監督官庁か

---

16) 岳珂『愧郯録』巻9,「宣総公移」がこの問題を端的に述べている。また，南宋期に於いては，文書の「行移」の様式をめぐり多くの議論をみることができる。例えば，『宋会要』職官41-25においては，「同日（荊胡廣南路宣撫使兼知潭州充湖南路安撫使）李綱又言，乞本司行移，除福建・江西・荊湖宣撫使司及諸路安撫大使用關牒外，本路帥臣・監司・州縣並用箚子，從官以上箚送，餘並箚符。從之」と見え，宣撫使（もしくは安撫使）からの行移文書を「箚子」にするのか「關牒」にするのかが問題とされている。また岳珂撰『金佗続編』巻7,「任招討使申明行移用公牒箚」においては，招討使となった岳飛が安撫司，監司に「行移」する場合，「公牒」を用いるべきか，「箚子」を用いるべきかを尋ねている。

17) 『田中謙二著作集』第2巻「元典章文書の研究」（汲古書院，2000年）参照。

ら行政官庁の色彩を強めていく傾向を強めつつも、その構造が不十分なまま終わっていることを示してくれる。つまりここに冒頭で梅原郁氏の言葉を引いて述べた宋代の路官が厳然とした行政官庁ではなく、依然として監督官庁たる性格であったことを如実に示しているのである[18]。

18) 例えば青木敦「宋代地方官考課制度の基調」『アジア文化研究』別冊11「都市と平和　魚住昌良・斯波義信両教授記念号」(国際基督教大学アジア文化研究所, 2002年) では, 元明清現代まで人事・監察から財政・刑獄に至るまで広い権限を持った省という地方機関が存在していたのに対し, 宋代は監司という些か中途半端な制度であったと指摘する。

第四章　文書を通してみた宋代政治
――「関」,「牒」,「諮報」の世界――

一,はじめに

　内藤湖南,宮崎市定両氏が唐から宋にかけて政治,経済,社会,文化等諸領域にわたり大きな変革があったとする唐宋変革論を唱え,多くの論者がその問題について議論を重ねてきた[1]。筆者自身もこの問題について論及したことがあるが[2],本章では文書伝達という観点から新たな視点を提示することとしたい。

　宋代の政治構造を具象化する際,官僚機構図を描くという方法がある。多くの官僚機構図が次のようなイメージで構成されている。すなわち,1080年代に行われた元豊官制改革以前であれば,皇帝直属機関として中書門下(民政担当),枢密院(軍政担当),三司(財政担当),翰林学士院(詔勅の起草),御史台・諫院(監察・言事担当)を中核として政策が立案,審議され,その政策を執行機関の中核となる尚書省のもとに設けられた六部,ならびに九寺,五監などの役所が実施し,またこれらの命令は中央から路,州,県の地方官府に伝達されていっ

---

1) 代表的な成果として『唐研究』第11巻(北京大学出版会,2005年)ならびに李華瑞『「唐宋変革」論的由来与発展』(天津古籍出版社,2010年)参照。
2) 「日本宋代政治制度研究述評」(『宋代制度史研究百年(1900-2000)』商務印書館,2004年),「日本宋代政治研究的現状与課題」(『史学月刊』308,2006年)参照。

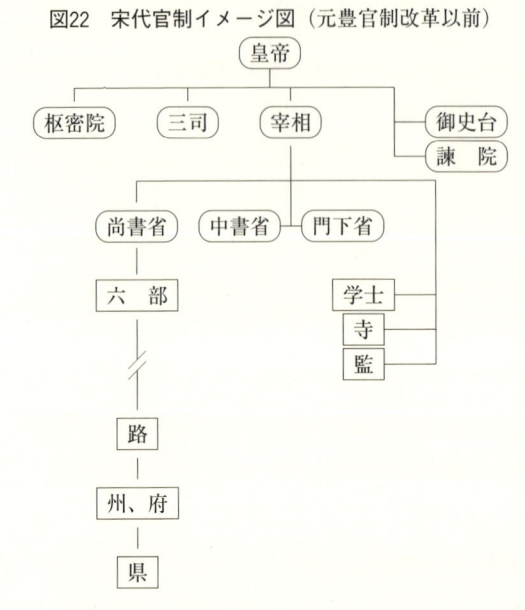

図22　宋代官制イメージ図（元豊官制改革以前）

```
                        皇帝
         ┌────┬────┬────┬──────┐
      枢密院  三司  宰相       御史台
                              諫院
         ┌────┼────┐
       尚書省 中書省 門下省
         │           │
        六　部       学士
         │           寺
         /           監
         │
         路
         │
        州、府
         │
         県
```

たという説明がしうる（図22参照）[3]。

別の言葉で表現するならば，唐宋代に展開した三省六部を中心とした官僚機構の中央集権化の官僚機構図ということになろう[4]。ただ，この図を見て奇異に感じるのは，官僚機構の関係が一本の実線で描かれていることである。筆者はこうした官僚機構図に対して二つの問題を感じる。第一は，中国の官僚制の原理に関わる問題である。本論文では，官僚制の原理の問題に深く立ち入ることは差し控えるが，中国の官僚制が『周礼』の精神に影響されつつ，創造と改変を繰り返してきたことは多くの論者が

3）　Charles O. Hucker, *A Dictionary of Official Titles in Imperial China*, Stanford University press, 1985, 41頁，所載図参照。ただし，三省六部体制は唐代に既に確立しており，この官僚図の骨格のイメージは唐宋ともほぼ同じである。唐宋元明清は，宰相の持つ「百官の長」，「皇帝の補佐役」の二つの機能の内，前者が失われていき，皇帝直属の機関が次第に増加していく傾向がある。宋代においては，唐代に既に存在している宰相，学士，御史台に加えて，枢密院，三司，諫院が加わることになる。なお，Hucker氏は宋代の学士を宰相の下においているが，これは本稿の分析でも明らかなように皇帝直属の機関と見なさなければならない。

4）　漢・六朝代の官僚構造は，連合艦隊を彷彿とさせる重層的官府連合，ならびに皇帝と命官，命官と属吏による二重の君臣関係となっていたとされる。それが六世紀末の隋の文帝の改革を起点として，唐宋代の三省六部を中心とした官僚機構の中央集権化，科挙制の導入・吏部による統一的人事の実施による君臣関係の一元化の進行がなされたという（渡辺信一郎『中国古代国家の思想構造――専制国家とイデオロギー』校倉書房，1994年，第八章「小結」337-366頁）。ただ，中央集権化された宋代の官僚機構が，本稿の分析結果が示すとおり，一元的な命令系統であったということはできない。

言及している通りである。例えば，滋賀秀三は『大唐六典』，『大明会典』，『大清会典』といった書物の形式が『周礼』に原型を求めることができると論じている[5]。同時に中国の官制は伝統的な精神を継承しつつも，絶えず新しい官僚制度の構築を繰り返してきた。その結果として，尚書六部と九寺，五監などの官庁が類似の職掌を持ちつつ同時に存在するという現象も現れる。また，唐代後半期より設置され，大きな権限を有することとなる三司使，枢密使などの使職や翰林学士を官僚制度の体系に於いてどのように位置づけ解釈するかという問題も存在する[6]。

　第二は，文書制度をめぐる問題である。実は宋代の史料には，官府間の文書制度の関係を表す言葉として「相統摂」，「非相統摂」といった表現を屢々目にする。これは官府間においては統属関係と非統属関係という二種類の関係が存在し，両者の複合的な関係によって官僚機構が運用されていたことを示している。本章ではこの「相統摂」，「非相統摂」の語に着目し，その関係を具現化する文書伝達関係を手掛かりに唐宋変革の問題を探ることを狙いとする。

二，問題の所在

　日本の宋代政治史研究のパイオニアである宮崎市定氏は，宋代以降の政治運

---

5)　滋賀秀三「大清律例をめぐって」(『中国法制論集——法典と刑罰——』創文社，2003年)，谷井俊仁「官制は如何に叙述されるか——『周礼』から『会典』へ——」(『人文論叢』23，2006年) 参照。
6)　唐代史においては唐初の律令に基づいた官僚体制が，八世紀以降に令外官の多数新設されていく問題について官僚制度そのものについて研究が行われる一方，その改変と文書行政の変化について多くの研究が積み重ねられてきている。その代表として劉後濱『唐代中書門下体制研究——公文形態・政務運行与制度変遷』(斉魯書社，2004年)，呉麗娯「試論"状"在唐朝中央行政体系中的応用与伝逓」(『文史』2008-1)，雷聞「唐代帖文的形態与運作」(『中国史研究』2010-3)，赤木崇敏「唐代前半期の地方行政——トゥルファン文書の検討を通じて——」(『史学雑誌』117，2008年)，同「唐代官文書体系とその変遷——牒・帖・状を中心に——」(『「外交」から見た10〜13世紀の東アジア』汲古書院，2012年) 等参照。

営の特徴を次のように述べたことがある。「この様に極めて多面的に官僚に直接接触するのが宋代以後の天子の特質であり，天子の独裁権も必然的にそこから発生し完成されたということができる」(「宋代官制序説——宋史職官志を如何に読むべきか——」『宋史職官志索引』同朋舎，1963年)。この言葉に代表されるように，宋代は他の時代と比べ，皇帝と官僚との直接的交流が盛んであったと考えられる。その代表が，官僚が直接皇帝に意見を申し上げる「対」の制度である。この「対」は勿論，他の時代にも存在したが，拙論で考証したように，この時代は他の時代と比べて頻度，種類の面で際だっていた。そして，「対」は皇帝と官僚との直接的対話，いわゆるオーラルコミュニケーションの世界であるが，同時に箚子を作成し，皇帝に提出するという文書作成行為を伴うものであった。官僚と皇帝間の対話方式については未解明の部分が多いが，宋代の「対」は唐代の『貞観政要』に象徴される口頭による対話方式ではなく，文書を伴う点に特徴があり，この文書主義を基調とした皇帝，官僚間の交流方式は，宋，元，明，清と発達を遂げていくことになる[7]。

それでは，宋代においてどのような文書が用いられていたであろうか。例えば『宋史』巻161「中書省」では中央からの命令文書として「冊書」，「制書」，「誥命」，「詔書」，「勅書」，「御札」，「勅牓」の七つをあげ，趙升『朝野類要』巻4，「文書」では「詔書」，「制書」，「手詔」，「御札」，「徳音」，「曲赦」，「赦書」，「翻黄」，「批答」，「宣帖」，「白麻」，「諮報」，「書黄」，「省箚」，「部符」，「勅牒」，「官牒子」，「奏箚」，「旦表」，「謝表」，「賀表」，「起居表」，「慰表」，「百官表」，「奏牋」，「功徳疏」，「万言書」，「進状」，「堂箚」，「白箚子」，「辺報」，「奏按」，「帥箚」，「朝報」の34事，『慶元条法事類』巻16，「文書式」には「表」，「奏状」，「状」，「牒」，「関」，「符」，「帖」「暁示」，「都簿」の9事など，皇帝・

---

7) 本書第三部「宋代の政治システム」第二章「宋代の政策決定システム——対と議——」及び「宋代の日記史料から見た政治構造」(『宋代社会の空間とコミュニケーション』汲古書院，2006年) 参照。

第四章　文書を通してみた宋代政治　　　323

官僚・庶民の三者の間を往来する多様な文書の存在を確認することができる[8]。

　この文書制度は当時の監察制度，情報伝達の仕組みと深く関わっている[9]。官僚制の枠組みで捉えた場合，特に重要となるのが中央－地方の政治の「場」をつなぐ各種の情報伝達，監視の装置である。これらの装置には二つのベクトルが存在している。皇帝を頂点として，中央から地方，地方から中央へ向かう縦方向のベクトルであり，もう一つは官司・官僚間を動いていく横方向のベクトルである。宋代の皇帝は他の時代と比べて官僚・官司（一般庶民をも含む）と直接接触する多様な方式を有していた。具体的には皇帝は各種の「対」（皇帝の面前で官僚が直接意見を申し上げる制度）や「奏・表・状・箚子」などと呼ばれる文書を介して多くの官僚の意見を直接的に吸い上げることが可能であったし，宮城司，走馬承受といった諜報組織や中使と称された宦官を各地に派遣し地方の情報を入手していた。それと同時に，様々な勤務評定，監察の方式を作り出し，官僚間に相互監視を行わせ，皇帝に忠実な政治を行わせようとした。これら政治コミュニケーション装置を通じて人々がどのように情報を入手し，それを政治活動に結びつけていったかを分析する必要がある。

　上記の説明を参考にして文書伝達を考えれば，縦方向のベクトル，横方向のベクトルの二つが存在していたことが想定される[10]。しかし，当時の文書形式をまとめた司馬光『書儀』や『慶元条法事類』巻16,「文書」などのいわゆる『書儀』を見る限り，文書制度研究は3つのベクトルを想定し，分析を進めていく必要がある。すなわち，司馬光『書儀』では公文書あるいは官文書として，

8）　本論で言及しない文書制度として，北宋末に発達した御筆手詔の問題がある。御筆手詔の問題については，徳永洋介「宋代の御筆手詔」（『東洋史研究』57-3，1998年）参照。
9）　拙稿「宋代政治構造研究序説」（『人文研究』57，2006年），鄧小南「多面的な政治業績調査と宋代の情報処理システム」『宋代社会の空間とコミュニケーション』汲古書院，2006年）参照。
10）　上行文書，平行文書，下行文書という方向をもとにした分類外に，中村裕一『唐代官文書研究』（中文出版社，1991年）5頁に，唐代の公文書は皇帝の名で公布される文書（制勅類）と，官府間や官人間等において行用される文書（官文書）が明確に区別されたと述べられており，制勅類と官文書という二区分も留意しておく必要がある。

「表式」,「奏状式」,「申状式」,「牒式」,『慶元条法事類』巻16,「文書式」には「表」,「奏状」,「状」,「牒」,「関」,「符」,「帖」「暁示」,「都簿」などが列挙されている。これを大胆に整理すれば,第一が下級の官僚・官府から上級の官僚・官府もしくは皇帝に送られる上行文書であり,例えば「表」,「啓」,「申状」,「奏状」,「箚子」に代表される。さらに上行文書は皇帝へ送られる「奏状」,「箚子」などの文書群と,宰相を中核とする上級官府へ送られる「申状」とに分かれる[11]。第二が皇帝もしくは上級の官僚・官府から下級の官僚・官府へ下される下行文書であり,「詔」「勅」「箚子[12]」,「帖」などに代表される。第三が同級の役所間を行き来する平行文書であり,「関」「牒」「諮報」などに代表される。実はここに示した第三のケースが,「前言」で述べた「相統摂」,「非相統摂」と特に関わる文書であり,今回の分析の対象となる。

三,「牒」

まず「牒」と呼ばれる文書から見ておく。『慶元条法事類』巻16,「文書」[13]に,

内外官司非相統攝者,相移則用此式。諸司補牒准之。唯改牒某司作牒某人,姓名不

---

11) 奏状と申状の性格が異なる点については呉麗娯「試論"状"在唐朝中央行政体系中的応用与伝逓」(《文史》2008年第1輯,2008年)並びに王化雨「宋代皇帝与宰輔的政務信息処理過程:以章奏為例」(『文書・政令・信息溝通——以唐宋時期為主』北京大学出版会,2011年)に詳しく述べられている。なお,司馬光『書儀』巻1,公文類「申状式」の一節に,「右内外官司向所統屬並用此式。尚書省司上門下中書省,樞密院,及臺省寺監上三省,樞密院,省内諸司竝諸路,諸州上省臺寺監竝准此。」とあり,「内外官司向所統屬並用此式」の部分に留意する必要がある。つまり,尚書省が中書,門下省,枢密院に文書を送る場合,台省・九寺・五監が三省,枢密院に文書を送る場合,三省内の諸司,諸路,諸州が省台・九寺・五監に文書を送る場合,「申状」が用いられる。それはこれらの官府間に「統属関係」が存在していると見なしているからである。
12) 箚子には「上殿箚子」に代表される皇帝に奉る上行文書と,中書,枢密院などから下される下行文書がある。
13) 『中国珍稀法律典籍続編』(黒龍江人民出版社,2002年)第1冊,348-349頁。

第四章　文書を通してみた宋代政治　　　　　　　　　　325

　　闕字，辭末云故牒。年月日下書吏人姓名。官雖統攝而無申狀例及縣於比州之類，皆
　　曰牒上。於所轄而無符・帖例者，則曰牒某官司或某官，並不闕字。

と見えるとおり，主として統属関係にない官司同士の平行文書に用いられる[14]。
ただ，実際には統属関係があっても「申状」の書式が使えない場合や県から州
相当の役所に文書を送る場合は「牒上」，統属関係があっても「符」や「帖」
の文例を用いることができない場合，「牒某官司」，「牒某官」と使用するよう

14)　ただし，この平行文書としての理解は，注意を要する。それは，他の時代におい
ては牒は必ずしも平行文書として捉えられていないからである。例えば，中村裕一『唐
代公文書研究』（汲古書院，1996年）186頁において『大唐六典』巻1，尚書省都省，
「左右司郎中員外郎」職掌の条の一節「九品已上公文皆曰牒」を引いた上，「牒式文書は
結句を「謹牒」と「故牒」とする二種類があり，上行文書の場合には「謹牒」として使
用されるのに加えて，下行文書であれば「故牒」として用いられた。」と述べる。また，
森平雅彦「牒と咨の間──高麗王と元中書省の往復文書──」（『史淵』144，2007年）
の中で劉応李『新編事文類聚翰墨全書』甲集巻5，諸式門，公牘諸式，行移往復体例に
見える至元五年（1268）の規定によれば，外路の「非相統摂」官府間で用いる牒には，
送り手と受け手の上下関係に応じて平牒（平行），今故牒（下行），牒上（上行），牒呈
上（上行だが牒上より程度が大）に分かれていたと指摘する。宋代の牒も魏了翁『鶴山
先生大全文集』巻78，「朝奉大夫太府卿四川総領財賦累贈通奉大夫李公墓誌銘」に「謂
総領所與宣撫司平牒往來」，『朱子語類』巻106に「鄰縣有事於鄰州，只是牒上」といっ
た類似例を見ることができ，平行文書を基調としつつも，上行文書，下行文書にも用い
るといった元代と同様な使われ方をしていた可能性がある。

であり、「牒」の使用例は極めて広いようである[15]。

「牒」の文書式について同様な文言を載せる司馬光『書儀』[16]巻1を併せてみておく。

　　　　牒式
　　某司牒某司　或某官
　　　　某事　云々
　　　　牒　云々。若前列數事、則云牒件如前云云。謹牒
　　　　　　年　月　日　牒
　　　　　　列位　三司首判之官一人押。樞密院則都承旨押。
　　右門下・中書・尙書省以本省・樞密院以本院事相移　並謂非被受者　及內外官司非相管隷者相移、並用此式。諸司補牒亦同。惟於年月日下書書令史名辭、末云故牒。官雖統攝而無狀例及縣於比州之類皆曰牒上　寺監於御史臺・祕書・殿中省准此。　於所轄而無符帖例者則曰牒某司，不闕字。　尙書省於御史臺・祕書・殿中省及諸司於臺省・臺省寺監於諸路・諸州，亦准此。其門下・中書・樞密院於省內諸司・臺省・寺監官司，辭末云故牒。尙書省於省內諸司，准此。

この『書儀』の中では二つの原則が提示されている。一つは門下，中書，尙

---

15) 劉応季『新編事文類聚翰墨全書』甲集巻6，公牘諸式，行移往復体例に次のようにある。
　　至元五年中書吏禮部照得，諸外路官司不相統攝應行移者，品同往復平牒正從同，三品於四品・五品竝令故牒，六品以下皆指揮，回報者，四品牒上，五品呈上，六品以下並申。其四品於五品往復平牒，於六品七品令故牒，於八品以下皆指揮，回報者，六品牒上，七品牒呈上，八品以下皆申。五品於六品以下令故牒，回報者，六品牒上，七品牒呈上七品同縣竝申，八品以下並申。六品於七品往復平牒，於八品九品今故牒，回報者，八品牒上，九品牒呈上。其七品於八品及八品於九品往復平牒，七品於九品令故牒，回報牒上。卽佐官於當司官有應行移往復者，亦比類品，從職雖卑，並令故牒，應申者並咨，其八品九品於僧道錄司有相關者，並令故牒，回報申。批奉都堂鈞旨准擬施行。
ここでは「不相統攝」の官司間においては，「品」の差を元に，「往復平牒」，「令故牒」，「指揮」，「牒上」，「牒呈上」などと使い分けられている。

16) 『書儀』巻1，「表奏」には「元豊四年十一月十二日中書箚子」が採録されており，この書の作成が元豊四年（1081）以後のものであることを示している。

書省，枢密院の間の文書のやりとりであり，「非被受（朝旨）者」（特別に朝廷からの命令が出されていない場合）の「本省事」「本院事」については「牒」が使用される。さらに内外の官司で「非相管隷者」についても「牒」が使用される。これらの「牒」は平行文書であると考えられる。もう一つは，先ほど『慶元条法事類』巻16，「文書」と基本的に同じであり，統属関係にあるものの，「申状」や「符・帖」の事例に相当しない場合，上行文書として「牒上」，下行文書として「牒某司」という文書が用いられるというのである。ここで注目したいのは，前者の例として「寺監」から「御史台，秘書省，殿中省」への文書，後者の例として「尚書省」から「御史台，秘書省，殿中省」，「省内諸司」から「台省」，「台省，寺監」から「諸路，諸州」への文書，ならびに「門下，中書省，枢密院」から「省内諸司，台省，寺監」，「尚書省」から「省内諸司」への文書が相当すると述べられている。これらの諸例が上記の「統摂」関係を表していることになる。

この「統摂関係」なるものがどのような意味をなすものであるのか，『長編』巻306，元豊三年（1080）七月丙寅の条をみておく。

　　上批，早進呈審官東・西・三班院爲本係尚書省職事，只令用公牒往還。緣司農寺・羣牧司亦皆六曹職事，今乃獨許三處不用近降指揮。若非朝廷特委隨見令主判爲廢已行之令，則取此捨彼，殊失均直之道，未知所以。先是有旨，審官・三班院於吏部皆用申狀，中書以爲不當申，只當用牒，後再進呈，審官・三班院・司農寺・羣牧司等皆用申狀。

ここでは中書が，審官東・西院，三班院はもともと尚書省六曹の職務に関わるので吏部に対しては「公牒往来」してきたが，司農寺，羣牧司もまた六曹の職務に関わるのに「申状」を用いており不公平であると述べた結果，上批を受け，一律に「申状」を用いることとなった。ここでは，尚書省六曹の職務に関わるか否かという論点で議論されているように，審官東・西院，三班院，司農寺，羣牧司が尚書省の統属のもとにある役所として見なされることによって「申状」の文書へ転換させられていることがわかる。

また，『長編』巻340，元豊六年（1083）十月庚辰に，

詔、今後雄州計會交割銀絹、行與涿州公牒、<u>並稱準尙書戶部符、更不稱三司牒</u>。

とある。この文章では雄州と涿州の間の銀絹のやりとりでは「公牒」が用いられていたことに加えて、中央政府と地方官府の財政問題について詔によって以前から用いられてきた「三司牒」に代わり「尙書省戶部符」に変更されていることが述べられている。前者の例と併せて考えると、元豊官制改革によって三省六部を中心とした統屬関係が進められ[17]、文書形式も「牒」から「符」[18]・「申狀」へ進められていったことがわかる[19]。

17) 三省六部を中心とした官制改革の目的は、単なる唐代の官制の復活であったわけではない。梅原郁氏は「中国法制史雑感——元豊の官制改革をめぐって」(『歴史と社会のなかの法』未来社、1993年) 31頁で、元豊官制改革とは、唐の三省の復活ではなく、門下省が元代に消滅し、明初に中書省が姿を消したように、この改革の意味するところは「皇帝一人が施行機関である尙書省の六部を支配していくという新しい芽」であったと述べている。その意味でもこの「部符」への変更は大きな意味を有する。

18) 唐代の符については『大唐六典』巻1、尙書都省、「左右司郎中員外郎」に「尙書省下於州、州下於縣、縣下於鄉、皆日符」と記される。宋代の符の書式については『慶元条法事類』巻16、「文書」(『中国珍稀法律典籍続編』第一冊、黒龍江人民出版社、2002年、349頁) に次のように見える。

　　　符
　　某州某事云云。某處主者云云。符到奉行
　　年月　日下　吏人姓名　具官止書差遣。帖式准此。書字
　　州下屬縣用此式、本判官一員書字。

19) 「三司牒」の具体例を見る限り、『宋会要』職官5-42、「河渠司」、「(嘉祐三年) 閏十二月三日河渠司勾當公事李師中言、自來受三司牒」」、同食貨1-24、「農田雑録」、「(天聖七年) 五月龍圖閣學士知密州蔡齊言、三司牒、戶絕莊田錢未足、合納租課者、勒令送納、直候納足價錢關破」、同方域14-14、「海河　二股河附」、「(天聖八年) 十月三門白波發運使文洎言、(中略) 又今三月準三司牒」などの諸例に見られるように、三司と諸官庁の間が「牒」によってやりとりされている。一方の「部符」については『朝野類要』巻4、「部符」に「六部行符、即省箚之義。其末必日符到奉行」と見え、尙書六部から各官庁へ下される下行文書に「部符」が使われていることがわかる。一例を挙げれば『東坡全集』巻56、「論葉溫叟分擘度牒不公狀」に、「元祐五年二月十八日、龍圖閣學士左朝奉郎知杭州蘇軾奏、今月十七日准轉運使葉溫叟牒、杭州准尙書禮部符、准元祐五年正月二十六日敕」とある。知杭州の蘇軾は、転運使から「牒」、尙書礼部から「符」を受け取っ

その他のいくつかの具体例を見ておく。『朱子語類』巻106に,

　法,鄰縣有事於鄰州,只是牒上。今却小郡與鄰大郡便申狀,非是。蓋雖是大郡,却都只是列郡,只合使牒。某在南康時,吏人欲申隆興。又,建康除了安撫,亦只是列郡,某都是使牒。吏初皇懼,某與之云,有法,不妨只如此去。揚

すなわち,隣県から隣州への文書については「牒上」が用いること,並びに大郡,小郡に関わらず同じ州の間では「牒」が用いること,さらには同じ州であれば相手が路官の安撫使を兼ねていたとしても,「牒」を用いるべき原則が語られている。

次に『宋史』巻196,「屯戍之制」には,

　凡遣上軍,軍頭司引對,賜以裝錢。代還,亦入見,犒以飲食,簡拔精銳,退其癃老。至於諸州禁・廂軍,亦皆戍更,隸州者曰駐泊。戍蜀將校,不遣都虞候,當行者易管他營。凡屯駐將校帶遙郡者,以客禮見長吏,餘如屯駐將校。凡駐泊軍,若捍禦邊寇,卽總管・鈐轄共議,州長吏等毋預。事涉本城,幷屯駐在城兵馬,卽知州・都監・監押同領。若州與駐泊事相關者,公牒交報。

と見える。地方の軍事問題については総管,鈐轄が協議することになっており,州の長吏は関与しないが,州が「駐泊の事」と関わりがある場合,「公牒交報」すると書かれている。州の長吏と軍事を担当する総管,鈐轄との間が「非統摂」の関係であったためであろう。

もう一つ『要録』巻81,紹興四年(1134)十月癸卯に,

　淮東宣撫使韓世忠奏,準金部員外郎張成憲公文,支給本軍大禮賞,本司未敢輒請。乞依張俊下官兵體例支給,許之。舊例,俊與楊沂中內二軍賞給人三十千,世忠與劉光世・王燮・岳飛外四軍人給二千有奇而已。至是俊出爲宣撫使,故世忠援以爲言。初朝廷命成憲應副世忠軍錢糧。成憲言<u>職事別無相干,乞用公牒往來</u>。奏可。自是總領錢糧官率用此例。

ている。前者が平行文書,後者が下行文書であり,官府間の統摂関係,非統摂関係を見事に現している。

同巻154, 紹興十五年十一月庚申に,

> 始趙開嘗總領四川財賦, 於宣撫司用申狀。至是不棄言, 昨來張憲成應副韓世忠錢糧, 申明與宣司別無統攝, 止用公牒行移, 乞依成憲已得指揮。許之。於是改命不棄總領四川宣撫司錢糧。上諭檜曰, 卿所論甚當, 如此方與諸軍一體。既而不棄將入境, 用平牒。剛中見之, 愕而怒。久之, 始悟其不隸己, 緣此有隙。

とみえる。ここでは四川総領所と宣撫司との間の文書が「職事別無相干」であったため,「公牒行移」を原則としていた一方, 両者の関係は宣撫司が上であったため, しばしば総領所から「申状」が送られることがあったことを示している。

四,「関」

次に「関」についてみておく。『慶元条法事類』巻16,「文書」[20]には次のように見える。

> 關
>
> 某司某事云云。
>
> 　　　右關某司。謹關　本司內諸案相關者, 則云故關。
>
> 年月　日　請領官物仍書字。無印者准此。
>
> 官司同長官而別職局者, 若有事相關, 並用此式。

長官を同じくする役所内で別の部局の者が関係する問題について文書のやりとりをする際にこの「関」が用いられるという[21]。

まず『長編』巻220, 熙寧四年 (1071) 二月戊申の条では,

> 詔, 自今在京官司各舉官, 並先關牒所屬勘會歷任, 於條無礙, 方許奏舉。

---

20) 『中国珍稀法律典籍続編』第1冊, 黒龍江人民出版社, 2002年, 349頁。
21) 唐代の関については『大唐六典』巻1, 尚書都省,「左右司郎中員外郎」に「諸司自相質問, 其義有三, 曰關・刺・移。關謂關通其事」と見え, 関, 刺, 移は平行文書として理解されている。

第四章　文書を通してみた宋代政治　　　331

とあり，在京官司が推薦を行うときに，「関牒」にて所属部局に歴任を問い合わせ，問題がなければ推挙を許すという詔である。

次の『清明集』巻1，「監司案牘不当言取索」では，

照得各司案牘除經朝廷及臺部取索外，其同路監司止有關借之例，卽無行下取索，如待州縣下吏之理。本職自去冬入境，應訴婚田，念其取使司遙遠，間與受狀，不過催督州縣施行而已。其間有不得已結絶者，皆是前政追人到司，久留不經，出于弗獲已，非敢僭也。然公朝設官分職，同是爲官，豈有見其焚溺而不之救者。昨承使司取索邵元昱事理，本司爲見臺判異常，卽已具因依遞上，再準行下索案，又卽促吏牒解。但區區賤跡，係國家建置司存，却不可以某之資淺望輕，而頓廢公朝之事體。蓋嘗太息而言曰，督贊・侍讀・判部尙書之尊，不當下僉運司之職，若僉運司之職，不當上廢朝廷之法。除已具申督贊尙書外，併牒報運司。

とある。これは蔡杭の江東提刑時代の判である。使司（都督府）から邵元昱の事件書類の提出を求める文書が送られてきたが，蔡杭は監司間では「関借之例」があるだけで「行下取索」を行う道理は無いと批判している。ただ，最終的な処理として相手側が「督贊・侍読・判部尚書之尊」にして運司の職（転運使）を兼ねていると言うことで，督贊尚書（○○尚書兼都督府參贊軍事）には「申」によってお伺いを立て，運司の役所に対しては牒によって連絡をしている[22]。

次の『長編』巻360，元豊八年（1085）十月庚辰の条に，

侍御史劉摯言，檢會準元豐五年五月七日門下省箚子，門下省奏，據給事中廳狀，封駁房勘會昨舊封駁司元豐三年七月十八日中書箚子節文，御史中丞李定狀，奏乞應有差除，並令封駁司限當日關報本臺。奉聖旨，依奏。續準當年九月二日中書箚子節文，同知諫院蔡卞奏乞應有差除及改更事件，並令封駁司抄錄關報。奉聖旨，應差除及改更事件到封駁司者，並令抄錄關報者。

22) 路の官司には，監司や帥司が存在する一方，数路を束ね軍事上大きな権限を有していた宣撫司，制置司，都督府，総領所などの役所が存在していた。また宰執経験者や侍従などの高官がこうした官になる場合があり，同じ路の官司同士であっても，「関」や「牒」といった平行文書によって処理する関係，下行・上行の文書処理が行われる関係の二つの原理があった。

勘會近準新制、撥封駁司歸門下省爲封駁房、其舊封駁司準朝旨廢罷。又準官制新條、諫院已廢、諫官係中書門下官外、卽不言舊條合與不合行使。所有本房承受差除及改更事件、今來未敢依舊關報、亦未敢便行住關。白帖子稱、如合依舊關報、未審以何司存爲名。如以本房、緣已隸門下省、若以本省、又恐内省無關報外司之理。及檢會式令、卽無門下省關牒外司條式。奉聖旨、更不關報。臣竊以朝廷謹於出令、故使官司更相檢察、内之則門下得以封駁、外之則臺諫許其論列。然朝省之上、事有漏泄、法禁不輕、誰敢傳者。若非門下以時關移、則臺諫所聞常在命令已行之後。此定與卞之所以有請、而先帝所以從之也。其後給事中徒以封駁改司爲房、又疑内省不可關報外司、遂作申稟、致有續降指揮釐革。今來惟是敕命已至六曹、逐曹已作奉行、方始隨事關報、理有未安、給事中失於駁正、或雖駁而失當、其差除之告命、政令改更之制、往往已授受施行矣、而臺諫官方從其後論之、雖以聖慈優容聽納、必無難於追改、若或者以謂號令已行、不可反汗、則是設官而無補於事也。故臣愚欲乞且用元豐三年指揮、凡差除及改更事件、竝令門下封駁官、依舊於當日關報諫官御史臺、所貴成命未下、先事裨補、而朝廷亦易於施行。貼黃稱、封駁司改爲房、名雖異而事任不殊、若謂不可用關、恐合以給事中移牒逐處、乞酌。不報。

と見える。この劉摯の提案は後に『長編』巻372、元祐元年三月乙亥に「詔應差除竝更改事件、令六曹限畫錄黃到、畫時關報御史臺幷門下・中書後省諫官案、從御史中丞劉摯請也」と見えるように裁可されている。

ここでの議論を整理してみよう。元豊官制改革以前においては「差除竝更改事件」については封駁司から諫院、御史台へ「関報」されていた。ところが、封駁司が官制改革に伴い門下省封駁房に改編され、また皇帝の直属機関として独立していた諫院が廃止され、門下、中省後省諫官案に改編されたのに伴い、「諫官は中書門下の官であるから諫官に関報するのは妥当であるか」という意見が出された。そのとき出された別の論拠が、「内省無關報外司之理」及び「無門下省關牒外司條式」であった。この意見を皇帝は一旦裁可したが、諫官、御史台官は政事批判を行うためには命令が出される以前に情報を入手しなけれ

ばならないという劉摯の意見を受け容れ，旧来通りの措置が執られることとなった。

ここでもう一度，論拠の「内省無關報外司之理」を考えてみたい。諫官は元豊官制改革によって中書門下の官に改編させられたので，これらのやりとりは「本省」間の関係となるので，「不統摂」関係の文書である「関報」はふさわしくなくなる。さらに問題とされたのは「内省」(宮城内に置かれた役所)と「外司」(宮城外に置かれた官司)の間で「関報」を行うべきかという問題であり，結局，政治情報の速やかな共有が優先され，許可されることとなった。

もう一つ，『宋会要』職官41-25，「宣撫使」の資料を見ておくこととする。

　同日李綱又言，乞本司行移除福建・江西・荊湖宣撫使司及諸路安撫大使用
　關牒外，本路帥臣・監司・州縣並用箚子，從官以上箚送，餘并箚附。從之。

これは地方官府間の文書のやりとりにおいて，宣撫使司，安撫大使の間では「関牒」を用いるが，これらの官より帥司，監司，州県官に対して文書を送る場合は「箚子」を用いることが求められている。すでに前章でこの問題を論じたが，「箚子」という，本来中書省，枢密院，尚書省が下級官府に送る下行文書の形式が，南宋の宣撫司，都督府などから地方の路，州，県に送る文書として常態化してくる。ここには，対金，対モンゴル戦争の常態化とともに，地方官府においては軍事，財政の大権を掌握する宣撫司，都督府などが格別な官庁と位置づけられ，従来の地方官府間の「関牒」の世界から抜け出していくことを示してくれる。

五，「諮報」

「牒」，「関」と比較的性格を同じくするものに「諮」という文書がある[23]。

---

23) 元の時代の平行文書として「咨」，「関」がある。田中謙二「元典章文書の研究」(『田中謙二著作集』第2巻，汲古書院，2000年)によれば，両者の文書は同品官庁または同品官が送る公文であり，「咨」は二品以上の官庁間，「関」は三品以下の官庁間の文書として使用されるとされており，本文で取り上げる宋代の「諮報」は「関」よりさらに上位の官庁間の平行文書としての意味を有していた可能性がある。

『朝野類要』巻4,「諮報」は「學士院關報朝省之稱」と説明されている。学士院から三省,枢密院へ送られる平行文書[24]の形式が「諮報」である[25]。これは,『鶴山先生大全文集』巻18,「応詔封事」に示されるように,翰林学士が「内相」と称される特別な存在であったためである。

　　七日,復制誥舊典,以謹命令。國朝尙倣前代制誥之選,名號紛紛,不可殫述。大抵內制之臣,自大詔令・外國書許令進草之外,凡冊拜之事,召入面諭,有當奏稟,則君臣之間更相可否,旋爲增損,以合舊制。乘輿行幸,則侍從以備顧問,有請對則不隔班,有奏則事用榜子,關白三省・密院則合用諮報而不名,所以號曰內相者,得與人主上下古今,宣猶出令,其重蓋如此。

翰林学士が有していた特権は『鶴山先生大全文集』巻18には次のように説明されている。翰林学士は(1)大詔令,国書の起草に当たるほか,冊拝があれば内廷に召されて皇帝から直々に言葉を賜い,また上奏を行う。(2)皇帝が行幸するときには付き従い,また侍従として皇帝の顧問に備える。(3)「対」を願い出れば後回しにされることはない。(4)上奏には「榜子」[26]を用い,三省,枢密院に文書を送る場合は「咨報」という形式を用い,名前を書く必要がなく,当直の学士が「押字」[27]すれば良かったとされる。

　次に,翰林学士と三省,枢密院の間の文書のやりとりについて,『玉堂雑記』

────────

24)　『長編』巻307,元豊三年八月に「丙申,詔學士院於尚書省・樞密院用諮報」,『老学庵筆記』巻7,「學士院移文三省名咨報,都司移文六曹名剌。」とある。
25)　『唐会要』巻57,「翰林院」に「乾寧二年十月,賜渤海王大瑋瑎敕書。翰林稱,加官合是,中書撰書意。諮報中書。」と見え,既に唐代において翰林院から中書へ諮報している事例を見ることができる。
26)　『新編事文類聚翰墨全書』甲集巻2,「書奏」,「奏狀首末式」には「又有用榜子式者,惟不用年,不全幅,不封,餘同狀式」とあり,簡単な上奏方法であったことがわかる。
27)　『玉堂雑記』巻下に「又三省・密院於百司,例用箚付。惟學士院云箚送。他官司得省箚,必前連片紙,書所受月日,乃敢押字。惟學士院徑判押其首。又吏魁有錄事,曹案曰房,皆稍擬中書,拏內庭也。」,『翰苑群書』巻12に「百司申中書,皆用狀。惟學士院用諮報。其實如箚子,亦不出名,但當直學士一人押字而已,謂之諮報。此唐學士院舊規也。唐世學士院故事,近時隳廢殆盡,惟此一事在爾。」とある。

第四章　文書を通してみた宋代政治　　　335

　　　諮報、見於金坡遺事。元豐三年八月丙申、亦詔於尚書省・樞密院用諮報、
　　　至今守之。其制、首題學士院諮報尚書省或中書門下・樞密院、次入詞云云。
　　　末云右謹具諮報某省、伏候裁旨、後題年月、學士押字。雖中間權臣用事、
　　　官失其職、獨此不廢。又三省・密院於百司、例用箚附、惟學士院云箚送。
　　　他官司得省箚、必前連片紙書所受月日、乃敢押字。惟學士院徑判押其首、
　　　又吏魁有錄事、曹案曰房、皆稍擬中書、尊内庭也。

翰林学士院から尚書省、中書門下、枢密院に送られる「諮報」の文書形式は、
冒頭が「學士院諮報尚書省或中書門下・樞密院」であり、続いて具体的な要件
が書かれ、最後に「右謹具諮報某省、伏候裁旨。」と返事を求める一言がつき、
年月を書き記した上、署名するというものである[28]。また、三省、枢密院から
翰林学士院に「箚子」が送られる場合、百司に送られる際に用いられる「箚付」
ではなく「箚送」と称される。

　ここでは翰林学士とその他の官司との文書の問題について言及したが、文書
の形式はそのまま官界での秩序を体現しており、儀礼上の問題とも深く関わっ
てくる。

　まず、沈括『夢溪筆談』巻１、「故事」の事例をみておく。

　　　百官於中書見宰相、九卿而下、即省吏高聲唱一聲屈、則趨而入。宰相揖及
　　　進茶、皆抗聲贊唱、謂之屈揖。待制以上見、則言請某官、更不屈揖、臨退
　　　仍進湯。皆於席南横設百官之位、升朝則坐、京官已下皆立。後殿引臣寮、
　　　則待制已上、宣名拜舞、庶官但贊拜、不宣名、不舞蹈。中書略貴者、示與
　　　之抗也、上前則略微者、殺禮也。

ここでは中書省における百官と宰相との対面儀礼について述べられている。九
卿以下であれば、省吏が名を呼び上げると身を屈め小走りに入り、宰相は揖

---

28)　丁度『貢挙條式』の一節に「紹興五年十月三日勅、中書・門下省尚書省錄送到學
士院諮報、准尚書省箚子節文、禮部勘當到左朝奉郎・大理寺丞黃邦俊箚子……」と見え
る。この文書のやりとりを見る限り、学士院に尚書省の箚子が送られ、その箚子を踏ま
えて中書門下省、尚書省に学士院から諮報が送られていることがわかる。

（えしゃく）をしてお茶を進め、それに対して官僚側は「屈揖」（身を屈めてお辞儀）することとなる。ところが待制以上であれば「請某官」（某官、お入り下さい）というだけで「屈揖」を行わず、退席の際には、湯を進められる。さらに升朝官（正八品～従七品）には「坐」が与えられたのに対し、「京官」（従九品～従八品）は立っていなければならなかったことが記されている。

それでは翰林学士が宰相と対面する場合の儀礼について欧陽脩『帰田録』巻2の事例を見ておくこととする。

  往時學士循唐故事，見宰相不具靴笏，繫鞋坐玉堂上，遣院吏計會堂頭直省官，學士將至，宰相出迎。近時學士始具靴笏，至中書與常參官雜坐於客位，有移時不得見者。學士日益自卑，丞相禮亦漸薄，蓋習見已久，恬然不復爲怪也。

宰相との面会においては、翰林学士は「具靴笏」[29]（正装）せず、「繫鞋」[30]をし、まず翰林院の胥吏が宰相府の当直の胥吏に連絡をし、翰林学士が到着すると、宰相が出迎えたという。ただ、欧陽脩の時代には「具靴笏」（正装）をして待合室で長時間待たされることになったと述べられている[31]。

この他、呉曾『能改斎漫録』巻1、「勿破他故事」には、

  故事，知制誥見宰相，止用平狀，非朔望而見，則去韈笏。張文節公知白在

---

29)　『宋史』巻153、「輿服」5に「韈，宋初沿舊制，朝履用韈。政和更定禮制，改韈用履。中興仍之。乾道七年，復改用韈，以黑革爲之，大抵參用履制。」と見える。

30)　『東軒筆録』巻5に「翰林故事，學士每白事於中書，皆公服靸鞋。坐玉堂，使院吏入白學士至，丞相出迎，然此禮不行久矣。章惇爲知制誥・直學士院，力欲行之。會一日，兩制俱白事於中書，其中學士皆鞹足秉笏，而惇獨散手靸鞋。翰林故事，十後七八，忽行此禮。大喧物議，而中丞鄧綰尤肆詆毀。既而罷惇直院，而靸鞋之禮，後亦無肯行之者。」とあり、「鞹足秉笏」と「散手靸鞋」が対照的に述べられている。

31)　ほぼ同時代の史料として、『長編』巻177、至和元年十二月癸丑の条に「孫抃初在翰林，嘗至中書白事，繫鞋登政事堂。執中見之不悅，且責吏不以告。抃曰，學士見宰相以客禮，自有故事。況我以公事來，若有私禱，則足恭下顏，所不憚矣。執中不能平。」とある。翰林学士孫抃が宰相陳執中に面会した折、「繫鞋」にて政事堂に登ったことを陳執中がとがめ、孫抃は宰相に会う際に「客禮」を用いることは故事があると主張している。

中書、頗重典故、時徐奭知制誥、初投刺以大狀、後又請見、多具鞾笏、張
力辭此二事、具述舊制、謂徐曰、且勿破他故事。

とある。知制誥が宰相と面会をする際には、「平状」[32]（対等の関係で用いられる文書）によって「投刺」（面会の申し入れ）をし、「鞾笏」が必要ないことが故事であったと記されている。翰林学士、中書舎人が宰相と面会する際には宋初においては対等の儀礼が用いられ、次第に両者の間に格差が生じていったことがわかる[33]。

以上のように、唐代には翰林学士は宰執と同等な極めて高い礼遇を受けた存在であったが、宋代になるとその礼遇の一端は残るものの次第に薄れていったことが述べられており、宰執を頂点とした官界での儀礼や文書様式が第四代仁宗朝頃までには確立していたことを物語ってくれる。

六，おわりに

これまで見てきた文書関係について整理しておく。その際，鍵となるのが「統摂」という言葉である。「統摂」とは『唐律疏義』巻6，「統摂案験爲監臨問答一」の疏義によれば「統摂者謂内外諸司長官統摂所部者」であり、全面的な支配統制行為を表す言葉である。

この「統摂」の意味を具体的に述べている次の資料を見ておきたい。

『皇朝文鑑』巻42，「論両省与台司非統摂　李宗諤」

---

32) ここで対比的に用いられている「平状」、「大状」の書式については司馬光『書儀』巻1，「私書」に詳しく述べられている。大状の事例として「上尊官問候賀謝大状」、「謁大官大状」、平状の事例としては「與平交平状」、「謁諸官平状」があげられる。「謁大官大状」の書式は「具位姓某、右某謹詣門屛、祇候起居某位、伏聽處分。謹状。……」であり、「謁諸官平状」の書式は「具位姓某、右某祇候起居某位、謹状。……」であり、平状には「謹詣門屛」、「伏聽處分」の文言がない。

33) 『夢渓筆談』巻1に「衣冠故事、多無著令、但相承爲例。如學士・舎人蹋履、見丞相往還用平状、扣塔乗馬之類、皆用故事也。近歳多用靴簡、章子厚爲學士日、因事論列。今則遂爲著令矣」とあり、こちらでは知制誥の部分が翰林学士、中書舎人として記されている。

臣按通典、敍職官、以三師・三公・門下中書兩省爲先、而會要亦以兩省爲首。惟六典準周禮六官、以尙書省官居上、而兩省亦在御史臺之前。此不相統攝一也。唐開成三年、御史臺奉宣、今後遇延英開、擬中謝官、委臺司前一日依官班具名銜奏。其兩省官卽令本司前一日奏、是兩省得以專達。此不相統攝二也。朝會圖、門下省典儀設版位、御史中丞班在丹墀上、兩省官後立、此不相統攝三也。故事、文武百官內殿起居失儀、左右巡使奏文武班內有官失儀、請附外勘當。如兩省官失儀、卽奏云、供奏班內有官失儀請付所司。以此言之、惟兩省官失儀、左右巡使不敢請付外勘當。此不相統攝四也。又御史臺止奏南衙文武百官班簿、門下中書兩省各奏本省班牓子。此不相統攝五也。文武常參官每遇假告、皆經御史臺陳牒、惟兩省官自左右正言以上假告、直經宰相陳牒、遇正衙見辭謝、文武常參官皆於朝堂・四方館陳狀兩紙、惟兩省官止陳狀一紙、旣不與百官敍班、亦無臺參之禮。此不相統攝六也。文武常參官幕次並在朝堂、惟兩省官在中書門內、每遇殿起居及大朝會讌集、並設次在御史中丞之上。蓋地望親近在憲司之右。此不相統攝七也。五代開延英奏事、先宰相、次兩省、次御史中丞、次三司使、次京尹。又常朝敍班、御史中丞羣官先入、次東宮保傅、次兩省官、次左右僕射。及朝退、僕射先出、次兩省官、次東宮保傅、次御史中丞羣官。夫以後入先出爲重、不相統攝八也。伏以中書・門下兩省、自正言以上、皆天子侍從之官、立朝敍班、不與外司爲比。故在正衙則與宰相重行而立、相（通？）衢則與中丞分路而行、常參則師傅入於兩省之前、朝會則臺官次於兩省之後、地望特峻、職業有殊、官局之間不相統攝。御史臺每據本省、竝不平空、所以本省移報、亦如其儀、而文仲止憑吏人之言、遂有聞奏、且無典章爲據伏。況臺憲之職、所宜糾察奸邪・辨明冤枉、廷臣有不法之事、得以彈奏、下民有無告之人、得以申理、而於文牒之内爭平空與不平空、其事瑣細、烏足助於風威哉。

この文章は『長編』卷60、景德二年（1005）五月癸丑の条にも関連の一節が見えており[34]、北宋前半期において、中書、門下、尙書省及びその管轄下の官と、

---

34) 『長編』卷60、景德二年五月癸丑には「以起復右諫議大夫知制誥晁迥・起居舍人知制誥李宗諤、竝爲翰林學士。宗諤在舍人院、嘗牒御史臺、不平空、中丞呂文仲移文詰之。

第四章　文書を通してみた宋代政治　　　339

御史台を始めとする外司との間に「統摂関係」がなく，かつ，両者の間で儀礼上大きな差があったことが示されている。唐代の事例が宋代においてどこまで用いられたかわからないが，両省と台司の相統摂せざる関係を説明するものとして（1）官秩の順序，（2）「開延英」の際の謁見者の報告，（3）朝会の際の席次，（4）「失儀」の際の処理，（5）官僚名簿の提出，（6）休暇の申請，（7）起居，大朝会，宴会等における席次，（8）五代の「開延英」時の謁見者の順序ならびに「常朝」時の入出の順序の具体例が示される。さらに，続けて下線部に見られるように，宋代においても両省の官は正言以上，天子侍従の官であり「立朝叙班」他の儀礼において「外司」と異なり，優遇されていることが述べられる。そして両省の官の地位，名望が高く，御史台の官とは職業が異なり，官司間の関係が「不相統摂」であるという事実を踏まえ，御史台官と本省官との間のやりとりにおいて「不平空」（行を換えて官名や名前を次の行の初めに持ってくることをしない）の「牒」による文書が正しい方式であることが述べられる。

　以上，本文で見てきたこれらの所謂平行文書の存在は二つのことを教えてくれる。一つは，「非統摂」という関係が指し示すものであり，横のベクトルで括られるものである。第四章「文書を通してみた宋代政治――「箚子」，「帖」，「牒」，「申状」の世界――」において，地方官府間の関係について次のようなことを指摘した。地方官府の間には，基本的には箚子，帖のように下行文書によって表現される縦方向のベクトルを中心とした官司間の関係と，関，牒といった平行文書によって表現される横方向のベクトルを中心とした官司間の関係が文書の様式によって明瞭に表現されているのに気付く。そして，宋代の場合，路と州の関係は，基本的には「相統摂せざる」官府間の関係として一般に牒が用いられるのが原則であり，また宣撫司など軍事関係の官司を中心に他の路官や州に対して箚子が多用されるということが同時に存在していたのであり，縦，横両方のベクトルが混在して機能していたこととなる。そして，路の官は州県

────────
宗諤答以両省與臺司非統攝。文仲不平，聞於上。有詔辨析。宗諤引八事證其不相統攝。」とこの八事が提出された経緯が記されている。

官を監督すると共に，巡検，監鎮官など州県官の枠外に存在した官府も監督する立場にあり，それは縦方向のベクトルとして表現されていたのである。

すなわち，基本的には地方の路官同士の間，路と州官の間では平行文書に代表される横のベクトルが主として働く。これは三省と翰林学士院，門下省と諫院といった中央の官府間でも同じである。

もう一つは，統摂関係はあるものの，「申状」や「符・帖」を用いるには不適当と見なされる準「統摂関係」というべき関係である。具体的には三省・枢密院を中核とした官僚系統の外に位置した御史台，九寺，五監，秘書省，殿中省などと三省，枢密院の関係であり，これら官府間のやりとりはいわゆる平行文書と同じ文書形式が用いられる。この場合「牒上」といった表現が用いられることから上行文書，下行文書に分類すべきかもしれないが，これらの文書と「箚付」，「申状」や「符・帖」との関係は同じだと見なすべきではない。

以上を鑑みれば，宋代はいわゆる中央集権的官僚体制といってもその具体的な官司間の関係は三省六部を中心とした一元的，ピラミッド的な体系ではなく，中央，地方共に三つの文書形式を中心に系統づけられた複層的な関係構造であり，その官僚機構を読み解く鍵が今回分析の対象とした「統摂」，「非統摂」であることが見えてくるのである（図23参照）。

最後に，ここまで論じてきたことを唐宋変革という問題にもう一度立ち返る形で付言しておきたい。前掲赤木論文［2012］は次のような意見を出している。

　　従前の律令官制では，皇帝や行政官庁を統轄する尚書省を頂点として，地方には律令制の定める州―県―郷がピラミッド状に配置されており，これらは明確な統属関係によって秩序付けられていた。地方文書行政において情報伝達の基幹となったのは，中央と地方とを繋ぐ符式と申式である（ただし郷県間の上申は牒式B）。しかし，符式と申式とは各官府間を逓送されるのみで，州を飛び越して尚書省から直接県や郷へ下達することはできず，またその逆の上申もできない仕組みになっていた。つまり，律令官制においては，原則として個々の行政組織の持つ管轄領域や統属関係を飛び越えて符式・申式を伝達することは許されないのである。そして，このような

第四章　文書を通してみた宋代政治　　　　　　　　341

図23　宋代中央官府間の文書の流れ（元豊官制改革以前）

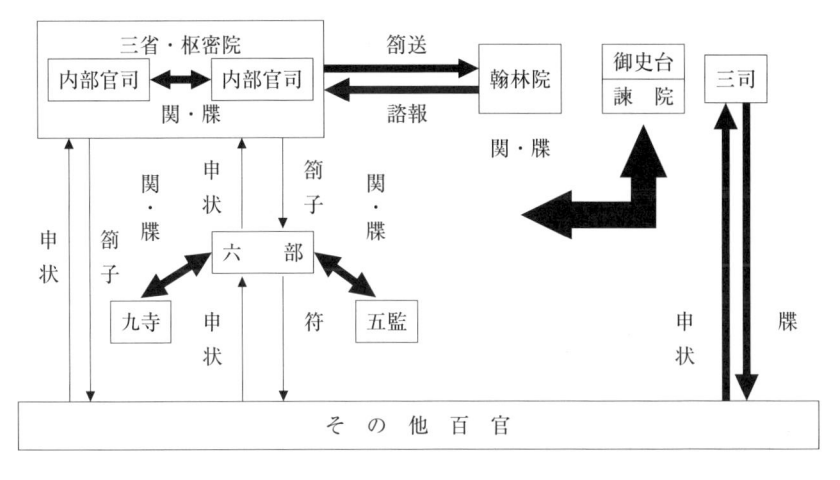

```
        ┌──────────────────┐   箚送
        │   三省・枢密院   │ ────────→  ┌──────┐    ┌──────┐  ┌──┐
        │ 内部官司 ⇔ 内部官司│ ←────────  │翰林院│    │御史台│  │三司│
        │        関・牒    │   諮報      └──────┘    │諫院  │  └──┘
        └──────────────────┘                         └──────┘
              │    申   箚                関・牒
         関   │    状   子     関
         ・   │             ・
         牒 箚│             牒
            子│
              ↓  ┌──────┐
         申  │  │六　部│
         状  │  └──────┘
             ↓  ↑申  ↓符  ↑
          ┌────┐状    ┌────┐        申    牒
          │九寺│      │五監│        状
          └────┘      └────┘
        ┌──────────────────────────────────────┐
        │        そ　の　他　百　官            │
        └──────────────────────────────────────┘

                    ──────→  相統摂関係
                    ━━━━━▶ 非相統摂関係（及び準統摂関係）
```

　符式・申式を補佐するものとして，上下関係の無い同等同格の官府に文書を発する場合には移式（出土文書中では牒式が代行）が，所管外の州県に対して発出する場合や四等官制を持たない官府においては牒式が，また図には示していないが緊急時や物品の供出時には帖式や状式といった略式書式が補助的に用いられた。

　一方，八世紀以降に現れた令外官は，このピラミッドの枠外に位置し，既存の行政機構はおろか他の令外官とも全く統属関係を有さない。そのために，統属関係や管轄領域を越えて異なる階層の官府と連絡可能な牒式が，必然的に令外官の行う文書行政の中心的役割を果たすようになったと考えられよう。要するに，八世紀以降の官文書体系は，符式・申式を中軸とする律令官制の枠内の体系と，牒式を中心とする枠外の新しい体系との二系統に再編されていたのである。

　文書行政を軸に官僚構造の唐宋変革を考える場合，赤木氏の見解はほぼ妥当なものといえる。ただ，本論文で分析したように，宋代においてはいわゆる律

令官制の公式令に現れない牒，関，諮報，あるいは箚子といった文書が次々に現れ，律令官制（三省六部体制）と令外官との間をつなぐものとして機能していったのであり，そして文書行政が整然たる形を取るのは次のモンゴルの時代まで待たなければならない。この理由としては，貴族政治をになった律令官制が解体され，内藤湖南・宮崎市定両氏がいうところの「君主独裁政治」の確立をみるためにはかなりの時間を要したのであり，さらに唐代の「道制」から宋代の「路制」へ，そして元の「行省」，明清の「省制」へと展開していく地方行政体制の変化は行政区分の改革のみならず，監察制度の変化をも意味するのであったことを考えておく必要があろう。従って，官僚構造という観点から唐宋変革を論じるならば，唐から北宋，北宋から南宋，南宋から元・明・清の三つの段階を想定して論じていくのが妥当と考えられるのである。

第四部　宋代の政治日記

第一章　宋代の政治史料
―――「時政記」と「日記」―――

一，はじめに

　前近代中国社会における歴史叙述は，『春秋』以来の「直筆」の理念に基づき，人間が現実に示した具体的な行為の跡を記すことを目的としてきた。政治史料も同様な趣旨のもと，起居注，実録，国史といった編纂史料が代々作成された。編纂時に集められた膨大な史料は，編纂過程とともに枝葉末節は削除され，事件の経緯・政策の内容などの政治の根幹部分が採録されていく。とりわけ削除されるのが，政治家・政治集団の政治行動や政策の決定過程を記した部分であった。

　政治の実態は，実施された政策，あるいは事件の顛末を見るだけではうかがい知れない。ある政治現象が，どのような主体によって，いかなる力の源泉に基づき，いかなる過程によって導き出されていくのか，政治の入出力の様態を動態的アプローチによって考察することも必要である。これは，政治学の分野において政治過程論と呼ばれるミクロ政治学の手法である。もちろん，これまで個別の政治事件や政治家・政治集団に焦点を定め，政治過程を分析した研究が無かったわけではない。しかし，個別の政治現象を単に分析するだけでは政治の実態は明らかにされない。そこには政治過程を解明する分析視角・方法論が必要とされる[1]。筆者はこれまで政治過程を分析するため，様々な分析視角を提示してきたが，今回は新たに政治史料の解析という観点からこの命題に取

---

1)　政治過程論については寺地遵「宋代政治史研究方法試論――治乱興亡史論克服のために――」（『宋元時代史の基本問題』汲古書院，1996年），及び平田茂樹「宋代政治史研究の現状と課題――政治過程論を手掛かりとして――」（『アジア遊学』7，1999年）参照。

り組むこととしたい。

それでは,先ず宋代政治史料の問題点に触れてみよう。現在の宋代政治史研究は,李燾の『長編』,李心伝の『要録』,徐夢莘の『会編』等の私撰の編年体史料を中心に研究が進められている。これらの史料は,李燾等編者が政府の度重なる編纂過程を経て作られた官撰史料を主たる材料として用い,その内容を整理し直したものである。ここには次のような問題点が存在している。第一に,現在,これら編者が拠り所とした実録,国史等の原史料の殆どが失われいるため,これらの私撰の編年体史料に依拠せざるを得ない状況となっている。つまり,我々が依拠している史料は原史料ではなく,編纂史料,それも幾段階かを経た編纂史料であることを認識しなければならない。第二に,これらの私撰の編年体史料は,記述形態がそれぞれ大きく異なっている。その差異は,編纂者の編纂方針や表現方法,利用可能な史料などによって生じたことが予想され,その差異を十分認識した上,分析を行わなければならない。

それでは,以上の点を踏まえ,史料論という視点から政治過程を追求する解析法が考えられるであろうか。上述の私撰の編年体史料は,日暦,実録,国史,会要といった官撰史料を主たる史料源とし,さらに私史・野史,随筆,行状・墓誌,日記等の私撰史料を副次的史料として編纂されている[2]。従って,政治

---

2) 『長編』,『要録』,『会編』の史料構成について概観しておく。『長編』がもととした史料について,李燾自身は,乾道四年(1168)の李燾の上表に「旁采異聞,補實錄・正史之闕略」とあり,また淳熙元年(1174)の上表に「顧此六十年事,於實錄・正史之外,頗多所增益,首尾略究端緒,合爲長編」(『文献通考』巻193,史部,編年)と述べる。つまり,いずれも実録・正史を基本に,異聞史料を参考史料として用いるという方針であったと思われる。

そして,異聞史料としては,陳傅良『止斎文集』巻40,「嘉邸進讀讀藝祖通鑑節略序」では,

　本朝國書,有日暦,有實錄,有正史,有會要,有敕令,有御集,又有百司專行指揮・典故之類,三朝以上又有寶訓,而百家小説・私史與士大夫行狀・誌銘之類,不可勝紀。自李燾作續通鑑,起建隆元年盡靖康元年,而一代之書,萃見於此,可謂備矣。

と記されるように,実録,正史以外として,日暦,会要,百司専行指揮,典故,宝訓,小説,私史,行状,誌銘など多様な書物が利用されている。また黄廷鑑の跋文では,

　李文簡公續通鑑長編一書,今世所傳,僅存建隆至治平一百七十五卷,蓋即乾道四年

第一章　宋代の政治史料

所進之本也。其淳熙元年續進神・哲以下四朝之書，自元・明以來久無傳本。今七閣所儲永樂大典本雖金徽・欽二紀，而熙寧訖元符兩朝三十餘年事迹，犂然具在，洵爲北宋紀載之淵藪矣。其中分注・考異詳引他書，而於神・哲之代尤多。如宋會要・政要・歷朝實錄・時政記・王禹偁建隆遺事・蔡襄直筆・王拱辰別錄・司馬溫公日記・王荊公日記・劉摯日記，呂大防政目・呂公著掌記・曾布日錄・林希野史・王巖叟朝論・歐陽靖聖宋掇遺・邵氏辨誣諸書及諸家傳誌碑銘，皆無一存者，卽幸有傳書如東齋紀事・涑水紀聞・東軒筆錄・湘山野錄・玉壺淸話・邵氏聞見錄・筆談・揮麈錄之類，往往傳寫訛脱，亦足據以是正。則此編非特足以考定宋・遼二史之紕繆，而有宋一代雜史・小說家不存之書，亦可賴以傳其十二，誠溫公通鑑後不可不讀之書也。

とあり，『長編』に利用された宋会要，政要，実録，時政記から各種の日記，随筆，私史が具体的に明示され，異聞史料が多岐にわたっていたことを示してくれる。

次に，『要録』は，「付出高宗皇帝繫年要録指揮」（『建炎以来朝野雑記』甲集巻首）によれば，

臣伏見隆州鄉貢進士李心傳，傳通羣書，尤熟本朝故事，嘗謂中興以來明君良臣豐功盛烈，雖已見之實錄等書，而南渡之初，一時私家記錄，往往傳聞失實，私意亂眞，垂之方來，何所考信。於是纂輯科條，編年記載，專以日曆・會要爲本，然後網羅天下放失舊聞，可信者取之，可削者辨之，可疑者闕之，集衆說之長，酌繁簡之中，久而成編。名曰建炎以來繫年要錄。

とあるように日暦，会要を主としたと見える。また『四庫全書総目』巻47，「建炎以来繫年要録」には「以國史・日歷爲主，而參之以稗官野史・家乘誌狀」とあるように，国史，日暦を主としたとある。

なお，『要録』の成書は嘉定三年（1210）とされるが，『高宗正史』の編纂が始まるのが嘉泰二年（1202）であり，高孝光寧四帝の『中興四朝帝紀』ができあがるのが淳祐二年（1242）とされるように帝紀部分だけで四十年ほどかかっている。ただ，『要録』巻2，建炎元年二月丁亥の注に「臣修此錄，凡繫日月者，必以國史爲斷。」と称しており，編纂過程途中にあった『高宗正史』を利用しているかと思われる。また，乾道九年（1173）には『乾道中興会要』（『玉海』巻51によれば，建炎元年から紹興三十二年六月まで記す），淳熙三年（1176）には李燾撰『高宗日暦』一千巻が，嘉泰二年（1202）には『高宗実録』が上書されている。以上からすれば，日暦，実録，会要，国史の何れも主たる史料として利用することが可能である。ただ，山内正博「建炎以来繫年要録注拠引篇目索引控」（『宮崎大学教育学部紀要　社会科学』22, 1967年）に基づけば，注に圧倒的に引かれるのは高宗日暦である。また，本章で述べる官撰史料の編纂過程から考えていけば，他より編纂過程が早く，膨大な史料集を形作っていた『高宗日暦』が果たした役割は相当大きかったと思われる。

さらに『会編』の取材史料については，冒頭に引用書目一覧が付されており全体像がわかりやすい。また，徐夢莘の序によれば「於是取諸家所說，及詔・敕・制・誥・書・

過程復元のためには編纂史料だけではなく、そのもととなった原史料へ目を向けることが必要となる。幸いなことに上述の史料は、典拠並びに原史料を部分的ながら注記している。注は、主として具体的な政治の事跡を記す本文の傍証史料として用いられるものであり、政治過程を知る上で重要な史料となる。この注の解析が政治過程解明の第一の手掛かりとなる。

次に、政治史料がどのように編纂されたのか、その仕組みについて目を向ける必要がある。私撰という性格上、確かに、個々の歴史家の執筆方針に影響される部分がある。しかし、それ以上に、官撰史料を主たる史料源としているため、用いた官撰史料の質の差、あるいは官撰史料が作られた時期の政治構造によって微妙な差異が生じてくる。従って、これらの史料の特質、あるいはその史料が作られた政治構造の解析が政治過程解明の第二の手掛かりとなる。

本論文では、まず最初に、宋代政治史料の編纂過程の特質を考察する。次に、注を主たる材料としながら、何故国家或いは政治家たちが政治の記録を残そうとしたのか、その契機を当時の政治構造と結び付けて分析する。そして、これらの作業を通して、政治史料を如何に読むかという一つの方法を提示することとしたい。

二、宋代官撰史料の編纂過程

歴史叙述の形態は、唐代を境として大きく変化する。すなわち、前漢初めの

疏・奏・議・記傳・行實・碑誌・文集・雜著，事渉北盟者，悉取銓次」とあるように国史、実録は取材対象として明記されない。また、この他、本書内には、洪邁『欽宗実録』、李綱『建炎時政記』、汪伯彦『建炎中興日暦』・『建炎時政記』といった官撰史料の引用も見られる。ただ、徐夢幸の序の後半には「如洪内翰邁國史，李侍郎燾長編幷四繋錄已上太史氏，茲不重錄」とある。恐らく、年月日及び事件の顛末を記す本文については、洪邁『四朝国史』、李燾『長編』及び『四繋錄』が基本参考史料とされ、注部分には引用書目に記した各種史料を用いるという形式を取っていたと思われる。以上の取材史料については、裴汝誠・許沛藻『続資治通鑑長編考略』(中華書局、1985年)、蔡崇榜「南宋編年史家二李史学研究浅見」(『史学史研究』1986-2)、陳楽素「三朝北盟会編考」(『国立中央研究院歴史語言研究所集刊』6-2, 6-3, 1936年) 参照。

第一章　宋代の政治史料

司馬遷の『史記』のように，歴史学を代々家学としてきた，個人の歴史家が私的に著述を行う私撰という形態から，次第に国家の命令を受けて著述を行う官撰の形態へと変わり，続いて三国魏には著作郎といった著述を専門とする史官が設置され，さらに唐代になると宰相を監修国史に任命し，多数の編纂官に分担執筆させる集団編纂体制が確立する[3]。

また，官撰史料の編纂過程も唐代を一つの画期として変化を遂げる。唐初，起居注をもとに実録の編纂が行われた体制が，次第に時政記，日暦が編纂過程に加わり，唐代の末頃には，起居注・時政記をもとに，日暦を編纂し，日暦をもとに実録を編纂する体制に移行するのである。

この変化は，政治空間の移動の観点から次のように説明される。唐代前半までの政治運営は，正殿を中心として行われ，正殿に出入りすることができた起居注の官によって政治が記録された。ところが，高宗頃に仗下後（仗兵が退いた後）の百官が退いた後に皇帝と宰相との間で謀議が行われるようになり，また次第に政治の中心が延英殿に代表される宮中奥深くの内殿に移行していくと，起居注の官は記録を取ることができず，宰執（宰相と執政の略称）が皇帝との会話を記録する時政記と呼ばれる政治史料に取って代わられることとなる。

時政記は，則天武后の時に宰相が軍国の政要を記録して史館に送ることより始まったとされるが，宰相の反対などの理由で以後は断続的・断片的に作成されており，制度として定着するのは八世紀末あるいは九世紀からといわれる。なお，五代後周期にも時政記とほぼ同じ性格を有する内庭日暦が作られている[4]。以上のように，唐代前半から後半にかけて起居注を中心とした官撰史料

---

3) 内藤湖南『支那史学史』（弘文堂，1949年）及び稲葉一郎『中国の歴史思想──紀伝体考』（創文社，1999年）参照。

4) Denis Twitchett, *The Writing of Official History Under the T'ang*, Cambridge University Press, 1992, 及び松本保宣「唐代後半期における延英殿の機能について」（『立命館文学』516, 1990年）参照。詳細は，両者の研究に譲るが，時政記の起こりについて，『唐会要』巻63は「長壽二年，修時政紀。先是永徽以後，左右史唯得對仗承旨，仗下後謀議，皆不聞。文昌左丞姚璹以爲帝王謨訓，不可遂無紀述。若不宣自宰相，卽史官疎遠，無從下書。是日，遂表請仗下所言軍國政要，卽宰相一人撰錄，號爲時政紀。」と記す。

第四部　宋代の政治日記

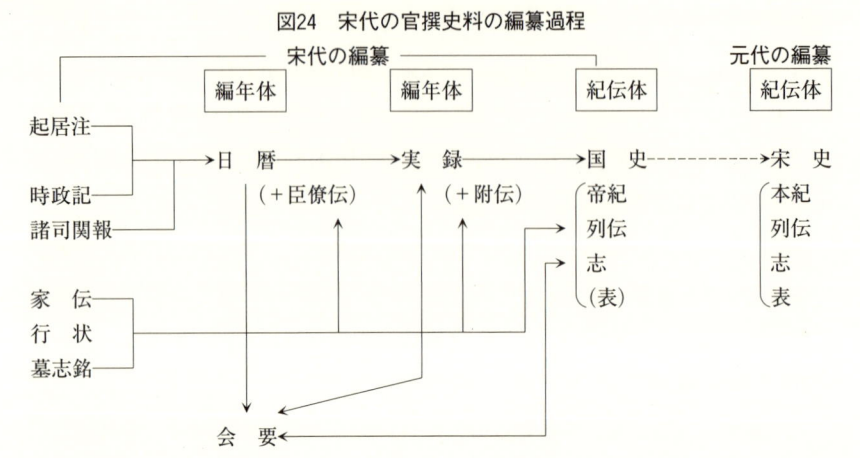

図24　宋代の官撰史料の編纂過程

```
                    ─── 宋代の編纂 ───           元代の編纂
              [編年体]      [編年体]    [紀伝体]    [紀伝体]
  起居注─┐
          ├→ 日　暦 ──→ 実　録 ──→ 国　史 ┄┄┄→ 宋　史
  時政記─┤   (+臣僚伝)   (+附伝)    ┌帝紀        ┌本紀
  諸司関報┘              ↑         │列伝        │列伝
                          │         │志          │志
  家　伝─┐                │         └(表)        └表
  行　状─┤                │
  墓誌銘─┘                │
              └──→ 会　要 ←──┘
```

編纂体制から時政記を中心とした体制への移行を見ることができる。

　この変化は，宋代でも継承され，次のような編纂体制を取ることとなる（図24[5]参照）。

　この体制がどのようなものであったのか，図24をもとに述べてみよう。宋代の官撰史料編纂過程の第一段階として，起居注と時政記が編纂される。これらに諸司関報（各官庁の業務報告），家伝・行状・墓誌などを加え，第二段階として編年体形式の日暦が編纂される。日暦をもとに編年体形式による各代の皇帝の実録が編纂され，さらに実録をもとに，数代の皇帝の歴史をまとめた，紀伝体形式の国史が編纂される。この編纂過程において，政治史料として重要な位

5）　図24は王雲海『宋会要輯稿研究』（河南師大学報増刊，1984年），裴汝誠・許沛藻『続資治通鑑長編考略』（中華書局，1985年），蔡崇榜『宋代修史制度研究』（文津出版社，1991年）等を参考に作成。実録に附伝が作られていたことはよく知られている事実であるが，それに先立ち日暦に臣僚伝が作成されていたことは，『宋会要』職官18-102に「(淳熙)三年二月二十四日，祕書監李燾言，太上皇帝日暦成書，已擇日進呈。其合立臣僚傳，尚有取索未足去處，見行催促，候到卽類聚修立續行添入。従之。」とある通りである。なお，国史の欄に「(表)」と記したのは，『三朝国史』，『両朝国史』，『四朝国史』，『中興四朝国史』は何れもが帝紀，志，伝よりなり，表が無いからである。ただ，『哲宗正史』に表が作られたことは，『玉海』巻46，「淳熙修四朝史」に「大觀四年四月二十九日，命鄭久中等脩哲宗正史。政和二年四月三日，帝紀成。四年五月二十二日，進哲宗正史帝紀・表・志・傳・目錄總二百十卷。」によって確認される。

置を占めたのは時政記である[6]。なお，今日見ることができる『宋史』は元代に編纂され，その内容は宋代の編纂物である数種の国史をもとにしている。

さらに，付け加えると，礼，職官，選挙，刑法，兵といった個々の制度の項目ごとをまとめて編纂される史料集である会要は，日暦を主たる史料としながら，実録・国史などを参考史料として編纂される。また国史の志が今日残る『宋会要』にしばしば引用され，さらに志の記事が会要の節略であることが多いように，志と会要との間には密接な関係がある。なお，国史の伝は，家伝・行状・墓誌をもとに作られる日暦の臣僚伝，実録の附伝をもとに作成される[7]。

ところが，元代になると時政記の編纂が行われなくなり[8]，明代は，起居注，欽録簿（唐・宋代の会要スタイルをもとに，詔勅・上奏文・簿籍を史料として編纂される。主として檔案文冊に依拠する），六曹章奏（六部の上奏文を編纂したもの）をもとに日暦が作成され，これにオリジナルの檔案文冊を加え，実録を編纂する体制となる。なお，前者の起居注，欽録簿，六曹章奏，日暦等の史料群は作成されないことが多く，実録は後者の，官庁の文書・簿籍史料である檔案文冊を中心に作成された[9]。

仮に，官撰史料編纂過程の変化を，主たる史料源からまとめると，次の区分が可能となる。唐代中頃までは，起居注の官が皇帝の言動を記した史料を中心に編纂される「起居注の時代」，唐末から宋代は宰相・執政が輪番で皇帝との政治的会話を記録し，この史料を中心に編纂される「時政記の時代」，明代は官庁の文書・簿籍史料を中心に編纂される「檔案文冊の時代」となる。

6) 朱弁『曲洧旧聞』巻9は，時政記と起居注，日暦，臣僚行状と比較し，時政記の政治史料としての重要性を述べる。
7) 家伝・行状・墓誌から日暦臣僚伝，実録附伝，そして国史列伝へという流れはあくまでも想定であって，史料を比較する限り，それほど単純なものではない。実録附伝は著名な官僚が死去した月日に付されるもので，記事は国史列伝の系統を継ぐ『宋史』列伝と比べると極めて簡略である。その一方，『宋史』列伝に見られない記事もあり，編纂者が適宜，史料選択を行っていた様子がうかがえる。
8) 『明史』巻285，徐一夔伝によれば，元代には起居注，時政記が設けられず，中書省に時政科が置かれ，文学掾が史料を整理し，史館に送っていたとする。
9) 謝貴安『明実録研究』（文津出版社，1995年）参照。

表9　起居注と時政記の史料源

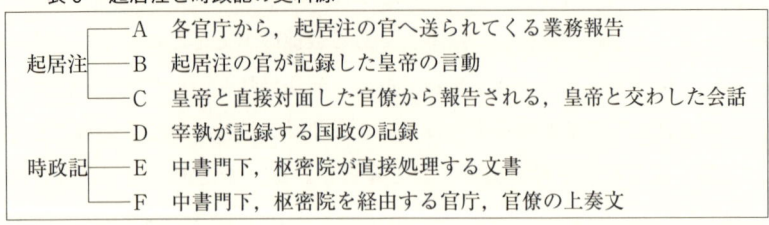

起居注	A	各官庁から、起居注の官へ送られてくる業務報告
	B	起居注の官が記録した皇帝の言動
	C	皇帝と直接対面した官僚から報告される、皇帝と交わした会話
時政記	D	宰執が記録する国政の記録
	E	中書門下、枢密院が直接処理する文書
	F	中書門下、枢密院を経由する官庁、官僚の上奏文

　それでは、「時政記の時代」と概括される宋代が、どのように政治史料を編纂していたのか、またその編纂過程からうかがえる特徴は如何なるものであったのか、考察してみることとする。まず、官撰史料編纂過程の第一次段階となる起居注と時政記であるが、それぞれの史料源は表9の通りである[10]。

　起居注は、Bの起居注の官が皇帝の言動を記録した史料を中核として、Aの各官庁から起居注の官に送られてくる業務報告、Cの官僚と皇帝との会話記録を加えて編纂される。ところが、起居注の官が立ち入れる場所、機会が限られていたため、Bの記録は、起居注の官が皇帝に随伴できた儀礼的な場に限られる傾向となっていた[11]。また官僚が直接、皇帝の面前で申し上げた上奏及び皇帝より賜った言葉は、宮殿より退出した後、起居注の官に報告する義務がある

10）蔡崇榜『宋代修史制度研究』（文津出版社、1991年）参照。蔡氏は、起居注は「修注官記録皇帝言動」、「臣僚録報帝語」、「百司供報修注事件」の三つの史料を主として編纂され、時政記は「宰執大臣対於軍国政要之記録」、「中書与枢密院日常事之檔案材料」、「政府百司・内外臣僚之表奏」の三つの史料を主として編纂されたという。起居注については現存するものがほとんどないため確認が難しいが、『長編』に残る時政記史料を見ていく限り、本文で示した説明が妥当なものと考えられる。
11）『宋会要』職官2-13、神宗正史職官志によれば、起居注の官は、皇帝が正殿で政務を執る際には、臨席が許されず、便殿で政務を執る際及び大朝会に臨席し、また行幸に付き従い、皇帝の言動について記録を取ったという。また、孝宗の隆興元年（1163）五月一日の条の胡銓の発言に見えるように、臨席できる場合でも、起居注の官の立つ位置は皇帝から離れており、十分言動を聞き取ることができなかったという（『宋会要』職官2-19）。現在、周必大「起居注藁」（『文忠集』巻153）、周密「乾淳起居注」（『説郛』〈宛委山堂刊本〉巻42）の二つの起居注が残るが、僅かに皇位の禅譲、誕節、太皇太后への封冊といった、皇帝並びに太上皇帝に関する儀礼の記事や、皇帝の太上皇帝への御機嫌伺いなどの皇帝に随行した際の記事を伝えるのみである。

が，官僚は報告を避ける傾向があった。このように史料源が限定される傾向にあった結果，政治史料としての起居注の役割は次に述べる時政記と比べ格段と低いものとなっていたと考えられる。

一方，時政記は，Dのように宰執が政治について記録するものであり，皇帝との会話及び重要な政治事件が収録された。これ以外には，E・Fのような，宰執が長官・副長官を務める，民政担当の役所である中書門下，軍政担当の役所である枢密院が直接処理した文書，或いは中書門下，枢密院を経由する官庁，官僚の上奏といったものが収録される。D，E，Fの史料は，時政記房に集められ，枢密院編修官，編集中書諸房文字といった官によって最終的に編纂される。この内，重要な位置を占めたのがDの部分であり，起居注のCの部分とともに，当時，皇帝との会話記録が官撰史料編纂上，重要な史料として位置づけられていたことを示してくれる。

これらをもとに日暦が編纂され，日暦をもとに実録が編纂されるが，実録の編纂について興味深い史料が残っている。

一，乞うらくは，朝廷，日暦所に箚下し，前來進む所の副本并びに應干合（あらゆる）に用うべき文字等を將って，盡數本院に發赴し修纂せんことを。（中略）

一，合に要むべき高宗皇帝朝にて曾て宰執・侍從に任ぜられしもの，卿少・監少の應ゆる職事官等の受けたる或いは收藏せる御製・御筆・手詔及び奏議・章疏・箚子并びに制誥・日記・家集・碑志・行狀・謚議・事迹の類，守臣に委ねて躬親詢訪せよ。如し逐官，其の間に已に物故する者有れば，其の家の子弟を詢ねて取索せよ。如し部帙稍多ければ，人を差して前去抄錄し，及び官に委ねて點對し，津發して院に赴かせよ。仍お投獻を許し，鈔帛を優賜し，多き者は推賞せよ。

一，今來修纂せる實錄の合に要むべき建炎より以來紹興三十二年に至るまでの應干（あらゆる）朝報・六曹寺監題名并びに吏部增添省罷せる員闕・戶部州郡戶口數目・敕令所增改刪除せる條法・國信所奉使名銜國書，欲し乞うらくは並びに本院より取索抄錄照使せんことを。如し供報限に違い，隱漏不實あれば，乞うらくは紹興元年四月八日史館已に得たる指揮に依り施行せられん

ことを。 　　　　　　　　　　　　　　　　　　　　　（『宋会要』職官18-71）

　この史料は『高宗実録』の作成に当たり，編纂官であった洪邁から出された上奏文の一節である。この史料に基づけば『高宗実録』は，（a）日暦所より送られてくる日暦の副本を主たる史料とし，（b）宰執以下高級官僚の家が保有する詔勅，上奏文，日記，墓誌等の史料，（c）官庁が保有する朝報（邸報），官僚名簿，官僚ポスト名簿，戸口統計，改正された法律条文，外交使節名簿・国書などを副次的史料として，これらを実録院に集め，編纂が行われることがわかる。ここで注目すべきは，日記が実録編纂の参考史料とされていたことである。実は，『神宗実録』は三度編纂が行われているが，新法党は『王安石日録』を，旧法党は『司馬光日記』を主たる史料に用いて編纂したというように，日記が実録編纂と深く関わっていた事実がある[12]。

　以上のように，官撰史料編纂過程において，官撰，私撰というスタイルを異にしながら，政治家の記した政治記録という共通性を持つ時政記と日記の二つの史料が政治史料として重要な位置を占めていた事実が浮かび上がってきた。それでは，次に，時政記と日記の特徴を検討することとする。

---

12) 『長編』の構成を，注記されている典拠を手掛かりに概観すると次の通りとなる。本文は基本的に実録，国史によって作成される。皇帝に関する記述は『御集』（皇帝の詔，御筆，手詔，上批を集めたもの）や『宝訓』（起居注，時政記，日暦，実録中の記事の内，国史に入れない皇帝の聖政の事跡を集めたもの）が利用される。政治の過程を詳細に記す際には時政記や日記が利用される。臣下の上奏文を記す際には『文集』や『元祐密疏』・『編類章疏』（徽宗朝に，旧法党を弾圧するために臣下の上奏文を編纂させたもの）が利用される。制度について記す際には『会要』が利用され，個人の伝記については家伝・行状・墓誌，或いは私史・野史が巧みに利用される。とりわけ，神宗朝，哲宗朝において，皇帝と官僚とのやりとりなどの生々しい政治の実態を描く際に日記を利用しているのが，他書に見られない本書の際立った特徴である。日記が，政治の実態を知る上で重要な史料であることを李燾が認識していたことをうかがわせてくれる。なお，王安石，司馬光の日記と実録編纂との関係については，様々な書物に言及されている。その一例を挙げれば，王明清『玉照新志』巻1に「元祐初修神宗實錄」が司馬光の『涑水記聞』の記事を，「新志」が王安石の『王荊公日録』の記事を多く採用し，編纂されたことが記されている。

三, 時政記と日記

　時政記は,『長編』,『要録』,『会編』等の各種史料に断片が残るだけで, 今日まとまった形で見ることができるのは, 李綱の『建炎時政記』のみである[13]。ただ, この書は, 辞任した宰相に往時の政治を振り返らせて書かせたものであり[14], 記述が断片的になっている。ただ, 宰執が作成する時政記の性格を良く表していると思われるので, その一例を見ておく。

　七月十四日, 臣, 執政官と同(とも)に奏事し訖わり, 留身し奏上して曰く, 朝廷は近日, 外は則ち河北・河東兩路を經營措置し, 以て藩籬と爲し, 軍馬を葺治し, 盗賊を討平し, 内は則ち政事を修め, 賞刑を明らかにし, 皆漸く緒に就く。獨り車駕巡幸し詣る所, 未だ定所有らずして, 中外の人心未だ安ぜず, と。上宣諭して曰く, 但だ元祐太后を奉迎し及び六宮を津遣して東南に往くを欲するのみ。朕, 當に卿等と獨り中原に留まり, 將士を訓練し, 益ます兵馬を聚むべし。都城と雖も守るべく, 金賊と雖も戰うべし, と。臣, 再拜して曰く, 陛下の英斷此の如し(かくのごとし)。漢の高祖・光武・唐の太宗と雖も, 是れを過ぎざるなり。中外未だ聖意を知らず。乞うらくは詔を降し以て之を告諭せんことを, と。上, 請う所に從う。(『建炎時政記』卷下)

---

13)　『長編』の注は, 断片的ながら時政記について多くの記述を残してくれている。それ以外のものとしては,『要録』には汪伯彦『時政記』, 李邴『時政記』, 宋樸『時政記』, 魏師遜『時政記』, 折彦質『時政記』,『会編』には汪伯彦『時政記』, 李綱『建炎時政記』の引用が見える。その他,『郡斎読書志』卷6, 雑史類には「嘉祐時政記一卷。右皇朝呉奎・趙概・歐陽脩記立英宗事并買易諡韓琦定策疏附於後。」とあり,『宋史』卷203, 藝文2, 編年類には「度宗時政記七十八册」,「元祐時政記一卷」, 同故事類に「韓絳・呉充樞密院時政記十五卷」と見える。

14)　序には「謹以省記到昨任宰相日所得聖語・所行政事賞罰黜陟之大略, 著於篇。」とあり, また『玉海』卷48, 時政記の条に「紹興四年三月十八日戊辰, 詔自建炎元年五月一日至四年四月一日以前時政, 令前宰執省記編類。十月七日, 簽書樞密胡松年以建炎四年十一月至紹興元年四月時政記六卷上之。詔付史館。五年三月十二日乙酉, 觀文大學士李綱進建炎時政記二册, 付史館。」とある。

この史料は，宰執の「対」が終了した後，李綱が一人「留身」し，高宗と「対」を行っている部分であるが，「留身し奏上して曰わく，……上，宣諭して曰わく」，「臣，再拝して曰わく，……上，請う所に從う」というように皇帝と宰執の対話を端的に記録している。この他の部分も「六月五日，臣，執政と同に奏事し箚子を進呈し，大略に謂うならく」，「六月六日，手詔を内降しいうならく，朕……」，「六月七日，三省同に聖旨を奉じ」といった具合に，宰執と皇帝とのやり取りを中心に記録され，皇帝との会話，宰執同士のやり取り，当時の重要な政治事件などについて編年体形式を用いて記す時政記の特徴をよく示してくれる[15]。これが宰執が作成する，表9の時政記の史料源のDに相当するものである。

これ以外にもE，Fの史料も時政記には採録されていく。2例ほど『長編』から抜き出してみよう。『長編』巻281，熙寧十年（1077）三月辛酉の条に，

御史彭汝礪言うならく，太學，内舍生を試するに，皆，科場勅式を用う。仍お景德寺に就きて試せんことを乞えば，物論紛紜として，學者と雖も亦た自安せざるなり。且らく今日紛紛如 此たる所以は，恐るらくは考試不公なるのみ。學校は風化の地，繋ぐ所は甚だ大なり。竊かに聞くならく，太學の考試，舊法亦た頗る詳悉なり。欲し乞うらくは但だ八年以前の舊制に因り，稍加嚴せしめ，如し上舍に在れば，更に加察を賜り，而して才行

---

15) 本来の時政記の記述は，もっと詳細なものであったと思われる。例えば，『長編』巻210，熙寧三年四月戊辰には，元祐実録（旧法党側の手により元祐年間に編纂された『神宗実録』）に採録された王安石の時政記を次のように記録している。

王安石著時政記曰，（呂）公著數言事失實，又求見，言朝廷申明常平法意，失天下心。若韓琦因人心如趙鞅舉甲，以除君側惡人，不知陛下何以待之。因涕泣論奏，以爲此社稷宗廟安危存亡所繫，又屢求罷言職。上察其爲姦，故黜。初，上欲明言公著罪狀，令曾公亮等以旨諭當制舍人。公亮諭宋敏求草制但言引義未安而已。安石曰，聖旨令明言罪狀，若但言引義未安，非旨也。敏求草制如公亮所教。翌日再取旨，公亮・陳升之・趙抃等皆爭以爲不可。上曰，公著有遠近虛名，不明言罪狀，則人安知其所以黜，必復紛紛矣。公亮等以爲，如此則四方傳聞大臣有欲舉甲者，非便，且于韓琦不安。上曰，旣黜公著，明其言妄，則韓琦無不安之理，雖傳聞于四方，亦何所不便。公亮等猶力爭，至日旰，上終弗許，而面令升之改定制辭行之。

第一章　宋代の政治史料

優異者を以て之を寵進せしめんことを。國子監に詔して相度以聞せしむ。
<small>科場勅式は誰の修する所なるか，此事當に考うるべし。朱本以て利害無しと爲し，又施行する無しとして，遂に册去す。今復之を存し，仍お增すに時政記を以てす。</small>

とある。この記事は，御史の上奏と詔の二つの部分からなっている。当時の文書の流れからすれば，御史の上奏を受け，皇帝から宰執に御史の上奏について意見を求める段階があり，次に宰執が関係官庁と図った上，皇帝に上奏し，その結果として国子監に詔が下されることになったと考えられる。注に拠れば，朱本（新法党系作成の紹聖本）では刪去したと記されているので，恐らく神宗実録墨本（旧法党系作成の元祐本）をもとにここに入れたと思われるが，この部分について詳しい時政記の記事があったことを示してくれる。時政記の記事は，正しくE，Fを合わせたものであったといえよう。

『長編』巻357，元豊八年（1085）六月甲戌の条に，

環慶路經略司奏すらく，肅遠寨蕃官左侍禁巡檢慕化・環慶路第二將武將戴宗榮，人を差わし西界滅癰井の人馬來りて過を作さんと欲すかを探得せしむ。同に一百餘人を率い，要路にて等しく截ちて敵と闘い，斬獲すること四十餘級なり，と。慕化・戴宗榮に詔して各おの一官を遷せしむ。<small>密記は十二日の事。</small>

とある。これは『枢密院時政記』元豊八年三月十二日に当該記事があることを示してくれるが，この記事は環慶路経略司からの上奏が通進司を経て宰執のもとへ送られ，宰執から皇帝へ上奏され，その結果として詔が出されたと考えられる。従って，Fの典型例というべきものであろう。

以上のように，D，E，Fの史料源をもとに時政記は編纂される。ただ，時政記は，官撰史料であり，また編纂物であるため，編纂段階で個々の宰執の個人的な意見は薄められる形で編纂されたと考えられる。その意味で，後に紹介する日記と比べると政治の生々しい記録という点では見劣りする。

一方，日記について，『長編』，『要録』，『会編』等の私撰の編年体史料，及び『宋史』藝文志並びに『崇文総目』（王堯臣等撰），『秘書省続編到四庫闕書目』，『中興館閣書目』（陳騤等撰），『中興館閣続書目』（張攀等撰），『郡斎読書志』（晁

公武撰），『遂初堂書目』（尤袤撰），『直斎書録解題』（陳振孫撰）などの蔵書の名前，解題を記した各種の『書目』を調べていくと，18の事例を検出できる。これらをもとに，日記の特徴について見ていくこととする。

1．飛龍記：趙普

『長編』巻1，建隆元年（960）正月の注に引用。『郡斎読書志』巻6，雑史類に「龍飛日暦一巻。右，皇朝趙普撰す。顯徳七年正月藝祖受禪の事を記す。是年建隆と改元し，三月普，此書を撰す。普は枢密學士爲り。」と見える。

2．銭惟演日記

『長編』巻96，天禧四年（1020）七月の注に引用。この時に銭惟演は翰林学士。八月に枢密副使，乾興元年（1022）二月から十一月の間に枢密使となる。尤袤『遂初堂書目』本朝雑史には『銭文僖筆録』，『銭文僖逢辰録』の名が見える。

3．欧陽脩私記

『長編』巻199，嘉祐八年（1063）八月の注に引用。この時，欧陽脩は参知政事（嘉祐五年十一月に枢密副使となる。六年閏八月に参知政事となり，治平四年〈1067〉三月までつとめる）。欧陽脩が時政記執筆に関わったことは，晁公武『郡斎読書志』巻6，雑史類に「嘉祐時政記一巻。右，皇朝呉奎・趙概・欧陽脩，英宗を立てし事を記し，幷びに買易，韓琦の定策を論ずる疏，後に附す。」と見える。

4．趙康靖日記：趙槩

尤袤『遂初堂書目』本朝雑史，『宋史』藝文志，史部，故事類に名が見え，陳振孫『直斎書録解題』巻7に「趙康靖日記一巻。参政睢陽趙槩叔平の記す所の治平乙巳丙午間の政府に在りし事。」と記される。また，『宋史』巻318の本伝には著作として『嘉祐時政記』の名が見える。趙槩は嘉祐五年（1060）十一月に枢密副使となり，七年三月から熙寧元年（1068）正月まで参知政事をつとめる。なお，この日記が進上され，英宗実録編纂の際に参

考とされた点については，陳瓘『宋忠肅陳了斎先生四明尊堯集』（『四庫存目叢書』史部史料類所収，以下『四明尊堯集』と略称）巻8所引『王安石日録』に「余曰わく，臣，實錄を脩するに，趙槩，進む所の日錄一冊を見る。韓琦の言語の如きは，卽ち一句無し。豈に是れ韓琦都て語わざらんや。歐陽脩の言語，傳布に於いて不便と爲す者の如きは，錄する所甚だ多し。中書の語を漏らしたれば，人，此を以て歐陽脩を怨む。但だ謂うに其れ淳直して，事を匿す能わざるのみ。槩の進む所の日錄を見るに及びては，乃ち槩の長者に非ずを知るなり，と。」と見える。この記事は，陳瓘によれば，王安石が英宗実録の修撰の際，趙槩が進呈した日録を実見した感想を神宗に述べたものという。

5．王安石日録

『長編』巻210，煕寧三年（1070）四月の注に初出，同卷278，煕寧九年十月まで。ただ，『郡斎読書志』巻6に「王氏日錄八十卷。(中略) 此書，煕寧元年四月より起こり，七年三月に終わり，再たび八年三月に起こり，九年六月に終わる。安石兩たび國柄を執るなり。」と記されている。治平四年四月から煕寧三年三月までの間については現存の『長編』は欠落しており，日録の記事の期間については『郡斎読書志』の記述に従いたい。王安石が参知政事となったのが，煕寧二年（1069）二月であり，三年十二月には中書門下同平章事となり，七年四月から八年二月の中断期を挟み，九年十月までつとめている。なお，陳瓘『四明尊堯集』巻5には「今，日錄第一卷を考えるに，安石，未だ執政と作りし已前に，七たび神考に對するに，並びに一言も理財に及ぶ無し。」とあり，日録が王安石執政就任以前から始まっていたことを明確に示してくれる。

さらに『長編』巻210，煕寧三年四月戊辰に「王安石，時政記を著して曰く」という，王安石が時政記を記していたことを示す記事，並びに同巻278，煕寧九年十月戊子の注の「日錄に，余，上の爲に言いしこと，陛下と開陳せし事，退きて趣やかに錄し以て自省に備う。他時，位を去るに及び，當に繕寫し以って進むべし，と云う有り。」の記事が注目される。前

者の記事は，王安石が時政記を記す一方で，日録を記していたことを示す。また，後者の記事通りであれば，自らの政治の備忘録と，退任後，皇帝に提出することを目的に記されていたことになる。

6．呂恵卿日録

『長編』の記事としては，巻264，熙寧八年五月甲戌の注「呂恵卿日録，熙寧八年十四日，楊汲の功過を進呈す」が最も年次の古い記事であり（初出記事は巻256にあるが，こちらは熙寧八年八月二十八日の年月日が記されている），年次の新しいものは同巻271，熙寧八年十二月庚寅注の「呂恵卿八年九月十六日日録に云う」の記事である。呂恵卿が参知政事であったのは，熙寧七年四月から八年十月までである。なお，呂恵卿は自らの日録を神宗に上申し，「臣，私かに策子を記すに，皆な其の事有り。其の事，多く陛下の徳音と親しく聞く所より出づ。宜しく廃忘すべからず。而して其の文，一二日以って撰造すべき者に非ざるなり。」（『長編』巻278，熙寧九年十月戊子の注）と記されている。なお，尤袤『遂初堂書目』本朝雑史に呂吉甫日録の名が見える。その日記の性格について『長編』巻268，熙寧八年九月辛未の注に引く「陳瓘答劉羲仲書」に「呂太尉日録未だ之を見ず。但だ宛邱奏議中に，其の日録を進むの箚子を見るのみ。蓋し其の荊舒と反目せしより以後，既に二手簡を進め，又た日録四巻を進む。四巻の内，皆な執政以後帰美の迹を鋪陳し，自ら其の忠を明らかにす。故に當時荊舒愍懟の說，復た裕陵に信ぜられず。而して荊舒，是に由り重く罪を得。鍾山著わす所の八十巻，乃ち彼四巻に效いて之を爲すなり。二録巻帙の多寡，則ち同じからざると雖も，其の懷く所を伸ばすを得るは，以て異なるなきなり。自から其の忠を明らかにする者，前に伸ばすを得，自から其の聖を明らかにする者，後に伸ばすを得。今八十巻世に盛行す。取りて之を觀，彼此を效驗すれば，則ち四巻の載す所，未だ讀まずして盡く其の意を得べし。」と見える。

7．司馬光日記

『長編』の注には，『司馬光朔記』，『司馬光記聞』，『司馬光日記』が太祖朝

から神宗朝まで広く混在している。これらについて、『増広司馬温公全集』（汲古書院、1993年）所載の佐竹靖彦「『増広司馬温公全集』所収の『手録』と『日録』をめぐって」では、『司馬光記聞』、『司馬光日記』と『司馬光日録』を区別し、『司馬光日記』は陳振孫『直斎書録解題』の記事に基づき、嘉祐六年（1061）に知諫院になり、中央朝廷の事実を直接見聞できるようになると、司馬光はそのことを日記に書き留めるようになり、熙寧四年に中央政府から身を引いて『資治通鑑』編纂に集中するまで書かれたこと、またその内容は「朝廷の政事、臣僚の差除、及び前後の奏對、上の宣諭する所の語、以て聞見の雑事に及ぶ」を記していたとする。

8．馮京参政記

『長編』巻278、熙寧九年十月の注に引用。馮京は熙寧九年十月に知枢密院事、元豊三年から四年正月まで枢密使をつとめた。

9．呂公著掌記

『長編』巻413、元祐三年（1088）八月、同巻441、元祐五年四月、同巻445、元祐五年六月の注に引用。尤袤『遂初堂書目』本朝雑史には呂正献手記が見え、『直斎書録解題』巻5に「呂申公掌記一巻。丞相申國呂公著晦叔撰す。相位に在りしとき、記す所の、人材已に用いたる、未だ用いざるの名姓、及び事、當に行うべき、已に行いたるの條目。」と見える。呂公著は元豊元年（1078）九月に同知枢密院事、三年九月には枢密副使、四年正月から五年四月まで同知枢密院事をつとめた。一旦、政界から退いた後、再び登用され、元豊八年七月に尚書左丞に、元祐元年閏二月には門下侍郎となり、四月から四年二月に亡くなるまで中書侍郎をつとめた。

10．呂大防政目

『長編』巻354、元豊八年四月から、同巻484、元祐八年六月まで間断なく注に引用される。呂大防は元祐元年閏二月に尚書右丞、十一月に中書侍郎、三年四月から紹聖元年三月まで門下侍郎をつとめる。なお、呂大防が元祐時政記執筆に関わっていたことは、『長編』巻352の注に「呂大防手寫時政記」と見える。

11. 王巖叟朝論，王巖叟繫年録

尤袤『遂初堂書目』本朝雜史に『王巖叟繫年録』，『王巖叟朝論偉論』の名が，『宋史』藝文志，史部，編年類に「王巖叟繫年録一卷，元祐時政記一卷」と見える。『長編』には，『王巖叟繫年録』は卷402，元祐二年六月から同卷472，元祐七年四月まで（初出は卷115の注であるが，元祐時代に宣仁太后と官僚たちと交わされた会話を記録しているもの），『王巖叟朝論』は卷358，元豊八年七月から同卷464，元祐六年八月（但し卷467，十月に「朝議」という名が見える）まで，各所の注に引用される。その他，「王巖叟日録」，「王巖叟西省記」という名も見える。王巖叟は元祐六年二月から同七年五月まで簽書樞密院事をつとめた。

12. 劉摯日記

『長編』卷409，元祐三年三月から，卷466，元祐六年九月（注に「劉摯閏八月六日，淮東提刑鐘浚王覲を體量せし事を記して云う」）まで各所に引用される。他には見られない，本文にそのまま劉摯日記を引用している箇所が數カ所ある。劉摯は元祐元年十一月に尚書右丞，二年五月に尚書左丞に，四年十一月に中書侍郎に，六年二月から十一月まで門下侍郎をつとめた。『直斎書録解題』卷7，伝記類に「劉忠肅行年記一卷。丞相東平劉摯莘老撰す。」とある。

13. 范祖禹手記

『長編』卷448，元祐五年九月，同卷449，元祐五年十月の注に見える。

14. 文潞公私記：文彦博

『長編』卷182，嘉祐元年五月の注に初出，同卷450，元祐五年十一月の注まで散見。ただし，李燾は「私記，誰が作るか知らず。（中略）蓋し其の子孫或いは門人・故吏輩之を爲るのみ。」（『長編』卷437）と述べており，後人の手による可能性が高い。なお，尤袤『遂初堂書目』本朝雜史に名が見え，『直斎書録解題』卷7，伝記類には「文潞公私記一卷。至和に建儲を請うこと及び元豊襃賞の事を記す。」と見える。

15. 曾布日録

尤袤『遂初堂書目』本朝雑史に『曾子宣日録』，『曾子宣手記節略』の名が，『郡斎読書志』巻6，雑史類に「曾相手記三巻。右，紹聖の初め，元祐黨禍起こる。曾布，公論の所在を知り，故に上に對する語，多く兩端を持す。又た輒ら増損し以って此書を著すと云う。」とあり，『直斎書録解題』巻7，伝記類に「紹聖甲戌日録一巻，元符庚辰日録一巻。丞相南豐曾布子宣撰す。政府に在りて奏對施行せしこと及び宮禁朝廷のことを記す。」とある。『長編』の紹聖，元符年間の記事の各処に引用される。曾布は紹聖元年(1094)六月に同知枢密院事，同四年閏二月に知枢密院事，元符三年四月から崇寧元年閏六月まで尚書右僕射をつとめた（～崇寧元年閏六月）。

16. 蔣穎叔日録：蔣之寄

尤袤『遂初堂書目』本朝雑史に名が見える。その他周必大『文忠集』巻18に「跋蔣穎叔樞府日記」という跋が見え，枢密院にいた二年半の間に記された日記であることが分かる。蔣之寄は元符三年(1100)四月同知枢密院事，建中靖国元年(1101)七月から崇寧元年十月まで知枢密院事をつとめている。

17. 呉丞相手録：呉敏

『直斎書録解題』巻7，伝記類に「呉敏元忠撰す。靖康初元の事を記す。」と見える。呉敏は宣和七年(1119)十二月に門下侍郎，靖康元年(1126)正月から八月まで少宰兼中書侍郎をつとめている。

18. 建炎筆録：趙鼎

建炎三年(1129)己酉から四年庚戌，紹興六年(1136)丙辰，七年丁巳の四年間について記す。前二年は金との戦争で転々とした皇帝に扈従した時の記録，後二年は宰相時代の記録。『忠正徳文集』巻7に収められ，丙辰筆録，丁巳筆録と称される。趙鼎は建炎四年五月に簽書枢密院事，紹興四年九月に右僕射，同七年九月から八年十月まで左僕射をつとめている。

以上の内容を整理してみよう。日記が宰執在任中に書かれているのは，3，4，5，6，8，9，10，11，12，15，16，17，18であり，時政記の執筆者と

して史料に名前が出てくるのは3，4，5，10，11であり，時政記執筆の任に当たった宰執が，その一方で日記を書き留めていたことを裏付けてくれる。ただ，日記の執筆開始時期を見ていくと，5の王安石，11の王巌叟の例のように宰執就任時以前より始められたものや，あるいは7の司馬光のように中央の高官時代に記されたものなど，執筆者の範囲は宰執から中央の高官クラスまで多岐にわたっている。これは，宰執の場合，在任中は時政記執筆のためあるいは宰執の職務の必要上から，皇帝との会話及び政治事件を備忘録として付けていたためであり，また先に見た『高宗実録』の事例のように，宰執から高官クラスの退任者に対し，実録作成のための史料として日記の提出を求めることがあったことが理由として考えられる。

　日記内容は1，14のように特定の事件を記すためのものであったり，9の『呂公著掌記』のように人事，政策に関する備忘録的なものなど，多様な性格を持つものが作られている。しかし，その基本的性格は，5の『王安石日録』の別名が『熙寧奏対』[16]であったように，皇帝との政治的会話を記録するために作られ，そして文体の差はあるものの，時政記の史料源Dと極めて性格の類似したものとなっている。ただ，その内容は時政記と比べ，政治の実態を生々しく映し出してくれるものである。幾つか例を紹介してみよう。

---

16)　『宋史』巻203，「芸文」2には『舒王日録』12巻に加えて，『熙寧奏対』78巻，王安石撰という書目が見える。『郡斎読書志』，『直斎書録解題』によれば『王氏日録』80巻，『鍾山日録』20巻，『熙寧日録』40巻という書目が見える。丁則良「王安石日録考」(『清華学報』13-2，1941年) は，これらはすべて同じ書物を指し，正式には『王安石熙寧奏対録』であったと推測する。また，楊仲良『長編紀事本末』巻129，「陳瓘貶逐」には，
　　（建中靖國元年八月）甲寅，三省進呈。上顧曾布曰，如此報恩地邪。布曰，本不欲喋喋，然理有當陳者，不敢已。臣紹聖初在史院，不及兩月，以元祐所修實錄，凡司馬光日記・雜錄，或得之傳聞，或得之賓客，所記之事，鮮不偏載。而王安石有日錄，皆當日君臣面對反復之語，乞取付史院照對編修。
と見えるように，曾布は『王安石日録』が神宗と「対」を行った際の記録と述べている。

第一章　宋代の政治史料

(例一)　陳瓘『四明尊堯集』巻2,「聖訓門」[17]

劉孝孫言うならく,御批もて,市易務,如し兼幷の家,較固して利を取らば,市易司をして覺察せしめ,三司をして條に依り施行せしむるを請いしことを降出す。此れ仁厚もて民を愛するの意なり。是に至りて進呈す,と。余曰く,劉孝孫,此の事を稱頌し,以て聖政と爲す。臣愚竊かに謂えらく,此れ正に是れ聖政の闕なり。較固法は是れ律より以來行用する有り。但だ均を爲す所以を申明するのみ。均しければ貧無しとは,乃ち孔子の言なり。政に於いて何れの所にか害あらん。陛下此れを行うを欲せず。此れ兼幷の家,以て陛下,豪強を摧制するに敢えてせざる所有るを窺見する有り。故に内,近習に連なり,外,言事官を惑わし,之をして緘口せしむなり,と。上笑いて曰く,已に律あれば,自から施行すべし。故に條を立てるを須ちいず,と。余曰く,律有りと雖も未だ嘗て行われず。又未だ嘗て官司をして振挙せしめず。須く先に申令し,兼幷をして避くる所を知らしむるべし,と。上曰く,若し法を設けて之を傾けば,則ち兼幷,自から害を爲す能わず,と。余曰く,若し明らかに法令を立てず,但だ法を設けて相傾けば,即ち是れ紙舗孫家の爲す所なり。紙舗孫家は是れ百姓たり。故に百姓を制し得ざること,止だ當に如_此_(かくのごとく)なるべし。豈に尊くして天下の主と爲りて,乃ち只_如_(たとえば)紙舗孫家の爲す所有らんや。何を以て之を人主と謂わんや。

この一節は熙寧五年(1072),呂嘉問が申請した十三箇条の市易法条文の内,兼幷の家を抑制する「較固法」に関わる一条を神宗が削除したのに対し,王安石が執拗に法令として制定することを求めた箇所である。そのやり取りの中で,今回の措置を「聖政の闕」といい,法令を制定して兼幷の家を抑制しないのであれば天下の主とはいえないとまで述べる。神宗の政治を指導しようとする王安石の姿勢が如実にうかがえる。また,こうしたやりとりは『王安石日録』の

---

17)　ほぼ同じ内容が『長編』巻232,熙寧五年四月丙子の条にも見えるが,『長編』は「余」の部分を「王安石」と書き換えており,また内容に若干の差異が見られる。日記の形式としては,『長編』巻223,熙寧四年五月癸卯の条の注にも「余爲上別白言事實,上固洞見本末矣。」とあるように,「余」,「上」という形で書かれたものと考えられる。

各処にうかがえる。秦孝公のもとで行われた商鞅の政治を「法を立てること簡にして要」あるいは「術を選びて事を濟す」と述べ，見ならうべきものとして神宗に勧めたり（巻2，「論道門」），あるいは保甲法の導入に対する神宗のやり方は慎重すぎる（巻3，論道門），及び軍事に対して小事にばかり関心をとられ，大事を誤っている（巻6，「辺機門」）といった批判が端的に表現される[18]。

こうした生々しい政治の記録は『王安石日録』だけではない。7の『司馬光日記』には，司馬光が経筵留身（学問の進講を担当する経筵官が，進講終了後，残って皇帝に対して意見を述べるもの）の際の神宗との人事をめぐるやりとり（「邇英留對錄」）や，垂拱殿の対の折に外任に出ることを願い出た上，さらに王安石等新法党グループ並びに新法政策を痛烈に批判した一節（「垂拱登對乞知外郡錄」）が記される[19]。ここでは，御史中丞罷免の処分を受けた呂公著を擁護し，新法に反対する蘇軾を喪服期間を偽った李定ほどひどくないと述べ，また呂恵卿・李定を攻撃し，青苗法を批判し，さらに王安石，韓絳，呂恵卿を中心とした制置三司条例司体制を批判するなど，新法に対する司馬光の具体的な政治姿勢が表わされる。

また，12の『劉摯日記』では，政治事件について詳しく述べる外，当時の旧法党内の人間関係が詳細に記される。その一節を紹介してみよう。

18）『王安石日録』は『長編』の注に採録されている以外に，陳瓘『四明尊堯集』（『四庫全書存目叢書』史部，史評類所収）にも採録されている。『四明尊堯集』は『王安石日録』を引きながら，王安石の政治ならびに行動を批判する。その主要な批判点として歴代皇帝並びに神宗皇帝に対する不遜な態度を取ったことが詳細に記されている。
19）この他にも邇英殿でのご進講の様子を記した（1）「邇英読資治通鑑錄」，（2）「邇英論利口錄」，（3）「呂恵卿講咸有一徳錄」，皇帝の面前での「対」の様子を記した（4）「奏箚並挙蘇軾等錄」，（5）「延和登対乞外補錄」，経筵留身並びに延和殿での「対」を記した（6）「邇英奏対錄」などが「手録」の中に収められている（『増広司馬温公全集』汲古書院）。この中では（4）のように，『史記』，『資治通鑑』の講義をする一方，呂恵卿，司馬光，王珪，呉申等経筵官と皇帝の間で，制置三司常例司，青苗法，坐倉法などが論議されており，経筵の場が単に学問の講義を行う場でなかったことを示してくれる。また，（6）では，熙寧元年，共に翰林学士であった司馬光，王珪，王安石が延和殿で「対」を行い，司馬光と王安石が財政問題をめぐり激しい論議を展開している。

第一章　宋代の政治史料

(劉)摯,私かに記して云う,吾の去るを求めるなり,豈に苟然ならんや。吾れ寒遠より出で,擢されしより四年なり。實に其の分を過ぐ。國に於いて既に顯勞無く,而して賢路を妨ぐ。宜しく止むるを知るべし。此れ一の去るべきなり。元祐の政事,更も首尾する者零落して幾くも無く,獨り吾と微仲と在るのみ。餘者は後に至る。遠者は纔かに一年のみ。其の大異を見ざると雖も,然るに之を趣向同じと謂うを得ざるなり。或いは漠然と兩つながら可とし,或いは深く其の意を藏し,測るべからずと爲す。或いは異意を以て陰かに其の害を入れ,公けに詆諆を肆にす。摯,近ごろ中司の一章に因り政を論ずるに,願うらくは大臣を戒め,共に此の義を敦くし,改更の事に預からずと謂い,遂に同異の心を懷く勿かれ,と云う有り。是に於いて所謂後に至る者皆樂しまず。樂しまざれば,則ち意,生ぜざるを得ず。故に政論一ならず,陰かに相向背して朋を爲し,而して呂相も亦た都司吏額の事より後,吾に於いて疑心有り。夫れ政事を共にする者六人,而して異志有り,利害を同じくする者才かに二人,而して疑心有り。則ち豈に獨り孤立すること之れ易からざらんや。實に國事の病有るを懼るなり。古人國を安んずるの志,身を全うするの智有る者,多く引きて之を避く。此れ去るべきの二なり。去年六月范堯夫罷めし後,此に至りて右揆を闕く。安厚卿憂に丁りし自り,近ごろ又,孫和父薨ず。吾の位遂に衆人の上に在り。議者或いは次を以て遞いに及ぼさるるれば,勢豈に安んずるを得んや。此れ三の去るべきなり。聞くならく,外藉藉として以うならく,吾,廟議に於いて合わずして去る有り,と。又謂うならく,微仲比ごろ數しば留身するを見て,懼る所有りて去る,と。皆非なり。又以謂久闕補われず,恚みて去るを求む,と。此れ無知の言なり。士大夫,吾の此の舉を喜ぶ者,亦た一ならずとしか云う。(『長編』巻446,元祐五年八月戊戌)

この日記は,宰相劉摯が外任を求めた時期(元祐五年〈1090〉八月頃)のものである。その中で,当初より旧法党政権を担ってきた仲間たちが政界を離れ,今では呂大防と二人のみとなったこと,その呂大防とも尚書省の吏額問題を契機に気まずくなり,現在,政事を共にする宰執の内で六人は意見を異とし,利

害を同じくするものは二人であるものの疑念を懐いている，といったことが語られる。

同様な政界の内部事情を語った記事は『長編』に散見し，例えば

(前略) 初め，(傅) 堯兪，留身して此の事を白さんと欲す。(呂) 大防等諭するに，留まるを須いず，但だ衆に對して之を陳べれば可なりを以てす。劉摯謂へらく，堯兪既に文字を簽書す。卻て訴える所有りて己知らずと謂い，直に衆人欺謾して其の簽書を取ると以爲う。故に笥子に自から昏亂すと云う。其の留身せんと欲すは，蓋し將に簾前に就きて其の欺謾の罪を衆人に嫁せんとするなり。大防等其の説を曉るに頼り之を止む。徐におもむろに聞くならく，堯兪を激して此を爲さしむるは，實に給事中范純禮なり。堯兪・純禮，韓氏において親を連ね，事多く密かに純禮に咨る。大防，既に堯兪を信じ，堯兪も又，多く純禮一二輩に謀る。所以に差除の閒，多く洛人及び韓氏姻舊を用いるとしか云う。(『長編』巻449，元祐五年十月丁巳)

とある。これは，元祐五年 (1090) 十月，三省で集議し決定した刑名の審議方法 (「公案，邊防に係る者は，文臣は都省に上り，武臣は密院に上りて，同に旨を取る」) について，中書侍郎傅堯兪が異議を唱えた事件について述べられたものである。劉摯は，この事件の背後には，中書侍郎傅堯兪を動かした給事中范純礼の存在があり，そして，韓氏の姻戚に連なる傅堯兪，范純礼のグループが大きな勢力を形成し，これに呂大防が荷担していることを批判的に述べる。

また，次の記事は，劉摯が宰相を辞任する直前のものだが，

劉摯，(曾) 肇の事を敍して云う，肇，博學能文なり。前年，蔡碻を責めしとき，中書舍人彭汝礪，頗る人に告げて曰わく，肇，我を教するなり。始め我が議を助け，繼いで奏せんと欲す。今奏せざるは，是れ我を賣るなり。言者其の說を取り，肇，辨ぜずして去るを求む。汝礪去年召還さる。肇又一年にして召さるも，夕扉猶お以て不可と爲すは，何ぞや。汝礪に韓・范の助有るが故なり。衆謂えらく肇，沈深し保ち難し，と。議者頗る之を疑い，其の來るを欲せずして謂うならく，其れ陰很なれば，異日害を爲すこと必せり。汝礪，異論あると雖も，然るに淺戇にして見易く，慮るに足

らず、と。摯今日略ぼ上前に於いて之を論じ以謂ならく、二人の賢否邪正、皆な未だ論ぜず。但だ上書して蔡確を救いし者は、汝礪なり。肇之を教すと謂うは、傳聞の言なり。汝礪、才かに一年にして卽ちに召さる。肇、二年して乃ち舊物に還るは、反て不可とす。借使之を教するに迹有るも、猶當に行遣一等たるべし。況んや傳聞より出るをや。是非明らかならずして便ちに黜責を行う。恐らくは以て天下を服すること無からんや。實に朝廷の得失に繋ぐ。肇、今當に且く罷むべし。然るに今後如此の事、須く當に先に是非を辨じ、乃ち賞罰を行うべし。人をして冤枉無からしめ、亦た以て朋黨傾陷の事を塞ぐを庶う。諭して曰わく、極めて是なり、極めて是なり、と。肇、要人に得ざること一ならずして、略ぼ摯の言を助くる者無し。(『長編』巻462、元祐六年七月己卯)

とあり、曾肇の中書舎人任命人事が中止となったことについて述べられる。蔡確弾劾時に蔡確を擁護したとして左遷された彭汝礪の例を引きながら、彼が一年で復帰できたのは韓氏・范氏グループの援助があったからであり、曾肇の左遷は伝聞によるものであり、二年経って元のポストに戻れないのは不当であると哲宗に申し上げる。ところが、哲宗からは「極めて是なり」という言葉を貰いながら、宰執・高官には劉摯の発言を助けるものがなかったと述べられる。

かつて、旧法党政治の中核を担った劉摯集団を中心に、元祐時代の政治をⅠ劉摯集団の形成～全盛期①（元豊八年三月～元祐二年五月）、Ⅱ全盛期②（元祐三年二月～五年五月）、Ⅲ劉摯集団の衰退～新法党の復活（元祐五年六月～紹聖元年三月）の三期に分け、分析を試みたことがある[20]。劉摯日記は第Ⅱ期から第Ⅲ期にかけて書かれており、とりわけこの時期において劉摯が次第に旧法党内で孤立していく様が書かれており、当時の派閥争いの実態を知ることができる。

以上のように、日記は時政記より生々しい政治実態を映し出してくれる。『神宗実録』の編纂の際に新法党・旧法党の立場を鮮明に表すためにそれぞれの派閥が日記を利用したり、李燾が『長編』を編纂する際、多くの日記を参考史料として用いた理由もそこにあったと考えられる。

---

20) 本書第三部「宋代の政治システム」第三章「宋代の言路」参照。

四，官撰史料編纂と政治構造との関係

そもそも，個人の日記が文学のジャンルとして登場してくるのは，唐代末頃であり，本格的に書かれるようになるのは宋代からである。宋代においては旅行記，日常生活を描いた身辺日記，政治家が記した政治日記，外交使節の日記など様々な日記が登場する[21]。各種の『書目』を見る限りでは，北宋期に政治日記がよく書かれ，南宋期には旅行記や日常生活を描いた身辺日記がよく書かれたという傾向を見ることができる。

この傾向は検出した18の事例からもうかがえ，政治日記は北宋の第六代神宗，第七代哲宗朝頃に盛んに作成され，第八代徽宗朝頃より南宋初期にかけて減少していき，南宋中期以降には姿を消していることが確認される。前者の時期は新法党，旧法党の間で激しい議論の応酬があった時期であり，日記は当時の活

---

[21] 岡本不二明「宋代日記の成立とその背景――欧陽脩「于役志」と黄庭堅「宜州家乗」を手がかりに」（『岡山大学文学部紀要』18，1992年）参照。なお，呉洪澤『宋人年譜集目　宋編宋人年譜選刊』（巴蜀書社，1995年）は，自選年譜の例として「劉忠粛公行年記」と「文山紀年録」が紹介されている。前者は18の日記例の一つとして紹介した「劉摯日記」であり，後者も内容を見る限り，文天祥が残したと思われる政治日記と彼の履歴とをつなげたものと思われる。しかし詩人年譜・編年詩文集が南宋時期に流行したことが，浅見洋二氏の *"The study of poetry as historical source material: focusing on the terms 'poetic history"*, The Study of Song History from the Perspective of Historical Materials ; The Reseach Group of Historical Materials in Song China. 2000. の論文で紹介されているように，年譜と日記の流行との間には何か連関があるかも知れない。また，南宋代，「日記」という名前が明確に残っているものとして，劉克荘の「掖垣日記」（『後村先生大全集』巻80）がある。ここには，中書舎人についた劉克荘が専権宰相史嵩之の致仕の制誥に関わり，弾劾を受けて罷免されるまでの経緯が詳細に記されている。文天祥の事例も併せて考えるならば，こうした日記というのは南宋代においてもかなり書かれていた可能性がある。また，各種『書目』には言行録，筆録，遺事等の名の書物があり，こうした書物が子孫，門人によって記されていることが確認され，これらの史料のもとになる日記が存在した可能性もある。あくまでも，本論文の主旨は政府の官撰史料の中に日記が採録されにくい状況が次第に強まる傾向を指摘しているに過ぎないことを断っておく。

発な言論状況を示してくれる。恐らく、こうした日記が盛んに書かれたのは、英宗実録作成のために宰執より積極的に史料提供を求めた神宗のように[22]、言論を許容する皇帝の姿勢があったと思われる。一方、後者の北宋末から南宋初めは、章惇、蔡京、秦檜等新法党系の政治家が政権を掌握し、「元祐党禁」や「文字の獄」や「私史・野史の禁」を行い、自己の勢力にとって不都合な史料を抹消し、思想・言論弾圧につとめた時期である。私撰史料である日記が残されていないのは、当時の政治の風潮を反映したものと考えられる[23]。

---

22) 陳瓘『四明尊堯集』巻2には、
　　臣瓘曰、熙寧元年、神考内出手詔、附中書門下曰、朕顯承英考之遺烈、致孝述美之意、未嘗須臾忘之也。其時政記・起居注不能具載者、非均體大臣詳記而博綱之、殆將零落矣。今著其錄、必籍事實。卿等其綱舉條布以備記述、使明竝日月歷萬事而不晦。
と見え、日記とは明記されていないが、神宗が、時政記、起居注に載せられていない記事を宰執たちより積極的に提出を求めたことが確認される。

23) 『宋史』巻376、常同伝によれば、
　　先是、同嘗上疏論神・哲二史曰、章惇・蔡京・蔡卞之徒積惡造謗、痛加誣詆、是非顛倒、循致亂危。在紹聖時、則章惇取王安石日錄私書改神宗實錄、在崇寧後、則蔡京盡焚時政記・日歷、以私意修定哲宗實錄。其閒所載、悉出一時姦人之論、不可信於後世。
とあり、蔡京は時政記・日暦を燃やし、私意に基づいて『哲宗実録』を編纂したという。このことは『要録』巻76、紹興四年五月癸酉にある綦崇礼の上言に「哲宗皇帝實錄、係崇寧以後蔡京提舉編修、敍事之外、多是增飾語言、變移是非、殆非實錄之體、成書之後、其當時時政記等應干文字、又皆焚棄。」によっても確認される。
　また、『宋史』巻473、秦檜伝によれば、
　　檜乞禁野史。又命子熺以祕書少監領國史。進建炎元年至紹興十二年日曆五百九十卷。熺因太后北還、自頌檜功德凡二千餘言、使著作郎王揚英・周執羔上之、皆遷秩。自檜再相、凡前罷相以來詔書章疏稍及檜者、率更易焚棄、日曆・時政亡失已多、是後記録皆熺筆、無復有公是非矣。
とあり、秦檜は高宗日暦（建炎元年から紹興十二年まで。590巻）を息子の秦熺に作成させ、また秦檜が最初に宰相を辞めさせられて以降の、秦檜に関わる詔勅・上奏文をすべて燃やさせたという。その際に、日暦・時政記のかなりの部分が失われたと記されている。「元祐党禁」及び「文字の獄」、「私史・野史の禁」については第二部第一章「宋代の朋党と詔獄」参照。

政治史料の編纂は，このような短期の政治構造の変化に影響されるだけではなく，長期的な政治構造の変化にも対応している。先に唐代，宋代，明代の官撰史料の編纂過程の変化を「起居注の時代」,「時政記の時代」,「檔案文冊の時代」と概括したが，この区分は当時の政治構造と見事に呼応する。

唐代の政治史料と政治空間の関係については冒頭で述べたとおりであり，起居注から時政記への移行は，皇帝の政治決裁の場が次第に内殿に重心を移すことに伴い，皇帝との重要な会話記録を起居注の官から宰執が代わって記録することから起こったものであった[24]。この唐代前半から後半への政治構造の変化は，政治空間の移行だけではない。政治機関としては，唐代前半までは皇帝のもとに宰相を中核とする行政府が置かれ，この行政府が政治を運営する体制を取っていた。唐代後半になると枢密院，翰林院といった幾つかの官庁が新設されて皇帝に直属となり，また諸官庁並びに官僚が宰相を中核とする行政府を介することなく，皇帝と直接対面したり，あるいは直接文書を提出する政治システムの発達をみることなる。このシステムの発達を受け，次の宋代になると，官僚が様々な機会に皇帝に直接会って意見を申し上げる「対」と呼ばれるシステムが確立し，政治意思決定の上で重要な役割を果たしてきた，唐代までの官僚の集議の方式に取って代わるようになる[25]。つまり，官僚たちの集議よりも，一対一或いは一対複数で行われる，皇帝と官僚との意見交換が政治意思決定の上で大きな役割を果たすようになるのである。このことは呂中『皇朝中興大事記』巻1,「復転対故事」の記事がよく示してくれる。皇帝が宰執—「宰輔宣召」，侍従—「侍臣論思」，経筵官—「經筵留身」，翰林学士—「翰苑夜對」，起居郎・起居舎人—「二史直前」，百官—「群臣召歸，百官輪對」，地方長官—「監司・帥守見辭」，小官—「小臣特引」といった機会を通じ，様々な官僚と接

---

24) 註4) 前掲松本論文参照。
25) 「対」と「議」のシステムについては本書第三部「宋代の政治システム」第二章「宋代の政策システム——対と議——」及び「宋代政治史研究の現状と課題——政治過程論を手掛かりとして——」(『アジア遊学』7，1999年) 参照。

触を持ち，政治情報を獲得していたのである[26]。

また，宋代においては，皇帝の一日は，前殿視朝，後殿視朝，経筵留身，翰林夜対といった各種の「対」のバリエーションによって運営されている（図25 宋代の政治的時間〈皇帝の一日〉参照）。詳細は別稿中で述べたので省略するが，簡単に言えば，午前中の行われる視朝の時間においては，宰執以下の重要官庁の長官を主として接見する「前殿視朝」の時間，そして休憩を挟みその他の官並びに「対」の請求のあった官を接見する「後殿視朝」の時間が設けられている。次に午後には一年中ではないが，進講の時間である「経筵」の時間並びに経筵官を留めて政務その他について意見交換を行う「経筵留身」の時間があり，そして夜には当直の翰林学士，経筵官を召し，意見交換を行う「翰苑夜対」の時間があるといった具合である。

また「対」はすべての官僚におしなべて与えられていたわけではない。当時の史料を見ていくと，皇帝との「対」を行える頻度によって，宰執／尚書六曹・台諫／侍従／監司・知州・その他中央の官僚／といった差別化がなされており，この仕組みに基づき官僚が受ける官品とは別の階層秩序を形成していたと考えられる[27]。宋代の政治史料の中で，宰執と言路の官（政事批判を行う台諫，給事中，中書舎人より構成。給事中，中書舎人は侍従層に位置する）の発言が多く残され，これら二つの官僚層を軸に政治が展開したのも，実はこの制度によることが多いのである。

以上のような仕組みの結果として，宋代の政治史料は，皇帝と官僚との間で交わされた会話を重視することとなり，図26のように時政記，日記，起居注，「邇英記注」を作成するための記録を集めることに意を注ぐこととなる。

───────────────

26)　『皇朝中興大事記』巻1，「復転対故事」には，「國朝，宰輔宣召，侍臣論思，經筵留身，翰苑夜對，二史直前，百官輪對，監司・帥守見辭，小臣特引，三館封章，臣民扣匦，太學生伏闕，外臣附驛，京局發馬遞鋪，蓋無一人而不可言也。是意也，雖間斷於紹聖以後，而盡復於中興之日矣。」と見える。細かな「対」のバリエーションについては，本書第三部「宋代の政治システム」第二章「宋代の政策決定システム――対と議――」参照。
27)　拙稿「宋代の宮廷政治――「家」の構造を手掛かりとして――」（『公家と武家Ⅱ「家」の比較文明史的考察』思文閣，1999年）参照。

374　第四部　宋代の政治日記

図25　宋代の政治的時間（皇帝の一日）

時刻			〈皇帝〉	〈官僚〉
夜1更		↑	登聞鼓の訴状, 上奏閲覧	（内城, 外城に居住）
2更			┆	
3更		不定時法	↓ 就寝	
4更				
5更			福寧殿で起床（身支度, 上奏閲覧）	官僚たち起床（4～5更）
			（未明十刻前＝2時間24分前）	↓
		↓		出勤→待漏院で開門待ち
昼 卯	6	↑	薄明＝開門	
			前殿＝垂拱殿視朝（辰刻を目途に）	中書, 枢密院, 三司, 審刑院, 開封府, 請対官順次上奏 〈文徳殿常朝（常参官）〉
辰	8		辰後, 内廷に戻り, 衣服を着替え食事を取る.	
巳	10	定時法	後殿＝延和殿乃至崇政殿視朝（巳刻を目途に）	前殿視朝の際に上奏出来なかった者が順次上奏（宦官, 走馬承受, 侍従, 入見・入辞など）
午	12		昼頃まで政務を執る（上奏, 書籍閲覧） or 崇政殿, 延和殿での閲兵, 慮囚（不定期に実施）	
未	14		邇英閣, 経筵（＋経筵留身） （二月～端午, 八月～冬至の隔日開講）	経筵官
申	16		↓ or 上奏閲覧, 読書	
酉	18	↓	or 習射	
夜			翰苑夜対	当直の翰林学士・経筵官

＊宋代の政治的時間を考える際に, 注意しておかなければならないことは日の出から日の入りの間は1辰刻＝2hの定時法が, 日の入りから日の出までの夜の時間は夜の間を5更に分ける不定時法が用いられたことである.

第一章　宋代の政治史料

図26　宋代の各種「対」システムに対応する政治史料編纂

〈皇帝の一日〉　　　　　　　　　　〈政治史料〉

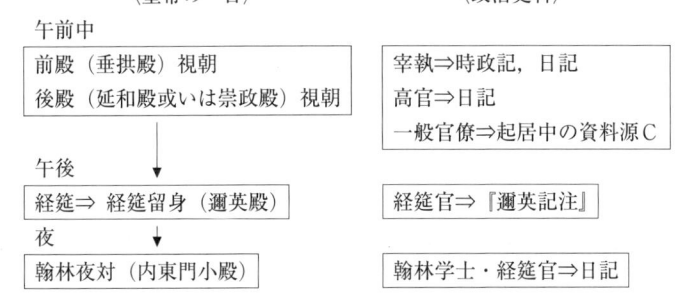

午前中
| 前殿（垂拱殿）視朝 |
| 後殿（延和殿或いは崇政殿）視朝 |

| 宰執⇒時政記，日記 |
| 高官⇒日記 |
| 一般官僚⇒起居中の資料源Ｃ |

午後
| 経筵⇒経筵留身（邇英殿） |

| 経筵官⇒『邇英記注』 |

夜
| 翰林夜対（内東門小殿） |

| 翰林学士・経筵官⇒日記 |

このシステムをもう少し丁寧に説明すれば次の通りとなる。

（1）皇帝と宰執とのやりとりは，時政記を中心に記録された。具体的には，『中書時政記』，『枢密院時政記』が作成される。その他，財政を担当し，「計相」と称された三司にも同様な記録がつけられていたとする記事もある[28]。また，『長編』中には，『御史台記』，王遊『御史記』，馮潔己『御史台記』など所謂『御史台記』なる史料が何度となく引用される。この書は御史台官の名簿・事跡や御史台の職務に関わる儀制・勅令格式などを詳細に記しており[29]，性格を異にするが，主要官庁において政治に関わる重要事跡が編纂されていたことが確認されよう。

（2）宰執から高級官僚の間で，皇帝との会話，重要な政治事件などについて政治日記が付けられたことは先に論じたとおりである。その一つの目的は時政記執筆のためであり，また実録編纂時に列伝の史料となる行状，墓誌等と共に提出が求められることがあったからであると考えられる。

28）『長編』巻53，咸平五年十月己巳の条に「鹽鐵使王嗣宗言，自今三司奏事，有可紀者，請令判使一人撰錄送史館。上曰，三司務繁，若日有著撰，必妨公務，可令逐季錄送。」とある。

29）『郡斎読書志』巻7，職官類に，「嘉祐御史臺記五十卷。右皇朝馮潔已撰。御史臺有記，始於武后時姚庭筠。其後韓琬・韋述嗣有紀著。嘉祐中王疇命潔已續之，乃上自太祖建隆之元迄於嘉祐之末，凡一百四年，分門載其名氏行事，凡三百餘人。」或いは「新御史臺記。右皇朝宋聖寵編。崇寧中聖寵爲察官，續韓琬書，咸用其規式，所異者，不爲諸人立傳，於儀制敕令格式爲詳。後人續至紹興九年」とある。

(3) 一般官僚には，皇帝と「対」を行った際には，起居注の官に皇帝の言葉を記録し提出する義務があった。この義務が規則通りに実行されていたか分からないが，例えば真徳秀『西山先生真文忠公文集』(四部叢刊本) 巻4には「得聖語申省狀」，同巻5に「得聖語申後省狀」，同巻13に「得聖語申省狀」とあり，起居注の官が所属する門下後省，中書後省へ聖語を届けている事例を確認できる。その文体を見ると，「證會，某今月十二日上殿奏事，……蒙宣諭」，「證對，某今月十四日，輪當進讀三朝寶訓，……某奏云，……玉音云」，「今月十三日午時蒙恩，選德殿内引奏事……某奏云，……上曰」といったように，臣下の上奏と皇帝の宣諭をまとめた形で記録されている。先に日記の事例として紹介した『増広司馬温公全集』巻2，「手録」に採録される「奏箚幷挙蘇軾等録」，「垂拱登対乞知外郡録」等は，そうした記録とも考えられる。

(4) 進講の場所は邇英殿が主として用いられ，この折の進講の記録が編纂された。『玉海』巻48，「芸文」には「淳化崇政殿起居注」，「景祐邇英・延義二閣記注」，「元祐延英記注」，「紹興邇英記注」，「乾道祥曦殿記注」，「淳祐緝煕殿記注」などの名が史料に残っている[30]。これらは，進講の際の記録であり，司馬光の『手録』に残されている「邇英留対録」も同種のものと思われる。この他，各種文集を繙くと，徐鹿卿「経筵奏已見」，「己巳進故事」(『清正存稿』巻2)，陳淵「経筵進講故事」(『黙堂集』巻14) 等の進講の際の自らの政治意見や講義内容を記したものや[31]，范祖禹「邇英閣奏対箚子」(『范仲太史集』巻23)，朱熹「経筵留身面陳四事箚子」(『朱熹集』巻14)，史浩「経筵薦石䃤等箚子」(『鄮峯真隠漫録』巻8) など，経筵の際に他の「対」の機会と同様，箚子を提出し政治について意見を述べたり，官僚を推薦したりしている様子も窺うことが

---

30) 王徳毅「宋代的起居注与時政記之研究」(『中央研究院第二届国際漢学会議論文集』歴史与考古組〈下冊〉, 1989年) 参照。
31) 『宋史』巻203,「芸文」巻2,「故事類」には詹儀之「淳煕經筵日進故事一卷，又淳煕東宮日納故事一卷」が見える。詹儀之は起居郎兼侍講などの経筵官をつとめた人物であり，「中興東宮官寮題名」(『宋中興百官題名』所収) の「東宮官」によれば，詹儀之は「淳煕九年五月以起居郎兼侍講，十二月升兼左諭德，十年正月除權吏部侍郎仍兼，二月二日升兼左庶子，四月除集英殿修撰知靜江府」とある。

できる。

　以上のように，宋代の政治史料は，「対」システムと密接に関係しながら作成されていたのである。ところが，明代になると，宰相制度が廃止され，中央の官庁が皇帝直属となり，政治意思決定は，内閣が皇帝の命令を起草する「票擬」と呼ばれる形式によって運営されるようになる。そして，この時期の内閣は，百官を統轄する行政府の長ではなく，あくまでも皇帝の輔佐役・代言人であり，その役目を通して政治の大権を掌握するところに特徴がある。この「票擬」による政策決定システムは，このシステムに関与できる内閣大学士及び司礼監を中核とする宦官に大きな権力を与えることとなる。時政記が作られなかったのは，宰相制に取って代わった以上のような新しいシステムと大きく関わっていると考えられる。また，明代後半の皇帝は政治の場に姿を現さなくなるといわれている。起居注，日暦が一時期を除き殆ど作成されなくなるのもこうした皇帝の政治姿勢と関わっていたかと思われる[32]。以上のように，明代の実録の編纂が檔案文冊を中心に行われていくのは，「対」システムから「票擬」を機軸とした政治運営の変化を反映するものであり，政治構造と政治史料の編纂とは深く関わっていることを裏付けてくれる。

五，おわりに

　政治史料は，国家や編者の意図，当時の政治構造といった様々な媒介物を経て政治の姿を映し出したものであり，政治史研究者はできる限りその媒介物によって見えにくくなっている本来の姿を復元する必要がある。そのためには，宋代政治史研究は，これまで依拠してきた私撰の編年体史料をそのまま事実と

---

32)　明代には宋代のような「対」システムの活用は見られない。ただ，題本と呼ばれる皇帝と官僚間をつなぐ文書が盛んに用いられており，皇帝と官僚との直接的な意見交換を機軸として政治意思決定をはかろうとする宋代の基本方針は継承されている。以上については，王其榘『明代内閣制度史』（中華書局，1989年），谷井俊仁「改票考」（『史林』73-5，1990年），桜井俊郎「明代題奏本制度の成立とその変容」（『東洋史研究』51-2，1992年），張治安『明代政治制度研究』（聯経出版，1992年）参照。

して読み取るのではなく，その編纂史料が依拠した起居注，時政記，日暦，実録，国史，会要等の官撰史料や，日記，随筆，私史，墓誌・行状等の私撰史料をもとに厳密な史料批判を行い，記事の背後にある政治構造や，史料を採択した編者や国家・政治家の意図を読み解く作業が不可欠となる。

　とりわけ，政策決定システムの検討は欠かすことができない。一例をあげて説明して見よう。かつて，著者は英宗の実父である濮王の諡号をめぐる「濮議」の問題について次のような提言をしたことがある。濮議については，その討議の内容や参加者，問題処理の過程は明らかにされている。しかし，問題処理の手続きや討議参加者の発言権といった政策決定システムの仕組みは考慮されていない。この事件の全容を知るためには，この問題を処理する上で機能した「議」や「対」と呼ばれる政策決定システムの持つ意味を検討していかなければならない。そうでなければ，マクロ政治学的分析によって導き出される「君主独裁政治」「専制国家」といった曖昧な概念が何時までも一人歩きしてしまい，当該時代の政治構造の実態は明らかにされ得ないのである[33]。

　また，政治空間や政治時間を具体的に表す，宮殿構造や皇帝と官僚たちの接触のあり方も看過するわけにはいかない。エリアス（Norbert Elias）が明らかにした，宮殿構造や寝室で繰り広げられる礼儀作法や儀式がルイ14世時代の王権並びにフランス宮廷社会の階層秩序を形作っていたとの指摘を想起すれば，その意味が理解できるであろう[34]。

　つまり，著者が論じる政治過程論とは個別現象を解明するだけではなく，政策決定システムや政治空間，政治時間をも考慮に入れることによって，マクロ的政治構造の解明をも視野に入れた方法論なのである。そして，今回提示した政治史料の解析法はその方法論を進める上での前提となるものである。

33）　本書第三部「宋代の政治システム」第二章「宋代の政策決定システム――対と議――」参照。マクロ政治学的分析によってもたらされる問題については，註25）前掲の拙稿「宋代政治史研究の現状と課題――政治過程論を手掛かりとして――」（『アジア遊学』7，1999年）で触れた。

34）　ノルベルト・エリアス著・波田節夫［ほか］訳『宮廷社会：王権と宮廷貴族階層に関する社会学的研究』（法政大学出版局，1981年）。

第二章　『王安石日録』研究
―― 『四明尊堯集』を手掛かりとして ――

一，はじめに

　筆者は，従来の「君主独裁政治論」，「専制国家論」に代表される，マクロ政治学的視点に基づく日本の宋代政治史研究の偏向を是正する分析視角として，ミクロ政治学的視点の導入を主張してきた[1]。その一つの方法論に，特定の政治現象を動態的視点に基づき分析する「政治過程論」という手法がある。筆者は宋代の政治に特徴的な「対」（皇帝と官僚が直接対面し，意見交換を行う制度）に着目することにより，「対」を中心に展開する皇帝の政治生活，皇帝・官僚間で頻繁に行われた各種の「対」による直接的な接触，「対」の関係密度から窺える宰執，言路の官，侍従などの役割，「対」や「議」を中心に進められる政策決定過程，といった政治運営の実態を解明することができた[2]。

　近年は，より詳細な政治過程を解明するため，宋代頃より盛んに書かれるようになったいわゆる政治日記の分析に着手している。第四部第一章「宋代の政治史料――「時政記」と「日記」――」では，（1）宋代には「起居注」，「時政記」，「日暦」，「実録」，「国史」といった様々な官撰史料が編纂されたが，「時政記」という宰相・執政が皇帝との会話や重要政務について記録した史料が官撰史料の編纂上，重要視された，（2）宋代は「対」が，皇帝・官僚間の政治意志形成の重要な方式となっており，また「対」を行ったものはその内容を官府に報告する義務があったため，各種の「対」を反映した史料が作られた，

1）　拙稿「政治の舞台裏を読む――宋代政治史研究序説――」（『知識人の諸相――中国宋代を起点として』勉誠出版，2001年）。
2）　本書第三部「宋代の政治システム」第二章「宋代の政策決定システム――対と議――」。

(3)「時政記」と各種政治日記は密接な関係を有しており,宰相・執政は「時政記」執筆の草稿として,高級官僚は政治活動の備忘録として,あるいは「実録」などの史料編纂の史料源として求められることがあったため,多くの政治日記が記述された,などの点を明らかにした。

ただ,前稿は主として官撰史料の編纂過程と政策決定システムとの関わりに重点を置き分析したため,政治日記の具体的内容は十分分析することができなかった。例えば,『長編』に残されている政治日記の内容を概観すると,(1)皇帝と官僚との会話(文書のやりとりを含む),(2)官僚間の会話や官僚の人物評価,(3)所属官庁の政務や重要な政治事件に関わる記述などを見ることができる。例えば,『王安石日録』からは,王安石の新法に対する考え方,歴代皇帝や官僚たちへの人物評価,神宗に対する政治上の厳しい提言や批判などが記され,宋代の皇帝・官僚間のコミュニケーションの様子を知ることができる。また,『劉摯日記』や『王巌叟繫年録』には旧法党内の政争や政治人脈,『曾布日録』には新法党内の争いや政治人脈の実態が窺えるなど,政治過程を知る上で重要な情報が記載されている。

本章は,こうした政治日記の中からケーススタディとして『王安石日録』を取り上げ,内容を検討すると共に,政治日記の史料的価値について考察してみたい。ただ,残念なことに『王安石日録』は完全な形で残されていない。現在,『長編』の注や陳瓘[3]『四明尊堯集』に引用されている記事,あるいは楊時『亀山集』巻6,辨一,「神宗日録辨」や黄震『黄氏日抄』巻41,「日録論　辨王安石」などといった形で採録されているものを見ることができるだけである。本稿は,その内より『王安石日録』の記事を数多く採録し,全体像を検討するのに最適であると思われる『四明尊堯集』を検討対象とした。

---

3)　思想家としての陳瓘については荒木見悟「陳瓘について」(『中国思想史の諸相』中国書店,1989年)に詳しい。

二，『王安石日録』解題

(1)『王安石日録』の特徴

晁公武『郡斎読書志』巻6，雑史類は，「王氏日録八十巻」について次のように述べる。

> 右皇朝王安石撰。(1)<u>紹聖開，蔡卞合曾布獻於朝，添入神宗實錄。</u>(2)<u>陳瑩中謂安石既罷相，悔其執政日無善狀，乃撰此書，歸過於上，掠美於己，且歷詆平生所不悅者，欲以欺後世，於是著尊堯集及日錄不合神道論等十數書。</u>(3)<u>此書起熙寧元年四月，終七年三月，再起於八年三月，終於九年六月，安石兩執國柄日也。然無八年九月以後至九年四月事，蓋安石攻呂惠卿時。瑩中謂蔡卞除去安石怒罵惠卿之語，其事當在此際也。</u>」（括弧，傍線は筆者）

（1）紹聖年間（1094—98），蔡卞と曾布は『王安石日録』を朝廷に献上し，神宗実録の編纂史料として用いた。なお，神宗実録は元祐，紹聖，紹興年間の三度にわたって編纂されており，最初の元祐本は司馬光の日記，紹聖本は『王安石日録』を主たる史料として用いたとされる[4]。

（2）この書は，陳瓘によれば，王安石が宰相を罷免された後，熙寧時代の政治の過ちを神宗に転嫁し，美点を己のものとし，平生憎んでいたものをそしり，後生を欺くために書かれたという。そこで，陳瓘は『四明尊堯集』並びに

---

4) 『宋史』巻348，徐勣伝には「勣言，神宗正史，今更五閏矣，未能成書。蓋由元祐・紹聖史臣好惡不同，范祖禹等專主司馬光家藏記事，蔡京兄弟純用王安石日錄，各爲之說，故論議紛然。」，『宋史』巻376，「常同伝」には「（紹興）四年，除起居郎・中書舍人・史館修撰。先是，同嘗上疏論神・哲二史曰，章惇・蔡京・蔡卞之徒積惡造謗，痛加誣詆，是非顛倒，循致亂危。在紹聖時，則章惇取王安石日錄私書改修神宗實錄，在崇寧後，則蔡京盡焚毀時政記・日歷，以私意修定哲宗實錄。」と見え，『王安石日録』の利用に積極的に関わった人物として（1）で紹介したもの以外に，蔡京，章惇の名前が出てくる。

『日録不合神道論』等の十数書を書いた[5]。

　（3）記事は，熙寧元年（1068）四月〜七年三月，八年三月〜九年六月，王安石が二度，宰執の地位にあったときと符合している。また八年九月〜九年四月の記事が抜け落ちていることについて，陳瓘は，王安石が呂惠卿を痛罵している語を蔡卞が削除したことによるとする[6]。

　次に『王安石日録』の書名，巻数であるが，『郡斎読書志』巻6，雑史類が『王氏日録八十巻』としたほか，同巻9，伝記類では「鍾山日録二十巻」，陳振孫『直斎書録解題』巻7，伝記類には「熙寧日録四十巻」，尤袤『遂初堂書目』本朝雑史には「王文公日録」と「王文公日録遺藁」，『宋史』巻203，藝文二，故事類には「王安石　熙寧奏對七十八巻」，『宋史』巻203，藝文二，伝記類には「王安石　舒王日録十二巻」といったように，異なる書名，異なる巻数の『王安石日録』を確認できる。本書は『長編』注所引の『王安石日録』を書名とし，『直斎書録解題』の説明に基づき，80巻を完本と考えておく[7]。なお，

5）『国朝諸臣奏議』巻60，百官門，史官，陳瓘「上徽宗乞別行刪修紹聖神宗實錄」に陳瓘の考えが良く現れている。その一節に「臣伏聞王安石日錄七十餘卷，具載熙寧中奏對議論之語，此乃人臣私錄之書，非朝廷之典册也。自紹聖再修神宗實錄之書，請以此書降附史院，凡日曆・時政記及神宗御集之所不載者，往往専據此書，追議刑賞，奪宗廟之美以歸故臣，建掌書之官以修私史，考之往古，並無此例。」とある。なお，明・宋濂『文憲集』巻12，「題陳忠肅公疏文跋語後」に「蓋公嘗自謂，家覆身亡，如浮漚起滅，不足深計，唯神考十九年，駿烈茂功，受誣羣小，爲臣子者不得不辨，故其所著之書曰日錄不合神道論，曰辨誣論，曰尊堯集，曰自撰墓誌，墓誌述因日錄殺身之由，其言至一萬八千有奇而語尤哀切，然而諸書大抵皆疏文并跋語中意也」とあり，神宗時代の王安石の誣謗を明らかにするために陳瓘が書いた書物として，「日録不合神道論」，「辨誣論」，「尊堯集」があったことが確認できる。

6）王安石が参知政事になったのは熙寧二年（1069）二月であり，厳密な意味でいえば，日記は執政就任以前から始まっている。なお，現在の『長編』の熙寧八年三月から九年六月の部分には『王安石日録』は引用されておらず，注記を見る限り，陳瓘の日記の年次についての指摘は正しいと思われる。

7）『直斎書録解題』巻7，伝記類には，「熙寧日錄四十卷，丞相王安石撰，本朝禍亂，萌於此書，陳瓘所謂尊私史而壓宗廟者，其彊愎堅辯，足以熒惑主聽，鉗制人言，當其垂死，欲乘畀炎火，豈非其心亦有所愧悔歟。既不克焚，流毒遺禍，至今爲梗，悲夫，書本有八十卷，今止有其半。」とあり，八十巻本が本来の巻数で，大半を欠く四十巻本も出

第二章　『王安石日録』研究

『王安石日録』は内外に広く読まれたようであり,『三朝北盟会編』巻211所引の『北狩行録』には,靖康の変で金国に流された徽宗が『王安石日録』を売る者から,絹と交換して入手した話が載せられている。

　『王安石日録』の基本的性格は,『宋史』巻203に「熙寧奏對七十八卷」と記されるように,主として皇帝と臣下との会話を記録するために書かれたものであると推測される。このことは『長編』巻492, 紹聖四年(1097)十月癸未の条の蔡京の言葉に,

　　御邇英閣,召講讀官講詩,讀寶訓,侍讀蔡京,經筵奏事。上曰,早來卿所讀寶訓,朕于宮中已詳閲兩朝實錄,其寶訓内事多係實錄已載,寶訓可不須進讀。京言,竊見王安石有日錄一集,其閒皆先帝與安石反覆論天下事及熙寧改更法度之意,本末備具,欲乞略行修纂,進讀。上曰,宮中自有本,朕已詳閲數次矣。

と見えるように,内容は皇帝と王安石との会話と新法改革の意図の説明が中心であったことが確認される。さらに『四明尊堯集』巻5,理財門に

　　臣瓘論曰,按安石初爲從官,即唱理財之說,及爲參知政事,遂行其所言,
　　今考日錄第一卷,安石於未作執政已前,七對神考,竝無一言及於理財。

とあり,参知政事以前は僅かに「対」は7回と記されている。すなわち,日記の記述量が皇帝との「対」の回数と大きく関わっていた様子を見て取れる。

　それでは『王安石日録』は何故書かれたのであろうか。『四明尊堯集』巻9,寓言門は,次のような『王安石日録』の記事を引用する。

　　余爲上言與陛下開陳事,退輒錄以備自省,及他時去位,當繕錄以進。

すなわち,皇帝に対して発言した内容について,自省のために記録し,退任後,整理して上呈するつもりである,と記されている。当時,政治日記が書かれた理由は,前章で述べた通り,宰相・執政は「時政記」執筆の草稿として,高級官僚は政治活動の備忘録として,あるいは「実録」などの史料編纂の史料源として求められることがあったためであり,王安石の執筆動機も同様であったと考えられる。

回っていたことがわかる。

（2）『王安石日録』と『長編』の本文記事との関係

　神宗実録の朱史（紹聖本）は『王安石日録』を主たる材料としたとされるが，現在我々が北宋史の基本史料として用いる『長編』ではどのように利用されているであろうか。『長編』は利用した史料を本文の注として明記しており，本文の記事がどのように編纂されたかを知ることができる。例えば，『長編』巻242，熙寧六年（1073）二月辛丑の条では李燾は次のような注記を載せる。

　　先是，起居舍人・直集賢院章衡等使契丹還，言罷河北沿邊郷巡弓手非便。於是提點刑獄孔嗣宗復以爲言。上曰，此失之在初也。今若復置，彼必益兵相臨，遂至生事不已，不可不謹。既而王安石因嗣宗之議修滹沱河枉費，且壞塘泊，忤安石意，遂歷指嗣宗壞姦曰，嗣宗前論巡馬過河云，敵驕蹇，須得奮不顧身，以忠許國，敢與敵抗之人，乃能了邊事。此蓋專爲張利一遊說也。昨見同時奉使者言罷郷巡非便，故嗣宗亦言其非便。陛下試思，近歲使契丹人亦嘗有連狀言邊事者否。如章衡是憂國好言事者否。天下事又豈特此一事可言耶。此陛下當深察人臣情態也。元祐史官云，孔嗣宗・章衡等使還言此，紹聖史官因之，又云嗣宗奉使契丹，與章衡等連狀。按嗣宗未嘗爲北使也，亦未嘗與章衡等連狀也，但相先後有言，二史官俱失之。<u>王安石日錄于六年五月二十二日載此事甚詳。紹聖史官專以日錄爲主，其筆削乃如此牴牾，亦太疎矣。今仍采日錄刪修，庶不失事實。</u>

　【注の下線部訳】『王安石日録』は，六年五月二十二日にこのことを詳しく載せている。紹聖の史官は日録を主たる材料としながら，筆削した結果，このように記事に矛盾や疎漏が生じることとなった。今，日録の記事を採録し刪修すれば，事実を損なうことはないであろう。

　『長編』の神宗時代の記事は，李燾は，元祐本，紹聖本，紹興本の三つの神宗実録を常に対校しながら，本文の記事を確定している。例えばその考証は『長編』巻221，熙寧四年（1071）三月己酉の条の注において次のように行われる。

　　權知開封府韓維等言，諸縣團結保甲，郷民驚擾。祥符等縣已畢，其餘縣乞候農開排定。時府界諸縣初行保甲，郷民或自傷殘以避團結。王安石數爲上

第二章 『王安石日録』研究

辨説甚苦。開封府界提點諸縣鎭事曾孝寛言，已牓開封縣等七十縣，立賞召告捕扇惑保甲之人。維所奏不行。朱史於五年七月二十二日始載曾孝寛・蔡熉曲折保甲斷指。三月九日，日録，因樞院言微著其事，十九日明言其不然。朱・墨史倶不載。墨史但於二十四日因韓維奏畧書此，朱史又削去。新録已復存之。今更參取日録於前後詳述首尾，庶後世有考焉。四年七月二十二日，朱史始出蔡熉姓名，新録因之，又刪去安石對語，非也。今亦具存之。五年正月丁未，七月己亥，閏七月癸酉，皆合參考。

【注の下線部訳】朱史（紹聖本）は熙寧五年七月二十二日の条に始めて曾孝寛・蔡熉が述べた保甲断指（指を傷つけることで保甲を忌避した）の一件を載せている。日録は，三月九日に枢密院の言葉にことよせてそのことを些か記し，十九日にはそのようなことはなかったと明言しているが，このことについては，朱・墨史（元祐本と紹聖本）は共に載せていない。墨史は二十四日の条に韓維の上奏にことよせてこのことを略記するだけであり，朱史は削除している。新録（紹興本）はまたその記事を復活させている。今，あらためて日録の記事を採録し，前後の部分に経緯を記せば，事実を損なわないことになるであろう。四年七月二十二日に朱史は始めて蔡熉の名を出し，新録もこれに基づいている。また，その際，王安石の「対」の語を削除しているは妥当ではない。今は採録しておく。五年正月丁未・七月己亥・閏七月癸酉の記事を参照すべきである。

つまり，この保甲法の記事を書くに当たり，李燾は墨史（元祐本），朱史（紹聖本），新録（紹興本）を突き合わせて校訂を行い，不足記事を『王安石日録』から採録している。特に朱史は王安石，新法党及び新法を擁護するために記事の改竄，削除を行っているため[8]，李燾は王安石関連記事を『王安石日録』から採録し，『長編』本文へ補筆する必要があったようだ。例えば『長編』注には「自其後知原州种古云至不得其用也，皆日録正月二十四日事，朱本附九日，今因之，但朱本多所刪削，如安石存形迹等語，皆依日録添。」（巻229，熙寧五年正月乙丑），「朱本以利一奏罷郷巡弓手後巡馬數愈多，繋之七月十一日，今從日録特見於此，朱本但欲省文，兼有意爲安石諱匿，故於此事不欲盡書也。」（巻23

8) 黄漢超「宋神宗實録前後改修之分析」（『新亜学報』7-1・2，1966年）参照。

6、熙寧五年閏七月丙辰）といったように、王安石をかばうために朱本（朱史）が削除した王安石関連記事を目録から復元させている。

さらに、『長編』には数百に及ぶ『王安石日録』からの引用が見られ、その中で明確に「據日録」、「據王安石日録」といった表現に代表される、『王安石日録』に依拠して校訂している注記だけでも軽く数十を数える。李燾は『王安石日録』を全面的に信用していたわけではないが[9]、他の史料がない場合、或いは朱史が明確に削除を行ったと思われるものについては、高い頻度で『王安石日録』を利用していることが確認できる。

次に『長編』の本文記事と『王安石日録』との関係について簡単に触れておきたい。例えば、『長編』巻261、熙寧八年（1075）三月己未の条の記事では次のように記される。

  是日上謂王安石曰，小人漸定，卿且可以有爲。又曰，自卿去後，小人極紛紜，獨賴呂惠卿主張而已。因稱呂惠卿兄弟不可得。安石曰，諸兄弟皆不可得。和卿者，臣初不知其人。昨送臣至陳留，道中與語，極曉時事。安石又曰，臣父子蒙陛下知遇，所以向時每事消息盈虛，以待陛下深察，誠欲助成陛下盛德大業而已。小人紛紛，不敢安職。今陛下復召用，臣所以不敢固辭者，誠欲麤有所效，以報陛下知遇，然投老餘年，豈能久事左右。欲及時麤有所效，望陛下察臣用心。上曰，固所望於卿。君臣之閒，切勿存形迹，形迹最害事。上問外事。安石具道雖勝往時，然監司未盡稱職。上曰，人材止如此。安石曰，誠是人材少，然亦多觀望不盡力，縁盡力則犯衆怨，犯衆怨

9） 例えば『長編』巻238熙寧五年九月丁卯「是日」所引註に、「據日録乃九月二十二日事，朱史繫之七月十一日非也。今附見本日。行已新舊傳並云，沿邊舊有郷巡弓手，後悉廢罷，而北界巡馬如故，數漁界河，剽取舟船，行已請復置郷巡弓手，以杜侵爭之端。神宗手詔嘉之。按日録，六年四月一日猶載行已不欲復郷巡弓手，與本傳特異。當是日録不可信也。更細考之。」とあり、日録と朱史との対校においては、日録を是とするも、馮起己新旧伝との対校では、熙寧六年四月一日段階においても行己が郷巡弓手の復活を願わなかったとする点については、信用できないとする。なお、李燾の注に対する態度については、李華瑞「従《續資治通鑑長編》注文看李燾対王安石及其新法態度」（『宋史論集』河北大学出版社，2001年）に詳しい。

第二章　『王安石日録』研究　　　　　　　　　　387

則中傷以法，而朝廷或不能察，不能察則反得罪，不如因循偸惰之可以自安。外官固未論，如呂嘉問，内則犯近習・貴戚，外則與三司・開封日夕辦事，以守職事，行法至於置獄推究，姦罔具得，而嘉問乃以不覺察雜買務賸收入，情願納息錢二貫，降小處知州。若賸收息錢可罪，監官宜不免，監官以去官獲免，則嘉問是因罪人以致罪，如何更有罪可科，且自來提轄場務諸省寺之屬，何嘗有坐轄下場務不覺察杖罪降差遣者。天下皆見盡力爲朝廷守法立事如嘉問者不容，則孰肯盡力，不爲因循偸惰之行。上曰，嘉問已與復差遣。安石曰，李直躬之徒作轉運，卻令嘉問提擧便糴，此豈官人之宜。上曰，與移一路轉運。安石曰，陛下必欲修市易法，則須卻令嘉問領市易。上曰，恐吳安持忌其來，又復失安持心。安石曰，臣以女嫁安持，固當爲其審處。今市易事重，須嘉問與協力乃可濟。不然他時有一闕失，必更上煩聖慮。又薦嘉問及張安國可爲宰屬，上皆以爲可。<u>此據日録</u>。安石復相，不知果用何日入對，此乃第一事，今備存之，更竢考詳。恐安石對上非第一事，然觀上所云，自卿去後，小人紛紛，及安石稱不敢，固辭，則似初見時所說也。獨賴呂惠卿主張，恐是安石託詞，更須考詳。李直躬，去年十二月十二日自提擧糴便爲淮東運使。　※波線は『四明尊堯集』に引用された部分

　この史料は，王安石が熙寧八年三月，宰相に再度復帰した折のものである。李燾の注記に基づけば，復帰最初の神宗との「対」の記録であった可能性が高い。次に「此據日録」と注記されるように，この史料は『王安石日録』に基づいている。そのことは，この注記に止まらず，『四明尊堯集』に残る『王安石日録』と重なる部分が波線部分であること，「上曰く」，「王安石曰く」という会話形式，そしてこの史料が本来，神宗と王安石との直接的な意見交換の場，即ち「対」の状況の下で交わされたことから，この史料全体が『王安石日録』に基づくものであることは確かであろう。ここでは，当時新法党の仲間であったが，この時期敵対関係にあった呂恵卿兄弟に対する人物評価（「諸兄弟皆不可得」）ならびに王安石の信頼の厚い呂嘉問の復職願い，そして彼に市易法を統括させてほしい，といった内容が述べられる。

　以上のように，『長編』から『王安石日録』を復元させることもできるが，一方，『四明尊堯集』から『王安石日録』の全体を復元させ，内容を考察する

ことも可能である。例えば『四明尊堯集』巻9，寓言門には，次のように書かれる。

　　〇上言，卿朕師臣也。

　　上曰，天下事方有緒，卿若去如何了，卿所以爲朕用者，非爲功名利祿，但以懷道術有可以澤生民，不當自埋沒，使人不被其澤而已。朕所以用卿，亦豈有他。天生聰明，所以相與盡其道以爲民而已。非以爲功名也。自古君臣如卿與朕相知極少，豈與近世君臣相類。朕頑鄙初未有知，自卿在翰林，始得聞道德之說，心稍開悟，卿朕師臣也。斷不許卿出外。

　　（中略）

　　臣瓘論曰，熙寧之初，神考以安石爲賢，自鄧綰黜逐以後，不以安石爲賢矣。安石退而著書，憤鬱怨望，當此之時傲然自聖，於是書記（託聖？）訓之言曰，卿朕師臣也，又曰，君臣之義，重於朋友。朕既與卿爲君臣，宜爲朕少屈。此等不遜之言，託於聖訓，前後不一。又謂呂惠卿亦師臣也。又謂如常秩者，亦當屈已師之。惠卿師臣則假曾公亮之言，常秩可師則假張戩之言。神考嘗謂，常秩不識去就，豈有不識去就之人，而可以爲聖主之師乎。況張戩言行出處，自有本末，豈肯崇獎不識去就之人，而請聖主屈己以師之哉。神考以堯舜之道，光宅天下，高厚如天地，光明如日月，安石乃欲與呂惠卿・常秩俱爲師臣，輕慢君父，不亦甚乎。其事矯僞，臣故繫之於寓言。

〇は陳瓘が記す『王安石日錄』記事の表題であり，続いて波線部分の『王安石日錄』の記事，その後に実線部分の陳瓘の評論が記される。この史料を『長編』巻233，熙寧五年（1072）五月甲午の記事と比較してみよう。

　　是日，王安石留身，乞東南一郡言，久勞乏，近又疾病，恐職事有隳敗，累陛下知人之明。上甚怪安石如此曰，卿豈所懷有不盡，當爲朕盡言之，朕何嘗違卿，或是爲李評否。安石曰，臣非爲此也。自二月已來，卽欲自言，若得一二年在外休息，陛下不以臣爲無用，臣亦不敢言勞。上曰，卿有何病，必有所謂，但爲朕盡言。天下事方有緒，卿若去，如何了。卿所以爲朕用者，非爲爵祿，但以懷道術可以澤民，不當自埋沒，使人不被其澤而已。朕所以用卿，亦豈有他。天生聰明，所以父民，相與盡其道以父民而已，非以爲功

第二章 『王安石日録』研究

名也。自古君臣如卿與朕相知極少、豈與近世君臣相類。如馮京・文彥博、自習近世大臣事體、或以均勞逸爲言、卿豈宜如此。朕頑鄙初未有知、自卿在翰林、始得聞道德之說、心稍開悟、卿朕師臣也、斷不許卿出外、且休著文字、徒使四方聞之、或生觀望、疑朕與卿君臣開有隙、朕於卿豈他人能開。卿有不盡、但爲朕言。安石曰、臣荷陛下知遇、固當竭死節、然誠以疾病衰耗、恐不能稱副陛下任使之意、極不敢造次及此言、但久自計度、須至上煩聖聽。臣亦見馮京・文彥博近皆乞去不得、臣極恐陛下未聽臣去、不欲爲此紛紛、然熟計須至如此、乞陛下詳察。安石退、上留之、戒以勿入文字、如是者再。安石曰、臣領聖旨、未敢入文字、候一二日再乞對。上曰、勿如此、終不許卿去、外人顧望、恐害事。〔陳瓘論曰、熙寧之初、神考以安石爲賢、自鄧綰黜逐以後、不以安石爲賢矣。安石退而著書、憤鬱怨望、當此時傲然自聖、於是書託聖訓之言曰、卿朕師臣也、又曰、君臣之義、重於朋友。朕既與卿爲君臣、宜爲朕少屈。此等不遜之言、託於聖訓、前後不一。又謂呂惠卿亦師臣也。又謂如常秩者亦當屈己師之。惠卿師臣則假曾公亮之言、常秩可師則假張戩之言。神考常云、常秩不識去就之人、而可以爲聖主之師乎。況張戩言行出處、自有本末、豈有崇獎不識去就之人而請聖主師之哉。神考以堯・舜之道光宅天下、高厚如天地、光明如日月、安石乃欲與呂惠卿・常秩俱爲師臣、輕慢君父、不亦甚乎。其事矯僞、臣故繫之於寓言。〕(波線が『王安石日錄』、實線が陳瓘の評論)

『四明尊堯集』所載の『王安石日錄』と『長編』の本文記事とが重なるのは、ほんの一部、波線部分だけである。李燾はこの記事が『王安石日錄』に基づくとは注記していないが、「陳瓘論じて曰く」という陳瓘の評論を注に持ってきている点、そして波線部分の重なり、さらには王安石が「留身」(宰執の「対」の終了後、王安石が一人居残ったことを指す)して「対」を行い、王安石と神宗との間で、「上曰く」、「王安石曰く」という会話が展開していることからして、先ずこの本文全体が『王安石日錄』に基づいて編纂されていると考えられる。このように、『四明尊堯集』と『長編』との比較を通じて、『王安石日錄』の記事を復元していくことが可能となるのである。

三，『四明尊堯集』中に見える『王安石日録』記事

　それでは，『四明尊堯集』を手掛かりに，具体的に『王安石日録』の記事の検討に入っていくこととする。その前に『四明尊堯集』について簡単に触れておく。『四庫全書総目提要』巻89は『四明尊堯集』について次のように記す。

　　四明尊堯集十一卷，浙江范懋柱家天一閣藏本。宋陳瓘撰。瓘有了翁易說，已著錄。是書，書錄解題著錄止一卷，此本十一卷，乃後人幷其原表序跋合而編之者也。瓘以紹聖史官專據王安石日錄改修神宗實錄，變亂是非，不可傳信，因作是書以辨其妄。其初竄廉州時，所著名合浦尊堯集，但著十論，猶未直攻安石，及北歸後，乃改作此書，分爲八門曰聖訓，論道，獻替，理財，邊機，論兵，處己，寓言。始力斥王安石之誣，皆摘實錄原文，而各著駁論其下，共六十五條，坐此羈管台州。其總論中所云，安石退居鍾山，著此訕書以授蔡卞。卞當元祐之時，增損潤色，九年筆削云云。大抵主於掊擊卞，故史稱京・卞兄弟最所忌恨，得禍最酷，然朱子尙病其有所避就，未能直中安石隱微云。」

　【訳】四明尊堯集11巻，浙江范懋柱家天一閣藏本。宋・陳瓘撰。陳瓘には『了翁易説』があるが，これは既に著録している。この書について『直斎書録解題』は１巻のみとするが，この本は11巻である。これは後の人が表，序，跋を合わせて編纂した本である。陳瓘は紹聖の史官が『王安石日録』に依拠して神宗実録を改変し，是非を乱し，信用できないので，この書を著し，『王安石日録』の誣妄を明らかにしようとした。陳瓘が廉州に流された時，『合浦尊堯集』を書いた。内容は十論だけで，まだ王安石を直接攻撃はしなかった。北に戻って以降，この書を改作し，内容を分けて聖訓，論道，献替，理財，辺機，論兵，処己，寓言の八門とし，始めて王安石の誣妄を批判した。すべて日録の原文を採録し，個々について論駁を加えている。全部で65条。この書物によって台州に羈管処分とされた。その総論の中で，王安石は鍾山に引退し，この誹謗の書を著し蔡卞に授け，蔡

第二章 『王安石日録』研究

卞は元祐の時期にこの書に増損潤色を加え、9年間に亙って筆削を行ったと述べる。この書は蔡卞批判を主としていたため、蔡京・蔡卞兄弟より睨まれることとなり、酷い目に遭うこととなった。しかし、朱子はなお、この書はその筆鋒が避けている点があり、王安石の奥深い点まで浮き彫りにしていないと指摘している[10]。

ここで、先ず、陳瓘が指摘する、『王安石日録』の史料価値に関わる二点を確認しておく。陳瓘は『王安石日録』の内容が蔡卞の手によって改変された可能性、及びその内容が王安石の誣妄に基づいているとする。前者については、例えば『長編』注に「今日録乃無、堯晏然不以爲慮之語、疑蔡卞實爲安石刪去。」（巻236、熙寧五年閏七月辛酉）或いは「今日録四月二日對語、乃謂許蕭禧不當滿其欲、與蘇・邵所記特異、疑蔡卞等後來增加、實非當日對語也。今姑存之、仍署著安石本謀、庶後世有考。」（巻262、熙寧八年四月癸亥）といった記述のように、李燾は『王安石日録』に蔡卞の手が加わった可能性を示唆しており、その可能性自体は否定しがたい。しかし、先述したように、王安石関連記事を削除したのはむしろ『王安石日録』を神宗実録の史料として取り入れた朱史（紹聖本）の側であり、李燾が極力、朱史の削除部分や誤りを正すために『王安石日録』を用いていることからして、蔡卞の改変は最小限であったと理解すべきであろう。また、朱熹は『王安石日録』の記事が王安石の口吻をよく伝えていると述べており、王安石の書いた日記と先ず見なしてよいであろう[11]。後者について

---

10) 『直斎書録解題』巻5、典故類には、「四明尊堯集一卷、司諫延平陳瓘瑩中撰、專辨王安石日録之誣僭不孫、與配食坐像之爲不恭。瓘初在諫省、未以安石爲非、合浦所著尊堯集、猶回隱不直、末乃悔之、復爲此書。以謂蔡卞專用日録以修神宗實録、薄神考而厚安石、尊私史而壓宗廟、以是編類其語、得六十五條、總而論之。坐此羈管臺州。」とあり、『四庫全書総目提要』とほぼ同じ内容を記す。ただ、『四明尊堯集』の書かれた理由を『王安石日録』の誣妄を明らかにすることと、『四明尊堯集』内でしばしば言及される、文宣王廟への王安石の座像配饗を批判するためとする。
11) 丁則良「王安石日録考」（『清華学報』13-3、1941年）参照。朱子「読両陳諫議遺墨」の中で、各氏が書いた日録辯に言及し、『王安石日録』について、「又非安石之口不能言、非安石之手不能書也。以爲蔡卞撰造之言、固無是理。」と述べる（『晦菴先生朱文公文集』巻70）。

は、今後の『長編』についての詳細な検討結果を待たなければならないが、『長編』の熙寧時代の本文記事のかなりの部分が『王安石日録』に依拠しており、どちらかと言えば旧法党の立場にあったとされる李燾が史料として採録している事実から鑑みて、陳瓘の指摘する誣妄の度合いはさほどではなかったと考えておきたい。

さて、肝心の『四明尊堯集』であるが、『四明尊堯集』はこれまで『四庫全書総目提要』には「存目」と記されるだけだった。ようやく、1997年、『四庫全書存目叢書』が刊行され、その内容を見ることができるようになった。同書は、「宋忠肅陳了齋四明尊堯集十一卷，中國科學院圖書館藏清康熙十八年陳孔頎雍正元年陳象瀚補修本」と記されており、『四庫全書総目提要』に記される「浙江范懋柱家天一閣蔵本」の11巻本と同系統と思われる。実は『四明尊堯集』には、別系統の版本が存在したようであり、『直斎書録解題』巻5、典故類には「四明尊堯集一卷」、『宋史』巻208、「芸文」7、「別集類」には「四明尊堯集五卷」と記される[12]。

なお、『四庫全書存目叢書』所載の『四明尊堯集』巻1、陳瓘の序には「於是取安石日錄，編類其語，得六十五段，釐爲八門，一曰聖訓，二曰論道，三曰獻替，四曰理財，五曰邊機，六曰論兵，七曰處己，八曰寓言。事爲之論，又於逐門總而論之，凡爲論四十有九篇，每一門爲一卷，前後序二卷，共爲十卷。」となっている。しかし、同じ陳瓘の序を載せる邵博『邵氏聞見後録』巻23ならびに『宋文選』巻32は、「合二門爲一卷，幷序共爲五卷」と記しており、陳瓘の序文に食い違いが見られる。ただ、『宋史全文』巻14、政和元年(1111)十二月乙巳の条には、「臣僚上言，舊係黨籍人陳瓘所撰尊堯集十卷，大綱取日錄中書，解釋成文。按瓘身非史官，名在謫籍，輒以私意，偏見去取日曆，撰成文集。竊恐假眞讎僞，變易是非，異時更相傳習，眩惑群聽，實非細事，乞下瓘家，取索藁本，一切焚毀。」と見えており、十巻本が存在していたことは確かであ

---

12) 国家図書館（旧北京図書館）には、明刻本とされる『四明尊堯集』四巻本と「清光緒十年章景祥翠竹書室刻本　傅増湘校並跋」十一巻本がある。詳しい調査はしていないが、四巻本を瞥見の限りでは、宋代の五巻本の系統を嗣ぐものと考えられる。

る。一方,『宋史』巻203には,五巻本と記されていることから,恐らく,宋代には一門を一巻とする十巻本と二門を一巻とする五巻本の両方(あるいはさらに『直斎書録解題』のいう一巻本)が流通し,その後,陳瓘の表,序,後人の跋が加えられ,明代頃には十一巻本が登場することになったと考えられる。なお,『四明尊堯集』が元代に陳瓘の九世孫「文綱」の手により重刊,また明代正統戊辰(1148)に兵火にあったため,さらに重刊し,十三世孫「翰」が張泰に後序を頼んだことが元の林興祖「跋重刊尊堯集」,明の張泰「跋重刊四明尊堯集」によって知ることができる。恐らく,こうした重刊の過程により,現在の第一巻「進四明尊堯集表」「四明尊堯集序」,第二巻「聖訓」,第三巻「論道」,第四巻「献替」,第五巻「理財」,第六巻「辺機」,第七巻「論兵」,第八巻「処己」,第九巻「寓言」,第十巻「後四明尊堯集序」,第十一巻「岳公珂論尊堯集表」「劉公震孫跋尊堯集」「林公興祖跋尊堯集」「張公泰跋重刊四明尊堯集」「舒公芬叙四明尊堯集後」「陳公大護四明尊堯集後序」「林公山四明尊堯集序」,の構成による十一巻本が成立したと考えられる。

　なお,序文には八門65段と記されているが,『四庫全書存目叢書』本の記事を逐一検討していくと,八門63段である。この差は,陳瓘が巻2,聖訓門の評論に「右聖訓門,編類王安石日録語,凡十段。」と表記しているものの,現行の『四庫全書存目叢書』本には8段しかないことによる。

　次に『尊堯集』という書名について見ておきたい。実は,『長編』には「陳瓘論曰」と表記される『尊堯集』の記事以外に,『尊堯余言』,『尊堯録』と表記される書物が引用される。この内,『尊堯余言』は,『宋史』巻208に,『四明尊堯集』五巻,『尊堯余言』一巻と記されているので,別個の書物であることが確かめられる。もう一つの『尊堯録』であるが,各種の書に『尊堯集』と『尊堯録』の混同,併存が見られることから,基本的に『尊堯集』と内容を同じくするものであったと考えられる。ただ,『長編』に引用される『尊堯録』には現行の『四明尊堯集』に見えない記事もあり,あるいは別個の書物が編纂されていた可能性もある[13]。

　なお,『四明尊堯集』の執筆過程は陳瓘の序に詳しいが,『閩中理学淵源考』

巻7が要領よくまとめているので、この史料を見ておくこととする。

　　先生安置通州、在通州時、復取前在明州時所著日録辨、推而廣之、名尊堯
　　録、釐爲八門、合論四十九篇而爲之序、張商英爲相獨取其書、既上而商英
　　罷、又徙先生台州、時宰遍令所遇州出兵甲遞送至台、毎十日一徙、且命凶
　　人石悈知州事、執至庭、大陳獄具、將挾以死、先生大呼曰、今日之事、豈
　　被制旨耶、悈曰、朝廷令取尊堯集耳。

この史料では、通州に安置された時（大観四年〈1110〉）に、明州で書いた『日録辨』を拡大して『尊堯録』を作成した。張商英が宰相となりこの書の提出を求めた。この後、張商英が失脚となり、陳瓘は台州に移され、時の宰相が知州石悈に命じて陳瓘を誅殺しようとした、といった内容が述べられている。『宋史全文』巻14によれば、政和元年（1111）八月に陳瓘の『尊堯集』が政典局へ送られ、九月に陳瓘は台州に羈管されていることが確認される。

ちなみに、陳瓘はすでに建中靖国元年（1101）八月、右司員外郎時代に『日録辨』一篇を徽宗に上呈し、さらに『四明尊堯集』の前身、『合浦尊堯集』を、崇寧二年（1103）廉州に編管された折に書いている。しかし、前著については『四明尊堯集』巻1、陳瓘の序で『日録辨』を進めたときには、『王安石日録』の全帙を見ておらず、後著については十分に考察をすることができなかった、と述べている。さすれば、最初の『日録辨』一篇から『合浦尊堯集』、そして完成形態となる『四明尊堯集』という、一連の執筆過程が想定されるのである。

13）『長編』巻278、熙寧九年（1076）十月戊子の条の注に「陳瓘尊堯録上言皇帝封事、其二十問曰、臣又望陛下特垂聖問。洵仁等曰、（以下略）」と同巻492、紹聖四年（1097）十月癸未の条の注に「陳瓘尊堯録言、大觀末、上封事云、臣聞紹聖四年、蔡卞薦太學博士薛昂上殿、昂乞罷講筵讀史官書、而專讀王安石日録・字説。哲宗怒曰、朕方稽考前代、以鑑得失、薛昂俗儒妄言、可不黜乎。堯・舜稽古、高宗多聞、緝熙聖學、可爲後法、紹聖大美、此其一也。其一貶常立。薛昂以何時上殿、當細檢。或只附此亦可。元符元年九月十三日、當考。」と見える。前者は、中略以下は『四明尊堯集』とほとんど重複する。しかし、後者は全く見られない記事である。また、『長編』巻243、熙寧六年三月癸亥の条の注に「又陳瓘上書曰」と「又陳瓘封事別奏蔡卞等傾搖大法曰」という形で引用される史料が見られる。これら全てが同系統のものであるなら、陳瓘の上奏文を集めた『尊堯録』という書があった可能性がある。

第二章　『王安石日録』研究　　395

そして，これらの書が所謂「日録辨」であったことは，序の最後で「臣，著す所の日録論（『邵氏見聞後録』では辨に作る），之を名づけて四明尊堯集と云う」との言葉によって確認できる。

次に『四明尊堯集』中に見られる『王安石日録』の内容，63例をまとめた表10を手掛かりに，その特徴を見ておくこととする。

（1）表の「会話相手」の項目を見る限り，ほとんどすべてが神宗，王安石間の会話である。当時の「対」システムを反映する形で，政治記録がつけられていたことが確認できる。なお，『王安石日録』を引用する『長編』では「王安石曰く」，「上曰く」と言う形で記されるが，本来は「余曰く」，「上曰く」という形式で書かれていた。例えば処己門（表 No.54）では，

　　密院退。上曰，人材豈不自知。朕自度不能遠畧，不過能保祖宗舊業而已。
　　余曰，陛下不宜過自退託，以陛下聖質如此，何所不可企及。

とある。この史料からは，宰相・執政が一緒に皇帝の面前に赴いて「対」を行い，そして「枢密院」に所属する執政が退いた後，王安石と神宗の間で，神宗の政治への取り組み方について意見交換がなされている様子を読みとれる。

（2）陳瓘の『四明尊堯集』は，「聖訓」，「論道」，「献替」，「理財」，「辺機」，「論兵」，「処己」，「寓言」という八門からなる。例えば，「聖訓門」は，神宗の素晴らしい政治を明らかにするという観点から『王安石日録』記事を検討しており，八門の内容が『王安石日録』の全体像を示しているとは言い難い。しかし，八門の項目は，皇帝・臣下の政治の取り組み方，財政，軍政，辺防などの各種の新法政策を柱に編纂されており，『王安石日録』の概要はつかむことができる。次にこれを内容別に表にまとめると，新法の内容（市易法，免行法，募役法，保甲法，倉法，三経新義など），官僚の人物評価（欧陽脩，趙抃，呂嘉問，呂恵卿など），神宗の政治の取り組み方への苦言・提言，歴代皇帝（唐太宗，太祖，真宗など）の人物評価など多岐にわたっていることが確認される。例えば，論道門（表 No.15）では

　　余曰，唐太宗能使佞人若裴矩者更肯正諫，如此纔能爲唐太宗。陛下聰明叡
　　　知，足以遠追三代之主，然剛健篤實以成天下之務，未有以及唐太宗。恐陛

表10 『四明尊堯集』に見える『王安石日録』記事

門/No	会話相手/会話の登場人物	内　容	『長編』記事(本文)	備　考
聖訓/1	神宗、王安石	尚書制度復活、四輔設置の可否〈保甲法との関連〉	『長編』巻235	○「尊堯余言」
聖訓/2	神宗、王安石	京師の優遇について〈免行法との関連〉	『長編』巻251	○
聖訓/3	神宗、王安石	什一の税制について	『長編』巻251	○
聖訓/4	神宗、王安石	農事を以て急とすることについて	『長編』巻247	○
聖訓/5	神宗、王安石、劉孝孫	市易務の進める敕固法について	『長編』巻232	○
聖訓/6	神宗、王安石	災害上奏への安撫司の関与について	『長編』巻236	○
聖訓/7	神宗、王安石	神宗の王安石評「朝廷之法、安石不干事」	無し	
聖訓/8	神宗、王安石、弘恭、石顕、盧杞、李林甫	神宗の近習評〈近習有忠信者〉	『長編』巻239	○
論道/9	神宗、王安石、鯀、堯	治水について	『長編』巻236	○
論道/10	王安石	神宗が市易を検察することについて〈非大王大體〉	『長編』巻240	○
論道/11	王安石	神宗の市易法に対しての検察が未冷言ことについて	『長編』巻240	○
論道/12	神宗、王安石、唐太宗、程昉、章宗師	唐太宗の人物評価〈行義至不修〉、程昉の人事・賞罰	『長編』巻263	
論道/13	神宗、王安石	天下の統治について〈流俗之論〉	無し	熙寧初？
論道/14	神宗、王安石、商鞅、司馬遷	商鞅の政治評価〈法令簡而要〉	無し	
論道/15	神宗、王安石、唐太宗、裴矩、秦孝公	唐太宗、秦孝公の政治評価	無し	
論道/16	神宗、王安石、漢宣帝	神宗と漢宣帝の政治比較	無し	『長編』265注〈三経新義〉

論道/17	神宗、王安石/	神宗の保甲法のやり方に対する批判〈陛下毎事過謹〉	『長編』巻235	
論道/18	神宗、王安石/後周世宗、樊愛能	世宗の募兵のやり方について〈保甲法導入〉	『文献通考』巻153	熙寧3年12月
献替/19	神宗、王安石/太祖、史珪、丁徳裕	太祖の政治評価〈濫殺無辜〉	『長編』巻236	○
献替/20	神宗、王安石/真宗	真宗の辺境対策について	『太平治蹟統類』巻13	熙寧2年12月（『末史全文』）
献替/21	神宗、王安石/	群臣が奉った神宗の尊号の授受について	『長編記事本末』巻81	熙寧2年4月
献替/22	神宗、王安石/	服喪終了後の礼楽について	無し	
献替/23	神宗、王安石、馮京/	契丹との国境問題〈両屬地〉	『長編』巻250	
献替/24	神宗、王安石/	蕃使坐位会聚の処に提挙官の位座を設けるか？	無し	
理財/25	神宗、王安石、范純仁（上奏）/富弼	范純仁への王安石批判〈以理財爲先〉	無し	
理財/26	神宗、王安石/李常	言事官の理財批判と学校科挙政策	無し	
理財/27	神宗、王安石/	使能と任賢、理財と礼儀教化のバランス〈制置三司條例同〉	『太平治蹟統類』巻14	熙寧2年3月（『末史全文』）
理財/28	神宗、王安石/	道を講ずることの緊急性について	無し	
理財/29	神宗、王安石/	茶の専売について	無し	
理財/30	王安石/	理財を先に、使能を急とすること	無し	
理財/31	神宗、王安石/	何接求人事への批判〈只是能作文、又無行義〉	無し	
理財/32	神宗、王安石/陽叔、漢武帝	鉄の専売について	無し	○＊1
辺機/33	神宗、王安石/	夷狄に対する積極軍事策〈四夷皆衰弱〉	『長編』巻238	○
辺機/34	神宗、王安石/	契丹の勢力最大、軍政の規模拡大に務めるべき	『長編』巻236	○

辺機／35	神宗、王安石／	神宗の政治の取り組みへの批判〈於一切小事労心〉	『長編』巻224		
辺機／36	王安石／神宗、韓絳	西夏問題への発言〈事主不得已、亦不敢隠黙〉	『長編』巻229		
辺機／37	王安石／神宗、韓絳	神宗の西夏対策の失敗〈失任不評熟慮計〉	『長編』巻234	○	
辺機／38	王安石／神宗、	神宗と大臣の慶州の兵変に対する浮議〈諂咎於派田保甲〉	『長編』巻223		
辺機／39	王安石／神宗、沈起	交址対策を沈起に委ね、自分が関知していない事への批判	『長編』巻244	○	
論兵／40	神宗、王安石、その他（僉）／	戦に名分は必要ない〈苟可以用兵、不患無名〉	『長編』巻221	○	
論兵／41	神宗、王安石／	保甲法の勧め〈非杵伍其民而用之、則不可以致治彊〉	『長編』巻221	○	
論兵／42	神宗、王安石／宋道	募兵宿衛法変更の提言〈民可以利驅使攪撹為兵〉	『長編』巻221	○	
論兵／43	王安石／神宗	募兵法変更の提言〈官果斷詳立法制〉	『文献通考』巻153	熙寧3年12月	
論兵／44	神宗、王安石／	宿衛法改正の提言	『長編』巻243		
処已／45	神宗、王安石、欧陽脩、部亢、趙抃、太皇太后、趙概、韓琦	趙概の日録並びに趙概、欧陽脩の人物評	無し		
処已／46	神宗、王安石／	神宗の王安石評価〈造理深、能見衆人所不見〉	無し		
処已／47	神宗、王安石／	神宗の王安石評価〈智識高遠精密不易抵當流俗之響〉	無し		
処已／48	神宗、王安石／文王	三経新義序を上り、神宗を文王に比す。神宗の謙辞	『長編』巻265	○	
処已／49	神宗、王安石、呂誨、盧杞	呂誨が王安石を盧杞になぞらえ弾劾したことについて	『長編』巻234	○	
処已／50	神宗、王安石／	神宗が君子小人の別を十分察していないことについて	『長編』巻246		

第二章　『王安石日録』研究

処己/51	王安石/王雱、神宗	王安石が再度、宰相に復帰した際、神宗への感謝の辞	『長編』巻261	○	
処己/52	神宗、王雱/王雱	王安石の辞職願いを引きとどめる神宗の言葉	『長編』巻242	○	
処己/53	神宗、王安石/	神宗が王安石の道徳を敬慕していることについて	『太平治蹟統類』巻13	熙寧2年2月？	
処己/54	神宗、王安石/	神宗の政治への憂慮に対して王安石の叱咤激励	『太平治蹟統類』巻12	熙寧2年10月	
処己/55	神宗/王安石、周公、成王	王安石が辞任しようとした際、神宗が周公、成王の故事を引いて引き留めた	『長編』巻234	○	
処己/56	神宗/王安石	王安石が辞任しようとした際、神宗が引き留めた〈卿朕師臣也〉	『長編』巻233	○	
萬言/57	神宗、曾公亮、王安石、呉申、韓維、呂恵卿	制置三司条例司の官呂恵卿に経筵官を兼任させることについて	『太平治蹟統類』巻13	熙寧2年10月	
萬言/58	神宗/王安石、常秩、張殼	張殼の提案（招賢館を築き、常秩のような人物を招くこと）	無し		『長編』233注
萬言/59	神宗、中書/楚国長公主、李瑋	楚国長公主の悲惨な生活とその夫李瑋の処罰	無し		
萬言/60	神宗、王安石/章惇光	章惇光の人物評	無し	熙寧2年？	
萬言/61	神宗、王安石/章惇光	神宗が章惇光を謁見したことへの批判	無し	熙寧2年？	
萬言/62	神宗王安石、章惇光、呂海	章惇光の処罰について	無し	熙寧2年6月？	
萬言/63	神宗、王安石/	『日録』の執筆動機〈余為上言興陛下開陳事、退而載録以備自省、及他時去位、當籍録以進〉	無し		『長編』278注

【注】

◎備考の欄に○と表記しているものは、『長編』の該当記事に陳瓘の評論が附載されていることを示す。

*1 理財門は個々の『王安石日録』の記事に陳瓘の評論がつけられず、最後にまとめて「総論」と言う形で陳瓘の見解が示される。

下不可不思，非特唐太宗，至於秦孝公所以擇術濟事與陛下如何。臣恐優游
　　　退託如此，則無致治之日。

とあり，唐太宗，秦孝公と神宗を比較しながら，唐太宗が諫言を積極的に受け入れたこと，秦孝公の政治技術の高さ，といった点を述べ，これらの点を見習うことを神宗に要求している。或いは寓言門（表 No.59）のように，

　　　駕至楚國長公主宅澆奠。上召中書入見慟哭言，李瑋負仁宗恩，遇長主無恩
　　　禮，可便與節度副使安置。上曰，瑋負都不恤長主衣服・飲食・藥物，至於
　　　呼醫，亦多作阻隔，長主衣衾乃至有蟣蝨，至自取炭生火，炭炏定傷面。

といった，神宗の叔母（仁宗の長女）楚国長公主の悲惨な生活ぶりなど，皇帝の親族に関するプライベートな内容にまで及ぶものもある。現在，楚国長公主と夫李瑋との間柄については，例えば『宋史』巻248に「以瑋奉主無狀，貶陳州」といった記述しか見られず，公主の生活ぶりをこれほどまでに述べている史料は他にはない。

（3）『王安石日録』に見られる神宗と王安石との関係は，寓言門（表 No.56）に「卿，朕師臣也」という表現に代表されるように，師弟関係を彷彿する雰囲気が全体に漂っており，しばしば神宗に対する王安石の厳しい指導的言葉が採録されている。例えば，辺機門（表 No.37）では「余曰，昨日西事，自是陛下失在不詳慮熟計。若陛下詳慮熟計，則必無可悔之事。」というように，西夏問題の失敗は神宗の熟慮不足によるもの，処己門（表 No.50）では．「余曰，正士君子，固有不爲功名爵祿事陛下，陛下似於君子小人殊不察。上曰，知卿無利欲無適莫，非時（ママ特？）朕知卿，人亦具知，若餘人卽豈可保。」というように，現在の政争は神宗が君子，小人の別を十分区別しないことによるものといった厳しい指摘がなされている。

（4）日記の中より，王安石の政治思想の一端を窺うことが出来る。例えば，理財門（表 No.25）では，

　　　上曰，范純仁又有文字，意甚忿言，臣始見陛下用冨弼・王安石，臣竊慶忭
　　　以爲必能以堯舜之道致太平。今冨弼家居不出，王安石乃以富國彊兵覇者之
　　　事佐陛下。余曰，范純仁至中書亦責臣，本以經術佐人主，今乃以理財爲先。

第二章　『王安石日録』研究　　　　　　　　　　　　　　401

臣答以正爲經術，以理財爲先故爲之，若不合經術，必不出此。

とあり，范純仁が富国強兵策を進める王安石の政策を批判するが，王安石は経術に基づき，理財を進めていると主張する。

或いは理財門（表 No.26）では，

余曰，近日言事者更曾及學校否。上笑曰，却不說著。余曰，李常宣言以謂，臣以財利開導陛下，不及庠序之教，及今脩成庠序貢舉之法，卽更置而不言，陛下謂此等何意。

とあり，李常に代表される言事官たちの，理財ばかりを進め，学校政策に取り組んでいないという批判に対し，しっかり学校，科挙政策を進めていると反論している。

さらには理財門（表 No.27）には，

余曰，今欲理財，則須使能天下，但見朝廷以使能爲先而不以任賢爲急，但見朝廷以理財爲務，而於禮義教化之際，未有所及，恐風俗壞不勝其弊。陛下當深念國體有先後緩急。上頷之。

とあるように，「理財」の前提として「德義教化」や「経術」の重要性が説かれるとともに，単に「使能」を行うのではなく，「任賢」も必要であると述べ，「理財」「德義教化」「使能」「仁賢」のバランス（「先後緩急」）が大事であると提言する。

つまり，王安石の考え方には，経術や德義重視，或いは学校，科挙政策推進による人材育成という考え方が前提として存在していたのである。このことは，かつて宮崎市定氏が王安石の上つった「上仁宗万言書」を分析した際，王安石には，政治改革の前提として，学校や科挙の整備に基づき人材育成を行うべきとする主張を持っていたと説明した通り，理財に代表される応急措置的な政策を進める一方，同時に人材育成に代表される長期的な政策を重要視していたことが確認される[14]。

ここで述べた王安石の理財観は既に先学によって言及されてきており，目新しいものではない。ただ，神宗と王安石がこの理財の問題を具体的に話し合っ

---

14) 宮崎市定「上皇帝万言書」（『中国政治論集』朝日新聞社，1971年）参照。

ていた様子を日記史料から読みとれることに大きな意味がある。
　さらに、『四明尊堯集』と『長編』とを比較することにより、次のようなことも明らかになる。先ず第一に、第二節ですでに試みたように、『長編』本文の記事が『王安石日録』に基づくものであると思われる部分を特定することができる。これは、両者に重複記事が見られること、及び記事の形式を検討することによって判断できる。例えば、『長編』卷240、熙寧五年（1072）十一月丁巳の記事では、

　　上謂王安石曰、市易賣果實、審有之、卽太繁細、令罷之如何。安石曰、市易司但以細民上爲官司科買所困、下爲兼幷取息所苦、自投狀乞借官錢出息、行倉法供納官果實。自立法已來、販者比舊皆卽得見錢、行人比舊官司兼幷所費十減八九、官中又得好果實供應、此皆逐人所供狀及案驗事實如此。每年行人爲供官不給、輒走卻數家、每糾一人入行、輒訴訟不已。今自立法數月以來、乃有情願投行人、則是官私利便可知。止是此等皆貧民無抵當、故本務差人逐日收受合納官錢、初未嘗官賣果實也。陛下謂其繁細、有傷國體、臣愚竊謂不然。今設官監酒、一升亦賣、設官監商稅、一錢亦稅、豈非細碎。人不以爲非者、習見故也。臣以爲酒稅法如此、不爲非義。何則自三代之法固已如此。周官固已征商、然不云須幾錢以上乃征之。泉府之法、物貨之不售、貨之滯於民用者、以其價買之、以待賣者、亦不言幾錢以上乃買。又珍異有滯者、斂而入于膳府、供王膳、乃取市物之滯者。周公制法如此、不以煩碎爲恥者、細大並舉、乃爲政體、但尊者任其大、卑者務其細、此先王之法、乃天地自然之理。如人一身、視聽食息、皆在元首、至欲搔癢、則須爪甲。體有小大、所任不同、然各不可闕。天地生萬物、一草之細、亦皆有理。今爲政但當論所立法有害於人物與否、不當以其細而廢也。市易務勾當官乃取買人爲之、固爲其所事煩細故也。豈可責市易務勾當官不爲大人之事。臣以謂不當任煩細者、乃大人之事。如陛下朝夕檢察市易務事、乃似煩細、非帝王大體、此乃書所謂元首叢脞也。陛下修身、雖堯・舜無以加、然未能運天下者、似於大體未察、或代有司職、未免叢脞。書稱庶績咸熙、又曰庶績其凝。帝王收功、當如陽之熙、如陰之凝。陛下於政事尙未能熙、固未能凝。

譬如天方春時，陽氣將熙，乃吹以涼風，摧以霜霰，卽萬物豈能敷長。物尙不能敷長，卽何由致成實。上笑且曰，買得果實，誠比舊極佳，行人亦極便，但行人皆貧弊，宜與除放息錢。安石曰，行人比舊已各蘇息，可以存活，何須除放息錢。若行人已蘇息，比舊侵刻之苦已十去八九，更須除放息錢，卽見今商稅所取，不擇貧富，固有至貧之人尙爲稅務所困，亦合爲之蠲除。旣未能蠲除彼，何獨蠲除此。今諸司吏祿極有不足，乃令乞覓爲生，不乞覓卽不能自存，乞覓又犯刑法。若除放息錢，何如以所收息錢增此輩祿。安石又曰，陛下不殖貨利，臣等不計有無，此足風化天下，使不爲利。至於爲國之體，摧兼幷，收其贏餘，以興功利，以捄艱阨，乃先王政事，不名爲好利也。此段朱史乃繫之六年正月七日，今仍附本日。明日，進呈內東門及諸殿吏人名數白上曰，從來諸司皆取略於果子行人，今行人歲入市易務息錢，幾至萬緡，欲與此輩增祿。上曰，諸殿無事，惟東門司事繁，當與增祿。安石曰，如入內內侍省吏人亦當與增祿，蓋自修宗室條制，所減貨賂甚多故也。上又曰，大宗正司吏人亦宜與定祿法，免困擾宗室。宗室漸有官卑及不得官者，不宜更令吏人乞取困擾之。先帝每遷官，此輩所乞取須數十千。安石曰，宗正吏止十二三人，更與量增祿，卽可行重法。此段朱史乃繫之三年八月二十三日，今依日錄，仍附見此。安石又言，市易務如果子行人事，才立得七行法，如此類甚衆，但以陛下檢察太苛，故使臣畏縮不敢經制。臣以謂陛下不當擾之使怠惰因循，令細民受弊也。王省惟歲，歲月日時無易，乂用明，俊民用章。今陛下未見叢脞，乃責市易務煩細，此乃所謂歲月日時旣易。士之有能・有爲者，畏縮不敢有爲，俊民與怠墮無能之人同，卽微而不章矣。又錄廛人・泉府事白上曰，此周公所爲也。上曰，周公事未能行者豈少。安石曰，固有未能行者。若行之而便於公私，不知有何不可，而乃變易以從流俗所見。上因言重祿法曰，聞吏舊日受賕多於今祿所得。安石曰，所得雖多，然須姦猾敢犯法者乃多得，而懦善畏法者所得未必多於今也。左藏自來號爲脂膏，然招人常不足，自賦重祿以來，所招人乃不闕。上曰，賦祿立重法，兼可召得顧惜行止人，兼爲免刺面，所以人樂應募也。朱史以重祿法附三年八月二十三日。今仍見於此。陳瓘論曰，神考聖訓謂市易法苛細，恐其有害細民，故初欲罷之，所以懷保小民也。而安石則曰非帝

王大體、此書所謂元首叢脞也。神考沮抑呂嘉問、所以去蟊賊而養嘉穀也。父之用明、何以加此。安石則曰俊民不章矣。借典・謨・洪範之言以文私意、豈獨此哉。

とあるように、波線部が『四明尊堯集』所載の『王安石日録』と重なる。第一段、第二段の注に基づけば、この『長編』の本文は李燾が『王安石日録』と朱史（紹聖重修神宗実録）と対校を行い、『日録』の記事を尊重する形で、この日につけられている。また、第三段の注には特に『日録』の言葉は見えないが、波線の重複部分、陳瓘の評論の存在からして、ここの部分は「今仍（日録）見於此」（括弧の語は筆者が補う）の表現のように、朱史と『日録』を対校し、朱史の日付ではなく、日録の日付に基づきこの場所に附載することになったことを示している。確かに、この作業では、文章全体における朱史と『王安石日録』記事の違いはわからないが、朱史が『王安石日録』を主たる材料としている点から言って、ほぼこの部分は『王安石日録』に基づき書かれたものと推定できる。

次に一部分であるが、『長編』の欠落部分の記事を補完することが可能となる。現在の『長編』は、治平四年（1067）四月から熙寧三（1070）年三月部分での記事が欠落している。表の備考欄に熙寧二年の年次をつけたものが幾つか有るが、これは『太平治蹟統類』、『文献通考』などに収録され、現行の『長編』はその部分が失われたため、欠落している部分と想定できるものである。一部ではあるが、『長編』の欠落を補うと共に、熙寧初めの政治の様子をうかがうことが可能となる。例えば、次の処己門（表 No.45）は、

上問歐陽脩、余稱其性質甚好。問如何邵亢。余曰、非亢比也。又問如何趙抃。余以爲勝抃。上曰、人言先帝服藥時、脩見太皇太后決事、喜曰、官家病妨甚、自有聖門天子。餘曰、語非士大夫之語、必非脩出。若太皇太后決事有稱歎之言、容或有之、亦是人之常情、但如陛下之所聞、必非脩語。上曰、語出於趙概。余曰、臣脩實録、見趙概所進日録一冊、如韓琦言語、即無一句、豈是韓琦都不語、如歐陽脩言語、於傳布爲不便者、所録甚多、漏中書語、人以此怨歐陽脩、但謂其淳直不能匿事、及概所進日録、乃知概非長者也。

とある。この記事は、陳瓘の評論に「治平中、韓琦・趙概・歐陽脩同爲執政、神考嗣位之初、安石修撰英宗實錄、見趙概所進日錄一冊。(以下略)」と記されるように、熙寧の初めの記事であったと考えられる。英宗実録の編纂は『玉海』巻48によれば、編纂事業は熙寧元年(1068)正月から二年七月に行われ、王安石も「検討」の役職で参加している。『王安石日録』は熙寧元年七月以降の記事であるから、熙寧元年、二年頃の記事である可能性が高い。さらにこの記事の中では、欧陽脩の人物評価から始まり、趙概の政治日記にまで話題が及ぶ。そこでは、『英宗実録』編纂に際し、趙概の『趙康靖日録』が参照されていること、この日記には韓琦の言った言葉が書かれていないことや、欧陽脩の場合は広まるとまずい言葉が多く書かれており、趙概は「長者」でないという、王安石の人物評が記されている。この他、No.20, 21, 27, 54, 57, 60, 61, 62は明確に『長編』の欠落時期に相当するものであり、神宗初期の政治史を知る上で価値を有する。

さらに、第三点として、歴史事実に新たな情報を提供してくれる部分もある。熙寧二年(1069)、章辟光が神宗の弟岐王を外邸に出すように提言し、処罰された事件があった。この事件の史料としては、例えば呂誨の上奏文が良く知られている。呂誨の上奏文「上神宗論王安石姦詐十事」(『国朝諸臣奏議』巻109、財賦門、新法一)では、

陛下方稽法唐堯、敦睦九族、奉親愛弟、以風天下。而小人章辟光獻言俾岐王遷居于外、離閒之罪、固不容誅、上尋有旨送中書、欲正其罪。安石堅拒不從、仍進危言、以惑聖聰、意在離閒、遂成其事。朋姦之迹甚明、其事九也。

とあるように、章辟光の処分を王安石が拒絶し、神宗兄弟の仲を裂こうとしたと記す[15]。ところが、このNo.60, 61, 62の史料を総合すると、呂誨が述べる

---

15) 司馬光『涑水記聞』巻15では次のように記す。「介甫初參大政、章辟光上言岐王・嘉王不宜居禁中、請使出居於外。太后怒與上言、辟光離閒兄弟、宜加誅竄。辟光揚言、王參政・呂惠卿來我上此書、今朝廷若深罪我、我終不置此二人。惠卿懼、以告介甫。上欲竄辟光於嶺南。介甫力營救、止降監當而已。呂獻可攻介甫、引辟光之言以聞於上、

事件の結末の前に存在した，章辟光に対する神宗，王安石の動きを端的にうかがうことができる。

(60) 上曰，章辟光者，相公言，其爲人果然，所言但爲身計而已，以爲人多排弊臣者。余曰，此人本亦無文學，不知何以能上書合聖旨，疑有所假手。上曰，所上書文辭亦甚好。

(61) 余曰，陛下比見章辟光，在廷之士極怪駭，人主誤見一小人，亦豈邃有傷。但陛下未博見士大夫而所特見乃衆人共知其姦險者，則在廷怪駭，固宜，輔臣皆得侍陛下淸光見陛下分別邪正是非詳盡，至於外人，但見陛下數說如章辟光者，則於聖德不能無疑，聖闥所以不早布於天下，誠以時有此等事故也。

(62) 御批，近以章辟光入奏言事內一事防微言，當謹宿衞出入。又言當謹宿衞出入。又言當令岐王建外邸。訪聞乃自傳播云，言岐邸事稱旨。故召對觀其意，乃懷姦間吾骨肉以要利，置君於惡，理不可容。朕誤見此人，曉夕思之，甚爲慚愧，可將此上來。敗旨及呈，呂誨言其傳播。上曰，如何處置欲加之罪。皆逡巡莫言。余曰，辟光疏有何險語。上曰，無險語。只言防微杜漸而已。奏對云何。上曰，亦不過如此。余曰，辟光誠小人，然陛下訪聞之語，恐未必實。且辟光旣作傾險事，亦何肯自傳播。或恐奏疏時，跪爲人所見，或恐奏疏後，語從中泄。今（以）訪問便加之罪，恐刑罰不中，兼朝廷施行賞罰，欲後無弊。且言建外邸事在召對之前，陛下不以爲非。今因傳播而罪之，是陛下納其言而惡其播，恐累陛下至德。皆曰，亦須急與一差遣令出去。上曰，莫如此，亦好。余曰，陛下召見此人，都無奬擢，卽是不納用其人，可知。今與差遣逐去，則議者必謂陛下納其言，惡其傳播而已。恐非所已聞也。上曰，善，只納下文字休。

これらの史料では次のように書かれている。No.60では王安石の章辟光に対

獻可坐罷中丞・知鄧州。蘇子容當制，曾魯公召諭之曰，辟光治平四年上書，當是時介甫猶在金陵，惠卿監杭州酒，安得而教之。故制詞云，黨小人交搆之言，肆罔上無根之語。制出，士大夫頗以子容制詞爲非，子容以魯公之言告，乃知治平四年辟光所上言他事，非言岐・嘉者，子容深悔之，嘗謂人曰，介甫雖黜逐我，我怨之不若魯公之深也。蘇竞云」

する人物評価（「無文學」）と神宗の彼に対する好意的な評価，No.61では神宗が章辟光を召対したことに対する王安石の批判が述べられ，No.62では岐王を外邸に出した一件の経過が次のように語られている。まず，神宗が岐王を外邸に出すべきであるとの章辟光の提言を受け入れた。次にこの提言を神宗が受け入れたと章辟光が広めているとの呂誨の批判が出る段になって，神宗は章辟光を処分しようとした。王安石は，神宗が一旦章辟光の提言を受け入れながら伝播を憎んで処罰しようというなら，神宗の徳に関わるから，差遣を与えて外任に出すようにと提案し，神宗は受け入れた，といった内容である。このように，外部には窺い知ることのできない，細かな政治過程を『王安石日録』によって確認することができる。

四，おわりに

　『四明尊堯集』を手掛かりに『王安石日録』の内容を検討してきた。ここで，二つのことを指摘しておきたい。一つは，政治日記史料活用の可能性である。筆者は，宋代の政策決定システムとして，「対」が重要な役割を果たしたことについて，これまで幾つかの論文で明らかにしてきた。その結論を端的に言えば，「対」システムは宋代政治史を考える上で重要な鍵となる。例えば，明清代になると，皇帝と臣下が直接会って意見交換を行う機会は減少し，むしろ内閣の票擬や題本，奏摺といった皇帝と臣下の間を直接やりとりした文書が大きな意味を持ってくる。つまり宋代と明清代の政治システムとの比較，あるいは宋代に始まるとされる「君主独裁政治」の実態解明といった，マクロ政治学の視点では大づかみにしか捉えきれない政治の実像は「対」史料の検討を通じて始めて明らかになってくるのである。ただ，宋代の「対」の中身については，『要録』，『会編』を始めとして，『長編』を除く他の政治史料は十分な情報を提供してくれない。『長編』が豊富な「対」，即ち皇帝と臣下との会話記録を記述するのは，正に政治日記に依拠している部分が大きいことによる。そして，この政治日記を利用することを通じて，宋代独特の政治の仕組みが明らかになっ

てくるのである。今回の『王安石日録』の検討に限っても，当時の詳細な政治の実態の一端が浮かび上がってきた。さらに，他の史料と突き合わせ検討を進めていくことにより，皇帝と官僚とのコミュニケーションの様子，政治集団や政策決定システムの実態等々，動態的な政治過程が明らかになってくると思われる。

　第二は，史料批判の徹底化の必要性である。前章でも指摘したことだが，これまで宋代の政治史研究は，［起居注，時政記］→日暦→実録→国史といった官撰史料の編纂事業の成果をまとめた，私撰の編纂史料である『長編』その他の政治史料を，十分な史料批判を行うことなく，利用してきた嫌いがある。本稿で試みたような『長編』が依拠した史料の徹底分析を進めていくことにより，厳密な史料理解が可能となり，北宋政治史がどのような史料に基づき，どのように語られてきたのか，明確に捉えることが可能になると思われる。

//

第三章　周必大『思陵録』・『奉詔録』から見た南宋初期の政治構造

一，はじめに——宋代政治日記の資料的価値

　政治史研究の分析方法は主として二つに大別される。一つは国家の枠組みを静態的観点から分析するマクロ政治学的手法であり，もう一つは個別の政治現象を動態的観点から分析するミクロ政治学的手法である。政治の実態は両者の手法を駆使して始めて明らかにし得るが，日本の宋代政治史研究は，前者の観点を代表する「君主独裁政治論」の強い影響下に置かれてきた[1]。この論は，内藤湖南・宮崎市定両氏が唱えたものであり，唐代の貴族政治（皇帝と貴族の協議体による政治）が，貴族階層の没落・庶民の台頭，科挙制の本格的運用，貨幣経済の浸透，新儒学・庶民文化の興隆などの諸変化と連動しつつ，皇帝に最終的な決裁を委ねる中央集権的文官官僚体制へ移行したと説明する。

　一方，寺地遵「宋代政治史研究方法試論——治乱興亡史論克服のために——」（『宋元時代史の基本問題』所収，汲古書院，1996年）は，「君主独裁政治論」に偏向した場合，政治の変化が捉えにくい，あるいは類型論的分析に陥りやすいといった問題点を指摘し，ミクロ政治学の方法論の一つである「政治過程論」の導入を提言した。「政治過程論」とは，特定の政治現象がどのような主体によって，いかなる力の源泉に基づき，またいかなる過程によって導き出されるのか，政治の入出力の様態を動態的アプローチによって考察するものであり，権力者層の産出過程，政策決定過程，政策実施過程などの方面を中心に研究が進められている。

　筆者は寺地氏の見解を参考にしつつ，「政治過程論」の可能性を追求してき

1）　拙稿「政治の舞台裏を読む——宋代政治史研究序説——」（『知識人の諸相——中国宋代を起点として』勉誠出版，2001年）参照。

た。当初は「言路」の官,「垂簾聴政」,「対」と「議」のシステム,「詔獄」,朋党形成のメカニズムといった政治過程の仕組みに着目してきたが,近年は政治過程を記す史料そのものに関心を移している。

例えば,李燾『続資治通鑑長編』は北宋の政治史研究を行う上で最も重要な史料である。本書は実録,国史を中心に随筆,小説,日記,墓誌,行状などの多くの史料を用いて編纂されている。とりわけ,第六代神宗,第七代哲宗,第八代徽宗朝においては日記の利用が目につく。また,『神宗実録』は三度にわたり編纂されているが,その編纂については,新法党が『王安石日録』を,旧法党が『司馬光日記』を主たる史料源としている。筆者はこのことに着目し,政治日記を分析することを通じて,詳細な政治過程の解明が可能であると考えるに至った。すでに,その研究の一環として論じた本書第四部第一章「宋代の政治史料――「時政記」と「日記」――」ならびに第二章「『王安石日録』研究――『四明尊堯集』を手掛かりとして――」の要旨をまとめれば以下の通りである。

（1）唐代前半までは,皇帝と官僚が直接対面して意見交換を行う機会は少なく,上奏についても宰相を経由する必要があった。唐代後半になると「延英殿」を中心に,皇帝と官僚との接触機会が増加し,同時に皇帝に直接文書を送る「側門論事」の方式が発達した[2]。宋代は,この唐代の流れを受け,官僚が直接皇帝と対面して上奏する「対」と呼ばれるシステムが広範に発達した[3]。

（2）この広範に発達した「対」システムを反映する形で,官僚と皇帝との会話を記録することが重要と見なされ,各種の史料が作成された。その中でも,

---

2) 松本保宣「唐代後半期における延英殿の機能について」（『立命館文学』516, 1990年),「唐代の側門論事について」（『東方学』86, 1993年）参照。

3) 「対」システムの広がりは,宮崎市定氏の言葉を借りれば次の通りである。「この様に極めて多面的に官僚に直接接触するのが宋以後の天子の特質であり,天子の独裁権も必然的にそこから発生し完成されたということができる」（「宋代官制序説――宋史職官志を如何に読むべきか――」（『宋史職官志索引』所収, 同朋舎, 1963年）。なお,「対」システムについては本書第二部「政治システム」第二章「宋代の政策決定システム――対と議――」参照。

宰相・執政が輪番で記録する時政記が重要視された。なお、この時政記は、元代では胥吏が担当するようになっており、宰相・執政が輪番で記録する方式は、唐代後半から宋代を通じて行われたと考えられる。

（3）宰相・執政は時政記執筆に当たると共に、私的に政治日記を付けることが多かった。その代表が『王安石日録』、『司馬光日記』、『劉摯日記』、『曾布日録』等であり、これらは北宋代の実録編纂時の重要史料とされた。

（4）『王安石日録』は八十巻にも及ぶ膨大なものである。書物自体は失われたが、現在、李燾『続資治通鑑長編』、陳瓘『四明尊堯集』、楊時『楊亀山先生集』などにその一部を見ることができる。この書は別名が『熙寧奏対』と称された通り、王安石と神宗との「奏対」、すなわち皇帝―官僚間の会話を記録する目的で書かれた。また、日記の内容は両者の会話を中心に、王安石と神宗との関係、両者の新法政策や当時の官僚に対する評価、あるいは歴代の皇帝・官僚に対する評価といった様々な事柄を明らかにしてくれる。

以上のように、政治日記は、皇帝と官僚が「対」や文書を介してどのように政策に関与していくのか、そのミクロな政治過程の実態を窺う上で格好な史料となっている。そこで、周必大の二つの日記史料を手掛かりに、政治空間と政治過程という二つの視角より南宋初期の政治構造について分析を試みることとする。

二，南宋の政治空間の特徴

妹尾達彦『長安の都市計画』（講談社，2001年）は、中国歴代の王都を成立の面から三つに分類している。（一）新しい王朝の成立に合わせて、新たに測量して建設される建設都市の場合（漢代の長安、北魏の平城、隋代の大興、元代の大都など）、（二）前王朝の王都をそのまま継承して、一部改築を加える場合（北魏の洛陽、唐代の長安、明・清代の北京など）、（三）従前の地方都市を王都に作り変える場合（北宋の開封、南宋の杭州など）。とりわけ、南宋の杭州の場合、開封への回帰を前提として「行在」としたこともあり、都城の作り方は他の時代と

異なる様相を見せる。例えば，楊寛は，宮殿の南方に置かれた祭壇・円丘で行われる祭天儀礼，宮殿南の広場で行われる大朝会儀礼の重視が，「坐西朝東」から「坐北朝南」へと後漢王朝以後の都城の作り方を変化させる，すなわち王都の宮殿の位置は従来の西南から北方へ転換したという指摘をしている[4]。開封はこの指摘に該当するが，臨安は図27に見えるとおり，いわゆる「南宮北市」の構成を取り，南に宮殿が配置され，官僚の居宅や商業区域が北を中心に配置されるという構成となっている。そのため，御街は宮城南門の麗正門ではなく北門の和寧門から北に伸びる構造となっている。

また，臨安は銭塘江と大運河とを結ぶ水路が城内をめぐる，水上交通を重視した構造となっている。妹尾前掲書が指摘するように，宋代以降の王都は杭州―北京間を結ぶ大運河の便を最大限に生かす立地条件に設置されるというように，水上交通と深い関わりを有する。とりわけ臨安は，東アジア海域の海上交通の要衝であった「外港」明州と運河を介して結ばれる，銭塘江の河口に位置する「内港」であり，また大運河の拠点として多様な都市と結びつくという特色を有している[5]。

政治史から都市空間を考察する場合，その分析視角としては，人々が都市の具体的な「場」においてどのような関係を取り結び，政治活動を実現していったかを見ていく必要がある。その考察に際しては他の時代の王都との比較をも念頭に置き，分析を進めるべきであろう。その一つの簡単な試みを提示しておく。図28　開封宮城図（元刊本『事林広記』）から，開封の宮城内の主要な建物の概観を読みとることができる。この図を参考にしながら，その政治空間の特徴を簡単に述べてみたい。

宮城内は東華門と西華門を結ぶ横街によって内朝と外朝とに分かれる。外朝は，宣徳門，大慶殿，文徳殿を中心に構成され，この場所は大朝会，明堂，大

4）『中国都城の起源と発展』（学生社，1987年）。
5）　この問題については近年，山崎覚士「港湾都市，杭州――9・10世紀中国沿海の都市変貌と東アジア海域――」（『都市文化研究』2，2003年）が「港市」という観点から問題提起を行っている。

第三章　周必大『思陵録』・『奉詔録』から見た南宋初期の政治構造　　413

図27　臨安京城図
（傅伯星・胡安森『南宋皇城探秘』〈杭州出版社，2002年〉所掲図に若干の修正を加えた）

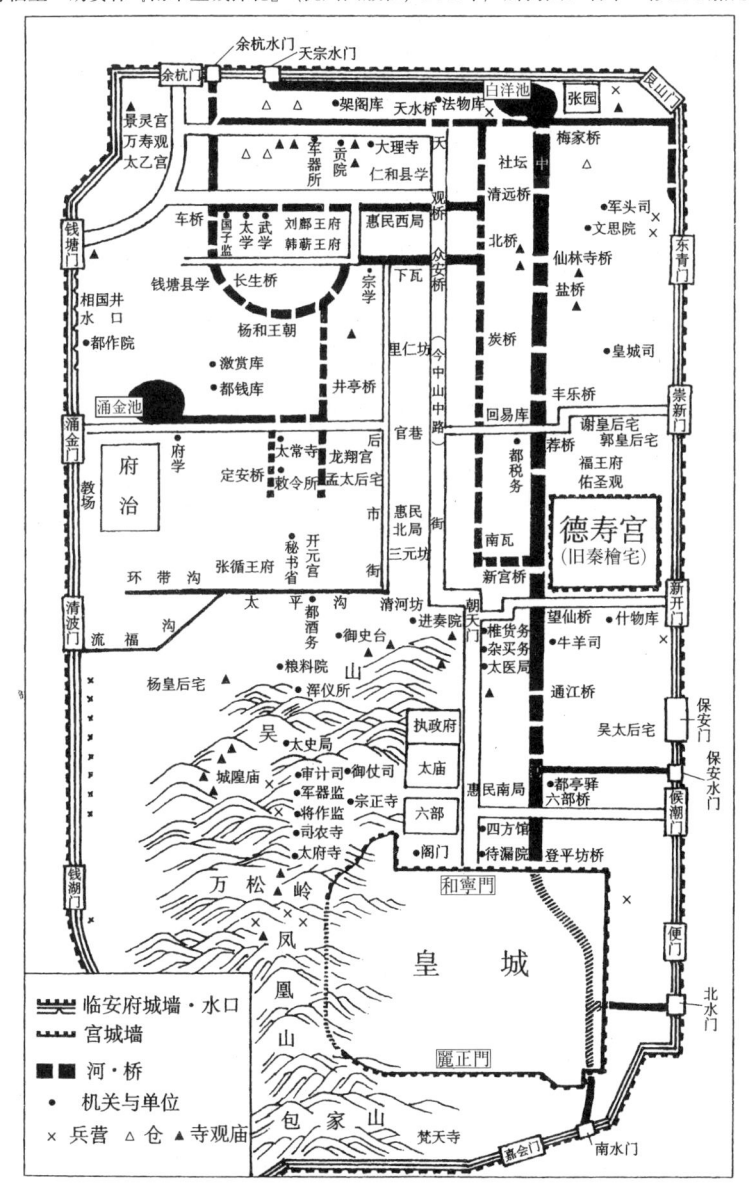

図28　開封宮城図

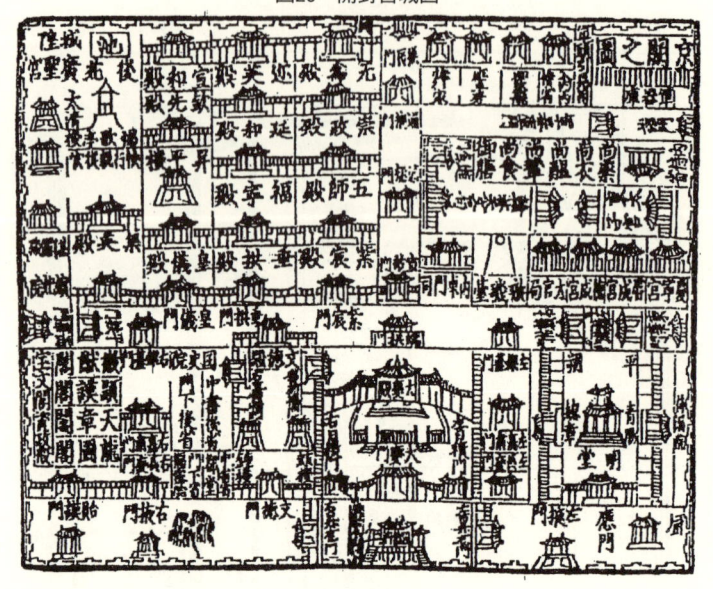

赦など国家の大きな儀式，集会を行う空間として主として用いられる。一方，内朝空間は，皇帝の日常的な生活空間となる。日常的な政務はこの場所において行われ，前殿視朝（垂拱殿），後殿視朝（延和殿ないし崇政殿）という形で皇帝が官僚と直接対面しながら具体的な政務が進められていく。このほか，皇帝の寝所となる福寧殿，科挙の殿試の試験会場や宴殿となる集英殿，学問の講義を受ける邇英殿などが配置され，また図書館，史料編纂所などと共に，皇太子，后妃，宦官，女官などの生活空間が配置されている。この作り方は，庭を取り囲むように家屋を造る四合院形式ならびに前方に儀式，集会を行う空間を配置し，後方に家族の私的生活空間を配置する「前堂後寝」と称される中国の家屋構造との類似を示す。皇帝の「家」としての一面をうかがうことができる[6]。

『事林広記』の図がどの程度正確な配置を伝えているのか，これは別途検討すべき課題である。ただ，唐の長安城は，両儀殿を中心とした内朝，太極殿を

6）　拙稿「宋代の宮廷政治──「家」の構造を手掛かりとして──」（『公家と武家Ⅱ「家」の比較文明史的考察』思文閣出版，1999年）参照。

中心とした中朝，承天門を中心とした外朝を中心軸に南北に宮殿が整然と配置されている。これは，清代の紫禁城でも同様であり，内廷の三殿（北から順に坤寧宮，交泰殿，乾清殿），外朝の三殿（北から順に保和殿，中和殿，太和殿），午門，天安門と南北の直線に皇帝の政治機能が見事に集約されている。一方，北宋開封の宮城は，大慶殿と文徳殿，垂拱殿と紫宸殿が東西に並び，さらに大慶殿→紫宸殿→崇政殿，文徳殿→垂拱殿→福寧殿→延和殿と二つの中心軸が南北に並ぶ配置となっている。

これは南宋の臨安になるとその差異を一層強く感じる。そもそも臨安は杭州州治を「行宮」に代えたという経緯がある上，紹興十二年の金との和議の後，崇政殿，垂拱殿を作り，しばらくして福寧殿，さらに淳熙八年に延和殿を作るといったように順次，宮殿を拡大していく。要するに，計画的な宮城建設がなされていないのである。そして，宮城内の広さが狭いという理由から，宮殿の兼用も行われた。例えば，紫宸殿（「過朔受朝」），文徳殿（「降赦」），集英殿（「臨軒策試」），大慶殿（「行冊礼」），講武殿（「閲武」）の名称は存在するものの，実際は，垂拱殿と崇政殿の名称を変えることによってこれら六殿の機能を保っていたとされる[7]。この宮殿配置については開封と共に現在まで，十分な復元作業は行われていない。しかし，近年，中国より興味深い復元図が出された[8]。この図の可否はこれからの研究課題として，この復元図通りとすれば，垂拱殿と文徳殿が東西に並び，この両殿を中心に政治運営がなされていたこととなる。

さらに，南宋の都城構造については不可思議なことがある。宮城の外に徳寿

7）『宋史』巻85，地理志，同巻154，輿服志参照。ただこの記述は各種の史料で異なる。『夢梁録』巻8では，大慶殿，文徳殿，紫宸殿，集英殿，明堂殿が実際は一つの殿であり，使用に際しその額を取替えたとする。この他，『咸淳臨安志』巻1，「行在所」では大慶殿，文徳殿，紫宸殿，集英殿，明堂殿が一殿であり，垂拱殿は別に独立していたとする。王士倫「宮城九里――南宋故宮」（『南宋京城杭州』浙江人民出版社，1997年）はその他『玉海』，『南渡行宮記』などの史料を併せて検証し，『宋史』の記述は紹興初年の状況であり，南宋時代は基本的には，垂拱殿は独立した一殿であり，これと東西に並ぶ形で文徳殿，紫宸殿，大慶殿，明堂などと異なる名称を状況に従って変える別の一殿が存在していたする。

8）傅伯星・胡安森『南宋皇城探秘』（杭州出版社，2002年）。

第四部　宋代の政治日記

図29　南宋宮城内分布示意図
（傅伯星・胡安森『南宋皇城探秘』〈杭州出版社，2002年〉所掲図に若干の修正を加えた）

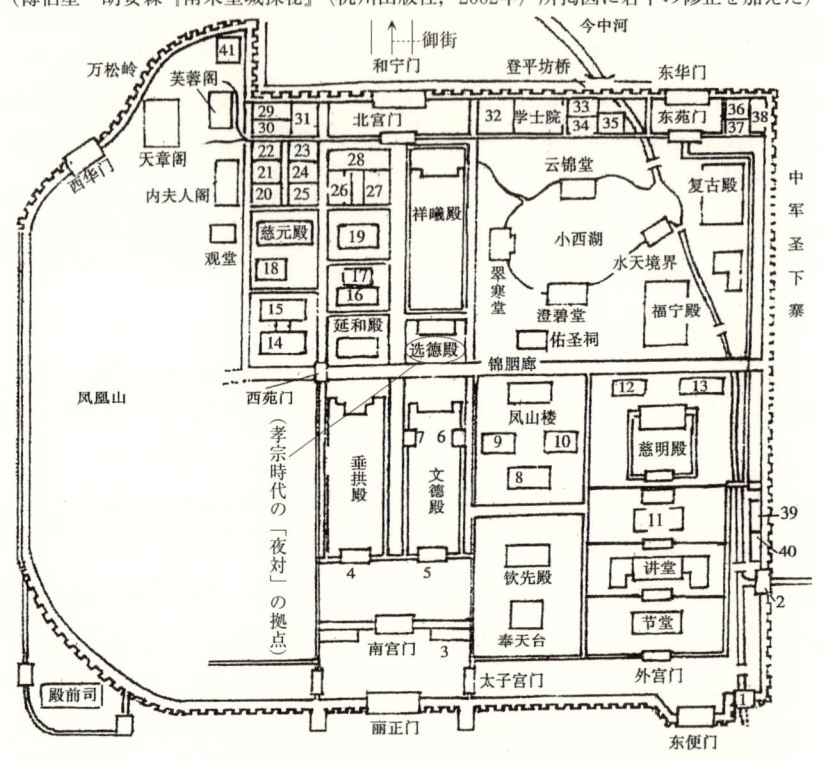

南宋皇城内分布示意図

1. 南水門	2. 東水門	3. 本宮合議所	4. 垂拱殿門	5. 文徳殿門
6．7．東西上門	8. 清賞堂	9. 玉淵堂	10. 栄観堂	11. 凝華殿
12. 繹已堂	13. 博雅楼	14. 明華殿	15. 穠華殿	16. 瑞慶殿
17. 損斎	18. 凌虚閣	19. 勤政殿	20. 内東門司	21. 外庫
22. 御酒庫	23. 御薬院	24. 内侍省	25. 内都巡検司	26. 御厨
27. 御膳所	28. 殿中省	29. 中殿内庫	30. 内蔵庫	31. 鐘鼓院
32. 進奏院	33. 翰林司	34. 符宝司	35. 皇城司	36. 甲仗庫
37. 軍器庫	38. 儀鸞司	39. 八作司	40. 修内司	41. 天開図画壇

宮[9]が設けられ、ここが隠居して太上皇帝となった高宗、孝宗の居宅となった。そして、南宋前期においては、徳寿宮は、宮城（「大内」あるいは「南内」）とともに北内と称され、政治のもう一つの中心となる。このほか、『咸淳臨安志』巻10、「行在所録」を見る限りでは、「昭慈聖献孟太后宅」など皇太后宅、皇后宅（皇太后、皇后の家族の居宅）が宮城外の「後市」を中心に設置されている。

　仮に上図の宮殿配置を基本的に受け入れるとした場合、次に皇帝がこの空間をどのように使用したかという問題を設定しうる。その際、注目すべきは「内朝」、「外朝」、「経筵」の三つの空間概念である。例えば、呂中『皇朝中興大事記』巻１、「正言兼讀書」では、南宋の専権宰相秦檜が、皇帝の活動と関わる「内朝」、「外朝」、「経筵」の三つの空間を掌握するために細心の心配りをしたという史料が見られる。

　それでは、次章では周必大の日記史料を用いながら、「政治空間」と「政治過程」という二つの視角より、南宋の政治構造に迫っていくこととする。

三，周必大の日記――『思陵録』

　周必大は数多くの日記史料を残している[10]。この内、宰執の任期中に執筆したという点において『王安石日録』と同様な性格を有するのは、『奉詔録』と『思陵録』である。前者は、淳熙八年（1181）三月から十六年四月二十六日の

9）　徳寿宮は、秦檜の邸宅を一新して建てられた宮殿であり、以下のような歴史を有する。紹興十五年、秦檜に豪華な邸宅が賜与される。同三十二年、高宗が位を孝宗に譲りこの場所を徳寿宮と命名して、住むようになる。以後、孝宗が譲位した後、重華宮と改名してここに住み、その後も憲聖太皇太后呉氏（重華宮は慈福宮と改名）、寿成皇太后謝氏（寿慈殿と改名）がこの場所に住むこととなる。

10）　『欽定四庫全書総目』巻159、「文忠集」には「奉詔録七巻、承明集十巻、辛巳親征録一巻、龍飛録一巻、帰廬陵日記一巻、閒居録一巻、泛舟遊山録三巻、乾道庚寅奏事録一巻、壬辰南帰録一巻、思陵録一巻」と載せる。このうち『奉詔録』は皇帝と周必大との間で行われた御筆のやりとりを日記スタイルで記録したもの、『承明集』は起居注官、経筵官としての活動を日記スタイルで記録したものであり、他のものと同じく日記の範疇に入れた。

間に書かれ、この間、周必大は参知政事、知枢密院事、枢密使、右丞相、左丞相を歴任した。後者は淳熙十四年八月庚午朔から十六年二月壬戌の間に書かれ、この間、周必大は、右丞相、左丞相を歴任した。

『奉詔録』については次節で後述するが、『思陵録』は南宋初代高宗の葬送を主題として書かれ、高宗の危篤から埋葬までが記される。葬礼記事が多いが、その一方、高宗が太上皇帝として徳寿宮に隠居した後、第二代皇帝孝宗が徳寿宮と宮城の二つの舞台でどのように政治を行っていたのか、あるいは次の光宗への政権委譲をどのように進めていったのか等々、南宋初期の政治を知る上で格好の史料となっている。本節では、『思陵録』を利用しながら、南宋時期の政治構造を分析する。

なお、周必大の文集『廬陵周益国文忠公集』(以下、『文忠集』と略す)には各種の版本が存在する。本論文では祝尚書『宋人別集叙録』(中華書局、1999年)の指摘に基づき、道光二十八年 (1848) に刊行された欧陽棨刊本を底本に用い、適宜『四庫』本を参照した。

最初に、宋代の皇帝の視朝の場について検討する。その議論の前提として、李攸『宋朝事実』巻3、「聖学」に見える北宋第三代真宗時期の政治を概観する。

  眞宗卽位、毎旦御前殿、中書・樞密院・三司・開封府・審刑院及請對官以
  次奏事。辰後、入宮尚食、少時、出坐後殿閱武事、至日中罷、夜則傳侍讀・
  侍講學士詢問政事、或至夜分還宮、其後以爲常。

この史料では、朝早く、真宗が前殿（垂拱殿）に出座し、中書、枢密院、三司、開封府、審刑院、請対官といった官の上奏を受け、辰後（午前9時頃）食事を取り、再び後殿（崇政殿あるいは延和殿）に出座し、昼頃まで武藝を観覧し、夜は侍読・侍講学士を呼び、夜遅くまで政治について尋ねる、といった内容が記される。

この史料は簡略であり、皇帝の政務の全体像について不明な部分が多い。かつてこの史料を手掛かりに皇帝の一日について復元を試みたことがある。その結果は以下の通りである。

（1）皇帝は夜が明ける2時間ほど前には福寧殿で起床し，身支度を行う。

（2）宮城の門は薄明（午前2時頃，ただ季節によって多少異なる）に開き，まず前殿（垂拱殿）視朝が行われる。この場は政治の重要問題について宰相・執政及び主要官庁の長官・次官クラスが上奏をし，皇帝の意見を聞く場となる。1080年代に行われた元豊官制改革までは，中書・枢密院・三司・開封府・審刑院，官制改革後は三省・枢密院・尚書六曹・開封府が中心となった。中書（官制改革後は三省）は民政，枢密院は軍政，三司は財政，審刑院は司法の中心機関（官制改革後は三司，審刑院は尚書六曹に併合），開封府は首都の行政を担当している。なお，宰相，執政は中書，枢密院の長官，次官の地位にあるため，中書・枢密院は宰執（宰相・執政の略称）に置き換えられる。この他，所定の手続きをして皇帝に直接上奏を求める者（「請対」）もいるが，この前殿の場は，ほぼ上記の主要官庁の報告で終わることが多く，「請対」の者は次の後殿にしばしばまわされる。

（3）辰刻（午前8時頃）になると，皇帝は一旦内廷に引っ込み食事を取り，衣服を着替えて後殿（延和殿あるいは崇政殿）視朝の場に向かう。前殿視朝の議論が後殿へずれ込むこともあるが，この場では「請対」の者との謁見が行われた。「請対」者の代表としては，政事批判を担当する「台諫」，皇帝の顧問役となる「侍従」などが挙げられる。この他，皇帝の密偵である「走馬承受」の報告，あるいは新任官の挨拶や外任に出る官僚たちの挨拶（「入見」「入辞」「入謝」）などが行われた。以上の上奏，謁見を受けるほか，三館・秘閣が納めた書籍の閲覧，あるいは官僚の上奏に目を通し，午刻（午前12時頃）まで政務を続けた。この他，崇政殿，延和殿では閲兵や毎年一度慮囚（未決囚に対する皇帝自らの裁決）が行われることもあった。

（4）午後の時間帯にはしばしば邇英殿に「経筵」（学問の講義の場）の場が設けられた。経筵官は講義終了後も残り，皇帝と政務について会話することが多かった。

（5）夜になると，内東門小殿に当直の翰林学士や経筵官を呼んで政務を尋ねることが行われた。当時の記録を見ると，これら以外に宰執，尚書の官など

各種の官僚が呼ばれており、皇帝が官僚と接する重要な場となっていた[11]。
　以上は、北宋の皇帝の政務の様子をまとめたものである。これを日記を手掛かりにその姿を確認してみよう。例えば、『文忠集』巻172、淳煕十四年（1187）九月己酉の条には次のように記される。

　　後殿進呈畢、奏問太上皇帝聖體、聞已向安。上曰、前數日甚可懼。兩日已向安。宮中醫官只下附子之類、此中遣王淫・馬希古去、知是風疾、却下凉藥、遂見效、今猶飲冰水。

ここでは、後殿（崇政殿）にて、宰執が皇帝に裁断を仰ぐ文書の進呈が行われた後、太上皇帝の病状について会話がなされている。
　ここでうかがえる政治内容は些細なものだが、これを一月単位で見ていった場合、そこに一定の形式があることが明らかとなる。具体的には、淳煕十四年十二月条を手掛かりに分析する。なお、辛未、乙亥条については全部を掲載し、他は一部を掲載とした（＊「対」と関わる部分については下線を施した）。

＊〈淳煕十四年十二月の条〉
十二月戊辰朔。<u>朝於延和</u>。從駕過德壽宮。……
己巳。歇泊不坐、入局。……<u>內引宿直官刑書葛邲</u>。
庚午。<u>延和奏事</u>。呈李彥頴再乞致仕。<u>上曰</u>。……
辛未。<u>延和奏事</u>。王相奏、東宮參決、欲具事目如覆奏例。<u>上曰</u>、如此則太繁。<u>予曰</u>、其開條目亦多、更乞入聖慮、毋使致於壅滯。上頗以爲然。<u>宣諭云</u>、更待理會。<u>予奏</u>、攢宮覆案使葉翥今日上殿。陛下宜戒以審細、不可止爲文具、蓋梓宮自高六尺、未聞石槨之類。<u>上曰</u>、江浙地薄、又春開水泉動。<u>葉翥對</u>、<u>上諭以須子細</u>。朕已令二月後方修奉、四月發引。
壬申。從駕如月旦之儀。
癸酉。歇泊不坐、入局。

11）　本書第二部「宋代の政治システム」第二章「宋代の政策決定システム――対と議――」及び「宋代の宮廷政治――「家」の構造を手掛かりとして――」（『公家と武家Ⅱ「家」の比較文明史的考察』思文閣、1999年）参照。

甲戌。國忌行香。

乙亥。延和奏事，呈封樁庫申審內合同支會子十五萬貫充大行喪事所支費。予奏，據元申候將來發引作料次支，今既未有日，未審先支，惟復少待。上曰，候二月支未晚。又呈盱眙報金國賀正使副完顏崇安・李晏約初十日過界。上曰，禮物當受否。予奏，既是通信不過馬幣，非華好之物，恐難不受。奏事畢，予奏，元擇今日，東宮就新開議事堂議事，夜來却得關報，東宮為赤目在朝假，恐合令太史別擇日。上曰，當別擇日。施樞云，歲且盡，莫若就正月始和。上曰，然可以此意諭太史局。初天禧四年，太子亦以十二月就資善延見輔臣。予嘗語諸公以為疑，故施樞因事及之。又宣諭，將來弔慰使來，合差接送伴。予奏，方欲奏稟，恐不測到來，須先差下臨時遣行。上令具寺監丞以上名，又問，李師邈，卿等識之否。眾人云，熟。事起於醫。予奏，曾醫曾懷病愈，特轉一官。上曰，忘記矣。浙漕鄭汝諧暫權紹興府，陛辭。上稱其浙東視旱之勞。汝諧奏，昨首言紹興騷擾，致降敕榜，然後臺諫・諸司・侍從相繼有言，怨皆歸臣，今往應辦，乞賜保全。上曰，既如卿肯任，怨豈不主張卿。上又言，李參用錢無下落，渠已病。

丙子。微雨，延和奏事。……

丁丑。旬休。

戊寅。朝於延和，從駕過宮。

己卯。不坐，入局。

庚辰。延和奏事。……

辛巳。延和奏事。……

壬午。常參官延和起居訖。宰相升殿奏事。……

癸未。歇泊不坐。

甲申。延和奏事。……

乙酉。延和奏事。……

丙戌。臘假。國忌行香畢，清華奏事。……

丁亥。旬休。……

戊子。朝於延和。……
己丑。歇泊不坐，入局。
庚寅。不坐，入局。上批……
辛卯。延和奏事。
壬辰。雨，皇太后聖旨，免過宮燒香，不坐入局。
癸巳。早設素幄於垂拱殿之東偏，上初坐後幄，……
甲午。節假。
乙未。節假。
丙申。節假。

　12月の29日間の内，「朝于延和」，「延和奏事」，「常参官延和起居」といった具合に，延和殿を利用し，皇帝と臣下との「対」が行われているのが13日。その他，癸巳は垂拱殿の後幄にて金国の使節を引見し，丙戌は臘假にも関わらず，「清華奏事」を行っており，ほぼ二日に一度は臣下との謁見を行っている様子を見て取れる。延和殿あるいは後殿（崇政殿）が主たる視朝の場として利用されているのは，高宗の危篤，死去，そして服喪という一連の凶事に対応するためであり，正殿である垂拱殿での視朝は日記終了時まで基本的に見られない[12]。しかし，他の南宋時の史料を見る限り，平常時であれば，南宋期も前殿視朝（垂拱殿），後殿視朝（崇政殿あるいは延和殿）を中心に皇帝の政務が執られたと考えるべきである。
　その他，「旬休」，「臘假」，「節假」といった定期的な休暇，あるいは「歇泊不坐，入局」というように徳寿宮に孝宗が宿泊し，その結果，視朝の場に姿を現さないので，宰執の役所に入ったといった，毎日の職務の様子をうかがうことができる。
　ただ，注意すべきはあくまでもこれは宰相周必大の日記であり，皇帝と臣下との議論がすべて記述されるわけではない。先に述べた内の三省・枢密院の

---

12) 淳熙十五年正月以降，何度となく金国の使者を垂拱殿に素幄を設け引見している例が見られるが，これも正殿（垂拱殿）で直接引見するのを避けた処置である。

第三章　周必大『思陵録』・『奉詔録』から見た南宋初期の政治構造　　423

「対」が記述の中心となる。その「奏対」の手続きは，辛未，乙亥の条によく現れているように，「三省・枢密院同奏」，「同密院呈」，「三省呈」といった形で宰執側から皇帝に決裁を求める文書が進呈され，その文書を中心に「予曰」，「王相曰」，「上曰」といった会話がなされる。また時には皇帝から口答で「宣諭」が下されるといった形式を読みとることができる。そして，皇帝の政治意志が確定されれば，翰林学士あるいは中書舎人によって皇帝の命令文書「詔」が作成され，給事中の審議を経て尚書六部等の官僚機構によって政策が施行されることとなる。

　ここに見える，皇帝と官僚との「奏対」の形式について，他の史料と照合してみよう。第二章で『王安石日録』を分析した際，『王安石日録』の形式は，宰執が輪番で記録する時政記のスタイルとよく似ていることを指摘した。例えば，李綱『建炎時政記』巻下，建炎元年七月十四日の条に次のように記される。

　　七月十四日，臣同執政官奏事訖，留身奏上曰，朝廷近日，外則經營措置河北・河東兩路，以爲藩籬，葺治軍馬，討平盜賊。內則修政事，明賞刑，皆漸就緒，獨車駕巡幸所詣未有定所，中外人心未安。上宣諭曰，但欲奉迎元祐太后及津遣六宮往東南，朕當與卿等獨留中原，訓練將士，益聚兵馬，雖都城可守，雖金賊可戰。臣再拜曰，陛下英斷如此。雖漢之高祖・光武・唐之太宗不是過也。中外未知聖意，乞降詔以告諭之。上從所請。

宰執の「対」終了後，李綱の「留身奏事」（宰執と皇帝との「対」終了後，特定の宰執が残って行う「対」）が行われている。その中で，皇帝からの宣諭，そして李綱の上奏といった形で両者の会話が記される。形式としては『王安石日録』や『思陵録』と全く同じスタイルといってよいと思われる。

　ただ，北宋の『王安石日録』と『思陵録』とを比べるとその情報量には格段の開きがある。例えば，『楊亀山先生全集』巻6，「神宗日録辨」に次のような『王安石日録』の記事を見ることができる（＊下線は筆者）。

　　<u>前一日，陳升之言，制置三司條例司，升之難爲更簽書，只總領商量。余曰，如此則合令誰簽書。升之曰，只諫議與押。余不答，既起與之同行歸廳。</u>余曰，相公不欲簽書制置司文字何意。升之曰，體不便。余曰，參知政事，恐

非參知宰相政事、參知天子政事。於是升之欲令孫莘老・呂吉甫領局。余與升之提擧。余曰、臣熟思之、此事但可如故、向時陛下使輔臣領此局、今亦只是輔臣領局、有何不可。升之曰、臣待罪宰相、無所不統。所領職事、難稱司。余曰、於文反后爲司、后者君道也。司者臣道也。人臣稱司、何害於理。升之曰、今之有司曹司、皆領一職之名、非執政所稱。余曰、古六卿、卽今執政、故有司徒司馬・司空、各名一職、何害於理。曾公曰、今執政古三公、六卿只是今六尙書。余曰、三公無官、只以六卿爲官如周公、只以三公爲冢宰。蓋其宅三公或爲司馬或爲司徒或爲司空、古之三公猶今之三師、古之六卿猶今兩府也。宰相雖無不統、然亦不過如古冢宰、只掌邦治、卽不掌邦敎・邦政・邦禮・邦刑・邦事、則雖冢宰、亦有所分掌。今制置三司條例、豈是卑者之事、掌之有何不可。又云、制置條例、是人主職業、所謂制度也。禮記曰、非天子不制度、臣不知制置條例使、宰相領之有何不可。

　この記事は『王安石日録』の一部を採録したもので、後半部分は欠けている。丁度、この部分は現存の『續資治通鑑長編』の欠落部分（治平四年四月〜熙寧三年三月）に相当するが、幸いなことに『太平治蹟統類』巻13に史料が残されている。「余曰」が「安石曰」に代えられ、また内容が整理されており、『王安石日録』の直接的引用ではないが、ほぼ日記の内容を伝えている。

　（熙寧二年）十一月乙丑。命樞密副使韓絳同制置三司條例。初陳升之旣拜相、遂言條例司、難以簽書、欲令孫覺・呂惠卿領局、而升之與王安石提擧。安石曰、臣熟推此事、但可如故者。升之曰、臣待罪宰相、無所不統、所領職事、豈可稱司。安石曰、今天下財用困急、尤當先理財、特置一司、于時事以爲併之無傷也。又曰、今分爲一司、則事易商議。若歸中書、則待四人無議、然後草具文字、恐成須徧歷四人看詳、然後出于白事之人、亦須待四人皆許、則事積而難集。陛下旣使升之與臣執政、必不疑升之與臣專事而爲姦。況制置司所無奏請、皆關中書審覆、然後施行、自不須併入。爭于上前、日昃不決、乃皆退。他日又對、升之固以爲不可置司。上欲使安石獨領。安石以爲非便曰、陛下非置此司、令中書密院各差一人。今若韓絳用事甚便。上曰善。故有是命。升之深狡多欲、善傅會以取富貴。爲小官時、與安石相遇

淮南。安石深器之。安石時爲揚州簽判，有送升之序。及安石用事，務變更舊制，患同執政者聞不從，設制置條例司，引升之共事。凡所欲爲，自條例直奏行之，無復齟齬。升之心知其不可，而竭力贊助，或時爲小異，陽若不與安石皆同者。安石不覺詐，深德之。故安石推升之曰，茲事盡歸之三司，何必攬取爲己任也。安石大怒，二人于是乎始判。

即ち，制置三司条例司の統括問題をめぐって，「余曰」(「安石曰」)，「升之曰」といった王安石と陳升之との間で意見対立が述べられる。一方，皇帝との「対」については次のように記されている。「前一日」，神宗の面前での宰執の「対」がなされたが，ここでは決着が付かなかったので，庁（都堂）へ戻って再び陳升之と論争が行われ，さらに神宗の面前での宰執の「対」によっても決着がつかず，他日の「対」へと展開していく。

以上のように，『王安石日録』も『思陵録』も，どちらも宰執と皇帝とのやりとり，すなわち「奏対」を中心に記録している。また，上記の『王安石日録』の史料の中に，王安石と陳升之との微妙な関係を読み取ることができたように，『思陵録』においても当時の宰執間の関係をうかがうことができる。

『思陵録』の記事の時期に執務した宰執としては，左丞相王淮，右丞相周必大，知枢密院事使施師点，参知政事兼同知枢密院事留正，参知政事黃洽，参知政事の蕭燧の名が確認される。この内，日記においては，下線のように王淮と周必大との対立が際だって描かれる。例えば淳熙十四年十二月丙子（九日）の条を見てみよう（＊下線は筆者）。

丙子。微雨。延和奏事。呈接伴金國將來弔慰使副。上曰，將來正旦人使到闕設素幄引見外，欲不受其禮物，庶表不敢當慶賀之意，或量受些小何如。<u>予奏莫令有司商議否</u>。上曰，令議。又呈昨日付下德壽宮歲可減省錢物等數，卽前宣諭約七十萬緡者。<u>予奏不須降指揮，只箚與戶部及所屬庫分令知</u>。上曰，然可以備水旱。又呈禮部・太常寺乞造太上皇帝槨。上曰梓宮已是九尺，向來徽宗及二后，緣北來棺小，故就泗州置槨。今更不須用。又呈江西馬大同奏將來太上祔廟應爲正太祖東向之位。<u>留參贊其說</u>。上曰是謂祫享乎，唐制如何。<u>予奏趙粹中昨論此甚詳</u>，正爲祫享，若唐則自開元始增四昭四穆爲

九廟。左相疑主大同，又重於改作，力言宗廟事體重，須禮官獻議，不應外官主之。予覺其言辭不順，卽奏云，且類聚續議可也。批出差宗正丞宋之端・李師邈準備充接送伴。又批出付兩廳云，將來弔慰使到闕，倍有支賜，令有司預辦。

　ここでは，江西提点刑獄馬大同の高宗を宗廟に併せ祀る際に，太祖の東向きの位置を正すべきとの主張に対し，留正と周必大は賛意を表し，左相の王淮は改作をはばかる立場から反対している。

　この一例に止まるものではない。十四年十月壬申（五日）では太常寺，秘書省の長官・次官に正規の官を任用すべきとする周必大に対し，王淮は兼官を主張する。戊寅（十日）には，金国への告哀礼信使に「太上遺留之物」を携える必要がないとする周必大に対し，王淮は敵国に対する礼を損なうべきでないと主張する。同日，山陵五使の設置を主張する周必大に対し，王淮は総護使の派遣を主張する。壬辰（二十二日）には金国の使節に対し，賀礼を受けない旨を牒によって国信所に伝えさせようとする周必大に対し，王淮は牒の作成を遅疑して反対する。

　極めつけは，十五年三月丁未（十一日）に，高宗の葬送を総括する総護使に一人の丞相が当たるべきとする周必大に対し，王淮は左右丞相二人が当たることを主張する。さらに説得を重ねる周必大に対し，王淮は一旦任に当たれば丞相に復帰できないことと危惧し，就任を拒否する。最終的に五月己亥（四日），王淮は丞相を辞任することになるが，こうした宰執間の対立が影響していたのであろう[13]。

　『思陵録』はこうした皇帝の面前で展開する，宰執と皇帝との「対」の記述が中心を占めるが，その他，「葉翥對」，「浙漕鄭汝諧暫權紹興府，陛辭」といっ

---

13) 周必大と他の宰執との間には王淮との間で見られたような顕著な対立はうかがえない。例えば，施枢として登場する施師点については，『大明一統志』巻51は「上饒人，十歲通六經。乾道中以臨安教授賜對言，細民困窮，乞免逋負。詔從之。假翰林學士使金，於禮有所執，金人駭愕，後參知政事兼同知樞密院事，與周必大恊心輔政，惓惓搜訪人才，卒，贈金紫光祿大夫，所著有文集二十卷。」と記される。この記述に見えるように，日記においても施枢との関係は良好である。

第三章　周必大『思陵録』・『奉詔録』から見た南宋初期の政治構造　427

た表現に見られるように宰執以外の「対」も記録される。

　かつて皇帝と官僚との「対」の頻度を分析した際、（1）宰執、（2）尚書六曹或いは台諫、（3）侍従、（4）転対官及び地方の路、州の長官といった「対」の優先順位を導き出したことがある[14]。以上は、『長編』、『要録』、『宋会要』などを利用して得た制度史的結論であるが、それでは日記の中ではどのように描かれているであろうか。日記の中では、宰執を除くと、「対」を含めて登場の頻度が高いのは侍従、台諫クラスであり、それ以外では宦官の登場頻度が高い。そのパターンを見ておきたい。

　（1）侍従（翰林学士、中書舎人、給事中などの中央高官）[15]。この侍従クラスの中では「翰林学士」の頻度が高い。これは詔勅の起草の任に当たる関係であろう。例えば、淳熙十四年十一月朔戊戌の条では次のように記される。

　　十一月戊戌朔。駕詣德壽宮燒香。羣臣臨如儀、就進名奉慰訖退。内引洪邁。聞邁欲擬皇太后聖旨尊崇秀王事、退而自以語人。衆皆愕然。邁尋諱之。又擬皇太子參決詔。初議鎖院、又恐張皇、上只令擬指揮、而邁謂恐不能道居喪曲折、遂草四六以進。上擬其文稍長、邁云、不如此、意不達。其後又明

14）本書第三部「宋代の政治システム」第二章「宋代の政策決定システム——対と議——」参照。宰執は皇帝の補佐官、百官の長として多くの「対」の機会を与えられた。『要録』を見ると、宰執の「対」終了後、特定の宰相が「留身奏事」を行い、皇帝の政策決定に大きな影響を与えている様子を頻見できる。次いで、元豊官制改革以前においては三司、審刑院といった財政、司法の中心機関に「対」の機会が多く設けられていた。これらの官は官制改革後、尚書六曹に編入されることとなる。台諫については『長編』の中に、他の官に先んじて上奏できる官として宰執と並んで列記される表現が頻出しており、「言事」（政事批判）を担当する職務として、多くの「対」の機会が与えられていたことが確認される。侍従とは、皇帝の顧問役を指す用語であり、具体的には翰林学士、中書舎人、給事中などの高官を指す。転対とは中央百官を輪番で選び、意見を上奏させる制度であり、職責上、皇帝と接触することが少ない中央官はこの機会に直接対面し意見を上奏した。地方の路、州の長官クラスは、少なくとも外任に出る際、外任から戻る際に「対」の機会が設けられている。
15）『朝野類要』巻2、「侍従」に「翰林學士・給事中・六尚書及侍郎是也。又中書舎人・左右史以次謂之小侍従、又在外帶諸閣學士・待制者、謂之在外侍従。」と見える。

言五日三日及稍定其制度之類。
ここでは，周必大が洪邁から聞いた（あるいは他から伝聞した）話を中心に記す。この日，翰林学士洪邁が「皇太后聖旨」の起草，「皇太子参決詔」の起草の任に当たった。皇帝が内廷（この時期であれば選徳殿）にて洪邁を引見した際，そこで皇帝に「秀王（孝宗の父）」を尊崇すべきことを提言し，そのことを退出後，周囲に語り，愕然とされたといった内容が述べられる。
　また，すでに巻173淳熙十五年三月丁未の条では次のように記される。
　　是日内引洪邁。上諭以山陵事重，已令宰臣一人去，初欲立使名，恐碍總護，乃有攝太傳故事。邁贊聖德，又進箚子乞條具脩實錄，又奏頃蒙宣諭，太上皇帝宜以文武臣各二人配享，文臣無如呂頤浩・趙鼎，武臣當用張浚（俊）・韓世忠，乞令侍從議，並批依奏。上又曰鼎有社稷之功。邁以諸韓在此，致力書韓世忠於于張浚（俊）之上，皆云太師，其實世忠乃贈爾。
ここでも洪邁を内廷へ引見している。太上皇帝（高宗）へ配享する文武官僚について皇帝と洪邁との間で会話が交わされ，そこに挙がった候補者については侍従の議に委ねられることとなった。ここで記される「侍従議」は日記の中でもしばしば登場する。金国の使者が都に到着した際の儀礼，皇太子参決庶務の典礼，太上皇帝の諡号，山陵使諸司辟官属支費（この場合は侍従・台諫の議），太上皇帝の廟号（御史台にて，侍従・両省・台諫・礼官を集めた議），高廟配享者4人の決定といった事柄について侍従の集議が行われている。
　かつて，集議について分析した際に，各種の問題について集議がなされる場合，担当部局以外には侍従，台諫が皇帝より諮問を受けることが多く，最重要課題については中央文武百官の集議がなされることを指摘した。この日記の記事は，太上皇帝の葬礼を主題としたものであり，当然礼制関係の議論が多くなる。記事を見る限り，礼官以外に集議を参加するものとして頻出するのは，侍従，台諫であり，上記の集議の方式と符合する。
　この他，侍従層の一端をなす給事中，中書舎人も幾例か見ることができる。中書舎人は翰林学士と共に詔勅の起草に当たり，給事中は詔勅の審査の任に当たる。両者とも皇帝の命令に対して異議申し立ての権限を有しており，中書舎

人の「封還詞頭」,給事中の「繳駁」といった形で史料に現れる。例えば,巻172,淳熙十四年十月辛卯の条には次のように記される。

　辛卯。德壽宮朝臨畢,歸作降聖節假。前日批付密院,奉皇太后聖旨,差甘昇提舉德壽宮,又降旨差提舉欽奉太上皇帝几筵。李舍人巘先繳奏,中批云不敢違皇太后聖旨,難以依奏,可日下書行。給事中王信又繳密白黃。上批出令宣諭,信皇太后止爲本人頗曉事人。

「提舉德壽宮」の任に甘昇を充てたいとする皇太后の聖旨に対して,李中書舎人はやむなく起草したが,給事中王信は「繳駁」を行った。それに対し孝宗は王信をなだめるように宣諭を送っている。

このような宰執に次ぐ侍従層が詔勅の起草,審査あるいは「集議」を担う官僚としての任務をこなしている様子が窺えるほか,翰林学士洪邁が皇帝と謁見した後,そのことを人に語るといった事例に見られるように,侍従層と宰執との交流も日常的になされていたことが推測される。例えば,給事中王信が唐輅の処罰について「繳駁」した一件がある。「繳駁」について不当と判断した孝宗は王信に宣諭を与えている。同時に,皇帝の面前を退いた周必大は王信を招き,皇帝の意向を伝えると共に,衆論に従うよう諭している。恐らく,このような事例に見られるように,侍従層と宰執との日常的な交流が行われる構造があるからこそ,内廷に引見されることの多い侍従層からの情報が日常的に伝えられ,そして周必大の日記にも記録されていったのであろう。

（2）台諫（御史台官と諫官）。かつて『長編』等を手掛かりに北宋の政治構造を分析した際には,北宋の史料には台諫の「対」ならびに上奏に関する記事が数多く見られた。そこには,政策立案側の宰執とそれに異議申し立てを行う台諫との対立・調整を経て,政策が決定されていく政治過程を如実に見ることができた。とりわけ,台諫の活動が活発であった四,五,六,七代皇帝の時代はそのスタイルをはっきりうかがうことができる。ところが,周必大の日記を見る限りでは,台諫の登場回数はそれほど多くはない。例えば,淳熙十四年十一月辛酉の条に次のように見える。

辛酉。延和奏事。(中略) 殿中侍御史冷世光入奏，乞山陵諸使官屬胥徒等諸色請給權減一半，候發引日全支。付出無筆。監察御史吳博古三奏，一論唐佞臣李義甫等削去國卹一篇，今皆用俗禮如喪制，有合七歛攢有雞枕狗杖，不經甚矣。今陛下欲三年衰絰，則虞祭之後，欽奉几筵，必有其所當身親之，不可使近習專領，乞詔儒臣・禮官酌其宜，不專用禮生故案之文。其一論山陵諸使諸司辟置官屬猥衆，支費浩瀚，乞委侍從・臺諫集議撙節。其一奏將來梓宮發引，乞如紹興己卯詔書，經過州縣，更不排辦支破飲食，仍只就行在計日批支請給，免致騷擾。竝批依奏。

山陵諸使官屬胥徒等諸色請給の軽減問題について，殿中侍御史冷世光が延和殿にて入奏した後，続いて監察御史吳博古が，葬礼の問題について「侍從・台諫の議」を求めるなど三つの案件について上奏している。前者については御筆が下されなかったが，後者は皇帝より裁可された。

また，台諫は侍從と共に集議担当者としてしばしば登場する。その他，「配享功臣」についての冷世光並びに左補闕薛叔似の上奏，あるいは「吳博古察不流章」に関する処分問題で吳博古の名，太后に大内へ戻ることを求めた薛叔似の「対」，金への謝報使の礼物の増額を求める諫議大夫謝諤の上疏が見えるに過ぎず，『思陵録』での登場頻度は少ない。恐らく，このことは南宋初期の秦檜専権期に見られた言論活動の封じ込めと深く関わっていると思われる[16]。こ

---

16) 呂中『皇朝中興大事記』巻1，2，「正言兼読書」「復令百官輪対」「再叙給舎」では，秦檜政治の特徴の特徴として，(一) 秦檜は，皇帝の活動する場所である内朝，外朝，経筵の三つの場所に自ら息のかかったものを配置することによってこれらの政治空間を掌握した。(二) 秦檜は人の意見を聞くことを嫌い，その影響の結果，積極的に発言するものが少なくなり，転対制度が機能しなくなった。(三) 給事中，中書舎人の任命が行われず，言路の機能が弱体化した，といったことが指摘される。ここで注目したいのは，専権宰相の時代においては言論活動が抑制されるという現象であり，皇帝と直接対面する機会である「対」それ自体も不活発となる。『朱子語類』巻128，「本朝」2，「法制」の中で，朱熹は当時の「対」が短時間で十分な議論を尽くさないと批判的に次のように述べている。「古者三公坐而論道，方可子細說得。如今莫說教宰執坐，奏對之時，頃刻卽退。文字懷於袖閒，只說得幾句，便將文字對上宣讀過，那得子細指點。且說無坐位，也須有箇案子，令開展在上，指畫利害，上亦知得子細。今頃刻便退，君臣如何

第三章　周必大『思陵録』・『奉詔録』から見た南宋初期の政治構造　431

れは秦檜の時期だけではなく、この時期台諫を務めた林栗は『宋史』巻394、「林栗伝」、の中で、「往日王淮表裏臺諫、陰廢正人」と述べ、宰執の手足となっている台諫の姿を指摘する。また、かつて劉子健氏は南宋の言官は皇帝より発言を無視される傾向が強く、宰相批判を行うと直ちに左遷されるという、「言事」機能の低下を指摘した。あるいはこの日記に登場する台諫もその影響を受けているのかもしれない[17]。

（3）宦官。宰執、侍従、台諫と政治の主役を見てきたが、忘れてならないのは宦官である。実際、『思陵録』には宦官の登場回数が極めて多い。そのパターンを幾つか紹介しておく。

 甲寅。太上皇帝百日。衆人云、今日不當奏事、縁先有駕出奏事指揮、遂入奏言之。予曰、別無事、惟房錢不可過今日。遂繳進。既入至祥曦殿。上已遣御藥鄭邦憲來宣問此事。奏云已繳入矣。至後殿門外、邦憲又來云、放多少舊例、如何專作太上百日降指揮。奏云、已是如此降旨、放半月。初紹興二十九年顯仁服藥時、放房錢門稅各半月、去年十月失於照應、小民頗以爲言。昨日予奏欲因百日擧行。上以爲然。又問多少。予奏或云一兩月。上曰從其多者。予奏莫須批出。上曰、不必批出、一面擬指揮。既退、方知是半月。從駕過宮、哭臨奉慰如儀。

これは淳熙十五年正月甲寅の条の事例である。太上皇帝の死去百日の恩赦として、房錢免除の問題が宰執と皇帝との間でやりとりされている。当日は、皇帝

得同心理會事。六朝時、尚有對案畫勅之語。若有一案、猶使大臣略憑倚細説、如今公吏們呈文字相似、亦得子細。又云、直要理會事、且如一事屬吏部、其官長奏對時、下面許多屬官一齊都著在殿下。逐事附與某人某人、便著有箇區處、當時便可參考是非利害、卽時施行、此一事便了。其他諸部有事皆如此、豈不了事。如今只隨例送下某部看詳、遷延推托、無時得了、或一二月、或四五月、或一年、或兩三年、如何得了。」。一方、『王安石日録』を見る限りでは皇帝と官僚との「對」は活発に行われており、この記事は恐らく朱熹が実際に垣間見た高宗、孝宗、光宗、寧宗時期の状況に基づいて記したものであると思われる。

17)　劉子健「南宋君主和言官」（『清華学報』第8巻・第1, 2期, 1970年) 参照。

が視朝されない日に当たっていたため，御薬院鄭邦憲を派遣しての処理となった。このような宦官を派遣して皇帝の意向を伝えるケースは多く，十四年十月乙亥「帶御器械鄧從訓來兩廳傳宣云」，丙子「上遣知省劉慶祖・霍汝弼持文字一紙云」，甲午「上遣御藥張安仁徧至五府宣諭云」といった具合で，入内内侍省，御薬院等の宦官が三省・枢密院の役所あるいは五府（宰執の官舎）へ派遣されている。

そしてこの際に用いられるのが，「御筆」，「手詔」，「御批」といった文書である。幾つかの事例を紹介してみたい。淳熙十四年十二月丙子の条には次のように見える。

> 丙子。微雨。延和奏事。呈接伴金國將來弔慰使副。上曰，將來正旦人使到闕，設素幄引見外，欲不受其禮物，庶表不敢當慶賀之意，或量受些小何如。予奏莫令有司商議否。上曰令議。又呈昨日付下德壽宮歲可減省錢物等數，卽前宣諭約七十萬緡者。予奏，不須降指揮，只劄與戶部及所屬庫分令知。上曰，然可以備水旱。又呈禮部太常寺乞造太上皇帝槨。上曰，梓宮已是九尺，向來徽宗及二后緣北來棺小，故就泗州置槨。今更不須用。又呈江西馬大同奏，將來太上祔廟，應爲正太祖東向之位。劉參贊其說。上曰，是謂祫享乎，唐制如何。予奏，趙粹中昨論此甚詳，正爲祫享，若唐則自開元始增四昭四穆爲九廟。左相疑主大同，又重於改作，力言宗廟事體重，須禮官獻議，不應外官主之。予覺其言辭不順，卽奏云，且類聚續議可也。批出差宗正丞宋之端・李師邈準備充接送伴。又批出付兩廳云，將來弔慰使到闕，倍有支賜，令有司預辦。

この日の延和殿での視朝では金国からの弔慰使の接伴，徳寿宮に下される銭物の削減，高宗の梓宮に槨を設けるか否か，の3件の問題が上呈され，皇帝，宰執の間で議論が繰り広げられる。宰執が退出した後，接伴使として宋之端・李師邈を派遣すること，弔慰使が都に到着する以前に賜物の準備をするようにとの「批」が宰執に出されている。

> （淳熙十四年十一月付）甲辰。五更微雨，久無雨矣。聽第二表，不允批答，就拜第三表。上批付學士院云，可自十八日內殿引輔臣及上殿班，俟過祔廟，

第三章　周必大『思陵録』・『奉詔録』から見た南宋初期の政治構造　433

勉從所請。

こうした「批出」以外に、上の史料に見える「批答」、「上批」という語や、あるいは「内批」という形で宰執およびその他の官府に文書が送られている。その他に「御筆」、「手筆」によるケースも見られる。例えば、淳熙十五年八月己巳[18]の条に次のように見える。

　己巳。（前略）上又宣諭議人使上壽事。予奏彼必不計、決無可疑、設使有言、自當折之以禮。上復云、卿等須把定、不可臨時有所避。予奏臣等共以爲然、豈容推避、彼苟非求釁、決無所爭、只望宣諭館伴接伴及國信所人、勿令漏言。上曰、彼安肯爾。將來如何收拾。既退、又以御筆來問。

延和殿にて金国の使節の上寿を受けるかどうかについて皇帝と宰執の間で議論が行われ、退出した後、御筆が下されている。同じく庚午には、

　庚午。延和奏事、同呈差接伴訖、昨日再奉手筆、及人使爭執事。臣等保其不然。上曰、卿等肯任責甚善。予奏此外或計較他事、則在臨時。上曰此難預料。

とあり、金国の使節が上寿に固執することについて、周必大は手筆により下問を受けている。

　（淳熙十五年十二月）壬申。後殿坐。昨差鄭嗣宗・趙不慢館伴賀正人使。予密奏、虜使田彦皋極知書、乾道間范成大充泛使、彦皋接伴、說話通情。今宜擇知古今者爲館伴。至是、上宣諭令於卿監内別選人。予因奏彦皋去年在路聞高宗升遐、泣於馹中。上曰、畢竟是中原人、既而具郎中以上姓名繳入。御筆點諸葛廷瑞。

また、上の例では、館伴使の人選について孝宗と宰執の間で議論が行われ、宰執側から候補者名簿が皇帝に届けられた後、御筆によって諸葛廷瑞が選ばれている。

このような「御筆」、「上批」は宦官を介して送られてくるケースがほとん

────────

18) 『四庫』本『文忠集』の『思陵録』部分には誤りが多くとりわけ淳熙十五年部分の年月には大きな乱れが見られる。五月の条の後に、八月、十月、十一月、十二月、九月、六月、七月となっている。

であり,『文忠集』では知省(知入内内侍省)劉慶祖,入内内侍省副都知霍汝弼に代表される入内内侍省或いは御薬院,閤門司などの宦官が派遣されるほか,「内降手詔附三省樞密院」,「批出附兩廳」といった内廷から下される内降文書も目につく。

以上のような官僚以外では,礼官,外交使節関連の記事が目につく。太上皇帝(高宗)の葬送の実施,及び服喪中における金国の使節の受け入れが大きな問題となっている様子を見て取れる。

次に,個別の官僚の動きを一つの政治過程の中で位置づけてみたい。具体的には,高宗の廟号をめぐる動きを李心伝『建炎以来朝野雑記』甲集巻2,「光堯廟号議」の史料と周必大の日記史料と対比しながら検討することとする。

初,光堯廟號未定,殿中侍御史冷世光・監察御史吳博古・黃謙共議,謂宜稱聖宗。權兵部侍郎林栗又議,宜存尊號中十六字,而益以聖神光孝四字,廟號堯宗。詔令從・臺諫・兩省禮官同議。時栗奏,又謂唐高宗有䉈后,國祚幾危,非所宜比。皇太后聞其說,必欲易之。於是從官宇文价・洪邁・韓彥質・葉翥・劉國瑞・王信・李巘・吳琚・章森,諫官謝諤,禮官顏師魯・黃黼・倪思・張體仁・沈鑑等同奏,聖字乃契丹隆緒廟號,恐難用。又諡法雖有堯字,乃後人採取傅會之說,而北虜亦有名宗堯者,斷不可用。惟高字或光字爲宜。栗又固爭,以堯字爲可用。太常少卿尤袤奏曰,昔曹操・朱溫皆號太祖,本朝太祖用之不嫌者,名實所在,自有定論也。堯乃古帝名,不可單用爲號。烈字則劉聰・楊渥僭僞之主皆常用之,光字雖若可用,然字體太輕,士庶名字多或用之。於是有請稱藝宗者,以爲種藝之藝,建立天地,開植宗社,滋養萬物,傳之無窮,皆藝也。大臣主之,復下侍從・臺諫・兩省・禮官議。議者皆謂,孔安國注舜典云,藝者文也。書之取義,止於如此。又經典中有才藝・伎藝與藝成而下之文,可以爲重,可以爲輕,況施之於祖猶有可據,施之於宗則失之牽合。臣等謂極天下之美而前世未用者,莫如大之一字。易曰,大哉乾元。論語曰,大哉堯之爲君。大之爲義,其廣如此,請號曰大宗。於是內出詔曰,堯自載於諡法,唐高祖亦諡神堯,用爲廟號,似亦無嫌,可令議定奏聞。禮部・太常寺奏,堯・舜乃二帝之名,唐高祖諡

第三章　周必大『思陵録』・『奉詔録』から見た南宋初期の政治構造　435

神堯，太上皇帝尊號光堯，猶曰比德於堯，而又過之爾，乃今獨取堯之一字以爲廟號，有所未安。本朝開基中興，皆在商丘，國號大宋，則今擬廟號獨取乎商之高宗，實爲有證。詔從初議，遂定爲高宗。方羣臣之集議也，又有欲稱成宗者。表曰，此吳越錢元瓘僞號也。議者乃止。其後壽康升祔，遂號爲光宗云。

　以上の動きを簡単にまとめれば次のようになる。(1)殿中侍御史冷世光等が太上皇帝の廟号として「聖宗」案，権兵部侍郎林栗が「堯宗」案を提出する。(2)侍従，台諫，両省，礼官による集議が行われる。林栗は則天武后との関わりから「高宗」案を批判し，これに対し皇太后が賛同の意を示す。一方，侍従・台諫・両省・礼官等は「藝宗」案を提出し，大臣は賛成の意向を示す。議論の俎上に挙がった「聖宗」案は契丹の使用例がある，「堯宗」案は諡法に堯字があるのは後人が付会の説を採ったためであり，また金に「宗堯」の使用例がある，「烈宗」案は僭疑の主の使用例がある，「光宗」案は字体が軽い上，士庶の名字によく使われる，といった反対意見が提出された。(3)再度侍従，台諫，礼官の集議がなされ，「藝宗」案から「大宗」案へ変更される。(4)孝宗皇帝から「堯宗」案を支持する意見が出される。(5)礼部，太常寺は「堯宗」案を批判し，商の高宗にちなんで「高宗」とすることを提案する。(6)この案が最終的に裁可されることとなった。

　以上のような廟号をめぐる政治過程の描き方は，『正史』，『実録』に通常見られる極めて普通のものである。しかし，周必大『思陵録』を参考に整理していくと，個々の官僚がどのように政治過程に関わっていたかより明確に見えてくる。

　(1)淳熙14年11月8日，都堂にて太上皇帝の諡号の集議が行われた。(2)集議の結果，「高宗」案が皇帝に提出された。(3)11月28日，唐軺の「祖」案が皇帝に提出された。この案は，礼部・太常寺に検討させた結果，否定された。(4)淳熙15年正月22日，林栗の「堯宗」案が皇帝に提出された。(5)27日，延和殿奏事の際，皇帝・宰執間でこの問題が議論された。集議の結果出された「高宗」案に対し，皇太子（東宮）は賛成し，皇太后は則天武后との関わりか

ら批判の意を示した。留正は「光宗」案を提出し，孝宗は「世祖光堯」案を提示した。周必大は孝宗の案に対し，四字の廟号は無いと上言した。(6) 28日，堯信は金の「宗堯」の使用例があるという，礼官の林栗案批判が皇帝に提出された。また謝諤の「聖宗」案が皇帝に提出された。これらを受けて，皇帝・宰執間でこの問題が議論された。周必大は「烈」字を提示し，留正が賛意を示した。孝宗は「聖」「烈」字について検討を命じた。(7) 29日，周必大は両字に問題があることに気付き，別議を求める箚子を上呈した。宿直官の宇文价は「光宗」案を提出した。(8) 2月1日，御史台にて集議が行われた。礼官は「高宗」案を提示し，林栗は「堯宗」案を提示した。(9) 2月4日，延和殿奏事の際，皇帝・宰執間でこの問題が議論された。孝宗は「堯宗」案に対して支持の意向を示すが，皇太子，宰執から金の事例があると批判された。次いで提出された「藝宗」案について議論が行われ，孝宗，宰執が肯定的な評価を行った。(10) 2月5日，御史台にて侍従，両省，台諫，礼官を集めて集議が行われた。「藝宗」案については礼官が反対し，その意見にその他の出席者も賛成し，今度は「大宗」案が提出されることとなった。(11) 2月6日，延和殿奏事の際，孝宗は「大宗」案について疑義を出し，「堯宗」案について再検討を求めた。(12) 2月7日，延和殿奏事の際，留正は「光宗」案に，王淮は「成宗」案に賛意の意向を示した。孝宗は「堯宗」案に関心を示す。再び，宰執は「高宗」案を孝宗に提出した。(13) 2月8日，延和殿奏事の際，孝宗は，「堯宗」，「光宗」より選択するよう求めた。(14) 2月9日，御史台にて集議が行われた。「堯宗」に対して反対意見が出たほか，宇文价が提出した「成宗」案も反対された。(15) 2月11日，延和殿奏事の際，周必大は呉越銭氏の使用例があると「成宗」案を批判した。当日，中使が，金国の廟諱一覧を宰執の元に持ってきた。(16) 2月12日，宰執の元に，誠宗案（宇文价等），寧宗案（台諫謝諤等6名），藝宗案（給舍王信等），開宗案（戸部侍郎葉翥）が送られてきた。(17) 2月13日，延和殿奏事の際，2，3日この問題について検討するよう孝宗より命令が出された。(18) 2月16日，延和殿奏事の際，「藝宗」案について審議を行った。王淮は礼官の案に対して支持の意向を表明した。留正は「藝宗」を当

初支持するも、この段にいたり「高宗」案を支持した。黄洽は「藝宗」案を支持した。この日、礼官は、「高宗」案を支持する意見を入奏した。(19) 2月18日、礼官が提出した「高宗」案について皇帝と宰執の間で審議された。最終的に孝宗は「高宗」案について「蓋聖意不欲違衆也」との考えから賛成した。

以上の二つの史料を見てみると、まず延和殿での皇帝と宰執との「対」、御史台、都堂といった場所での礼官、侍従、台諫などによる集議を中心に議論が進められている様子が見て取れる。次に、これらの議論を媒介するものとして、直接皇帝・官僚が「対」を行っているほか、箚子による上奏、あるいは皇帝から宰執に中使を通じて文書が下されるといった方法を確認することができる。また、前者の史料ではあまり窺えなかった皇帝、皇太子、皇太后、宰執の意見の変化が読みとることができ、当初「藝宗」案に関心が高かった孝宗が官僚たちの世論(「高宗」案)に従っていく様子も看取できる。このような官僚の世論を受け入れる孝宗の判断は『思陵録』を見る限り、服喪問題を除き、ほぼ一貫して窺え、孝宗の晩年の政治傾向をも知ることができる。

四，周必大の日記──『奉詔録』

『思陵録』を分析していくと、皇帝と宰執を結ぶシステムとしては、皇帝と宰執が直接対面して意見を取り交わす「対」システムと宦官を介して送られる「御筆」システムの二つが併存していることに気付く。後者の「御筆」システムについて『奉詔録』を手掛かりに分析する。「御筆」システムについて見ていくとき、必ず引用されるのが『宋史』巻472,「蔡京伝」である。

　　初，國制，凡詔令皆中書門下議，而後命學士爲之。至熙寧間，有内降手詔不由中書門下共議，蓋大臣有陰從中而爲之者。至京則又患言者議己，故作御筆密進，而丐徽宗親書以降，謂之御筆手詔，違者以違制坐之。事無巨細，皆託而行，至有不類帝札者，羣下皆莫敢言。繇是貴戚・近臣爭相請求，至使中人楊球代書，號曰書楊，京復病之而亦不能止矣。

ここで言う御筆とは、中書門下の議を経ることなく、宰執が皇帝に密かに意

見を提出し，それを受けて皇帝が直接官府に文書を送るものである。蔡京が言論を封じるために用いたものとされる。しかし，徳永洋介氏が分析されているように，御筆は，その後の北宋末から南宋時代にかけて宋代の文書システムの根幹となっていく。ちなみに，徳永氏はこの制度について「御筆制度もこの例に漏れず現れたもので，宰相と入念に諮って裁断を下す原則は維持しながらも，皇帝が六部以下の行政機関を直接指導する体制に先鞭を付け，明代の内閣や司礼掌印太監に繋がる幾多の側面で先駆的な役割を果たした意義は看過できない。」と述べ，明代の内閣の票擬システムの先鞭をなしたものと位置付ける[19]。

それでは実際に「御筆」システムがどう機能していたのか『奉詔録』を手掛かりに見ておきたい。

『奉詔録』は孝宗と周必大の間をやりとりした，「御筆」，「聖旨文字」，「御批」と表記されるいわゆる御筆について日記スタイルでまとめられている。例えば『文忠集』巻146に記される。

　　　　張氏論孟傳御筆。淳熙九年　正月二十七日
　　　近見張氏論孟傳不知是誰作，論議如何。
　　　　　回奏。
　　　此是張九成撰議論明白，而以洛中程氏爲主，九成仕至禮部侍郎，秦檜以其
　　　　是趙鼎上客，久貶南安軍。檜死後，嘗起知溫州，失明奉祀卒。

張九成の『孟伝』について，孝宗が御筆を用いて作者，内容を下問したのに対し，「回奏」という形で周必大が返答を行っている。『奉詔録』はこのような「御筆」，「回奏」が一組となり，両者のやりとりが記されるのが一つのパターンとなっている[20]。そして，この御筆システムにおいて重要な役割を果たすのが宦官である。御筆は「臣準御前附下……文字」，「臣昨聞聖諭」といった表現に代表されるように直接皇帝の面前で授受が行われるケースもあるが，多くの

---

19)　徳永洋介「宋代の御筆手詔」(『東洋史研究』57-3, 1998年) 参照。
20)　『奉詔録』ほど明確なスタイルは提示していないが，南宋の文集は類似のスタイルのものを見ることができる。例えば，李綱『梁谿集』表箚奏議には「附御筆批答」として，箚子と御筆を一組として載せている。

第三章　周必大『思陵録』・『奉詔録』から見た南宋初期の政治構造　　439

場合,「臣昨蒙聖慈遣中使下詢……」,「臣準內侍陳汚封下聖旨文字」,「臣準內侍甘宗茂封下御批」,「午時封入, 未時奉御筆」として現れる宦官を介して送付されるケースが多い。

次に具体的に「御筆」システムが政策決定にどのように機能しているのか,『奉詔録』(『文忠集』巻150) に見える淳熙十四年末から十五年初にかけて起こった皇太子の参決問題について紹介してみよう。

　(a) 資善堂稱呼御筆　十一月十四日
皇太子參決庶務去處, 祥曦殿南閤子太淺隘, 今別有一所欲作資善堂, 令太子與卿等議事於此, 不知資善之稱呼允當事體否。卿等奏來却進入。

　　回奏　王季海草
臣等恭奉宸翰云云。臣等檢照得典故, 錄在別幅, 更取聖裁。不然且權宜稱爲議事堂如何, 或不必立名亦可。臣等未有據依, 不敢更有陳述, 容別日面奏, 所有御筆復用繳進。

　(b) 過宮燒香, 皇太子參決等御筆　十一月十九日
自此以後, 遇旦望詣梓宮前燒香, 恐日數稍稀濶, 欲五日一詣宮燒香如何。皇太子議事指揮先宣示卿等, 如有未允當處, 却具奏來。皇太子可隔日就議事堂參決與宰執竝公裳繫鞓相見議事, 如有差擢在內自寺監丞在, 外自守臣已下, 悉委皇太子與宰執同議除授訖以聞, 所有守臣權免上殿參辭, 竝於議事堂納箚子, 擇其可施行者, 皇太子同宰執將上取旨。

　(c) 皇太子議事御筆　十二月五日
皇太子議事之後, 於進呈文字前, 宜用貼黃稱說卿等已與皇太子參決訖皇太子議事。次日須當於內殿侍立, 不進呈文字, 止要聽聞朕與卿等商議政事, 兼朕時親問太子某人其才如何某人議論如何, 不如此亦無補於聰明, 却繳來。

　(d) 皇太子初開議事堂, 乞特御殿　十二月二十九日
臣恭覩已降指揮, 皇太子就正月二日開議事堂, 雖是節假, 乞陛下特御延和引宰執奏事, 旣退, 方赴議事堂, 庶幾新元發政, 愜先後之序, 臣今輒陳所見, 伏乞睿照。

(a) では皇太子の參決の場所を「資善堂」とするかどうかについて御筆,

回奏という形でやりとりが行われている。(b)は具体的な参決方法について皇帝から宰執に御筆が送られたもの，(c)は皇太子が宰執と議事した後の皇帝への報告方法，及び皇太子を内殿に侍立させ，皇帝と宰執のやりとりを聞かせたり，皇帝より皇太子に政務や人材について下問することを通じ，皇太子教育を行う点について御筆が下されている。(d)は皇太子の議事堂開設の日時，方法について宰執側より皇帝に上奏されている。

　孝宗の服喪に伴う政務の滞りの懸念，及び皇太子教育から端を発した皇太子参決問題であるが，『思陵録』では次のように記される。

　(1) 淳熙十四年十一月己亥(二日)，皇太子参決について三省，枢密院に手詔が下され，有司に参決すべき庶務について議論させることとした。(2) 庚子(三日)，礼部・太常寺から次のような報告があった。貞観・天禧の事例を用いるようにとの詔に対しては皆，否定的な意見であり，朝廷外の世論も騒いでいる。また，皇太子が詹事葛邲に涙を流して参決するつもりはなく，翌朝，徳寿宮にて懇辞するつもりだと語ったことが伝えられた。(3) 癸卯(六日)，皇太子と宰執が会って参決する回数を間日とする，祥曦殿の南に太子侍班の場所があるのでそこを参決の場所とする，官僚への除授については貞観時代に五品の別があるが，その点をどうするか，といった点について，孝宗が宰執に下問した。宰執側は礼官に議論させたいと返答した。(4) 癸丑(十六日)，太子議事のところを資善堂の名とする上批が下された。王相(淮)は賛成の態度を取り，周必大は「天禧の嫌」があるので，議事堂とすべきだとする意見を述べた。(5) 乙卯(十八日)，延和殿にて太子議事の場所の名について審議した。周必大の議事堂とすべきとする意見に孝宗が賛同した。(6) 戊午(二十一日)，皇太子参決の庶務について次のような上批が出された。中央官は寺監丞以下，地方官は知州軍以下の除授を行い，その結果を孝宗に報告すること，議事堂で上奏を願い出たものの引見を皇太子が行い，採用すべき意見については宰執とともに孝宗へ上呈するようにというものであった。(7) 丙寅(二十九日)，延和殿にて，周必大が，内批通りに内東門司を議事堂とし，十二月二日に看板を掛け，有司に日を選んで開設させることを上奏した。(8) 十二月辛未(四日)，

延和殿視朝。皇太子参決の結果を毎月覆奏すべきだとする王相の意見について，孝宗ならびに周必大が煩瑣として反対した。(9) 乙亥 (八日)，延和殿視朝。本日議事堂開設のところ，皇太子が赤目のため休んだため，別の日を太史に選ばせることを周必大が上奏し，孝宗が裁可した。(10) 辛巳 (十四日)，延和殿視朝。議事堂にて知州を引見し，箚子を読ませるとき，皇太子が坐ってそれを受けるかについて議論し，孝宗は熟議すべきとの指示を出した。(11) 戊子 (十八日)，延和殿視朝。皇太子議事堂開設の日について審議した。(12) 淳熙十五年正月戊戌 (二日)，前日晩，周必大は，延和殿視朝の後，宰執に議事堂に赴かせ，二日より議事堂を開設すべきと孝宗に提案し，裁可された。この日，議事堂で皇太子参決が行われた。

　以上のように『思陵録』では描かれている。『思陵録』それ自体からも，この問題について延和殿視朝の際に孝宗と宰執が議論を行い，宰執が退出後，御批が下され，それを受けて宰執の間で議論が行われている様子を見て取れる。こうした政策決定過程において『奉詔録』の存在は，御筆が下され，それに対して回奏を行う，この一連の流れがこの時期に重要なシステムとして機能していたことを明確に物語ってくれる。

　もちろん，それ以前に類似の文書がなかったわけではない。「内降文書」という形で内廷から官府に送られる文書は宋初から存在している。しかし，宋代の前半においては「内降文書」は唐代の「斜封・墨勅」の弊を受け継ぐものだとして繰り返し批判を受け，否定的に受けとめられる。こうした「内降文書」が「御筆」システムとして定着し，常態化するのは，徳永論文が指摘するように，やはり第八代徽宗朝以降と言ってよいかと思われる。

　この御筆システムの意味を当時の政治状況と結びつけて若干，触れておきたい。まず，淳熙十四年十一月条を分析した折，『思陵録』の特徴としては太上皇帝 (高宗) の殯(かりもがり)をしている徳寿宮への定期的な立ち寄りを挙げた。この月だけでも「過宮」(徳寿宮への立ち寄り)，「歇泊不坐」(徳寿宮に宿泊したため，皇帝が視朝されない)，「不坐」といった記事が目立ち，十日ほど徳寿宮への立ち寄りがあったと推測される。孝宗は『建炎以來朝野雜記』乙集卷3，「孝宗力

行三年服」に端的に記されているように、高宗の生前から徳寿宮への挨拶を頻繁に行い、死後は徳寿宮での殯(かりもがり)から永思陵への埋葬まで、三年間に及ぶ服喪を徹底した皇帝であった。そのため、政治の舞台は、宮城外に設けられた「徳寿宮」と「宮城」の二箇所となり、その間を往来しながら政治が展開することとなる。

この点については、高宗、孝宗、光宗時代が太上皇帝制を用い、徳寿宮という宮城とは異なる政治空間を同時に用いていることに留意しなければならない。『宋史』巻154、輿服志、宮室制度には次のように記される。

<u>奉太上則有德壽宮・重華宮・壽康宮</u>、奉聖母則有慈寧宮・慈福宮・壽慈宮。德壽宮在大內北望僊橋、故又謂之北內、紹興三十二年所造、宮成、詔以德壽宮爲名、高宗爲上皇御之。重華宮卽德壽宮也、孝宗遜位御之。壽康宮卽寧福殿也。初、丞相趙汝愚議以祕書省爲泰寧宮、已而不果行、以慈懿皇后外第爲之。上皇不欲遷、因以舊寧福殿爲壽康宮、光宗遜位御之。

つまり、この三代の時期は太上皇帝として先代が退位すると共に、その居所として大内の北、望僊橋にある徳寿宮（孝宗の場合は、徳寿宮を重華宮と改称。光宗は寧福殿を改称した寿寧宮）を用いている[21]。『咸淳臨安志』所載の京城図を見る限り、徳寿宮は宮城からかなり離れた場所にあり、二つの政治空間の存在は、官僚が皇帝と直接接触する機会を減少させ、代わりに文書システムの活用を盛んにしたことが考えられる。周必大が『思陵録』を書く一方、『奉詔録』を書いたのも、当時の政治が事実上、「対」システムと「御筆」システムの微妙なバランスの上に立って行われていたことを示していると考えられる。

---

21) 寧福殿について『宋史』巻85、「地理」1、「京城」は次のように記す。「行在所。建炎三年閏八月、高宗自建康如臨安、以州治爲行宮。宮室制度皆從簡省、不尙華飾。垂拱・大慶・文德・紫宸・祥曦・集英六殿、隨事易名、實一殿。重華・慈福・壽慈・壽康四宮、重壽・寧福二殿、隨時異額、實德壽一宮。延和・崇政・復古・選德四殿、本射殿也。」この記事が正しければ、寧福宮も徳寿宮と同じものとなる。ただ、この史料には誤りが存在する。小林晃「南宋中期における韓侂冑専権の確立過程——寧宗即位（1194年）直後の政治抗争を中心として」（『史学雑誌』115-8、2006年）は、寧福殿（寿康宮）の位置について詳細に考証を行っている。

ところで，近年，安部直之氏は，孝宗朝の政治について，孝宗側近官に目を向け，次のような見解を提示された。この時代は孝宗の主体的政治運営がなされた時期であり，具体的には孝宗が潜邸旧僚を積極的に登用し，とりわけ枢密都承旨ポストに皇帝側近武臣官僚を配置し，枢密院文書行政を中心に三省の掣肘を受けない皇帝側近体制を構築したとする見解を出した[22]。しかし，『思陵録』の書かれた当該の時期は，龍大淵・曾覿・張説・王抃といった実権を握っていた孝宗の側近官が排除された時期であり，安部氏の述べるような特徴は窺えない。また，この時期，孝宗は太上皇帝（高宗）の葬送儀礼の実施につとめており，政治は宰執の合議に委ねられている。かつて寺地遵氏は，孝宗時期の政治の特徴について，一定期間内での宰相・執政交替の慣習化，宰執間での政策選択・決定の実行が実現した，いわば宰執制の再活性化・実質化した時期と捉える見解を出されていたが[23]，この時期に限定した場合，寺地氏の見解の方がより妥当性を持ちうるものとなっている。『思陵録』は三箇年という短い時期であるが，皇帝側近官を中心とした体制から宰執を中心とした合議体制への移行を端的に記述しており，孝宗晩年時の政治構造を窺う上では格好の史料となっている。

五，おわりに

これまでの議論の成果を整理すれば次の通りとなろう。
（１）周必大の『思陵録』と『奉詔録』という二つの政治日記は，宰執と皇帝との関わりを詳細に示してくれる。すなわち，当時の皇帝と官僚との接触方法は，「対」と「御筆」の二つを中心に展開し，両者を基軸に政策決定が進められていく。北宋の「対」を中心とした政治システムからの変化を窺わせてくれる。これは宮城（大内或いは南内と称される）と徳寿宮（北内）という二つの政

---

[22] 安部直之「南宋孝宗朝の皇帝側近官」（『集刊東洋学』88，2002年）。
[23] 寺地遵「紹興十二年体制の終末と乾道・淳熙体制の形成」（『南宋初期政治史研究』渓水社，1988年）。

治空間が存在した臨安の空間構造と深く関わっている。今後,益々政治権力と空間についての考察が必要になって来ると思われる[24]。

（2）また,一日,一年といったサイクルで,皇帝,宰執の政治活動がどのように行われるか,その動きを日記は如実に描き出す。宰執以外の官僚の活動については,侍従,台諫,宦官といった役割について鮮明に描写しており,宰執を中心としたという限定はつくものの,当時の官界の政治構造を読み取ることができる。

（3）『思陵録』は高宗の危篤から埋葬までの葬礼を中心に記述されたものであり,礼制研究上,重要な史料である。今回は政治構造という観点で分析したため,論及は最低限にとどめた。また,吉礼,凶礼の関係から金との外交問題についても詳細に論及しており,外交史料としても重要な価値を有する[25]。

最後に,日記が有する独特のニュアンスに触れておきたい。一例として,『宋史』巻122,「礼」25,「凶礼」の一節と『思陵録』とを比べてみよう。

　　淳熙十四年十月八日。高宗崩。孝宗號慟擗踊,踰二日不進膳。尋諭宰執王
　　淮,欲不用易月之制,如晉武・魏孝文實行三年之喪,自不妨聽政。淮等奏,
　　通鑑載晉武帝雖有此意,後來只是宮中深衣・練冠。帝曰,當時羣臣不能將
　　順其美,司馬光所以譏之。後來武帝竟欲行之。淮曰,記得亦不能行。帝曰,
　　自我作古何害。淮曰,御殿之時,人主衰経,羣臣吉服,可乎。帝曰,自有

---

[24] 衣川強「杭州臨安府と宰相」（『中国近世の都市と文化』京都大学人文科学研究所,1984年）は南宋の宰相の居宅の場所を分析し,その居宅と宮城との距離に着目している。南宋が専権宰相を次々に生んだ時代であり,彼らの居宅が宮城とは異なるもう一つの主要政治空間を構成することとなる。

[25] 例えば,金国から遣わされた正旦使について次のような記事が見える。南宋の外交の様子を知る貴重な資料となっている。①金の正旦使,赤岸到着。赤岸は府を去ること五十里。班荊館にて御宴を賜う。②船に乗り,北郭税亭に至る。馬に乗り換え余杭門に入り,都亭駅に至り宿泊。③孝宗,紫宸殿に御し,北使を引見し,垂拱殿にて宴会を行う。④北使,天竺寺,冷泉亭,呼猿洞などを遊覧。⑤正月元旦,朝賀の礼。大臣を遣わし,駅にて御宴を賜う。⑥浙江亭にて観潮,玉津園にて宴射。⑦集英殿にて大宴会。⑧朝辞。⑨執政官を遣わし駅にて宴を賜う。⑩馬に乗り,次いで船に乗り換え,赤岸に至る。⑪近臣を遣わし,御宴を賜う。

第三章　周必大『思陵録』・『奉詔録』から見た南宋初期の政治構造　　445

等降。乃出内批，朕當衰絰三年，羣臣自行易月之令。其合行儀制，令有司討論。詔百官於以日易月之内，衰服治事。(以下略)

〈『思陵録』巻172〉

辛巳。朝晡臨如儀。聽第二表，不允批答，就拜第三表。上令甘昇傳旨，欲不用易日之制，如晉孝武・魏孝文實行三年服，自不妨聽政。可商量所降詔旨。但縗服久則壞，又難改造，可商量以聞。旣而有旨。未時奏事，行百司云，裏面計會，莫只用白衫否。予以紹興十二年徽宗之喪，太常寺檢會永昌陵故事，皇帝視事日，去杖絰，服斜巾垂帽，小祥日，改服布四脚直領布襴腰絰布袴。今參酌，候皇帝視事日，遂不改服，去杖。至小祥日去冠，餘官依此。今旣未視事，難遽改服，奏事遂不改服。未時入奏事。上服縗絰鳴咽流涕。奏早來喪服指揮。上曰，司馬光通鑑所載甚詳。予奏，通鑑載晉武雖有此意，後來止是宮中深衣・練冠。上曰，當時羣臣不能將順其美，光所以譏之。後來武帝竟行。予奏，記得亦是不能行。上曰，自我作古何害。予奏，御殿之時，人主縗絰，羣臣吉服，可乎。上曰，自有等降。予曰，臣從君者也。若或可行，則祖宗行之矣。今乞令有司討論，庶使四方知陛下之聖孝，自不必降詔。上曰指揮可也。

　『宋史』の記述は，皇帝と首席宰相王淮との会話となっており，宰執個々人の発言は削除されている。つまり，宰執すべての発言が王淮，あるいは王淮等という表記になっている。『思陵録』では，この部分は予，すなわち周必大の発言とされる。『思陵録』では自分の発言ではない時は王相（王淮），留参（留正）といったように対象者が表記されるので，この部分の発言者は周必大である可能性が高い。また，引用部分にも若干窺えるが，『思陵録』の中では，服喪に当たっては，服装のみならず，視朝の場所，金国の使節を受ける儀礼問題等を含め，孝宗の揺れ動く心理状態が詳細に記される。このように，一つの政策決定の過程において，政治主体がどのように発言し，どのように動いたかについては，結果を記すことを重視する官撰史料とは微妙に異なる事実を伝えてくれる[26]。日記を利用して政治過程を見る面白みは，上記に述べた政治構造を考察する上で有効なだけではなく，また政策決定過程に関わる人々の動きや心理を

明らかにする上でも有効なのである。

〔補記〕脱稿後,北京図書館にて『周益公文集二百巻 年譜一巻 附録五巻』(明祁氏淡生堂抄本 瞿鏞校並跋 一百冊)を見る機会を得た。この明抄本の『思陵録』の部分は『四庫』本と同じ年月の錯簡の問題を有するが,『四庫』本に脱落している攢宮部分の記事を留めており,道光二十八年本との校勘の際には『四庫』本より利用価値が高いと思われる。

26) 以前,『長編』,『宋会要』,文集などを手掛かりに「議」関係の史料を分析した際に,集議の提案は,実際の提案者の名前ではなく,その場の最高の地位にいる者を代表者として記述されることがあることに気付いた。恐らく,『宋史』の記事も首席宰相(左相王淮)の名前でまとめられたのであろう。詳しくは本書第三部「宋代の政治システム」第二章「宋代の政策決定システム——対と議——」参照。

第四章 『欧陽脩私記』から見た宋代の政治構造

一，はじめに

　陳左高『中国日記史略』（上海翻訳出版社，1990年）によれば，日記には殷墟の甲骨文字にその起源を見出す説や，東晋の王羲之の蘭亭序に起源を見出す説などが存在している。しかし，作者がはっきりし，作品が残っており，かつ日記スタイルを備えている最初のものとしては唐代の李翺『来南録』が該当する。唐代頃になると，李翺『来南録』，豊斉休『雲南行記』といった奉使紀行日記（外国や地方へ使節に出向いた際の日記），孫樵『読開元雑報』といった史官日記（歴史編纂官の記録），あるいは特定の出来事を記した短編日記などが登場するようになる。その代表としては時政批判を記した劉珂『牛羊日暦』などが挙げられる。しかし，陳氏が指摘するように，各種の日記が登場するのは唐代からではあるが，『来南録』をはじめとしてその内容は極めて簡略であり，備忘録あるいはメモ書きのようなものであり，量・質から言って日記の本質的な展開は宋代からと見なすべきである。

　実際，宋代に入ると，『王氏日録』80巻，『温公紀聞』10巻（『郡斎読書志』巻6）など相当ボリュームのある日記が書かれることに加え，各種ジャンルの日記が登場する。旅行記，日常生活を描いた身辺日記，外交使節の日記などが盛んに書かれた以外に，政治日記の流行も見られた。例えば，王安石『王安石日録』，司馬光『司馬光日記』，劉摯『劉摯日記』，王巌叟『王巌叟繫年録』，曾布『曾布日録』など各種の政治日記が書かれている。少なくとも『司馬光日記』，『王安石日録』はそれぞれ神宗実録の元祐本，紹聖本の編纂の際に最重要史料とされたように，これら政治日記の資料的価値は極めて高い。事実，そのことを物語るように李燾『長編』には十数種類の政治日記が本文，注に引用されている。

第四部　宋代の政治日記

　筆者はここ数年来，政治日記史料を手掛かりに，宋代の政治構造を解析する試みを続けてきた。そのうちの成果の一篇，第四部第一章「宋代の政治史料——「時政記」と「日記」——」の中で，なぜ政治日記が書かれたかについて分析を試みたことがある。その理由として，以下の説明を行った。（1）宋代の官撰史料の編纂過程は，図30の通りであり，そのうち，皇帝と宰執との会話のやりとりを記した時政記が最も重要な史料として見なされた。時政記執筆者が同時に私的な政治日記をつけていた事例を多々確認できるが，これは執筆に当たった宰執が時政記執筆のため，あるいは宰執の職務の必要性から，皇帝との会話及び政治事件を備忘録としてつけていたためである。また，『高宗実録』の事例に見られるように，宰執や高官クラスの退任者に対し，実録作成のための史料として日記の提出を求めることがあった。（2）政治日記の流行には，宋代が「対」システム（官僚が皇帝と直接対面して意見を申し上げる制度）が広範囲に発達したことと関係がある[1]。「対」は基本的には，宦官，起居注の官などが遠ざけられた皇帝の政治空間において，複数あるいは個人の官僚が皇帝と会話を行うものである。従って，その内容には「対」を行ったものしか知り得ず，「対」を行ったものは，史官に史料の提出が求められた。「対」が皇帝政治の中核となっていた宋代においては「対」を記録することが大きな意味を有しており，官僚たちは積極的に政治日記を書き記していった[2]。

---

[1] 宮崎市定氏は宋代以降の君主独裁政治の特質について，「この様に極めて多面的に官僚に直接接触するのが宋代以後の天子の特質であり，天子の独裁権も必然的にそこから発生し完成されたということができる。」（「宋代官制序説——宋史職官志を如何に読むべきか——」『宋史職官志索引』同朋舎，1963年）と述べる。

[2] 『王安石日録』の別名は『熙寧奏対』であり，このほか欧陽脩「奏事録」，周必大の「乾道庚寅奏事録」など，「奏対」を記録することを主眼とした日記が作成されている。こうした日記のあり方は日本の古代の日記とは大きく性格を異にする。平安時代の日記には太政官の外記が記録した外記日記，中務省の内記が記録した内記日記，蔵人が記録した殿上日記などの官庁や宮廷の政治の様子が記された公的な日記と，藤原道長の『御堂関白記』に代表される公卿などが記した私的な日記が存在している。前者は，例えば内記日記が天皇の言動や言葉を詳細に記録し，朝廷の儀礼を正確に記録したように，また殿上日記が天皇の行動・御膳等を，伝宣進奏する等々，殿上における一切のことを

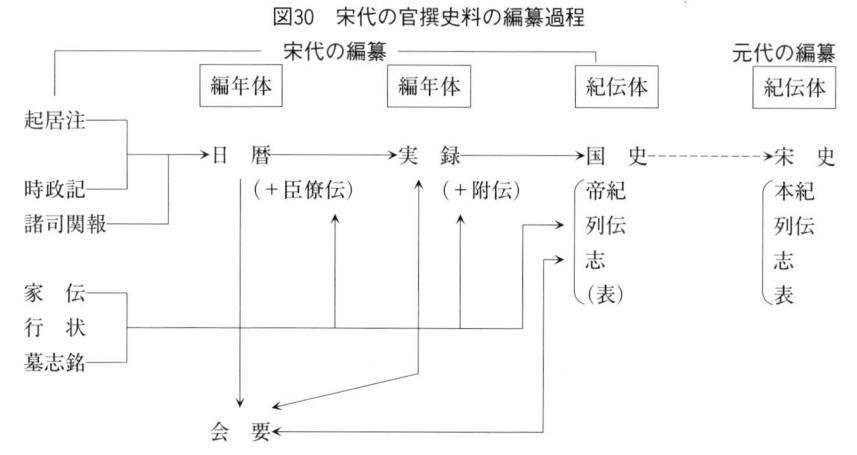

第四章 『欧陽脩私記』から見た宋代の政治構造

図30　宋代の官撰史料の編纂過程

```
            ┌──────── 宋代の編纂 ────────┐        元代の編纂
              ┌編年体┐  ┌編年体┐  ┌紀伝体┐       ┌紀伝体┐
起居注┐                                            
       ├──→ 日　暦 ──→ 実　録 ──→ 国　史 ─────→ 宋　史
時政記┤       (＋臣僚伝)  (＋附伝)   ┌帝紀         ┌本紀
諸司関報┘                             │列伝         │列伝
                                      │志           │志
家　伝┐                               └(表)         └表
行　状├────────────────────↑
墓誌銘┘                                              
                    会　要←
```

ひとまず以上のような説明を試みたが，誰が[3]，なぜ，何を書いたかという日記を考える上での本源的な問題に立ち返ってみた場合，依然として日記史料の有効性，動機については不明な点が多い。今回は『欧陽脩私記』を一つの題材として，この課題について考察することとしたい。

掌ったように，中国の起居注との類似性を有している。しかし，一方の私的日記である公卿の日記には，天皇との公事に関する打合せの連絡をはじめ，陣定に関すること，あるいは私的な行動，ものの考えなどが少なからず書かれた他，最も多いのが公事，朝廷の儀式に関する記述であった。要するに，公卿にとっては宮廷の儀式作法を正確に行うことが大事であり，日記を叙述する第一の意義はそこにあったのである（山中裕編『古記録と日記（上）』思文閣出版，1993年）参照。以上の点に，日本の古代の日記と宋代の政治日記との記述の違いを見ることができる。

3）　日記史料を考える場合，作者の問題を等閑視するわけにはいかない。例えば，『忠献韓魏王別録』三巻という書が残されている。この書目について『四庫全書総目』巻59では，「（王）巌叟嘗在韓琦幕府，毎與琦語，輒退而書之，琦歿後乃次爲別録三篇。上篇皆琦奏對之語。」とあり，韓琦が皇帝と行った奏対の内容を韓琦の幕府にいた王巌叟が書いていたことが確認できる。また文彦博の日記と考えられる『文潞公私記』については李燾『長編』巻437では「私記不知誰作。稱去年六月忠彦遽致大用，則作此時，蓋五年彦博罷平章軍國重事後也。語多激訐，必不出彦博之手。蓋其子孫或門人故吏輩爲之耳。」と述べており，この『私記』が子孫あるいは門生故吏による可能性を示唆している。要するに，日記は当人が記すことが多かったと思われるが，その一方，家人や門生故吏などがまとめたいわゆる日記も数多く存在していたと思われる。

二，『欧陽脩私記』概観

『欧陽脩私記』という書物についてまず確認する。以前，『長編』中に引用されている政治日記を調査している際に，この書物の存在を偶然知った。具体的には，巻197，嘉祐七年八月辛丑の条の注に「中外相賀，此據歐陽脩私記及范祖禹帝學。」，巻199，嘉祐八年九月己未の条の注に「歐陽脩私記載此事尤詳，獨以蟲兒乃宮正仰搖眞之私身，與司馬光記不同，今從日記」，巻206治平二年九月辛巳の条の注に「歐陽私記以爲九月十九日事。今附月末」と三箇所にわたり，『欧陽脩私記』あるいは『欧陽私記』の書名が記載されている。また尤袤『遂初堂書目』本朝雑志にも『欧公日記』の名前が見え，『欧陽脩私記』あるいは『欧公日記』なるものが書物の形で存在していたことを窺わせてくれる。

これらの史料の具体的内容については第三節で論じるが，いずれも『欧陽修全集』(中華書局)巻119，「奏事録」中に記されているものである[4]。そして宋慶元二年周必大刻『欧陽文忠公集』ならびに元代刻本に基づく四部叢刊本の注には，「歐陽文忠公在政府時，手錄奏對語，此前五事得之林子中家。文忠手錄，皆密語，筆札精楷，蓋欲傳示後人。而子職不謹，身沒未幾，已流落於他人家。其曰追書者，皆不見，又未知其何在也。後三事亦子中錄以相示，云得之於史院，曾布子宣題。」と「奏事録」入手の経緯が記されている。この注に基づけば，(1)欧陽脩が政府にいた際に，奏対の語を自ら記した。(2)前の五事は林希(字子中)の家で手に入れた。(3)欧陽脩が記しているのは機密の話で，きちんとした楷書で書かれ，後生の人に伝えようとしていたものと思われる。(4)ところが子供たちがきちんと保管していなかった結果，没後間もなく他人の家に流出することとなった。(5)「追書曰く」という部分は見あたらず，何処にあるかもわからない。(6)後の三事は林希が採録して見せてくれたもので，

---

4) 実は『遂初堂書目』本朝雑志には『欧公日記』と並んで『欧公奏事』を採録しており，民間には『欧陽私記』もしくは『奏事録』の両方の書名の形で流通していた可能性がある。

第四章 『欧陽脩私記』から見た宋代の政治構造　451

史院で入手したものであり，曾布（字子宣）の題が付けられている，といった内容を確認できる。

　まず，（1）の点を検証してみたい。実は，この政府時代の奏対について記したとされる「奏事録」と深く関係しているものとして，晁公武『郡斎読書志』巻2に「嘉祐時政記一巻。右呉奎・趙槩・歐陽脩記立英宗事，幷買易論韓琦定策疏」と見える『嘉祐時政記』が存在する。欧陽脩は嘉祐五年（1060）十一月に枢密副使，同六年閏八月に参知政事となり，治平四年（1067）三月までつとめている。嘉祐時政記は「英宗即位ならびに買易が韓琦の英宗を擁立した功績について論じている内容」を記しており，『欧陽脩私記』との関連性の高さを予想させる。ちなみに趙槩には陳振孫『直斎書録解題』巻7に「趙康靖日記一巻。參政睢陽趙槩叔平所記治平乙巳・丙午開在政府事。」とあるように，同様な政治日記を記している。趙槩は嘉祐五年（1060）十一月に枢密副使となり，七年から熙寧元年（1068）正月まで参知政事をつとめており，これも時政記執筆と私的日記作成との連関性を窺わせてくれる。

　また，この『奏事録』の後半三事については林希が史院で発見し，それに曾布の題が記されていたという点も注目される。実録編纂時に日記史料が利用されたことはすでに論じたとおりであり，史院に残されていたというのもこのことと深く関わっているかもしれない[5]。

　次に採録されている時期の問題について論じておく[6]。八事の内容を見る限り仁宗末年から英宗の治世にかけてであり，『長編』との対応関係からすれば

5）『欧陽脩私記』については実録編纂との因果関係はわからないが，同じ頃作成されていた『趙康靖日記』について，王安石は「余日，臣修實錄，見趙槩所進日録一冊。」（『四明尊堯集』巻8所引『王安石日録』）と述べており，英宗実録編纂時に趙槩の日記が参考史料とされていたことが確認できる。なお，林希がいつ『欧陽私記』を発見したかについては不明であるが，林希・曾布共に紹聖年間に編纂された神宗実録の編纂に携わっており，こうした時期に史院で当該書を見る機会があったと考えられる。
6）『欧陽修全集』巻119は「奏事録」に続いて「自治平二年六月十一日已後。其日追書者，乃已前事，亡其月日矣。」と注記されている。この注記の意味するところは実はよくわからない。もしかしたら「其日追書者」という一文がある「奏事録」が存在していたのかもしれない。

嘉祐七年八月から治平三年十月（この部分については後述）となる。基本的に欧陽脩が参知政事として活躍した，仁宗末期から英宗在位時のことを記した書物であったと思われる。

三，『欧陽脩私記』の記す世界

それでは具体的に八事について整理しておく。八事は（1）「論孫長卿爲臺諫所劾事」，（2）「辨蔡襄異議」，（3）「獨對語　八月十四日」，（4）「御藥陳承禮監造衮冕事　八月」，（5）「内降補僧官　九月十九日」，（6）「又三事」と表記されている。以下，項目に従いその内容を概観する。

（1）「論孫長卿爲臺諫所劾事」
孫長卿が環慶路総管を罷免され，集賢院学士，河東都転運使を拝命することとなった。この人事について，宰執と台諫が論戦を繰り広げていた。台諫側は長卿の辺防の任には問題があるので，降格・罷免の措置を執るべきだと論じた。一方，宰執側は孫沔を致仕より起復させ西辺の軍事を委ねることとしたのであり，長卿は任期満了による交代で，左遷する過ちはない。台諫の言が正しければ訂正するのにやぶさかではないが，今回の人事は妥当なものであり，曲げて従うわけにはいかない，と応戦した。最終的には，英宗が宰執側の意見を採択し，上述の人事が行われることとなった。この人事は『司馬光集』巻33，「孫長卿第一箚子」に基づけば治平二年五月頃のことである。

次に，台諫側の論拠を他の史料によって確認しておく。知諫院傅堯兪は「今慶州孫長卿頗知錢穀，材非將帥，輕易寡識西道，共知平居，固已乖方，緩急豈能辦事，未敢畫一條其跡，伏望陛下置之他處，姑任其長，毋俾異時爲邊防之誤。」（『歴代名臣奏議』巻238），同じく知諫院司馬光は「臣伏聞，前環慶路經畧使孫長卿加集賢院學士，充河東路都轉運使。長卿前在環慶，不曉邊事，舉措煩苛，致熟戸蕃部叛亡幾盡。道路之人無不知之，臣謂朝廷宜嚴加譴謫，以儆羣帥，不意今日更襃以寵名，授以重任。外廷聞之，無不駭笑。如此何以使羣臣舉職，邊鄙

獲安。伏望聖慈速改前命，數其無狀，於遠小處責降，庶今後封疆之臣稍有所畏。取進止。」(『司馬光集』巻33,「孫長卿劄子」)とあり，台諫側は孫長卿には将帥の才能が無く，熟戸に厳しい措置を執った結果，熟戸が反乱・逃亡をしており，左遷の措置を執るべきだと主張した。

台諫側の名前としては本文中に賈黯（御史中丞）が確認されるほか，知諫院司馬光，傅堯俞が上述の史料によって確認される。また，『范太史集』巻41,「同知枢密院趙公神道碑銘」にも侍御史趙瞻がこの人事を批判していることを確認でき，韓琦，欧陽脩ら宰執と司馬光ら台諫の対立という，英宗期の重大問題であった濮議（英宗の実父濮王の尊号をめぐって争われた政治事件）と同じ図式が展開していることが確認できる。

(2)「辨蔡襄異議」
この文章とほぼ同内容で詳しいものが(6)「又三事」の第一番目の文章に見え，『欧陽脩全集』(中華書局)の編者はどちらかが初稿ではないかと注記している。以下，簡単に内容を紹介する。三司使・給事中の蔡襄が端明殿学士・尚書礼部侍郎・知杭州となった。英宗が濮邸から擁立されて皇太子となった際，内外このことを慶賀したが，蔡襄一人が異議を唱えたと流言が広がった[7]。英宗が即位すると，ことごとに三司のことに言及し，喜ばない様子であった。蔡襄はこの様子を恐れ，外任に出ることを願い出て，今回の人事となった。なお，宰執の韓琦，欧陽脩は「今回のことは流言であり，信用してはならない。皇帝は疑似の言を以て忠良な部下を損なってはならない。」と英宗に対して諫言を

---

7) なお，王明清『玉照新志』巻4にはこのことに触れ，流言の張本人が章望之表氏同胞の章拱之であったとする。

蔡君謨在昭陵朝，與歐陽文忠公齊名一時，英宗卽位，韓魏公當國，首薦二公，同登政府。先是，君謨守泉南日，晉江令章拱之在任不法，君謨按以贓罪，坐廢終身。拱之，望之表民同胞也。至是旣訟冤於朝，又撰造君謨乞不立厚陵爲皇子疏，刊板印售于相藍，中人市得之，遂干乙覽，英宗大怒，君謨幾陷不測。魏公力爲營救。事見司馬溫公之齋記及歐公奏事錄記之甚詳。君謨終不自安，乞補外，出官杭州，已而憂去遂終，故魏公與君謨帖云尙抑柄用，此當軸者之愧也。親筆今藏呂子和平叔處。

行っている。この中で興味深いのは、欧陽脩は類似の実例として二例を列挙している。一つは、夏竦が富弼を陥れるために石介の書字を婢子に学ばせ、仁宗の廃立を企てたという誣告を行おうとしたが、幸いにも未然に言者によって明らかにされたという例、もう一つは欧陽脩が母の服喪が終わり、政務に復帰した際に、彼を憎むものが内官の粛正を提言する箚子を偽造し、宦官たちを怒らせようとし、内外にその噂が広がったが、仁宗のおかげで身を保全することができたという例である。

　以上のような欧陽脩らの尽力にも関わらず、最終的に蔡襄の疑惑を解くことはできなかった。本条では特に英宗が自己の即位の正当性に対する批判に神経質になっている様子が窺え、例えば「又三事」には度重なる宰執の諫言に対して英宗は「數家各有骨肉。」(おまえたちにも家族はいよう。〈これ以上言うならおまえたちも巻き添えを食うことになるぞ。〉)、「造謗者因甚不及他人？」(誹謗する者がなぜ蔡襄以外に言及しないのか？)と脅迫めいた発言までしている。

　なお、蔡襄が三司使より知杭州に出るのは治平二年二月辛丑のことであり、このことは『長編』巻204に載せられている。この部分に李燾の注記はないが、内容は「又三事」とほぼ一致しており、李燾が『欧陽脩私記』を元に記述していることを窺わせる。

(3)「獨對語　八月十四日」

　この部分はタイトルにあるように、独対(皇帝と官僚が一人で直接対面して意見を申し上げる)を行った内容が記される。その経緯は、以下の通りである。治平三年(1066)八月十四日、この日昭文(主席宰相である韓琦。昭文館大学士を帯びる)、西庁趙侍郎(参知政事趙槩)が休暇中、集賢(次席宰相曾公亮、集賢殿大学士を帯びる)が私忌のため、欧陽脩が崇政殿にて独対し、上奏を終えた後、英宗に引き留められて両者の間で会話が展開することとなった。

　前半は、濮議をはじめとする台諫との対立について英宗の庇護により身を保全できたことを欧陽脩が述べ、英宗が忌憚の無い欧陽脩の発言に対して注意を促している。

第四章　『欧陽脩私記』から見た宋代の政治構造　　　　455

後半は，欧陽脩が有能な人材の登用が閉ざされていることを指摘し，館職の召試を願い出ている部分である。この後半部分は『欧陽脩全集』巻114，「又論館閣取士箚子」に詳しく採録されている外，『宋史』巻156，選挙，制挙，『宋会要』巻31，召試，治平三年十一月六日，『長編』巻208，治平三年十月甲午の条などにも見える。『長編』巻208の同条は「詔宰臣・參知政事擧才行士可試館職各五人。先是，上謂中書曰，水潦爲災，言事者多云不進賢何也。歐陽脩曰，近年進賢之路太狹。誠當今所患。臣每與韓琦等論議未合。(以下略)」の書き出しになっており，一方「奏事録」では「上日水災以來是月三日，言事者多云不進賢。臣脩日，近年以來進賢之路太狹。此誠當今之患。臣每與韓琦等論議未合」となっており，八月十四日の独対の語が契機として，十月の館職召試へ発展していることがわかる。『長編』が『欧陽私記』を元にしたか不明であるが，内容的には重なってくる。なお，『長編』の「上謂中書曰」の部分は「奏事録」では，「臣脩獨對崇政殿，進呈文字畢，歛笏將退，上有所問」となっている部分であり，この館職召試の一件について欧陽脩の発議の役割の重要性が明確に述べられている。

(4)「御藥陳承禮監造袞冕事　八月」

時期は不明であるが史料中に「南郊日近」の一文があり，英宗朝において唯一南郊の祭祀の行われた年の治平二年八月の記事と考えておく。ここでは，南郊祭祀に用いる諸物の作成の担当部局が問題となっている。三司が「従来諸物の作成は少府監・文思院が担当していたのに対し，近年は別局を置き，内臣が監督している。従来通り官司に戻してほしい。」と上奏し，一度は裁可された。ところが少府監が袞冕（天子の着物と冠）の作成を申し出ると，内批で御藥院陳承礼に袞冕の作成の責任を負わせる命令が出された。これに対し，韓琦，曾公亮，欧陽脩が英宗の朝令暮改の姿勢を批判し，御藥院陳承礼に少府監でその任に当たるよう提案し，裁可された。御藥院陳承礼の顔を立てつつ，官司側の意向も尊重する折衷的な措置がとられたといえる。

（5）「内降補僧官　九月十九日」

『長編』巻206, 治平二年九月の条に「歐陽脩私記以爲九月十九日事, 今附月末」という注記を有する同じ文章が採録されている。内容を以下, 簡単に紹介する。先朝では僧官に欠員が生じた場合, 權要の請託により「内降」(宮中から直接官府に降される文書) によって任命が行われた。当時, 諫官, 御史台官がこの問題を重ねて批判した。先帝（仁宗）はその問題を悟り, 僧職に欠員が生じた場合, 両街（左右街僧録司）に命じてそれぞれ一人を選び, 能力を比べて補任することとなった。ところが, 今回鑑義の欠員が生じ, 中書以下両街が一人を選び, まだ上呈しないうちに, 内臣陳承禮が宝相院僧慶輔を推挙し, 内降により鑑義を与えることとなった。中書の韓琦, 曾公亮, 歐陽脩が「内降により朝令暮改を行えば, 内臣が朝政に関与するようになり, 宦女近習が蔓延る端緒となりうる。私請と公義に従うのは, どちらが得失であるか？」と問いただし, 中書の意見が受け容れられることとなった。

（4）,（5）とも内臣の関与, 内降[8]による朝令暮改を論じており, 内容的に極めて近い。英宗が病気のため長期にわたり政務に専念できなかった状況を考えると, このような問題は英宗朝でしばしば起こっていたと考えられる。因みに御薬院陳承禮の名は『司馬光集』巻37,「王中正第一箚子」, 同巻41,「辭樞密副使第一箚子」などにでており, また同巻43, 同史料では「勾當御薬院」と官職名が付されており, 御薬院の長官という肩書きからして英宗朝から神宗朝始めにかけて有力宦官であったと思われる。

（6）「又三事」

この内第一番目は（2）「辨蔡襄異議」と重なるので省略する。第二番目の記事は仁宗嘉祐七年皇太子擁立に関わる記事である。英宗の擁立については小

---

[8]　拙稿「宋代の垂簾聴政について」(『柳田節子先生古稀記念　中国の伝統社会と家族』汲古書院, 1993年) の中で仁宗朝の「内降」問題について言及したことがある。特に仁宗即位当初の章献明粛劉皇太后時代にこの「内降」が盛んに用いられ, それ以降しばしば「内降」杜絶を求める上奏が臣下より出されている。

第四章 『欧陽脩私記』から見た宋代の政治構造　　457

林義廣『欧陽脩　その生涯と宗族』第六章「濮議論争」(創文社，2000年)に端的にまとめられているので，その内容をも参照しつつ，本条の内容を整理する。仁宗は襃王，豫王，鄂王と実の三人の息子を相次いで亡くし，皇子がいなかった。仁宗は至和三年（1056）正月に病を得て，しばらく視朝を行うことができなくなった。その際，故枢密副使包拯，今の翰林学士范鎮が後嗣を求める発言を行い，その言は激烈であった。今の枢密富弼，昭文韓琦も進言し，欧陽脩自身も大水のことにかこつけてこのことに言及したが，採択されなかった。このようなことが5，6年続き後嗣に関する発言が沙汰やみになった。嘉祐六年秋，枢密副使から参知政事に転任した折，内降の封書を見た。司馬光が上呈した皇太子擁立を求める文書であった。知江州呂誨からも同様な上奏があった。昭文（韓琦），集賢（曾公亮）と欧陽脩が晩議を行い，明日仁宗に皇太子擁立の意向があれば，それに賛成しようという話となった。翌日，垂拱殿での奏事の折，この問題が論議となり，仁宗より名某（宗実，英宗の即位前の名）が上がり，宰臣らは賛成した。明日，崇政殿での奏事の折，宰執はまたこの問題を申し上げ，退出後，宗実を判宗正につけることを議論した。仁宗が裁可し，六年十月この命が出されたが，宗実は喪服中を理由に再三にわたり辞退した。七年二月一日喪服があけたが，宗実は病と称し，前後十余回辞退した。韓琦，曾公亮，欧陽脩は内外に後嗣であることを明らかにするため，皇太子に冊立することを求め，詔書が降された。皇太子擁立の議論を受けて，奏請の文書を書いたのは西庁趙侍郎（趙槩）と欧陽脩であり，皇太子改名の箚子は欧陽脩が執筆した。最初，皇太子の改名候補として日扁の十字を仁宗に提示し，仁宗がその中から一字（曙）を選んだ。皇太子は濮邸時代から賢名を知られ，入内する際も良賤三十人足らずの従者と書数厨の僅かな荷物しか携帯していなかった。内外この皇太子擁立を聞き，皆慶賀した。

　趙曙が英宗として即位するのは嘉祐八年四月一日であるが，この記事は『長編』巻197，嘉祐七年八月辛丑の条に「良賤不満三十口，行李蕭然，無異寒士，有書數厨而已。中外聞之相賀」の本文の後に「中外相賀，此據歐陽脩私記及范祖禹帝學」の注が付けられており，この記事が嘉祐七年八月頃のものであるこ

とがわかる。

　この「奏事録」と『宋史』巻312, 韓琦伝と比べてみれば, 前者の史料によって皇太子擁立における欧陽脩の役割がはっきり浮かび上がる。『宋史』では皇太子擁立の主役は一貫して韓琦であり, 韓琦が英宗擁立の中心人物であった印象を受ける。これは韓琦の伝だからと言うのみならず, 宰執の行う「対」の制度と関係がある。通常, 1080年代に行われた元豊官制改革以前であれば, 前殿視朝の中心は「中書」,「枢密院」,「三司」,「審刑院」,「開封府」といった主要官庁の長官・副官であり, これらが順次, 入れ替わり「対」を行う。宰執は「中書（門下）」,「枢密院」の長官, 副長官を兼ねるので,「中書」系宰執と「枢密院」系執政はそれぞれ異なる「班」で「対」を行うのが基本的スタイルである。また, 当然ながら宰執が一堂に会する形での「対」も存在している。従って,「中書」の「対」であれ, 宰執の「対」であれ, 史料にまとめられる場合は主席宰相韓琦の発言とされる可能性が極めて高い。また, 宰執は「対」を行う前に, 都堂や待漏院といった場所で会議を行い, 全体の意見をとりまとめておくのが普通であり, 皇帝の面前での発言もそれを踏まえたものとなる。仮に宰執全体の考えであったとしても『宋史』のような二次的編纂物においては主席宰相韓琦の意見であるかのごとく記されることとなる。一方,「奏事録」を見る限り, 欧陽脩は韓琦, 曾公亮と共に積極的に後嗣問題に関わっていると共に, この問題についての上奏文書の作成は, 欧陽脩あるいは趙槩といった参知政事が担当していることが確認される。ただ, 范祖禹『帝学』巻7には「及爲皇子, 召本宮教授周孟陽爲辭奏, 孟陽有所勸諭, 卽謝孟陽而拜。嘉祐七年遷入內, 行李蕭然無異寒士, 有書數厨而已, 中外聞之相賀。」と見えるだけであり, この部分はほとんど司馬光『涑水記聞』などの他の史料に基づいて記述されたものと思われる[9]。

9）　例えば司馬光『涑水記聞』巻9に「癸未, 皇子猶堅臥不肯入肩輿。宗諤責之曰, 汝爲人臣子, 豈得堅拒君父之命, 而終不受邪。我非不能與衆執汝强置於肩輿, 恐使汝遂失臣子之義, 陷於惡名耳。皇子乃就濮王影堂慟哭而就肩輿。王樂道云。又云, 令教授周孟陽作讓知宗正表, 每一表餉之金十兩。孟陽辭, 皇子曰, 此不足爲謝, 俟得請, 方當厚酬

第四章 『欧陽脩私記』から見た宋代の政治構造　　459

「又三事」の最後の事例は，仁宗の遺腹子の事件である。内容を簡単に紹介する。嘉祐八年上元節。通常であれば仁宗は十四日の朝早く宮中を出て諸宮寺に行幸され，従臣に酒を賜り，暮れに戻られ，そして宣徳門に登り，従臣と看燈し，臣下に酒を五巡まで賜うはずであった。この年は正月はじめより体の調子が悪く，十四日も朝早く宮中を出られず，晩に慈孝，相国寺に行幸されただけで，その後，端門（宣徳門）にお出ましになり，従臣に酒を賜うことは三巡で終わってしまった。それ以後，前・後殿にて視朝されても体の調子がすぐれず，こうした間に「韓蟲児の事」が外に広まることとなった。外伝した「韓蟲児の事」とは，昨年の臘月，一人の宮婢が水を汲みに来た際，蛇がつるべにまとわりついた。仁宗はこの様子を見て奇異に思い，宮婢を召したところ，宮正柳瑤真の私身韓蟲児であった。その後，柳夫人が閤中に宿直し，翌日の宿直明けに韓蟲児に座布団を取りに行かせた。丁度仁宗が閤中におり，韓蟲児を召し，肉体関係を持ち，韓蟲児は妊娠した。韓蟲児は仁宗と関係を持った際，仁宗は韓蟲児が腕にはめていた金鋜子を取り上げ，子供を産んだ際の証拠とするように言った，というものである。韓蟲児自身も宮中で仁宗の寵愛を受けて妊娠したこと，及び金鋜子は仁宗寵愛の内臣黎永徳に命じて隠したと人に語った。

一月二十七，二十八日，仁宗は崇政殿にお出ましにならず，延和殿で視朝を行った。これまで在位四十年，暑いときにも団扇を使うことなく，寒いときにも火鉢を使うことがなかった仁宗が始めて火鉢を設けさせた。その後，体調が思わしくなく崩御され，英宗が柩前で即位した。この間，韓蟲児の事が話題となり，仁宗の遺腹子の誕生が八，九月にあるはずだと喧伝された。

九月十七日，欧陽脩は服薬のため休暇を取り家居していた折，晩に宮中より３人の宮女が内侍省に送られ取り調べを受け，また産婦人科の医官14名，産婆３名が呼ばれたと伝え聞いた。十九日，内東門小殿での垂簾聴政の際，上奏が

耳。凡十八表，孟陽獲千餘緡。丁正臣曰，皇子堅辭新命，孟陽使人謂之曰，君已有此迹，若使中人別有所奏，君獨能無患乎。」とあり，ほぼ『長編』の記事と重なってくる。基本的には司馬光の『涑水記聞』をもとに一部『欧陽私記』ならびに『帝学』を参照して作成したものであろう。

終わり退出しようとしたおり，太后が宦官を呼び「韓蟲児の案」を中書に見せた。欧陽脩たちは簾前で「韓蟲児の案」を読み，韓蟲児の自白内容を知った。その自白によれば，韓蟲児は正月から今まで生理が続いている（つまり，妊娠していない）。医官，産婆の軍令状によれば，「去年の臘月，黎永徳は成都に派遣され帰っておらず，閣中にはいなかった。しかも手鋜子は柳夫人の仏堂前の門の下に埋まっているという。太后が韓蟲児にその場所で手鋜子を掘らせたところ，一尺あまり下に埋まっていた。」ということであった。太后は我々に手鋜子を見せながら，韓蟲児は良い食べ物を手に入れたくて妊娠したと偽ったのだと述べた。要するに，韓蟲児は妊娠を偽って以来，宮人に手厚く世話を受け，毎日2000銭の支給を受け，食物を購入することができた。ところが，産み月になっても出産することがなかったので，事態が明らかになったということであった。欧陽脩たちは「韓蟲児の一件は外に知られているので，今その偽りの状を明らかにして内外の疑いを解くべきである。」と述べ，太后はその意見に賛同した。枢密院が簾前で上奏した際も太后より同様なことが示された。翌日，福寧殿にて仁宗の謚冊が奉られ，その後，入内都知任守忠と宮廷で会った際，「韓蟲児は臀杖二十とし，承天寺に送り長髪に充てることとなった。」と聞いた。

以上が「韓蟲児の案」の概要である。この一件については『長編』巻199，嘉祐八年九月己未の条に関連記事が採録されている。ただ李燾は「歐陽脩私記載此事尤詳。獨以蟲児乃宮正柳搖眞之私身，與司馬光記不同。今從日記」と記すように『司馬光日記』の記事に基づいて本文を作成している。記事自体は短文であるが，永昌夫人翁氏（『欧陽脩私記』にいう宮正柳瑤真のこと）が一資を削られたこと，輔臣が死刑の処置を求めたのに対し，太后が輔臣に「韓蟲児を杖刑とし尼寺に置くことによって内外の疑いを晴らこととする。もし，韓蟲児を処刑した場合，事実を知らないものが，韓蟲児が本当に子供を産んだからだと思うに違いない。」と語った内容が加えられている。

英宗の治世の初めは，曹皇太后による垂簾聴政がなされた時期であり，とりわけ英宗が気鬱の病にかかり政務が執れない状態が続いたため，両史料とも皇太后と宰執とのやりとりが中心となっている。両者の史料の当否は他の関連資

料が見当たらないためわからないが,『司馬光日記』が死刑から杖刑への減刑措置について太后の役割を大きく書いているのに対し,「奏事録」では宰執の発言が太后の処分決定に大きな影響を与えているように書かれている。

　李燾はこの「韓蟲児の案」の一件について『司馬光日記』と『欧陽脩私記』の二つの史料を参考にしながら,前者を本文に採録している。この点について言及しておきたい。当時の二人の官職は司馬光が知諫院（諫官のトップ）,欧陽脩は参知政事（副宰相）であった。台諫は宰執に次いで「対」の機会を与えられる存在であったが,宰執以上に政治情報を得られる地位にあったわけではない。両者の記事を比べても,欧陽脩は皇帝,皇太后からの直接の情報を得ているのに加えて,宮中からの伝聞あるいは宦官から直接情報を入手しており,今回のような宮中の事件においては欧陽脩の方がより正確且つ詳しい情報を手に入れる立場にあった。また,『司馬光日記』の特徴として例えば「劉仲通言」,「范百祿言」(『長編』巻230,熙寧五年二月癸丑の条所引注)に見られるように,司馬光自身が直接見聞した記事よりも知人からの伝聞史料を元に記述している部分が極めて多い[10]。今回のような宮中の事件においては,李燾は『司馬光日記』ではなく『欧陽脩私記』を本文に採録すべきだったと思われる。なお,この一件は陳振孫『直斎書録解題』巻11,小説家類に「苕川子所記三事一巻。不知何人。三事者,勃窣姑・王立・林果毅,皆異事也。末有韓蟲兒一事,是欧陽公所記,偶錄附此。」とあり,この書物にも採録されている。恐らく『欧陽脩私記』ないし『奏事録』を媒介として広まっていたものと思われる。

---

10)　『司馬光日記』についてはほぼ同じ内容を記した『涑水記聞』からその性格をうかがうことができる。佐竹靖彦「『増広司馬温公全集』所収の「『手録』と『日録』をめぐって」(『増広司馬温公全集』汲古書院,1993年)が論じている一節の中で,「『涑水記聞』に現われる限りでの司馬光の歴史事実との関わりは,初期の現代史の重要事実の聞き取り蒐集から中期のその紀事本末的整理へ,やがて政治の中枢部分への関与と共に,重要事実の日を逐った記録へ,そして最後に『資治通鑑』編纂への傾注とともに現代史とややかかわりを薄くした立場からの重要事実の聞き取り蒐集へ変化する。」と述べ,情報提供者の名前から記録を始める書式がかなりの時期にわたって行われていたことを示唆している。

四，おわりに

　以上，『欧陽脩私記』もしくは「奏事録」の内容を見てきた。李燾が使用している『欧陽脩私記』は「奏事録」の内容とほぼ合致し，李燾が見えた『欧陽脩私記』とは「奏事録」であったことが改めて確認できる。ただ，前五事，又三事の年次が順序だった形で整合性を有しておらず，また蔡襄についての二事の片方が下書きであった可能性が強く，欧陽脩の日記の草稿とでも言うべき性格のものであったと考えられる。

　また「奏事録」についていえば，例えば『四庫全書総目』巻53，史部に「三朝聖諭録三卷。明楊士奇撰。士奇名寓以字行。泰和人。建文中充翰林編修官。燕王篡立，入内閣，典機務，官至華蓋殿大學士，諡文貞，事迹具明史本傳。士奇自降附燕王以後，歴事仁宗・宣宗・英宗，以功名終始。是編乃自錄其永樂・洪熙・宣德三朝面承詔旨及奏對之語，蓋仿歐陽脩奏事錄・司馬光手錄之例。明史士奇本傳，多採用之。序題壬戌十二月，爲正統七年，乃士奇未卒之前二年也」と見えるように，『司馬光手録』とともに『三朝聖諭録』のお手本になったとされている[11]。『三朝聖諭録』が皇帝から直接詔旨を受けたり，奏対を行った際の言葉を記した書物であったように，まさに『奏事録』は明朝の士大夫においても「対」を記した書物として高く評価されていたことが確認できる。

　それでは，冒頭で立てた問題に立ち返ってみたい。まず，政治日記をなぜ記したかという問題であるが，『欧陽脩私記』を見ても皇帝との政治的会話を記すことに主眼が置かれていたことが改めて確認できる。そして，この書は楷書

---

11) ちなみに『聖諭録』それ自体にも「上在東宮，稍暇卽留意文事，開與臣士奇言，歐陽文忠文雍容醇厚，氣象近三代，有生不同時之歎，且愛其諫疏明白切直，數擧以勵羣臣，遂命臣及贊善陳濟校讐歐文，正其誤補其闕，釐爲一百五十三卷，遂刻以傳廷臣之知文者，各賜一部。時不過三四人，而上恆諭臣曰，爲文而不本正道，斯無用之文，爲臣而不能正言，斯不忠之臣，歐陽眞無忝，廬陵有君子，士奇勉之。臣叩首受教。」と記され，明仁宗が欧陽脩の文章を珍重し，楊士奇と陳濟に命じて文集それ自体を版刻させたことが確認できる。以上については楊士奇『東里集』別集巻2「聖諭録中」参照。

第四章　『欧陽脩私記』から見た宋代の政治構造　　463

できちんと書かれていたようであり，欧陽脩自身，朝廷への提出を念頭に置いていた節がある[12]。このことは，例えば英宗擁立の際に，これこれの上奏の原稿は自分が書いたといった記述に，自己の果たした役割を明確に世に表そうと考えていたことが窺える。

　次に史料の有効性であるが，仮に欧陽脩が参知政事をつとめた仁宗末から英宗朝にかけての記録としての『欧陽脩私記』が完全に残されていたとしたならば，仁宗，英宗，曹太后，宰執，台諫，宦官などの主要な政治ファクターの言動が鮮明に浮かび上がってきたことが予想される。それは現在残る『王安石日録』，『劉挚日記』などの内容を見れば，皇帝を取り巻く官僚群の政治過程への関与が詳細に書かれており，その可能性は極めて高い。ただ，拙稿「宋代の日記史料から見た政治構造」（『宋代社会の空間とコミュニケーション』，汲古書院，2006年）でも指摘したことだが，宰執と雖もすべての政治情報を入手できたわけでもない。例えば，中書門下と枢密院とでは別々に対を行うのが通例であり，宰執間においても中書門下系の宰執の間では緊密な情報の共有ができても，枢密院系執政の込み入った情報は充分把握できなかったと考えられる。また，「対」は皇帝の面前に順次，官僚が進み出て行うものであるから当然ながら他の役職，例えば台諫の正確な言動を捉えるのは難しくなる。そのことを示すかのように，「奏事録」に登場するのは，欧陽脩以外では韓琦（同平章事），曾公亮（同平章事），趙槩（参知政事）といった中書門下系宰執であり，枢密院の長官，副官（同時に執政）の言動があまり記されていない。従って，日記史料を第一次史料として政治過程を再構成しようというのであれば，司馬光『司馬光日記』のように知人，友人から情報をフルに入手した日記を併せ用い，かつ日記特有の主観的記述を極力排除しつつ分析する必要がある[13]。

12）　この点については本書第四部「宋代の政治日記」第一章「宋代の政治史料——「時政記」と「日記」——」の中で，王安石，呂恵卿の事例について論及した。何れも朝廷への提出を前提に日記をつけていたことが確認できる。

13）　註3）で引用した『王安石日録』では趙槩の日記には同時期宰執の同僚であった韓琦の発言の記述が全くなく，欧陽脩については外に漏れるとまずい発言が数多く記されていたことを述べており，主観性の問題も併せて考慮する必要がある。

以上のような情報ソースの限定性という問題はあるものの、仁宗末から英宗治世にかけて、蔡襄の左遷をめぐる英宗、太后、宰執の微妙な心理の動き、仁宗崩御前後の様子、あるいは内降をめぐるやりとり、仁宗の遺腹子問題など、外朝、内朝の政治の現場を生々しく伝える『欧陽脩私記』には他の史料には見られない価値がある。また、『遂初堂書目』、『郡斎読書志』、『直斎書録解題』などの書目に多くの私的日記が掲載されているように、宋代の政治日記は多くの人たちが政治情報として共有できるものでもあったと考えられる[14]。

14) 例えば『遂初堂書目』本朝雑史は74の史料を載せるが、そのうち『温公記聞』、『温公朔記』、『王文公日録』、『曾子宣日録』、『蔣頴叔日録』、『王巌叟繋年録』、『銭文僖筆録』、『銭文僖逢辰録』、『趙康靖日録』、『王巌叟朝論偉論』、『温公日録』、『呂正献手記』、『欧公日記』、『温公瑣語』、『王文公日録遺稿』、『王文公送伴録』、『王陶東宮記事』、『欧公奏事』、『呂吉甫日録』、『曾子宣手節記』、『文潞公私記』、『李深之手記』、『范太史史院問目』など日記を思わせる書名が数多くを占めている。Hilde De Weerdt, *"Byways in the Imperial Chinese Information Order: The Dissemination and Commercial Publication of State Documents."* Harvard Journal of Asiatic Studies 66:1, 2006では宮廷編纂の公文書・歴史書が非合法な形で持ち出されて、知識人ネットワークの間で書写され、また出版されて市場に出回っていたことを指摘しており、恐らく朝廷へ提出された私的日記も同様な形で流通していた可能性がある。この点を考える上で興味深い史料がある。『宋会要』刑法2-86に「(宣和四年十二月)十二日、權知密州趙子晝奏、竊聞神宗皇帝正史、多取故相王安石日録以爲根柢、而又其中兵謀・政術往往具存。然則其書固亦應密、近者、賣書籍人乃有舒王日録出賣。臣愚竊以爲非便。願賜禁止、無使國之機事、傳播閭閻、或流入四夷、於體實大。從之。仍令開封府及諸路州軍毀板禁止、如違、許諸色人告、賞錢一百貫。」とあり、『舒王日録』が売り出されていたことに対し、權知密州趙子晝が機密情報漏洩を避けるため販売の禁止を求めている。その結果、禁令が発令され、版木を壊して発売を禁止した。当該の『王安石日録』は『熙寧奏対』78巻、『舒王日録』12巻(『宋史』巻203、「芸文」2)、『王氏日録』80巻(『郡斎読書志』巻6)、『鍾山日録』20巻(『郡斎読書志』巻9)、『熙寧日録』40巻(『直斎書録解題』巻7)、『王荊公日録』80巻(『清波雑志』巻2)など各種の書名を有し、晁公武、陳振孫の蔵書の中に収められている。王安石の死後、紹聖年間、『神宗実録』編纂のために蔡卞と曾布が王安石の家にあった『王安石日録』を朝廷に献上している事実からして、当初『王安石日録』は朝廷の史院に所蔵されていたのが、民間に流出し、出版刊行されていった可能性が高い。

第四章　『欧陽脩私記』から見た宋代の政治構造　　　　465

参考文献

丁　則　良「王安石日録考」(『清華学報』13-3, 1941年)
蔡　崇　榜『宋代修史制度研究』(文津出版社, 1991年)
岡本不二明「宋代日記の成立とその背景——欧陽脩「于役志」と黄庭堅「宜州家乗」を
　　　　　手がかりに」(『岡山大学文学部紀要』18, 1992年)
小林　義廣『欧陽脩　その生涯と宗族』(創文社, 2000年)
拙　　稿「宋代の垂簾聴政について」(『柳田節子先生古稀記念　中国の伝統社会と家
　　　　　族』汲古書院, 1993年)
拙　　稿「宋代政治構造試論——対と議を手掛りとして——」(『東洋史研究』52-4,
　　　　　1994年)
拙　　稿「宋代政治史料解析法——「時政記」と「日記」を手掛かりとして——」
　　　　　(『東洋史研究』59-4, 2001年)
拙　　稿「『王安石日録』研究——『四明尊堯集』を手掛かりとして——」(『大阪市
　　　　　立大学東洋史論叢』12, 2002年)
拙　　稿「周必大『思陵録』・『奉詔録』から見た南宋初期の政治構造」(『人文研究』
　　　　　55-2, 2004年)

参考史料　「又三事」

(1) 三司使・給事中蔡襄，除端明殿學士・尚書禮部侍郎・知杭州。初，上自濮邸立爲皇子，中外欣然無閒言。既卽位，以服藥故，慈壽垂簾聽政，嘗爲中書言，仁宗既立皇子，因追思鄂王等，悲傷涕泣。宦官・宮妾爭相熒惑，而近臣亦有異議者，可怪者，一二知名人也。因言執政數人不顧家族以定社稷之計，而小人幾壞大事。又云，近臣文字，只在先帝臥牀頭，近日已於燒錢爐內焚之矣。然莫知爲誰也。中書不敢問其姓名，但唯唯而退。已而外人亦稍稍言蔡襄嘗有論議，尙莫知虛實。既而上疾愈親政，數問襄如何人。一日，因其請朝假，上變色謂中書曰，三司掌天下錢穀，事務繁多，而襄十日之中在假者四五，何不別用人。韓公已下共奏曰，三司事無闕失，罷之無名。今更求一人材識名望過襄者，亦未有。脩奏曰，襄母年八十餘，多病，況其只是請朝假，不趁起居耳。日高後便卻入省，亦不廢事。然每奏事，語及三司，未嘗不變色。襄亦自云，每見上，必屬色詰責其職事。其後諒祚攻劫涇原，西邊日有事宜。上遂督中書，以邊事將興，軍須未備，三司當早選人。韓公等初尙揮解，上意不回，因奏待其陳乞，可以除移。初傳者多端，或云上在慶寧已聞蔡異議，或云上入宮後，親見奏牘尙在。至是，因蔡乞罷箚子，韓公遂質於上。上曰，內中不見文字，然在慶寧，即已聞之。韓公曰，事出藹昧，若虛實未明，乞更審察。苟令襄以飛語獲罪，則今後小人可以構害善人，人難自立。曾公曰，京師從來善造謗議，一人造虛，而衆人傳之，便以爲實。前世以疑似之言陷害忠良者，非惟臣下被禍，兼與國家爲患。脩曰，陛下以爲此事果有果無。上曰，雖不見其文字，亦不能保其必無。脩曰，疑似之謗，不唯無迹可尋。就令迹狀分明，猶須更辨眞僞。只如先朝夏竦欲害富弼，令其婢子學石介

字體,久之學成,乃僞作介爲弼撰廢立詔草。賴仁宗聖明,弼得保全。又如臣,至和末丁母憂服関,初至闕下,小人中有嫉忌臣者,僞撰臣乞沙汰内官奏藁,傳布中外,家家有之,内臣無不切齒。只判銓得六日,爲内臣楊永德以差船事,罷知同州,亦賴仁宗保全。未久,知其無罪,遂却留住至今。以此而言,就令有文字,猶須更辨眞僞,況此無迹狀,陛下幸不致疑。韓・曾又各進說。上曰,數家各有骨肉。意謂異議若行,則執政被禍。又曰,造謗者因甚不及他人。據此,似聖意未解也。

＊『長編』巻204(＊上の下線部は『長編』の記事と重なる部分)

(治平二年二月辛丑)三司使・給事中蔡襄爲端明殿學士・禮部侍郎・知杭州。初,上自濮邸立爲皇子,中外無間言,既卽位,以服藥故,皇太后垂簾聽政,常謂中書言,仁宗既立皇子,因追思鄂王等,悲傷涕泣,宦官宮妾,爭相熒惑,而近臣中亦有異議,可怪者乃一二知名人也。近臣文字只在先帝卧榻上,近已於燒錢爐内焚之矣。中書不敢問其姓名,但唯唯而退。已而外人亦稍稍言襄常有異議,然莫知虛實。上疾既愈,數問襄如何人,一日因其請朝假,變色謂中書曰,三司掌天下錢穀,事務繁多,而襄十日之中在假者四五,何不別用人。韓琦等共奏,三司事無闕失,罷之無名,今更求一人材識名望過襄者,亦未有。歐陽脩又奏,襄母年八十餘,多病,襄但請朝假,不趁起居爾,日高後入省,亦不廢事。然毎奏事,語及三司,上未嘗不變色。及諒祚攻却涇原,上遂督中書,以邊事將興,軍須未備,三司當早選人。韓琦等初尚救解,上意不回,因奏待襄陳乞,可以除移。初,傳者多端,或云上入宮後,親見奏牘,至是,因襄請罷,琦遂質于上,上曰,内中不見文字,然在慶寧卽已聞之。琦曰,事出曖昧,若虛實未明,乞更審察。苟令襄以飛語獲罪,則今後小人可以傾陷,善人難立矣。曾公亮曰,京師從來喜造謗議,一人造虛,衆人傳之,便以爲實。前世以疑似之言陷害忠良者,非惟臣下被禍,兼與國家爲患。脩曰,陛下以爲此事果有果無。上曰,雖不見其文字,亦安能保其必無。脩曰,疑似之謗,不唯無迹可尋,就令迹狀分明,猶須更辨眞僞。先朝夏竦欲害富弼,令其婢摹石介字體,久之學成,乃僞作爲弼撰廢立詔草,賴仁宗聖明,弼得保全。臣至和初,免喪至闕下,小人有嫉忌臣者,僞撰臣乞沙汰内官奏藁,傳布中外,内臣無不切齒。判銓才六日,爲楊永德所譖,以差船事罷知同州,亦賴仁宗保全,尋知其無罪,遂卻留住至今。以此而言,就令有文字,猶須更辨眞僞,況無跡狀,陛下幸勿致疑。琦及公亮又各進說。上曰,造謗者因何不及他人。遂命襄出守,龍圖閣學士・工部侍郎呂公弼權三司使。

(2)仁宗既連失襃・豫・鄂三王,遂更無皇子。自至和三年正月得疾,踰時不能御殿,中外憂恐,既而康復,自是言者常以根本爲急,交章論述,毎輒留中。故樞密副使包公拯・今翰林學士范景仁所言尤激切,其餘不爲外人所知者,不可勝數。今樞密富相與昭文韓相,亦屢進說,雖余亦嘗因大水言之,然初無采納之意,如此五六年,言者亦已稍息。嘉祐六年秋,余自樞庭過東府,忽見内降一封,乃諫官司馬光言立皇子事。既而知江州呂誨亦有跣論述。昭文與集賢曾公及余晩議,來日當將上,相顧以爲如何。韓公曰,若上稍有意,卽當力贊成之。曾公與余偕曰,此吾儕素所願也。既而明日奏事垂拱殿,二章讀畢,未及

第四章　『欧陽脩私記』から見た宋代の政治構造　　467

有所啓、仁宗遽曰、朕有意多時矣、但未得其人。余自爲校勘、及在諫垣、忝兩制、迨此二十年、毎進對、常極從容、至此始聞仁宗自稱朕。既而又左右顧曰、宗室中孰爲可。韓公惶恐對曰、不惟宗室不接外人。臣等不知、此事豈臣下敢議、當出自聖擇。仁宗曰、宮中嘗養二子、小者甚純、然近不惠。大者可也。遂啓曰、其名謂何。仁宗卽道今上舊名曰、名某、今三十歲矣。余等逐力贊之、議乃定。余等將下殿。又奏曰、此事至大、臣等未敢施行。請陛下今夕更思之、臣等來日取旨。明日奏事崇政殿、因又啓之。仁宗曰、決無疑也。余等遂奏言、事當有漸、容臣等商量所除官、來日再奏。既退、遂議且判宗正。時今上猶在濮王喪、乃議起復、自大將軍・遙郡團練使除泰州防禦使。來日將上、仁宗大喜曰、如此甚好。二公與余又奏曰、此事若行、不可中止、乞陛下斷在不疑、仍乞自內中批出、臣等奉行。仁宗曰、此事豈可使婦人知、只中書行可也。余等喜躍稱賀、時六年十月也。命既出、今上再三辭避、有旨、候服除取旨。至七年二月一日、服除、今上堅卧稱疾、前後十餘讓。至七月、韓公議曰、宗正之命始出、則外人皆知必爲皇子也。不若遂正其名、使其知愈讓而愈進、示朝廷有不可回之意、庶幾肯受。曾公與余皆以爲然、及將上、今上累讓表、仁宗問如何。韓公未對、余卽前奏曰、宗室自來不領職事。今外人忽見不次擢此子、又判宗正、則天下皆知陛下將立爲皇太子也。今不若遂正其名、命立爲皇子、緣防禦使判宗正、降誥敕、<small>御名得以堅卧不受</small>。若立爲皇子、只煩陛下命學士作一詔書、告報天下、事卽定矣。不由<small>御名</small>受不受也。仁宗沈思久之、顧韓公曰、如此莫亦好否。韓公力贊之。仁宗曰、如此則須於明堂前速了當。遂降詔書、立爲皇子、仍更今名。自議皇子事、凡所奏請、皆余與西廳趙侍郞自書、其改名箚子、余所書也。初擇日旁十字、請仁宗點之、其最下一字、乃今名也。是仁宗親點、今封在中書。今上自在濮邸、卽有賢名、及遷入內、良賤不及三十口、行李蕭然、無異寒士、有書數廚而已。中外聞者相賀。
＊『長編』卷197（＊上の下線部は『長編』の記事と重なる部分）
（嘉祐七年八月）辛丑、皇子以肩輿入內。先是、宗諤責皇子曰、汝爲人臣子、豈得堅拒君父之命而終不受耶。我非不能與衆人驗汝、強置汝於肩輿、恐使汝遂失臣子之義、陷于惡名爾。皇子初讓宗正、與記室周孟陽謀之、所上表皆孟陽之筆也。每一表、餉孟陽十金、孟陽辭、皇子曰、此不足謝、俟得請於朝、方當厚賞爾。凡十八表、孟陽獲千餘緡。及立爲皇子、猶固稱疾、孟陽入見于臥內曰、主上察知太尉之賢、參以天人之助、乃發德音。太尉獨稱疾堅卧、其義安在。皇子曰、非敢徼福、以避禍也。孟陽曰、太尉事兩宮以父母、中外所聞、主上爲萬世計而立爲子矣。今固辭不拜、假如得請歸藩、遂得燕安無患乎。皇子撫榻而起曰、吾慮不及此。遂與宗諤等同入內、良賤不滿三十口、行李蕭然、無異寒士、有書數廚而已。中外聞之、相賀。<small>中外相賀、此據歐陽脩私記及范祖禹帝學。</small>

（３）嘉祐八年上元、京師張燈如常歲。歲常以十四日、上晨出、遊幸諸宮寺、賜從臣飲酒、留連至暮而歸、遂御宣德門與從臣看燈、酒五行而罷。是歲自正初、上覺體中不佳、十四日遂不晨出、至晚、略幸慈孝・相國兩寺、御端門、賜從臣酒三行止。自是之後、雖日視朝前後殿、而寖若不佳。既而韓蟲兒事稍稍傳於外、云去歲臘月、上閒居、見一宮婢

汲井、有小龍縋其汲綆而出、以問左右、皆云不見、上獨見之、以爲異、遂召宮婢視之、乃宮正柳瑤眞之私身韓蟲兒也。其後柳夫人宿直閣中、明日下直、遣蟲兒取夜直坐氊、上獨處閣中、命召而幸之、遂有娠。蟲兒自云、上已幸我、取我臂上金鋜子一隻、云、爾當爲我生子、以此爲驗。外人所傳如此。而蟲兒於宮中、亦自道云、上幸我、有娠。又言金鋜子、上與黎伯使藏之矣。黎伯者、上所愛扶侍内臣黎永德也。是月二十七・八閒、春寒微雨、上不御崇政殿、祇坐延和、見羣臣奏事、而殿中熾爐火、云聖體畏風寒。蓋自上臨御四十年、盛暑未嘗揮扇、極寒未嘗御火。至是、始見御前設爐火也。自是之後、上益不豫、至于大漸。今上卽位於柩前、中外帖然、無一言之異。唯韓蟲兒事籍籍不已、云大行嘗有遺腹子、誕彌當在八・九月也。九月十七日、余以服藥、請一日假家居、晚傳内出宮女三人送内侍省勘、并召醫官產科十餘人・坐婆三人入矣。十九日、入對内東門小殿、簾前奏事、將退、太后呼黃門索韓蟲兒案示中書。余等於簾前讀之、見蟲兒具招虛僞事甚詳、云自正月至今月、水行未嘗止、今方行也。醫官・坐婆軍令狀皆云、去歲臘月、黎永德奉使成都未還、不在閣中、而鋜子埋在柳夫人佛堂前閾下。太后使人監蟲兒至埋所自掘之、深尺餘、得金鋜子一隻、折爲三段矣。合之、以比臂上者同、秤之、各重一兩半、兩鋜重輕又同。信爲是矣。因以金鋜俾餘等傳看之。太后言問蟲兒何爲作此僞事、云以免養孃笞捶、庶日得好食耳。蓋自蟲兒言有娠、太后遣宮人善護之、日給緡錢二千、以市可食物。如此、至其月滿無娠、始加窮詰耳。余等遂前奏曰、蟲兒事、外已暴聞。今其僞迹盡露、可以釋中外之疑、然蟲兒當勿留、庶外人必信也。太后曰、固當如是。旣而樞密院奏事簾前、示之如前。明日、福寧上大行諡册罷、見入内都知任守忠於廷中、云蟲兒決臂杖二十、送乘天寺充長髮。

＊『長編』卷199、嘉祐八年九月己未の條
己未、永昌郡夫人翁氏削一資。翁氏位有私身韓蟲兒者、自言常汲水、仁宗見小龍縋其汲綆而出、左右皆莫見、因召幸焉。留其金釧以爲驗、仍遺之物。蟲兒遂有娠。於是、踰十月不產、按問乃蟲兒之詐、得金釧於佛閤土中、乃蟲兒自埋之也。太后以諭輔臣、命杖蟲兒、配尼寺爲長髮、而翁氏坐貶。輔臣皆請誅蟲兒、太后曰、置蟲兒於尼寺、所以釋中外之疑也。若誅蟲兒、則不知者必謂蟲兒實生子矣。歐陽脩私記載此事尤詳、獨以蟲兒乃宮正柳搖眞之私身、與司馬光記不同、今從日記。

第五部　宋代の政治空間

宋代の政治空間を如何に読むか？

一，政治空間とは？

　政治とは何かという問いを発した場合，多様な答えが想定しうる。その中で，ラスウェル（H.D. Lasswell）が *Politics: Who Gets What, When and How*，1936．（『政治　動態分析』として岩波書店から1959年に出版）で行った政治のイメージは最も単純なものといえる。彼は，権力の行使される社会関係を政治と呼び，政治を動態的観点から捉えた場合，それは「誰が，何を，いつ，どのようにして手に入れるのか。」にあるとする。

　論者は，ラスウェルの考え方に導かれつつ，具体的にはミクロ政治学の手法である「政治過程論」を手掛かりに，宋代の政治分析を進めてきた。政治過程論とは，ミクロの視点に立って，特定の政治現象が，どのような人々（【主体】）によって，いかなる力の【源泉】に基づき，またいかなる【過程】によって導き出されるのか，政治の入出力の様態を動態的アプローチによって考察するものであり，政治権力やエリートあるいは指導者がどのように形成され，選出されるかの権力過程の研究，特定の政策がどのような過程で形成され，決定・実施されるかに焦点を定めた政策決定・実施過程の研究などがある。

　この理論に立って分析を進める際に，政治の具体的な場が問題となってくる。本章は，政治の具体的な場，政治空間について考察を試みるものである。例えば，空間を次のように定義することも可能である。人間の活動する空間は単に物理的な空間を指すのではなく，当然ながら人間が作り出したものであり，その人間と人間とが織りなす様々なコミュニケーション過程を経て，その空間は，政治的秩序，社会的秩序といった社会構造を生み出していく。これは，近年歴史研究で盛んに用いられるようになってきた空間論を参考にしている[1]。要するに，いわゆる物理的な空間（space）ではなく，他の空間（space）と区別され

る明確な領域を持ち，かつ人と人との関係性や，その関係性によってはぐくまれる社会秩序，文化，学問といった様々なものを包み込んだ空間（place）を意識していく考え方である。本章においても政治空間と表現する場合，この「場」(place) を念頭に置いている[2]。

次に宋代という時代を「政治空間」の観点から捉えた場合，二つの政治主体の空間に着目する必要がある。宮崎市定氏は，唐宋間においては政治，社会，経済，文化等のあらゆる面において大きな変化が起こり，政治は唐代の「貴族

1）例えば日本史研究者の仁木宏氏は『空間・公・共同体　中世都市から近世都市へ』（青木書店，1997年）の中で次のように述べている。
 従来から都市の空間をあつかってきた歴史地理学や建築史学の研究の一部には，空間のみを切り離して分析を加え，こと足れりとするものがある。だが，こうした方法では，総合的な歴史像を描くことはできない。都市空間を作り上げたのは人間であり，とくに前近代社会においては，そうした人間の社会構造のあり方が，都市の空間構造に直接的に反映されていたと考えられる。
また，ピーター・K．ボル（Peter K. Bol）は「地域史と後期帝政国家について——金華の場合——」（『中国—社会と文化』20，2005年）の中でこう述べる。
 地域史研究においては，「場」というものの存在が前提となる。その「場」とは，歴史的に意味のある実体として，すなわち事実と物語を結びつけることができる実体として存在する。そして，そのアイデンティティは再生産され，変化し得るものである。国家レベルであれ地域レベルであれ，歴史からは時間的アイデンティティが導き出されるが，地球上のある特定の空間が「場」——当時の人々にはそれを取り上げて物語ることができた——へと変換される過程はいかなるものであったろうか。（中略）「空間」（他の空間との区別を欠いた物理的空間）は地理学という方法によって「場」（他の空間と区別されるが，他の「場」との関連性を有する物理的空間）に変換される。「場」では歴史的なものより地理的なものの方に重みが与えられるので，中国史において「場」を定義する場合，ほとんどの場合は境界より「ネットワーク」が重要になる。
2）「空間」，「場所」の概念規定については，註1）と深く関わるものとしてイーフー・トゥアン著，山本浩訳『空間の経験』（筑摩書房，1988年）参照。また，近年，中国史においても従来の物理的空間を重視しした研究とは異なる都市の「空間」分析が行われるようになってきている。その代表的なものとして寧欣・陳濤「"中世紀城市革命"論説的提出和意義——基于"唐宋変革論"的考察」（『史学理論』2010年第一期）を挙げておく。

政治」（貴族と皇帝の協議体）から宋代の「君主独裁政治」（高度に発達した官僚制を基盤に最終的な決裁を皇帝に委ねる政治システム）へ転換していき，清代の雍正帝期に「君主独裁政治」の形態が完成したと理解する。そして，宮崎は中国近世の歴史は「独裁君主と官僚との絶えざる暗闘の歴史」であり，雍正帝期にその完成を見たのは雍正帝が「官僚の私的団結を解放し，その個人個人を自己に直属させ，思うがままにこれを頤で使って盲動させなかった」からであると述べている[3]。宮崎は清代の君主独裁政治を論じる場合，軍機処や奏摺制度といった機構や文書システムを重視する一方，皇帝と官僚との直接的な結びつきや，宋代以降顕著に表れる官僚集団＝朋党を排除・解体していったことを評価する。従って，当然ながら，宋代の政治空間を論じる場合には皇帝を中心とした政治空間と，宰相を頂点に官僚が担った政治空間の両者を明確に区別し論じていく必要がある。

二，宋代の政治空間——皇帝を中心とした政治空間——

（1）物理的な政治空間

宋代の皇帝を中心とした政治空間を三つの次元から解析してみよう。第一が，物理的な政治空間であり，都城の構造や宮城構造，あるいは宮殿・官府の配置といった要素が対象となる。北宋開封と南宋臨安を比較した際，両者には大きな差が存在する。その一例を示せば，開封の場合，唐の長安と同じ「北宮南市」（宮城は北に位置し，商業空間は南に展開）の構造を取るのに対し，臨安は「南宮北市」（『礼記図』にいう「前朝後市」）の構造を取っている。これと対応するかのように，開封は宮城の南の宣徳門から南に御街が伸びているのに対し，臨安は宮城の北の和寧門から御街が北に延びている。これは宮城の南の麗正門の前の空間がさほど広がりがなく，鳳凰山の山並みに遮られていることに起因すると

---

[3] 宮崎市定「雍正硃批諭旨解題」（『東洋史研究』15-4, 1957年）参照。

思われる[4]。

　その他にも，南宋臨安の場合「行在」（北に帰ることを前提に作られた便宜的な都）としての特殊性を有しているためか，臨時的な宮城設計の色合いが強い。例えば，『宋史』巻85,「地理」1，同巻154,「輿服」6などによれば，紫宸殿（「遇朔受朝」），文徳殿（「降赦」），集英殿（「臨軒策試」），大慶殿（「行冊礼」），講武殿（「閲武」）の名称は存在するが，その実，垂拱殿と崇政殿の二殿の名称を変えることによって使用されるなど，宮殿の兼用が行われており，宮城内は手狭であったと思われる。加えて，開封においては宮城内にあった中書省，門下省，枢密院，都堂，中書門下後省などが臨安では宮城外に置かれている。さらに，『咸淳臨安志』巻10,「行在所録」によれば，徳寿宮（太上皇帝となった以後の高宗，孝宗の居宅），「昭慈聖献孟太后宅」など太上皇邸宅，皇太后宅，皇后宅（皇太后，皇后の家族の居宅）が宮城外の「後市」を中心に配置されている。この宮城外への広がりは，北宋から南宋にかけて展開した政治空間の分散化の問題とも密接に関わりを持ってくる。例えば，魏了翁『鶴山先生大全文集』巻18,「応詔封事」に「復都堂舊典，以重省府」という一節がある。この中で，北宋の神宗朝頃，宰執の役宅「東西二府」が宮城の外に作られるようになり，さらに南宋になると専権宰相に私第が賜われる傾向が広がり，ここが政治決裁の場所となっていったことを指摘している。かつて衣川強氏が「杭州臨安府と宰相」（『中国近世の都市と文化』京都大学人文科学研究所，1984年）の中で宰相宅と宮城との距離を以て専権宰相の権力の変化をはかる試みがなされているが，魏了翁の

4）　近年，南宋の政治空間について本格的に論じた論文として王化雨「南宋宮廷的建築佈局与皇権運作：以選徳殿為中心」（『中国十至十三世紀歴史発展国際学術研討会曁中国宋史研究会第十四届年会』論文集，2010年）がある。この中で，北宋開封が伝統的な「坐北朝南」構造であったのに対し，南宋臨安は「坐南朝北」構造を取り，文書伝達の主要経路が「朝天門―和寧門―東華門―選徳殿」であったことを論証している。臨安の正門は麗正門であるが，この時期は主要な儀式に使われる以外，明らかに行政の運営は和寧門を中心に行われた。これは王論文が指摘するように，内朝の選徳殿が政治運営の中心的な役目を果たすと共に，朝天門から和寧門の間にかけて三省六部を始めとする主要官庁が集まっていたことと深く関わっている。

一節などはそれを連想させる内容となっている。

以上のように物理的な政治空間の観点に立ってみた場合，北宋の集約型の宮城構造と南宋の拡散型の宮城構造という対比的な図式が浮かび上がる。

（2）機能性を帯びた抽象的政治空間

第二が機能性を帯びた抽象的政治空間である。具体的に皇帝の政治決裁の空間として考えてみよう。呂中『皇朝中興大事記』巻1，「正言兼読書」には次のような記事が見える。

> 人君動息之地，曰内朝，曰外朝，曰經筵三者而已。（秦）檜既結内侍及醫師王繼先闖上微旨於内朝矣。執政・臺諫皆用私人，則又有彌縫於外朝矣。獨經筵之地，乃人主親近儒生之時，又慮其有所浸潤其閒，於是除言路者，必與經筵以察人主之動息・講官之進說，甚而以其子熺兼侍讀，一以行其私而已。

南宋の専権宰相秦檜が，部下を外朝に配置し，また宦官や医師王継先と結んで内朝の動向を把握し，さらには経筵官に台諫や自らの息子を配置することによって皇帝の三つの空間を完全に掌握したというのである。

このように，皇帝の空間は，「○○殿」といった物理的な空間を超え，しばしば「外朝」，「内朝」，「経筵」といった特定の機能を帯びた抽象的空間として表現されることが多い。従って，政治空間の問題も空間が帯びる機能性に着目して理解することが重要となってくる。また，イーフー・トゥアンが，場所（place）が人間にとって特別な存在となるのは，「経験」によって構成された「時間」（歴史）を背景に持つと論じているように，場所の問題は当然ながら人々の「生きられた時間」を同時に問題とするものでなければならない[5]。

例えば，皇帝の一日の様子を，李攸『宋朝事実』巻3，「聖学」に基づいて見てみよう。

> 眞宗卽位，每旦御前殿，中書・樞密院・三司・開封府・審刑院及請對官以次奏事。辰後，入宮尙食，少時，出坐後殿閱武事，至日中罷，夜則傳侍讀・

---

5) 註3）前掲書参照。

侍講學士詢問政事，或至夜分還宮，其後以爲常。

【訳】真宗は即位すると，毎朝早く前殿（垂拱殿）に出座し，中書，枢密院，三司，開封府，審刑院，請対官といった官の上奏を受け，辰後（午前9時頃）には内廷に入って，食事を取り，しばらくして再び後殿（崇政殿或いは延和殿）に出座し，昼頃まで武芸を観覧し，夜は侍読・侍講学士を呼んで政治について尋ね，夜遅く内廷に戻った。これを後に常時行うようになった。

これを他の史料を利用することによって，皇帝の一日を以下のようにまとめることもできる。

①帝は夜が明ける二時間ほど前には福寧殿で起床し，身支度を行う。

②宮城の門は薄明（午前6時頃，ただ季節によって多少異なる）に開き，まず前殿（垂拱殿）視朝が行われる。この場は政治の重要問題について宰相・執政及び主要官庁の長官・次官クラスが上奏をし，皇帝の意見を聞く場となる。1080年代に行われた元豊官制改革までは，中書・枢密院・三司・開封府・審刑院，官制改革後は三省・枢密院・尚書六曹・開封府が中心となった。中書（官制改革後は三省）は民政，枢密院は軍政，三司は財政，審刑院は司法の中心機関（官制改革後は三司，審刑院は尚書六曹に併合），開封府は首都の行政を担当している。なお，宰相，執政は中書，枢密院の長官，次官の地位にあるため，中書・枢密院は宰執（宰相・執政の略称）に置き換えられる。この他，所定の手続きをして皇帝に直接上奏を求める者（「請対」）もいるが，この前殿の場は，ほぼ上記の宰執と主要官庁の報告で終わることが多く，「請対」者は次の後殿にしばしばまわされる。

③辰刻（午前8時頃）になると，皇帝は一旦内廷に引っ込み食事を取り，衣服を着替えて後殿（崇政殿或いは延和殿）視朝の場に向かう。前殿視朝の議論が後殿へずれ込むこともあるが，この場では「請対」の者との謁見が行われた。「請対」者の代表としては，政事批判を担当する「台諫」，皇帝の顧問役となる「侍従」などが挙げられる。この他，皇帝の密偵である「走馬承受」，新任官の謝礼や外任に出る官僚たちの挨拶（「入見」「入辞」「入謝」）

などが行われた。以上の上奏を巳刻（午前10時頃）を目処に受けるほか，三館・秘閣が納めた書籍の閲覧，あるいは上奏に目を通し，午刻（午前12時頃）まで政務を続けた。この他，崇政殿，延和殿では閲兵式や毎年一度慮囚（未決囚に対する皇帝自らの決裁）が行われた。

④午後の時間帯にはしばしば邇英閣（あるいは延義閣）に「経筵」（御進講）の場が設けられた。経筵官は講義終了後も残り，皇帝と政務について会話することが多かった。

⑤夜になると，内東門小殿に当直の翰林学士や経筵官を呼んで政務を尋ねることが行われた。これら以外に宰執，尚書の官など各種の官僚が呼ばれることも，多く見られた。

つまり，皇帝は一日の内に次から次へと宮殿を移動し，多様な官僚と「対」（官僚と直接対面し意見交換を行うこと）を行いながら政治について議論を交わし，重要な政治決定を行っていたことがわかる。

（3）皇帝と官僚間の関係性からみた政治空間

第三は，よりミクロな皇帝と官僚間の関係性からみた政治空間である。通常，宋代の官僚機構については，元豊官制改革以前であれば，皇帝直属機関として中書門下（民政担当），枢密院（軍政担当），三司（財政担当），翰林学士院（詔勅の起草），御史台・諫院（監察・言事担当）を中核として政策が立案，審議，決定され，その政策を執行機関の中核となる尚書省の下に設けられた六部，九寺，五監などの役所が実施し，またこれらの命令は中央から路，州，県の地方官府に伝達されていったと説明がなされる。

如上の理解は，官僚機構を重点に政治の仕組みを捉える場合，妥当なものといえる。しかし，皇帝と官僚間の関係性から政治空間を捉えていく際には，違和感が残る。例えば，宮崎市定氏は，宋代の君主独裁政治の本質について「この様に極めて多面的に官僚に直接接触するのが宋代以後の天子の特質であり，天子の独裁権も必然的にそこから発生し完成されたということができる」（「宋代官制序説──宋史職官志を如何に読むべきか──」『宋史職官志索引』同朋舎，1963

年）と述べており，皇帝と官僚との関係，あるいは両者の接触の問題の中に宋代の政治の特色の分析の手掛かりがあるとする。

この問題を皇帝の情報ネットワークという観点から整理した場合，次の呂中『皇朝大事記講義』巻2，「論対　章奏」の記事が大変参考となる。

　　建隆三年二月，詔百官，毎五日内殿轉對，竝須指陳得失，直書其事。
　　國朝之制，<u>宰輔宣召</u>，<u>侍從論思</u>，<u>經筵留身</u>，<u>翰苑夜對</u>，<u>二史直前</u>，<u>羣臣召對</u>，<u>百官轉對</u>，<u>監司郡守見辭</u>，<u>三館封章</u>，<u>小臣特引</u>，臣民投匭，太學生伏闕，外臣附驛，京局發馬遞舖，<u>蓋無一日而不可對，無一人而不可言也</u>。然太祖詔指陳時政，直言其事，不在廣有牽引。太宗令宰執樞密各逑送軍儲至靈武，合發軍糧多少，舉兵深入，合用兵機，何人將領，何人監護，直言其事，信不必文，此皆聽言以實也。今世不患人主之不求言也，而患求之而不及用，不患天下之不敢言也，而患盡言而無所用，豈非病於議論之繁多歟。
　　太祖太宗聽言以實。

点線部分では，皇帝は日々臣民と直接，間接的に接触し，意見を吸い上げていたことが示されている。そして，実線部分はすべて先ほど述べた「対」のバリエーションを指しており，接触形態として「対」が重要な位置を占めていたことがわかる。以下，実線部を参考にしつつ，個別官職の「対」の特質の違いを見ていくこととする。

①宰執

宰執は，皇帝の補佐役であり，百官の長であるため，「対」の頻度は最も多い。皇帝視朝の際の五班の内では，「中書門下」，「枢密院」の二班の「対」が相当し，また両者が一体となる形での「三省・枢密院」の合同の「対」が行われるケースも屢々見られる。

宰執が他と際だって政策決定における皇帝との「対」の権限を有していたことは，「独対」と称される個人の「対」に最もよく表れている。この「独対」の問題について若干論及しておく。次の『三朝名臣言行録』巻10，「傅堯兪」所引温公『日録』では以下のように記される。

傅堯俞權鹽鐵副使。堯俞初除服入都，未見介甫，介甫屢召之。既見，語及青苗，堯俞以爲不便，介甫即不悦，自是惡之。及此除命，介甫以爲資淺，且令權發遣。曾公以爲堯俞曾任知雜御史，資不淺，乃正除副使。介甫退有密啓。明日，勅已降閤門，有旨復收入，晚批出與權。曾公復爭之。上曰，堯俞知雜不到官，且爲人弛慢。曾公請弛慢之狀，上曰，觀其面，即見弛慢之狀。

【訳】傅堯俞を權塩鐵副使とした。堯俞は喪服期間が終わり，都に戻ったが，王安石とは面会しなかった。王安石は何度となく堯俞を召し，堯俞は王安石と対面した。その際に，青苗法のことに話題が及んだ。堯俞は青苗法の不便を述べ，王安石はこの発言を喜ばなかった。以後，王安石は堯俞を快く思わなくなった。この人事となった際も，王安石は堯俞の資格が不十分として，しばらく「權発遣」の肩書きを就けるようにしようとした。曾公亮は，堯俞は知雜御史を経験しているので，資格は十分だと主張し，副使に就けられることとなった。王安石は朝廷から退出した後，密かに「密啓」を上った。翌日，勅が閤門に下っていたが，皇帝は命令を出し，これを撤回させ，晩に「批」を出して，「權」の肩書きをつけることとした。曾公亮は再度このことを議論した。皇帝は「堯俞は知雜の官に実際に就いていないし，その上性格がたるんでいる。」といった。曾公亮が「たるんでいる」様子を尋ねると，皇帝は「顔を見ればたるんでいる様子がすぐわかる。」といった。

ここでは皇帝の面前で「対」が展開されるとともに，皇帝と宰執との会議内容に満足しなかった王安石が皇帝に対して「密啓」を送り，その「密啓」が傅堯俞の人事決定に直接結びついていく様子を窺うことができる。

この「密啓」については徐度『却掃編』巻中に

唐史載姚崇爲相，與張說不協，他日朝，崇曳踵爲有疾狀。帝召問之，因得留語。又蔣伸爲翰林學士，宣宗雅曖信，一日因語合旨，三起三留曰，他日不復獨對卿矣。伸不喩，未幾以本官同平章事，以此言之，則唐宰相不得<u>獨對矣。本朝宰執日同進呈公事，遇欲有所密啓，必先語閤門，使奏知，進呈</u>

罷乃獨留，謂之留身，此與唐制頗異。

と見えるように，宰執が個人的に皇帝に申し述べたい場合，閤門司を通じて「密啓」を皇帝に送り，視朝終了後に一人留まり「対」を行うことができたとあり，「留身」は個別の宰執が皇帝に働きかける大きな機会を作り出していた。

しかし，専権を握った宰相は，他の宰執が「留身」するのを嫌ったようである。『文献通考』巻108，「王礼考」三，「朝儀」には，

> 徽宗重和元年臣僚言，比年以來，二三大臣奏對留身，讒疏善良，請求相繼，甚非朝廷至公之體。詔，自今惟蔡京五日一朝許留身，餘非除拜遷秩・因謝及陳乞罷免，並不許獨班奏事，令閤門報御史臺彈劾。

とあり，留身の機会が宰執の私的利害を求める場となったため，蔡京のみに留身を認める詔が出されている。恐らく，専権をふるった蔡京にとっても他の宰執の「留身」は脅威であったことと思われる[6]。

②尚書六曹・開封府（臨安府）・審刑院（大理寺）

次に「対」の頻度が高いのは，1080年に行われた元豊官制改革以前であれば，三司，開封府，審刑院であり，それ以降であれば尚書六曹・開封府（臨安府）・審刑院（大理寺）ということになる。彼らは主要官庁の長官，副長官であり，皇帝視朝の「五班」の内に数えられている。その権限の特徴は，次の二つの史料に，

> 『長編』巻511，元符二年（1099）六月戊子の条。
> 翰林學士承旨蔡京等言，臣等每緣職事請對，待次或踰旬日，方得瞻望清光，而文字遇有急速，深恐失事，伏望指揮下閤門，今後許翰林學士依六曹・開

---

6) 宰執の「留身」が政策決定に大きく関係した淵源がいつ頃になるかはわからないが，王安石が「留身」を用いて自己の意見を通したことが「呂誨上神宗論王安石姦詐十事」（『国朝諸臣奏議』巻109）に見え，新法の政治手法として「留身」が用いられた可能性がある。「留身独対」の具体的な問題については別途考えなければならないが，拙稿「由《曾公遺録》所見宋代宰相的政治空間」（『中国十至十三世紀歴史発展国際学術研討会暨中国宋史研究会第十四届年会』論文集，2010年）の中で，一つの見通しとして「留身独対」の文書制度化の結果として御筆・手詔が現れてくることを述べた。

> 封府例，先次挑班上殿，仍不隔班，從之。

『要録』巻67，紹興三年（1133）七月丙子の条。

> 詔臨安府守臣，有奏稟事，不許隔班上殿。用直龍圖閣知府事梁汝嘉請也。汝嘉嘗言，臨安府地，望爲一路最，況輦轂之下，莫先彈壓，而守臣之任，僅同支郡，望令本府依舊帶安撫使，析浙西八州爲二，分隷鎭江・臨安，時以防江爲重，未克行。

と見える，「先次挑班」（優先的に「対」が行われる），「不隔班上殿」（後日回しにされることなく上殿が許される）といった表現に窺える。

③台諫

①，②が行政府の中核官僚であるとすれば，これらとは一線を画す形で「言事」（政事批判）の任に当たる御史台官と諫官，すなわち台諫は大きな発言権を有していた。例えば，『長編』巻441，元祐五年（1090）四月辛丑の条で左諫議大夫劉安世は「自二聖臨御以來，羣臣無非次之對，上則六七執政，下則四五言官而已。陛下所與謀議者，其寡少如此。」と述べるように，垂簾聽政という特殊事情があったにせよ，群臣の中で「二聖」（哲宗皇帝と宣仁高太皇太后）との「非次之対」を許されたのは，宰執と言官（台諫）であった。具体的な事例として『長編』巻365，元祐元年二月壬戌の条を挙げておく。

> 詔，上殿班，自閏二月遇垂簾日，引一班，應上殿及特旨令上殿者，閤門前一日關入内内侍省，尚書六曹，御史中丞同侍御史或殿中監察御史一員・開封府知府輪屬官一員・諫議大夫司諫或正言一員同對。

ここでは，②にあげた尚書六曹，開封府と共に御史台官，諫官が垂簾聽政の際の一班の対象とされていることが確認できる。この時期は班数が五班ではなく二班であり，当然ながらもう一班は宰執の班ということになる。

台諫の優先的な「対」の権限は，「言事」を本職としていたことと深く変わっている。彼らが発言を許されるのはあくまでも「言事」に基づく「本職公事」であり[7]，またそのため「先次挑班上殿」，「不隔班」[8]といった優先的な「対」の許可が与えられている。

④侍従

③の台諫の「言事」の職掌とも深く関わる侍従については、様々な定義があるが、とりあえず『朝野類要』巻2、「侍従」に「翰林學士・給事中・六尙書侍郎是也。又中書舍人・左右史以次謂之小侍從、又在外帶諸閣學士・待制者、謂之在外侍從。」とある定義を紹介しておく。ただ、ここでは、これらの内で政策決定に大きく関わる翰林学士、給事中、中書舎人を中心に見ていくこととする。

これら三つの官職は詔勅の起草（翰林学士、中書舎人）と審議（給事中）に関わるものであり、その様子は次の史料（周必大『文忠集』所収の『思陵録』淳熙十

7）本職公事については『朝野類要』巻1、「輪對、自侍從以下五日輪一員上殿、謂之輪當面對、則如入時政或利便劄子。若臺諫則謂之有本職公事、若三衙大帥謂之執杖子奏事。」に見える。また『国朝諸臣奏議』巻77、「上神宗乞察官依諫官例登對」張戩等には、御史台官が諫官と同様な「対」の権限を求める上奏が記される。

　　臣等每有本職公事欲上殿敷奏、必族候朝旨。既許上殿、伺候班次、動經旬日。儻遇朝廷政或闕失、及外事有聞係於機速、不容後時者、如此稽遲、則已無所及。況使往復待報、必由中書、萬一事干政府、則或致阻抑、耳目之司雖欲應急陳聞、安可得也。伏覩天禧詔書、或詔令不允、官曹涉私、措置失宜、刑賞逾制、誅求無節、冤濫未伸、並委諫官奏論、憲臣彈擧、是蓋臺諫之職、言責既均、則進見之期、理無殊別。何獨憲臣隔絶跣異、欲乞朝廷推原天禧詔書之意、使依諫官例、牒閣門卽許登對。或所言急速、仍乞先次上殿。所貴遇事入告、無憂失時。熙寧二年十月、戩與程顥同爲監察御史上。詔三院御史及裏行、有公事並許直申閣門上殿。

この問題は宋代の御史が諫官と同じ「言事」を職務とする、「言事御史」の特質を帯びたことと深く関係している。この問題については本書第三部「宋代の政治システム」第一章「宋代の言路」参照。

8）優先的な「対」が行われていた事例やその権限を求める上奏が数多く残されている。その一例として、衛涇『後楽集』巻11、「乞御史台及両省台諫官挑班上殿劄子」を示しておく。

　　臣伏覩近降聖旨、御史臺所請挑班上殿指揮、更不施行。契勘、臺諫官欲上殿奏事、申牒閣門、若遇班次併積、不免累日伺候。臣自供職以來、凡欲上殿、計會閣門、多値未有班次、每作急速公事奏稟、方得卽對。竊惟耳目之官、以言爲職、雖非急速公事、亦當以時敷陳、則御史臺挑班之請、不爲過也。況尚書六曹・開封府・大理寺遇有合奏公事、並許挑班上殿、何獨耳目官、不得用此。臣今欲乞、今後御史臺及兩省臺諫官、並依六曹等處、許先次挑班上殿、仍不隔班。取進止。

四年十月辛卯の条）によく表れている。

　辛卯。德壽宮朝臨畢，歸作降聖節假。前日批附密院，奉皇太后聖旨差甘昇提舉德壽宮，又降旨差提舉欽奉太上皇帝几筵。李舍人巘先繳奏中批云，不敢違皇太后聖旨，難以依奏，可日書行。給事中王信又繳密白黃。上批出令宣諭信，皇太后止爲本人頗曉事人。

【訳】辛卯。德寿宮での視朝が終わり、降聖節の休暇となった。前日、枢密院に、皇太后の聖旨に基づき「提挙德壽宮」の任に甘昇を充てるようにという「批」が送られた。また、甘昇に「提挙欽奉太上皇帝几筵」の仕事に充てるとの「旨」が下された。李中書舎人が先ず異議を申し立てた。すると「皇太后の聖旨に違わず、即日起草するように。」との中批が出された。ついで給事中王信は「封駁」を行った。それに対し皇帝は「皇太后が（甘昇）は良く物事をわきまえた人物です。」と言っていると、王信をなだめるように宣諭を送った。

　また、詔勅の起草に当たっては「鎖院」9)という役所を封鎖する形で行われ

---

9)　『玉堂雑記』上に見える「鎖院」の様子を記しておく。皇帝視朝が終了し、宰相が御前から退出すると、翰林学士院が鎖院され、御前箚子が中書提点によってもたらされる。黄昏までにまず草稿を提出し、皇帝より許可が下りると清書にかかり、四鼓（午前2時頃）に最終点検をし、攢点（五更五点、午前6時少し前）に内廷に提出し、翌日宰相が皇帝視朝の場から退出すると、ようやく翰林学士院が開門となる。

　司馬文正公日記云，熙寧二年五月癸巳鎖院，以奉安二御容禮成，德音降西京囚杖以下放。是日丞相出，中書提點魏孝先以下入院，授以參政趙抃所封御前札子，茶湯館于虛閣，御藥劉有方來，茶湯館于門塾，復謁，御廚翰林設食致酒果，黃昏進首尾詞，內批依此修寫，四鼓起讀點句，攢點進入。明日丞相退朝，宣訖開院。

るのが通常であり，また当直に当たる翰林学士は経筵官とともにしばしば夜間，皇帝に呼び出されることがあった。これを「翰苑夜対」[10]という。

「翰苑夜対」に象徴されるように，夜間に皇帝に特別に呼び出される存在ではあったが，通常の皇帝視朝の際の「対」については②，③と比べて特別に優

---

10) 翰苑夜対については例えば，『司馬光集』巻30，「延訪群臣第四箚子」に次のように見える。

　　臣屢曾上言，乞詔侍從之臣每日輪一員直資善堂，夜則宿於崇文院內，以備非時宣召，亦曾面奉德音，云候秋涼當頻有宣召。今已秋涼，尚未聞有曾被召之人。臣始者上言之時，竊見陛下欣然開納，將謂卽時施行，自後遷延日久，聖意漸以為難。臣竊意內外之臣，必有欺惑天聽，沮難此事，欲陛下常居禁中，不與羣下相接，以壅蔽聰明，專固權寵者。此豈忠臣之所為，而陛下之福邪。臣願陛下深察此情，斷自聖志，使之更直，陛下每日聽政餘暇，宮中無事之時，特賜召對，與之從容講論古今治體，民閒情偽，使各竭其胸臆所有，而陛下更加采擇，是者取之，非者捨之，忠者進之，邪者黜之，如此，則下情盡達，聖德日新矣。若以資善堂體例稍生，則學士待制於崇文院輪宿，自有舊條，只乞陛下傳宣崇文院，今後直宿者並須從早在彼祗候宣召。其有事故請假者，須與以次官互換直宿，此事極不難行，而所益甚大，惟陛下留意。取進止。

「翰苑夜対」が行われる場所であるが，通常は「內東門小殿」であり，翰林学士の場合，次の史料に見えるようにこの「夜対」は詔勅の起草と深く関わって行われるものであった。

　『玉海』巻167，「宋朝学士院」
　　兩朝志，承旨不常置，以院中久次者一人充。學士六員，掌大詔命。凡大除拜，晚漏上，天子御內東門小殿，遣內侍召學士賜對，親諭祕旨，對訖，鎖院門，夜漏盡進制，遲明白麻出。

なお，「夜対」は「翰苑夜対」に限るものではなく，広く中央高官を呼び出して行われたことについては呂中『皇朝中興大事記』巻2，「初御講筵」（*脱落部分を『宋史全文資治通鑑』巻24，隆興元年（1163）十一月甲午所載「大事記曰」より補正）に見えるとおりである。

　　初御講筵，講尙書・周禮，進讀三朝寶訓，仍詔輔臣與觀。
　　自隆興元年令學士院及經筵官，日輪二員宿直於本院，以備咨訪，或問經史，或談時事，或訪人才，及執事所奏，從容造膝，過於南衙而陳，先事獻言，加於路朝顯諫，故宇文价論蘷路賑濟推賞，此尙書夜對之言也。陳桷論治贓吏，當用祖宗法，此中書夜對之言也。倪思乞養皇孫國公德性，此直學士夜對之言也。金安節・馬琪論諫官言事失當，不宜深罪，此侍講夜對之言也。周操以侍御史內宿，召對論遣使事，王蘭在講筵，夜對論臨安府王佐貪汙事，此禁臣夜直之雍容論奏也如此。

遇されたとは言い難い。しばしば,「先次挑班上殿」,「不隔班」を求める上奏が行われており,恐らく③の台諫ほどではないが,彼らに準ずる扱いがされたと思われる[11]。

⑤経筵

一年中ではないが,春と秋を中心に,午後の時間帯には「経筵」(進講)の機会が設けられた。この「経筵」の場は,次の史料に見えるとおり,通常の視朝の場とは大きく様相を異にするものであった。

『東斎記事』巻1
  崇政殿之西有延義閣南向,迎陽門之北有邇英閣東向,皆講讀之所也。仁宗皇帝即位,多御延義。每初講讀或講讀終篇,則宣兩府大臣同聽,賜御書或遂賜宴。其後不復御延義,專御邇英。凡春以二月中至端午罷,秋以八月中至冬至罷,講讀官移門上賜食,俟後殿公事退,繁鞍以入。宣坐賜茶,就南壁下以次坐,復以次起講讀。又宣坐賜湯,其禮數優渥,雖執政大臣亦莫得與也。
  仁宗當暑月,不揮扇。(范)鎮侍邇英閣,嘗見左右以拂子祛蚊蠅而已。冬

---

11) 侍従の「対」の位置づけを窺う史料として次の二つを掲げておく。
洪适『盤洲文集』巻43,「有撰述文字乞奏対劄子」
  檢會,本院見行一司條令內一項,翰林承旨學士,職當撰述,代於王言,事體繁重,合有上稟睿訓文字,若循習舊例,俟閣門引班,顯見稽緩,今後仍許先次挑班上殿。今來臣係太常少卿兼權直學士院,有撰述文字合行奏稟,欲於今月四日上殿敷奏,緣臣係卿監官,難以徑牒閣門,伏望聖慈特降睿旨,令閣門依本院故事,引班上殿奏稟,伏候進止。
魏了翁『鶴山先生大全文集』巻18,「応詔封事」
  七日,復制誥舊典,以謹命令。國朝尚倣前代誥之選,名號紛紛,不可殫述。大抵内制之臣,自大詔令外國書許令進草之外,凡冊拜之事,召入面諭,有當奏稟,則君臣之閒後更相可否,旋爲增損,以合舊制。乘輿行幸,則侍從以備顧問,有請對則不隔班,有奏則事用榜子,關白三省・密院則合用諮報,而不名,所以號曰內相者,得與人主上下,古今宣猶出令,其重蓋如此。外制之臣分治六房,掌行命令,隨房當制,凡事有失當,得以論奏封駁,每旦詣省,即紫微閣下草制,俟宰執出堂始得下直。

不御爐、毎御殿、則於桨殿設爐以禦寒氣、寒甚、則於殿之兩隅設之。醫者云、體備中和之氣則然矣。

例えば，ここでは「門上」で食事を賜った後，経筵の場（延義閣や邇英閣）に入り，坐や茶を賜い[12]，講義が行われる。後でも述べるが，これは皇帝視朝の場には見られない特別な待遇である。

通常，経筵の場に列席するのは，経筵官以外では宰執，史官などである。ただ，宰執については十日に一度列席，あるいは一つの連続講義が行われる最初と最後に列席といった具合に臨時に参加するものであり[13]，史官も記録をとどめるため列席した[14]。

経筵の場は基本的に学問の講義の場所であるが，しばしば経筵官は講義終了後も居残り，皇帝と政治上の話をしているケースが見られる。これは「経筵留身」と呼ばれるものであり，司馬光の『邇英留対録』（『増広司馬温公全集』巻一

---

12) 経筵官が立って講義を行うのか，坐って講義を行うかについては宋代においてしばしば議論がなされている。最も典型的な形としては，次の史料のように，講義を行う経筵官は立ち，その他の経筵官は坐ってという形式である。

『帝学』巻5
（皇祐三年五月）丁丑、講讀官參問聖躬畢、面詔當講讀臣僚、立侍敷對、餘皆賜坐、侍於閣中。天聖以前、講讀官皆坐侍。自景祐以來、皆立侍。至是帝屢面諭以經史義旨、須詳悉詢説、卿等無乃煩倦否。安國等進曰、不敢。至是有詔、遂爲永制。翌日、丁度等奏謝。

13) 『二程文集』巻7に次のように見える。
自來宰臣十日一至經筵、亦止於默坐而已。又閒日講讀則史官一人立侍、史官之職、言動必書、施於視政之時、則可經筵講肄之所乃燕處也。

14) ただ史官の記録の有効性については疑問が残る。実は，宋代の文集の中には経筵官自体が経筵の記録を残しているケースが多々見られ，こちらの記録の方が重要ではなかったかと思われる。このことと関連して，経筵官賈昌朝が『邇英延義二閣記注』を作成したという記事を掲げておく。

『長編』巻118
（景祐三年正月）乙巳。賈昌朝言、臣幸得侍經禁中、陛下毎以清燕之閒、嚮學稽古、微言善道、取高前聖、事在雙日、杳隔嚴宸、時政記・史館日曆及起居注莫得纂述。臣自景祐元年春迄二年冬凡書筵侍臣、出處升黜・封章進對・燕會賜輿、皆用存記、列爲二卷、乞送史館。詔以邇英・延義二閣記注爲名、命章得象等接續修纂。

「手録」所収) など宋代の文集に数多く記録が残されている。

⑥地方官

　地方官が外任に出る際，外任から戻る際には皇帝との「対」が行われた。皇帝側にとっては直接，命令を伝えたり，あるいは能力を確かめたり，地方の実情を聞くといった目的が存在している一方，地方官側としては地方の実情を伝えるだけでなく，自己を売り込む格好の機会であった。儀礼としては文徳殿で行われる「衙辞」，「衙見」，「衙謝」，内廷で行われる「入辞」，「入見」，「入謝」があり，前者は皇帝が列席することなく行われる儀礼であり，後者が地方官にとって大きな意味を持つものであった[15]。

　ただ，すべての地方官が皇帝との「対」を許可されたわけではない。このあたりの経緯については曾肇『曲阜集』巻2，「上徽宗皇帝論減罷監司守臣上殿」に詳しく記されている。

　臣聞，朝廷政事，以民爲本，與民親者，莫如逐路監司及州長吏。祖宗以來，常重其選，故監司辭見皆得上殿，而州長吏人數猥多，不可人人延見，則擇其州之要重繁劇與夫沿邊守禦之地爲長吏者，則許上殿，舉天下之大無慮三百餘州，而長吏得對淸光，親承敕旨不及百人，不爲多矣。近者伏覩詔書，知州軍辭見合上殿者，減罷其半，於半之中又減，朝辭上殿者二十有二州，其辭見得上殿者纔二十有三州而已。紹聖四年文臣一路兵鈐及監司職任竝許上殿指揮，又罷不行。臣愚竊所未喩也。夫祖宗必令監司知州軍上殿者，豈苟然哉。視其貌則疲癃老疾無所揜，與之言則能否邪正莫能欺，因此以察執政用人，則精粗得失無不見矣。爲監司長吏者，受命而行，躬聞德音，則人人曉達上旨，有所遵守，政成而歸，親面天顏，則人人各述所知，口陳指畫

---

15) 例えば，衙見と入見の差異について『王文正公筆錄』に次のように記される。
　舊制，文武羣臣由一命而上，自外至京，必先詣正衙見訖，乃得入見，辭謝亦如之。太祖皇帝御極之初，親總庶務，常驛召一邊臣入對，將授以方畧，訝其到闕已數日而未見。左右或奏以未過正衙。太祖意不平之，乃令自今皆先入見辭謝畢，方得詣正衙，遂爲定制。

而上下之情無有不通者矣。非獨如此躬、親庶政收攬威權者、人主之大柄、延見臣下、咨詢不倦者、人主之盛德。祖宗以來、所以不憚日昃之勞、不厭應接之煩、蓋有以也。今陛下初卽寶位、方當勵精爲治、日接羣臣、以廣聰明、以通衆志之時、而遽有此變更。臣愚竊恐四方聞之或意陛下倦於咨詢、或意陛下略於待士、而爲監司長吏者、亦將苟且因循無自勵之志、非所以崇德美興治功也。夫自古帝王有志於治者、未嘗不廣延羣臣博問僉聽、而於治民之官、尤所注意、在漢宣帝、每拜刺史守相輒親見問、觀其所繇、退而察其行、以質其言、有名實不相稱、必知其所以然、嘗曰、庶民所以安其田里、而無嘆息愁恨之聲者、政平訟理也。與我共此者、其惟良二千石乎。故西漢二百餘年、獨宣帝之世、循吏爲盛、漢之刺史、卽今監司之任也。漢之守相、卽今知州軍之任也。宣帝所以綜覈名實爲漢賢主、其本在此、以陛下明聖、方將興建德業、比隆三王、如宣帝所行爲之甚易。臣愚欲願、陛下近守本朝成憲、遠稽漢宣帝故事、出自聖意、申命輔臣、自今監司知州軍辭見上殿並如舊制、內監司及帶一路兵鈐、仍依紹聖四年指揮、其餘則依今年六月十六日詔書施行。所貴、上循祖宗之典、下貽子孫之法、其於政體蓋非小補、惟陛下留意無忽、天下幸甚。

　本来、監司と知州、通判に皇帝との「対」が認められていたのであるが[16]、官僚の増加とも相まって次第に制限される傾向となった。上の史料では三百余州の長吏に行われていた「対」が重要な州や辺境の軍事拠点の州の百ほどに縮小され、北宋末の徽宗朝においては重要な州や軍事拠点の州に制限され、わずかに二十三州に減らされたことが記されている。南宋については別途検証が必要であるが、おおむね、路の長官、特別な州の長官クラスが皇帝との「対」を認められる存在であったと考えられる。

---

16)　『長編』巻206、治平二年（1065）十一月己未の条の呂誨の言によれば、「國朝故事、親民官通判以上、擬任、先引見、仍于中書呈身、替還知州許上殿陳利便三事。」と見え、通判以上の「引見」、帰任後の知州の「上殿奏事」が本来認められていたことが確認できる。

⑦百官転対

　①から⑤のような皇帝との「対」の機会に恵まれた中央高官は除き，一般の中央官は皇帝との「対」が行われる機会は極めて少なかった。そこで，宋代において広く中央官の意見を徴収しようと考えられたのが「百官転対」という制度であり，『朝野類要』巻1，「輪対」は次のように述べる。

　　自侍従以下五日輪一員上殿，謂之輪當面對，則必入時政或利便箚子。若臺諫，則謂之有本職公事，若三衙大帥，謂之執杖子奏事。

五日に一度，侍従以下の中央官僚を一人，順次上殿させ，時政や政治の利害に関わる事柄を述べさせるというものである。

　広く官僚たちの意見を聞くという意味では大変有益な制度であったが，実際には時の政治情勢に最も影響されやすく，とりわけ，南宋の専権宰相の相次いだ時期においては，官僚側が忌避する傾向となった。『両朝綱目備要』巻7，「韓侂冑扼塞言路」には

　　自紹興末年以來，臺諫毎月必一請對，察官毎月必一言事，從官兩月必一求見，否則謂之失職，自侂冑扼塞言路，從官既不言事，而臺諫亦多牽掣顧望，凡所論列，若位望稍高之人，蓋皆有所受，此外則毎月將終，必擧按小吏一二人謂之月課，始者猶及鹽務官與郡守之屬，已而浸及屬官曹掾，最後則簿尉監當，皆在月課之列矣。又有泛論君德時事之，類皆取其陳熟緩慢，畧無攖拂者言之，以至百官轉對・監司帥守奏事亦然，或問之，則愧謝曰聊以藉手，臺諫官則曰聊以塞責，有監察御史當應課乃言，都城貨炒栗者皆以黃紙包之，非便，乞禁止，聞者哂之。

と見える。すでに台諫の請対が月一度，侍従の入見が二月に一度といった具合に皇帝との「対」が極めて少なくなっている上に，韓侂冑専権下において，「百官轉對」が，台諫，監司などの上奏と共に抑圧されている様子を読み取ることができる。

　この他，『皇朝大事記講義』巻2，「論對　章奏」には「二史直前」，「群臣召對」，「小官特引」など幾つかの「対」のバリエーションが紹介されているが，政策決定過程において大きな役割を果たしたものではないので，ここでは省略

する[17]。

　以上が個別の官僚の「対」についての概観であるが，抜け落ちているものが幾つかある。例えば，皇帝の耳目として地方の諜報の仕事に当たった走馬承受という役職がある。この走馬承受は『宋史』巻167に，

　　走馬承受，諸路各一員，隷經略安撫總管司，<u>無事歲一入奏，有邊警則不時馳驛上聞</u>。然居是職者，惡有所隷，乃潛去總管司字，冀以擅權。熙寧五年帝命正其名，鑄銅記給之，仍收還所用奉使印。崇寧中，始詔不隷帥司而輒預邊事，則論以違制。大觀中詔許風聞言事。政和五年，詔諸路走馬承受，體均使華，邇來皆分貪賄賂，類不舉職，是豈設官之意，其各自勵以稱任使，或蹈前失，罰不汝赦。明年七月改爲廉訪使者。宣和五年，詔近者諸路廉訪官，循習違越，附下罔上，凡邊機皆先申後奏，且侵監司・淩州縣，而預軍

---

17) 「二史直前」については例えば次のような記事がある。
　『九朝編年備要』巻20
　　秋八月許二史直前奏事。
　　　修起居注王存乞復唐貞觀二史之職，執筆隨相入殿，上是其言。又故事，左右史雖日侍立而欲奏事，必稟中書俟旨。存與同修注王安禮因對及之，乃詔許直前，著爲令。
　『歷代名臣奏議』巻200
　　起居郎洪遵乞修注官經筵奏事箚子曰，臣不肖幸得以記注陪侍經幄，瞻望天威，近在跬步，至於御茗分珍華埠錫坐，皆非糞土小臣平生所敢覬望，竊見春秋二講每於雙日先期書曆，經筵官講讀畢許留身奏事，脩注官雖與簽書，未嘗有奏事者，皆云近例如此，聯名一曆，不應別爲二體。臣伏聞，元祐中起居舍人呂陶嘗乞候講讀罷，臣僚再留奏事，並許侍立，以此觀之，講退猶且入侍，何由不許奏事，欲望睿慈下講筵所依講讀官例施行。
　この二つの史料に代表されるように，二史の「対」を求める上奏が何度となく史料中に現れる。恐らく，上奏とは裏腹に，実際には修起居注の官が「対」を行える機会は極めてまれであったと考えられる。
　また，「小官特引」の一つの事例として『要録』巻119，紹興八年四月己未の条を掲げておく。
　　右從政郎張祁特改右宣教郎。上以其兄邵久使未歸，故引對而有是命。尋以祁主管官告院。

旅・刑獄之事，復彊買民物，不償其直，招權怙勢，至與監司表裏爲惡。自
　　今猶爾，必加貶竄。靖康初，罷之，依祖宗舊制，復爲走馬承受。

と見え，名目上は経略安撫総官司に属しながらも，実際にはその制約を受けず
に，辺境に緊急事態が起こった場合，随時報告ができる職務である。特に緊急
なことがなければ一年に一度，皇帝に報告にあがる。通常は『長編』巻78，大
中祥符五年（1012）六月壬子の条に見えるように，

　　權知開封府劉綜言，諸路走馬承受使臣到闕，皆直造便坐。自今請先於前殿
　　見訖，乃詣後殿奏事。

前殿視朝の場ではなく，後殿（ここでは「便坐殿」）視朝の場で「対」が行われ
るケースが多かったと考えられる。

　その他，皇帝との政治的距離関係において，特筆すべきは宦官と女官である。
宋代は漢，唐，明代などと比べ宦官の弊害が少なかった時代として知られるが，
それでも『宋史』巻466〜469に少なからず宦官が列挙されているように，宦官
の政治関与の問題は等閑に付すわけにはいかない。宋代においても，「中使」
として皇帝と官僚との伝達係を務めたり，時には皇帝に代わって政策決定に深
く関わることともなった。次の二つの事例は，第7代皇帝哲宗朝の垂簾聴政時
期に専権をふるった宦官陳衍について述べている。

　『長編』巻442，元祐五年五月庚寅の条。

　　又言，風聞中貴陳衍採訪外事，密奏兩宮。衍近來頗自表異，陵押羣輩，氣
　　岸不遜。臣以謂兩宮聖明，輔陛下施爲有宰執，論事得失有臺諫，百司各守
　　其職，循名責實，則事無廢弛，豈可使閹豎賤隷，上玷聰明，若人言爲信，
　　有傷聖德，漸不可長。疏累上，又面論之。

　『長編』巻495，元符元年三月辛亥の条。

　　是日，樞密院奏事，曾布獨留，因爲上言，臣備位政府，無補朝廷，每有所
　　聞，不敢一一冒瀆聖聰，然事干大體，不敢緘默。臣自去秋卽聞朝廷差蔡京・
　　安惇究問公事，日久未決，然以非職事，未嘗敢詢三省，莫知其詳。近見蔡
　　京言，勘問張士良，稱陳衍於垂簾時日作掌記，裁決政事，太母但誦之而已。
　　又言太母彌留之際，不復曉人事，而衍尙不肯以國事稟聖斷，凡詔旨用寶，

皆衍専之，衍一閹寺，敢盗弄國柄如此，何可勝誅。

前者では「中使」として両宮（哲宗皇帝と宣仁高太皇太后）に直接地方の様子を報告する立場にあった陳衍が他の官僚を侮るようになったこと，後者では陳衍が政策を決定し，太皇太后がそのままその内容を唱えるだけであり，さらに太后が重病に陥ると裁可を仰ぐことなく，勝手に詔を出していたことが述べられる。

一方の女官であるが，彼女たちの活動を知る史料は極めて少ない[18]。しかし，ここでは興味深い史料を二つ紹介しておく。

『建炎以来朝野雑記』乙集巻11，「親筆與御筆内批不同」

　　本朝御筆・御製皆非必人主親御翰墨也。祖宗時，禁中處分事附外者，謂之内批。崇・觀後謂之御筆。其後或以内夫人代之。近世所謂御寶批者，或上批，或内省夫人代批，皆用御寶。又有所謂親筆者，則上親書押字，不必用寶。至於御製文字，亦或命近臣視草焉。神宗祭狄青文，中丞滕達道所作也。高宗追廢王安石配享詔，舍人胡明中所作也。光宗撰壽皇聖政錄序，祕監陳君擧所作也。此文今見致堂・止齋集中，但人不知爾。

『要録』巻21，建炎三年三月己丑の条。

　　（朱）勝非乞屏左右。后曰，惟張夫人在此。勝非問何人。后曰，張夫人年高習事，官品亦尊，嘗教哲宗・道君讀書，朝廷文字皆經其手，禁中事莫不預知，即今往來，睿聖宮卿但奏事。……

前者では皇帝が内廷から出す「御筆」，「御批」を「内省夫人」が代筆していたことが述べられる。後者においては宰相朱勝非が孟太后に左右の者を退けて頂きたいといったところ，張夫人の臨席を許可した上，彼女について，哲宗，徽宗皇帝の家庭教師を務め，かつ朝廷の文書は彼女の手によらないものはないと

---

18)　近年，女官の政治関与の問題については鄧小南「掩映之間：宋代尚書内省管窺」（『漢学研究』27-2，2009年）が出され，皇帝の命令文書作成に尚書内省の女官たちが深く関わっていたことを立証された。

述べている[19]。

　以上，皇帝と官僚間の距離から政治空間を考察した。基本的には①から⑦までのように，「対」を基準に両者の関係，緊密性を推し量ることができ，「対」の頻度をもとに官界の構造を再構成することも可能である。また，専権宰相が続出することとなる北宋から南宋にかけて「対」の頻度が減少しており，「対」の運用が政治に大きな影響を及ぼしていたことが見て取れる。さらに走馬承受，宦官，女官のように，政治の表面には表れないものの，皇帝と極めて近い位置にいた存在も忘れるわけにはいかない。この問題は，今後，一層，内朝空間の解析を含めて行う必要がある。

三，儀礼の面から見た宋代の政治空間
―――「坐而論道」考―――

　本節では皇帝と官僚間の儀礼を手掛かりに政治空間の問題を考えていく。具体的には前節までに当該問題を見ていく際に表れてきた「坐而論道」，「宣坐賜茶」を手掛かりに，宋代を挟んで表れる政治の時代的変化の問題について考察する。
　寺田隆信『紫禁城史話』(中公新書，1999年) の中で，御前会議の風景について次のように述べられている。

　　漢や唐の時代には，大臣が皇帝と政務を処理する場合，互いに椅子に腰掛け膝つきあわせて話しあったが，宋代になると，大臣は腰かけることを許されず，直立した姿勢でいなければならなかった。ところが，明代になる

---

19) 内省夫人，内夫人が皇帝―官僚間の文書に深く関わっていたことを推測させる史料として例えば『建炎朝野雑記』甲集巻1，「高宗恭倹」に「凡巨璫及内夫人奏事，上悉出閤外視之」といった記事や『南村輟耕録』巻19，「宋朝家法」に「因曰，吾爲内夫人日，毎日輪流六人侍帝左右，以紙一番，從後端起筆，書帝起居，旋書旋卷，至暮封附史館。」といった記事を挙げることができる。

と，立っていることさら許されず，皇帝の面前では，誰もが跪かねばならなくなった。

こうした御前会議における身体技法の変化については寺田前掲書に止まらず，多くの著書でその変化を指摘している。例えば劉家駒『清史拼図』(遠流出版社，2003年) では，「明代は中国の中央集権，君主絶対専制の時代であり，以前の宰相権は完全に剥奪され，君主の権威は，頂点を極めることになり，臣下の地位は君主権と比べ，日ごとに低下していった。清代は入関後，この種の政治精神を踏襲し，さらに一歩進めていった。明代の大臣は皇帝に対して僅かに四拝或いは五拝するだけであったが，清代の大臣は三跪九叩しなければならなかった。したがって，清代の皇帝の地位の高さと専制ぶりは明朝を遙かに超えている。」，「漢唐の宰相は皇帝と「坐して道を論じる」ことができ，大臣は人格と尊厳を有していた。清代の軍機大臣は三跪九叩して奏対しなければならず，大臣は召見されると，厚い綿を膝の間にあてがい，久跪による膝痛を免れようとした。」，「三跪九叩ならびに跪いて奏対する他，碰響頭の規定もあった。およそ臣下が召対されご恩に謝意を表す場合，及び諭旨が父祖に及ぶ場合は，冠を取って頭を響くように打ち付けなければならなかった。頭を打ち付けた音が御前まで響いて至敬と見なされた[20]。」云々と述べられている。

要するに，漢唐の宰相と皇帝の間で行われた「坐而論道」が廃れると共に，明清において「跪拝」の礼が発達し，清代ではさらに「三跪叩頭」へと皇帝に対する身体儀礼が強化されていく様が紹介されている。

それでは具体的に「坐而論道」，「宣坐賜茶」の実例をもとにこの問題を検討

---

20) 原文は「明朝是中國中央集權，君主絕對專制的朝代。舊日的宰相權，完全被剝奪，君主的權威，發展到極點。臣下的地位與君權相比，則日趨低落而卑下。清朝入關後，承襲了這種政治精神，作更進一步的發揮。明朝大臣對皇帝僅四拜或五拜，清朝大臣則要三跪九叩，所以清朝皇帝地位之崇高與專制，實在超過明朝。(中略) 漢唐宰相，可以與皇帝「坐而論道」，有大臣的人格與尊嚴。清代軍機大臣召對，則須跪著奏對。故大臣被召見前，常以厚棉裏著膝間，以免久跪膝痛。(中略) 除了三跪九叩及跪著奏對外，還有碰響頭的規定。凡臣工召對謝恩及諭旨涉及其父祖事時，均須免冠碰響頭，碰頭的聲音能傳徹御前，乃為至敬。」と記される。

しておきたい。

　王曾『王文正筆録』には，
>　舊制，宰相早朝上殿，命坐，有軍國大事則議之，常從容賜茶而退。自餘號令除拜，刑賞廢置，事無巨細，並熟狀擬定進入。上於禁中親覽，批紙尾用御寶，可其奏，謂之印畫，降出奉行而已。由唐室歷五代，不改其制，抑古所謂坐而論道者歟。國初，范魯公質・王宮師溥・魏相仁溥在相位，上雖傾心眷倚而質等自以前朝相，且憚太祖英睿，具箚子面取進止，朝退各疏其事，所得聖旨，臣等同署字以志之，如此則盡稟承之方，免誤之失，帝從之。自是奏御浸多，或至旰昃，啜茶之禮尋廢，固弗暇於坐論矣。於今遂爲定式，自魯公始也。

と見え，唐・五代頃まで皇帝・宰執間の議政に行われていた「坐而論道」，「啜茶之禮」が宋初に廃れていくことが述べられている[21]。その理由として，太祖による天下統一を受け，前朝にも仕えていた宰執范質，王溥，魏仁溥（浦の誤り）等が太祖に遠慮する形で「坐而論道」の方式を避け，御前会議においては箚子を提出し，まず皇帝より口頭の裁可を頂き，退朝後，改めて上奏を行い，皇帝から正式許可の聖旨を頂いた後，宰執が一堂署名する方式に変更したことが述べられる。

　また，『朱子語類』巻128では，
>　古者三公坐而論道，方可子細說得。如今莫說教宰執坐，奏對之時，頃刻卽退。文字懷於袖閒，只說得幾句，便將文字對上宣讀過，那得子細指點。且說無坐位，也須有箇案子，令開展在上，指畫利害，上亦知得子細。今頃刻便退，君臣如何得同心理會事。六朝時，尙有對案畫敕之語。若有一案，猶使大臣略憑倚細說，如今公吏們呈文字相似，亦得子細。

---

21)　『長編』巻5に同様な記事を採録するが，『王曾筆録』に基づいたと注記されている。邵博『邵氏聞見後録』巻1では「自唐以來，大臣見君則列坐殿上，然後議所進呈事。蓋坐而論道之義。藝祖卽位之一日，宰執范質等猶坐。藝祖曰，吾目昏，可自持文書來看。質等起進呈罷，欲復位，已密令中使去其坐矣，遂爲故事。」とあり，こちらでは太祖が意図的に「坐」を撤去したことが述べられる。

と見えるように，六朝時代には「對案畫敕」（机の前に上奏文を広げ，逐一利害を指摘しながら述べる）のやり方が行われていたのに対し，宋代においては，宰執に対して「坐位」がないばかりか，宰執による議政の時間は短く，数刻で退出することになると述べられている[22]。

ただ，例外も存在している。経筵や内殿で行われる「翰苑夜直」は時間も充分あり，またゆったりとした雰囲気で行われる場であった。例えば，范鎮『東斎記事』巻1には，

> 崇政殿之西有延義閣南向，迎陽門之北有邇英閣東向，皆講讀之所也。仁宗皇帝卽位，多御延義，每初講讀或講讀終篇則宣兩府大臣同聽，賜御書或遂賜宴，其後不復御延義，專御邇英。凡春以二月中至端午罷，秋以八月中至冬至罷。講讀官移門上賜食，俟後殿公事退，繁鞶以入。<u>宣坐賜茶</u>，就南壁下次坐，復以次起講讀。又<u>宣坐賜湯</u>，<u>其禮數優渥，雖執政大臣亦莫得與也</u>。

と見えるように，経筵の場においては「宣坐賜茶」，「宣坐賜湯」の礼が行われている。

また，張邦基『墨荘漫録』巻7，「曾子開・蘇子由延英閣講筵詩」には，

> 元祐中，哲宗旬日一召輔臣於延英閣聽講讀，時曾肇子開・蘇轍子由，自左右史並除中書舍人，入侍講筵。子由作詩呈同省，諸公悉和之。邇英・延義皆祖宗所建。□□講記注官賜<u>坐飲茶</u>，將罷賜湯，仍皆免拜，<u>無復外廷之禮</u>。故子開詩云，二閣從容訪古今，諸儒葵藿但傾心，君臣相對疑賓主，誰識昭陵用意深。邇英閣前槐後竹，雙槐極高，而柯葉拂地，狀如龍蛇，或謂之鳳尾槐。子開詩云，鳳尾扶疏槐影寒，龍吟蕭瑟竹聲乾，漢皇恭默尊儒學，不似公孫見不冠。子由詩云，銅瓶灑遍不勝寒，雨點匀圓凍未乾，回首瞳瞳朝

---

[22] 『宋史』巻288，「高若訥伝」に「又奏，三公坐而論道，今二府對纔數刻，何以盡萬幾。宜賜坐從容，如唐延英故事。」，同巻302，「呂景初伝」に「又言，坐而論道者，三公也。今輔臣奏事，非留身求罷免，未嘗從容獨見以評講治道。雖願治如堯・舜，得賢如稷・契，而未至於治者，抑由此也。願陛下於輔臣侍從諫之列，擇其忠信通治道者，屢詔而數訪之，幸甚」といった形で，ゆったりとした雰囲気で時間をかけて君臣間で議論をすることを求める上奏がしばしば出されている。

日上，槐龍對舞覆衣冠，竝謂此也。

と見え，外朝とは異なり拝礼を省略しうる空間（「免拝」，「無復外廷之禮」）であったことが確認される。

一方の内殿で行われる「翰苑夜直」は一般的には皇帝が宿直している経筵官あるいは翰林学士を呼び出して政治について尋ねるものであるが，呉泳『鶴林集』巻19，「論今日未及於孝宗者六事箚子」では，

> （前略）故事，禁從講讀官及掌制學士更直遞宿以備咨訪，或問經史，或談時事，或訪人才，或及宰執所奏，凡所蘊蓄靡不傾盡，故宇文价論六路賑濟推賞事，此尙書夜對之言也。陳槩論治贓吏當用祖宗法，此中書夜對之言也。倪思乞養成皇孫國公德性，此直學士夜對之言也。金安節・馬騏論諫官言事失當不宜深罪，此侍講夜對之言也。周操以侍御史内宿召對論遣使事，王藺在講筵夜對論臨安府王佐贓汚事，此皆燕直清閒雍容論奏之言也。<u>恩意浹密則就澄碧殿錫燕，職業修飭則上清華閣賜詩，從容造膝過於南衙面陳，先事獻言加於路朝顯諫</u>，此皆乾淳良法也。

と見えるように，実際には宰執から高級官僚まで広く行われるものであった。そしてこの内東門小殿で行われる会見の場は，下線部に見られるように通常の垂拱殿や延和殿（もしくは崇政殿）に比べてくつろいだ雰囲気でかつ思い切った発言が可能であった。

つまり，宋代において「坐而論道」，「宣坐賜茶」の問題は外朝と内廷の二つの空間で大きな差異があったのである。すなわち，経筵の場においては，開始以前に食事や茶を賜わったり，開始後も「賜坐」が行われるのが一般的であった。また，内殿での引見の際には，『朝野類要』巻1，「内引」に「内殿引見則可以少延時刻，亦或賜坐，亦或免穿執也。」と見られるように「賜坐」や「免穿執」といった，くつろいだ形での「対」が行われている。

さらに，内殿が政治改革もしくは緊急の議論の場に用いられることもある。慶暦三年（1043）九月に范仲淹等によって実施されたいわゆる「慶暦の治」は，「又開天章閣，召對賜坐，給筆札，使疏於前。仲淹・弼皆惶恐避席，退而列奏。」という形で仁宗が天章閣に宰執を招き入れ，坐を賜い，両者の緊密な空間のも

と，范仲淹らは十の改革案を提出している（『長編』巻143，慶暦三年九月丁卯）。また，熙寧七年（1074），八年と二度にわたり遼使蕭禧が国境問題のため北宋にやってきた折にも「王安石白上曰，契丹無足憂者。蕭禧來，是何細事，而陛下連開天章召執政」との言に見られるように天章閣で皇帝と宰執の間でこの問題が議論されている（『長編』巻262，熙寧八年四月癸亥）。この二つの例は内殿の場が前殿とは異なる重要課題について皇帝，宰執間が議論する場となりうることを示している。なお「開天章閣」は，南宋の淳熙年間において集英殿修撰帥福建趙汝愚が「乞遵用祖宗故事，祇以手詔詢問闕失，或開天章閣命輔臣條畫，或御迎陽門召侍從臺諫條對，或令中書門下頒告在廷之臣許直言過失，或密札賜舊德名臣詢問機事，所冀誠意昭達，群議畢陳，惟捨短而用長，斯轉禍而爲福。」（『歷代名臣奏議』巻307）と述べるように，「祖宗の故事」として政治刷新のための重要な手段と見なされているのである。

　この他，「廊食」，「廷杖」といった事柄も皇帝，官僚間の関係性の変化を読み取る上で参考となる。『五代会要』巻6，「廊下餐」には，

　　晉天福二年三月，御史臺奏，唐朝令式，南衙常參官・文武百官，毎日朝退，於廊下賜食，謂之常食。自唐末亂離，常食漸廢，仍於入閣起居日賜食，毎入閣禮畢，閣門宣放仗，羣臣俱拜，謂之謝食。至清泰年中，入閣禮畢，更差中使至正衙門口宣賜食，百官竝立班重謝，交失本根。今後入閣賜食，望不差中使口宣。從之。

とある。すなわち，唐代末頃までには皇帝視朝の後に，官僚に食事を賜う「廊食」が行われていたのが，五代の時期になると「入閣」時に限られるようになる。宋代については管見の限り，皇帝の誕生日を祝う際に行われる儀礼の一環として「廊食」の事例を見る程度である。

　また，宋代は士大夫官僚の発言が容認された時代として知られる。太祖が立てた誓碑の一節に「不得殺士大夫及上書言事人。」（陸游『避暑漫抄』）があり，これが一種の祖法として遵守されたという言説がある。真偽のほどは定かではないが，他の時代に見られたような士大夫官僚をむやみに処刑したり，あるいは明清代にしばしば宮廷内で行われた「廷杖」の情景を宋代の史料から見出す

ことは難しい。なお,「廷杖」(官僚に何か過失があったり,皇帝の意に逆らった場合,宮廷の階下に引き据えて,杖で撃たせる制度)については『明史』巻95,「刑法」3に,

> 刑法有創之自明,不衷古制者,廷杖・東西廠・錦衣衛・鎮撫司獄是已。是數者,殺人至慘,而不麗於法。踵而行之,至末造而極。擧朝野命,一聽之武夫・宦豎之手,良可歎也。

と見えるように,「東西廠」,「錦衣衛」,「鎮撫司獄」とならんで明代特有のものとしている[23]。

以上「坐而論道」,「賜茶」の儀礼を中心に検討してきたように,宋代は前殿(外朝)においては,皇帝―官僚間の両者の関係を,大きな差異のある君臣関係に転換していこうとする方向性が見られる一方,内殿(内朝)においては依然としていわゆる古代の政治の理想である「坐而論道」が追求され,曲がりなりにも「主客」もしくは「師弟」間の水平的な関係の実践がなされていたことがわかる。これは後の時代と比べ,宋代が比較的士大夫・官僚の発言権が容認されたことと深く関わっている[24]。

四,宋代政治空間の変質

本節では,宋代の政治空間がどのように変質していくのか大まかな展望を試みることとする。その前提として宰執を中心とした官僚の政治空間を概括して

---

23) ただ,朱国禎『湧幢小品』巻12,「廷杖」は,淵源について唐代の玄宗期に御史蔣挺が朝堂で決杖になった事例や,隋の文帝が殿庭で決杖をした事例を紹介し,北魏,金,元とこの廷杖が行われたとする。また,明代では成化以前においては衣服を着たままの決杖であったものが,正徳初年に衣服をはいで決杖するなど「杖死」が一般化したことが述べられる。なお,陳文秀「"廷杖"考」(『晋陽学刊』1983-5)では,それに先立つ後漢の事例も紹介している。
24) 前掲註4王化雨論文において内殿における皇帝と官僚との政治交流の問題が詳細に論じられている。それによれば,北宋に比べ,南宋は「内引」,「晩朝」に代表されるように「対」の実質的な場が選徳殿を中心とした内朝に移行しており,とりわけ南宋の孝宗朝においてはこの内朝の「対」が積極的に利用されたとする。

おく。こちらは仮に政策の立案・審議を行う，官僚の政治空間として位置づけられる。

　宋代においては，官僚が皇帝に文書を上呈する際，「通進司」を経由するルートと，「閤門司」を経由するルートの二つがあり，その意味合いは大きく異なる。前者のルートによれば，「通進司」を経由した後，中書門下あるいは枢密院を経由して皇帝のもとに届けられるが，後者のルートによれば，「閤門司」を経由して「箚子」を直接皇帝に上呈することが可能であるとともに，皇帝と直接対面し意見を申し上げる「対」が併せて行われる。

　個々の意見上申は上記の通りだが，それとともに政策を審議する様々な「集議」の場が存在している。恒常的な集議としては「宰相・執政の集議」や「尚書六曹の集議」であり，政策立案の殆どはこれらの場を中心に行われる。それ以外に，皇帝の臨時の諮問という形で行われる集議があり，「台諫・侍従の議」，「両制の議」，「侍従の議」など様々な形を見出すことができる。なお，皇帝の面前で宰執を中心に繰り広げられる「対」とこうした集議は同時並行的になされるものであり，両者が織りなす形で政策が決定されていく。

　さらに，この政策決定過程においては言路の官を中心とした異議申し立てが許されている。皇帝の裁可を受けて「詔勅」が中書省に回されると中書舎人（ないし翰林学士）が起草を行う。ここで，もし不服があれば「封還詞頭」（送られてきた詞頭〈命令の要旨〉に封をして突き返す）を行うことが認められている。中書舎人の起草が完了すると今度は門下省に回され給事中が審議を行う。ここでも「封駁」を行うことが認められている。こうした政策の情報は，台諫にも伝えられる構造となっており，彼らはその内容について「論駁」を行う。こうした幾つかの異議申し立ての障害物を乗り越え，最終的には尚書六部を中心とした役所に命令が下され，政策が実施されることとなる。

　この空間を簡単にまとめるならば，「対」と「議」という政策決定に関わるシステムを中心に，皇帝と直接，間接的な交流をしながら，意見をとりまとめ，最終的に皇帝が決裁を行うという仕組みとなっている。

　この官僚の政治空間の中心に位置したのが宰執である。内藤，宮崎両氏の言

葉を借りるならば宋代の「君主独裁政治」の進展に伴い，唐代と比べ，宰執の地位は低下することになる。この問題は第三節で論じたとおり，「坐而論道」を初めとする皇帝―宰執・官僚間の儀礼によく表れている。

しかし，その一方，北宋と南宋という対比で見た場合，南宋期は専権宰相が相次いで登場した時代でもあり，一見，宰相権力が増大したようにも見える現象が現れてくる。両者はシステム（「君主独裁政治」）とその運用（「システム不全による専権宰相の輩出」）の問題であり，相矛盾するものではないことについてはかつて論じたことがあるので[25]，そのことは割愛し，ここでは専権宰相を輩出していく南宋の宰相を中心とした政治空間の問題に絞って論じていく。

例えば宰執の人事権の問題がある。官僚人事は吏部が担当する「部闕」と，中書・枢密院が握っている「堂闕」，監司や宣撫司などが自ら部下を任用できる「辟闕」の三つに大別され，高級・重要ポストの任用は「堂闕」と関わるが，この「堂闕」は王安石の新法改革，その次の元豊官制改革時に縮小，廃止が試みられるが，この試みは失敗に終わり，以後拡大の一途をたどり，南宋になると濫発されるようになる[26]。

また，実際の人事と深く関わる儀礼上の問題についても触れておきたい。例えば，人事が行われた際，『朝野類要』巻4，「堂謝」には「授官職，朝謝畢，謝宰執。」とあり，皇帝に挨拶をするとともに宰執に挨拶をする「堂謝」と呼ばれる儀礼があったことが知れる。

また，洪邁『夷堅志』丙志巻18，「徐大夫」には，

 紹興初，韓叔夏璜以監察御史宣諭湖南歸。有旨令詣都堂白宰相。時朝廷草創，官府儀範尚疏略。兩浙副漕徐大夫者，素以簡倨稱。先在客次。眂韓綠袍居下坐，殊不顧省，久之，乃問曰，君從甚處至此。韓曰，湖外來。徐曰，今日差遣不易得，縱見得廟堂，亦何所濟。少焉朝退。省吏從廡下過。徐見

---

25) この問題については拙稿「書評 王瑞来著『宋代の皇帝権力と士大夫政治』」（『史学雑誌』112-6，2003年）を参照。
26) 梅原郁『宋代官僚制度研究』（同朋舎，1985年）第三章「差遣―職事官の諸問題」参照。

之，拱而揖曰，前日指揮某事，已卽奉所戒。吏方愧謝。望見韓驚而去。徐
固不悟。繼復一人至。其語如前，俄亦趨避，而丞相下馬。直省官抗聲言請
察院。徐大駭。急起欲謝過。燎爐在前，袖拂湯餅仆。衝灰蔽室，而不暇致
一語。是日韓除右司諫，卽具所見奏劾之，以爲身任使者，媚事胥徒。遂放
罷。後數年起知婺州。時劉立道大中爲禮部尙書，旦夕且秉政，其父不樂在
臨安，來攝法曹于婺。因白事遲緩，徐責之曰，老耄如此，胡不歸。劉曰，
兒子不見容，所以在此。徐瞠曰，賢郎爲誰。曰，大中也。遽易嘖爲笑曰，
君精采逼人。雖老而健，法掾非所處。敎官虛席。勉爲諸生一臨之。卽以權
州學敎授。

とあるように、外任から帰った地方官が宰相に謁見すべく都堂の廊下に列をな
しており、また、この宰相との謁見が次の人事のチャンスと深く関わっていた
ことが述べられる。

この他に「都堂審察」と呼ばれる審官院が行った人事の再チェックや、宰執
や侍従などが推薦した人材を調べる制度が見られる。これらなども宰執が人事
に深く関わってくる機会の一つであろう。『要録』巻11，同巻95に見える二つ
の例を掲げておく。

　　(建炎元年十二月辛酉) 初命侍從・監司・郡守各舉所知一人。至是悉令赴都
　　堂審察。除應待報人外，皆罷之。白身人送中書省試策一道取旨。(建炎) 三
　　年二月丁卯推恩。

　　(紹興五年十一月甲戌) 左從事郎充西外敦宗院敎授毛逢特改左承務郎與淮南
　　沿邊。近見闕通判，逢初以薦者詔赴都堂審察，而大臣奏其言邊防利害可採。
　　遂以逢通判揚州。

この二つは侍従，監司，郡守（知州）の推薦を受けた人材を都堂にて大臣（宰
執）が面接をし、その結果、人事が行われていることを教えてくれる。

また、都堂が宰執と官僚間の交流の場所となったことは多くの史料が示して
くれる。ここでは『朝野類要』巻4，「過堂」の事例を掲げておく。

　　尙書省密院屬官於入局日分，持所議事上都堂，禀白宰執而施行之。

ここでは、尙書省、枢密院の属官が役所に入る前に、案件を都堂に持って行き、

宰執に申し上げた上，実施する儀礼を「過堂」と称している。

また，宰執とその他の官僚との関係は文書様式や対面儀礼からもうかがうことができる。

まず，沈括『夢渓筆談』巻1，「故事」の事例をみておく。

  百官於中書見宰相，九卿而下，卽省吏高聲唱一聲屈，則趨而入。宰相揖及進茶，皆抗聲賛唱，謂之屈揖。待制以上見，則言請某官，更不屈揖，臨退仍進湯。皆於席南橫設百官之位，升朝則坐，京官已下皆立。後殿引臣寮，則待制已上，宣名拜舞，庶官但賛拜，不宣名，不舞蹈。中書略貴者，示與之抗也，上前則略微者，殺禮也。

中書省における百官と宰相との対面儀礼について述べている。待制以上が「請某官」（某官がお目通りしたい）というだけで「屈揖」（官僚側がお辞儀をして，宰相が揖〈えしゃく〉をする礼）を行わないのに対し，九卿以下は「屈揖」を行ったこと，陞朝官（正八品〜従七品）には「坐」が与えられたのに対し，「京官」（従九品〜従八品）は立っていなければならなかったことが記されている。

次に欧陽脩『帰田録』の事例を見ておくこととする。

  唐人奏事，非表非狀者謂之牓子，亦謂之錄子，今謂之劄子。凡羣臣百司上殿奏事，兩制以上非時有所奏陳，皆用劄子，<u>中書・樞密院事有不降宣勅者，亦用劄子，與兩府自相往來亦然</u>。若百司申中書皆用狀，惟學士院用咨報。其實如劄子，亦不書名，但當直學士一人押字而已，謂之咨報，<small>今俗謂草書名爲押字也</small>。此唐學士舊規也。唐世學士院故事，近時墮廢殆盡，惟此一事在爾。

  往時學士循唐故事，見宰相不具靴笏，繫鞋坐玉堂上，遣院吏計會堂頭直省官，學士將至，宰相出迎。<u>近時學士始具靴笏，至中書與常參官雜坐於客位，有移時不得見者</u>。學士日益自卑，丞相禮亦漸薄，蓋習見已久恬然不復爲怪也。

中書（門下），枢密院，尚書省とその下の官庁間の文書のやりとりにおいて「劄子」と呼ばれる形式が用いられたことがよく知られている。この劄子は上下関係を示す下行文書として用いられるものであり，同格と見られる翰林学士

院とのやりとりにおいては「諮報」と呼ばれる平行文書の様式が用いられる[27]。さらに，面会においては，翰林学士は以前は別格の取り扱いがされたのが，欧陽脩の時代には「具靴笏」(正装)をして待合室で長時間待たされることになったと述べられている。

以上のように，唐代には翰林学士(もしくは侍従)は宰執と同等な極めて高い礼遇を受けた存在であったのに対し，宋代になるとその礼遇の一端は残るものの次第に薄れていったことが述べられており，宰執を頂点とした官界での儀礼や文書様式が第四代仁宗朝頃までには確立していたことを物語ってくれる。

次に，北宋後半期から起こってくる東西府の設立から宰相賜第の展開について若干言及しておく。

葉夢得『石林詩話』巻中によれば，

京師職事官，舊皆無公廨。雖宰相執政，亦僦舍而居，每遇出省，或有中批・外奏・急速文字，則省吏徧持於私第，呈押既稽緩，又多漏泄。元豐初，始建東西府於右掖門之前，每府相對爲四位，俗謂之八位，裕陵幸尙書省廻，嘗特臨幸，駐輦環視久之，時張侍郎文裕，以詩慶宰執，元參政厚之和云，黃閣勢連東鳳闕，紫樞光直右銀臺，蓋東府與西闕相近，西府正直右掖門。崇寧末，蔡魯公罷相，始賜第於梁門外。大觀初，再入，因不復遷府居，自是相繼何丞相伯通・鄭丞相達夫與今王丞相särt 時明，皆賜第，援魯公例，皆於私第治事。而二府往往多虛位，或爲書局官指射以置局，與元豐本意稍異也。

とみえるように，宮城退出後の緊急問題に的確に迅速に対応するという名目で，元豊末に右掖門の前に東西府が作られ[28]，徽宗朝になると蔡京に私第を賜ったことが慣例となり，しだいに宰執の私第にて政務が執り行われるようになる。

---

27)「咨報」とは異なるが，呉曾『能改斎漫録』巻1，「勿破他故事」に「故事，知制誥見宰相，止用平狀，非朔望而見，則去韡笏。張文節公知白在中書，頗重典故。時徐奭知制誥，初投剌以大狀，後又請見，多具韡笏。張力辭此二事，具述舊制，謂徐曰，且勿破他故事。」とあり，知制誥が宰相と面会をする際には，「平狀」によって「投刺」(面会の申し入れ)をし，「韡笏」が必要なかったことが故事であったことが記されている。

28) ただし，『長編』巻215，熙寧三年(1070)九月癸丑の条によれば東西府が作られるのは熙寧三年九月のこととしており，宰執賜第の濫源については考察の余地がある。

そして，東西府の設置から賜第の展開は，宰執間の集議の場所についても変化を見せることとなる。

例えば，『長編』巻358，元豊八年（1084）七月庚戌の条では，

　三省・樞密院言，同差除及進呈文字，理須會議者，先於都堂聚議，或遇假及已歸東西府，聽便門往來聚議。從之。

と述べられているように，本来，都堂で行われていた集議について，休日や東西府に戻っている場合には東西府の便門で集議を行うことを認めるようになる。さらに，徽宗時代に蔡京に私第を賜ったことが慣例となり，南宋の専権宰相期には多くの賜第の事例を散見することができる。秦檜には「一德格天之閣」の名の屋敷が賜われている。この場所が政策決定の中心となったかについては不明であるが，少なくとも，『要録』巻161，紹興二十年（1150）十月の庚午の条に，

　參知政事余堯弼・簽書樞密院事巫伋，請自今朝參退，依典故權赴太師秦檜府第聚議。從之。時檜以疾在告故也。

と見え，また岳珂『桯史』巻12，「秦檜死報」に

　秦檜擅權久，大誅殺以脅善類。末年，因趙忠簡之子汾以起獄，謀盡覆張忠獻・胡文定諸族，棘寺奏牘上矣。檜時已病，坐格天閣下，吏以牘進，欲落筆，手顫而汗，亟命易之，至再，竟不能字。其妻王在屛後搖手曰，勿勞太師。檜猶自力，竟仆于几，遂伏枕數日而卒。獄事大解，諸公僅得全。

に見られるように，秦檜が休暇や病気の際には，執政が秦檜宅に赴く，あるいは吏が案件の処理のために赴くといった方法が採られていたことが確認できる。

さらに韓侂冑の場合は，『両朝綱目備要』巻10に見られるように，

　侂冑用事十四年，威行宮省，權震天下，初以預聞内禪爲已功，竊取大權，中則大行竄逐以張其勢，始則朝廷施設，悉令禀命，後則託以臺諫大臣之薦，盡取軍國之權，決之於已裏，引奸邪分布要路，陵悖聖傳，以正學爲僞學，橫誣元老以大忠爲大逆，私意既行，凶燄日熾，交通賂遺，奔走四方，童奴濫授以節鉞，嬖妾倨肆，於掖庭創鑿亭園，震驚太廟之山，燕樂語笑，徹聞神御之所窮，奢極侈僭，擬宮闈，凡除擢要臣，選用兵帥，皆取決於厮役蘇

師旦之口，已所欲爲，不復奏稟，徑作御筆批出，<u>軍事既興，又置機速房於私第，應御前金字牌，悉留其家，凡所遣發，未甞關白</u>，方其出入禁庭，了無顧忌……

とあり，韓侂冑の私第に機速房が設置され，また御前金字牌が私第に止めおかれ，使用されたとしても皇帝に上奏されないといった，宰執の私第が事実上，政策決定を行う場所となった。

こうしたやり方は専権宰相のもとで継続していったと考えられる[29]。さらに『宋季三朝政要』巻4では，

賈似道平章軍國重事魏國公，葉夢鼎爲右丞相，時似道專政，夢鼎充位而已。似道一月三赴經筵，三日一朝赴中書堂治事。上初政，一委大臣，似道益自專，上稱之曰師臣，通國稱之曰師相，曰元老，居西湖葛嶺賜第，<u>五日一乘湖船入朝，不赴都堂治事，吏抱文書就第呈署，宰執書紙尾而已。朝夕謀議，內則館客廖瑩中，外則堂吏翁應龍</u>，凡臺諫彈劾，諸司薦辟舉削及京尹浙漕處斷公事，非關白不敢自擅，在朝之士忤意者輒斥去，趙葵上疏告老還鄕，冬十月卒。

と述べられるように，三日に一度入朝し，都堂にて政務を行っていた賈似道は，葛嶺に賜第[30]されて以降は，五日に一度船に乗って入朝し，都堂にて政務を行わなくなり，通常は吏が屋敷に赴き署名を求めたとされる。さらに，田汝成『西湖遊覧志余』巻3では，このエピソードを紹介した後，政治が大小となく賈似道の屋敷で決まったため，巷において「朝中無宰相，湖上有平章」の語が広まったことを紹介している。

このような政治の有り様の変質について魏了翁は端平元年（1234）に書いた

---

29) ただ衣川強前掲論文では史彌遠については宰相官邸を居宅としていた可能性を指摘する。

30) 『夢梁録』巻10,「家廟」には「太傅平章魏國公賈秋壑，按舊典賜第及家廟在葛嶺集芳園，改建廟奉五室同宇，以饗四孟月，祭器皆尙方所賜，凡點領官吏・灑掃兵士與花果，月頒之，隸版曹及京兆府，如在京賜諸勳功廟，儀式奏行。」とあり，賈似道に屋敷と家廟が賜われたこと，及び家廟に対して折々国家より人員，品物が提供されて祭祀が行われた様子が記される。

「応詔封事」（『鶴山先生大全文集』巻18，奏議）の中で，北宋から南宋にかけて十の政治上の変化が見られると指摘し，具体的な提言として「一曰復三省舊典，以重六卿」，「二曰復二府舊典，以集衆思」，「三曰復都堂舊典，以重省府」，「四曰復侍從舊典，以求忠告」，「五曰復經筵舊典，以熙聖學」，「六曰復臺諫舊典，以公黜陟」，「七曰復制誥舊典，以謹命令」，「八曰復聽言舊典，以通下情」，「九曰復三衙舊典，以強本朝」，「十曰復制梱舊典，以出私意」と箇条書きに述べる。要するに，北宋の熙寧・元豊期の新法改革を経て，南宋の秦檜，韓侂冑，史彌遠の専権宰相時代への展開を大きな変革期として捉え，特定の宰執あるいは宰執に関わる特定機関への権力集中と，それに対応する形で侍従，台諫，経筵，制誥，聴言などの諸機能が低下し，皇帝が官僚より広く意見を聞く体制が弱体化したという形で整理する。言い換えれば，皇帝が関与する空間の縮小が南宋の専権宰相の政治を招いていくのである。

そして，この皇帝（もしくは宮城）と宰執（もしくは宰執の官邸あるいは私第）の距離を埋めるために発達したのが御筆手詔に代表される文書制度であったと考えられる。

御筆手詔について，『宋史』巻472，蔡京伝は次のように述べている。

初，國制，凡詔令皆中書門下議，而後命學士爲之。至熙寧閒，有內降手詔不由中書門下共議，蓋大臣有陰從中而爲之者。至京則又患言者議己，故作御筆密進，而丐徽宗親書以降，謂之御筆手詔，違者以違制坐之。事無巨細，皆託而行，至有不類帝札者，羣下皆莫敢言。緣是貴戚・近臣爭相請求，至使中人楊球代書，號曰書楊，京復病之而亦不能止矣。

【訳】宋代の制度では，詔令は中書門下の議を経た後，翰林学士が起草することになっていた。ところが，熙寧の時期になると，中書門下の議を経ることなく，内降手詔が用いられるようになった。これは大臣が密かに作成したものである。蔡京が政権を担当するようになると，政治批判を恐れ，御筆を密かに作って徽宗に進上し，親書という形で下すことを求めるようになった。これを御筆手詔といい，違反するものは違制律によって処罰された。大事，小事となくすべてこの文書に託して行われるようになり，皇

帝の文書と思われないものでも誰も咎め立てするものがいなくなってしまった。貴戚、近臣はこぞってこの文書を求めるようになり、宦官の楊球が代書し、「書楊」と称されるまでとなった。蔡京はこの事態を憂えたが、止めることができなかった。

一般的に北宋末以来、政治をかき乱した代表として御筆手詔が紹介されるのが通例であり、次の二つの史料も同様な指摘を行っている。

呂中『皇朝大事記講義』巻22

徽宗皇帝　小人創御筆之令

崇寧四年行御筆手詔、羈（放？）上書見羈管編管人還郷、御筆手詔始此。八月御筆更制軍政、三司・樞密院同奉御筆始此。大觀三年御筆、舊制詔令皆中書門下議而後命學士爲之、至崇寧有內降手詔、違者以違御筆坐之。

講義曰、祖宗紀綱之所寄、大略有四、大臣総之、給舍正之、臺諫察內、監司察外。自崇觀奸臣創爲御筆之令、凡私意所欲爲者、皆請御筆行之、而奸臣之所自爲者、又明告天下、違者以違御筆論。於是違紀綱爲無罪、違御筆爲有刑、臺諫不得言、給舍不得繳、監司不得問、而紀綱壞矣。昔有勸仁宗攬權者、上曰措置天下事、正不欲從中出。此言眞爲萬世法。

『国朝諸臣奏議』巻23、許翰「上欽宗論御筆手詔不由三省而下者取旨方行」

臣聞天下之法、當與天下共之、有司守之以死、雖天子不得而私也、而後天下之大公始立。比年以來、有司阿意撓法以徇一時、是以條約文具而不守。伏願陛下明詔內外、今後旨揮若有害事病民・違戾條制、並令有司具條執奏。御筆手詔不由三省而下者、官司被受、審覆取旨乃得施行。必使法嚴信如四時、而後令一而民定、可以立政矣。靖康元年二月上時爲御史中丞。

前者では奸臣が私意を実現しようとする際に必ず御筆手詔を用い、この御筆手詔に違反するものに対しては「違制御筆」によって処罰する規定を定めたため、台諫、給舍、監司が批判できずに、紀綱が崩壊してしまったことが述べられる。後者では、三省を経過していない御筆手詔について官司が再度確認の申し立てをした上で実施することが提案されている。

このように悪い面ばかり目立つ御筆手詔ではあるが、かつて徳永洋介氏は

「宋代の御筆手詔」(『東洋史研究』57-3, 1998年) の中で, 御筆手詔が, その後の北宋末から南宋時代にかけて宋代の文書システムの根幹となっていくことを明らかにした。そして, この制度について「御筆制度もこの例に漏れず現れたもので, 宰相と入念に諮って裁断を下す原則は維持しながらも, 皇帝が六部以下の行政機関を直接指導する体制に先鞭を付け, 明代の内閣や司礼掌印太監に繋がる幾多の側面での先駆的な役割を果たした意義は看過できない。」と述べ, 明代の内閣の票擬システムの先鞭をなしたものと位置付けている[31]。

実際, 南宋時代の史料を見ていくと, 御筆手詔が政策決定上, 大きな役割を果たしていることに気付く。例えば, 周必大に『奉詔録』という日記史料がある。これは「御筆」, 「回奏」が一組となり, 両者のやりとりが日記で記される形式となっている。周必大『文忠集』巻146, 『奉詔録』から一例を掲げておく。

鎮江衣絹御筆正月十九日
鎮江府軍額, 此去年不增而今年衣絹多何也。別日面奏。
回奏
臣伏準御批, 鎮江今年春衣數, 令臣別日面奏, 臣謹已遵稟, 伏乞睿照。

鎮江府の兵士に支給する衣絹の数をめぐって「御筆」(孝宗) と「回奏」(周必大) が行われ, この件については宰相周必大が直々に面奏することとなった。

また, 御筆は多くの場合,「臣昨蒙聖慈遣中使下詢……」,「臣準内侍陳汚封下聖旨文字」,「臣準内侍甘宗茂封下御批」,「午時封入, 未時奉御筆」として現れる宦官を介して送付されてくるケースが多い。太上皇帝と皇帝の二重政権構造が三代にわたって続いたり, また主要な官府, 太上皇帝や皇后などの居宅が宮城外に設けられるなど政治空間の分散化傾向が顕著となった南宋期においては, 皇帝, 官僚間の直接交流の減った部分を補完する上で, 御筆手詔が重要な役割を果たしていたと考えられる。この問題は別稿で分析を試みたのでこれ以

---

31) 御筆, 手詔の制度史的理解が近年とみに進んでいる。その一例として方誠峰「論北宋徽宗的"御筆"與"御筆手詔"」(『中国十至十三世紀歷史發展国際学術研討会暨中国宋史研究会第十四屆年会』論文集, 2010年) を挙げておく。その中では御筆, 手詔を主導的に進めたのは蔡京ではなく徽宗であったことが主張されている。

上論及はしないが，御筆手詔が南宋時代に入ると，北宋代の「対」を中心とした皇帝，官僚間の意見交換に代わって大きな位置を占めるようになることを改めて指摘しておく[32]。

五，おわりに

　政治空間という視点に立って宋代の政治を見た場合，時代の変化を捉えることは極めて容易である。例えば，日本の中国史研究者は唐宋間の政治の変化を唐の貴族政治（皇帝と貴族との協議体による政治）から宋の君主独裁政治（官僚制に基づきながら，皇帝があらゆる事について政治決裁を行うシステム）の変化と捉える[33]。これを政治空間の問題に置き換えて見るならば，皇帝，官僚の政治空間の比重の変化と見なすこともできる。すなわち，唐代までの政策の立案・審議を行う，官僚の政治空間に比重が置かれた時代から，皇帝の政治決裁の空間への重心の移動として理解することもできる[34]。これは，唐代においては貴族官僚の発言権が強く，また政策決定過程においては皇帝と宰相とのやりとりが中心であり，ようやく唐代後半から一般の官僚が直接皇帝に文書を上奏したり，内朝の延英殿を中心とした「対」が盛んに行われるようになるという事実や，唐代の皇帝，宰相間においては「賜茶」「賜坐」を介した会議が行われていたのに対し，そのような礼遇が消える宋代に，上述の政治上の変化を読み取ることもできよう。

---

32)　「宋代の日記史料から見た政治構造」（『宋代の政治空間とコミュニケーション』汲古書院，2006年）参照。魏了翁『鶴山集』巻18の一節に仁宗初め「十九班」もあったほどの，宋初盛んであった「対」が仁宗頃を契機として前殿視朝五班に定着し，それが南宋の秦檜，韓侂冑専権期には二班となり，それも閤門でのチェックを受けるものであり，政事批判がしにくくなった風潮が述べられている。
33)　内藤湖南『中国近世史』（弘文堂，1947年），宮崎市定『東洋的近世』（教育タイムス社，1950年）参照。
34)　実際，日本の中国史研究を概観した場合，唐代以前の時代においては政策決定過程における官僚の「集議」に焦点を定めた研究が極めて多い。その代表として渡辺信一郎『天空の玉座──中国古代帝国の朝政と儀礼』（柏書房，1996年）を挙げておく。

宋代の政治空間を如何に読むか？　　　　　　　　　　511

　また，この政治上の変化は，宋一代を通じても見て取れる。最後に論じた，北宋の「対」システムを中心とした政治運営に対し，南宋の「御筆」システムを中心とした政治運営への変化である[35]。この変化と深く関わってくるのが南宋の専権宰相の頻出であり，臨安の政治空間の分散化の問題である[36]。そして，南宋期に見られた諸変化は，元を経て宰相制度の廃止や内閣の票擬システムの発達に見られる明代の政治システムへつながってゆく。例えば，南宋から明代への流れにおいて，唐代後半から北宋にかけて顕著であった「対」に代表される皇帝，官僚間の直接的な交流方式ではなく，南宋から明代にかけての文書を介した間接的な交流方式へと展開する流れを見ることも可能である。

　さらに，「廷杖」や「跪拝」あるいは「三跪九叩」の儀礼の発達に見られるように，宋，元，明，清間において，皇帝と官僚間の身分差が一層拡大していくことも併せて確認できる。そして，そこにこそ，宮崎市定氏が想定した，清朝雍正帝期における「君主独裁政治」の完成を見ることもできるかも知れない[37]。

---

[35]　具体的な文書過程に於いて，皇帝，宰相がどのように関与するかという問題が解明されつつある。その代表的な成果として王化雨『宋朝君主的信息渠道研究』（2008年北京大学博士論文），張禕『制詔勅札与北宋政令頒行』（2009年北京大学博士論文）参照。
[36]　前掲註4王化雨論文を参考にして述べるならば，北宋から南宋にかけて政治の中心が次第に内朝へ移行していく過程として捉えることも可能である。
[37]　宮崎市定「雍正硃批諭旨解題——その史料的価値——」（『東洋史研究』15-4，1957年）の中で，宋以後において近世的独裁制は理念的に完成していたが，官僚間の朋党の問題が絶えず存在し現実の上では決して実施されなかった。雍正帝の時代に至り，官僚の私的団結を解散させ，個人個人を皇帝に直属させ，思うがままにあごで使うことが実現できたと述べる。

結語　新たな宋代政治史研究の展望

最後に本書の内容を概括すると共に，考察を通して浮かび上がってきた課題を述べることを以て結びとしたい。

一，本書の内容概括

第一部「宋代の選挙制度」においては，『宋史』選挙志が「科挙」，「学校」，「銓選」，「考課」の四つの内容に分かれていることに着目し，従来あまり分析が進められなかった官吏任用制度の体系である「銓選」を中心に，北宋から南宋にかけて選挙制度がどのように変化し，またその根底にはどのような人材登用，人材任用の理念が潜んでいたかを論じた。

第一章から第三章においては「試刑法」と称される王安石が主となって進めた法律試験制度改革がどのように制定され，展開されていったかに焦点を当てた。第四章においては新法党，旧法党の間で繰り広げられた選挙論議に焦点を当てることにより，「銓選」制度においては「資格」・「薦挙」と「試験」をめぐる意見対立，「科挙」においては「法律」，「道徳」，「経義」，「詩賦」をめぐる意見対立が存在し，これらが宋代における人材登用，人材任用の大きな流れを形成することになったことを明らかにした。

第二部「宋代の朋党」においては，朋党とは本来，政敵を批判，弾劾する用語であり，当事者が主体的に用いる用語ではないことに着目し，また，朋党の語源が「郷里」や「親族」集団と密接なつながりを持つことに留意し，宋代の朋党＝政治集団が当時の科挙－官僚制度とどのように関わりつつ形成されていくかを分析した。

第一章では「詔獄」と呼ばれる皇帝の命令により臨時に設けられる特別裁判

所の設置と「朋党」弾圧との関係に着目することにより,「詔獄」に代表される政敵弾圧の行為が「○○党」という政治集団に括られることとつながっていくこと,ならびに南宋時代と比べると北宋時代においては「詔獄」による弾圧は比較的緩やかであり,これは士大夫の言論を尊ぶ北宋代の「祖宗の法」の考え方が影響を与えていることを明らかにした。

　第二章においては「朋党」がどのような契機を経て形成されるかを論じた。当時の科挙－官僚制を中核とした政治世界に生きた士大夫は,出世の不可欠要件である薦挙を獲得するために,自己をとりまく地縁,血縁,学縁,業縁といった何らかの機縁を同じくする関係構造を主体的に選択し,またその諸関係に取り込まれていった。そしてこれらの関係は,政争あるいは出世競争において朋党という政治的人的結合へ発展して行く可能性を絶えず秘めていたことを明らかにした。

　第三部「宋代の政治システム」では,宋代の政治構造を特徴づける「言路」,「対」と「議」,ならびに文書システムの三つの政治システムの分析を行った。

　第一章においては「言路」と呼ばれる,宰執を中心とした行政府に対して政事批判を展開する官僚機構を取り上げ,特に「言路」の活動が活発であった元祐時代の政治構造を分析した。その結果,北宋時期,士大夫の言論活動を支えたのは「言路」と呼ばれる官僚の存在であり,彼らが次第に宰執の勢力下に取り込まれることにより,南宋期の専権宰相の時代が招来されていくことを論じた。

　なお,第一章において「言路」の仕組みを分析する具体的な対象として劉摯集団＝「劉摯党」を取り上げた。この中では主として「言路」の官僚制上の特質,ならびに彼らの政治活動を中心に分析をした。その分析の中で十分考察をすることのできなかった劉摯集団の関係性について附篇として墓誌銘史料を駆使することにより,彼らの活動の背後に,地縁,血縁,婚姻,学縁ならびに「言路」の活動を高く評価する共通の意識が存在していたことを明らかにした。

　第二章においては宋代の政策決定システムの中核となった「対」と「議」に

ついてその特徴を論じた。宋代以前においては宰執を中核とする各種の「集議」が政策決定システム上，大きな役割を果たしていたが，唐代後半頃より官僚が直接皇帝と対面し，意見を交換する「対」が重要な役割を担うようになり，これが，いわゆる皇帝が官僚を直接支配しようとする「君主独裁政治」の基調の一端を形作っていくこととなることを明らかにした。

第三章，第四章においては宋代の文書システムの特質を論じた。文書を類別すると上行文書，下行文書，平行文書の三類型となる。そのうち，平行文書の代表が「牒」，「関」，「諮報」であり，これは同級官庁間を移動する文書としての性格を有すると共に，「相統摂せざる」官府間で用いられる文書としての特質を有している。これらの平行文書が中央，地方を問わず広く用いられていたことを通じて，宋代においては官府間の相互監察体制を築くと共に，ピラミッド型の中央集権的な一元構造ではなく，重層的複線的な政治構造を形作っていたことを明らかにした。

また，南宋期において「箚付」(箚子) と呼ばれる，本来三省，枢密院といった中央行政府が主として使用していた下行文書が地方の路の都督府，宣撫司，制置司などで使用することが一般化する。この背景には，金，モンゴルとの戦時下において恒常的な軍事体制が敷かれ，財政，軍政，民政の大権を握る地方政府が次第に強大化し，次の元，明，清の「行省」，「省」に連なる地方行政府の発達を準備するものであったことを論じた。

第四部「宋代の政治日記」では，宋代に数多く書き残された宋代の政治日記に着目することにより，宋代の政治構造の特質を読み取ることを試みた。

第一章では，唐代後半頃より「対」の発達を背景として「時政記」と呼ばれる宰執が皇帝との重要な会話記録ならびに重要な政務を記録する官撰史料の発達が見られること，そしてこの「時政記」史料の発達及び「対」の制度の発達は同時に宰執，高官を中心として皇帝との「対」を主たる題材とする多くの政治日記を誕生させていったことを明らかにした。

第二章から第四章は具体的な政治日記の分析を行った部分である。『王安石

日録』,『欧陽脩私記』からは北宋時代における皇帝と宰執間において活発な「対」を中心とした政策決定がなされていた様子が窺える一方,周必大『思陵録』,『奉詔録』よりは「対」の記事が減り,代わって皇帝,宰執間を行き来する「御筆」と呼ばれる文書形式の発達を読み取ることができた。これは,北宋時代に主流であった皇帝,官僚間の直接対話方式に代わって,南宋代には皇帝,宰執間を中心に往来する間接対話方式が主流となり,後の明代の内閣の票擬制度に象徴される文書を中心とした政策決定方式へと発展していくことを論じた。

第五部「宋代の政治空間」では,政治空間を物理的空間,機能性を帯びた抽象的政治空間,皇帝と官僚間の関係性からみた政治空間の三つに分けることにより,北宋から南宋へどのように政治空間が展開していくのかを論じた。

第一に,物理的な空間配置から見た場合,北宋は「北朝南市」の配置を取るとともに,宮殿ならびに主要な官府が宮城に集中する集約的な構造を取っていたのに対し,南宋は「南朝北市」の配置を取るとともに,太上皇帝の居宅や主要な官府が宮城外に配置されるなど分散型の構造を取っていた。第二に,空間の機能性や皇帝,官僚間の関係性から見た場合,宮城内には外朝,内朝,経筵と呼ばれる三つの皇帝と関わる主要な空間があり,「君主独裁政治」の進展のもと,外朝空間においては,皇帝,官僚間の関係が截然と差別化されていく。一方,内朝,経筵空間においては,古代の政治の理想とされた「坐面論道」という言葉にしばしば用いられたように,皇帝,官僚間の緊密な政治空間が依然として構成されていた。北宋代においては,外朝の機能が活発であったことに加えて,内朝,経筵の活発な状況は皇帝と官僚間との関係性が緊密であり,両者の交流が盛んであったことを示している。ところが,北宋末頃より,「御筆」政治の展開に象徴されるように,皇帝と宰執の接触の機会は少なくなっていく。これは他の侍従,尚書六部,台諫などの皇帝との接触機会の減少と併せて,皇帝,官僚間の接触機会の減少が,文書中心の政策決定方式を促進していくとともに,また南宋時代の専権宰相の政治現象を招く一端となっていくことを明らかにした。

結語　新たな宋代政治史研究の展望　　517

二，今後の宋代政治研究の課題

　本書で明らかにし得たことは宋代政治を考える上でほんの一部にすぎない。そこで，最後に，本書で十分考察を進めることができなかった，今後の宋代の政治史研究を進める上での三つの新しい方向性を提示しておきたい。
　第一が政治システムを分析の視野に入れたアプローチ方法である。例えば，21世紀の現段階においても荒木敏一『宋代科挙制度研究』，梅原郁『宋代官僚制度研究』は科挙，官僚制度の分野の最良の成果と見なしうるが，両者とも唐宋変革という観点から分析を進めているため，北宋の制度史分析は詳細であるが，南宋については不十分な部分が残る[1]。また，これらの研究書は個々の政治的な制度や装置を知る上では最良の書であるが，政治は諸関係のネットワークの統合体（システム）であるので，その実態解明には政治システムという観点が必要となってくる。諸関係のネットワークの統合体である政治システムは，社会的環境の変化に対応した要求や支持に基づくインプットを経て，決定と実施というアウトプットがなされる。そしてこのアウトプットされたものが政治システムにフィードバックされ，その後のシステムを形作ることになる。従って政治を捉えるためには，個別の制度史研究の成果を結びつけ，それらを集大成し，政治システムがどのようにインプット，アウトプット，フィードバックという過程をたどりながら運営されたかという観点から分析を進める必要がある[2]。

---

[1]　南宋の科挙制度の仕組みについてはJohn W. Chaffee, *The Thorny Gates of Learning in Sung China: A Social History of Examinations*, State University of New York Press, 1995. が最も優れた研究書となっている。
[2]　政治システムの考え方についてはD．イーストン（David. Easton）『政治生活の体系分析』（*A Systems of Political Life*　初出1965年，後に1980年，早稲田大学出版部より翻訳出版），G. A. アーモンド（Gabriel A. Almond）『現代政治学と歴史意識』（*Political Development: Essays in Heuristic Theory*　初出1970年，後に1982年に勁草書房より翻訳出版）参照。

上記の政治システムという観点から研究史を見た場合，明代史の檀上寛『明朝専制支配の史的構造』(汲古書院，1997年)ならびに『永楽帝——中華「世界システム」への夢』(講談社，1997年)，新宮学『北京遷都の研究——近世中国の首都移転』(汲古書院，2004年)が明初の政治システムの変化を考える最良の研究書と評価しうる。我々は両者の書物を通じて南京から北京への遷都が大きな意味で，いわゆる国家と経済の重心が密接なつながりを有する「南京システム」から両者の乖離によって成立する「北京システム」への転換であったと理解することができる[3]。

　同様に北宋の「西北邊(軍)—中原の都(政治)—長江下流(財源)」を連結する広大な国家物流システムを基軸とした「開封システム」と，北中国を奪われた結果，江南の地方政権，別の表現をすれば狭い領域での軍事，政治，経済の緊密な連関から成り立つ南宋の「杭州システム」とは同一に語ることはできない。とりわけ南宋の政治システムを解明するためには，総領所・都督府・宣撫司など地方の軍事，財政を広域にわたって統括したシステムの解明，あるいは南宋においては北宋以上，州県の上に立つ路が重要な意味を持つようになっており，中央と地方(さらには外国世界)とを結ぶ文書，情報伝達，交通，政策

---

3)　例えば，新宮は両者の違いを次のように述べている。「洪武政権が当初打ち立てた南京＝京師体制は，政治の中心と経済の重心の一致を特徴としていたのに対し，永楽遷都以後に完成する「北京システム」は，両者の分離に特徴を持つ。南北分裂を実質的に統一した明朝政権が，洪武・建文朝の過渡期を経て，永楽年間に自ら選択したこのシステムは，国家と社会の乖離を特徴とする中国近世社会の枠組みの完成を意味していた。」(「近世中国における首都北京の成立」『シリーズ　都市・建築・歴史5「近世都市の成立」』東京大学出版会，2005年)。

結語　新たな宋代政治史研究の展望　　　　　　　　　　519

決定システムについて一層の研究の蓄積が必要となってくる[4]。

　第二に政治事件史の分析方法を深めていくことが必要である。これはとりわけ政治集団分析の問題と深く関わってくる。例えば著者は第二部第二章「宋代朋党の形成の契機について」の中でネットワーク論に基づく集団分析の必要性を主張した。要するに，朋党＝政治集団分析は，そもそも個々の士大夫官僚が地縁，血縁，婚姻，学縁，業縁といった様々な関係性をどのように有しているかを丹念に洗い出し，そのネットワーク構造が当時の人事システム（科挙・薦

---

[4] 総領所を中心とした財政体制については数多くの論文が出されているが，全体の仕組みについては長井千秋「南宋の補給体制試論」（『愛大史学――日本史・アジア史・地理学――』17, 2008年）が適確にまとめている。その他，留意すべき研究を列挙すれば，長井千秋「宋代の路の再審制度――翻異・別勘を中心に――」（『前近代中国の刑罰』京都大学人文科学研究所，1996年），久保田和男「宋代に於ける制勅の伝達について――元豊改制以前を中心として――」（『宋代社会のネットワーク』汲古書院，1998年），梅原郁「進奏院をめぐって――宋代の文書伝達制度――」（『就実女子大学史学論集』15, 2000年），徳永洋介「宋代の御筆と手詔」（『東洋史研究』57-3, 1998年），青木敦「「宋会要」職官64-75「黜降官」について――宋代官僚制研究のための豫備的考察」（『史学雑誌』102-7, 1993年），平田茂樹「宋代政治構造試論――対と議を手掛かりとして――」（『東洋史研究』52-4, 1994年），「宋代政治史料解析法――「時政記」と「日記」を手掛かりとして――」（『東洋史研究』59-4, 2001年）などである。この政治ステムの変化の問題は，北宋士大夫と南宋士大夫の政治との関わりにも大きな影響を及ぼしていった可能性がある。かつてロバート・ハートウェル（Robert Hartwell），"Demographic, Political and Social Transformations of China, 750-1550", Harvard Journal of Asiatic Studies vol.42-2, 1982. やロバート・ハイムズ（Robert Hymes），Statesmen and. Gentlemen: The Elite of Fu-chou. Chiang-hsi, in Northern. and Southern Sung（Cambridge: Cambridge Univ. Press, 1987）によって，中央政界での婚姻関係を通じて政治的勢力を保持しようとした北宋の専門職エリート（professional elite）と地域社会の婚姻や社会事業などを通じて威信を確立しようとした南宋の地方縉紳（local elite）への変化があったことが指摘されている。また，日本の宋代交通史の研究は青山定雄『唐宋時代の交通と地誌地図の研究』が出されて以降，大きな進展が見られない。中国においてはこの分野の研究の蓄積が進んでおり，近年，曹家斉氏が唐宋変革の一つの変化として，交通中心の南移とそれに伴う社会の変化について論じている（「唐宋時期の中国における交通中心の南移とその影響について――中国社会の発展における南北格差の形成とその常態化の原因に対する一解釋――」『大阪市立大学東洋史論叢別冊特集号　文献資料学の新たな可能性③』2007年）。

挙制度)や政策決定システムと結びつき,その政治システムを媒介として集団性を強め,政治闘争を展開していったかを明らかにして初めて政治事件史の実態が見えてくることを主張したのである[5]。

要するに,朋党は構成員が明確ではなく,かつ組織性を欠いたゆるやかな紐帯であり,中核となる人物との二者間ネットワークを軸に形成されるという特徴からして,今日の構成員が明確であり,党規によって運営される組織だった政党とは全く異質なものである。従って,政治集団分析の際には,かつて内藤湖南氏が『中国近世史』第一章「近世史の意義」「朋党の性質の変化」で論じたような婚姻や親戚関係を基軸に構成される唐代の貴族的朋党から,政治上の主義,学問上の出身関係を基軸に構成される宋代の朋党へ変化するという,朋党を「家柄」,「婚姻」,「学問」といった個々の資質・能力を重視する属性主義的な見地から分析するのではなく,行為を決定するのは行為者を取り囲む関係構造だと捉えるネットワーク論的分析が有効となってくる。

しかし,政治集団分析には拙論が試みた以外にも様々な手法が考え得る。例えば,寺地遵氏は政治過程論に基づいた集団分析を主張している[6]。政治過程論の代表的成果としてはA.F.ベントリー(Arthur Fisher Bentley)の『統治過程論――社会圧力の研究統治過程論』(*The Process of Government* 初出1908年,後に1994年に法律文化社より翻訳出版)があるが,この方法による限り,政治過程に現れる多様な勢力は,すべて集団として同一平面に併置され,分析の対象と

---

5) 中国人のネットワーク形成については社会人類学者によって幾多の成果が出されている。その一つに,園田茂人氏は中国人のネットワーク形成の原理として,同郷,同業,同窓など,人間を結びつける共通の要素を探し出し,これを媒介として連帯を強めていくトンイズム(T'ungism)が存在していることを指摘している(『中国人の心理と行動』日本放送出版会,2001年,210頁)。また,日本とインド,中国,欧米の社会構造について「タテ社会構造」と「ヨコ社会構造」という観点から対比的に述べた中根千枝『タテ社会の人間関係』(講談社,1967年)などもこうした方向を裏付けてくれる。なお,薦挙制度の仕組みについては梅原郁『宋代官僚制度研究』(同朋社,1985年),鄧小南『宋代文官選任制度諸層面』(河北教育,1993)を参照。
6) 寺地遵「宋代政治史研究方法試論」(『宋元時代の基本問題』汲古書院,1996年)参照。

結語　新たな宋代政治史研究の展望

なる。寺地氏が皇帝・首都＝権力中心と百官・地域＝末端を一貫させ、連続するルートを設定することによって政治過程を分析することを主張されたのはまさにその方向といえよう[7]。

　一方、従来の宋代史の政治集団分析は、C. W. ミルズ（C. Wright Mills）の『パワー・エリート』（*The Power Elite* 初出1958年、後に1969年東京大学出版会より翻訳出版）論（アメリカでは、政治・経済・軍事の各ヒエラルヒーにおいて頂点をしめる人々によって権力が掌握され、彼らは相互に密接な関連を有する）を想起させる、三位一体的な士大夫像（文化的には読書人、政治的には官僚、経済的には地主・資本家）を基軸に、士大夫官僚に限定する形で政治集団分析が行われている。要するに政治主体をあらかじめ士大夫に限定し、学者と政治の両世界（あるいは経済界をも含む）を掌握していた士大夫の属性に着目しながら、彼らがアメリカのパワーエリートさながら政治を動かしていたものと見なして分析が行われている。その一つの代表として、学者政治集団と政治集団の対立、抗争から宋代政治史を描いた衣川強『宋代官僚社会史研究』（汲古書院、2006年）の著作が挙げられる[8]。しかし、いずれの方法を取るにせよ、政治集団の実像に迫るためには明確な方法論、分析視角が必要となってくる。

　第三は政治の社会史、政治の文化史的アプローチによる研究である。最近中

---

7)　従来の宋代政治集団分析は主として中央政界の人間関係を中心に進められる傾向が強い。その結果、中央政界の宰執、侍従、台諫層といった高級官僚の人脈については詳細な分析結果が得られているが、寺地氏が『南宋初期政治史研究』の中で試みられたような中央から地方までを視野に入れた政治人脈分析は十分に行われているとは言い難い。一方、黄寛重『宋代的家族與社會』（台北：東大図書公司、2006年）に見られるように、地域史の視点から政治史を論じている著作の中には、当時の中央政界の政治抗争が地域の利害、対立と深く関わっていたことを明確に論じており、今後は両者の視点の摺り合わせが求められる。

8)　この他、新法党をめぐる研究では熊本崇「中書検正官――王安石政権のにないてたち」（『東洋史研究』47-1、1988年）、「熙寧年間の察訪使――王安石新法の推進者たち――」（『集刊東洋学』58、1987年）に代表されるように、新法党を制置三司条例司、中書条例司などの特別な官僚組織を核とした組織的な政治集団として捉える政治集団分析も見られる。

国より鄧小南『祖宗之法：北宋時期政治述略』（三聯書店，2006年）が出版された。「祖宗の法」について言及した論文は数多く見られるが、この書物においては宋代は、例えば他の時代と比べて比較的自由な士大夫の言論活動が「祖宗の法」を根拠として認められていたように、宋代においてはこの「祖宗の法」が他の時代以上に政治を動かす原理となっていたことが主張される[9]。この他、近年出版されている余英時『朱熹的歴史世界　宋代士大夫政治文化的研究』（北京三聯書店，2004年）も宋代士大夫たちが共有した政治行動の原理を思想文化史的な観点から探ろうした著作であり、伝統中国の政治を動かす根底の原理は、恐らくこうした政治文化史、政治社会史的アプローチによって解明されていくことと思われる。

　なお、付言すれば政治文化史の研究対象は、象徴、儀礼、政治的な伝統、政治意識、政治生活と多岐にわたり、「祖宗の法」の問題は政治文化史研究の上ではほんの一例に過ぎない。宋代の政治史研究の動向を俯瞰した場合、この領域の研究が極めて少ないことが目につく。例えば、唐代史においては『大唐開元礼』や律令制解明が主たる政治制度史の研究テーマとして進められたことと関わり、金子修一『古代中国と皇帝祭祀』（汲古書院，2001年）、同『中国古代皇帝祭祀の研究』（岩波書店，2006年）、渡辺信一郎『天空の玉座――中国古代帝国の朝政と儀礼』（柏書房，1996年）、石見清裕『唐の北方問題と国際秩序』（汲古書院，1998年）など儀礼、礼制に関わる研究の蓄積が多い。一方、宋代史を見る限り、山内弘一「北宋の国家と玉皇――新礼恭謝天地を中心に」（『東方学』62，1981年）、同「北宋時代の郊祀」（『史学雑誌』92-1，1983年）、同「北宋時代の神御殿と景霊宮」（『東方学』70，1985年）、梅原郁「皇帝・祭祀・首都」（中村賢二郎編『歴史のなかの都市――続都市の社会史――』ミネルヴァ書房，1986年）、山口智哉「宋代郷飲酒礼考――儀礼空間としてみた人的結合の〈場〉」（『史学研究』

9）　祖宗の法の問題とは異なるが、拙稿「『哲宗実録』編纂始末考」（『宋代の規範と習俗』汲古書院，1995年）は新法党・旧法党の争いが従来の定説のような新法，旧法をめぐる政策の争いではなく、神宗，宣仁太后という両党の象徴的存在をどう評価するかという争いの一面を有していたことを明らかにしている。

241，2003年），金子由紀「南宋の大朝会儀礼──高宗紹興15年の元会を中心として」(『紀尾井史学』23，2003年）など僅かであり，政治文化という観点から政治史を見直す必要がある[10]。

　以上の三つの新たな可能性をまとめれば次のようになろう。内藤，宮崎両氏が主唱された君主独裁政治論は中国の国制史，国家史的研究を進める上で極めて重要な役割を果たしてきた。しかし，この理論は宋代から清代の間の中国近世の政治体制を大局的に捉えたものであり，宋代という時代を考える上ではよりミクロな視点が必要となる。北宋から南宋史への展開を考える上では，相互に関連を持つ行政，財政，軍事，交通，情報伝達等諸要素になって構成された政治的統一体をモデル化して分析を進める政治システム研究が重要となってくる。しかし，政治システムは幾つかの要素をもとに高度に抽象化したモデルであり，人間の態度決定や行動選択を明らかにする上では不十分である。これらの決定に大きな影響を与えるのは，政治文化や政治思想であり，また政治集団を形成する中国独特な社会結合の原理である。そのためには政治システム研究

10)　宋代の政治生活や政治空間といったテーマについても研究を深めていく必要がある。例えば，拙稿「宋代の宮廷政治──「家」の構造を手掛かりとして──」(『公家と武家Ⅱ　「家」の比較文明史的考察』思文閣出版，1999年），本書第五部「宋代の政治空間」の中で論じたことがあるが，宮城内における「内」と「外」の問題，首都における政治機能の配置の問題などが，宋代政治を考える上で重要な要素となってくる。このほか，外朝，内朝を中心とした皇帝の政治空間の問題に加えて，三館秘閣，経筵といった政治空間も重要な意味を有している。こうした問題については近年，クリスチャン・ラムルー（Lamouroux, Christian）「宋代宮廷の風景──歴史著作と政治空間の創出（一〇二二〜一〇四〇）」(『東方学』113，2007年)，塚本麿充「宋代皇帝御書の機能と社会──孝宗「太白名山碑」（東福寺蔵）をめぐって」(『美術史論集』7，2007年）などが出されている。そのほか，政治空間の問題を考える際に，例えばモンゴルにおける大都と上都の二つの政治空間，清朝における北京，盛京（瀋陽），熱河・承徳の避暑山荘の三つの政治空間に顕著に体現されているように，漢民族と非漢民族の二元的な政治秩序を有していた王朝と，副都は置かれるものの基本的に一つの都に政治秩序を集約させた漢民族の王朝の政治空間の原理は大きく異なっている。そして，モンゴル史においては首都・離宮群全体を「首都圏」として捉え，そこを宮廷・政府が移動するという考え方が出されている。詳しくは杉山清彦「大清帝国の政治空間と支配秩序」(『大阪市立大学東洋史論叢　別冊特集号　文献資料学の新たな可能性3』2007年）参照。

を進めると同時に，政治集団研究や政治文化，政治社会史研究を深化させていく必要がある。

　もちろんその前提として，政治史料についての根本的な問いかけも必要となる。序言でもその問題を指摘したが，現在の政治史研究は上述のような方法論の開拓とともに，新しい史料の発掘ならびに以前から存在するものの十分活用されていない史料の利用ならびにその解読法の追究が急務となってきている[11]。例えば，1980年代に明刊本『清明集』が紹介されたことにより地方政治や裁判制度の実態解明が急速に進んだ[12]。また，近年，墓誌銘，地方志，文集，日記などの利用が高まってきているのもこの問題と深く関わっている[13]。今後我々は史料の発掘を進めると同時に，政治史料を如何に読むかという問題を追及する必要がある。ロジェ・シャルチエ（Roger Chartier）がかつて書物の読まれ方，読書行為といった「読書の社会史」を歴史学の新たな課題として提起したように[14]，本来「史料」や「記録」は歴史的・社会的文脈のなかで，生成・保存・流通・利用されていくものであり，史料そのものについての深い問いかけが必要となってくる。

　そして，これらの作業を通じて，一時代を画してきた「君主独裁政治」論を批判的に継承発展させていくことが可能となるのである。

11)　ここ数年，中国，台湾，日本，欧米の宋代史の学者が集い，研究方法を巡るシンポジウムが幾度となく開催されている。例えば，2009年8月，台湾中央研究院歴史語言研究所にて「新政治史研究的展望」と題する研究会が開かれ，政治史研究の方法論，史料論について意見交換がなされた。詳しくは『古今論衡』第21期中央研究院歴史語言研究所出版，2010年12月参照。
12)　『清明集』に関わる研究史については小川快之「現状と課題 『清明集』と宋代史研究」（『中国―社会と文化』18，2003年）に詳しく紹介されている。その他の新しい史料の一例としては『俄蔵黒水城文献』をあげておく。その内の宋代関係部分については孫継民氏が精力的に整理を進めている。詳しくは『俄蔵黒水城所出《宋西北辺境軍政文書》整理与研究』（中華書局，2009年）参照。
13)　一例として，2003年に台湾の東呉大学にて宋代墓誌銘を共通テーマとした国際会議が開かれ，その中で墓誌銘史料が政治・制度史分析においても大きな可能性を有することが確認されている。この成果については『東呉歴史学報』11・12，2004年参照。
14)　ロジェ・シャルチエ『読書と読者』（みすず書房，1994年）参照。

あ と が き

　本書は2009年に大阪市立大学大学院文学研究科に提出した博士論文に補正加筆したものである。各論文の初出は後の「初出一覧」を参照されたい。

　本書の出版までの道程を振り返ってみると，三つの大きな転機があったことに気付く。第一が東北大学時代であり，筆者は1979年4月に文学部に入学してから1994年4月に大阪市立大学文学部講師として仙台を離れるまで学部生，大学院生，助手として15年の長きにわたって在籍をした。東北大学は京都大学の支那学の伝統を受け継ぎ，東洋史，中国哲学，中国文学専攻間の相互交流が盛んであり，また，厳密な史料考証に力を注いでいる。筆者は東洋史専攻に在籍中，佐藤圭四郎，寺田隆信，安田二郎，山田勝芳等諸先生の薫陶を受け，伝統的な文献資料の読解方法を修得した。また，諸先生方の講義，講読，演習などを通じての指導に加え，熊本崇，新宮学，川合安，古畑徹，石井仁等諸先輩，遠藤隆俊，須江隆，下倉渉等後輩諸氏と読書会，研究会を通じて中国史の研究方法を学ぶことができた。

　さらに，この間，宋代史研究会，唐代史研究会，明清史研究会，中国中世史研究会などに参加し，日本の中国史研究を先導してきた諸先生方の尊顔を拝するとともに，各時代特有の方法論を学ぶ機会を得た。とりわけ，宋代史研究会ではその後多くの共同研究，共同活動を行なうこととなる伊原弘，近藤一成，高橋芳郎，小林義廣，市來津由彦，高津孝，浅見洋二，王瑞来，小島毅，岡元司，久保田和男，青木敦等諸先輩，同学の知己を得たことが大きな財産となっている。多くの方々に感謝の念を申し上げたいが，なかでも伊原弘氏にはカナダ，アメリカ，モスクワなどの国際会議への参加を誘われ，欧米の研究への関心の眼を開いてくれたことに謝意を述べたい。

　第二が大阪市立大学への赴任である。歴史学教室の多くの優れた同僚から日本史，西洋史，東南アジア史等の歴史学の最前線の研究方法を学ぶ機会を得る

と共に，1997年，川村康，岡元司両氏と宋代史談話会を立ち上げ，毎月関西地区の若手研究者と史料講読，研究発表の会を開催することとなった。既に宋代史談話会は十数年にわたり開催されており，国内外の研究者の報告を通じて，様々な観点から宋代史研究を学ぶ集いが続いている。宋代史談話会の創設に関わり，また宋代史研究会の仲間として様々なプロジェクトを共にした岡元司氏は2009年に急逝された。岡氏は海外の研究動向に明るく，とりわけ社会科学の方法論を宋代史に取りいれることに熱心な研究者であった。氏を含め，同世代の研究者と新しい研究方向を模索してきたほぼ十数年余の年月は，第一の時期とは異なる学風を自然と身に付けることとなった。この時期は筆者にとっては，後の博士論文の中核をなす「政治過程」，「政治空間」，「政治的ネットワーク」，「政治的コミュニケーション」などの新たな課題に取り組んだ期間であり，本書収録の三分の二以上の論文がこの時期に書き上げた。こうした研究成果を生み出す上で幾多の仲間たちとの議論が力を与えてくれたことに対して感謝の意を述べると共に，博士論文審査に於いて適切なご助言をいただいた中村圭爾，井上徹，早瀬晋三，山口久和諸先生方に併せて謝意をあらわしたい。

第三が2000年前後より始まった海外の研究者との交流であり，この十数年にわたって中国，台湾，欧米の宋代史研究を代表する鄧小南，黄寬重，龔延明，包偉民，戴建国，呉松弟，劉静貞，曹家斉，遊彪，苗書梅，祖慧，黄純艶，廖咸慧，劉馨珺，Beverly Bossler，Hilde de Weerdt 等諸先生方と交流することができた。中でも2001年秋に杭州で開かれた「宋代制度史研究百年（1900—2000）」の会議が鮮烈な記憶として残っている。11月3日から6日にかけて行われたこの会議には，中国を代表する二十数名の宋史研究者が集まり，朝から晩まで集中的な議論が行われた。この会議で報告の機会を得たばかりか，なおかつ商務印書館から後に出版された同名の論文集に論文を掲載された[1]ことは，筆者に中国語圏での研究交流を進める転機となった。その後，ほぼ毎年のように海外の国際学会に参加するようになり，また海外の研究者との共同研究を行うことともなった。その中で長期にわたって行われたのは鄧小南，黄寬重，曹家斉等

1）包偉民主編『宋代制度史研究百年（1900—2000）』（商務印書館、2004年）。

あとがき　　527

諸先生方と進めた「宋代時期的文書伝逓与信息溝通」，「新宋代政治史研究」の共同研究であり，数度にわたる会議を共同で開催し，また論文集の刊行も行った[2]。今回掲載の論文は国内で報告を行うと共に，ほぼすべて海外の学会で報告を行ったものであり，一連の活動が実現できたのはこうした方々の協力，援助によるところが大きい。また，近年では余蔚，姜鵬，王化雨，張禕，方誠峰，呉雅婷，胡勁茵諸氏等の若い優秀な研究者との交流が始まっており，彼らからの刺激を受けて新たな研究方向を模索している。併せてお礼を述べたい。

　その他，学恩を述べなければならない研究者は数多くいる。その中で本書の主題テーマ「『君主独裁政治』論を越えて」を発想する上で導きとなった寺地遵氏のお名前を挙げておきたい。寺地遵氏は南宋政治史研究のパイオニア的存在であり，この分野に於いては恐らく台湾の黄寛重氏と並んで最も優れた業績を収められた研究者である。『南宋初期政治史研究』（渓水社，1988年）を始めとする南宋政治史に関する研究成果は学界で高い評価を得ているのに加え，動態分析の手法である「政治過程論」を宋代政治史研究に導入すべきとの氏の主張は，筆者を媒介として現在中国の若い世代の研究者に大きな影響を与えている[3]。氏の研究が筆者にとって新たな研究方法を模索する上で大きな道標となったことを記すと共に，感謝の意をここで述べておきたい。

　本書の作成に当たっては，中央研究院歴史語言研究所博士後研究員の山口智哉君に校正を手伝っていただいた。また巻末の中文提要は中山大学人文高等研究院講師の胡勁茵さんの手を煩わせた。なお，本書は平成23年度，日本学術振

2)　2007年9月には北京大学にて「唐宋時期的文書伝逓与信息溝通」の国際シンポジウム，2008年7月には雲南大学にて「宋時期的文書伝逓与信息溝通」のパネル（國際宋史研討會暨中國宋史研究會第十三屆），2009年3月には中山大学にて「古代中国国家運用機制」の国際シンポジウム，2009年8月には台湾中央研究院にて「新政治史研究的展望」の国際シンポジウム，2010年8月には武漢大学にて「宋代行政運作的日常秩序」のパネル（國際宋史研討會暨中國宋史研究會第十四屆）を開催し，『漢学研究』第27巻2号に特集が組まれたほか，2011年北京大学出版会より曹家斉氏と共編という形で『文書・政令・信息溝通：以唐宋時期為主』を出版した。
3)　王化雨「"唐宋変革"論与政治制度史研究——以宋代為主」（李華瑞編『"唐宋変革"論的由来与発展』天津出版社，2010年）参照。

興会科学研究費補助金研究成果公開促進費の配分を受けている。汲古書院社長石坂叡志氏には快く刊行を引き受けていただき，ならびに編集部の小林詔子さんよりは的確な助言と指摘をいただいた。いちいち名前をあげることができなかった方々を含めお礼を申し上げたい。

　最後に，これまで気持ちよく研究を続けることを許してくれた両親，家族に対して感謝の気持ちを伝えたい。

　　　2011年10月6日

　　　　　　　　　　　　　　　　　　　　　　　　　　　　　　著　者

初出一覧

本書は，この二十年あまりの間に発表した論文を基に修正を加えた十五章から成る。以下，各章が基づくデータを掲げる（＊は中国語訳）

序　言　「宋代政治構造研究序説」（『人文研究』57，2006年）
　　　　＊「日本宋代政治研究的現状与課題」（『史学月刊』308，2006年）

第一部
　第一章　「「試出官法」の一考察──熙寧四年十月の条文を中心に──」（『集刊東洋学』55，1986年）
　第二章　「宋代銓選制度の一考察──王安石の改革を中心に──」（『歴史』69，1987年）
　第三章　「「試刑法」考──王安石の刑法改革を手掛かりとして──」（『文化』52，1989年）
　第四章　「元祐時代の政治について──選挙論議を手掛かりにして──」（『宋代の知識人』汲古書院，1993年）

第二部
　第一章　「宋代の朋党と詔獄」（『人文研究』47-8，1995年）
　第二章　「宋代の朋党形成の契機について」（『宋代社会のネットワーク』汲古書院，1998年）
　　　　＊「従小説史料看宋代科挙社会的結合」（『科挙制的終結与科挙学的興起』華中師範大学出版社，2006年）

第三部
　第一章　「宋代の言路官について」（『史学雑誌』101-6，1992年）

附篇　＊「従劉摯《忠粛集》墓誌銘看元祐党人之関係」(『東呉歴史学報』11,
　　　　2004年)
　　　　「劉摯『忠粛集』墓誌銘から見た元祐党人の関係」(『宋─明宗族の研
　　　　究』汲古書院, 2005年)
第二章　「宋代政治構造試論──対と議を手掛りとして──」(『東洋史研究』
　　　　52-4, 1994年)
第三章　「宋代地方政治管見──劄子, 帖, 牒, 申状を手掛かりとして」
　　　　(『東北大学東洋史論集』11, 2007年)
　　　　＊「宋代地方政治管見──以劄子, 帖, 牒, 申状為線索──」(戴
　　　　建国主編『唐宋法律史論集』上海辞書出版社, 2007年)
第四章　＊「宋代文書制度研究的一個嘗試──以「関」,「牒」,「諮報」為線
　　　　索」(『漢学研究』27-2, 2009年)

第四部
第一章　「宋代政治史料解析法──「時政記」と「日記」を手掛かりとして
　　　　──」(『東洋史研究』59-4, 2001年)
第二章　「『王安石日録』研究──『四明尊堯集』を手掛かりとして──」
　　　　(『大阪市立大学東洋史論叢』12, 2002年)
第三章　「周必大『思陵録』・『奉詔録』から見た南宋初期の政治構造」(『人
　　　　文研究』55-2, 2004年)
第四章　「『欧陽脩私記』から見た宋代の政治構造」(『大阪市立大学東洋史論叢』
　　　　別冊特集号, 2006年)
　　　　＊「従《欧陽脩私記》考察宋代政治結構 (『欧陽脩与宋代士大夫』上海
　　　　人民出版社, 2007年)

第五部　「宋代の政治空間を如何に読むか？」(『大阪市立大学東洋史論叢　別冊
　　　　特集号　文献資料学の新たな可能性3』, 2007年)
　　　　＊「宋代的政治空間：皇帝与臣僚交流方式的変化」(『基調与変奏

七至二十世紀的中国』国立政治大学歴史学系等出版社，2008年）

結　語　書き下ろし。但し，一部は下記の論文に基づく。
　　　　「日本の宋代政治史研究の新たな可能性——国家史・国制史との対話を求めて——」（『中国史学』18，2009年）
　　　　＊「日本宋代政治史研究之新可能性——与国家史，国制史研究的嘗試性対話」（『宋史研究史通訊』2009年第1期，2009年）

　いずれも初出時のものに若干の修正を加えているが，その論旨を大きく変えることはしていない。

索　引

事項索引……533
人名索引……540

事項索引

ア行						
行在	411, 474	恩赦―免選制度	32	関報	309, 332
案問欲挙法	95	**カ行**		監司	309
夷堅志	190	下行文書	314, 324	監当官	44
移	330	家産官僚制	4	監督区分	301
一徳格天之閣	505	家伝	350	館職	206
引対	283	家廟	250	翰苑夜対	373, 484
姻戚関係	252	過堂	503	翰苑夜直	281, 496
員多闕少	40, 63	衙見	487	韓氏党	182
披庭詔獄	162	衙辞	284, 487	韓氏・范氏グループ	181
延英殿	410	衙謝	487	頑固派	214
延英殿議政	16	回奏	438	祈夢	192
王安石日録	359, 380	開天章閣	284	起居	278
王安石の官僚人事の理念	27	開封システム	518	起居注	351, 352
王安石の刑法改革	81	開封府	480	寄禄官	194, 206
王安石の理財観	401	外司	333	期集宴	145
王安石派	61	外朝	291, 412, 475	貴族政治	3, 342
王巌叟繋年録	362	学縁	203	跪拝	494
王巌叟朝論	362	官文書	323	議	16, 265
欧陽脩私記	358, 447	宦官	431, 491	乞試型	85
欧陽脩の「朋党論」	147	換文資	64	九経取士	119
横街	412	関	309, 330, 333	及第	58
		関牒	333	旧法党	143
				牛党	144

牛李の党争	173	経明行修科	76, 117	寇準の党	184
挙官自代	194	経略・安撫司（帥司）	302	閤門司	500
挙留	313	慶暦の治	143	講学ネットワーク	175
御集	354	繋鞋	336	国際政治学	6
御製朋党論	149	血縁	203	国史	351
御批	432	結課	191	国史列伝	351
御筆	16, 432, 437, 438	歇泊不坐	441	国家意志決定システム	266
御筆手詔	507	建炎時政記	355	国家社会主義的な政策	262
教官試法	61	建炎筆録	363	「国家主義」的国家観	146
郷飲酒礼	202	元豊官制改革	245, 328		
郷貢進士科	117	元祐旧法党	180	サ行	
繳駁	429	元祐実録	356	差遣	206
業縁	203	元祐党禁	371	差替	35
行状	263, 350	元祐密疏	354	鎖院	483
欽録簿	351	言事	212, 230	坐西朝東	412
錦衣衛	150	言事御史	212	坐而論道	493
クレデンダ	13	言路の官に対する評価	261	坐南朝北	474
具靴笏	336	呉丞相手録	363	坐北朝南	412, 474
空間（space）	471	口頭による対話方式	322	座主門生	146, 174, 200
空間（place）	472	公巻	145	宰執	288, 478
屈揖	336	公牒	316	宰執の議	271
君子小人の党の区別	148	公文書	323	宰相・執政の集議	500
君子有党論	147	行巻	145	財政国家	4
君主独裁政治	3, 4, 342, 473	行省	342	朔参官	278
君主独裁政治論	409	杭州システム	518	朔党	182, 214
計相	375	後殿視朝	373	察挙	113
経筵	281, 291, 373, 475, 485	皇帝	13	察事	230
経筵留身	284, 366, 373, 486	皇帝機関説的国家観	146	察訪使	159
経義詩賦進士科	123	皇帝の補佐役	320	箚子	274, 300, 316, 335
経義進士	134	高宗実録	354	箚送	335
経義進士科	123	高宗日暦	371	箚付	335

三跪九叩	494	試法官	82, 88	酬奨	48
三経新義	115	資	53	重法地分	102
三司牒	328	資格	53	出官	27
三舎の法	114	資序	53	出職	67
三省合班奏事	273	資政殿の対	285	出身	58
三省分省治事	273	資善堂	439	十科挙士	76, 127
三省分班奏事	287	諮	333	春秋	345
三省六部体制	320	諮報	333	春秋二時吏部試出官法	27, 82
三朝聖諭録	462	字説	115		
三位一体的な士大夫像	521	侍従	287, 289, 427, 482	胥吏	66
士大夫	14, 135	侍従議	428	諸司関報	350
士道	45	侍従・台諫の議	269, 430	小官特引	284
司馬光手録	462	侍従の議	269, 500	小報	298
司馬光日記	360	時政科	351	召対	283
司馬光の徳行第一主義	76	時政記	352, 355, 371	尚書の議	271
四明尊堯集	380	邇英殿	414	尚書の特定の部局と侍従・台諫の議	269
死刑覆奏制度	150	執政の私人	213		
私史・野史の禁	139, 371	実録	351	尚書六曹	289, 480
刺	330	実録附伝	351	尚書六曹の集議	500
咨	333	社会的再生産	13	省箚	300
思陵録	417	車蓋亭詩案	152	省制	342
祠堂	250	斜封・墨勅	441	紹述	125, 155, 244
視朝	278	手詔	432	象刑説	99
紫宸殿	278	守選	33, 37	詔獄	149, 179
詞頭	240	守選選人	56	葉適の「資格」論	54
詩賦進士	134	朱史	385	詳議	84
詩賦論三題	122	朱本	357	詳断	84
試刑法	27, 81	周礼	321	詳覆	84, 311
試刑法官	82	衆証結案	154	衝替	35
試出官法	27, 82	集英殿	414	衝繁疲難	147
試判制度	45	集議	9, 16, 428, 446	蒋穎叔日録	363

上行文書	324	制勘院	150	宋刑統	103
上司―部下	257	制獄	150	宋代の政治的時間	374
上仁宗万言書	401	制置司	309	奏挙型	85
上殿五班	286	政策決定システム	265	奏摺	9
上殿奏事	271	政治過程論	8, 379, 409, 520	奏状	315, 324
上殿箚子	276	政治空間	16, 471	奏事録	450
常参官	278	政治コミュニケーション		奏薦	48
常調	48		17, 295	相統攝	321
常朝起居	278	政治システム	15, 517	倉法	27, 102
蜀党	181, 214	政治的再生産	13	曾布日録	362
申状	315, 316, 324	政治の社会史	17	総領所	309
身言書判	50	政治の文化史	17	増失入死罪法	102
神宗実録	354	政党	169	側門論事	410
神道碑	263	「清」のイデオロギー	147		
進勘院	150	請対	419	**タ行**	
新科明法科	62	啜茶之礼	495	多次元主義論	11
新法党	143	川党	181	大辟	311
新法党人脈の弾劾	232	先次挑班	289, 481	対	16, 265
新法の廃止	232	宣坐賜茶	493	対案画勅	496
新録	385	宣撫司	309	対移	304
審刑院	480	銭惟演日記	358	大慶殿	278
親嫌	220	銓選	53	大状	337
親民官	44	潜邸旧僚	443	大朝会	278
垂拱殿	278	選徳殿	428, 474	大理寺	480
垂拱殿視朝	278	薦挙	54, 175	台諫	289, 429, 481
垂簾聴政	215	薦挙型昇進	54	台諫・侍従の議	500
帥箚	300	前殿視朝	373	題本	9, 377
帥司	309	前堂後寝	414	断案	34
正衙殿	284	祖宗の法	17, 522	断例	96
正謝	284	蘇軾・蘇轍グループ	181	地縁	203
正奏名	58	蘇門六君子	128	地方官	487

小さな政府と小さな財政へ		都堂	502	動態分析	11
の復帰	262	都堂審察	502	動揺派	214
逐経均取	115	都督府	309	堂闕	501
中使	491	投刺	337	堂謝	501
中書検正官	60	東西二府	474	堂除	75
中書習学公事	60	東西府	504	堂帖	300
帖	311	東林党	173	堂選	75
重華宮	417	唐宋変革	3, 340	道制	342
牒	301, 324	唐宋変革論	319	銅禁	102
趙康靖日記	358	党錮の禁	173	特科	113
調停説	241	盗賊重法	102	特奏名	58
直筆	345	統摂	317, 337	徳寿宮	417
通場去留	115	檔案	351	独対	454, 478
通進司	500	同学	192, 198	読書人	135
通榜	146	同学関係	258		
丁謂党	190	同学究出身	58	ナ行	
廷杖	499	同官	198	内引	497
邸報	298	同官関係	257	内閣	377
程顥・程頤グループ	181	同官小録	197	内降	216, 456
提挙常平司（倉司）	302	同郷	202	内降文書	441
提点刑獄司（憲司）	302	同舎	192, 201	内相	334
哲宗実録	371	同舎小録	197	内省	333
哲宗新録	164	同出身	58	内省夫人	492
天子	13	同姓	202	内朝	291, 412, 475
天子の耳目	211	同年	174, 197, 198	内殿起居	278
天子門生	174, 200	同年郷会	145, 197	内東門小殿	484
天書	188	同年小録	197	内夫人	493
転運司（漕司）	302	同年録	197	南宮北市	412, 473
転対	230, 282, 292	同文館の獄	157	肉刑論	99
転対官	289	「同」を紐帯とするネット		二史直前	285
トンイズム	520	ワーク	203	日常的ネットワーク	178

日暦	350, 371	不以去官赦降原減	102	墓誌銘	249, 263
日暦臣僚伝	351	不隔班上殿	481	宝訓	354
入見	284, 487	不定時法	374	放離任	35
入辞	284, 487	不得殺士大夫及上書言事人		朋党	11, 142
入謝	284, 487		498	朋党的ネットワーク	178
入対	284	不平空	339	奉詔録	417
女官	491	符	328	冒摂	307
任子	33	部闕	501	望参官	278
ネットワーク	171	部符	328	牓子	334
ネットワーク論	12	風聞言事	235	謀殺刑名	95
寧福殿	442	封還詞頭	500	北宮南市	473
年功序列型昇進	53	馮京参政記	361	濮議	267
年譜	370	復社	173	墨史	385
		墳寺	250	墨本	357
ハ行		文化的再生産	13	本職公事	481
パトロン―クライエント的		文書主義	322		
二者間関係	12	文人	135	マ行	
パワー・エリート	521	文治主義	21	マクロ政治学	6
派閥	169	文徳殿	278	磨勘改官	194
莫須有	154	文潞公私記	362	ミクロ政治学	6
八行科	129	聞喜宴	145	ミランダ	13
范氏党	182	北京システム	518	身分内婚制	172
范祖禹手記	362	平行文書	314, 324	密啓	479
范仲淹の改革	41	平状	337	密箚	299
晩朝	499	辟闕	501	免試	64
非相統摂	321	変法派	214	免選	33
飛龍記	358	編勅	96, 101	文字の獄	139, 371
避嫌	220	編類章疏	354	門生	196, 258
百官転対	489	保	192	門生，同学関係	258
百官の長	320	保挙	119		
票擬	9, 377	墓誌	350		

事項索引　ヤ〜ワ

ヤ行			劉摯グループ	181	輪対	489
夜対		484	劉摯党	183	臨安府	480
友人関係		259	劉摯党人	214, 221	麗正門	474
			劉摯日記	362	欒墠	193
ラ行			劉摯の日常的ネットワーク		ローカルエリート	14
雷公式		162		249	路制	342
洛獄		157	呂恵卿日録	360	廊食	498
洛蜀党議		180, 214	呂恵卿派	61	六察	218
洛党		182, 214	呂公著掌記	361	六参官	278
吏才		45	呂大防グループ	181	六曹章奏	351
吏士合一	27, 45, 105		呂大防政目	361	録問	163
李党		144	慮囚	419		
律令官制		342	令外官	342	ワ	
留身		480	量移	242	和寧門	474
留身奏事	289, 423		両制	267		
留中不出		233	両制の議	500		

人名索引

欧文

A. F. ベントリー　520
Beverly J. Bossler　14, 193
C. O. Hucker　247, 320
C. W. ミルズ　521
Denis Twitchett　349
D. イーストン　517
G. A. アーモンド　517
Hilde De Weerdt　17, 464
John W. Chaffee　190, 517
Robert Hartwell　519
Robert P. Hymes　14, 193, 519

ア行

吾妻重二　251
阿河雄二郎　17
青木敦　318, 519
青山定雄　6, 193, 519
赤木崇敏　321
浅見洋二　370
荒木見悟　380
荒木敏一　5, 33, 61, 102, 192, 517
新宮学　518
安部直之　443
イーフー・トゥアン　472
伊原弘　172
飯山知保　8
石田肇　298
石田浩　170
板橋真一　190
市來津由彦　175
市原亨吉　46
稲葉一郎　262, 349
石見清裕　522
岩井奉信　15
上田早苗　147
内河久平　28, 194
梅原郁　5, 6, 9, 10, 15, 28, 54, 128, 145, 212, 287, 301, 328, 517, 519, 520, 522
エチアヌ・バラーシュ　169
榎本渉　8
袁剛　266
遠藤隆俊　314
小川快之　524
小野和子　173
尾形勇　9
王雲海　29, 151, 350
王化雨　324, 474, 499, 511, 527
王其榘　377
王曉波　187
王士倫　415
王崧興　204
王曾瑜　155, 168
王端来　246
王德毅　376
岡本不二明　370
愛宕元　41

カ行

カール・A・ウィットフォーゲル　169
何冠環　21, 177
賈玉英　15, 212
郭黛姮　16
金子修一　9, 266, 522
金子由紀　523
川勝義雄　11, 298
川村康　150
河田潤一　12
木田知生　175
岸本美緒　7
北村璐梅　21
衣川強　5, 213, 290, 444, 474, 506, 521
龔延明　15, 212
巨煥武　153
許沛藻　10, 348, 350
金円　212

人名索引 キン～ナイ

金成奎	8	島田正郎	8	竺沙雅章	251
クリスチャン・ラムルー	523	謝貴安	351	刁忠民	15
久保田和男	10, 298, 519	謝元魯	266	張褘	511
窪添慶文	9	朱建栄	204	張治安	377
熊本崇	10, 27, 104, 112, 159, 212, 218, 262, 521	朱子原	12	陳左高	447
桑原隲藏	8	朱瑞熙	15	陳生民	12
闕維民	16	朱伝誉	18	陳濤	472
小島毅	9, 112, 269	周道済	212	陳文秀	499
小林晃	442	周密	96	陳楽素	348
小林隆道	301	祝尚書	263	塚本麿充	523
小林義廣	146, 212, 269, 456	諸葛憶兵	15	丁則良	391
胡安森	415	徐練達	212	程元敏	116
呉洪澤	370	白川静	170	程光裕	212
呉麗娯	321, 324	沈松勤	12	程千帆	146
侯紹文	46	辛更儒	153	寺地遵	8, 177, 290, 345, 409, 443, 520, 521
黄寛重	7, 21, 168, 521	周藤吉之	10	寺田隆信	493
黄漢超	385	須江隆	12, 177	外山軍治	8
黄敏枝	251	杉山清彦	523	礪波護	6, 147, 218, 247
近藤一成	10, 13, 44, 66, 112, 134, 214	妹尾達彦	411	唐長孺	146
		曾我部静雄	6, 18, 96	鄧広銘	155
サ行		曹家斉	519	鄧小南	7, 17, 18, 54, 297, 323, 492, 520, 522
佐伯富	5, 35, 102, 198, 212	曾瑞龍	21	徳永洋介	10, 297, 323, 438, 508, 519
佐竹靖彦	461	園田茂人	520		
蔡崇榜	10, 348, 350, 352	孫継民	524	**ナ行**	
桜井俊郎	9, 377			田中謙二	317, 333
滋賀秀三	321	**タ行**		戴建国	153, 154
漆侠	213			内藤乾吉	147, 247
島居一康	6	谷井俊仁	9, 321, 377	内藤湖南	3, 12, 51, 142, 171, 244, 319, 342, 349, 409, 510, 520
		谷川道雄	11, 298		
		檀上寛	518		

中根千枝	520	穆朝慶	153	山中裕	449
中村圭爾	9,266			游彪	15
中村裕一	9,266,323,325	マ行		余英時	522
永田英正	9,266	マックス・ウェーバー	4	楊寛	412
長井千秋	519	松本保宣	16,265,266,349,		
仁木宏	472		410	ラ行	
西川知一	12	三上次男	8	ラスウェル	11,471
西嶋定生	7,9	溝口雄三	112	羅家祥	12,147
西田太一郎	99	宮崎市定	3,27,35,44,55,	雷聞	321
任育才	46		81,145,147,151,192,	李一冰	128
任崇岳	153		211,247,266,292,296,	李華瑞	319,386
寧欣	472		319,321,342,401,409,	李盛清	212
ノルベルト・エリアス	14,		410,448,472,473,477,	李立	7
	378		510,511	劉家駒	494
		宮澤知之	6	劉後濱	321
ハ行		村上哲見	135	劉子健	246,290,431
馬長林	212	メリアム	13	劉春迎	16
裴汝誠	10,29,348,350	桃木至朗	8	劉静貞	185
濱下武志	7	森克己	8	劉浦江	10
ピーター・K・ボル	472	森田憲司	201	梁太済	10
ピエール・ブルデュー	14,	森平雅彦	325	梁天錫	15,212,246
	112,174			廖咸恵	192
苗書梅	15	ヤ行		ロジェ・シャルチエ	524
傅伯星	415	安田雪	12		
古垣光一	40	柳田節子	12	ワ	
ベンジャミン・A・エルマ		山内弘一	9,522	渡辺信一郎	6,9,147,265,
ン	13,112	山内晋次	8		320,510,522
方震華	7	山口智哉	197,202,522	渡辺孝	144
方誠峰	509	山崎覚士	8,412	渡辺浩	13
包偉民	7	山崎孝史	16		

Study on the political structure in Song China
By　HIRATA　Shigeki

中文提要
宋代政治構造研究　　　　　　平　田　茂　樹

　　本書是對成爲迄今爲止日本宋代政治史硏究普遍說法的宋代確立"君主獨裁政治"的觀點從根本上進行重新審視並提出嶄新政治面相的一種嘗試。在《政治·動態分析》（岩波書店，1959年）一書中，哈羅德·拉斯韋爾把行使權力的社會關係定義爲政治，並對其透過動態的觀點進行考察，即"誰、把什麼、在何時、如何取得"。該書展示了通過解析具體的主體、時間、空間、手段等多樣的關係，從構造的觀點探討政治的硏究方法。本書即受其方法論啓發，希望嘗試在相對具體的關係構造中把握對政治的理解。

　　第一部分"宋代的選舉制度"，著眼於《宋史·選舉志》劃分的四部分內容——"選舉"、"學校"、"銓選"、"考課"，把以往其他硏究未能深入的官吏任用制度體系中的"銓選"部分作爲核心，探討由北宋至南宋選舉制度如何變化，以及其根源究竟蘊含著怎樣的人才錄用、人才任用的理念等問題。

　　第一至三章的重點是討論由王安石主持推進、被稱爲"試刑法"的法律考試制度改革是如何制定並展開的。第四章通過著重分析新法黨與舊法黨之間展開的選舉議論指出，在"銓選"制度上圍繞"資格"的"薦舉"或"考試"，在"科舉"方面圍繞"法律"、"道德"、"經義"、"詩賦"，朝廷中存在著各種不同意見的對立，而這些對立意見的取捨構成了宋代人才錄用、人才任用的主流取向。

　　第二部分"宋代的朋黨"，指出朋黨本爲批判、彈劾政敵之用而非當事者定義自身的詞語，並且注意到朋黨的詞源與"鄉里"和"親族"集團的密切關係，

由此分析宋代的"朋黨＝政治集團"與當時的"科舉－官僚制度"究竟形成了何種關聯。

第一章通過分析依據被稱爲"詔獄"的皇帝命令臨時設立的特別裁判所的設置與"朋黨"彈壓之間的關係，說明其與以"詔獄"代表的政敵彈壓行爲被歸結爲"某某黨"的政治集團的邏輯聯繫，並指出與南宋時代相比，北宋時代由"詔獄"進行的彈壓較爲和緩，是由於受到尊重士大夫言論的北宋"祖宗之法"思考方式的影響。

第二章討論"朋黨"是在何種契機下形成的。在當時以"科舉－官僚制"爲核心的政治世界中生存的士大夫，爲了獲得出世不可欠缺的要素——薦舉，主動地在圍繞自身的地緣、血緣、學緣、業緣等各種機緣相同的關係構造中進行選擇，並進入到各種關係之中。然後，這些關係將隱藏著不斷地在政爭或者出世競爭中發展出"朋黨"這種政治性的人與人的結合的可能性。

第三部分"宋代的政治系統"是對賦予宋代的政治構造特徵的三個政治系統——"言路"、"對"與"議"、文書系統——逐一進行分析。

第一章討論被喚作"言路"，即針對以宰執爲中心的執行政府展開政事批判的官僚機構，特別對"言路"活動活躍的元祐時代的政治構造進行了分析。通過分析結果，論證了北宋時期存在著支持士大夫言論活動被稱爲"言路"的官僚，由於他們逐漸地被融入宰執的勢力之下，而引致了南宋專權宰相時代的出現。

第一章選取了具體的對象——劉摯集團＝"劉摯黨"來分析"言路"的組成，著重"言路"在官僚制上的特質，並以分析其政治活動爲核心。至於在此分析中未能充分考察的劉摯集團的關係性，則作爲附篇，利用墓誌銘資料，說明他們活動的背後存在的地緣、血緣、婚姻、學緣關係以及對"言路"活動持有較高評價的共通意識。

第二章討論作爲宋代決策系統核心的"對"與"議"的特徵。宋代以前，各種"集議"在以宰執爲核心的決策系統中發揮較大的作用，而從唐代後半期開始，官僚直接與皇帝對面、交換意見的"對"分擔了較多的機能，由此說明，所謂皇帝直接支配官僚的"君主獨裁政治"基調的一種端緒正逐漸成型。

第三、四章討論宋代文書系統的特質。文書被分作上行文書、下行文書、平行文書三類。其中，平行文書的代表是"牒"、"關"、"諮報"，它們既具有作為同級官廳間移動的文書的性格，亦具有在"非相統攝"官府間使用的文書的特質。這類平行文書通過不論中央、地方的廣泛使用，構築了宋代官府間的相互監察體制，由此推論，宋代形成的並非金字塔式中央集權型的一元結構，而是多重複綫型的政治構造。

　　此外，被稱為"劄付"（劄子）、原本主要由三省、樞密院的中央政府使用的下行文書為地方"路"的都督府、宣撫司、制置司等使用的情況，在南宋時期變得一般化。出現這種變化的背景是，由宋與金、蒙戰時形成的軍事體制的恆常化引起的，掌管財政、軍政、民政大權的地方政府的逐漸強大化，這種強大化並成為隨後元、明、清"行省"、"省"的地方政府發達的前提準備。

　　第四部分"宋代的政治日記"，通過研究宋代留存的數量較多的政治日記，解讀宋代政治構造的特質。

　　第一章旨在說明在唐代後半期以來"對"發展的背景下，出現被喚作"時政記"——宰執把與皇帝的重要會話及重要政務進行記錄——的官撰史料的發達，而隨著"時政記"史料與"對"制度的發展，產生了大量以宰執、高官為中心、與皇帝進行"對"為主要題材的政治日記。

　　第二章到第四章是對具體的政治日記進行分析。一方面，從《王安石日錄》、《歐陽脩私記》可以觀察到北宋時代以皇帝、宰執間活躍的"對"為中心進行決策的政治面相，另一方面，由周必大的《思陵錄》、《奉詔錄》所見，則是"對"記事的減少，取而代之是在皇帝、宰執之間往來、被稱為"御筆"的文書形式的發展。由此說明，北宋時代決策方式的主流是皇帝、官僚之間的直接對話方式，而到了南宋，主流被以皇帝、宰執為中心往來的間接對話方式所取代，並向著此後以明代內閣票擬制度為象徵的文書中心的決策方式發展。

　　第五部分"宋代的政治空間"通過把政治空間分為物理性空間、帶有機能性的抽象的政治空間、以及由皇帝與官僚之間關聯性所見的政治空間等三種，論述了由北宋到南宋政治空間是如何展開的問題。

第一，從物理性空間配置的角度看，北宋採取的是"北朝南市"的配置以及將宮殿和主要官府集中於宮城的集約型構造，相對而言，南宋則採取"南朝北市"的配置以及將太上皇的居所與主要官府配置在宮城外的分散性構造。第二，從空間的機能性或皇帝、官僚之間關係性的角度看，宮城內有被稱爲外朝、內朝、經筵的三個與皇帝相關的主要空間，在"君主獨裁政治"發展的情況下，一方面，於外朝空間中，皇帝與官僚間的關係被截然區分並差別化。另一方面，在內朝、經筵空間中，被譽爲古代政治理想的"坐而論道"一詞屢屢被使用，如其描述般，皇帝、官僚之間仍舊構成了緊密的政治空間。在北宋，不但外朝，而且內朝、經筵的機能均處於活發狀態，皇帝與官僚間的關係性緊密，兩者的交流亦較爲頻繁。然而，由北宋末年開始，以"御筆"政治的展開爲象徵，皇帝和宰執接觸的機會逐漸減少。其他的侍從、尚書六部、台諫等與皇帝接觸的機會也同樣減少。這種減少促進了文書中心的決策方式的形成，同時亦成爲了引致南宋時代專權宰相政治現象出現的一種端緒。

著者紹介

平田　茂樹（ひらた　しげき）

1961年，静岡県生まれ。東北大学大学院文学研究科博士課程単位取得退学。現在は大阪市立大学大学院文学研究科教授。著書に『科挙と官僚制』（山川出版社，1997年），『宋代政治結構研究』（上海古籍出版社，2010年），主要編著に『宋代の規範と習俗』（汲古書院，1995年），『宋代社会のネットワーク』（汲古書院，1998年），『宋代社会の空間とコミュニケーション』（汲古書院，2006年），『宋代社会的空間与交流』（河南大学出版社，2008年），『日本宋史研究の現状と課題──1980年代以降を中心に──』（汲古書院，2010年）などがある。

宋代政治構造研究

2012（平成24）年2月15日　発行

編　者　平田茂樹
発行者　石坂叡志
製版印刷　富士リプロ㈱
発行所　汲古書院

〒102-0072 東京都千代田区飯田橋2-5-4
電話03（3265）9764　FAX03（3222）1845

汲古叢書101

ISBN978-4-7629-6000-0　C3322
Shigeki HIRATA ©2012
KYUKO-SHOIN, Co., Ltd. Tokyo.

汲 古 叢 書

1	秦漢財政収入の研究	山田　勝芳著	本体 16505円
2	宋代税政史研究	島居　一康著	12621円
3	中国近代製糸業史の研究	曾田　三郎著	12621円
4	明清華北定期市の研究	山根　幸夫著	7282円
5	明清史論集	中山　八郎著	12621円
6	明朝専制支配の史的構造	檀上　寛著	13592円
7	唐代両税法研究	船越　泰次著	12621円
8	中国小説史研究－水滸伝を中心として－	中鉢　雅量著	品　切
9	唐宋変革期農業社会史研究	大澤　正昭著	8500円
10	中国古代の家と集落	堀　敏一著	品　切
11	元代江南政治社会史研究	植松　正著	13000円
12	明代建文朝史の研究	川越　泰博著	13000円
13	司馬遷の研究	佐藤　武敏著	12000円
14	唐の北方問題と国際秩序	石見　清裕著	品　切
15	宋代兵制史の研究	小岩井弘光著	10000円
16	魏晋南北朝時代の民族問題	川本　芳昭著	品　切
17	秦漢税役体系の研究	重近　啓樹著	8000円
18	清代農業商業化の研究	田尻　利著	9000円
19	明代異国情報の研究	川越　泰博著	5000円
20	明清江南市鎮社会史研究	川勝　守著	15000円
21	漢魏晋史の研究	多田　狷介著	品　切
22	春秋戦国秦漢時代出土文字資料の研究	江村　治樹著	品　切
23	明王朝中央統治機構の研究	阪倉　篤秀著	7000円
24	漢帝国の成立と劉邦集団	李　開元著	9000円
25	宋元仏教文化史研究	竺沙　雅章著	品　切
26	アヘン貿易論争－イギリスと中国－	新村　容子著	品　切
27	明末の流賊反乱と地域社会	吉尾　寛著	10000円
28	宋代の皇帝権力と士大夫政治	王　瑞来著	12000円
29	明代北辺防衛体制の研究	松本　隆晴著	6500円
30	中国工業合作運動史の研究	菊池　一隆著	15000円
31	漢代都市機構の研究	佐原　康夫著	13000円
32	中国近代江南の地主制研究	夏井　春喜著	20000円
33	中国古代の聚落と地方行政	池田　雄一著	15000円

34	周代国制の研究	松井　嘉徳著	9000円
35	清代財政史研究	山本　進著	7000円
36	明代郷村の紛争と秩序	中島　楽章著	10000円
37	明清時代華南地域史研究	松田　吉郎著	15000円
38	明清官僚制の研究	和田　正広著	22000円
39	唐末五代変革期の政治と経済	堀　敏一著	12000円
40	唐史論攷－氏族制と均田制－	池田　温著	未刊
41	清末日中関係史の研究	菅野　正著	8000円
42	宋代中国の法制と社会	高橋　芳郎著	8000円
43	中華民国期農村土地行政史の研究	笹川　裕史著	8000円
44	五四運動在日本	小野　信爾著	8000円
45	清代徽州地域社会史研究	熊　遠報著	8500円
46	明治前期日中学術交流の研究	陳　捷著	16000円
47	明代軍政史研究	奥山　憲夫著	8000円
48	隋唐王言の研究	中村　裕一著	10000円
49	建国大学の研究	山根　幸夫著	品切
50	魏晋南北朝官僚制研究	窪添　慶文著	14000円
51	「対支文化事業」の研究	阿部　洋著	22000円
52	華中農村経済と近代化	弁納　才一著	9000円
53	元代知識人と地域社会	森田　憲司著	9000円
54	王権の確立と授受	大原　良通著	品切
55	北京遷都の研究	新宮　学著	品切
56	唐令逸文の研究	中村　裕一著	17000円
57	近代中国の地方自治と明治日本	黄　東蘭著	11000円
58	徽州商人の研究	臼井佐知子著	10000円
59	清代中日学術交流の研究	王　宝平著	11000円
60	漢代儒教の史的研究	福井　重雅著	12000円
61	大業雑記の研究	中村　裕一著	14000円
62	中国古代国家と郡県社会	藤田　勝久著	12000円
63	近代中国の農村経済と地主制	小島　淑男著	7000円
64	東アジア世界の形成－中国と周辺国家	堀　敏一著	7000円
65	蒙地奉上－「満州国」の土地政策－	広川　佐保著	8000円
66	西域出土文物の基礎的研究	張　娜麗著	10000円

67	宋代官僚社会史研究	衣川　強著	11000円
68	六朝江南地域史研究	中村　圭爾著	15000円
69	中国古代国家形成史論	太田　幸男著	11000円
70	宋代開封の研究	久保田和男著	10000円
71	四川省と近代中国	今井　駿著	17000円
72	近代中国の革命と秘密結社	孫　　江著	15000円
73	近代中国と西洋国際社会	鈴木　智夫著	7000円
74	中国古代国家の形成と青銅兵器	下田　誠著	7500円
75	漢代の地方官吏と地域社会	髙村　武幸著	13000円
76	齊地の思想文化の展開と古代中國の形成	谷中　信一著	13500円
77	近代中国の中央と地方	金子　肇著	11000円
78	中国古代の律令と社会	池田　雄一著	15000円
79	中華世界の国家と民衆　上巻	小林　一美著	12000円
80	中華世界の国家と民衆　下巻	小林　一美著	12000円
81	近代満洲の開発と移民	荒武　達朗著	10000円
82	清代中国南部の社会変容と太平天国	菊池　秀明著	9000円
83	宋代中國科擧社會の研究	近藤　一成著	12000円
84	漢代国家統治の構造と展開	小嶋　茂稔著	10000円
85	中国古代国家と社会システム	藤田　勝久著	13000円
86	清朝支配と貨幣政策	上田　裕之著	11000円
87	清初対モンゴル政策史の研究	楠木　賢道著	8000円
88	秦漢律令研究	廣瀬　薫雄著	11000円
89	宋元郷村社会史論	伊藤　正彦著	10000円
90	清末のキリスト教と国際関係	佐藤　公彦著	12000円
91	中國古代の財政と國家	渡辺信一郎著	14000円
92	中国古代貨幣経済史研究	柿沼　陽平著	13000円
93	戦争と華僑	菊池　一隆著	12000円
94	宋代の水利政策と地域社会	小野　泰著	9000円
95	清代経済政策史の研究	黨　武彦著	11000円
96	春秋戦国時代青銅貨幣の生成と展開	江村　治樹著	15000円
97	孫文・辛亥革命と日本人	久保田文次著	20000円
98	明清食糧騒擾研究	堀地　明著	11000円
99	明清中国の経済構造	足立　啓二著	13000円

100 隋唐長安城の都市社会誌　　　　妹尾　達彦著　　　　未　刊
101 宋代政治構造研究　　　　　　　平田　茂樹著　　　　13000円

（表示価格は2012年2月現在の本体価格）